Udo J. Hebel

Einführung in die Amerikanistik/ American Studies

Mit 105 Abbildungen und Grafiken

Verlag J. B. Metzler Stuttgart · Weimar

Der Autor

Udo J. Hebel, geb. 1956, ist Professor für Amerikanistik/American Studies an der Universität Regensburg; Herausgeber der Zeitschrift *Amerikastudien/American Studies*, Mitglied im Beirat und ehem. Vorstand der Deutschen Gesellschaft für Amerikastudien, gewähltes Mitglied der American Antiquarian Society, Mitglied und ehem. Vorstand der Bayerischen Amerika-Akademie.

Bibliografische Information Der Deutschen Nationalbibliothek
Die Deutsche Nationalbibliothek verzeichnet diese Publikation in der Deutschen Nationalbibliografie; detaillierte bibliografische Daten sind im Internet über <http://dnb.d-nb.de> abrufbar.

Gedruckt auf säure- und chlorfreiem, alterungsbeständigem Papier

ISBN 978-3-476-02151-9

© 2008 J. B. Metzler'sche Verlagsbuchhandlung
und Carl Ernst Poeschel Verlag GmbH in Stuttgart
www.metzlerverlag.de
info@metzlerverlag.de

Umschlaggestaltung und Layout: Ingrid Gnoth | www.gd90.de
Satz: DTP + TEXT Eva Burri, Stuttgart · www.dtp-text.de
Druck und Bindung: C. H. Beck, Nördlingen
Printed in Germany
Dezember 2008

Verlag J. B. Metzler Stuttgart · Weimar

Inhaltsverzeichnis

Vorwort IX

1. Fachkonzeptionen, Materialien, Studienangebote 1

1.1 Amerikanistik/American Studies als interdisziplinäre Kulturwissenschaft 1
1.1.1 Konzeptionen und Definitionen 1
1.1.2 Räumliche, zeitliche und sprachliche Koordinaten 4
1.2 Arbeitsfelder und Materialien 9
1.2.1 Hilfsmittel: Bibliothekskataloge, Bibliographien, Internetportale 9
1.2.2 (Literarische) Texte 10
1.2.3 Visuelle Materialien: Malerei, Fotografie, Film 13
1.2.4 Massenmedien und Internet 16
1.2.5 Musik und performative Repräsentationen 21
1.2.6 Räume und materielle Ausdrucksformen 23
1.3 Universitäten und Studienangebote 25
1.3.1 Amerikaforschung in Deutschland 25
1.3.2 Studienangebote an deutschen Universitäten 28
1.3.3 Studium und Universitätssystem in den USA 30

2. Räume, Regionen, demographische Entwicklungen 35

2.1 Geographische Grunddaten 35
2.2 Regionen und Regionalismus 42
2.2.1 Konzeptionen und Perzeptionen 42
2.2.2 Regionale Gliederung der USA 44
2.2.3 Regionale Identitätskonstruktionen und Ikonographien 49
2.2.4 Regionalismus in Literatur, Kunst, Musik 53
2.3 Demographische Entwicklungen, Bevölkerungsstrukturen, Migrationen 56
2.3.1 Bevölkerungsentwicklung in Zahlen 56
2.3.2 Einwanderung in die USA 58
2.3.3 Urbanisierung und Suburbanisierung 65
2.3.4 Bevölkerungsdichte, Bevölkerungsverteilung, interne Migration 67

3. Grundzüge und Orientierungspunkte der Kulturgeschichte 71

3.1 Indianische Kulturen in präkolumbianischer Zeit 71
3.2 Kolonialzeit 76
3.2.1 Multinationale Kolonisation Nordamerikas 76
3.2.2 Englische Kolonien in Virginia 79
3.2.3 Englische Kolonien im puritanischen Neuengland 81
3.2.4 British North America bis zur Mitte des 18. Jh.s 85

Vorwort

Die Einführung richtet sich vor allem an Studierende des Faches Amerikanistik/American Studies in universitären Bachelor- und Master-Studiengängen. B.A.-Studierenden dient sie zur fachwissenschaftlichen Grundlegung und Vertiefung, M.A.-Studierenden zur Wiederholung und Aufarbeitung spezifischer Themengebiete der Amerikastudien. Die Einführung wendet sich ferner an Studierende in Lehramtsstudiengängen, für die sie die amerikanistischen Inhalte des Lehramtsstudiums Englisch zur Verfügung stellt. Schließlich ist der Band für Studierende in interdisziplinär verwandten Studiengängen, z. B. aus den Bereichen Politikwissenschaft, Geschichte, Kulturgeographie, als Überblicksdarstellung und Referenzwerk geeignet.

Jede Einführung steht vor einem Dilemma: dem Wunsch nach umfassender Aufbereitung der inhaltlich-thematischen Vielfalt und theoretisch-methodischen Ansätze des Faches einerseits und der Notwendigkeit zur Auswahl studienrelevanter Arbeitsbereiche, Themen, Konzepte und Theorien andererseits. Entscheidender als die Erfüllung von Vollständigkeitskriterien ist jedoch, dass eine Einführung den konzeptionellen Rahmen für das Studium der Disziplin absteckt und zu einem bestimmten Zeitpunkt ihrer Entwicklung und Praxis fachwissenschaftliche Akzente setzt. Die vorliegende Einführung in die Amerikanistik/American Studies betont in den Kapiteln 1 und 8 das interdisziplinäre und kulturwissenschaftliche Grundverständnis des Faches in der Darstellung von Arbeitsgebieten, Fragestellungen, Materialien und Theorien und behandelt in den Kapiteln 2 bis 7 die Themenbereiche Raum und Demographie, Kulturgeschichte, Sprachen, politisches System, Ideologien und Identitäten, Religion und Religionsgemeinschaften. Im Mittelpunkt steht die Pluralität, Diversität und Konkurrenz der Lebenswirklichkeiten und kulturellen Ausdrucksformen in den USA in Vergangenheit und Gegenwart, aber auch die gesellschaftliche und politische Wirkungsmacht von demokratischem Konsensdenken, ideologischen Kontinuitäten und kollektiven Selbstreinigungsprozessen. Ziel der Einführung ist das Verständnis der von natürlichen Bedingungen, unterschiedlichen Interessen und heterogenen Erfahrungen bestimmten Projektionen, Definitionen und Konstruktionen von ›America‹ und das Verständnis der gesellschaftlichen, politischen und kulturellen Gegebenheiten, Spannungen und Paradoxien, die diese Repräsentationen und Revisionen von innen und von außen zu unterschiedlichen historischen Momenten prägen. Die Ausführungen in den einzelnen Kapiteln vermitteln zusammen mit den Angeboten zur Vertiefung und den bibliographischen Hinweisen das breite interdisziplinäre Spektrum der Amerikastudien und sollen zum weitergehenden Selbststudium motivieren. Die Offenheit der Amerikanistik/American Studies für grenzüberschreitende Perspektiven, innovative Fragestellungen und neue Materialien bietet vielfältige Ansatzpunkte für die beständige Erweiterung und Veränderung des Faches und seiner zukünftigen Zielsetzungen.

Die bibliographische Dokumentation der Einführung in die Amerikanistik/American Studies konzentriert sich in Zeiten des Internets und zunehmend elektronisch zugänglicher Bibliotheken und Archive auf eine Auswahl unmittelbar relevanter Hilfsmittel und Materialien, zentraler Nachschlage- und Standardwerke, fachhistorisch signifikanter Publikationen zu einzelnen Arbeits- und Themenfeldern sowie bibliographisch weiterführender Titel. Die Bibliographie am Ende des Bandes (vgl. auch http://www.metzlerverlag.de/02151) ist nach den Großkapiteln 1 bis 8 strukturiert; darüber hinaus sind die Literaturangaben für die Kapitel 3 und 8 gemäß den Abschnitten 3.1 bis 3.6 bzw. 8.1 bis 8.9 weiter untergliedert. Die Marginalien innerhalb der Literaturhinweise zu einzelnen Groß- bzw. Teilkapiteln dienen der inhaltlichen Orientierung und erleichtern eine rasche Suche. Die im Text der Kapitel selbst aufgeführten Webseiten werden in der Bibliographie nicht wiederholt.

Die Einführung in die Amerikanistik/American Studies hat im Laufe ihrer Planung und Fertigstellung vielfältige und unentbehrliche Unterstützung erfahren. Die Universität Regensburg bietet institutionell und persönlich ein Umfeld, in dem die wissenschaftliche Beschäftigung mit Amerika vorangebracht werden kann. Mein besonderer Dank gilt den Regensburger Kollegen Stephan Bierling, Volker Depkat und Edgar Schneider für die kritische Lektüre einzelner Kapitel und für die zahlreichen wertvollen Hinweise und Anregungen. Meinen Mitarbeiterinnen Ingrid Gessner, Birgit Bauridl und Susanne Leikam danke ich für die vielen kompetenten Ratschläge zu Konzeption, Inhalt und Gestaltung des Bandes und für die unverzichtbare Hilfe und Geduld bei Korrekturen und technischen Fragen. In unterschiedlichen Phasen der Arbeit halfen Karin Amann, Katharina Eymann, Gerlinde Groitl, Alexandra Herzog, Veronika Hofstätter, Veronika Jungbauer und Klara Stephanie Szlezak großartig und unermüdlich mit. Im Sekretariat des Regensburger Lehrstuhls für Amerikanistik/American Studies waren Petra Bruer-von Tippelskirch und Elisabeth Biebl mehr als einmal der ruhende Pol. Ute Hechtfischer in der Programmleitung des Metzler Verlags begleitete das Projekt mit viel Verständnis, stets konstruktiver Kritik und Humor. Mein Dank gilt an dieser Stelle auch Kollegen und Weggefährten in den Amerikastudien auf beiden Seiten des Atlantiks, mit denen ich zu unterschiedlichen Zeitpunkten und in unterschiedlichen Kontexten zusammenarbeiten durfte und die mein Verständnis unseres Faches wesentlich geprägt haben, darunter besonders John W. Aldridge, Helmbrecht Breinig, Emory Elliott, Winfried Fluck, Peter Freese, Hans-Jürgen Grabbe, Winfried Herget, Alfred Hornung, Michael Kammen, Anne Koenen, Rüdiger Kunow, Werner Sollors. Eine Einführung in die Amerikanistik/American Studies ist letztlich nicht denkbar ohne die zahllosen Momente der persönlichen Begegnung mit Land und Menschen in Amerika in den vergangenen Jahrzehnten.

Gewidmet ist das Buch Christine und Tobias – »Forever Young« (Bob Dylan).

Regensburg, im September 2008   Udo J. Hebel

1. Fachkonzeptionen, Materialien, Studienangebote

1.1 | Amerikanistik/American Studies als interdisziplinäre Kulturwissenschaft

1.1.1 | Konzeptionen und Definitionen

Amerikanistik/Amerikastudien: »What's in a Name?« – mit dieser Frage lenkt Janice Radway Ende der 1990er Jahre in einer Rede als Präsidentin der American Studies Association die Aufmerksamkeit auf die für jede wissenschaftliche Disziplin unabdingbare Reflexion über Zielsetzungen, Materialien und Theorien. Die Klärung des **fachwissenschaftlichen Selbstverständnisses** gehört seit den Anfängen zu den wichtigsten Fragen des Fachs, das in Deutschland mit unterschiedlichen Implikationen als Amerikanistik, Amerikastudien oder American Studies bezeichnet wird. Der erste Band des *Jahrbuch für Amerikastudien* der Deutschen Gesellschaft für Amerikastudien (DGfA) präsentiert Ausgangspunkte, Perspektiven und Möglichkeiten für die damals noch neue Disziplin, wobei Arnold Bergsträsser (1956) in einem programmatischen Beitrag eine **kulturwissenschaftlich-interdisziplinäre Integration** der amerikabezogenen Einzelwissenschaften fordert. In seiner *Einführung in das Studium der Amerikanistik* aus dem Jahr 1970 verwendet Klaus Lubbers die terminologische Differenzierung zwischen Amerikanistik und Amerikastudien zur Positionierung und inhaltlichen Beschreibung des Fachs:

- **Amerikanistik** bezeichnet als Analogiebildung zu Philologien wie Anglistik, Germanistik, Romanistik den universitären Studiengang und impliziert herkömmlicherweise ein Verständnis des Faches als »Wissenschaft von Sprache und Literatur der Vereinigten Staaten von Amerika« (S. 1).
- **Amerikastudien** projiziert in Anlehnung an die englischsprachige Bezeichnung American Studies »eine außerordentliche Horizonterweiterung« und betont die Konzeption der Disziplin als »synthetisches, interdisziplinäres Kulturfach« (S. 3).

American Studies: Definitionen aus dem Umfeld der American Studies-Bewegung in den USA (s. Kap. 8.1) verdeutlichen die **fächerübergrei-**

Interdisziplinäre
Kulturwissenschaft

fend **kulturwissenschaftliche Konzeption** des Fachs und die Zielsetzung der Beschäftigung mit der Gesamtheit und Vielfalt der kulturellen Produktionen, Prozesse und Institutionen in den USA. Das Angebot an Definitionen von American Studies ist so divers wie das wissenschaftliche Feld selbst und differenziert sich im Laufe der Fachgeschichte beständig weiter aus. Bereits die grundlegenden Definitionen heben die **ganzheitlich kulturwissenschaftliche und kulturhistorische Perspektive** hervor: »the study of American culture, past and present, as a whole« (Smith 1957, S. 197). Konsequenterweise definieren sich die American Studies als ein **Kooperationsfeld unterschiedlicher Fächer und Programme**. Seit den 1960er Jahren verstärkt sich in den American Studies in den USA der mit dem umfassend kulturwissenschaftlichen und kulturhistorischen Ansatz verbundene **gesellschaftspolitische Impetus** oftmals zu einem aktivistischen Engagement außerhalb der akademisch-wissenschaftlichen Tätigkeit für eine angemessene Repräsentation der unterschiedlichen Gruppen und Interessen in der U.S.-amerikanischen Geschichte und Gesellschaft.

Zum Begriff

→ **American Studies** »is a joint, interdisciplinary academic endeavor to gain systematic knowledge about American society and culture in order to understand the historical and present-day meaning and significance of the United States.« (Fluck/Claviez 2003, S. ix)

Amerikanistik/
American Studies

Die Doppelung **Amerikanistik/American Studies** im Titel zum vorliegenden Band trägt einerseits gängigen Fächer- und Studiengangklassifikationen an deutschen Universitäten Rechnung (s. Kap. 1.3), betont jedoch andererseits vor allem die mit der Bezeichnung American Studies bzw. Amerikastudien verbundene interdisziplinäre Grundlegung und kulturwissenschaftliche Ausrichtung der Disziplin in Forschung und Lehre.

Kulturwissenschaft: Die kulturwissenschaftliche Grundausrichtung geht auf die Entstehung der Disziplin als **Synthese aus geistes- und sozialwissenschaftlichen Ansätzen** in den USA in den 1930er Jahren zurück (s. Kap. 8.1). Sie setzt kulturhistorische Traditionen einer Geistes- und Mentalitätsgeschichte fort (vgl. Burke 2004) und antizipiert schon in der Frühphase Fragestellungen und Perspektiven der Kulturwissenschaften bzw. Cultural Studies seit den 1980er Jahren (vgl. Assmann 2006; Fauser 2006; Bachmann-Medick 2006, ²2004; Nünning/Nünning 2008; Böhme 2000; Hansen ²2000 sowie Kap. 8.5). In seinem Beitrag »Culture and Cultural Studies« zur *Encyclopedia of American Studies* schreibt Barry Shank: »American studies has continued to rely on the **concept of *culture* as a foundational term** despite there being surprisingly little internal agreement about what the term precisely means« (2001, S. 443). Exklusive und hierarchische Vorstellungen von Kultur, z.B. in Sinne von Matthew Arnolds vielzitierter Definition als »the best that has been known and said in the world« (1869), werden durch **emanzipatorisch-demokratische Kon-**

zeptionen im Sinne der American Culture Studies ersetzt (s. Kap. 8.3). Besonders einflussreich sind kulturanthropologische Beschreibungen in der Nachfolge des Anthropologen Edward B. Tylor und dessen Definition von Kultur als »that complex whole« (1871). Eine Übersicht über anthropologische Ansätze und Definitionen bietet Adam Kuper in *Culture: The Anthropologists' Account* (1999).

> »The concept of → culture I espouse [...] is essentially a semiotic one. Believing, with Max Weber, that man is an animal suspended in webs of significance he himself has spun, I take culture to be those webs, and the analysis of it to be therefore not an experimental science in search of law but an interpretive one in search of meaning.« (Geertz 1973, S. 5)

Zum Begriff

Kultursemiotik

Nach den kultursemiotischen Ansätzen von Clifford Geertz (1973) und James Clifford (1988) wird die Gesamtheit einer Kultur als ein engmaschiges **Netz aus Zeichen und symbolischen Verweiszusammenhängen** unterschiedlichster Formen und Materialien verstanden. Der Begriff ›Kultur‹ beschreibt ein **dynamisches und vielstimmiges Feld,** das eine Vielzahl an Manifestationen kultureller Produktion und an Praktiken kulturellen Verhaltens umfasst. Textuelle Repräsentationen unterschiedlichster Formen und Gestaltungen, visuelle Dokumente unterschiedlichster Materialien und Techniken, musikalische Werke unterschiedlichster Arten, materielle Artefakte unterschiedlichster Größen und Nutzungsmöglichkeiten, performative Akte und soziale Verhaltensweisen, Rituale, Feiern, natürliche und künstlich geschaffene Räume u.v.a.m. sind gleichermaßen Teil einer Kultur und Untersuchungsgegenstände kulturwissenschaftlicher Interpretationen.

Interdisziplinarität: Die kulturwissenschaftlich-interdisziplinäre Konzeption der Disziplin bedingt in der Praxis amerikanistischer Forschung und Lehre eine **Vielfalt an theoretisch-konzeptionellen Ansätzen** (s. Kap. 8) sowie eine **Diversität an Arbeitsfeldern und Untersuchungsgegenständen** (s. Kap. 1.2). Seit der Etablierung der Amerikanistik/American Studies zählen Fragestellungen, Methoden und Materialien aus den Bereichen der Geschichtswissenschaft, Literaturwissenschaft, Politikwissenschaft, Kulturgeographie, Kulturanthropologie, Sprachwissenschaft, Kunstgeschichte, Religionsgeschichte, Wirtschaftswissenschaft u.a.m. zum Kernbereich amerikanistischer Arbeiten. Im Zusammenhang neuerer theoretischer Entwicklungen und mit dem Aufbau transdisziplinärer Arbeitsgebiete wie z.B. Gender Studies, Ethnic Studies, Film Studies, Visual Culture Studies, Material Culture« Studies ergeben sich weitere **interdisziplinäre Verbindungen**, die zu einem umfassenden, historisch perspektivierten und kritisch informierten Verständnis Nordamerikas bzw. der USA beitragen.

Zum Begriff

Die wissenschaftliche Disziplin der → **Amerikanistik/American Studies** dokumentiert und interpretiert die multiethnische und multilinguale Diversität nordamerikanischer Kulturen in deren sozialen, regionalen, nationalen und globalen Ausprägungen und Vernetzungen von der Kolonialzeit bis in die unmittelbare Gegenwart. Als interdisziplinäre Kulturwissenschaft beschäftigt sie sich mit der Vielfalt an textuell-verbalen, visuellen, materiellen, performativen, musikalischen, medialen und virtuellen Darstellungen und Interpretationen von ›America‹ aus fachwissenschaftlich unterschiedlichen Perspektiven und mit fachlich je spezifischen Theorien und Methoden. Ziel amerikanistischer Lehre und Forschung ist ein historisch informiertes, kulturell differenziertes und wissenschaftlich-kritisch reflektiertes Verständnis Nordamerikas und besonders der USA sowohl aus der Innen- als auch aus der Außenperspektive. Im Kontext der ständig zunehmenden Internationalisierung der Amerikastudien kommt transnationalen Ansätzen und interkulturell-komparativen Fragestellungen besondere Bedeutung zu.

Einführungsliteratur: Die Breite der Amerikanistik/American Studies hat dazu geführt, dass **neuere englischsprachige Einführungsbände** häufig als Anthologien konzipiert werden, um der Diversität der kulturwissenschaftlichen Materialien und theoretischen Ansätze eher gerecht werden zu können (vgl. Radway et al. 2008; Temperley/Bigsby 2006; Campbell/Kean ²2006; Horowitz 2001; Hartley/Pearson 2000). Seit Klaus Lubbers' *Einführung in das Studium der Amerikanistik* (1970) sind im **deutschsprachigen Bereich** Einführungen mit literaturwissenschaftlichem Schwerpunkt und gemeinsame Einführungen in Anglistik und Amerikanistik erschienen (vgl. bes. Meyer ³2008; Böker/Houswitschka ²2007; Klarer ⁵2007; Humphrey/Nünning 2007; Nünning/Nünning 2006; Nünning/Jucker 1999; Gelfert 1998).

1.1.2 | Räumliche, zeitliche und sprachliche Koordinaten

Raum als Bezugskategorie

Die grundlegende Bezugskategorie der Amerikanistik/American Studies ist der geographische Raum als **Feld historischer, politischer, gesellschaftlicher und kultureller Prozesse und Produktionen** unterschiedlichster Art (s. Kap. 2).

›America‹: Die Beschreibung des geographisch-räumlichen Bezugsrahmens der ›Amerika‹-Studien hängt unmittelbar mit dem Verständnis des gleichermaßen geographischen, politischen und ideologischen Begriffs ›America‹ bzw. ›American‹ zusammen. Die Bezeichnung ›America‹ findet sich zum ersten Mal 1507 auf der Weltkarte des Freiburger Kartographen Martin Waldseemüller (s. Kap. 3.2.1). Waldseemüller platziert den neuen Namen auf der Abbildung des südlichen Kontinents und etabliert damit einen **hemisphärischen Bezugsrahmen** für den Begriff ›America‹.

Eine Verwendung des Begriffs ›America‹ zur Benennung der europäisch kolonisierten Gebiete in **Nordamerika** dokumentiert an der Wende vom 17. zum 18. Jh. der neuengländische Puritaner Cotton Mather in seinem historiographischen Monumentalwerk *Magnalia Christi Americana* (1702). Zur Mitte des 18. Jh.s bezeichnet ›Americans‹ aus europäischer Sicht nicht mehr die indigene Bevölkerung der ›Neuen Welt‹ sondern die Kolonisten in den von Großbritannien dominierten Gebieten in Nordamerika. Nach der Unabhängigkeitserklärung der **United States of America** 1776 verschmelzen geographische und politisch-nationalstaatliche Bezugsrahmen und die synonyme Verwendung von America/USA bzw. American/U.S.-American lässt den ursprünglich hemisphärisch-deskriptiven Begriff zu einer nationalstaatlich-ideologischen und symbolisch multifunktionalen Projektionsfläche werden.

›America‹ als
Projektionsfläche

»For some scholars, the word ➔ *America* refers to a geographic site, a locale that could be fixed on a map. Unfortunately, it rarely is. It might be as large as both halves of the Western Hemisphere, only the northern half, or the portion that lies roughly between the forty-ninth parallel and the Rio Bravo. For other scholars (or the same ones on different occasions), *America* is a political designation, a shorthand for the jurisdiction of the United States of America (and the governments that it has subsumed). For yet other scholars or purposes, *America* is a symbol, a social construction that people associate with a geopolitical terrain. It is their sense of the place. It is a concocted, contestable, and mobile entity, more like a set of beliefs or ways of life than a tangible or legal object. It might be bounded by nothing more substantial than sentiment (or as Alexis de Tocqueville would have it, a »habit of the heart«), with familiarity on one side and estrangement on the other. Its contents can be shaped not only by topography, law, and power but also by word-of-mouth, ritual, the circulation of goods, arts, amusements, flights of fancy, and acts of will. This is the sense of the word to which more plainly controversial terms such as *Americanism* or *Americanization* appeal. Given this variation in usage, whether defined spatially, politically, or symbolically, the ›America‹ that American studies scholars aim to understand is itself an elusive target.« (Horwitz 2001, S. 113)

Zum Begriff

Neue Fachbezeichnungen und neue Perspektiven: Die Projektion ›America/USA‹ spiegelt sich in der Fachbezeichnung ›American Studies‹, welche die historischen, politischen und kulturellen Wirklichkeiten auf dem nordamerikanischen Kontinent bzw. in der westlichen Hemisphäre verdeckt. Neuere Fachbezeichnungen wie z. B. **Atlantic Studies, Pacific Studies, Hemispheric Studies** oder **Inter-American Studies** versuchen seit den 1990er Jahren, im Zusammenhang von Globalisierungsdebatten und Migrationsforschungen den komplexen historischen Entwicklungen, politischen Veränderungen, symbolischen Zuschreibungen und interkulturellen Übergängen innerhalb und außerhalb des einst von Waldseemüller als ›America‹ bezeichneten geographischen Großraums terminologisch gerecht zu werden (s. Kap. 8.9). Ziel dieser Neuschöpfungen ist die Überwindung der durch die Fachbezeichnung suggerierten Privilegierung der U.S.-amerikanischen Geschichte und Nationalideologie. Unabhängig von ihrer jeweiligen räumlichen Ausrichtung akzentuieren diese Bezeichnungen und die mit ihnen verbundenen Ansätze die Bedeutung transnationaler Perspektiven auf die politischen, wirtschaftlichen und kulturellen Relationen der USA jenseits ihrer nationalstaatlichen Grenzen und geographischen Begrenzungen.

Kanadistik/Kanadastudien: In Deutschland betont seit längerem die Fachbezeichnung **Nordamerikastudien/North American Studies** den Zusammenhang des nordamerikanischen Kontinents als Ausgangspunkt und Rahmen für die wissenschaftliche Beschäftigung mit den USA und Kanada (sowie z. T. auch Mexiko). Zugleich hat sich eine eigene Disziplin Kanadistik/Kanadastudien etabliert, welche die historische, politische und kulturelle **Eigenständigkeit Kanadas** gegenüber den USA hervorhebt und die wissenschaftliche Beschäftigung mit Kanada nicht gänzlich unter der Rubrik Nordamerikastudien aufgehoben sehen möchte (vgl. Braun/ Klooß 1994; Groß et al. 2005; Pache 1981; Sautter 2007).

Fokus auf USA: Die vorliegende Einführung in die Amerikanistik/ American Studies konzentriert sich auf den Teil von ›America‹, der heute das Staatsgebiet der USA umfasst. Diese Konzentration verkennt nicht die Bedeutung räumlich weiter ausgespannter Relationen, Konzeptionen und Perspektiven; vielmehr betrachtet sie gerade angesichts der globalen Vernetzungen und der weltweiten Machteinflüsse U.S.-amerikanischer Politik, Wirtschaft und Kultur das **Verständnis der USA in Vergangenheit und Gegenwart** als unabdingbare Voraussetzung und Grundlage für transnationale Ansätze und komparative Perspektiven (s. Kap. 8.9).

Historische Zeiträume

Anfänge: Die Frage nach der historisch-zeitlichen Erstreckung der Fragestellungen und Untersuchungsgegenstände der Amerikanistik/American Studies korrespondiert mit der Frage nach dem **Beginn einer ›amerikanischen‹ Geschichte**. Ungeachtet der weltpolitischen und kulturhistorischen Bedeutung des Jahres 1492 entdeckt Christoph Kolumbus keine ›neue Welt‹, sondern die Ankunft der spanischen Schiffe in der Karibik leitet die europäische Kolonisation der zu diesem Zeitpunkt politisch, wirtschaftlich und kulturell hoch entwickelten westlichen Hemisphäre ein. Auch die ersten Reisen und Siedlungen europäischer Kolonisten in Nordamerika im

16. und 17. Jh. eignen sich kaum zur Fixierung eines bestimmten Anfangs für die wissenschaftliche Beschäftigung mit Nordamerika. So signifikant diese Anfänge für die jeweiligen Gruppen und für die multiethnische Geschichte Nordamerikas bzw. der USA sind, so privilegieren sie jeweils nur einen Anfang und eine kulturelle Ausrichtung unter mehreren.

Die Etablierung der ersten dauerhaften englischen Kolonien an der nordamerikanischen Ostküste zu Beginn des 17. Jh.s dient lange Zeit zur Markierung des Beginns einer ›amerikanischen‹ Geschichte. Festlegungen dieser Art dokumentieren die herkömmliche **Dominanz anglozentrischer Perspektiven, Geschichtsinterpretationen und Identitätskonstruktionen**. Dabei werden sowohl die Zeugnisse der Kulturen der indigenen Bevölkerung als auch die kulturelle Produktion spanischer, portugiesischer, französischer, niederländischer, schwedischer oder deutscher Kolonisten und Migranten marginalisiert.

Anglozentrische Festlegungen

Altamerikanistik: Die präkolumbianische Zeit bleibt weitgehend eine Domäne der Archäologie und Kulturanthropologie. In Deutschland fällt sie in das Arbeitsgebiet der Altamerikanistik, wobei traditionell die Kulturen Mittel- und Südamerikas mehr Berücksichtigung finden als die Kulturen auf den Staatsgebieten der heutigen USA und Kanadas (vgl. Prem 1989; Köhler 1990; Siemes et al. 2006). Im Zuge der multikulturellen Reorientierungen der Amerikanistik/American Studies und der Kanonrevisionen seit den 1980er Jahren (s. Kap. 8.6 und 8.7) erhalten präkolumbianische Kulturen und ihre Weiterwirkung insbesondere durch die Beschäftigung mit den oralen Traditionen der indianischen Bevölkerung mehr Aufmerksamkeit.

Zeugnisse präkolumbianischer Kulturen in Anthologien

Zur Vertiefung

Wie sehr sich z. B. das traditionelle Bild einer ›amerikanischen‹ Literatur- und Kulturgeschichte gewandelt hat, zeigt sich exemplarisch in der veränderten Gestaltung eines der wichtigsten und weitestverbreiteten Arbeitsmittel der Amerikanistik/American Studies – *The Norton Anthology of American Literature* (vgl. Baym et al. [7]2007). Noch in der dritten Ausgabe 1989 beginnt die Anthologie mit dem Abschnitt »Early American Literature 1620–1820« und darin mit einem Text des englischen Kolonisten John Smith über seine Reisen nach Virginia zu Beginn des 17. Jh.s. Die nachfolgenden Ausgaben der Jahre [4]1994, [5]1998, [6]2003 und [7]2007 schließen zum einen Zeugnisse der mündlichen, die präkolumbianischen Traditionen bewahrenden Kulturen der indigenen Bevölkerung und zum anderen die frühen Texte europäischer Reisender und Eroberer ein und vermitteln somit ein historisch und kulturell differenzierteres Bild der Geschichte Nordamerikas.

Fokus der Einführung: Der vorliegende Band konzentriert sich auf den Zeitraum vom Ende des 15. Jh.s bis in die unmittelbare Gegenwart. Er orientiert sich dabei an den Fachtraditionen der Amerikanistik/American

Studies sowie an den institutionellen Gegebenheiten und kurrikularen Erfordernissen an deutschen Universitäten. Die präkolumbianische Zeit wird im ersten Teilkapitel des Überblicks über die Kulturgeschichte vorgestellt (s. Kap. 3.1). Studierenden der Amerikanistik/American Studies wird für die persönliche Handbibliothek eine Dokumentensammlung (z. B. Breidlid et al. [2]2008; Widder/Bergmann [2]2007; Heffner [7]2002; Boller/Story [6]2005; Commager/Cantor [10]1988) und eine Gesamtdarstellung der Geschichte der USA bzw. Nordamerikas (z. B. Boyer [6]2008; Depkat 2008; Heideking/Mauch [6]2008; Norton [8]2007; Tindall/Shi [7]2007) empfohlen (zu weiteren Literaturhinweisen s. Abschnitt 9.3.0 im Literaturverzeichnis). Die Internetseiten »AMDOCS: Documents for the Study of American History« (www. vlib.us/amdocs) und »The Avalon Project at Yale Law School« (www.yale. edu/lawweb/avalon) bieten umfangreiche Quellensammlungen.

Sprache(n)

Anglophonie vs. Multilingualität: Traditionell stehen in amerikanistischer Forschung und Lehre englischsprachige Dokumente im Mittelpunkt. Dies geht zum einen auf die **historische und kulturelle Dominanz der englischen Sprache** in Nordamerika und vor allem in den USA zurück, zum anderen auf die ursprünglichen Verbindungen zwischen der American Studies-Bewegung und den English Departments an U.S.-amerikanischen Hochschulen. Die Einbindung amerikanistischer Lehrangebote in die Lehramtsausbildung für das Schulfach Englisch an deutschen Universitäten unterstützt die nahezu ausschließliche Behandlung ›amerikanischer‹ Literatur in englischer Sprache. Diese Privilegierung englischsprachiger Texte und anglophoner Kulturen steht im Widerspruch zu den **historischen und sprachlichen Realitäten in Nordamerika**. Sowohl die Diversität der Sprachen der indigenen Bevölkerung (s. Kap. 4.1) als auch die Vielfalt der Sprachen der Einwanderer von der frühen Kolonialzeit bis in die unmittelbare Gegenwart (s. Kap. 4.2) dokumentiert die **Multilingualität auf dem nordamerikanischen Kontinent**. Die offizielle Zweisprachigkeit Kanadas und die Zunahme der Bedeutung des Spanischen in den USA illustrieren die politische und kulturelle Bedeutung von Multilingualität.

Amerikanistische Forschung und Lehre werden den multilingualen Traditionen der multiethnischen Gesellschaft der USA zukünftig in größerem Maße Rechnung tragen. Neuere transnationale Perspektiven und Forschungsansätze erhöhen die Bedeutung dieser Themen- und Arbeitsbereiche, wie das von Heike Paul und Werner Sollors herausgegebene Themenheft *Multilingualism and American Studies* der Zeitschrift *Amerikastudien/American Studies* (51.1/2006) verdeutlicht. Für Studierende der Amerikanistik/Amerikastudien wird dies bedeuten, dass vor allem **fremdsprachliche Kompetenzen in Spanisch und Französisch** hilfreich sein werden und in einem kulturwissenschaftlichen und kulturhistorischen Rahmen **sprachwissenschaftlichen und sprachpolitischen Fragestellungen und Themen** mehr Beachtung zukommt.

1.2 | Arbeitsfelder und Materialien

Das kulturwissenschaftliche Grundverständnis der Amerikanistik/American Studies bedingt eine große Breite an interdisziplinären Arbeitsfeldern und eine Vielfalt an kulturhistorisch relevanten Untersuchungsgegenständen. In den folgenden Abschnitten wird ein Überblick über Materialien, Repräsentationsformen und Signifikationssysteme gegeben, welche die historischen, politischen, gesellschaftlichen und kulturellen Prozesse, Machtverhältnisse und Lebenswirklichkeiten in den USA in Vergangenheit und Gegenwart abbilden und diese in ihren Veränderungen und Kontroversen mitbestimmen. Die umfassendste Dokumentation amerikanistischer Arbeitsgebiete enthält die *Encyclopedia of American Studies* (Kurian 2001), die unter der Gesamtherausgeberschaft von Miles Orvell aktualisiert wird und im Internet über http://eas-ref.press.jhu.edu zugänglich ist.

Encyclopedia of
American Studies

1.2.1 | Hilfsmittel: Bibliothekskataloge, Bibliographien, Internetportale

Die Vielfalt an Primärmaterialien und die ebenso umfangreiche Forschungs- und Sekundärliteratur erschließen sich mit Hilfe von Bibliothekskatalogen, Bibliographien und Internetportalen. Auch für amerikanistische Forschung und Lehre sind die beiden folgenden **Bibliothekskataloge** zentral:

- **Karlsruher Virtueller Katalog (KVK):** Zugang zu **Bibliotheksbeständen** in Deutschland und weltweit (vgl. www.ubka.uni-karlsruhe.de/kvk.html)
- **Library of Congress Online Catalog:** verzeichnet die Bestände der größten Bibliothek der Welt und ermöglicht über die Schlagworteinträge (subject headings) zu einzelnen Titeln weiterführende bibliographische Recherchen (vgl. http://catalog.loc.gov)

Bibliotheks-
kataloge

Zu den wichtigsten, über die Universitätsbibliotheken zugänglichen **Bibliographien** im Bereich der Amerikanistik/American Studies zählen:

- **America: History and Life:** Bibliographie zu Forschungsliteratur zur Geschichte und zu den Kulturen Nordamerikas
- **MLA International Bibliography:** Bibliographie der Modern Language Association of America (MLA) zu Sekundärliteratur vor allem aus dem Bereich der Literatur- und Sprachwissenschaften
- **ProQuest Dissertations and Theses Database:** Verzeichnis von Dissertationen und Abschlussarbeiten besonders an nordamerikanischen und britischen Hochschulen

Bibliographien

Primär- und Sekundärmaterialien sowie Fachdatenbanken und weiterführende Links sind in wachsendem Maße frei oder kostenpflichtig über **Internetportale** zugänglich, darunter insbesondere:

- **American Studies Association (ASA):** umfassende Plattform für amerikanistische Forschung und Lehre, u. a. mit »The Guide to American

Internetportale

Studies Resources«, »International Journals Directory« und »Crossroads« in den Rubriken »Publications« und »Resources« (www.theasa.net)
- **Virtual Library of Anglo-American Culture:** umfangreiches fachspezifisches Internetportal an der Niedersächsischen Universitäts- und Staatsbibliothek Göttingen mit Links zu Bibliotheksverbundkatalogen, digitalen Textkorpora, Datenbanken u. a. m. (vgl. www.sub.uni-goettingen.de/vlib)
- **American Memory Collection:** virtuelle Bibliothek und virtuelles Archiv der Library of Congress in Washington, DC, u. a. auch mit Fotografien, Musik, Stummfilmen, Werbungen (vgl. http://memory.loc.gov)
- **JSTOR, ProQuest, Project Muse, EBSCOhost, LexisNexisAcademic, Periodicals Index Online:** Zugänge zu digitalisierten Zeitschriften und Buchpublikationen (vgl. www.jstor.org; www.proquest.com; http://muse.jhu.edu; www.ebscohost.com; www.lexisnexis.com/us/lnacademic; http://pio.chadwyck.co.uk)
- **Elektronische Zeitschriftenbibliothek** (EZB/Universität Regensburg): Kooperationsprojekt von Bibliotheken weltweit für den Zugang zu elektronisch verfügbaren wissenschaftlichen Zeitschriften (vgl. http://rzblx1.uni-regensburg.de/ezeit)

Die Datenbank »**About the USA**« (http://usa.usembassy.de) der U.S-amerikanischen Botschaft in Berlin ist eine digitale Datenbank und Informationsquelle zu Geographie, Geschichte, Gesellschaft, Politik, Wirtschaft, Medien und Kultur der USA.

1.2.2 | (Literarische) Texte

Die Geschichte und Entwicklung des Fachs auf beiden Seiten des Atlantiks (s. Kap. 1.3 und 8) führt dazu, dass Texten lange Zeit eine Sonderrolle innerhalb der Materialien der Amerikanistik/American Studies zukommt. In den kulturwissenschaftlichen Theoriediskussionen seit den 1980er Jahren wird der Literatur ebenfalls eine spezifische Signifikanz als **kulturell besonders aussagekräftige und wirkmächtige Repräsentationsform** zugesprochen (s. Kap. 8.6). Die in der amerikanistischen Literaturwissenschaft neuerdings wieder stärker betonte Bedeutung ästhetischer Fragestellungen (s. Kap. 8.8) unterstreicht auf ihre Weise die Position literarischer Texte in amerikanistischer Forschung und Lehre. Zu literaturtheoretischen Ansätzen und literaturwissenschaftlichen Methoden sowie ausführlichen Literaturhinweisen vgl. die Einführungsbände Meyer [3]2008; Böker/Houswitschka [2]2007; Klarer [5]2007; Nünning/Nünning 2006; Barry [2]2002; sowie die umfassenderen Darstellungen in Nünning [4]2008; Wolfreys [2]2006, 1999; Groden et al. [2]2005; Schneider 2004; Ludwig 2003; Leitch 2001; Lentricchia/McLaughlin [2]1995. Die Reihe »New Critical Idiom« (London: Routledge) bietet Bände zu einzelnen literaturtheoretischen und literaturwissenschaftlichen Phänomenen und Fragestellungen.

Extensiver Textbegriff: In der amerikanistischen Literaturwissenschaft herrscht seit den Anfängen der Disziplin ein weit gefasster, extensiver Text- und Literaturbegriff vor. Konventionelle Genreklassifikationen ziehen den historischen Entwicklungen und multiethnischen Traditionen nordamerikanischer bzw. U.S.-amerikanischer Literaturen z.T. unangemessene Grenzen. **Autobiographische Texte, Reiseberichte, Predigten, Reden, politische Dokumente, historiographische Darstellungen, journalistische Texte** u.a.m. gehören ebenso zum literaturwissenschaftlichen und literaturhistorischen Grundbestand der Amerikanistik/American Studies wie **fiktionale, dramatische und lyrische Texte**. Vormals schwieriger erreichbare Dokumente aus unterschiedlichen Diskursbereichen und kulturgeschichtlichen Kontexten wie z.B. politische Reden oder Originaltexte der Kolonialzeit sind durch Digitalisierungen z.T. frei über das Internet, z.T. über die Bibliotheksportale der Universitäten zugänglich geworden. So enthält die **Datenbank »American Rhetoric«** (vgl. www.americanrhetoric.com) ein Archiv von mehr als 5000 Reden von der Kolonialzeit bis in die unmittelbare Gegenwart in Text- und Audio- bzw. Videoversionen. Die **Datenbank »Early American Imprints«** (vgl. http://infoweb.newsbank.com) stellt Faksimilereproduktionen der Originale nahezu aller gedruckten Texte von den 1630er Jahren bis ins frühe 19. Jh. zur Verfügung und ist in Deutschland durch die Förderung der Deutschen Forschungsgemeinschaft (DFG) über ein Universitätsnetz bzw. über wissenschaftliche Bibliotheken zugänglich.

Im Zuge der Kanonrevisionen seit den 1980er Jahren hat sich das Spektrum an literarischen Texten weiter diversifiziert und vor allem um die zuvor eher marginalisierten **Texte von Frauen und ethnischen Autoren** erweitert. Die Berücksichtigung von Dokumenten der **mündlichen Traditionen** (oral traditions) z.B. der nordamerikanischen Indianer modifiziert in anderer Weise herkömmliche Text- und Literaturbegriffe. Die Privilegierung englischsprachiger Texte in der amerikanistischen Literaturwissenschaft wird durch die stärkere Berücksichtigung **multilingualer Traditionen** aufgebrochen (s. Kap. 1.1.2).

Kanonrevision

Anthologien und Textausgaben: Studierenden erschließt sich die literarische Vielfalt über die an deutschen wie nordamerikanischen Universitäten gleichermaßen gebräuchlichen Anthologien, unter denen *The Norton Anthology of American Literature* (Baym et al. [7]2007; vgl. www.wwnorton.com/naal) die traditionsreichste und wahrscheinlich weitestverbreitete ist. Die *Heath Anthology of American Literature* (Lauter [6]2008-2009) trägt mit ihrer ersten Ausgabe 1990 maßgeblich zur Revision und Differenzierung von Literaturanthologien bei. Mittlerweile liegt eine große Zahl an thematisch fokussierten Textsammlungen vor, z.B. u.a. zur indianischen Literatur (Trout 1999), zur afroamerikanischen Literatur (Gates/McKay [2]2004; Hill et al. 1998), zur hispanischen Literatur der USA (Kanellos et al. 2002), zur Multilingualität und Multikulturalität der U.S.-amerikanischen Literaturen (Sollors 2004; Sollors/Shell 2000; Beaty/Hunter 1994), zur Literatur von Frauen (Hogeland et al. 2004/2008; Gilbert/Gubar [2]1996), zu autobiographischer Literatur (Sayre 1994).

Die bisher in nahezu 200 Bänden vorliegende, ständig erweiterte Reihe »Library of America« (vgl. www.loa.org) strebt eine möglichst umfassende Dokumentation der U.S.-amerikanischen Literatur in verlässlichen Editionen an und stellt die umfangreichste Sammlung ihrer Art dar. Verlässliche Textausgaben und Studienbücher bieten z. B. auch die folgenden Reihen: Norton Critical Editions, The Bedford Series in History and Culture, Oxford World's Classics, The Schomburg Library und American Women Writers Series.

Literaturgeschichten und Nachschlagewerke: Die amerikanistische **Literaturgeschichtsschreibung** umfasst in diesem Kontext die literarisch-textuelle Produktion in ihrer kulturellen, ethnischen, regionalen und formalen Vielfalt von der frühesten Kolonialgeschichte bis in die Gegenwart. Für Studierende der Amerikanistik/American Studies sind gegenwärtig die englischsprachigen *Cambridge History of American Literature* (Bercovitch, 8 Bde., 1994–2005) und *Columbia Literary History of the United States* (Elliott 1988) sowie die deutschsprachige *Amerikanische Literaturgeschichte* (Zapf [2]2004) besonders zu empfehlen. Aus einer Vielzahl an **Lexika und Handbüchern** sind die umfassenden Werke von Nelson (2005), Serafin et al. (2003), Berkin (2002), Andrews et al. (2001), Engler/Müller (2000), Hart ([6]1995), Davidson et al. (1995) und Hornung (1992) von besonderer Bedeutung. Im Bereich der unmittelbaren Gegenwartsliteratur können **Literaturpreise** und **Rezensionen** als Orientierungshilfe auf dem literarischen Markt dienen und zum Ausgangspunkt für eigene literarische Kritik werden.

Literaturpreise und Rezensionsorgane

Zu den bedeutendsten literarischen Auszeichnungen in den USA zählen die jeweils in verschiedenen Kategorien verliehenen **Pulitzer Prizes** (vgl. www.pulitzer.org) und **National Book Awards** (vgl. www.nationalbook.org). Für Erzählliteratur wird ferner der **Pen/Faulkner Award** (vgl. www.penfaulkner.org) ausgelobt. Im Bereich von Drama und Theater werden der **Tony Award** (vgl. www.tonyawards.com) für Broadway-Stücke und der **Obie Award** (vgl. www.villagevoice.com/obies) für die eher experimentellen Stücke des sog. Off-Broadway vergeben.

Zu den bedeutendsten Rezensionsorganen für literarische Neuerscheinungen zählen *The New York Times Book Review* (auch als Sonntagsbeilage zu *The New York Times*) und *New York Review of Books.* Die Bestellerlisten des *New York Times Book Review* erlauben einen Einblick in die gegenwärtigen Publikumserfolge und in die Entwicklung des literarischen Markts. Retrospektive Zusammenstellungen bieten *80 Years of Bestsellers 1895–1875* (Hackett/Burke 1977) und Frank Motts *Golden Multitudes*: *The Story of Bestsellers in the United States* (1960).

Literarische Intermedialität: Die Offenheit der amerikanistischen Literaturwissenschaft für neue Repräsentationsformen und neuere Entwicklungen des literarischen Markts zeigt sich beispielhaft an der wachsenden Bedeutung sog. **graphischer Romane (graphic novels)**, die mit ihrer intermedialen Gestaltung in der Art von Comics konventionelle Vorstellungen von Literatur auflösen. Zu den bekanntesten Beispielen zählen Art Spiegelmans *MAUS* (1992) und *In the Shadow of No Towers* (2003), die sich mit dem Holocaust und den Terrorangriffen vom 11. September 2001 beschäftigen. Mit Ivan Brunettis *An Anthology of Graphic Fiction, Cartoons, & True Stories* (2006) liegt eine handbuchartige Sammlung vor. Populäre Publikationen wie Larry Gonicks *The Cartoon History of the United States* (1991) illustrieren in anderer Weise das kulturwissenschaftliche Potential solcher intermedialer Materialien. Intermediale Fragestellungen bestimmen auch die Interpretation von **Literatur- bzw. Romanverfilmungen**, die in den letzten Jahren nicht zuletzt durch die zeitnahe Adaption von erfolgreichen Romanen der Gegenwartsliteratur an Bedeutung gewonnen haben.

Ausgewählte Romanverfilmungen seit den 1990er Jahren

Zur Vertiefung

The Joy Luck Club (1993, Wayne Wang), nach dem Roman von Amy Tan (1989)

Beloved (1998, Jonathan Demme), nach dem Roman von Toni Morrison (1987)

Snow Falling on Cedars (1999, Scott Hicks), nach dem Roman von David Guterson (1994)

The Hours (2002, Stephen Daldry), nach dem Roman von Michael Cunningham (2000)

Cold Mountain (2003, Anthony Minghella), nach dem Roman von Charles Frazier (1997)

The Human Stain (2003, Robert Benton), nach dem Roman von Philip Roth (2000)

No Country for Old Men (2007, Ethan und Joel Coen), nach dem Roman von Cormac McCarthy (2005)

1.2.3 | Visuelle Materialien: Malerei, Fotografie, Film

Seit der sog. ›visuellen Wende‹ in den Geistes- und Kulturwissenschaften (s. Kap. 8.8) spielen visuelle Materialien und die Ansätze der sog. Bildwissenschaft (vgl. Schulz 2005) auch in den Amerikastudien eine noch bedeutendere Rolle. Schon die Studien der Myth and Symbol-Schule der 1950er und 1960er Jahre (s. Kap. 8.2) und die Populärkulturstudien seit den 1960er und 1970er Jahren (s. Kap. 8.4) beziehen Malerei, Fotografie, Filme, Cartoons, Comics und Architektur in ihre kulturhistorischen Analysen ein. Die Visual Culture Studies verleihen seit den 1990er Jahren der Interpretation von visuellen Materialien neuen Nachdruck und analysieren diese in stärkerem Maße als **kulturell und politisch wirkmächtige Konstruktionen** von kollektiven und nationalen Geschichten, Identitäten, Rollenbildern und Wertvorstellungen. Visualisierungen historischer Ereignisse und nationaler Ideologien werden zu **Ikonen** im kulturellen Signifikationssystem und besitzen eine spezifische Funktionalität in der

kulturellen Ikonographie der USA (vgl. Stepan 2006; Levine 2004; Orvell 2003; Hughes 1997). Überblicke über die Bedeutung von Filmstudien und weiterführende bibliographische Hinweise bieten die Aufsätze »American Studies and Film« von Jonathan Auerbach (2006) und »More Than Meets the Eye: Movies in American Studies« von Lauren Rabinowitz (2006). Zu Einführungen in Theorien und Methoden der Filmstudien vgl. Nelmes ([4]2007), Korte (2004), Faulstich (2002), Borstnar (2002). Zu den umfangreichsten Datenbanken visueller Dokumente, einschließlich z. B. früher Stummfilme und Fotografien, zählt die **American Memory Collection der Library of Congress** (vgl. www.memory.loc.gov/ammem).

Visualisierungen
nordamerika-
nischer Kultur-
geschichte

Kunst und Fotografie: Zur Verdeutlichung des kulturwissenschaftlichen und kulturhistorischen Potentials visueller Materialien zunächst eine Auswahl an Beispielen aus den Bereichen Kunst und Fotografie:

- **Petroglyphen** aus prä- und postkolumbianischer Zeit bewahren sowohl mythische Vorstellungen der indigenen Bevölkerung Nordamerikas als auch historische Momente der Konfrontation mit europäischen Eroberern.
- **Landkarten** geben neben geographisch-kartographischen Informationen einen Einblick in die Imaginationen und Appropriationen von ›America‹ zu bestimmten Zeitpunkten der Geschichte.
- **Visuelle Darstellungen der indigenen Bevölkerung Nordamerikas** zeigen die z. T. rassistisch-stereotypisierende, z. T. nationalideologisch verklärende Vereinnahmung der Indianer für unterschiedliche politische Zwecke (sog. symbolic Indians), von den Illustrationen von John White zu Thomas Harriots *A Brief and True Report of the New Found Land Virginia* (1588) über Gemälde von George Catlin, Charles Bird King, Tompkins Matteson, Karl Bodmer und Charles Schreyvogel im 19. Jh. bis zu den Fotografien von Edward Curtis an der Wende zum 20. Jh. und den Bildern indianischer Künstler der Gegenwart wie z. B. Fritz Scholder.
- **Portraits** illustrieren unterschiedliche Ansätze und Repertoires der Konstruktion von kollektiven bzw. nationalen Helden- und Identifikationsfiguren, von Darstellungen puritanischer Geistlicher des 17. Jh.s über Abbildungen von Protagonisten der Amerikanischen Revolution z. B. von John Singleton Copley bis zu ikonenhaften Bildern von Stars der zeitgenössischen Unterhaltungskultur wie z. B. Marilyn Monroe, Elvis Presley, Michael Jackson, Jennifer Lopez.
- **Gemälde von entscheidenden Momenten der nationalen Gründungsgeschichte** veranschaulichen die Prozesse der ideologisch motivierten Konstruktion von Vergangenheit, Erinnerung und Identität. Zu den berühmtesten Beispielen zählen Paul Reveres »Boston Massacre« (1770), John Trumbulls »Declaration of Independence« (1817–1826), Emanuel Leutzes »Washington Crossing the Delaware« (1851).
- **Gemälde der Hudson River School** des 19. Jh.s dokumentieren, wie sich in der Landschaftsmalerei von Thomas Cole, Frederick Edwin Church oder Thomas Moran kultureller Nationalismus und romantische Naturbegeisterung verbinden.

- **Gemälde zur Expansion nach Westen** z. B. von George Caleb Bingham, Emanuel Leutze, Albert Bierstadt, Frederic Remington, Charles Schreyvogel oder John Gast zeigen zum einen die Faszination mit Landschaften und fremden Kulturen, zum anderen die künstlerische Rechtfertigung nationaler Expansionsideologien und der Zerstörung der indianischen Stämme und Kulturen.
- **Karikaturen** reflektieren seit dem 18. Jh. die politischen Auseinandersetzungen in den USA. Zu den bedeutendsten Karikaturisten gehört der Deutsch-Amerikaner Thomas Nast, der im 19. Jh. u. a. die Symboltiere der U.S.-amerikanischen Parteien entwirft. Unter dem Titel »Picture Power« bietet das Nachrichtenmagazin *U.S. News & World Report* (2008) einen Überblick über Wahlkampfcartoons und deren politischen Einfluss.
- Die **Pop Art** des 20. Jh.s von Andy Warhol, Roy Lichtenstein und Jasper Johns illustriert den künstlerisch-kritischen Umgang mit politischen Symbolen, kulturellen Konventionen und Ikonen der modernen Populärkultur und Konsumgesellschaft.
- Die Arbeiten **ethnischer Künstler**, z. B. Jacob Lawrences afroamerikanische »Migration Series« oder Fritz Scholders indianische Portraits, entwerfen im 20. Jh. Gegenbilder zu den lange Zeit dominanten Geschichts- und Gesellschaftsvisionen der angloamerikanischen Kultur.
- **Fotografien** bilden seit Mitte des 19. Jh.s historische Ereignisse, landschaftliche Schönheiten und Alltäglichkeiten des Arbeitslebens und Freizeitverhaltens ab, von Mathew Bradys Bürgerkriegsfotos bis zu den Fotos der Magnum-Gruppe von den Terroranschlägen des 11. September 2001, von den sozialkritischen Fotos von Jacob Riis und Lewis Hine vor dem Ersten Weltkrieg bis zu den Darstellungen der Auswirkungen der Wirtschaftskrise der 1930 Jahre in den Bildern von Walker Evans, Dorothea Lange und Arthur Rothstein, von den ersten Fotos der Naturparks im Westen von William Henry Jackson bis zu Ansel Adams' Fotos der Rocky Mountains, von den Fotoserien der Detroit Publishing Company zum Leben in den USA an der Wende zum 20. Jh. bis zu Bill Owens Fotodokumentation der U.S.-amerikanischen Vorstädte in den 1960er Jahren.
- **Populäre Dekorations- und Reproduktionskunst**, z. B. die Nachdrucke historischer Gemälde der Firma Currier & Ives im 19. Jh. oder die im Zweiten Weltkrieg für Propagandazwecke eingesetzten Werke von Norman Rockwell im 20. Jh., trägt wesentlich zur Popularisierung und Zirkulation von Geschichtsdeutungen und politischen Wertvorstellungen bei.

Filme: Aus der Fülle an möglichen Beispielen für die Bedeutung von Filmen seien die folgenden größeren Bereiche angeführt:

- Im **Western** entfaltet sich ein Repertoire an apologetischen und kritischen Darstellungen der Expansion nach Westen, an dem die Veränderung ideologischer Wertvorstellungen und z. B. auch gesellschaftlicher Rollen- und Geschlechterstereotypisierung verfolgt werden kann, von *The Great Train Robbery* (1903) bis zu den in unterschiedlicher Art und Weise geschichtsrevisionistischen und tabubrechenden Filmen *Little Big Man* (1970), *Dances with Wolves* (1990) und *Brokeback Mountain* (2005).

- **Filmische Verarbeitungen historischer Ereignisse** von D.W. Griffiths Bürgerkriegsepos *Birth of a Nation* (1915) bis zu Michael Bays *Pearl Harbor* (2001) dokumentieren die filmtechnischen und inhaltlich-ideologischen Optionen im Umgang mit nationaler Geschichte. Auch hier kommt Revisionen herkömmlicher Darstellungen und Glorifizierungen besondere Bedeutung zu, wie dies z. B. Steven Spielbergs *Amistad* (1997) im Bereich der afroamerikanischen Geschichte, Vietnamkriegsfilme wie *The Deer Hunter* (1978) oder *Apocalypse Now* (1979) sowie Clint Eastwoods Doppelproduktion *Flags of Our Fathers/Letters from Iwo Jima* (2006) zum Zweiten Weltkrieg im Pazifik exemplarisch vorführen.

- **Dokumentarfilme** setzen sich seit den 1930er Jahren mit politischer Korruption und sozialen Missständen in den USA auseinander und sind wegen des jeweiligen Spannungsverhältnisses zwischen Authentizität und künstlerischer Konstruktion von interpretatorischem Interesse. Als Beispiele seien die Dokumentationen der Wirtschaftskrise der 1930er Jahre von Pare Lorentz, die seit den 1990er Jahren populären satirischen Dokumentationen von Michael Moore sowie Barbara Kopples und Cecelia Pecks Film *Shut Up & Sing* (2007) über The Dixie Chicks und deren Wandlung von einer gefeierten Country Music-Gruppe zu Kritikern der Politik und Regierung von Präsident George Bush genannt. Die für den Fernsehsender PBS produzierten Dokumentationen der Reihe »The American Experience« (vgl. www.pbs.org/wgbh/amex) und die Produktionen von Ken Burns (vgl. www.pbs.org/kenburns) zählen zu den erfolgreichsten historischen Programmen der U.S.-amerikanischen Fernsehgeschichte und finden auch als Video/DVD weite Verbreitung.

- **Biographische Filme** (sog. biopics) wie z. B. *Ray* (2004) über das Leben des Soul-Sängers Ray Charles, *Walk the Line* (2005) über das Leben des Country-Musikers Johnny Cash und *Kinsey* (2004) über das Leben des Sexualforschers Alfred Kinsey vermitteln einen Einblick in gesellschaftliche Spannungen und Konventionen zu bestimmten Zeiten.

Aus der unübersehbaren Vielfalt an Filmen, deren Interpretation die Bedeutung kultureller Schemata und kollektiver Idealvorstellungen veranschaulicht, sei exemplarisch *Field of Dreams* (1989, Phil A. Robinson) genannt.

1.2.4 | Massenmedien und Internet

Die Visual Culture Studies verstärken die interdisziplinären Verbindungen zwischen **Amerikanistik/American Studies und Medienwissenschaften** (vgl. Kelleter/Stein 2008), wobei zu den gemeinsamen Arbeitsgebieten und Materialien sowohl die traditionellen Massenmedien als auch die neuen Medien des Computer- und Internetzeitalters gehören (vgl. Hollis 1995;

Blanchard 1998; Folkerts/Teeter 2002; allgemein Abercombie/Longhurst 2007; Kloock 2007; Voigts-Virchow 2005; Hickethier 2003; Schanze 2002).

Zeitungen und Zeitschriften: Für die U.S.-amerikanische Kultur- und Politikgeschichte sind **Printmedien** im Zusammenhang des für das nationale Selbstverständnis konstitutiven ersten Verfassungszusatzes zur **Freiheit der Presse** von zentraler Bedeutung. Sie spiegeln vom ersten Druck von *Publick Occurences Both Forreign and Domestick* in Boston 1690 und vom *New England Courant* der 1720er Jahre über die Zeitungen, Almanache und Flugschriften der Kolonial- und Revolutionszeit und die Propagandaschlachten des Bürgerkriegs bis in die Konsum-, Werbe- und Medienkultur des 20. und 21. Jh.s die politischen, sozialen, ökonomischen und kulturellen Themen, Konflikte und Veränderungen der jeweiligen Zeit. Die stetig erweiterte Readex-Datenbank »America's Historical Newspapers« (www.readex.com/readex/index.cfm?content=96), die derzeit aus den beiden Teilen »Early American Newspapers, 1690–1922« und »America's Ethnic Newspapers/Hispanic American Newspapers, 1808–1980« besteht, ist als umfangreichste historische Sammlung an größeren Forschungsbibliotheken vorhanden oder über Internetportale zugänglich.

Gegenwärtig gibt es in den USA ca. **1500 Tages- und ca. 900 Sonntagszeitungen**, die gemeinsam eine Zirkulation von ca. 58 Mio. erreichen und vielfach auch Internetversionen anbieten. Lediglich ca. 100 Zeitungen erreichen mehr als 100.000 Leser, worin sich der lokale bzw. regionale Charakter der meisten U.S.-amerikanischen Zeitungen manifestiert.

		Tagesausgabe	Sonntagsausgabe
1.	*USA Today*	2.278.022	–
2.	*The Wall Street Journal*	2.062.312	–
3.	*The New York Times*	1.120.420	1.627.062
4.	*Los Angeles Times*	815.723	1.173.096
5.	*The New York Post*	724.748	439.202
6.	*The Daily News/New York*	718.174	775.543
7.	*Washington Post*	699.130	929.921
8.	*Chicago Tribune*	566.827	940.620
9.	*Houston Chronicle*	503.114	677.425
10.	*Arizona Republic/Phoenix*	433.731	541.757
11.	*Dallas Morning News*	411.919	563.079
12.	*Newsday – Melville*	398.231	464.169
13.	*San Francisco Chronicle*	386.564	438.006
14.	*The Boston Globe*	382.503	562.273
15.	*The Star-Ledger/Newark*	372.629	570.523
(Audit Bureau of Circulations, vgl. www.accessbc.com)

Magazine: Die gegenwärtige Vielfalt an Zeitschriften und Magazinen entwickelt sich im 19. Jh. und differenziert sich thematisch und adressatenbezogen in der Folgezeit immer weiter aus. Publikationen wie *The North American Review, The Atlantic Monthly, Harper's Magazine, Century* und *Scribner's Magazine* sind für die **Etablierung und Verbreitung einer eigenständigen U.S.-amerikanischen Literatur** bis ins späte 19. Jh. von großer Bedeutung. Im 20. Jh. sind *Saturday Evening Post* und *New Yorker* einflussreiche Publikationsorgane für U.S.-amerikanische Schriftsteller. Magazine wie *Godey's Lady's Book* richten sich im 19. Jh. an Familien und weibliche Leser und antizipieren *Ladies' Home Journal* oder *Woman's Home Companion*, denen im weiteren Verlauf des 20. Jh.s Hochglanzmagazine wie z. B. *Cosmopolitan* oder *Vogue* folgen.

Publikationen wie *The Crisis, Opportunity* und *Ebony* sind Beispiele für Magazine, die sich im 20. Jh. mit **gesellschaftspolitischen Zielsetzungen** an ethnische Gruppen – hier Afroamerikaner – richten. Magazine wie *Life, Time, Newsweek* und *U.S. News & World Report* verbinden Information, Unterhaltung und Werbung und werden weltweit zum Vorbild für **kommerzielle Nachrichtenmagazine**. Besonderer Beliebtheit erfreuen sich in der unmittelbaren Gegenwart Lifestyle-Magazine unterschiedlichster Ausrichtungen. Zu Beginn des 21. Jh.s gibt es in den USA und Kanada nach den Angaben des National Directory of Magazines **ca. 19.000 Magazine** in einer kaum überschaubaren **Vielfalt an Sparten und Themensegmenten**.

1.	*AARP Magazine* [American Association of Retired Persons]	23.434.052
2.	*AARP Bulletin*	22.840.177
3.	*Reader's Digest*	10.094.281
4.	*Better Homes and Gardens*	7.638.912
5.	*National Geographic*	5.071.134
6.	*Good Housekeeping*	4.741.353
7.	*Ladies Home Journal*	4.169.444
8.	*Time*	4.066.545
9.	*Woman's Day*	4.027.113
10.	*Family Circle*	3.953.651
11.	*People*	3.750.548
12.	*AAA Westways* [American Automobile Association]	3.735.510
13.	*Prevention*	3.346.530
14.	*TV Guide (U.S.)*	3.281.316
15.	*Sports Illustrated*	3.204.699
16.	*Newsweek*	3.118.432
17.	*Playboy*	3.001.723
18.	*Cosmopolitan*	2.947.220
19.	*VIA* [Reisemagazin der AAA]	2.826.638
20.	*Southern Living*	2.824.105
	(Audit Bureau of Circulations, vgl. www.accessbc.com)	

Radio: Wenngleich das Radio heute weitgehend als Medium für Musiksendungen wahrgenommen wird, ist seine kulturhistorische Bedeutung seit der Gründung der Radio Corporation of America (RCA) 1919 und dem Start des ersten regulären Radioprogramms durch den Sender KDKA Pittsburgh 1920 ungleich vielfältiger (vgl. Gomery 2008; Sies 2000). Der **Federal Communications Act (1934)** etabliert die Federal Communications Commission (FCC, vgl. www.fcc.gov) als **nationale Kontrollbehörde** für Radio, Fernsehen und Telekommunikation und regelt die Zuständigkeiten und Verantwortlichkeiten der nationalen und lokalen Sender (stations). Im Laufe des 20. Jh.s verliert die FCC immer mehr an Einfluss, und zu Beginn des 21. Jh.s bleibt die **Gestaltung der Radioprogramme** weitgehend den Marktmechanismen der Werbewirtschaft und den Einflüssen politischer Interessensgruppen überlassen.

Die Gründung der National Broadcasting Corporation (NBC) 1926 – gefolgt von Columbia Broadcasting System (CBS) 1927 und American Broadcasting Company (ABC) 1943 – markiert den Beginn des nationalen Massenmediums Radio, das zunehmend von Regierung und Politik – wie z. B. im Fall von Präsident Franklin D. Roosevelts Radioansprachen (fireside chats) während der Wirtschaftskrise der 1930er Jahre – genutzt wird. Die 1920er, 1930er und 1940er Jahre gelten sowohl hinsichtlich der Programmgestaltung als auch hinsichtlich des kommerziellen Erfolgs als die ›**goldenen Jahre des Radios**‹. Die Unterhaltungs-, Nachrichten-, Dokumentations- und Werbesendungen bieten einen unmittelbaren Einblick in die politischen, sozialen und kulturellen Themen und Konflikte dieser Jahrzehnte. Seit den 1950er Jahren kämpft das Radio gegen die **Konkurrenz des Fernsehens**, seit der Verbreitung leistungsstarker Internetverbindungen auch gegen **Podcasts**.

Gegenwärtig gibt es ca. **10.000 Radiostationen** in den USA, die häufig auch über das Internet senden. Das mit Spenden und Mitgliedsbeiträgen finanzierte **National Public Radio** (vgl. www.npr.org) konzentriert sich auf Nachrichten- und Kulturprogramme. Zu den publikumswirksamsten Neuerungen der letzten Jahre zählt das sog. **Talk Radio**, das insbesondere von konservativen Interessengruppen genutzt wird. Zu den bekanntesten und umstrittensten Talk Radio Shows gehört die seit 1988 wöchentlich ausgestrahlte und zu Spitzenzeiten bis zu 20 Mio. Hörer erreichende Rush Limbaugh Show (vgl. www.rushlimbaugh.com).

Fernsehen: Das Fernsehen ist das **dominante öffentliche Medium der zweiten Hälfte des 20. Jh.s** und bleibt auch in Zeiten des Internet als Informations- und Nachrichtenquelle sowie als Unterhaltungsmedium kulturprägend und politikbestimmend (vgl. Edgerton 2007). Die gegenwärtig mehr als **1000 Fernsehsender** in den USA sind traditionell zum überwiegenden Teil mit einem der vier nationalen Sender American Broadcasting Company (ABC, gegr. 1943), Columbia Broadcasting Service (CBS, gegr. 1928), National Broadcasting Company (NBC, gegr. 1926) und Fox Broadcasting Company (gegr. 1986) assoziiert. Dadurch erhält sich trotz der **organisatorischen Vielfalt und Angebotsfülle** lange Zeit ein relativ hohes Maß an nationaler Programmeinheit, besonders auch bei den täglichen

Nachrichtensendungen der großen Sender und bei politischen Informationsprogrammen wie z. B. »Sixty Minutes« (CBS) oder »Meet the Press« (NBC). Bis in die 1980er Jahre entfallen auf ABC, CBS und NBC zusammen ca. 90 % der Zuschaueranteile.

Segmentierung der TV-Landschaft

Seit den 1970er Jahren entwickelt sich die Fernsehlandschaft durch kostenpflichtige **Abonnementprogramme und Kabelsender** – darunter z. B. HBO (1972), CNN (1980), MTV (1981) Discovery Channel (1985), ESPN (1979), C-SPAN (1979) – zu einem nach Sparten und demographischen Gegebenheiten segmentierten Angebot. **Steigende Einschaltquoten** verzeichnen in den letzten Jahren z. B. religiöse Sender wie das Christian Broadcasting Network (CBN, gegr. 1961) und die spanischsprachigen Sender Univision, Telemundo, TeleFutura und Azteca America. Im Unterschied zu kommerziellen, weitestgehend aus Werbeeinnahmen finanzierten Sendern sendet der 1967 durch den Public Broadcasting Act etablierte **Public Broadcasting Service** (PBS, vgl. www.pbs.org) mit Stiftungsgeldern und Spenden qualitativ hochstehende Informations-, Unterhaltungs- und Kinderprogramme wie z. B. MacNeil/Lehrer Report, Sesame Street, Masterpiece Theatre oder die populären historischen Dokumentationen von Ken Burns.

Zur Vertiefung

Fernsehserien

Fernsehserien prägen seit den 1950er Jahren maßgeblich die Selbst- und Fremdwahrnehmungen der USA. Der Seriencharakter und die anhaltende Produktivität bestimmter Themenfelder verleiht ihnen eine besondere Aussagekraft hinsichtlich gesellschaftlicher Veränderungen und kultureller Spannungen. Während **Familienserien** seit den klassischen Programmen der 1950er Jahre wie z. B. »Father Knows Best« ihre Popularität bis heute behalten und sich in der Darstellung von Familienstrukturen und Lebensgemeinschaften, der ethnischen Pluralisierung der U.S.-amerikanischen Gesellschaft und der Berücksichtigung gesellschaftlicher Themen und Kontroversen den jeweiligen Veränderungen anpassen (vgl. z. B. »The Sopranos«), verlieren die ebenso klassischen **Western-Serien** wie z. B. »Bonanza«, »Gunsmoke« oder »The Virginian« seit den 1970er Jahren an Popularität. Die seit den 1990er Jahren erfolgreichen **neuen Serien** wie z. B. »Ally McBeal«, »Sex and the City«, »Desperate Housewives« oder »Grey's Anatomy« gehen in der Darstellung von gesellschaftlichen Konventionen und Geschlechterrollen neue Wege. **Kriminalserien**, in den letzten Jahren vor allem unter dem Titel »CSI« (Crime Scene Investigation) bekannt, die sog. **Situationskomödien** (**sit-coms**) wie z. B. »Friends« oder die in unterschiedlichsten sozialen, kulturellen und beruflichen Kontexten angesiedelten **Seifenopern** (**soap operas**) bieten vielfältige Ansatzpunkte für kulturwissenschaftliche Analysen. Eine Sonderposition nimmt die Kultserie »M.A.S.H.« ein.

Internet: Die Bedeutung des Internet als **Speicher-, Kommunikations-, Nachrichten- und Unterhaltungsmedium** wirkt sich in immer größerem Umfang auf Untersuchungsgegenstände und Fragenstellungen der Amerikanistik/American Studies aus. Die im Internet **digital verfügbaren Materialsammlungen** größerer bzw. nationaler Bibliotheken bilden unverzichtbare Archive neuer bzw. früher unzugänglicher Materialien. Die immer differenzierter ausgebauten **Suchmaschinen** erlauben eine immer umfangreichere und spezialisiertere Suche nach Materialien und deren Bearbeitungen traditionell-wissenschaftlicher wie internetbasierter Art. Die **Internetauftritte** von Regierungsinstitutionen, Parteien, Interessengruppen unterschiedlichster Ausrichtungen, Nationalparks, Museen u.v.a.m. bieten vielfältige Ansatzpunkte für kulturwissenschaftliche Interpretationen.

Online-Lexika wie z.B. das seit 2001 in zahlreichen Sprachen verfügbare Wikipedia (www.wikipedia.org) und Internet- bzw. Videoportale wie z.B. das 2005 eingerichtete YouTube (www.youtube.com) stellen nahezu völlig frei zugängliche und zunehmend interaktive Archive zur Verfügung. Kritiker dieser Entwicklungen erkennen die Ausweitung des Informationsflusses und die damit potentiell verbundenen demokratischen Elemente an, warnen jedoch vor der **Pluralisierung und Subjektivierung von Informationen und Dokumentationen**. Internetforen und Blogs – letzteres die Abkürzung für die Wortkreuzung weblog aus World Wide Web und Log(book) – stellen mittlerweile politisch einflussreiche Nachrichtenquellen und Plattformen zum Meinungsaustausch dar. Netzwerke (auch community sites) wie z.B. Myspace (www.myspace.com) oder Facebook (www.facebook.com) geben die Möglichkeit, persönliche Profile für berufliche und private Zwecke einzustellen. Unter dem unterschiedlich definierten Oberbegriff **Web 2.0** werden vor allem die zunehmend interaktiven Innovationen im Internet zusammengefasst.

1.2.5 | Musik und performative Repräsentationen

Unter dem Titel »America's Music: From Yankee Doodle to Hip-Hop« veröffentlicht das Nachrichtenmagazin *U.S. News & World Report* 2002 eine Sonderausgabe, welche das **kulturhistorische Potential von populärer Musik** veranschaulicht (vgl. ferner Tick/Beaudoin 2008; Barnet et al. 2004; Kempton 2003; Cooper 1982). Zu den kulturwissenschaftlich meistuntersuchten Interpreten der populären Musik nach dem Zweiten Weltkrieg zählen erwartungsgemäß Elvis Presley und Bob Dylan sowie neuerdings Bruce Springsteen. Springsteens CD *The Rising*, die in Reaktion auf die Terrorangriffe vom 11. September 2001 produziert wird, demonstriert die unmittelbar **politisch-kulturelle Dimension von populärer Musik** und zeigt zugleich, wie **Traditions- und Einflusslinien** – hier z.B. die Folk Music und die Protest- und Arbeiterbewegung der 1930er Jahre – in der Gegenwartskultur verfolgt werden können. Lynn Sherrs Monographie (2001) zu dem nationalpatriotischen Lied »America the Beautiful« demonstriert die Möglichkeiten der Interpretation einzelner ikonischer Lieder.

Musik und
Kulturgeschichte

Beispiele für Musik und Songs:

- **Gesänge und Rituale der indianischen Stämme** Nordamerikas
- **Kirchenlieder** der neuengländischen Puritaner oder anderer religiöser Gruppen
- Lieder der **Amerikanischen Revolution**
- **afroamerikanische Musik**, von Work Songs und Spirituals aus der Zeit der Sklaverei über Blues und Jazz bis zu zeitgenössischen Formen von Hip-Hop und Rap
- **Lieder der Nord- und Südstaaten** aus der Zeit des Bürgerkriegs
- Lieder des **Westward Movement**
- Lieder und Musik der verschiedenen **Einwanderergruppen**
- **Protestsongs** der Arbeiter- und Gewerkschaftsbewegung sowie der Bürgerrechtsbewegung
- Spielarten und Formen der **Country Music**
- die Musik der **1960er Jahre**, darunter besonders die Musik der Protestbewegungen
- **Folk und Folk Rock** von den 1930er bis in die 1990er Jahre
- **ethnische Musik** und Populärkultur (z. B. Motown, Cajun)
- **Musicals.**

Unabhängig von der jeweiligen Musikrichtung können **thematische Zusammenstellungen** zur Untersuchung eines bestimmten Arbeits- und Themengebiets beitragen. Als Beispiele seien die Songs über das Leben in den U.S.-amerikanischen Vorstädten – von Pete Seegers »Little Boxes« (1963) bis zu Marianne Faithfulls »The Ballad of Lucy Jordan« (1979) – oder die Musik aus der Zeit der Wirtschaftskrise der 1930er Jahre genannt. Die **Interpretation von Musikvideos** verbindet die Analyse musikalischer und visueller Elemente mit der Interpretation der Darbietung selbst.

Performative Darbietungen: Die stärkere Berücksichtigung von **öffentlichen Aufführungen, Ritualen und Inszenierungen** im Zuge der sog. performativen Wende in den Geistes- und Kulturwissenschaften (s. Kap. 8.8) rückt neue Untersuchungsgegenstände in den Blickpunkt:

- **Nationale Feiern und Feiertage** sind seit der Frühen Republik Kristallisationspunkte kollektiver Identitätsvorgaben und Identifizierungsangebote; dabei kommt nationalen Ritualen wie z. B. der Amtseinführung des Präsidenten eine besondere politische Bedeutung zu.
- **Feste und Festspiele** (pageants) ethnischer Gruppen und sozialer Gemeinschaften dienen zur Affirmation der eigenen Geschichte und Traditionen sowie – z. B. im Fall afroamerikanischer und indianischer Feiern – zur Inszenierung von Widerstand und alternativen Geschichtsdeutungen.
- **Sportarten** können als je spezifische Darbietungen und Choreographien kollektiver bzw. nationaler Identitäten verstanden werden; so kann z. B. das auf Vorwärtsbewegung und Raumgewinn ausgerichtete Football-Spiel als symbolische Inszenierung der nationalen Expansion gelesen werden, während die Spielfeldgestaltung und die zeitliche Unbegrenztheit von Baseball das Spiel eher mit pastoralen Vorstellungen assoziiert.

JOHANNES GUTENBERG-UNIVERSITÄT
Seminar für Englische Philologie
Forschungs- und Lehrbereich Amerikanistik

Mainz, den 21.8.09

Frau/Herr _Nina Kolese_ hat im SS/WS 2009

an dem Proseminar / Seminar / Oberseminar / an der Übung

über _Kolloquium für amerikanisch Literaturpraktik II_ teilgenommen.

Hausarbeit / Referat / Klausur(en): _während Vorbereitung zu Punkt_

Prüllungsprüfung

Bemerkungen: _____

Note: _(sehr) (ehr gut (1,3)_

European Credit Transfer System (ECTS): _8_ Credits

Dozent/in

- **Gerichtsszenen** gehören seit langem zum Repertoire von Literatur, Film und TV-Serien, und historische Prozesse und reale Gerichtsverhandlungen sind unmittelbar signifikant als Ausdruck gesellschaftlicher Normen, sozialer Spannungen und kultureller Konflikte. Die Interpretation berühmter Gerichtsprozesse bzw. die Interpretation von deren Dokumentationen und Inszenierungen in unterschiedlichen Medien reicht von der Analyse der Prozessmitschriften zur Verhandlung gegen die Dissidentin Anne Hutchinson im puritanischen Neuengland des 17. Jh.s bis zu den medienwirksamen Prozessen gegen die vermeintlichen Anarchisten Sacco & Vanzetti in den 1920er, gegen die Charles Manson-Bande in den 1960er und gegen den Football-Star O.J. Simpson in den 1990er Jahren (s. Kap. 5.5).

1.2.6 | Räume und materielle Ausdrucksformen

Die kulturwissenschaftliche Interpretation natürlicher und künstlich gestalteter Räume nimmt in amerikanistischer Forschung und Lehre breiten Raum ein (s. Kap. 8.8). Der Titel von Gregory Clarks Studie *Rhetorical Landscapes in America* (2004) dokumentiert die **semiotische Bedeutung von Landschaften und Räumen**. Welche politische Bedeutung der Symbolik von Räumen zukommt, wird neuerlich an den Diskussionen und Kontroversen um die Gestaltung von Ground Zero in New York überdeutlich. Die Interpretation von Räumen unterschiedlichster Art und deren ebenso unterschiedlichen materiellen Ausgestaltungen und symbolischen Darbietungen von nationalen, gruppenspezifischen oder individuellen **Geschichtskonstruktionen,** sozialen oder geschlechtsspezifischen **Rollenkonzeptionen** sowie ideologischen **Wertevorstellungen und Identifikationsangeboten** knüpft an Ansätze der Geschichtswissenschaft, der Kulturanthropologie, der Gender Studies, der Architektur, der Kunstgeschichte und der Alltagskulturforschung an. Die sog. **Material Culture Studies** (vgl. Schlereth 1996; Sheumaker/Wajda 2008) beschäftigen sich mit einem breiten Spektrum an Materialien von Gebrauchs-, Haushalts- und Berufsgegenständen über Möbel, Kleidung und Dekorationskunst bis zu Autos, Denkmälern oder Gebäuden. Im Rahmen von **Public History-Studien** (vgl. Rauthe 2001; Gardner/LaPaglia 1999; Kammen 1999) und **Museumsstudien** (vgl. Carbonell 2004; Witcom 2003; Conn 1998) stehen kulturpolitische Aspekte der Ausstellung von Artefakten und ideologisch konnotierten Inhalten in öffentlichen Räumen und Museen im Mittelpunkt.

Material Culture Studies

Public History Studies

Beispiele für symbolische Räume:
- Das System der **Nationalparks** (vgl. www.nps.gov) vereint Naturräume und historische Schauplätze zu einem weitverzweigten Netz an symbolischen Räumen mit einem hohen nationalen und ideologischen Aussagewert. Den Kern der Symbolik und Geschichtsinterpretation der Nationalparks bildet die National Mall im Zentrum der Hauptstadt Washington, DC (s. Kap. 6.3).

- Die **Schauplätze entscheidender Ereignisse der nationalen Geschichte** wie z. B. Philadelphia (Unterzeichnung der Unabhängigkeitserklärung, 1776), Yorktown (entscheidende Schlacht im Revolutionskrieg, 1781) oder Gettysburg (entscheidende Schlacht im Bürgerkrieg, 1863) eröffnen ebenso wie lokalhistorische Schauplätze mit nationaler Bedeutung wie z. B. Jamestown, VA (Ort der ersten dauerhaften britischen Siedlung in Nordamerika, 1607) oder Plymouth, MA (Ort der Ankunft der Mayflower, 1620) in der Gestaltung ihrer Erinnerungsorte und Gedenkstätten vielfältige Perspektiven für kulturwissenschaftliche Analysen. Einzelne Denkmäler zu Ereignissen der nationalen Geschichte (wie z. B. das Bunker Hill Monument bei Boston zur Erinnerung an den Revolutionskrieg) oder zentrale Monumente zur Demonstration kollektiver Identitäts- und Geschichtskonstruktionen (wie z. B. die Freiheitsstatue im Hafen von New York oder Mount Rushmore in den Bergen von South Dakota) sind in ihren historischen Ausgestaltungen und nationalpatriotischen Inszenierungen von besonderem interpretatorischem Interesse.

Erinnerungsräume
- **Erinnerungsräume, symbolische Orte und Museen ethnischer Gruppen**, wie z. B. für den Bereich der indianischen Kulturen und Geschichte das Crazy Horse Memorial in South Dakota, das Schlachtfeld von Little Bighorn, MT oder das National Museum of the American Indian in Washington, DC, dokumentieren konkurrierende Geschichtsinterpretationen und alternative symbolische Gestaltungsformen.
- **Museen** wie z. B. die der Smithsonian Institution in Washington, DC (vgl. www.si.edu), regionale und lokale Einrichtungen unterschiedlichster thematischer Schwerpunktsetzung, die für berühmte Sportler oder Musiker eingerichteten Gedenkstätten (Halls of Fame) oder auch die Archive und Dokumentationszentren ehemaliger Präsidenten (Presidential Libraries) bieten reichhaltiges Material für kulturhistorische Untersuchungen. Eine spezifische Form der Museumsgestaltung mit hoher touristischer und kommerzieller Attraktivität stellen **Freiluftmuseen** und sog. **Living History Museums** (vgl. Magelssen 2007) dar, unter denen die Inszenierungen des Alltagslebens der Kolonialzeit und der Frühen Republik in Plimoth Plantation, Colonial Williamsburg und Old Sturbridge Village zu den bekanntesten zählen.

Architektur
- Einzelne **architektonische und technologische Meisterleistungen** – besonders Brücken (z. B. Brooklyn Bridge, 1883) und Wolkenkratzer (z. B. Empire State Building, 1931) – gehören als Ausdruck des jeweils zeitgenössischen kollektiven und nationalen Selbstverständnisses seit den 1950er Jahren zu den Untersuchungsgegenständen der Amerikanistik/American Studies. Die seit dem späten 19. Jh. wiederholt in den USA veranstalteten Weltausstellungen sind in anderer Weise räumliche Verdichtungen nationaler und historischer Selbstvorstellungen.
- Kulturgeschichtliche Darstellungen beschäftigen sich mit **Hotels, Motels, Kaufhäusern, Shopping Malls, Diners, postmodernen Themenparks** als Ausdruck spezifischer Lebens- und Freizeitgestaltungen, des

Konsumverhaltens und – z. B. im Falle von Einrichtungen wie Disney World – ideologisch konnotierten Mischformen von Freizeit, Unterhaltung und Bildung.

- Spezifische Räume und deren materiell-architektonische Ausgestaltung wie z. B. die **Vorstadtsiedlungen** (suburbia) werden als Ausdruck kollektiver Idealprojektionen gesehen. **Straßen** wie z. B. die berühmte Route 66 werden zu Symbolen der Mobilität und Freiheit der U.S.-amerikanischen Gesellschaft.

1.3 | Universitäten und Studienangebote

1.3.1 | Amerikaforschung in Deutschland

Anfänge: Die fachwissenschaftliche Auseinandersetzung mit den USA reicht in Deutschland bis in die **ersten Jahrzehnte des 20. Jh.s** zurück. Bis zu diesem Zeitpunkt ist die universitäre Beschäftigung mit nordamerikabezogenen Gegenständen und Fragestellungen vielfach Teil der Anglistik, die ihrerseits im 19. Jh. im größeren Verbund der Neuphilologien entsteht und sich als Nationalphilologie mit einer primär sprach- und literaturwissenschaftlichen Ausrichtung etabliert. In der akademischen Behandlung englischsprachiger Literatur spielt die nordamerikanische Literatur – im Gegensatz zu ihrer Popularität in deutschen Übersetzungen und Anthologien seit dem 19. Jh. – lange Zeit eine untergeordnete Rolle. Zugleich wird vor dem Ersten Weltkrieg eine Reihe wegweisender sozial- und kulturwissenschaftlicher Arbeiten zu den USA publiziert, wie z. B. Max Webers Studie *Die protestantische Ethik und der Geist des Kapitalismus* (1904/05). Die Gründung des zunächst außerhalb der Universität angesiedelten Amerika-Instituts unter der Leitung von Hugo Münsterberg in Berlin 1910 markiert den Beginn der **Institutionalisierung der USA-Forschung in Deutschland** (vgl. Freitag 1977).

Als wichtige, in der historischen Bewertung umstrittene Wegmarke in der Entwicklung des Fachs gilt **Friedrich Schönemanns Denkschrift** *Amerikakunde: Eine zeitgemäße Forderung* **(1921)**. Schönemann fordert im Rahmen eines interdisziplinären Ansatzes – allerdings auch mit national-politischen Implikationen – ein umfassenderes Studium der Geschichte, Politik, Wirtschaft und Kultur der Vereinigten Staaten von Amerika als dies bis dahin an deutschen Universitäten geleistet wird. Nur wenige Jahre später erscheinen mit Walther Fischers Monographien *Amerikanische Prosa vom Bürgerkrieg bis auf die Gegenwart* (1926) und *Die englische Literatur der Vereinigten Staaten von Nordamerika* (1929) zwei wegweisende Darstellungen aus dem Bereich der Literaturwissenschaft und Literaturgeschichte. Nach der Einrichtung der **Amerika-Abteilung des Englischen Seminars der Universität Berlin** zum Wintersemester 1926/27 wird die kultur- und sozialwissenschaftliche ›Amerikakunde‹ in den folgenden Jahren ebenso wie die anglistisch-amerikanistische Philologie Teil einer zunehmend ideologisierten Universitätslandschaft und politisch instrumentalisierten ›Auslandswissenschaft‹. In den Jahren der nationalsozialistischen Diktatur und vor allem nach dem Kriegseintritt der USA 1941 tragen auch nordamerikabezogen arbeitende Wissenschaftler ungeachtet individueller fachwissenschaftlicher Leistungen und unterschiedlicher Grade der persönlichen Identifizierung mit dem Nationalsozialismus zur Ideologisierung der Wissenschaften im Interesse des nationalsozialistischen Regimes und dessen Rassenideologie und Kriegspropaganda bei (vgl. Hausmann 2003; Gassert 1997).

Entwicklungen nach dem Zweiten Weltkrieg: Der Aufbau der Amerikastudien als eigenständige wissenschaftliche Disziplin beginnt in der Bundesrepublik Deutschland unmittelbar nach dem Zweiten Weltkrieg und z. T. im Zusammenhang mit den Umerziehungsinitiativen (Re-education) der U.S.-amerikanischen Militär- und Kulturbehörden (vgl. Skard 1958; Horwitz 1993). Dabei wird zum einen an traditionelle universitäre Strukturen und philologische Fachtraditionen in Deutschland angeknüpft, zum anderen werden unter dem Einfluss der American Studies-Bewegung in den USA **neue Wege der Interdisziplinarität und Fächerorganisation** beschritten (vgl. Grabbe 2003; Hebel 2005). So werden z. B. an den Universitäten in München, Frankfurt und Berlin eigenständige Einrichtungen mit dem Ziel der interdisziplinären, umfassend kultur- und sozialwissenschaftlichen Forschung und Lehre zu Nordamerika gegründet, die im weiteren Verlauf zum Amerika-Institut der Ludwig-Maximilians-Universität München (1949), dem John F. Kennedy-Institut für Nordamerikastudien der Freien Universität Berlin (1963) und dem Zentrum für Nordamerikastudien (ZENAF) der Johann Wolfgang Goethe-Universität Frankfurt (1979) führen. Eine neuere Gründung dieser Art ist das Heidelberg Center for American Studies (HCA, 2003).

Neben den interdisziplinären Zentren für Amerikastudien bestehen an zahlreichen deutschen Universitäten seit den 1950er und 1960er Jahren eigenständige **Lehrstühle oder Abteilungen für nordamerikabezogene Forschung und Lehre**, die meist Teil von ›Instituten für Anglistik und Amerikanistik‹, ›Englischen Seminaren‹ oder ›Seminaren für Englische Philologie‹ sind. Ungeachtet der jeweiligen institutionellen Strukturen vor Ort ist die **interdisziplinäre und kulturwissenschaftliche Ausrichtung der Amerikanistik/American Studies** dabei das wesentliche Differenzierungskriterium des Fachs im Spektrum benachbarter Fächer. An einigen Universitäten werden Professuren für Amerikanische bzw. Nordamerikanische Geschichte bzw. Kulturgeschichte eingerichtet, an anderen Universitäten Professuren für nordamerikabezogene Politikwissenschaft oder für transatlantische Beziehungen. Einzelne Universitäten entwickeln Schwerpunkte in der Kanadistik. Einen Überblick über Strukturen, Ausrichtungen und Schwerpunktsetzungen bietet das jährlich erscheinende und in Universitätsbibliotheken verfügbare *Mitteilungsblatt der Deutschen Gesellschaft für Amerikastudien*.

Fachverbände und Publikationsorgane

Zur Vertiefung

Die Gründung der **Deutschen Gesellschaft für Amerikastudien** (DGfA; www.dgfa.de) 1953 gibt der amerikanistischen Forschung und Lehre in Deutschland einen nationalen Organisationsverbund – zunächst für den Bereich der Bundesrepublik Deutschland, ab 1990 in einem erweiterten Rahmen. Als einer der größten wissenschaftlichen Fachverbände ihrer Art vereint die DGfA mehr als 800 Amerikanisten aus den Bereichen der Literatur-, Kultur-, Geschichts-, Politik- und Sprachwissenschaft sowie der Fachdidaktik Englisch und spiegelt in ihrer Mitgliedschaft die Interdisziplinarität des Fachs. Das jährlich erscheinende *Mitteilungsblatt* der DGfA bietet einen Überblick über die Arbeit der Gesellschaft, die Studienangebote der Universitäten und die Forschungsaktivitäten ihrer Mitglieder.

1956 erscheint im Auftrag der DGfA zum ersten Mal das *Jahrbuch für Amerikastudien*, aus dem die **Zeitschrift *Amerikastudien/American Studies*** hervorgeht (vgl. www.amerikastudien.de). Diese zählt heute zu den weltweit größten Fachzeitschriften auf ihrem Gebiet. Für die Publikation von Monographien und Sammelbänden aus dem Bereich der deutschen und internationalen Amerikastudien ist die ebenfalls von der DGfA herausgegebene **Buchreihe »American Studies: A Monograph Series«**, die bis 2008 mehr als 160 Bände umfasst, von zentraler Bedeutung. Weitere wichtige Publikationsorgane im deutschsprachigen Raum sind die Zeitschriften *Arbeiten aus Anglistik und Amerikanistik* (AAA) und *Zeitschrift für Anglistik und Amerikanistik* (ZAA) sowie eine Vielzahl universitärer und verlagsbetreuter Buchreihen wie z. B. die »Working Papers des John F. Kennedy Instituts für Nordamerikastudien« oder die »Mainzer Studien zur Amerikanistik«.

Die **Deutsche Gesellschaft für Kanada-Studien** (www.kanada-studien.de) konstituiert sich 1981 als Dachverband zur Koordination kanadabezogener Forschung in Deutschland, Österreich und der Schweiz und als Vereinigung zur Förderung des kulturellen Austauschs zwischen Kanada und deutschsprachigen Ländern. Zu ihren wichtigsten Publikationsorganen zählen die seit 1981 erscheinende *Zeitschrift für Kanada-Studien* und die Schriftenreihe »Beiträge zur Kanadistik«.

Jubiläumsdoppel-
heft der *Amerika-
studien/American
Studies* 50.1/2
(2005)

Amerikastudien in der DDR: In der DDR werden im Kontext des Kalten Kriegs unter anderen ideologischen Vorzeichen und in kleinerem Umfang als in der Bundesrepublik Professuren für nordamerikabezogene Forschung und Lehre eingerichtet (bes. in Berlin und Leipzig). Im Mittelpunkt der DDR-Amerikanistik stehen von den 1950er bis in die 1980er Jahre die Amerikakritik im Sinne des kommunistisch-sozialistischen Paradigmas, die Konzentration im Bereich der Literaturwissenschaft auf sog. Minderheitenliteratur und sozialkritisch-proletarische Literatur sowie die Mitarbeit an der Ausbildung von Englischlehrern. Angesichts der im Vergleich zur Bundesrepublik schlechteren Arbeitsbedingungen, eingeschränkter Reisemöglichkeiten und anhaltender Material- und Ressourcenknappheit kann für die historische Einschätzung der DDR-Amerikanistik Rainer Schnoors Fazit gelten: »Was von den Leistungen der DDR-Amerikanistik übrigbleiben wird, wird sich erst in der Zukunft erweisen. Ignorieren kann und sollte man sie nicht« (1999, S. 47).

1.3.2 | Studienangebote an deutschen Universitäten

B.A.-/M.A.-Studiengänge: Seit den 1950er Jahren entstehen an deutschen Universitäten in wachsender Zahl **Studienangebote im Bereich der Amerikanistik/American Studies**. Die inhaltliche Ausrichtung variiert je nach der Orientierung an einem eher philologischen Verständnis von Amerikanistik oder an einem integrativ-kulturwissenschaftlichen Verständnis von American Studies/Amerikastudien (s. Kap. 1.1). Heute kann an nahezu allen deutschen Universitäten ein nordamerikabezogenes Studienangebot in unterschiedlichen Organisations- und Fachstrukturen und mit einem jeweils unterschiedlichen Grad an Interdisziplinarität wahrgenommen werden. Nach der Einführung der Bachelor of Arts- und Master of Arts-Studiengänge (B.A.-/M.A.-Studiengänge) wird das fachwissenschaftliche Studium in Amerikanistik/American Studies in **sechssemestrigen B.A.-Studiengängen** und darauf folgenden, meist **viersemestrigen M.A.-Studiengängen** absolviert. Nach den Vorgaben der Studienreform (sog. Bologna-Prozess) sind die Studiengänge modularisiert und werden im Bereich der grundständigen B.A.-Studiengänge meist in **Hauptfach-/Nebenfach-Strukturen**, im Bereich der M.A.-Studiengänge überwiegend als **Einfach-Studium** organisiert.

Fachspezifische
Studiengänge

Fachspezifische B.A.- und M.A.-Studiengänge tragen in der Regel die Bezeichnungen »Amerikanistik«, »Amerikastudien« oder »American Studies« (bzw. in Kombination der deutschen und englischen Bezeichnungen »Amerikanistik/American Studies« oder »Amerikastudien/American Studies«) sowie »Nordamerikastudien« bzw. »North American Studies«. Einen Überblick über Inhalte und Anforderungen einzelner Studiengänge in Amerikanistik/American Studies bietet neben den jeweiligen Internetseiten der Universitäten und Institute das *Mitteilungsblatt der Deutschen Gesellschaft für Amerikastudien.*

Interdisziplinäre
Studien-
programme

An manchen Universitäten sind **amerikanistische Fachinhalte** darüber hinaus in unterschiedlicher Art und Gewichtung in B.A.-Studiengänge »Anglistik/Amerikanistik«, »British and American Studies«, »Anglophone Studies«, »English Studies«, »Englisch« o. Ä. integriert. Auf der Ebene von M.A.-Studiengängen werden ferner **interdisziplinäre Programme** mit einem unterschiedlich hohen und ausdifferenzierten Anteil an Komponenten aus dem Bereich der Amerikanistik/Amerikanistik angeboten, darunter z. B. »Anglistik/Amerikanistik«, »British and North American Cultural Studies«, »European American Studies«, »Inter-American Studies«, »Advanced Anglophone Studies« oder »Intercultural Anglophone Studies«.

Hinzu kommt die Beteiligung amerikanistischer Zentren, Abteilungen und Lehrstühle an B.A.- und M.A.-Studiengängen auf den Gebieten der Kulturwissenschaften, Allgemeinen und Vergleichenden Literaturwissenschaften, Medienwissenschaften, Gender Studies o. Ä.m.

Lehramtsausbildung: Seit den 1950er Jahren hat die Beteiligung der Amerikanistik/American Studies am **fachwissenschaftlichen Teil der Lehramtsausbildung** im Schulfach Englisch stetig an Bedeutung gewonnen. Unabhängig davon, ob Lehramtsstudiengänge in herkömmlichen Staatsexamina oder in B.A.-/M.A.-Strukturen organisiert sind, bilden nordamerikabezogene Inhalte aus den Bereichen der Kultur-, Politik-, Geschichts-, Literatur- und Sprachwissenschaften in allen Bundesländern einen wesentlichen Bestandteil der Ausbildung von zukünftigen Englischlehrern. Zu Beginn des 21. Jh.s kommt den Amerikastudien in Anbetracht der Geschichte der deutsch-amerikanischen Beziehungen und angesichts der politischen, wirtschaftlichen und kulturellen Rolle der USA im globalen Kontext eine spezifische Relevanz für die Ausbildung interkulturell kompetenter Englischlehrer an deutschen Schulen zu.

Der Englischunterricht hat sich in den vergangenen Jahrzehnten von einem philologischen Fremdsprachenunterricht zu einem an **interkulturellen Kompetenzen und Schlüsselqualifikationen** orientierten Unterricht entwickelt. Dabei wird die traditionelle Konzeption einer eher an Fakten- und Institutionenwissen orientierten Landeskunde durch die Ansätze der theoretisch reflektierten und methodisch begründeten **Kulturwissenschaften** ersetzt. Amerikanistische Unterrichtsmaterialien wie z. B. die zwischen 1977 und 1991 publizierte Reihe »TEAS: Texts for English and American Studies« (Paderborn: Schöningh) und die seit 1994 publizierte Serie »Viewfinder« (München: Langenscheidt-Longman) bringen neue kulturwissenschaftliche und kulturhistorische Materialien in den Englischunterricht und in die Lehramtsausbildung für das Schulfach Englisch ein.

Art und Umfang der **fachwissenschaftlichen Inhalte aus dem Bereich der Amerikanistik/American Studies** im Studium des Schulfachs Englisch sind häufig eingeschränkt, da die sprachpraktischen, fachdidaktischen und anglistischen Anteile des Schulfachs Englisch sowie die Anforderungen der Zweitfächer und der Erziehungswissenschaften die amerikanistischen Komponenten in Lehramtsstudiengängen reduzieren. Paradoxerweise eröffnet die kulturwissenschaftliche Vielfalt, Breite und Innovation der Amerikanistik/American Studies einerseits ständig neue Materialien und Perspektiven für den Englischunterricht; andererseits gehen diese Entwicklungen und Neuorientierungen teilweise über die Möglichkeiten und Zielsetzungen des schulischen Fremdsprachenunterrichts hinaus (vgl. Freese 2005; Bach/Donnerstag 2007).

Der vorliegende Band versteht sich als fachwissenschaftliche Einführung in die Amerikanistik/American Studies und enthält daher kein Kapitel zur Fachdidaktik Englisch. Zu **neueren Darstellungen der Fachdidaktik Englisch**, deren Anknüpfungspunkte an Sprach-, Literatur- und Kulturwissenschaften sowie deren Entwicklung hin zu einer interkultu-

Kulturwissen-
schaft und
Englischunterricht

Fachdidaktik

rellen sowie handlungs- und prozessorientierten (Fremdsprachen-)Didaktik sei auf die Literaturangaben verwiesen.

1.3.3 | Studium und Universitätssystem in den USA

Das Studium der Amerikanistik/American Studies schließt trotz der ständig fortschreitenden globalen Vernetzung aller Lebens-, Erfahrungs- und Lernbereiche durch Medien und Internet einen **Studienaufenthalt an einer nordamerikanischen Hochschule** und die persönliche Erfahrung des gesellschaftlichen und kulturellen Lebens in den USA und Kanada selbst zwingend ein. Dabei ist die Verbesserung der Sprachkenntnisse durch einen solchen Auslandsaufenthalt nur ein Teil des übergeordneten Ziels der Erweiterung der **interkulturellen Kompetenz** als Grundlage und Voraussetzung eines kritisch informierten Verständnisses der USA in Vergangenheit, Gegenwart und Zukunft. Für Studierende in den universitären B.A.-/M.A.-Studiengängen ist interkulturelle Kompetenz Teil ihrer Schlüsselqualifikationen für zukünftige Tätigkeiten z.B. in nationalen und multinationalen Kulturstiftungen, Bildungseinrichtungen, Archiven und Bibliotheken, in internationalen Wirtschafts- und Wissenschaftsverbänden sowie in nordamerikaorientierten Bereichen von Medien, Verlagswesen, Politik, Wirtschaft u. Ä.m. Studierende in Lehramtsstudiengängen benötigen die unmittelbare Landes- und Kulturerfahrung als Basis ihrer sprachpraktischen und interkulturellen Vermittlungstätigkeit im Englischunterricht an deutschen Schulen.

Auslandsstudium   Traditionellerweise umfasst ein Studium in den USA die Dauer eines **akademischen Jahres**, d.h. den Zeitraum von August/September bis Mai/Juni des Folgejahres. Kürzere Auslandsaufenthalte im Rahmen von Sommerkursen (Summer Schools) – z.T. auch kommerziell organisiert – sollten selbst im Zusammenhang der zeitlich gestrafften B.A.-/M.A.-Studiengänge nicht das soziale und kulturelle Erlebnis eines akademischen Jahres an nordamerikanischen Colleges und Universitäten ersetzen. Deutschen Studierenden der Amerikanistik/American Studies und Studierenden des Lehramts Englisch mit amerikanistischer Ausrichtung wird empfohlen, während ihres Auslandsstudiums **Veranstaltungen aus der interdisziplinären Breite des Fachs** zu belegen. Amerikanistisch relevante Studienangebote an nordamerikanischen Hochschulen sind teilweise in eigenständigen B.A.- oder M.A.-Studiengängen in American Studies, American Cultural Studies oder American Civilization verfügbar, häufig aber auch in Studiengängen oder interdisziplinären Programmen von English Departments, History Departments, Ethnic Studies, Women's Studies, African American Studies, Native American Studies, Asian American Studies, Chicana/Chicano Studies, Cultural Anthropology u.a.m. eingebunden.

Austauschorganisationen: Die Kosten für ein Studium in Nordamerika liegen vor allem wegen der Studiengebühren im Allgemeinen höher als in Deutschland. Neben den bilateralen Austauschprogrammen deutscher Universitäten bieten die folgenden Organisationen gute **Förderungs-möglichkeiten für ein Studium in Nordamerika** oder eine Tätigkeit als **Fremdsprachenassistent** an einer Schule in den USA oder Kanada:

- Deutscher Akademischer Austauschdienst (DAAD; www.daad.de)
- Deutsch-amerikanische Fulbright Kommission (www.fulbright.de)
- Pädagogischer Austauschdienst (PAD; www.kmk-pad.org).

Hinzu kommen vielfältige Möglichkeiten, für kürzere oder längere Zeit in den USA zu arbeiten oder ein Praktikum zu absolvieren.

Informationsmöglichkeiten zu einem Studium in Nordamerika bzw. in den USA bieten die Auslandsämter der Universitäten, die Amerika-Häuser und die Botschaft bzw. die Generalkonsulate der USA (vgl. www.germany. usembassy.gov) sowie eine Vielzahl an Studienführern und Internetseiten, darunter besonders:

Informations-
quellen

- das vom College Board in den USA herausgegebene und ständig aktualisierte *International Student Handbook of U.S. Colleges* (2008)
- der *DAAD Studienführer U.S.A.* (Bösel 2008)
- das in Kooperation mit den U.S.-amerikanischen Behörden erstellte Internetportal Education USA (www.educationusa.de).

Sprach- und Zulassungstests: Neben den institutionellen und fachlichen Voraussetzungen der jeweiligen Studiengänge, Programme und beteiligten Universitäten ist in nahezu allen Fällen der **Nachweis englischer Sprachkenntnisse** vor der Zulassung zum Studium erforderlich. Die meisten nordamerikanischen Colleges und Universitäten verlangen den Nachweis einer bestimmten Punktezahl in standardisierten Tests wie z. B. dem **Test of English as a Foreign Language** (TOEFL, vgl. www.de.toefl. eu). Für ein privat organisiertes Studium außerhalb von universitären und staatlichen Austausch- und Stipendienprogrammen ist für die Bewerbung (application) und Zulassung (admission) zu einem B.A.-Studium unter Umständen der Nachweis der Teilnahme an einem der in den USA für Absolventen von High Schools üblichen **standardisierten Eingangstests** (college entrance exams) erforderlich. Die große Mehrheit der U.S.-amerikanischen Colleges und Universitäten bezieht in ihre Zulassungsverfahren die Ergebnisse einer der beiden folgenden Tests ein:

- **SAT:** der seit Beginn des 20. Jh.s vom College Board durchgeführte Scholastic Aptitude Test (vgl. http://collegeboard.com/student/testing/sat/about.html)

B.A.-Zulassungs-
tests

- **ACT:** der seit den späten 1950er Jahren durchgeführte Test des American College Testing Program (vgl. www.actstudent.org).

Die Ergebnisse dieser Tests werden in **numerischen Resultaten** (scores) gefasst und sind dadurch national vergleichbar.

Die Zulassung zu einem M.A.-Programm erfordert häufig den Abschluss der vom Educational Testing Service (ETS) betreuten, ebenfalls standardisierten **GRE: Graduate Record Examination** (vgl. www.ets.org/gre). Die Berücksichtigung der GRE-Ergebnisse ist meist noch differenzierter und individueller geregelt als im Bereich der B.A.-Studiengänge. Andere Zulassungstests zu weiterführenden Studien sind z. B.

M.A.-Zulassungs-
tests

- **GMAT:** Graduate Management Admission Test für den wirtschaftswissenschaftlichen Bereich
- **LSAT:** Law School Admission Test für ein Jurastudium
- **MCAT:** Medical College Admission Test für ein Medizinstudium.

Kritik: Besonders die Eingangstests zu den B.A.-Studiengängen sind umstritten, da sie aufgrund der (englisch-)sprachlichen Anteile und der inhaltlichen Gewichtung von traditionellem Bildungswissen als mögliche **Benachteiligung von Angehörigen ethnischer Gruppen und Einwanderer** gesehen werden (vgl. Giordano 2005).

Universitätssystem und Studienstruktur: Die Schul- und Hochschullandschaft in den USA ist umfangreicher und vielfältiger als die deutsche. Insgesamt gibt es ca. **4000 Institutionen des tertiären Ausbildungsbereichs,** der auf die meist als Ganztags- und Gesamtschulen organisierten **Elementary Schools** und **High Schools** folgt und z.T. in privater, z.T. in bundesstaatlicher Trägerschaft ist (vgl. Spring [7]2008; Pulliam/VanPatten [9]2006). Hochschulen werden sowohl als **College** als auch als **University** bezeichnet, wobei dies häufig auf die Geschichte und Tradition der jeweiligen Institution zurückgeht und nicht in jedem Fall Rückschlüsse auf das Angebot von B.A.-, M.A.- und Ph.D.-Studiengängen erlaubt. Allgemein bieten jedoch Colleges eher B.A.-Studiengänge an und sehen ihre Stärken eher im Bereich von Lehre und Ausbildung, während Universitäten überwiegend B.A.-, M.A.- und Ph.D.-Studiengänge anbieten und in unterschiedlicher Intensität forschungsorientiert sind.

Liberal Arts Colleges

Eine besondere Rolle nehmen die mehr als 250 **Liberal Arts Colleges** ein, die zu einem überwiegenden Teil private Institutionen sind und zu den renommiertesten und teuersten Bildungseinrichtungen der USA zählen. Liberal Arts Colleges sehen sich der Tradition der klassischen *Septem Artes Liberales* verpflichtet und konzentrieren sich auf die intellektuelle und persönliche Allgemeinbildung in B.A.-Studiengängen unabhängig von einer späteren beruflichen Orientierung ihrer Absolventen.

Undergraduate/ Graduate

Das Studium teilt sich in den USA traditionell in zwei Phasen:

- **Undergraduate Studies:** Das an Colleges und Universitäten – an sog. Community Colleges oder Junior Colleges lediglich in der zweijährigen Einstiegsphase (Associate Degree) – angebotene vierjährige Undergraduate-Studium besteht aus einem allgemeinbildenden Teil während der beiden ersten Studienjahre (Freshman Year/Sophomore Year) und einem spezialisierteren Teil mit einem inhaltlichen Studienschwerpunkt (Major) während der beiden letzten Studienjahre (Junior Year/Senior Year). Die **Undergraduate Studies** schließen mit einem **Bachelor of Arts (B.A.)** oder einem **Bachelor of Science (B.S.)** ab, neuerdings z.T. auch mit fachlich weiter ausdifferenzierten Bezeichnungen.
- **Graduate Studies:** Das meist zweijährige Graduiertenstudium ist fachwissenschaftlich spezialisiert und schließt mit einem **Master of Arts (M.A.)** oder einem **Master of Science (M.S.)** ab. Im Rahmen eines längeren, jedoch ebenfalls kurrikular strukturierten Promotionsstudiums kann es zum Grad eines Doctor of Philosophy (Ph.D.) führen.

Deutsche Studierende, die einen Teil ihres Studiums in den USA absolvieren, belegen je nach Studienfortschritt in ihren deutschen Studiengängen zumeist Kurse des fortgeschrittenen Bachelor-Studiums und Veranstaltungen in Master-Studiengängen.

Reputation und Rankings: In den USA sind seit langem Ranglisten (Rankings) zur Einschätzung der Reputation und Leistungsfähigkeit von Hochschulen in Forschung und Lehre üblich, allerdings ähnlich wie in Deutschland in ihren Kategorien, Ergebnissen und Konsequenzen umstritten. Eines der bekanntesten Rankings ist die jährliche Liste von »**America's Best Colleges**« und »**America's Best Graduate Schools**« in der Zeitschrift *U.S. News & World Report* (vgl. www.usnews.com/sections/rankings). Das Ranking der ›besten Colleges‹ zielt auf die Gesamtbewertung von Undergraduate-Programmen an Colleges und Universitäten, das Ranking der ›besten Graduiertenschulen‹ auf Evaluationen spezifischer Graduiertenprogramme.

Liberal Arts Colleges – Top Schools	National Universities – Top Schools
1. Amherst College, MA	1. Harvard University, MA
1. Williams College, MA	2. Princeton University, NJ
3. Swarthmore College, PA	3. Yale University, CT
4. Wellesley College, MA	4. Massachusetts Institute of Technology, MA
5. Middlebury College, VT	4. Stanford University, CA
6. Bowdoin, ME	6. California Institute of Technology, CA
6. Pomona College, CA	6. University of Pennslyvania, PA
8. Carleton College, MN	8. Columbia University, NY
9. Davidson College, NC	8. Duke University, NC
10. Haverford College, PA	8. University of Chicago, IL

(*U.S. News & World Report* 1./8. September 2008)

Unabhängig von aktuellen Rankings besitzen die **Ivy League-Universitäten** im Nordosten der USA eine besondere nationale und internationale Reputation als akademische und soziale Eliteinstitutionen.

Universitäten und
Studienangebote

Zum Begriff

Unter dem Begriff → **Ivy League-Universitäten** fasst man acht
Hochschulen zusammen, die zu den ältesten, traditionsreichs-
ten und aufgrund ihrer Stiftungsfonds und Finanzausstattungen
(endowments) reichsten und forschungsstärksten Universitäten
der USA gehören. Der Begriff geht auf die mit Efeu (ivy) bewachse-
nen Gebäude der Universitäten zurück und wird ursprünglich zur
Bezeichnung einer Liga im Hochschulsport verwendet.

Harvard University, Cambridge, MA	1636
Yale University, New Haven, CT	1701
University of Pennsylvania, Philadelphia, PA	1740
Princeton University, Princeton, NJ	1746
Columbia University, New York, NY	1754
Brown University, Providence, RI	1764
Dartmouth College, Hanover, NH	1769
Cornell University, Ithaca, NY	1865

2. Räume, Regionen, demographische Entwicklungen

2.1   Geographische Grunddaten
2.2   Regionen und Regionalismus
2.3   Demographische Entwicklungen, Bevölkerungs- strukturen, Migrationen

Substantielle Kenntnisse der Geographie Nordamerikas und der natur- und kulturräumlichen Bedingungen sind für die kulturwissenschaftliche Beschäftigung mit den USA unabdingbar. Die Ausdehnung des nordame- rikanischen Naturraums und die sich daraus ergebenden physiogeogra- phischen Unterschiede sind Ausgangs- und Rahmenbedingungen für historische, gesellschaftliche, politische und kulturelle Entwicklungen. Im theoretischen Zusammenhang der sog. topographischen Wende (spa- tial turn; s. Kap. 8.8) sind Räume – natürliche, kulturell konstruierte und ideologisch-symbolische – in besonderer Weise in den Blickpunkt ame- rikanistischer Forschung und Lehre gerückt. Zu geographischen bzw. kulturgeographischen Überblicksdarstellungen, detaillierteren Landkar- ten, weiterführenden Statistiken u. Ä. vgl. besonders Birdsall et al. [6]2005; Schneider-Sliwa 2005; McKnight [4]2003; Hahn 2002; Hudson 2002; Meinig 1986–2006 sowie die Internetseiten des U.S. Census Bureau (vgl. www. census.gov) und des National Atlas of the United States of America (vgl. www.nationalatlas.gov).

2.1 | Geographische Grunddaten

Kartographie und Namensgebung: Seit der sog. ›Entdeckung‹ der west- lichen Hemisphäre tragen Repräsentationen nordamerikanischer Räume auf Landkarten wesentlich zur politischen und kulturellen Aneignung der unbekannten ›Neuen Welt‹ bei (vgl. Portinaro/Knirsch 1987). So taucht der **Name ›America‹** erstmalig auf **Martin Waldseemüllers Karte »Uni- versalis Cosmographia«** aus dem Jahr 1507 auf. John Smiths kartogra- phische Darstellung der Nordostküste aus dem Jahren 1614/16 prägt den Begriff ›New England‹. Die aus der Expedition von Meriwether Lewis und William Clark (1804 bis 1806) hervorgehende Karte des Westens markiert den Beginn der Expansion der USA bis zur Pazifikküste. Landkarten ver- deutlichen im weiteren Verlauf der Geschichte in der Benennung von Re- gionen, Landschaften, Flüssen, Bergen, Städten u. a. m. den Prozess der

Geographische
Grunddaten

Inbesitznahme durch Namengebung. Werden im Falle von Flüssen, Gebirgszügen und bestimmten Gebieten (Territorien, später Bundesstaaten) häufig die indianischen Namen übernommen, so zeigt die **Ortsnamengebung** der Einwanderer und Siedler unterschiedliche programmatische Zielsetzungen.

Zur Vertiefung

Ortsnamengebung

1636 – Providence, RI: Namengebung durch den puritanischen Geistlichen Roger Williams

1681 – Philadelphia, PA: neoklassisch-griechische Namengebung durch Quäker

1718 – New Orleans, LA: Namengebung durch französische Kolonisten

1741 – Bethlehem, PA: biblische Namengebung der Herrnhuter Brüdergemeinde

1776 – San Francisco, CA: Namengebung durch spanische Franziskanermönche

1837 – Independence, MO: politisch-ideologische Namengebung

1872 – Bismarck, ND: Namengebung durch deutsche Einwanderer

John Smiths Karte
von Neuengland
(1614/16)

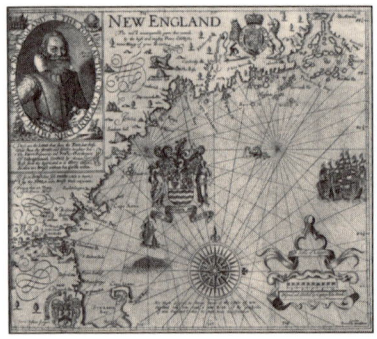

Größenverhältnisse: Die Größe und Ausdehnung des nordamerikanischen Raums bestimmt von den frühesten Berichten europäischer Reisender und Kolonisten bis in die Auswandererbriefe und Gemälde des 19. Jh.s und die Fotografien, Dokumentarfilme und Reisereportagen des 20. Jh.s die Wahrnehmung von ›America‹ und die imaginäre Aneignung und Ablehnung des U.S.-amerikanischen Nationalstaats gleichermaßen. Mit einer Fläche von insgesamt ca. 9,8 Millionen km² entspricht das **Staatsgebiet der kontinentalen USA** ungefähr der Gesamtgröße Europas.

Die **Fläche einzelner Bundesstaaten** variiert z. T. stark, entspricht aber vor allem im Westen oftmals dem Hoheitsgebiet größerer europäischer Nationalstaaten oder übersteigt dieses. So kann das 422.000 km² große Kalifornien mit der Ausdehnung des 357.000 km² umfassenden Deutschland verglichen werden. Knapp ein Drittel des U.S.-amerikanischen Staatsgebiets ist im Besitz der Bundesregierung und vor allem im Westen befinden sich große Teile des Landes in Bundesbesitz.

Großlandschaften: Der nordamerikanische Naturraum ist von **Weiträumigkeit und enormen Ausdehnungen** geprägt. Zu den wichtigsten und auffälligsten physiogeographischen Gegebenheiten zählt die **Nord-Süd-Ausrichtung** der beiden großen Gebirgszüge der **Appalachen im Osten** und der **Rocky Mountains im Westen**. Daraus ergibt sich in topographischen Darstellungen meist die folgende **Grobgliederung** der kontinentalen USA von Osten nach Westen:

- **die Küstengebiete entlang des Atlantiks,** die von Norden nach Süden breiter werden und im Golf von Mexiko über das Mississippidelta hinaus bis in das Gebiet des heutigen Bundesstaates Texas reichen; die Begriffe Atlantic Seaboard/Eastern Seaboard bezeichnen meist die unmittelbar an der Ostküste gelegenen Regionen

- **die Gebirgskette der Appalachen (Appalachians),** die sich in einer Länge von ca. 2000 km und einer Breite zwischen 150 km und 450 km von den Südstaaten Alabama, Georgia und Tennessee bis ins nördliche Neuengland und nach Neufundland erstreckt und mit Mt. Mitchell in North Carolina (2037m) den höchsten Punkt östlich des Mississippi aufweist

Physiogeographische Großlandschaften Nordamerikas (Schneider-Sliwa 2005, S. 22)

- **das Tiefland (Interior Plains)** zwischen den Appalachen und den Rocky Mountains, wobei die westlich des Mississippi zu den Rocky Mountains hin stellenweise bis auf 1800m ansteigenden Gebiete meist als Great Plains oder Prairie bezeichnet werden
- **die Gebirgskette der Rocky Mountains,** die sich auf einer Länge von nahezu 5000 km vom heutigen Bundesstaat New Mexico im Südwesten der USA bis in den kanadischen Nordwesten erstreckt und mit 4401 m auf Mt. Elbert im Bundesstaat Colorado ihren höchsten Punkt erreicht; den höchsten Punkt der 48 zusammenhängenden Staaten bildet Mt. Whitney in Nevada mit 4421m, den höchsten der USA überhaupt Mt. McKinley in Alaska mit 6189 m
- **die Küstenregion entlang des Pazifiks** mit den sich unmittelbar nach Osten anschließenden Gebirgsketten der Cascades und Sierra Nevada mit Erhebungen bis über 4000 m und zahlreichen bis an den Pazifik reichenden Längstälern.

Die in Nord-Süd-Richtung verlaufenden **Gebirgszüge** stellen zu bestimmten Zeitpunkten der europäischen Kolonisation des Gebiets der heutigen USA **natürliche Grenzen der Expansion** dar. So erstrecken sich die ursprünglichen europäischen Kolonien im Osten zunächst von der Atlantikküste bis an die Appalachen, und auch das Territorium der 13 Gründungsstaaten der USA reicht kaum über die Appalachen hinaus. Im Westen errichten im 18. Jh. spanische Kolonisten ihre ersten Missionsstationen zunächst entlang der Pazifikküste im heutigen Kalifornien. Die Gebirgszüge selbst gelten in der Kolonialzeit als unzugänglich und wertlos; auch später gehören sie trotz verkehrstechnischer und ökonomischer Erschließung zu den am dünnsten besiedelten Gegenden der USA.

**Great
American Desert**

Weite Teile der **großen Ebenen** zwischen Appalachen und Rocky Mountains gelangen im Zuge des Louisiana Purchase durch Präsident Thomas Jefferson 1803 in den Besitz der USA. Noch zur Mitte des 19. Jh.s werden die neu erworbenen Gebiete nach einer Landkarte des Landvermessers Stephen Long (1823) als eine lebens- und vor allem zivilisationsfeindliche Wüste (Great American Desert) bezeichnet. Sie rücken erst nach dem Bürgerkrieg und aufgrund verbesserter Transportwege, steigender Einwanderungszahlen und landwirtschaftlicher Innovationen in den Mittelpunkt der Expansions- und Besiedlungspolitik der USA.

Zur Vertiefung

Künstlerische Auseinandersetzung mit dem Raum im 19. Jh. und Beginn des Landschaftsschutzes

Die überwältigenden Dimensionen der ausgedehnten Naturräume und deren landschaftlichen Schönheiten führen zu einer Fülle an **künstlerischen Repräsentationen**. In die Darstellung der ästhetischen Charakteristika und erhabenen Züge der Landschaften mischen sich dabei schon bald **nationalistische Implikationen** (s. Kap. 3.3.3). Zu einem besonders beliebten Motiv werden die wegen ihrer Größe und Kraft bestaunten Niagarafälle z. B. in Bildern von Frederic Edwin Church. Nach der Mitte des 19. Jh.s rücken die Landschaften des Westens und die Rocky Mountains in Bildern z. B. von Albert Bierstadt und Thomas Moran in den Mittelpunkt. Mit der Einrichtung des Yellowstone National Park als erstem Nationalpark der USA durch den Kongress 1872 beginnt die Bewegung zum Schutz der natürlichen Landschaften in einem möglichst unverändert ursprünglichen Zustand, zugleich jedoch auch der zunehmend die Landschaften bedrohende Tourismus.

Fluss- und Wassersysteme: Die Gebiete zwischen den Appalachen und den Rocky Mountains sind vom größten Flusssystem Nordamerikas geprägt: dem **Jefferson-Mississippi-Missouri-System** (auch als Ohio-Mississippi-Missouri-System bezeichnet). Es entwässert ca. zwei Fünftel der Landfläche der kontinentalen USA über den Golf von Mexiko in den Atlantik. Mit seinen zahlreichen Nebenflüssen und Nebenarmen bildet dieses Flusssystem ein weit verzweigtes und über große Distanzen reichendes **Netz an natürlichen Verkehrswegen**, das vom Mississippidelta aus einen Zugang ins Landesinneren von Süden eröffnet.

Mississippi

Der Mississippi – der Name geht auf die Indianersprache Ojibwe zurück und bedeutet ›großer Fluss‹ (die häufige Übersetzung ›Vater der Flüsse‹ o. Ä. ist eher poetisch) – ist mit einer Länge von ca. 3700 km von seinem Ursprung im Norden des heutigen Bundesstaates Minnesota bis an seine Mündung im Delta bei New Orleans der **längste Fluss Nordamerikas**. In der Kolonisations- und Besiedlungsgeschichte stellt der Mississippi lange Zeit eine Grenzlinie nach Westen dar, verbindet jedoch andererseits im 17. und 18. Jh. als wichtige Handels- und Kommunikationslinie die französischen Kolonien im heutigen Kanada und in der Nähe der Großen Seen mit den am Golf von Mexiko gelegenen französischen Gebieten und besonders mit New Orleans als bedeutendstem Hafen. In unzähligen afroamerikanischen Blues-Stücken oder in populären Songs wie z. B. »Ol' Man River« aus dem Musical *Show Boat* wird der Mississippi als mythischer Fluss besungen. Zu den bedeutendsten **literarischen Darstellungen** des Mississippi und des Mississippigebiets zählen Mark Twains *Life on the Mississippi* (1883) und *The Adventures of Huckleberry Finn* (1884).

Neben dem System des Mississippi sind die folgenden Flüsse und Wasserwege von Bedeutung, da sie in ähnlicher Weise wie der Mississippi einen Zugang ins Landesinnere der heutigen USA ermöglichen und dadurch historische, politische und wirtschaftliche Entwicklungen maßgeblich beeinflussen:

Wichtige
Flusssysteme

- der **James River**, der bei Jamestown, VA, der ersten dauerhaften englischen Kolonie in Nordamerika, in den Atlantik fließt und als wichtige Verkehrsstraße die Erschließung Virginias in der Kolonialzeit begünstigt
- der **Charles River**, der bei Boston in den Atlantik mündet und in der Frühzeit der britischen Kolonisation in Massachusetts und Neuengland als Zugang ins Landesinnere von der Atlantikküste her dient; das größere Flusssystem in Neuengland ist das des weiter nördlich gelegenen Merrimack
- der **Hudson River**, der bei New York City in den Atlantik mündet und die Möglichkeit zur Ausdehnung der holländischen und englischen Kolonien nach Norden entlang des Hudson Valley und des Mohawk Valley bis in die Nähe des Eriesees bietet
- der **St. Lawrence River** als U.S.-amerikanisch-kanadischer Grenzfluss, der aus dem Lake Ontario austritt und im St. Lawrence Golf in den Atlantik mündet, von wo aus sich den frühen französischen Kolonisten Cartier und Champlain im 16. und 17. Jh. der Weg ins Innere des Kontinents bis nach Quebec und Montreal öffnet
- der **Rio Grande** (in Mexiko Rio Bravo del Norte), entlang dessen die spanischen Eroberer unter Juan de Oñate gegen Ende des 16. Jh.s in das Gebiet der heutigen Bundesstaaten New Mexico und Colorado vordringen und der in Texas die heutige Grenze zwischen den USA und Mexiko markiert
- der **Columbia River**, der zusammen mit dem Snake River ein weitreichendes und wasserreiches Flussnetz im Nordwesten der USA bildet, als einziger Fluss die Gebirgsketten entlang der Pazifikküste durchbricht, bei Astoria, OR, in den Pazifik mündet und so im Westen vom Pazifik her einen Wasserweg ins Landesinnere eröffnet.

Zu erwähnen sind ferner zwei Flüsse von besonderer Bedeutung:

- der **Colorado River** im Westen bzw. Südwesten der USA, der von den Rocky Mountains in den Golf von Kalifornien fließt, einen erheblichen Teil des Wasservorrats des Westens und vor allem Südkaliforniens liefert und im Grand Canyon eines der spektakulärsten Naturwunder hervorgebracht hat
- der **Yukon River** in Alaska, der vor allem im Zusammenhang von Gold- und Ölfunden bekannt wird.

Geographische
Grunddaten

Zur Vertiefung

Die Großen Seen

Neben den Gebirgen und Flüssen bzw. Flusssystemen sind die **Großen Seen (Great Lakes)** an der Grenze zwischen den USA und Kanada eines der herausragenden naturräumlichen Phänomene Nordamerikas. Die fünf über Flüsse verbundenen Seen **Lake Superior, Lake Michigan, Lake Huron, Lake Ontario, Lake Erie** bilden die größte Seengruppe der Erde. Mit der Eröffnung des **Erie-Kanals**, der den Hudson River mit dem Lake Erie verbindet, werden 1825 die Großen Seen an die Wasser- und Transportwege der Ostküste und damit an den transatlantischen Handel und Verkehr angeschlossen. Dies leitet die Besiedlung und Industrialisierung des Mittleren Westens vom Nordosten aus ein.

Klimatische Bedingungen: In Nordamerika finden sich alle Klimazonen der Erde. Auch das Gebiet der USA ist von **Kontrasten in den klimatischen Bedingungen** geprägt, welche die ursprünglichen Lebensweisen und Kulturen der indigenen Bevölkerung Nordamerikas und die Besiedlungs-, Wirtschafts- und Kulturgeschichte der Kolonialzeit und der USA gleichermaßen mitbestimmen. So steht z.B. dem gemäßigten, humiden Klima der seit der Kolonialzeit dicht besiedelten (nördlichen) Ostküste das (semi-)aride Wüstenklima des Westens und besonders des Südwestens gegenüber, das 1913 im kalifornischen Death Valley die höchste je gemessene Temperatur von 57° C erreicht. Dem tropischen Klima Südfloridas und dem subtropischen Klima der Staaten des sog. ›tiefen Südens‹ (Deep South) stehen die z.T. sehr kalten und schneereichen Winter des Mittleren Westens und das arktische Klima Alaskas gegenüber. Bis heute üben die klimatischen Verhältnisse einen maßgeblichen Einfluss auf regionale Entwicklungen, wirtschaftliche Standortentscheidungen und Bevölkerungsverschiebungen aus, die wiederum ihrerseits eine erhebliche Bedeutung für **ökonomische Strukturen und politische Machtverhältnisse** haben. Zu den bedeutendsten **internen Migrationsbewegungen** dieser Art zählt der Bevölkerungszuwachs im Süden und Südwesten der USA nach dem Zweiten Weltkrieg. Aufgrund der spezifischen klimatischen Gegebenheiten und vor allem nach der Erfindung moderner Klimaanlagen werden hier neue Technologien und Industrien angesiedelt und attraktive Freizeit- und Tourismusangebote geschaffen, welche die Region zu einem wachstumsstarken Gebiet mit einem ständig steigenden Anteil an der Gesamtbevölkerung der USA werden lassen.

Extreme Wetter-
verhältnisse

Die naturräumlich-topographischen Gliederungen und vor allem der Nord-Süd-Verlauf der großen Gebirgsketten haben weitreichende Konsequenzen für die klimatischen Bedingungen in Nordamerika. So können sowohl tropische als auch arktische Luftströmungen nahezu ungehindert von Süden bzw. Norden in die Gebiete der USA hineinfließen und z.T. rasche und extreme **Witterungsveränderungen und Wetterverhältnisse** nach sich ziehen. Diese Bedingungen begünstigen – im Zusammenhang mit den negativen Folgen verfehlter Agrar-, Umwelt- und Bebauungspolitik – **Naturkatastrophen** von enormen Ausmaßen, die oftmals Auswirkungen auf die politische Stimmung im Land haben und künstlerisch in vielfältiger Weise verarbeitet werden.

Zu den folgenschwersten klimabedingten Katastrophen zählt die Dürre während der Zeit der Wirtschaftskrise in den 1930er Jahren. Nach

Dürre der
1930er Jahre

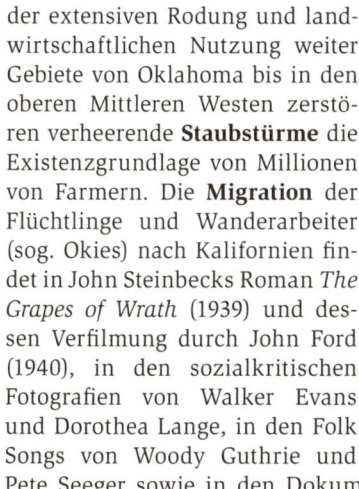

der extensiven Rodung und landwirtschaftlichen Nutzung weiter Gebiete von Oklahoma bis in den oberen Mittleren Westen zerstören verheerende **Staubstürme** die Existenzgrundlage von Millionen von Farmern. Die **Migration** der Flüchtlinge und Wanderarbeiter (sog. Okies) nach Kalifornien findet in John Steinbecks Roman *The Grapes of Wrath* (1939) und dessen Verfilmung durch John Ford (1940), in den sozialkritischen Fotografien von Walker Evans und Dorothea Lange, in den Folk Songs von Woody Guthrie und Pete Seeger sowie in den Dokumentarfilmen von Pare Lorentz ihren Niederschlag.

Zerstörte Farm in
South Dakota (1936)

> → **Dust Bowl** (»Staubschüssel«) bezeichnet die Dürregebiete in den Great Plains, die in den 1930er Jahren von Staubstürmen heimgesucht wurden.

Zum Begriff

Die Große Mississippi-Flut (**Great Mississippi Flood**) des Jahres 1927 wird zum Ausgangspunkt für die Migration von Afroamerikanern aus den Gebieten des Mississippi-Delta in die Großstädte des Nordens, nachdem mehr als eine halbe Million Menschen in Mississippi und Louisiana ihre Häuser und Farmen aufgeben mussten. Zahllose Folk Songs und Blues-Stücke, darunter z. B. Randy Newmans »Louisiana 1927«, erinnern bis heute an die Flut, und William Faulkner verarbeitet sie in seinen Romanen und Erzählungen über den Süden.

Great Mississippi
Flood

Tornados – auch Twister genannt – entstehen regelmäßig vor allem im Süden und Mittleren Westen der USA und richten teilweise große Schäden an. Die Küsten im Süden der USA und die an den Golf von Mexiko angrenzenden Bundesstaaten werden immer wieder von Wirbelstürmen getroffen.

Im August 2005 trifft der **Hurrikan Katrina** als einer der stärksten Wirbelstürme der Geschichte auf die Küste des Golfs von Mexiko, verwüstet in einer der schwersten Naturkatastrophen der USA weite Teil von New Orleans und kostet mehr als 1800 Menschen das Leben. Hurrikan Katrina

Hurrikan Katrina

wird auf seinem Weg durch die Karibik und in seinen katastrophalen Folgen von den Medien live und umfassend verfolgt und führt mit der von allen U.S.-amerikanischen TV-Sendern und weltweit am 9. September 2005 ausgestrahlten Benefiz-Show »Shelter from the Storm: A Concert for the Gulf Coast« zu einem Medienereignis neuen Ausmaßes. Der Abschlussbericht des Untersuchungsausschusses des Repräsentantenhauses ist in Buchform und im Internet (vgl. http://katrina.house.gov) zugänglich.

2.2 | Regionen und Regionalismus

2.2.1 | Konzeptionen und Perzeptionen

Zum Begriff

»The term → *region* is defined differently by different disciplines. A geographer would call it an area of land that has singular and identifiable resources and physical appearances. A sociologist might describe it as a group of communities that exist in mutual dependence. A psychologist would emphasize the power of a region to offer consistent cognitive experiences resulting in responses coherent to a group. A literary critic would point to the vivid and cyclic sense impressions and social affect that a region creates when it is the subject of a novel, essays, or poem. All these definitions (and there are others) overlap. Regionalism is a highly interdisciplinary topic.« (Fresonke 2001, S. 13)

Traditionelle und neuere Ansätze: Die regionale Gliederung Nordamerikas und der USA variiert nach fachwissenschaftlichen Perspektiven, und es gibt keine einheitliche oder verbindliche Einteilung. In der **traditionellen Regionalgeographie** werden Regionen als »very real entities – things that could be objectively denoted and delimited rather precisely on a map« (Ostergren 2005, S. 5) begriffen und in ihren konkreten Eigenheiten und singulär verstandenen Charakteristika beschrieben (sog. areal differentiation). In der **New Regional Geography** und nach den Ansätzen des **Critical Regionalism** seit den 1980er Jahren werden Regionen nach sozial- und kulturwissenschaftlichen Theorien und als Produkte und Prozesse sozialer, politischer, ökonomischer und kultureller Konstruktionen und Interaktionen betrachtet.

Zur Vertiefung

New Regional Geography und Critical Regionalism

»Most geographical studies of region and regionalism today are built around a consensus that regions are social constructs and are driven to examine the complexities and vagaries of both the social production and use of region. [...]

These structures are always in a state of evolution, their boundaries always malleable. Regional formation is therefore a process in which the region is constantly reimagined and reconstructed. The geographic study of region demands, accordingly, that the historical dynamics of this process receive careful attention; that geographers understand regions through a kind of geohistorical synthesis of texts and symbolic images, informed by an appreciation of relevant systems of social and political practice. Nothing is more important in all of this than the question of place identity, and much effort is expended on issues of identity and representation, particularly on the relationship between social politics and power and geographical meanings of identity and representation.« (Ostergren 2005, S. 9-10; vgl. Reichert 2007; Herr 1996)

»a view of regions as constantly changing and socially significant historical and geographic formations, whose inhabitants interpret and respond to events and processes in particular ways as a consequence of the unique social and physical contexts in which they are situated«. (Murphy 1991, S. 25)

Vorstellungen von Regionen und Ansätze zur regionalen Gliederungen sind zunächst von physiogeographischen Gegebenheiten bedingt und erst in zweiter Linie – wenn auch in spezifischer Weise – von den in historischen Prozessen entstandenen nationalstaatlichen Grenzen. Standardwerke der Regionalgeographie (s. Kap. 2.1) behandeln daher die **Regionalgeographie der USA und Kanadas** meist gemeinsam. In seinem kontrovers diskutierten Buch *The Nine Nations of North America* (1981) teilt Joel Garreau den nordamerikanischen Kontinent in neun Großregionen – sog. ›Nationen‹ – ein, die im Norden zwischen den USA und Kanada und im Süden zwischen den USA und Mexiko bzw. den Karibikinseln grenzüberschreitend sind. Die Benennung der einzelnen ›Nationen‹ besteht aus einer phantasievollen Mischung aus geographischen, historischen und neologistischen Begriffen bzw. Begriffsbildungen (z. B. Dixie, Mexamerica, Empty Quarter, Ecotopia). In der vorliegenden Einführung werden regionale Gliederungen und Traditionen primär innerhalb der USA behandelt.

Historische Wahrnehmungen und Entwicklungen: In den frühesten Berichten europäischer Reisender und Kolonisten wird die ›Neue Welt‹ als arkadische Landschaft, irdisches Paradies oder konkrete Utopie projiziert und in ihrer Ganzheit als **Gegenfolie zu europäischen Lebenswirklichkeiten** beschrieben. Eine stärker auf **regionale Eigenheiten** eingehende Darstellung findet sich in den Reiseberichten und ethnographischen Darstellungen spanischer und englischer Kolonisten des 16. Jh.s wie z. B. Cabeza de Vaca und Thomas Harriot (s. Kap. 3.2.1). Die Ostküste wird im 17. und frühen 18. Jh. im Zusammenhang der politischen und kulturellen Ausdifferenzierung der Kolonien nach Sektionen und deren Eigenheiten differenziert. Am Ende der Kolonialzeit geht man von einer regionalen **Dreiteilung von Norden nach Süden** aus: New England, Middle Colonies, South. Nach der Staatsgründung kommt in den 1780er Jahren mit dem Northwest Territory eine weitere Region westlich der 13 ehemaligen britischen Kolonien hinzu. Mit der **kontinentalen Expansion** des U.S.-amerikanischen Nationalstaates und den zunehmend divers verlaufenden

Regionen und
Regionalismus

ökonomischen, sozialen und kulturellen Entwicklungen in einzelnen Gebieten gewinnen **regionale Bezugsrahmen** größerer und kleinerer Ausdehnung im 19. Jh. an Bedeutung und prägen bis heute die USA und deren Innen- und Außenwahrnehmung.

Regionale
Identität(en)
und sektionale
Konflikte

Vor dem Hintergrund eines seit der Zeit der Frühen Republik starken Nationalpatriotismus wird die Betonung regionaler Identitäten von der Bundesregierung und von Repräsentanten der jeweils anderen Regionen als ›Sektionalismus‹ oder ›Provinzialismus‹ kritisiert. Seit der Gründung der USA haben unterschiedliche **politische und wirtschaftliche Ausrichtungen und Interessen** immer wieder zu Konflikten zwischen der Bundesregierung und einzelnen Regionen sowie zwischen Regionen untereinander geführt. Bald nach der Staatsgründung stehen maßgebliche Politiker in Neuengland der Ausdehnung der USA jenseits der Appalachen skeptisch gegenüber und drohen besonders nach dem Louisiana Purchase (1803) und der damit eingeleiteten Westorientierung der USA zeitweise sogar mit der Abspaltung Neuenglands (s. Kap. 3.3.3). Der bedeutendste und folgenschwerste Konflikt in der U.S.-amerikanischen Geschichte zwischen der Zentralregierung in Washington und einer Region bzw. zwischen unterschiedlichen Regionen ist bis heute der **Bürgerkrieg zwischen Nord- und Südstaaten 1861 bis 1865.** In den Auseinandersetzungen zwischen der Bundesregierung und den Südstaaten um die Durchsetzung der Schulintegration zur Zeit der **Bürgerrechtsbewegung der 1950er und 1960er** Jahre spielen Fragen der regionalen Identität und politischen Zuständigkeiten ebenfalls eine wichtige Rolle.

2.2.2 | Regionale Gliederung der USA

Das U.S. Census Bureau teilt die USA in **vier große Regionen** ein, die im Rahmen des vorliegenden Überblicks als Orientierung dienen:

- Northeast/Nordosten
- South/Süden
- Midwest/Mittlerer Westen
- West/Westen

Die vier Großregionen sind in insgesamt **neun Teilgebiete (divisions)** mit einer unterschiedlichen Zahl von Bundesstaaten aufgeteilt. Diese Gliederung ist zunächst eine organisatorisch-administrative und wird in der Praxis der statistischen Arbeit des U.S. Census Bureau durch die Verteilung auf zwölf **Regional Offices** in Atlanta, Boston, Charlotte, NC, Chicago, Dallas, Denver, Detroit, Kansas City, Los Angeles, New York, Philadelphia und Seattle ergänzt. Die Vierteilung spiegelt jedoch auch die Grundzüge der naturräumlichen Gliederung des nordamerikanischen Kontinents auf dem Gebiet der heutigen USA und die sich in der europäischen Kolonisation Nordamerikas und der nationalstaatlichen Ausdehnung der USA ergebenden **politischen, ökonomischen und kulturellen Räume.**

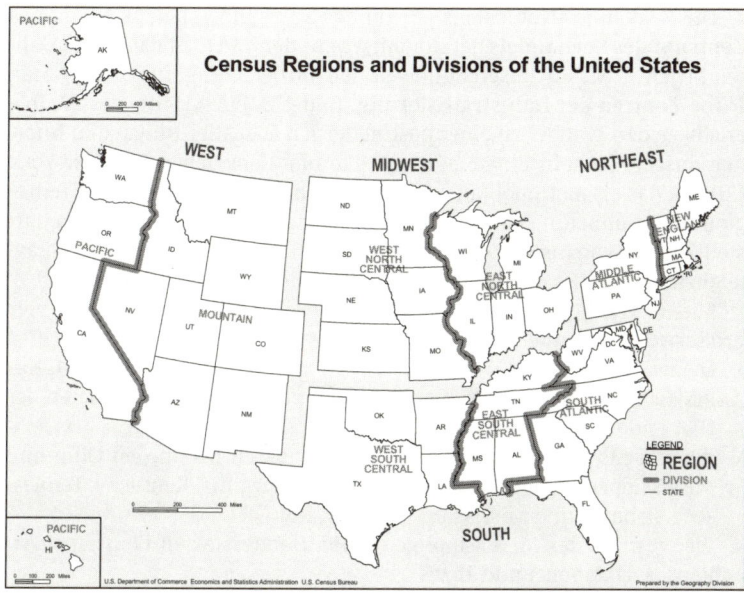

Regionen nach U.S.
Census Bureau

Zur Vertiefung

Regionale Gliederung der USA nach dem U.S. Census Bureau

Region 1: Northeast
Division 1: New England
Division 2: Middle Atlantic

Region 2: Midwest*
Division 3: East North Central
Division 4: West North Central

Region 3: South
Division 5: South Atlantic
Division 6: East South Central
Division 7: West South Central

Region 4: West
Division 8: Mountain
Division 9: Pacific
* (bis 1984: North Central)

(vgl. www.census.gov/geo/www/us_regdiv.pdf)

Nordosten: Die Region erstreckt sich in Ost-West-Richtung vom Atlantik bis an die Grenze des Bundesstaates Ohio und in Nord-Süd-Richtung von Maine bis ins Umland von Washington, DC. Sie bildet mit den Neuenglandstaaten Maine, New Hampshire, Vermont, Massachusetts, Connecticut, Rhode Island und den Mittelatlantikstaaten New York, New Jersey und Pennsylvania einen wesentlichen Teil des **historischen Kerngebiets der USA**. Aufgrund der unterschiedlichen Kolonialgeschichte der einzelnen Staaten des Nordostens werden **Neuengland** und die **Mittelatlantikstaaten** häufig als separate Regionen betrachtet, wenngleich die wirtschaftlichen und infrastrukturellen Entwicklungen im 19. Jh. die beiden Gebiete zusammenwachsen lassen. **Ballungsgebiete und wirtschaftlich-industrielle Zentren** der Region sind Boston, New York und Philadelphia an der Ostküste sowie Pittsburgh, PA und Buffalo, NY im Landesinneren.

Regionen und
Regionalismus

Die Region des Nordostens ist von der Kolonialzeit bis ins 19. Jh. das **Zentrum des Seehandels** der Kolonien bzw. der USA. Seit den 1830er Jahren liegen in Massachusetts und seit den 1870er Jahren in Pennsylvania **frühe Zentren der Industrialisierung**. In der zweiten Hälfte des 20. Jh.s erlebt sie den Wandel zu einer postmodernen Dienstleistungs- und Informationsgesellschaft. Eine Sonderrolle kommt dem Gebiet um **New York City** zu, das als metropolitaner Ballungsraum eine dicht besiedelte Teilregion in der ohnehin sehr bevölkerungsreichen und urbanen Region darstellt und als von Institutionen der Weltpolitik und Weltwirtschaft geprägte **global city** eines der Gravitationszentren der USA und der Welt ist.

New York City

Süden: Die Region lässt sich neben dem District of Columbia in **vier größere Gebiete** untergliedern:

- Delaware, Maryland, Virginia, North Carolina, South Carolina, Georgia als südlicher Teil der ursprünglichen dreizehn Bundesstaaten der USA entlang des Atlantiks
- die jenseits der Appalachen im Landesinneren bis an den Ohio und Mississippi gelegenen Bundesstaaten West Virginia, Kentucky, Tennessee, Alabama und Mississippi
- die westlich des Mississippi gelegenen Bundesstaaten Louisiana, Arkansas, Oklahoma und Texas
- das ursprünglich spanische Florida, das sich im 20. Jh. zu einem Zentrum der postmodernen Freizeit- und Hochtechnologieindustrie entwickelt und aufgrund des starken Bevölkerungszuwachses politisch an Gewicht gewinnt.

Der Süden – das Gebiet der ehemaligen ›konföderierten‹ Südstaaten – zeichnet sich ähnlich wie das in der Kolonialzeit religiös-puritanisch geprägte Neuengland durch ein **geschichtlich gewachsenes Regionalgefühl** aus. Historisch und sozioökonomisch wird die Region in weiten Teilen vom Wandel von der agrarischen Plantagen- und Sklavereiwirtschaft des Old South zur Agrar-, Industrie- und Informationsgesellschaft des New South bestimmt. Die Verbreitung des **Baumwollanbaus** führt schon früh zu der Bezeichnung ›Baumwollgürtel‹ (cotton belt), die auch heute noch für landwirtschaftlich geprägte Gebiete des Südens gebräuchlich ist. **Ballungszentren des Südens**, der mit Teilen der Appalachen einige der ärmsten und am dünnsten besiedelten Gebiete der USA aufweist, sind insbesondere Atlanta, Miami, die metropolitanen Gebiete Dallas/Fort Worth, San Antonio und Houston in Texas sowie bis zu seiner teilweisen Zerstörung 2005 New Orleans.

Texas

Texas nimmt aufgrund seiner Größe, seiner Wirtschaftskraft und seines Status als einstmals unabhängige Republik gerne eine **Sonderrolle** ein und zählt – ähnlich wie Oklahoma – aufgrund seiner Geschichte zugleich zum Westen bzw. Südwesten.

Mittlerer Westen: Die Region umfasst im östlichen Teil die an die Großen Seen angrenzenden Bundesstaaten Ohio, Indiana, Michigan, Illinois und Wisconsin – das frühere Northwest Territory – und in ihrem westlichen Teil jenseits des Mississippi die Präriestaaten Missouri, Iowa, Minnesota, North Dakota, South Dakota, Nebraska und Kansas.

Seit der zweiten Hälfte des 19. Jh.s entwickeln sich die **östlichen Teile** der Region mit Städten wie Detroit, Chicago, Cleveland, Cincinnati, Toledo im Zusammenhang umfangreicher Rohstoffvorkommen und einer großen Zahl von Einwanderern zu einem **Zentrum der U.S.-amerikanischen Schwerindustrie und Erdölverarbeitung**. Die überwiegend in Detroit und Umland angesiedelten **Automobilwerke** von Ford Motor Company, General Motors oder Chrysler werden seit Beginn des 20. Jh.s zu einem prägenden Wirtschaftsfaktor in der Region. Der Niedergang der Schwer- und Automobilindustrie führt in den 1960er, 1970er und 1980er Jahren zu einer wirtschaftlichen und sozialen Krise, im Zuge derer die Region einen z. T. deutlichen **Bevölkerungsrückgang** erleidet.

Die **westlichen Teile** der Region, die im Zuge der Masseneinwanderung des 19. und frühen 20. Jh.s besonders auch von Einwanderern aus Deutschland besiedelt werden, sind traditionell landwirtschaftlich ausgerichtet. Charakteristisch für weite Teile der Präriestaaten, die gegen Ende des 19. Jh.s ebenso wie die Bundesstaaten des Westens Schauplatz der letzten Indianerkriege sind und heute einige der größten Reservate wie z. B. die Pine Ridge Indian Reservation in South Dakota aufweisen, sind die von Familien bewirtschafteten **Getreide- und Rinderfarmen**. Die durch Überproduktion und Getreideimporte seit den 1920er Jahren schwelenden Farmkrisen führen in den 1980er Jahren zum Ruin vieler Farmen im Mittleren Westen (s. Kap. 6.2.2).

Westen: Die flächenmäßig größte und historisch zuletzt in das Staatsgebiet der USA eingegliederte Region des Westens wird meist in **drei Teile** gegliedert:

- die Staaten der Rocky Mountains
- den Südwesten
- die Pazifikstaaten (auch Pacific Rim).

Die außerhalb des zusammenhängenden Territoriums der USA liegenden Bundesstaaten **Alaska und Hawaii** gehören ebenfalls zur U.S. Census-Region des Westens, nehmen jedoch aufgrund der geographischen Gegebenheiten und historischen Entwicklungen bis zu ihrer relativ späten Eingliederung in die USA eine Sonderposition ein.

Nicht nur die enormen Ausdehnungen des sog. American West, sondern auch die **unterschiedlichen Geschichten, Traditionen und Wirtschaftsbedingungen** einzelner Gebiete lassen eine einheitliche Charakterisierung der Region nahezu unmöglich erscheinen. Die sich an die Great Plains nach Westen anschließenden Bundesstaaten Montana, Wyoming, Colorado, Utah, Idaho und Nevada sind seit dem späten 19. Jh. von der **Ranch- und Cowboykultur** sowie der **Minenwirtschaft** geprägt. Sie zählen trotz neuerer industrieller Ansiedlungen und rasch wachsender Zentren wie z. B. Denver zu den am dünnsten besiedelten und landschaftlich eindrucksvollsten Gebieten der USA mit einer Vielzahl an Nationalparks, unter denen der Yellowstone National Park (1872) der erste und bis heute wohl bekannteste ist.

Der in weiten Teilen **wüstenartige Südwesten** – im engeren Sinne die Bundesstaaten New Mexico und Arizona, im weiteren Sinne auch

American West

Südwesten

die westlichen Gebiete von Texas sowie die südlichen Teile von Colorado, Utah, Nevada und Kalifornien – ist historisch von den Kulturen **der Pueblo-Indianer** und von der **hispanischen Kolonialgeschichte** geprägt. Spezifische Entwicklungen haben den Südwesten zu einer **wirtschaftlichen Boomregion** werden lassen:

- **technologische Eingriffe** in die natürlichen Gegebenheiten wie z. B. Klimaanlagen, Staudämme und künstliche Bewässerung
- ein großer **Bevölkerungszuzug** in der zweiten Hälfte des 20. Jh.s aufgrund der internen Migration aus dem Nordosten und des Zuzugs mexikanischer Immigranten
- Intensivierung und Ausbau der **Tourismusindustrie**, die sich um die Sehenswürdigkeiten der präkolumbianischen Kulturen und um die zahlreichen Nationalparks wie z. B. den Grand Canyon zentrieren.

Nordwesten Der noch im späten 19. Jh. als abgelegen geltende **pazifische Nordwesten** mit den Staaten Washington und Oregon ist traditionell von **Forst- und Fischwirtschaft** bestimmt. Der Nordwesten hat sich im Laufe des 20. Jh.s im Zusammenhang einer stärkeren Orientierung der USA nach Asien und durch die Ansiedlung von **Hochtechnologieindustrien und Dienstleistungs- und Serviceunternehmen** zu einer wirtschaftlich prosperierenden Teilregion entwickelt.

Kalifornien Ähnlich wie die Gegend um New York City im Nordosten nimmt Kalifornien – manchmal als ›Amerikas Amerika‹ bezeichnet – eine Sonderstellung in der Region des Westens ein. Das Bruttoinlandsprodukt Kaliforniens reiht den Bundesstaat – unabhängig von den USA – je nach Jahr und Statistik unter die sechs bis acht führenden Wirtschaftsnationen der Welt ein. Als **bevölkerungsreichster und ökonomisch stärkster Bundesstaat** gilt Kalifornien mit seinen wirtschaftlichen, sozialen, politischen und kulturellen Entwicklungen als Verdichtung nationaler Tendenzen und zugleich als deren Trendsetter. **Hollywood** und **Silicon Valley** sind nur zwei Schlagworte, die für die von Kalifornien ausgehenden, oftmals revolutionären und weltweit ausstrahlenden Umwälzungen stehen. Los Angeles ist nach New York die bevölkerungsreichste Metropole der USA und in seiner demographischen Vielfalt – mit einer hohen Zahl an asiatisch-amerikanischen und hispanisch-amerikanischen Migranten – ein Indikator für die multiethnische Gesellschaft der USA.

Belt Regions: Beschreibungen der USA nach sog. ›Gürteln‹ (belt regions) verdeutlichen, dass die Grenzlinien zwischen Regionen fließend sind und die jeweiligen Zuschreibungen und Konstruktionen nach je spezifischen Kategorien und Interessen erfolgen:

- **Manufacturing Belt:** Der ›industrielle Gürtel‹ zieht sich von den Zentren der frühen Industrialisierung in Neuengland bis zu den Hauptorten der Schwerindustrie des späten 19. und 20. Jh.s im Mittleren Westen.
- **Rust Belt:** Im Zuge der Deindustrialisierung und des wirtschaftlichen Niedergangs der älteren Industriegebiete wird der Begriff des ›Rostgürtels‹ zur Beschreibung des traditionellen industriellen Kerngebiets der USA geprägt.

- **Sun Belt**: Der Süden bildet zusammen mit den Bundesstaaten des Süd-westens und mit Kalifornien den ›Sonnengürtel‹, der meist südlich des 37. Längengrads angesiedelt wird und seit dem Zweiten Weltkrieg einen großen Bevölkerungszuwachs erlebt.
- **Frost Belt/Snow Belt:** Der ›Schneegürtel‹ steht dem ›Sonnengürtel‹ zur Bezeichnung der schneereichen Gebiete im Nordosten und Mittleren Westen gegenüber.
- Ältere Prägungen wie **Cotton Belt, Rice Belt, Corn Belt** oder **Grain Belt**, die sich an den landwirtschaftlichen Produkten der jeweiligen Region orientieren, werden in jüngerer Zeit um Begriffe wie z. B. **Dairy Belt, Peach Belt** oder **Citrus Belt** ergänzt.
- **Bible Belt:** Der 1924 von H. L. Mencken geprägte Begriff des ›Bibelgür-tels‹ verweist vor allem auf die religiös geprägten Gebiete des Südens.

2.2.3 | Regionale Identitätskonstruktionen und Ikonographien

Eine kulturhistorische Beschreibung der Regionen der USA und deren Teilgebiete bezieht die Geschichte, Traditionen, Populärkultur, Ideologien und Mythen der jeweiligen Regionen mit ein. Regionale Identitätskon-struktionen und deren **prototypische Manifestationen** in Figuren, Iko-nen, Symbolen und Architektur variieren in vielfältiger Weise.

Regionale Themen und Klassiker der amerikanistischen Regional-studien

Zur Vertiefung

Eine Beschreibung von Regionen nach Themen birgt die Gefahr von reduktiven Zuschreibungen, mentalitätsgeschichtlichen Verallgemeine-rungen und simplifizierenden Stereotypisierungen. Sie eröffnet jedoch andererseits bei entsprechend kritischer Reflexion, Historisierung und Offenheit der Themen die Möglichkeit, historisch und kulturell produktive Deutungsmuster und regionale Identitätskonstruktionen in deren ikonographischen Repertoires und in deren Signifikanz für U.S.-amerikanische Nationalideologien und Identitätskonstruktionen zu erfassen. In diesem Sinne bleiben regionalthemenorientierte Klassiker der amerikanistischen Regionalstudien wichtige Beiträge zu einem Verständnis von Neuengland (vgl. Miller 1939, 1953), des Südens (vgl. Cash 1941), des Mittleren Westens (vgl. Lynd/Lynd 1929) und des Wes-tens (vgl. Slotkin 1973).

Die Einträge zu »New England« (O'Keefe 2001), »The South« (Cuth-bert-Kerr 2001), »The Midwest« (Shortridge 2001), »The West« (Black 2001) in *The Encyclopedia of American Studies* bieten einen Überblick über die den jeweiligen Regionen zugeschriebenen Identitäten, Charak-teristika und Themen sowie weiterführende Literaturhinweise.

Neuengland: Die neuengländischen Bundesstaaten werden meist als eine vom **historischen Erbe der Kolonialzeit** und besonders vom Puritanismus des 17. Jh.s bestimmte Region präsentiert, die anglozentrisch-ostküstenorientierte Identitätskonstruktionen und Vorstellungen von einem universellen Sendungsbewusstsein der USA wesentlich geprägt hat. Der Moralismus der puritanischen Orthodoxie des 17. Jh.s und deren Intoleranz gegenüber Dissidenten wird in stereotypisierten Puritanerfiguren und im fast sprichwörtlichen neuengländischen Kirchturm (New England church steeple) evoziert. Das in weiten Teilen ländlich-idyllische Neuengland wird zugleich als Ausgangspunkt der Amerikanischen Revolution, als Motor zahlreicher Reformbewegungen des 19. und 20. Jh.s sowie als Hort **liberaler Politik und Gesellschaftsvorstellungen** betrachtet. In der unmittelbaren Gegenwart bestimmt die hohe Dichte an **High Tech-Standorten** und **renommierten Universitäten** in der Umgebung von Boston, dem städtischen Zentrum der Region, sowie die Tourismus- und Freizeitindustrie das Bild Neuenglands.

Süden: Auch im Süden – in Anlehnung an die Mason-Dixon-Linie als **Dixie** bezeichnet – bestimmen die Geschichte, die Tradition und insbesondere die Erinnerung an den sog. **Alten Süden (Old South)** die regionale Identität. Bis heute markiert der Bürgerkrieg in populären Filmen wie *Gone with the Wind* oder in TV-Serien wie »North and South« den Untergang einer z. T. verklärten, auf Sklaverei beruhenden Gesellschaftsordnung. **William Faulkner** erreicht mit seinen Romanen und Erzählungen über das Trauma und die Schuld des Südens Weltruhm und erhält 1949 den Nobelpreis für Literatur. In dem Manifest *I'll Take My Stand: The South and the Agrarian Tradition* (1930), einem der bedeutendsten Dokumente regionaler Identitätskonstruktionen in der U.S.-amerikanischen Literatur- und Kulturgeschichte, hingegen kritisieren Intellektuelle aus dem Süden die Modernisierung in ihren Heimatstaaten und bekennen sich zu traditionellen Werten einer vorindustriellen, agrarischen Gesellschaft.

> Die → **Mason-Dixon-Linie** ist nach dem Astronomen Charles Mason und dem Geometer Jeremiah Dixon benannt und bildet die traditionelle Grenze zwischen den Nord- und Südstaaten der USA. Sie verläuft von 39° 43' N 75° 47' W. als nördlichstem Punkt bis 38° 27' N 75° 42' W als südlichstem Punkt und wurde zwischen 1763 und 1767 vermessen. Der Begriff → **Dixie** bezeichnet häufig die südlich der Mason-Dixie-Linie liegenden Staaten der ehemaligen Confederate States of America (CSA) der Jahre 1861 bis 1865.

Rassismus und Segregation bestimmen bis zur Bürgerrechtsbewegung der 1950er und 1960er Jahre die von **politischen und sozialen Verwerfungen und Konflikten** beherrschte Gesellschaft im Süden, in der sich die nach Gleichheit und Freiheit strebende afroamerikanische Bevölkerung und die Anhänger einer rassistisch-reaktionären Gesellschaftspolitik gegenüberstehen. Zum Emblem der alten Ordnung wird die Flagge der Konföderierten, die John Coski (2005) im Titel seiner gleichlautenden Monographie *America's Most Embattled Emblem* nennt. Mit dem Begriff des **Neuen Südens** (**New South**) wird zum einen die Erneuerung und Industrialisierung des Südens nach dem Bürgerkrieg bis ins frühe 20. Jh. und zum anderen der wirtschaftliche und industrielle Boom seit den 1960er Jahren im Gegensatz zum Niedergang der früheren industriellen Zentren im Nordosten beschrieben.

Flagge der
ehemaligen
Konföderierten

Der Mittlere Westen, dessen metropolitanes Zentrum Chicago ist, wird vielfach als das **emotionale und ideologische Kernland** (sog. Heartland) der USA beschrieben. Historisch und kulturell ist die Region von der **Einwanderung des 19. Jh.s** und besonders von deutschen und skandinavisch-stämmigen Migranten geprägt. Die **Farmen** des Mittleren Westens, von denen viele aus den ersten Siedlungen (homesteads) von Migrantenfamilien hervorgehen, bleiben bis in die Gegenwart hinein Ausdruck eines **agrarischen Ideals** in der Tradition von Thomas Jefferson und der als nationaltypisch angenommenen **Pioniertugenden** (s. Kap. 6.2.2 und 6.2.5). Städte wie Cincinnati, OH oder Milwaukee, WI zählen an der Wende vom 19. zum 20. Jh. zu den Zentren der deutsch-amerikanischen Kultur. Zu Beginn des 20. Jh.s werden die Großstädte des industrialisierten Mittleren Westens und besonders die South Side von Chicago zum Ziel afroamerikanischer Migranten aus dem Süden, gegen Ende des 20. Jh.s zum Ziel von Migranten aus Mexiko oder Afrika.

Nach dem → Homestead Act von 1862 können Personen über 21 Jahre ein unbesiedeltes Stück Land von ca. 640.000 m² (160 acres) Größe in Besitz nehmen. Nach fünf Jahren Bewirtschaftung geht das Land in ihr Eigentum über. Viele Einwandererfamilien leben zunächst in Lehmhütten (sod houses) auf den ›Heimstätten‹ (vgl. Homestead National Monument of America: www.nps.gov/home sowie die Sod House Photograph Collection: http://specialcollections.wichita.edu/collections/ms/95-20/95-20_Nebraska.html).

Zum Begriff

Politisch gilt der Mittlere Westen als eher **traditionalistisch-konservativ**. Zugleich wird jedoch in Wisconsin 1854 die Republikanische Partei als Bewegung gegen die Sklaverei gegründet, und die gegen Ende des 19. und zu Beginn des 20. Jh.s auf nationaler Ebene einflussreichen Reformbewegungen des Progressive Movement nehmen hier ihren Ausgangspunkt. Die Kleinstädte des Mittleren Westen verstehen sich lange als Inbegriff eines **traditionellen Gemeinschaftsgefühls und patriotischer Wertvorstellungen**, werden jedoch schon zu Beginn des 20. Jh.s von den Autoren der »**Revolt from the Village**«-Bewegung wie z.B. Edgar Lee Masters in *Spoon River Anthology* (1915), Sherwood Anderson in *Winesburg, Ohio* (1919) oder Sinclair Lewis in *Main Street* (1920) wegen ihres repressiven

Konventionalismus kritisiert. Grant Woods Gemälde »American Gothic«
(1930) zählt zu den bekanntesten künstlerischen Darstellungen des Mittleren Westens und dessen **Ambivalenzen** zwischen repressivem Moralismus und ländlich-pastoraler Idylle.

Westen: Assoziationen des Westens und seiner Landschaften mit **Idealen von Freiheit, Fortschritt und Zukunftsgläubigkeit** bestimmen seit
der territorialen Expansion der USA im 19. Jh. und der Ideologie des Manifest Destiny (s. Kap. 3.3.5 und 6.2.3) die Selbst- und Fremdwahrnehmungen der Region. Bilder vom Land der unbegrenzten Möglichkeiten finden
im Westen ihren bis heute beliebtesten Bezugspunkt. Vorstellungen vom
Westen als Raum der individuellen und kollektiven Erneuerung sowie als
Ort eines spezifisch **demokratischen Gemeinschafts- und Gleichheitsgefühls** prägen besonders seit Frederick Jackson Turners Frontier-These
(s. Kap. 6.2.5) kulturelle Konstruktionen der Region.

Prototypische Figuren aus der Geschichte des Westens (z. B. Pionier,
Trapper, Cowboy) bleiben in Populärliteratur, Filmen, TV-Serien und
Werbung produktiv. Sie vermitteln ein historisch verallgemeinerndes
Bild eines anglozentrischen Westens, das aus heutiger Sicht zunehmend
in ein Spannungsverhältnis zur multikulturellen Realität in der Region
und zur Diversität anderer Identitätskonstruktionen tritt. Assoziationen
des Westens mit **herkömmlichen Idealen von Männlichkeit** sowie die
Begründung einer höheren **Gewaltbereitschaft** der U.S.-amerikanischen
Gesellschaft unter Hinweis auf die Geschichte des ›Wilden Westens‹ sind
weitere Elemente des stereotypisierenden Repertoires zur Beschreibung
der Region.

Zur Vertiefung

Pluralisierung des Westens und Südwestens

In der neueren Regionalismusforschung spricht man nach dem Buch
von David M. Wrobel und Michael C. Steiner (1997) von »**many Wests**«,
um der Vielfalt an unterschiedlichen und rivalisierenden Identitätskonstruktionen gerecht zu werden. In Selbst- und Fremdkonstruktionen
des Südwestens treffen Geschichten und Identitäten der ursprünglichen
indianischen Bewohner auf die der hispanischen und angloamerikanischen Eroberer und Einwanderer. Der lange Zeit postulierte ›**triethnische Mythos‹ (triethnic myth)** und die Vorstellung eines harmonischen
Zusammenlebens mindestens dreier größerer Kulturkreise im Südwesten wird in den letzten Jahren problematisiert und die verschiedenen
ethnischen Gruppen betonen stärker ihre jeweils eigenen Geschichten
und Identitäten.

2.2.4 | Regionalismus in Literatur, Kunst, Musik

Regionalliteratur: Timothy Dwights Gedicht »Greenfield Hill« (1794) markiert gegen Ende des 18. Jh.s in Neuengland den Beginn einer bis heute produktiven Regionalliteratur, in deren Mittelpunkt neben der Darstellung regionalspezifischer, besonders auch naturlandschaftlicher Gegebenheiten die fiktionale Verarbeitung von **historischen Veränderungsprozessen und sozialen Problemen** steht. Die vor dem Bürgerkrieg in den Werken von Washington Irving, Nathaniel Hawthorne, Henry David Thoreau oder William Gilmore Simms erkennbare Hinwendung zu regional(histori-sch)en Themen – hier aus den Gebieten des Hudson Valley, Neuenglands und des Südens – findet einen literaturgeschichtlichen Höhepunkt in der **Local Color-Bewegung** der zweiten Hälfte des 19. Jh.s (vgl. Ammons/ Rohy 1998; Fetterley/Pryse 1992). Seit den späten 1860er Jahren vermitteln Bret Harte und Mark Twain den Lesern der an der Ostküste verlegten Magazine ein Bild des noch weitgehend unbekannten Westens. Die neuenglländischen Autorinnen beschäftigen sich häufig mit den **Rollen von Frauen** in veränderten sozialen und ökonomischen Kontexten. Die Texte von Autoren aus dem Süden bieten einerseits ein kritisches Bild der von Rassismus und Sklaverei deformierten **Südstaatengesellschaft,** andererseits eine nostalgisch verklärte Apologie der Zeit vor dem Bürgerkrieg. Die Erzählungen aus dem Mittleren Westen sind vom **Spannungsverhältnis** zwischen romantischer Repräsentation des Pionierlebens einerseits und ungeschönter, naturalistischer Darstellung des entbehrungsreichen Lebens der Farmer im Kampf gegen Banken, Großkapitalisten und Naturgewalten andererseits bestimmt.

Die Local Color-Bewegung des 19. Jh.s

Zur Vertiefung

Unter dem Begriff **Local Color-Literatur** wird die regionalspezifische Literatur der Zeit zwischen dem Bürgerkrieg (1861 bis 1865) und der Wende zum 20. Jh. zusammengefasst. Sie steht häufig zwischen romantisierend-sentimentalen und realistisch-sozialkritischen Schreibweisen. Die Autorinnen der Bewegung gelten heute als Repräsentantinnen einer frühen feministischen Literatur.

Neuengland:	Süden:	Westen:	Mittlerer Westen:
Sarah Orne Jewett	George W. Cable	Bret Harte	Hamlin Garland
Mary Wilkins Freeman	Kate Chopin	Mark Twain	Thomas Eggleston
Rose Terry Cooke	Grace King	Joaquin Miller	James W. Riley
Harriet Beecher Stowe	Thomas N. Page	Mary H. Austin	
Rowland E. Robinson	Joel Ch. Harris		

Im 20. Jh. und bis in die unmittelbare Gegenwartsliteratur bleiben regionalliterarische Züge in den Werken zahlreicher Autoren in unterschiedlicher Weise produktiv, z. B.

Fortschreibungen
im 20. Jh.

- John Cheever und John Updike – Nordosten
- William Faulkner und Eudora Welty – Süden
- Sinclair Lewis, Willa Cather und Jane Smiley – Mittlerer Westen
- Cormac McCarthy und Annie E. Proulx – Westen bzw. Südwesten
- John Steinbeck – Kalifornien
- David Guterson – Nordwesten.

Seit den 1980er Jahren erhält der Regionalismus in der Literatur durch ökologische Ansätze in der Literaturwissenschaft (Bioregionalism, Ecocriticism, s. Kap. 8.8) neue Aufmerksamkeit.

Visuelle Kunst: Die Visualisierung der verschiedenen Regionen beginnt ebenfalls im 19. Jh. Die Maler der **Hudson River School**, darunter Thomas Cole und Asher Durand, konzentrieren sich seit den 1820er Jahren auf die Landschaften des Nordostens und besonders auf die Catskill Mountains im Bundesstaat New York, später in den Werken von Frederic Edwin Church auch auf die Gebiete um die Großen Seen und auf die Niagara-Fälle. Im Zuge der territorialen Expansion rücken nach dem Bürgerkrieg in den Gemälden von Albert Bierstadt und Thomas Moran die **Naturlandschaften des Westens** in den Blickpunkt. Im 20. Jh. erreicht die regionale Malerei im Mittleren Westen in den Bildern und großformatigen Wandgemälden von Thomas Hart Benton, Grant Wood und John Steuart Curry einen Höhepunkt. Georgia O'Keeffe vereint in ihren Gemälden aus dem Südwesten die realistischen Traditionen der regionalen Malerei mit den Abstraktionen der Moderne. Edward Hopper und Norman Rockwell widmen sich in ihren regionalspezifischen Werken meist den ländlichen und kleinstädtischen Szenen des Nordostens und besonders Neuenglands.

Seit der Mitte des 19. Jh.s entwickelt die Fotografie ein Interesse an den Schönheiten der Naturlandschaften Nordamerikas. In den 1840er und 1850 Jahren entstehen die ersten Fotografien der Gebrüder Langenheim von den Niagara-Fällen. In den 1870er Jahren reisen Carleton Watkins, Eadweard Muybridge und William Henry Jackson in die Gebiete der heutigen Nationalparks in Kalifornien und in den Rocky Mountains, und es entstehen die ersten Aufnahmen des **Yosemite Park** und des **Yellowstone Park**. Gegen Ende des 19. Jh.s dokumentieren Timothy O'Sullivan und Edward Curtis die untergehenden Kulturen der Indianerstämme des Südwestens und die **Canyon-Landschaften des Südwestens** gleichermaßen. Im 20. Jh. gehen in den Bildern von Walker Evans, Dorothea Lange und Arthur Rothstein sozialkritische Fotografie und Landschaftsfotografie eine Synthese ein, wobei im vorliegenden Zusammenhang vor allem die **Dust Bowl-Serien** von Arthur Rothstein von besonderer Bedeutung sind (s. Kap. 2.1). Die Fotografien der Landschaften des Westens und Südwestens von Ansel Adams gelten oftmals als das bedeutendste Korpus der Landschaftsfotografie im 20. Jh.

Musik: Neben Literatur, Malerei und Fotografie wird vor allem Musik als Ausdruck regionaler Geschichten und Identitäten verstanden. Im Zuge der Kommerzialisierung der Musik- und Unterhaltungsindustrie verwischen sich im 20. Jh. die Grenzen zwischen regionaler **Folk Music** und nationaler bzw. internationaler Populärkultur. Zu den bekanntesten Beispielen regional verankerter (populärer) Musik zählt der **Blues,** der historisch und kulturell im Mississippi-Delta und in den Songs und Spirituals der Sklaven und deren Nachfahren verwurzelt ist und in den ersten Dekaden des 20. Jh.s von afroamerikanischen Migranten in die Großstädte des Nordostens und Mittleren Westen gebracht wird. Ebenfalls im Süden, und zwar in Kentucky und Tennessee, entsteht in den 1930er und 1940er Jahren die **Bluegrass-Musik**, die Elemente der Musik der angloirischen Einwanderer in diese Region mit afroamerikanischen Traditionen verschmilzt und seitdem mit der Appalachen-Region assoziiert wird.

Unter dem Begriff Country Music wird eine Vielzahl an Musikrichtungen mit unterschiedlichen regionalen Wurzeln im Süden und Westen subsumiert, die lange Zeit mit der negativ konnotierten Bezeichnung Hillbilly-Musik belegt wird. Aus einer Fülle von Interpreten seit den 1920er Jahren seien Gene Autry, Jimmie Rogers, die Carter Family, Johnny Cash, Hank Williams, Patsy Cline, Emmylou Harris, Linda Ronstadt, Kenny Rogers sowie als Vertreter eines sog. **New Country** seit den 1990er Jahren Garth Brooks, Shania Twain und die Dixie Chicks erwähnt. Die Dixie Chicks stehen mit ihrer offenen Kritik an der Irak-Politik der Regierung von George W. Bush außerhalb des allgemein eher **konservativ-patriotischen Wertesystems** der Country Music. Zu den Ausgangsorten und traditionellen Zentren der Country Music zählt **Nashville, TN** und die von dort seit 1925 gesendete Radioshow Grand Ole Opry.

> Mit → Country & Western (auch Western Music oder Cowboy Music) wird die mit der Geschichte und den Traditionen des Westens verbundene Richtung der Country Music bezeichnet, die oftmals ein nostalgisch verklärtes Bild der Eroberung des Westens und des Lebens der Cowboys zeichnet. Gene Autry wird oft als Prototyp des ›singing cowboy‹ genannt. Lokal und regional enger begrenzte Stilrichtungen sind z. B.
> - Bakersfield Sound in Kalifornien (z. B. Merle Haggard)
> - Cajun-Musik in Louisiana (z. B. Jimmy Newman)
> - Tex-Mex-Musik – auch als Tejano oder Norteño bekannt – im Südwesten (z. B. Freddy Fender).

Im **Country Rock des Westens** und im **Southern Rock des Südens** – mit Bands wie z. B. The Eagles, Crosby, Stills, Nash & Young, Lynyrd Skynyrd, Marshall Tucker Band, The Allman Brothers Band – verbinden sich seit den 1970er Jahren Rockmusik und lokale Stilrichtungen der Country Music. Im sog. **Heartland Rock**, zu dessen populärsten Repräsentanten Bruce Springsteen, Bob Seger und z. T. auch Neil Young zählen, werden sozialkritische Themen des Nordostens und Mittleren Westens mit Anklängen an die Traditionen der Musik der Arbeiterbewegung der 1930er Jahre behandelt.

2.3 | Demographische Entwicklungen, Bevölkerungsstrukturen, Migrationen

Als die Bevölkerung der USA am 17. Oktober 2006 die **300 Millionen-Marke** überschreitet, wird ein weiteres Mal deutlich, in welcher Weise Geschichte und Gesellschaft der USA von demographischen Entwicklungen und Veränderungen in der Bevölkerungsstruktur bestimmt sind. Die Berichterstattung in den Medien und die nachfolgenden Analysen und Prognosen von Demographen und Soziologen heben meist drei Aspekte hervor, welche die gesellschaftlichen, politischen, wirtschaftlichen und kulturellen Entwicklungen in den USA bzw. in den Gebieten der heutigen USA seit jeher maßgeblich bestimmen:

- das beständige **absolute Wachstum** der Bevölkerung
- die stetig zunehmende **ethnische Diversität** der Einwanderungsgesellschaft
- **interne Migrationsbewegungen** zwischen Regionen, Staaten, Wohngebieten.

2.3.1 | Bevölkerungsentwicklung in Zahlen

Indianische Bevölkerung: Wie groß die **Zahl der ursprünglichen Bewohner Nordamerikas** zu Beginn der europäischen Kolonisation tatsächlich ist, bleibt umstritten. Allgemein geht man davon aus, dass von den ca. 75 Mio. Bewohnern der westlichen Hemisphäre um 1500 n. Chr. ca. 7 bis 10 Mio. in den Gebieten der heutigen USA und Kanadas leben. Seit Beginn der Erhebungen des U.S. Census Bureau 1790 wird die indianische Bevölkerung der USA statistisch erfasst, jedoch erst ab der Zählung 1860 als eigenständige Gruppe geführt.

Wie sehr die historischen Entwicklungen auf dem nordamerikanischen Kontinent seit dem 16. Jh. zu Lasten der ursprünglichen Bewohner geht, lässt sich daran ablesen, dass die indianische Bevölkerung im kontinentalen Staatsgebiet der USA auf **ca. 250.000 im Jahr 1900** sinkt. Für den Zensus 2000 erklären sich 2,5 Mio. U.S.-Bürger als »American Indian and Alaska Native alone« und weitere 1,6 Mio. als »American Indian and Alaska Native in combination with one or more races«. Daraus ergibt sich eine Gesamtzahl der (selbsterklärten) indianischen Bevölkerung von **ca. 4,1 Mio. oder knapp 1,5 %** der Gesamtbevölkerung. Zu den größten Gruppen und Stämmen zählen die **Navajo, Cherokee, Sioux und Chippewa**. Den höchsten Anteil an der indianischen Bevölkerung weisen die Bundesstaaten im Westen und Südwesten auf, wo sich auch die größten eigenständigen Territorien bzw. Reservate befinden. 2002 besitzen **562 »tribal entities«** eine offizielle Anerkennung als »Indian tribe« durch das Bureau of Indian Affairs des U.S.-amerikanischen Innenministeriums.

Europäische Kolonisten: Genaue Angaben zu den Zahlen der europäischen Kolonisten in Nordamerika in den nahezu drei Jahrhunderten vor

der Gründung der USA und der ersten Zensus-Erhebung 1790 sind aufgrund der Vielzahl unterschiedlicher Kolonien und Siedlungen, wech-
selnder Herrschaftssphären und politischer Instabilitäten kaum möglich.
Konkrete Zahlen liegen meist nur für Einzelunternehmungen vor, z. B.

- zur Gründung von **Quebec** 1608 durch 30 französische Kolonisten unter der Führung von Samuel de Champlain
- zur Gründung von **Plymouth** 1620 durch die knapp 100 Passagiere der
  Mayflower unter der Führung von William Bradford
- zur Gründung von **Germantown** in Pennsylvania 1683 durch 13 Familien aus Krefeld unter der Führung von Franz Daniel Pastorius.

Schätzungen zur Bevölkerungsentwicklung in der Kolonialzeit liegen am
verlässlichsten für die **britischen Kolonien an der Ostküste** vor. Hier geht
man im Zusammenhang von ca. 75.000 Migranten von den britischen Inseln nach Neuengland und Virginia zwischen 1610 und 1660 von einer **Gesamtbevölkerung um 1700 von ca. 250.000** aus. Im Gegensatz dazu wird
die Bevölkerung der französischen und spanischen Kolonien in Kanada
bzw. im Süden und Südwesten der heutigen USA um 1700 lediglich auf
ca. 15.000 bzw. auf ca. 5.000 geschätzt. Nach den meisten Schätzungen
leben zur Zeit der **Amerikanischen Revolution ca. 2,5 Mio. Kolonisten**
im britischen Nordamerika.

Zur Vertiefung

Statistiken des U.S. Census Bureau und des Pew Hispanic Center

Eine statistisch detaillierte, historisch umfassende und ständig aktualisierte Dokumentation der Bevölkerungsentwicklungen und -strukturen
der USA seit 1790 bieten die Internetseiten des U.S. Census Bureau
(www.census.gov). Die Daten und Auswertungen des U.S. Census Bureau gehören zu den wichtigsten Hilfsmitteln der Amerikanistik/Amer-
ican Studies. Von besonderer Bedeutung für Studierende ist die Rubrik
»Statistical Abstract« mit den Sektionen »Population« (www.census.
gov/compendia/statab/cats/population.html) und »Historical Statistics«
(www.census.gov/compendia/statab/hist_stats.html). Unter www.
census.gov/prod/www/abs/decennial finden sich **historische Bevöl-
kerungsdaten**, wie sie in den seit 1790 alle zehn Jahre durchgeführten
Erhebungen des Zensus dokumentiert werden. Eine wichtige Quelle für
gegenwärtige Entwicklungen sind auch die Statistiken und Studien des
Pew Hispanic Center (http://pewhispanic.org), die sich vor allem der
hispanischen Bevölkerung sowie Fragen der Einwanderungspolitik und
Bevölkerungsprognose widmen.

Zahlen seit Einführung des Zensus: Seit der Einführung von **regelmäßigen Volkszählungen** 1790 liegen für das jeweilige Staatsgebiet der USA
genaue Zahlen vor, aus denen der beständige Anstieg der Bevölkerung bei
gleichzeitiger Zunahme der Bevölkerungsdichte ablesbar ist:

Demographische
Entwicklungen

Bevölkerung und
Bevölkerungs-
dichte 1790–2008

Jahr	Gesamtzahl	Einwohner pro Quadratmeile	Jahr	Gesamtzahl	Einwohner pro Quadratmeile
1790	3.929.214	4,5	1910	92.228.496	26,0
1800	5.308.483	6,1	1920	106.021.537	29,9
1810	7.239.881	4,3	1930	123.202.624	34,7
1820	9.638.453	5,5	1940	132.164.569	37,2
1830	12.866.020	7,4	1950	151.325.798	42,6
1840	17.069.453	9,8	1960	179.323.175	50,6
1850	23.191.876	7,9	1970	203.302.031	57,5
1860	31.443.321	10,6	1980	226.542.199	64,0
1870	39.818.449	11,2	1990	248.718.302	70,3
1880	50.189.209	14,2	2000	281.424.603	79,6
1890	62.979.766	17,8	17.10.2006	300.000.000	
1900	76.212.168	21,5	13.09.2008	305.139.000	

Die Bevölkerung der USA hat sich seit der Unabhängigkeit mehr als verhundertfacht und allein im 20. Jh. noch einmal nahezu vervierfacht. Dieser
Bevölkerungszuwachs und die damit verbundene Verfügbarkeit von Arbeitskräften und Konsumenten bildet besonders seit der zweiten Hälfte des
19. Jh.s eine wesentliche Grundlage für die **wirtschaftliche Expansion** und
für die Entstehung eines riesigen U.S.-amerikanischen Binnenmarkts.

Bevölkerungsanstieg: Umfasst der Zeitraum des Anstiegs von 100 Mio.
Einwohner 1915 auf 200 Mio. 1967 noch 52 Jahre, so beträgt der Zeitraum
des Anstiegs von 200 auf 300 Mio. von 1967 bis 2006 lediglich 39 Jahre.
Nach derzeitigen – als vorsichtig geltenden – Prognosen wird die Bevölkerung der USA bereits 2043 – also nach wiederum nur 37 Jahren – die 400
Millionen-Grenze überschreiten und 2050 ca. 420 Mio. betragen. Im Unterschied zu einigen europäischen Industrienationen und besonders auch
zu Deutschland verzeichnet die USA somit eine erhebliche Zunahme der
Bevölkerung.

2.3.2 | Einwanderung in die USA

Zahlenüberblick: Der Bevölkerungszuwachs ist unmittelbar mit der Geschichte und dem Selbstverständnis der USA als **Einwanderungsland**
verbunden. Schon während der Kolonialzeit steigen die Zahlen der europäischen Einwanderer in den britischen Kolonien an der Ostküste rasch
an, wobei nach der Gründung von Germantown (1683) im heutigen Bundesstaat Pennsylvania die deutschen Einwanderer bereits im Laufe des
18. Jh.s neben den Migranten von den britischen Inseln eine zunehmend
große Gruppe stellen. Die **Schätzungen der Migrationsforschung** zum
Umfang der Einwanderung bis zum Beginn der offiziellen U.S.-amerikani-

Einwanderung
in die USA

schen Einwanderungsstatistik 1820 schwanken aufgrund unsicherer Berechnungsgrundlagen z. T. recht stark. Meist geht man von ca. 500.000 Einwanderern in die britischen Kolonien im Zeitraum von den 1620er Jahren bis zur Amerikanischen Revolution und weiterer ca. 400.000–500.000 in den folgenden vier Jahrzehnten bis 1820 aus. Für die Zeit nach 1820 liegen konkrete Zahlen vor:

1820 bis 1830	152.000	1921 bis 1930	4.107.000
1831 bis 1840	599.000	1931 bis 1940	528.000
1841 bis 1850	1.713.000	1941 bis 1950	1.035.000
1851 bis 1860	2.598.000	1951 bis 1960	2.515.000
1861 bis 1870	2.315.000	1961 bis 1970	3.322.000
1871 bis 1880	2.812.000	1971 bis 1980	4.399.000
1881 bis 1890	5.247.000	1981 bis 1990	7.256.000
1891 bis 1900	3.688.000	1991 bis 2000	9.081.000
1901 bis 1910	8.795.000	2001 bis 2005	4.902.000
1911 bis 1920	5.736.000		

Einwanderung
1820–2005 (U.S.
Census Bureau)

Zwischen 1820 und 2005 wandern insgesamt ca. 70 Mio. Menschen in die USA ein. Die lange als **Hochphase der Einwanderung** genannten Jahrzehnte 1881 bis 1890 (5,247 Mio.) und 1901–1910 (8,795 Mio.) werden mittlerweile im **historischen Vergleich** von den 1980er (7,256 Mio.) und 1990er Jahren (9,081 Mio.) – und mit Wahrscheinlichkeit auch von den Jahren 2001 bis 2010 – in absoluten Zahlen übertroffen. In Relation zur jeweiligen Gesamtbevölkerung bleibt jedoch die Einwandererzahl der ersten Dekade des 20. Jh.s bisher unübertroffen, ist doch 1901 bis 1910 im Durchschnitt jeder zehnte Einwohner der USA ein neu eingereister Einwanderer.

Vergleich
Anfang 20. Jh./
Anfang 21. Jh.

Einwanderungsgesellschaft und ethnische Gruppen

Die Geschichte der Einwanderung in die USA ist die **Geschichte der ethnischen Pluralisierung** der U.S.-amerikanischen Gesellschaft und Kultur. Trotz der Multinationalität der Kolonisation Nordamerikas im 16. und 17. Jh. und der frühen Einwanderung aus Kontinentaleuropa im 18. Jh. bleibt die Bevölkerung der USA bis in die ersten Dekaden des 19. Jh.s weitgehend **protestantisch-angloamerikanisch** geprägt. Eine besondere Position nehmen die seit dem 17. Jh. von der afrikanischen Westküste nach Nordamerika gebrachten **Sklaven** ein. Die bis zum Verbot des transatlantischen Sklavenhandels zu Beginn des 19. Jh.s in das Territorium der USA verbrachten ca. 450.000 afrikanischen Sklaven stellen knapp 5 % der ca. 10 Mio. aus Afrika in die westliche Hemisphäre verschleppten Menschen dar. Nach den Angaben des U.S. Census Bureau leben zum Zeitpunkt der ersten Zensus-Zählung

Alfred Stieglitz:
»The Steerage«
(1907)

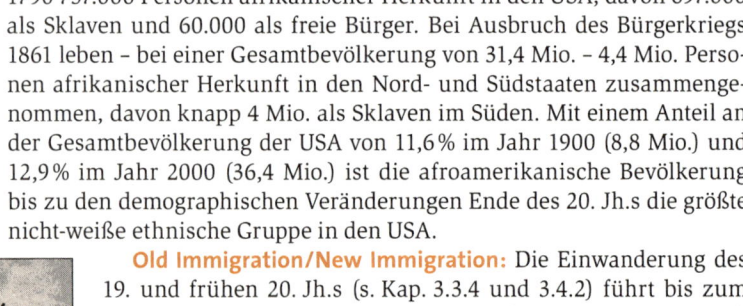

Demographische
Entwicklungen

1790 757.000 Personen afrikanischer Herkunft in den USA, davon 697.000 als Sklaven und 60.000 als freie Bürger. Bei Ausbruch des Bürgerkriegs 1861 leben – bei einer Gesamtbevölkerung von 31,4 Mio. – 4,4 Mio. Personen afrikanischer Herkunft in den Nord- und Südstaaten zusammengenommen, davon knapp 4 Mio. als Sklaven im Süden. Mit einem Anteil an der Gesamtbevölkerung der USA von 11,6 % im Jahr 1900 (8,8 Mio.) und 12,9 % im Jahr 2000 (36,4 Mio.) ist die afroamerikanische Bevölkerung bis zu den demographischen Veränderungen Ende des 20. Jh.s die größte nicht-weiße ethnische Gruppe in den USA.

Friedrich
Gerstäckers
Auswandererbuch
Nach Amerika!
(1855)

Old Immigration/New Immigration: Die Einwanderung des 19. und frühen 20. Jh.s (s. Kap. 3.3.4 und 3.4.2) führt bis zum Ersten Weltkrieg zu erheblichen **Veränderungen in der Bevölkerungsstruktur** und zu einer weitreichenden ethnischen und religiösen Diversifizierung der Gesellschaft. In der Einwanderungsgeschichte unterscheidet man für diese Zeit **zwei Phasen bzw. zwei Gruppen:**

- die sog. ›**alte Einwanderung**‹ (old immigration), die vor allem Einwanderer aus Nord- und Westeuropa – und in besonders großer Zahl irische, skandinavische und deutsche Migranten – in die USA bringt
- die sog. ›**neue Einwanderung**‹ (new immigration), die zwischen den 1880er Jahren und dem Ersten Weltkrieg insbesondere Migranten aus Süd- und Osteuropa in die USA führt, darunter ca. 1,5 Mio. jüdische Einwanderer aus den zu dieser Zeit von Russland und Österreich-Ungarn beherrschten Gebieten in Mittel- und Osteuropa.

Zur Vertiefung

Einwanderer nach Herkunftsländern und -regionen 1820–1930			
Deutschland	5,9 Mio.	Österreich-Ungarn	4,2 Mio.
Italien	4,7 Mio.	Russland und Baltikum	3,3 Mio.
Irland	4,5 Mio.	Skandinavien	2,4 Mio.
England/Schottland/Wales	4,2 Mio.		
(Schneider-Sliwa 2005, S. 101)			

An beiden Einwanderungsströmen lassen sich exemplarisch die sog. push and pull-Faktoren von Migration erkennen:

Push and Pull-
Faktoren

Push-Faktoren in den Heimatländern: perspektivenlose persönliche und soziale Lebensbedingungen; wirtschaftliche Krisen, Missernten und Hungersnöte; Bevölkerungsanstieg und andere ungünstige demographische Entwicklungen; politische und religiöse Verfolgung von Minderheiten; Kriege.

Pull-Faktoren im Einwanderungsland: bessere ökonomische Möglichkeiten; Aussicht auf sozialen und persönlichen Aufstieg; Versprechen von politischen und religiösen Freiheiten; Werbung und Verbesserung der internationalen Transportwege.

Der zahlenmäßige Anstieg der Einwanderung seit den 1960er Jahren wird von Einwanderern aus Asien und Lateinamerika – und hier besonders aus Mexiko – bestimmt. Aus der Statistik »Immigrants by Country of Birth 1961–2005« des U.S. Census Bureau ergeben sich für die Zeit nach 1960 folgende Zahlen nach größeren Herkunftsregionen: Asien: 9,5 Mio., Mexiko: 5,9 Mio., Südamerika: 1,9 Mio., Europa: 4,8 Mio., Afrika: 1,0 Mio. Entwicklung seit 1960er Jahren

Illegale Einwanderung: Zu den offiziellen Zahlen sind die illegalen Einwanderer hinzuzurechnen, unter denen Migranten aus Lateinamerika und vor allem aus Mexiko die größte Gruppe stellen. Allein seit 2000 wandern ca. 800.000 Personen jährlich illegal in die USA ein. Nach den Daten des Pew Hispanic Center beträgt die Gesamtzahl der sog. »unauthorized migrant population of the U.S.« **2007 ca. 12–13 Mio.**, davon 60 % aus Mexiko und weitere 25 % aus anderen Ländern Lateinamerikas. Die ›nichtautorisierte Migrantenbevölkerung‹ umfasst ca. **5 % aller Arbeitskräfte** in den USA und ist somit von erheblicher Bedeutung für die Wirtschaftskraft des Landes.

Hispanics: Die Einwanderung ist zu Beginn des 21. Jh.s vom Zuzug hispanischer Migranten geprägt. Unter der Sammelbezeichnung **Hispanic** werden im Allgemeinen Einwanderer aus Mexiko, aus dem unter U.S.-amerikanischer Verwaltung stehenden Territorium Puerto Rico und aus Kuba sowie aus den mittel- und südamerikanischen Staaten zusammengefasst. Prozentual stellen Mexikaner den größten Teil der hispanischen Bevölkerung der USA.

Zur Vertiefung

Hispanische Bevölkerung der USA nach Herkunftsländern und -regionen	
Mexiko	66,9 %
Mittel- und Südamerika	14,3 %
Puerto Rico	8,6 %
Kuba	3,7 %
andere Länder	6,5 %
(U.S. Census Bureau 2002)	

Historisch wie gegenwärtig lebt der überwiegende Teil der hispanischen Bevölkerung der USA im Südwesten; Puerto Ricaner und Kubaner leben nach wie vor meist in New York bzw. in Florida. Der **Anstieg der hispanischen Bevölkerung im Südwesten** hat wesentlich zum politischen und wirtschaftlichen Aufstieg der Region beigetragen. Seit 2003 ist die hispanische Bevölkerungsgruppe die **größte nicht-weiße ethnische Gruppe** in den USA. In den 40 Jahren von 1966 bis 2006 steigt ihr Anteil an der Gesamtbevölkerung von 4 % (8,5 Mio.) auf 14 % (44,7 Mio.). Nach einer **Schätzung des U.S. Census Bureau** von 2004 wird sich bis 2050 der Anteil der (nicht-hispanischen) ›weißen‹ Bevölkerung auf 50 % (ca. 210 Mio.) reduzieren, während sich die Anteile der hispanisch-amerikanischen Bevölkerung auf 25 % (ca. 105 Mio.), der asiatisch-amerikanischen Bevölkerung auf 8 % (ca. 34 Mio.) und der afroamerikanischen Bevölkerung auf 14 % (ca. 61 Mio.) erhöhen werden.

Demographische
Entwicklungen

Zur Vertiefung

Ethnische Zusammensetzung der US-amerikanischen Bevölkerung 1966–2006 (Pew Hispanic Center)

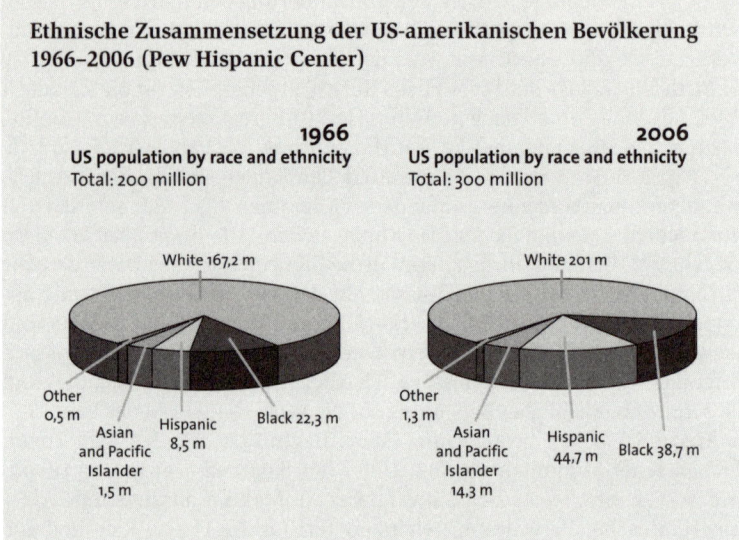

1966
US population by race and ethnicity
Total: 200 million

White 167,2 m
Other 0,5 m
Asian and Pacific Islander 1,5 m
Hispanic 8,5 m
Black 22,3 m

2006
US population by race and ethnicity
Total: 300 million

White 201 m
Other 1,3 m
Asian and Pacific Islander 14,3 m
Hispanic 44,7 m
Black 38,7 m

Multiethnische
Diversität

Die multiethnische Diversität der Einwanderungsgesellschaft zu Beginn des 21. Jh.s spiegelt sich in besonderer Weise darin, dass sich die Zahl der **nicht in den USA geborenen Einwohner** seit 1980 mehr als verdoppelt hat. 2006 beträgt der Anteil der »foreign-born population« ca. 35–36 Mio. und damit ca. 12% der Gesamtbevölkerung. Den bei weitem größten Anteil stellen Einwanderer aus Lateinamerika (17 Mio., davon 10 Mio. aus Mexiko) und aus Asien (9 Mio.). Der Bundesstaat mit dem höchsten Anteil an außerhalb der USA geborenen Bewohnern ist 2004 **Kalifornien** (26%), gefolgt von New York (21%), New Jersey (19%), Nevada (18%), Hawaii (18%), Florida (17%), Texas (15%), Arizona (14%), Illinois (13%) und Massachusetts (13%).

Gesetzgebung und Regulierung der Einwanderung

Zeittafel

Einwanderungsgesetzgebung und Organisationen 1790–2008

1790	Naturalization Act
1882	Chinese Exclusion Act
1891	Immigration Act/Einrichtung des Bureau of Immigration (BI)
1921	Emergency Quota Act
1924	National Origins Act (dazu Asian Exclusion Act/Johnson-Reed Act)
1933	Einrichtung des Immigration and Naturalization Service (INS)
1965	Immigration and Nationality Act

1986	Immigration Reform and Control Act
1990	Immigration Act
1996	Illegal Immigration Reform and Immigrant Responsibility Act
2002	Homeland Security Act
seit 2006	Gesetzgebungsverfahren mit offenem Ausgang im Kongress

Seit dem 19. Jh. gibt es in den USA Bestrebungen, die Zuwanderung zu regulieren und die Entwicklung der Bevölkerungsstruktur politisch zu steuern. Bis ins 20. Jh. steht dabei die Bewahrung eines als ursprünglich angenommenen angloamerikanisch-protestantischen Charakters der U.S.-amerikanischen Nation im Mittelpunkt. In diesem Sinne limitiert schon der **Naturalization Act von 1790** die Möglichkeit zur Erlangung der Staatsbürgerschaft auf »any alien, being a free white person«. Die große Zahl irisch-katholischer Einwanderer führt in den 1840er Jahren zu **fremdenfeindlichen Bewegungen** (s. Kap. 3.3.4), bewirkt jedoch noch keine legislativen Eingriffe in die freie und unbeschränkte Einwanderung in die USA.

Seit dem Ende des 19. Jh.s wird die Einwanderung in die USA von folgenden Gesetzen bestimmt:

- Der **Chinese Exclusion Act (1882)** markiert den Beginn staatlicher Regelungen und Restriktionen durch die Bundesregierung. Das Gesetz verbietet die weitere Einwanderung aus China als Reaktion auf die große Zahl chinesischer Einwanderer nach Kalifornien nach dem Goldrausch und im Zusammenhang mit dem Bau der transkontinentalen Eisenbahn.

- Der **Immigration Act (1891)** legt die Zuständigkeit der Bundesregierung für die Einwanderung fest und setzt das Bureau of Immigration als oberste Behörde ein. Die Einrichtung zweier zentraler Einwanderungsstationen – **Ellis Island** im Hafen von New York (1892) und **Angel Island** im Hafen von San Francisco (1910) – ist Ausdruck der von der Bundesregierung geregelten Einwanderungspolitik. Die 1894 in privater Initiative gegründete Immigration Restriction League zählt in der Zeit vor dem Ersten Weltkrieg zu den einflussreichsten nativistischen Organisationen in den USA.

*Ellis Island/
Angel Island*

- Mit dem **Emergency Quota Act (1921)** und dem **National Origins Act (1924)** werden Obergrenzen zur Beschränkung der jährlichen Einwanderung insgesamt sowie Quoten zur Verteilung nach Nationalitäten festgelegt. Als Grundlage der Quotierung dienen die Daten des Zensus von 1890, wodurch die Möglichkeiten zur Einwanderung für ethnische Gruppen der ›neuen Einwanderung‹ aus Süd- und Osteuropa und für Einwanderer aus Asien gegenüber den Möglichkeiten zur Einwanderung für die Gruppen der ›alten Einwanderung‹ aus West- und Nordeuropa reduziert werden. Ab 1933 überwacht der **Immigration and Naturalization Service (INS)** die Durchführung der Einwanderungsgesetze und die Einreise in die USA.

- Der **Immigration and Nationality Act (1965)** modifiziert die Obergrenzenregelung und Quotierung nach Nationalitäten bzw. ethnischen Gruppen zugunsten eines Präferenzsystems z. B. nach bestimmten Berufsgruppen, erleichtert die Einwanderung von Familienangehörigen (sog. chain migration) und leitet eine neue Hochphase der Einwanderung ein.
- Seit den 1980er Jahren versuchen verschiedene Gesetze wie z. B. der **Immigration Reform and Control Act** (1986), der **Immigration Act** (1990) und der **Illegal Immigration Reform and Immigrant Responsibility Act** (1996) die Einwanderung neu zu regeln. Im Mittelpunkt steht dabei: die Erhöhung der Obergrenzen, die Bevorzugung bestimmter Berufsgruppen, die Möglichkeit für Amnestien für illegale Migranten, die Familienzusammenführung, die Einführung von Losverfahren für unbefristete Aufenthalts- und Arbeitsvisa (Green Card), die Kontrolle der Beschäftigung von illegalen Einwanderern, die Verfügbarkeit von Sozialleistungen für neue und illegale Einwanderer, die Verbesserung der Integration (z. B. durch Sprachprogramme), die Deportation illegaler Einwanderer und die Überwachung der Grenzen (und besonders der Grenze zwischen den USA und Mexiko im Südwesten).
- Der nach den Terroranschlägen vom 11. September 2001 verabschiedete **Homeland Security Act (2002)** schafft den Immigration and Naturalization Service (INS) ab und überträgt die Zuständigkeit für die Einwanderung und Grenzsicherung an eine Reihe neuer Behörden wie z. B. die U.S. Citizenship and Immigration Services. Eine grundlegende Reform der Einwanderungsgesetzgebung wird in den letzten Jahren vielfach diskutiert, findet aber bisher keine Mehrheit im Kongress.

Zur Vertiefung

Jimmy Santiago Baca: »So Mexicans are Taking Jobs from Americans« (1979)

O Yes? Do they come on horses
with rifles, and say,
Ese gringo, gimmee your job?
And do you, gringo, take off your ring,
drop your wallet into a blanket
spread over the ground, and walk away?
I hear Mexicans are taking your jobs away.
Do they sneak into town at night,
and as you're walking home with a whore,
do they mug you, a knife at your throat,
saying, I want your job?
[...]
The children are dead already. We are killing them,
that is what America should be saying;
on TV, in the streets, in offices, should be saying,
»We aren't giving the children a chance to live.«
Mexicans are taking our jobs, they say instead.
What they really say is, let them die,
and the children too.

(Beaty/Hunter, Hg.: *New Worlds of Literature: Writings from America's Many Cultures*, 1994, S. 774-775)

2.3.3 | Urbanisierung und Suburbanisierung

Die Geschichte der Bevölkerungsentwicklung in den USA ist auch die Geschichte der Urbanisierung und Suburbanisierung des nordamerikanischen Raums. Leben um 1800 die meisten U.S.-Amerikaner in ländlichen Gegenden, so leben um 1900 ca. 40 % und um 2000 knapp 80 % der Bevölkerung der USA in Städten bzw. großstädtischen Gebieten. Nach dem Zensus von 2000 wohnen ferner etwas mehr als 50 % der Bevölkerung zu Beginn des 21. Jh.s in den vorstädtischen Gebieten größerer Städte oder metropolitaner Regionen (vgl. Katz/Lang 2003).

Kolonialzeit und frühe Republik: Gegen Ende der Kolonialzeit gibt es in den britischen Kolonien drei – für die damaligen Verhältnisse in Nordamerika – große Städte an der Nordostküste: **New York, Philadelphia, Boston**. Bis in die Zeit der Frühen Republik bleiben diese drei ehemaligen kolonialen Metropolen die politischen, wirtschaftlichen und kulturellen Zentren der Nation. Daneben entwickelt sich Charleston, SC zur viertgrößten Stadt der USA und zu einem frühen urbanen Zentrum der zukünftigen Südstaaten. Der Zensus von 1790 gibt folgende Einwohnerzahlen für die fünf größten Städte der USA, die alle Hafenstädte und wirtschaftliche Knotenpunkte im transatlantischen Handel mit Europa sind: New York: 33.131, Philadelphia: 28.522, Boston: 18.320, Charleston: 16.359, Baltimore: 13.503. Zum Vergleich der Größenordnungen können die Bevölkerungen von London – ca. 650.000 – und von Paris – ca. 575.000 – um 1750 dienen.

Mulberry Street in Manhattan um 1900

19. Jh./20.Jh.: Industrialisierung und Einwanderung lassen im 19. Jh. neben den alten Hafenmetropolen an der Atlantikküste neue wirtschaftlich-industrielle Zentren in Chicago, St. Louis, Cleveland, Buffalo, Cincinnati, Pittsburgh, Detroit und Milwaukee heranwachsen. Die Entstehung dieser **bevölkerungsstarken Ballungsräume im Nordosten und Mittleren Westen** leitet eine politische und gesellschaftliche Schwerpunktverlagerung nach Westen ein. Mit San Francisco ist um 1900 auch bereits eine Stadt an der Westküste unter den 15 größten Städten der USA. Im Laufe des 20. Jh.s verstärkt sich sowohl der **Grad der Urbanisierung** als auch die **Verschiebung nach Westen**. Zu Beginn des 21. Jh.s liegen sieben der zehn größten Städte in Kalifornien, Texas und Arizona.

Das Ausmaß der Verstädterung der USA wird an der steigenden Zahl von metropolitanen Regionen erkennbar. Für das Jahr 2005 gibt das U.S. Census Bureau insgesamt 182 solcher »Large Metropolitan Statistical Areas (MSA)« mit mehr als 250.000 Einwohnern an. Mehr als zwanzig metropolitane Ballungsräume haben 2007 jeweils über 2,5 Mio. Bewohner.

Großstädte und
Ballungsräume

Demographische
Entwicklungen

Einwohnerzahlen 1790			Einwohnerzahlen 1900			Einwohnerzahlen 2006		
1	New York, NY	33.131	1	New York, NY	3.437.202	1	New York, NY	8.214.426
2	Philadelphia, PA	28.522	2	Chicago, IL	1.698.575	2	Los Angeles, CA	3.849.368
3	Boston, MA	18.320	3	Philadelphia, PA	1.293.697	3	Chicago, IL	2.873.326
4	Charleston, SC	16.359	4	St. Louis, MO	575.238	4	Houston, TX	2.144.491
5	Baltimore, MD	13.503	5	Boston, MA	560.892	5	Phoenix, AZ	1.512.986
			6	Baltimore, MD	508.957	6	Philadelphia, PA	1.448.396
			7	Cleveland, OH	381.768	7	San Antonio, TX	1.296.682
			8	Buffalo, NY	352.387	8	San Diego, CA	1.256.951
			9	San Francisco, CA	342.782	9	Dallas, TX	1.232.940
			10	Cincinnati, OH	325.902	10	San Jose, CA	929.936
			11	Pittsburgh, PA	321.616	11	Detroit, MI	871.121
			12	New Orleans, LA	287.104	12	Jacksonville, FL	794.555
			13	Detroit, MI	285.704	13	Indianapolis, IN	785.597
			14	Milwaukee, WI	285.315	14	San Francisco, CA	744.041
			15	Washington, DC	278.718	15	Columbus, OH	733.203
						16	Austin, TX	709.893
						17	Memphis, TN	670.902
						18	Fort Worth, TX	653.320
						19	Baltimore, MD	631.366
						20	Charlotte, NC	630.478

Metropolitane
Räume

1	New York-Northern New Jersey-Long Island, NY-NJ-PA	18.815.988
2	Los Angeles-Long Beach-Santa Ana, CA	12.875.587
3	Chicago-Naperville-Joliet, IL-IN-WI	9.524.673
4	Dallas-Fort Worth-Arlington, TX	6.145.037
5	Philadelphia-Camden-Wilmington, PA-NJ-DE-MD	5.827.962
6	Houston-Sugar Land-Baytown, TX	5.628.101
7	Miami-Fort Lauderdale-Pompano Beach, FL	5.413.212
8	Washington-Arlington-Alexandria, DC-VA-MD-WV	5.306.565
9	Atlanta-Sandy Springs-Marietta, GA	5.278.904
10	Boston-Cambridge-Quincy, MA-NH	4.482.857
11	Detroit-Warren-Livonia, MI	4.467.592
12	San Francisco-Oakland-Fremont, CA	4.203.898
13	Phoenix-Mesa-Scottsdale, AZ	4.179.427

14	Riverside-San Bernardino-Ontario, CA	4.081.371
15	Seattle-Tacoma-Bellevue, WA	3.309.347
16	Minneapolis-St. Paul-Bloomington, MN-WI	3.208.212
17	San Diego-Carlsbad-San Marcos, CA	2.974.859
18	St. Louis, MO-IL	2.803.707
19	Tampa-St. Petersburg-Clearwater, FL	2.723.949
20	Baltimore-Towson, MD	2.668.056

Suburbanisierung: Im Zusammenhang der fortschreitenden Ausdehnung der U.S.-amerikanischen Städte und Metropolregionen (urban sprawl) kommt der Suburbanisierung eine besondere demographische, politische und kulturelle Rolle zu (vgl. Nicolaides et al. 2006; Hayden 2003; Hebel 2005; Jackson 1985). Die Zahl der U.S.-Amerikaner, die in den Vorstädten leben, erhöht sich nach dem Zweiten Weltkrieg stetig von 21 % in 1940 auf 34 % in 1960, 40 % in 1980 und schließlich 50 % in 2000. Im Zusammenhang des U.S.-amerikanischen Wahlsystems kommt den bevölkerungsstarken suburbanisierten Staaten im Nordosten, Mittleren Westen und Südwesten sowie Florida eine besondere Bedeutung zu.

Mit dem Begriff → suburbia werden die Wohnsiedlungen in den Vorstädten bezeichnet, die besonders nach dem Zweiten Weltkrieg zu den bevorzugten Wohngebieten der Mittelklasse werden. Das Leben in den → suburbs mit ihren Einfamilienhäusern und großzügigen Parkanlagen gilt als Verwirklichung der Idealvorstellungen des sog. American Dream (s. Kap. 6.2.8), wird zugleich jedoch als Ausdruck gesellschaftlicher Konventionen und Normen kritisiert (s. Kap. 3.6.2).

2.3.4 | Bevölkerungsdichte, Bevölkerungsverteilung, interne Migration

Die USA zeichnen sich historisch wie gegenwärtig durch eine sehr unterschiedliche Bevölkerungsdichte und durch interne Migrationsbewegungen mit weitreichenden **politischen und wirtschaftlichen Konsequenzen** aus. Die Expansion nach Westen im 19. Jh. führt zur U.S.-amerikanischen Besiedlung des kontinentalen Gebiets der USA. Mit dem Zensus 1890 wird die Frontier (s. Kap. 6.2.5) bei einer Dichte im gesamten Territorium von mindestens zwei (weißen) Personen pro Quadratmeile für geschlossen erklärt.

Die **durchschnittliche Bevölkerungsdichte** des jeweiligen Gesamtstaatsgebiets der USA erhöht sich konstant von 4,5 Personen pro Quadratmeile in 1790 auf 10,6 in 1860, 21,5 in 1900, 42,6 in 1950, 79,6 in 2000 und 83,8 in 2005 (s. Kap. 2.3.1). Zu Beginn des 21. Jh.s. stehen sich ungeachtet dieser Gesamtdurchschnittszahlen sehr dicht besiedelte Gebiete im Nordosten, in Teilen des Südens und an der kalifornischen Westküste einerseits und – vor allem auch im Vergleich zu Europa – sehr dünn besiedelte Gebiete in den Bundesstaaten des Westens gegenüber. Das am **dichtesten bevölkerte Gebiet der USA** ist 2005 Washington, DC mit 8966 Personen pro Quadratmeile, das am **dünnsten besiedelte** der Staat Alaska mit 1,2 Personen pro Quadratmeile.

Zur Vertiefung

Bevölkerungsdichte nach Bundesstaaten

Die fünf am dichtesten bevölkerten Bundesstaaten der USA sind 2005 die Ostküstenstaaten New Jersey (1175 Personen pro Quadratmeile), Rhode Island (1029), Massachusetts (816), Connecticut (724) und Maryland (573); die fünf am dünnsten besiedelten Bundesstaaten der kontinentalen USA sind die westlichen bzw. südwestlichen Bundesstaaten New Mexiko (15,9) South Dakota (10,2), North Dakota (9,2), Montana (6,4) und Wyoming (5,2). Der Bundesstaat Missouri im Inneren der USA kommt mit 84,2 Personen pro Quadratmeile dem nationalen Durchschnittswert am nahesten. Einzelne Bundesstaaten wie z. B. Kalifornien, Texas oder New York weisen sowohl extrem dicht besiedelte metropolitane Zentren als auch sehr dünn besiedelte Landstriche auf.

Bevölkerungsverschiebungen: Die Einwohnerzahlen der einzelnen Bundesstaaten und die Bevölkerungsverschiebungen zwischen Regionen und Bundesstaaten sind für das **Verständnis wirtschaftlich-sozialer Entwicklungen und politischer Entscheidungsprozesse** in den USA von großer Bedeutung. So werden z. B. die Wahlkreise für die Wahlen zum Abgeordnetenhaus und die Anteile der Bundesstaaten am Wahlgremium in der Präsidentschaftswahl auf der Grundlage der Zensus-Daten an die jeweiligen Bevölkerungszahlen und -verschiebungen angepasst (s. Kap. 5.3). Im Rahmen des Anstiegs der Bevölkerung insgesamt ergibt sich im 20. Jh. ein **überproportionaler Anstieg der Bevölkerung** in den Zensus-Regionen des Südens und Westens gegenüber den historischen Kerngebieten der USA im Nordosten und Mittleren Westen. Seit dem Zweiten Weltkrieg zeigt sich eine **Bevölkerungsverschiebung** von den alten Ballungsräumen und industriellen Zentren des Nordostens in den Süden und Südwesten. Zwei Drittel des Gesamtbevölkerungszuwachses der USA im 20. Jh. sind auf die Regionen des Südens und des Westens bezogen. Im Zeitraum von 2000 bis 2005 haben folgende Staaten bei einem durchschnittlichen nationalen Bevölkerungszuwachs von 5,3 % eine überdurchschnittliche Zunahme erfahren:

Nevada	20,8 %	Colorado	8,4 %
Arizona	15,8 %	North Carolina	7,9 %
Florida	11,3 %	Delaware	7,6 %
Georgia	10,8 %	California	6,7 %
Utah	10,6 %	Oregon	6,4 %
Idaho	10,4 %	New Mexico	6,0 %
Texas	9,6 %		

Für den Zeitraum bis 2030 prognostiziert das U.S. Census Bureau folgende
Bevölkerungsveränderungen für die USA insgesamt und für die Zensus-
Regionen im Einzelnen:

	2000	2030	Zunahme
Bevölkerung USA insg.	281 Mio.	363 Mio.	29,2 %
Nordosten	53 Mio.	57 Mio.	7,6 %
Mittlerer Westen	64 Mio.	70 Mio.	9,5 %
Süden	100 Mio.	143 Mio.	42,9 %
Westen	63 Mio.	92 Mio.	45,8 %

3. Grundzüge und Orientierungspunkte der Kulturgeschichte

3.1 | Indianische Kulturen in präkolumbianischer Zeit

ca. 40.000 – 8000 v. Chr.	(vermutete) Zeit der Paleo-Indians	Zeittafel
ca. 13.000 – 9000 v. Chr.	erste nachweisbare menschliche Spuren in der westlichen Hemisphäre	
ca. 5000–1000 v. Chr.	Zeit der Archaic Indians	
ca. 1000 v. – 1500 n. Chr.	Zeit der Formative Indians	
ca. 1000 v. Chr.	Poverty Point-Kultur in Louisiana	
ca. 1000 v. – 200 n. Chr.	Adena-Kultur im Ohio Valley	
ca. 300–100 v. Chr.	Anfänge der Hohokam- und Anasazi-Kulturen	
ca. 200 v. – 700 n. Chr.	Hopewell-Kultur	
ca. 900–1300	Blütezeit der Anasazi-Kultur und von Cahokia	
ca. 980–1100	Wikinger an der Ostküste Nordamerikas	
ca. 1300	Niedergang der Anasazi- und Hohokam-Kulturen	
ca. 1200–1400	Niedergang von Cahokia	
ca. 1400	Gründung der League of the Iroquois	
1492	Ankunft von Christoph Kolumbus	

Präkolumbianische Zeit: Die Kulturgeschichte Nordamerikas reicht weit vor die Ankunft europäischer Seefahrer im ausgehenden 15. Jh. zurück. In der Forschungsliteratur wird diese Zeit als **präkolumbianische Zeit** (precolumbian period, auch precontact period) bezeichnet. Ungeachtet der weltpolitischen Bedeutung des Jahres 1492 entdeckt Christoph Kolumbus keine ›neue Welt, sondern leitet die **europäische Kolonisierung** kulturell, wirtschaftlich und politisch hoch entwickelter Gebiete ein. Relativ gesicherte Forschungsergebnisse zu Reisen der Wikinger nach Neufundland im 10. und 11. Jh. sowie Hypothesen zu präkolumbianischen Reisen von

Indianische Kulturen in präkolumbianischer Zeit

Phöniziern und Chinesen in die westliche Hemisphäre problematisieren Vorstellungen von der Erstmaligkeit und Singularität der Begegnungen von Kolumbus und seiner europäischen Nachfolger mit der sog. ›Neuen Welt‹.

›Indianer‹

Die ursprünglichen Bewohner der westlichen Hemisphäre werden von Kolumbus als ›Indianer‹ bezeichnet – eine Namensgebung, die sich bis ins 20. Jh. mit überwiegend negativen Konnotationen hält. Seit den ethnischen Emanzipationsbewegungen des letzten Drittels des 20. Jh.s haben sich in der wissenschaftlichen Literatur die Begriffe **Native Americans, First Peoples, First Nations** und **Indigenous Peoples** durchgesetzt. Mitglieder einzelner Stämme oder Nationen verwenden vorzugsweise Stammesnamen zur Selbstidentifikation, zur kollektiven Selbstbezeichnung in jüngster Zeit neben Native American(s) auch wieder **Indian(s)** oder **American Indian(s)**.

Übersicht über Siedlungsgebiete in präkolumbianischer Zeit

(aus: Hine/Faragher: *The American West: A New Interpretive History*, 2000, S. 8)

Theorien zur Besiedlungsgeschichte: Die Besiedlungsgeschichte der westlichen Hemisphäre wird herkömmlicherweise auf die **Migration asiatisch-sibirischer Jägervölker** über eine Landbrücke zwischen Asien und Nordamerika nahe der heutigen Bering-Straße während der letzten Eiszeit zurückgeführt und meist in die Zeit ca. 11.000 bis 10.000 v. Chr. datiert. Als älteste Spuren menschlicher Zivilisation in Nordamerika gelten lange Zeit die Steinwaffen der Clovis-Kulturen aus der Zeit zwischen ca. 10.000 und 9500 v. Chr. **Neuere archäologische Erkenntnisse** aus dem Meadowcroft Rock Shelter in Pennsylvania und aus der Gegend von Monte

Verde im Südwesten von Chile deuten auf weiter zurückliegende Migrationsbewegungen sowohl über den Land- als auch über den Seeweg hin. Einzelfunde menschlicher Skelette, besonders die Entdeckung des sog. **Kennewick Man** im heutigen Bundesstaat Washington 1996, haben Zweifel an Theorien zur Herkunft der nordamerikanischen Ureinwohner als Nachfahren asiatisch-sibirischer Völker verstärkt. So weist der Kennewick Man trotz seines Alters von ca. 9000 Jahren eher Ähnlichkeiten mit Europäern als mit ursprünglichen Bewohnern Asiens oder Nordamerikas auf. Diskussionen um die historischen Ursprünge haben Implikationen für das **ideologische und kulturelle Selbstverständnis** der nordamerikanischen Indianer und Auswirkungen auf ihre politischen, sozialen und ökonomischen Ansprüche an die Regierung der USA. Unabhängig von den jeweiligen Theorien gilt es als gesichert, dass spätestens um 9000 v. Chr. in der gesamten westlichen Hemisphäre frühe Kulturen anzutreffen sind.

Präkolumbianische Kulturkreise: Bis zu den Begegnungen zwischen europäischen Kolonisten und den ursprünglichen Bewohnern entfaltet sich auf dem nordamerikanischen Kontinent eine **Vielfalt an Kulturkreisen** mit politisch, ökonomisch und sozial unterschiedlich strukturierten Gesellschaften. Die zum Teil nomadischen, zum Teil dörflichen Lebensweisen der einzelnen Gruppen und Stämme der sog. **Paleo-Indians und Archaic Indians** hängen unmittelbar mit den natürlichen Ressourcen und ökologischen Bedingungen der verschiedenen Regionen Nordamerikas zusammen:

- die Kulturen des **Nordwestens** beruhen maßgeblich auf dem Fischreichtum der Region
- die Kulturen der **Prärielandschaften** basieren weitgehend auf der Jagd
- im **Südosten** und **Südwesten** der heutigen USA entstehen landwirtschaftliche Kulturen, die Bewässerungssysteme zur Nutzung der Wüstenlandschaften im heutigen Arizona und New Mexiko einsetzen.

Trotz der großen Entfernungen und der Vielzahl an Sprachen (s. Kap. 4.1) bildet sich ein dichtes **Netz von Verkehrs- und Handelsverbindungen** zwischen den nomadischen und agrarischen Kulturkreisen im nordamerikanischen Raum. Kriegerische Auseinandersetzungen und vielfältige Migrationsbewegungen setzen Handelswege, territoriale Einteilungen und Grenzziehungen immer wieder weitreichenden Veränderungen aus.

Archäologische Zeugnisse

Aus der Zeit der sog. **Formative Indians**, d. h. der Zeit zwischen ca. 1000 v. Chr. und ca. 1500 n. Chr., sind auf dem Gebiet der heutigen USA vor allem zwei Kulturkreise archäologisch präsent und zu einem Teil der indianischen und der U.S.-amerikanischen Erinnerungs- und Tourismuskultur geworden:

1. **Pueblo-Kulturen:** In den heutigen Bundesstaaten Colorado, Utah, New Mexiko und Arizona liegen die ursprünglichen Gebiete der **Mogollon-, Hohokam-, Fremont- und Anasazi-Kulturen,** die in Landwirtschaft, Architektur, religiösen Zeremonien, Felszeichnungen (petroglyphs) und Kunsthandwerk eine in den archäologischen Stätten und Funden bis heute erkennbare Blüte erreichen. Der **Niedergang dieser Hochkulturen** im 13. Jh. gibt nach wie vor Rätsel auf, ist z. T. aber wohl mit dra-

Indianische Kulturen in präkolumbianischer Zeit

Cliff Palace, Mesa Verde, CO

matischen klimatischen Veränderungen – besonders einer in den 1270er Jahren einsetzenden Dürre – und dadurch bedingten Migrationsbewegungen und kriegerischen Konflikten zu erklären. Zu den eindrucksvollsten Zeugnissen der Architektur und Technik aus der Hochzeit der Anasazi zählen die Ruinen von Mesa Verde, CO und Pueblo Bonito im Chaco Canyon, NM.

2. Mound Builder-/Woodland-Kulturen: In den fruchtbaren Gebieten zwischen Atlantik und Mississippi bilden sich landwirtschaftliche und handeltreibende Kulturen, unter denen die Poverty Point-Kultur im nördlichen Louisiana und die Adena- und Hopewell-Kulturen im Ohio Valley zu den bedeutendsten zählen. Bis zu ihrem Verschwinden zwischen ca. 500–700 n. Chr. bauen diese Kulturen ausgedehnte Grab- und Tempelhügel, stadtartige Siedlungen und symbolhafte Erdaufschüttungen (mounds) – wie z. B. den Great Serpent Mound in Ohio –, deren genaue rituelle und religiöse Bedeutung ungeklärt sind. Im 19. Jh. finden die Anlagen der Mound Builder-Kulturen als sichtbare **Zeugnisse einer eigenen Geschichte Nordamerikas** die Aufmerksamkeit U.S.-amerikanischer Historiker, Intellektueller und Nationalisten.

Cahokia

Die zivilisatorischen und technischen Leistungen der präkolumbianischen Kulturen östlich des Mississippi erreichen in der Zeit zwischen ca. 950 und ca. 1250 n. Chr. einen Höhepunkt in der Anlage von **Cahokia** in der Nähe des heutigen St. Louis. Mit wahrscheinlich 20.000 bis 30.000 Einwohnern ist Cahokia die größte Stadt nördlich des Rio Grande und die anerkannte **Metropole unter den Siedlungen östlich des Mississippi**. Als Handelsknotenpunkt besitzt Cahokia weitreichenden Einfluss; fast 100 Tempel- und Grabhügel bezeugen die Intensität und Bedeutung der religiösen Riten und kulturellen Zeremonien in Cahokia.

Situation um 1500: Ende des 15. Jh.s besteht auf dem nordamerikanischen Kontinent trotz aller territorialen und ökologischen Veränderungen und trotz des Verschwindens älterer Hochkulturen eine **Vielfalt an kulturell hochentwickelten und politisch, sozial und ökonomisch komplex organisierten Stämme und Nationen**. Zu dieser Zeit sind auch bereits die meisten der in späteren Jahrhunderten wichtigen Stämme und Stammesgruppen zu verzeichnen. Schätzungen gehen davon aus, dass gegen Ende des 15. Jh.s in der westlichen Hemisphäre ca. 75 Mio. Menschen leben, davon **ca. 7 bis 10 Mio. in Nordamerika**.

Mündliche Traditionen: Die präkolumbianischen Lebensweisen, Migrationsgeschichten, mythischen Vorstellungen und Naturkonzepte der indianischen Bevölkerung Nordamerikas werden in den mündlichen Kulturen (oral cultures) der Stämme und Stammesgruppen tradiert. Die von Story Tellers von Generation zu Generation weitergegebenen kollektiv-sakralen **Mythen, Erzählungen, Gesänge, Sprüche, Prophezeiungen, Gebete und rituellen Handlungen** bewahren z. B. die Schöpfungsgeschichten der jeweiligen Stämme (creation stories), mythische Heldenerzählungen und fabelartige Geschichten über Tiere mit magischen Kräften oder menschenähnlichen Eigenschaften (trickster tales). Auch **historische Ereignisse** aus der Zeit der ersten Begegnungen mit europäischen Kolonisten werden in mündlichen Überlieferungen und Felszeichnungen erhalten.

Schöpfungsgeschichte der Winnebago

Pleasant it looked,
this newly created world.
Along the entire length and breadth
of the earth, our grandmother,
extended the green reflection
of her covering
and the escaping odors
were pleasant to inhale.

(Turner 1974, S. 238)

Zur Vertiefung

Da den Erzählungen der mündlichen Tradition ein **sakraler Status** innerhalb der Stammesgemeinschaft zukommt, geben die spirituellen Führer und Erzähler einzelner Stämme ihre Kenntnisse an Weiße – und besonders an Anthropologen – zur Niederschrift weiter, als die Zerstörung der indianischen Kulturen das Fortbestehen der Erzählungen und Mythen unmittelbar bedroht. Zu den bekanntesten Aufzeichnungen dieser Art zählen die von John G. Neihardt und Joseph E. Brown in den 1920er und 1930er Jahren dokumentierten Interviews mit dem **Sioux-Häuptling Black Elk** (ca. 1863 – ca. 1950) in *Black Elk Speaks* (1932) und *The Sacred Pipe* (1953). In den Werken **zeitgenössischer indianischer Autoren** wie z.B. N. Scott Momaday, Leslie Marmon Silko, Louise Erdrich, James Welch, Linda Hogan und Gerald Vizenor finden sich Anlehnungen an Formen, Inhalte und prototypische Figuren der mündlichen Traditionen.

Architektur: Die traditionelle Architektur der prä- und postkolumbianischen Kulturen wird in zeremoniellen und repräsentativen Bauten wie dem 2003 eingeweihten Indian Memorial auf dem Little Bighorn Battlefield National Monument in Montana (www.nps.gov/libi) und in dem 2004 eröffneten National Museum of the American Indian in Washington, DC (www.nmai.si.edu) zur Affirmation indianischer Geschichte und Kultur wieder aufgegriffen.

Bewahrung der Traditionen

Indianische Geschichte und Kulturen im Internet

National Museum of the American Indian: www.nmai.si.edu
Cahokia Mounds: www.cahokiamounds.com/cahokia.html
Precolumbian Art Research Institute: www.mesoweb.com/pari
Mesa Verde National Park, CO: www.nps.gov/meve
Sipapu: The Anasazi Emergence into the Cyber World: http://sipapu.
  gsu.edu

Zur Vertiefung

3.2 | Kolonialzeit

3.2.1 | Multinationale Kolonisation Nordamerikas

Zeittafel

1492–1504	Fahrten von Christoph Kolumbus
1541/42	St. Lawrence River, Kanada (Frankreich, gescheitert)
1562–66	erfolglose französische Kolonisation im Südosten der USA
1565	St. Augustine, FL (Spanien)
1584–90	Roanoke, NC (England; gescheitert)
1604/05	Port Royal, Kanada (Frankreich)
1607	Jamestown, VA (England)
1608	Quebec, Kanada (Frankreich)
1609	Santa Fe, NM (Spanien)
1614	Fort Nassau, NY (Niederlande)
1620	Plymouth, MA (England)
1625	New Amsterdam, NY (Niederlande)
1630	Boston, MA (England)
1638	Fort Christina, DL (Schweden)
1642	Montreal, Kanada (Frankreich)
1683	Germantown, PA

Europäische Kontexte: Die Frühphase der Kolonisation Nordamerikas steht im größeren Zusammenhang der politischen, sozialen, ökonomischen, religiösen und technologischen Umwälzungen in Europa im Zeitalter der Renaissance und der Reformation. Die vier Fahrten von Christoph Kolumbus in den Jahren 1492 bis 1504 initiieren die **europäische Kolonisierung Nordamerikas** und die **geopolitische Konstruktion einer atlantischen Welt**. In den folgenden Jahrzehnten legen die rivalisierenden Großmächte Europas – parallel zur spanischen und portugiesischen Eroberung Mittel- und Südamerikas – die Grundlagen zur politischen und kulturellen Inbesitznahme des nordamerikanischen Kontinents.

America

Die Kolonisierung der westlichen Hemisphäre wird von einer umfangreichen **kartographischen Produktion** begleitet (s. Kap. 2.1). So findet sich der Name ›America‹ zum ersten Mal 1507 auf der Weltkarte des Freiburger Kartographen **Martin Waldseemüller**. Waldseemüller benennt die größer gezeichnete Südhälfte der Hemisphäre nach Amerigo Vespucci, einem italienischen Seefahrer, Kartograph und Sammler von zeitgenössischen Reiseberichten. Auf der **Mercator-Weltkarte** von 1569 bezieht sich ›America‹ auch auf die Nordhälfte des Kontinents.

Entdeckungsreisen und erste Ansiedlungen: Bereits 1497/98 segelt John Cabot im Auftrag der englischen Krone nach Nordamerika und antizipiert eine Reihe **englischer Expeditionen**, die gegen Ende des 16. Jh.s Martin Frobisher, Humphrey Gilbert und John Davis an die Ostküste führen. Bei seiner Weltumsegelung 1577 bis 1580 dringt Francis Drake entlang der Westküste bis an die Küste der heutigen Bundesstaaten Oregon und Washington vor. Für **Frankreich** segelt Giovanni da Verrazano 1524 an der Ostküste von South Carolina bis nach Neufundland. Jacques Cartier stößt auf seinen Reisen durch die Gebiete im Osten Kanadas 1534 bis 1542 in die Gegend von Montreal vor und markiert einen Ausgangs- und Bezugspunkt für die frankophone Geschichte und Kultur Nordamerikas. Im Kontext der **spanischen Eroberungen** in Mexiko unternehmen Pánfilo de Narvaez und Álvar Núñez Cabeza de Vaca (1527–36), Hernando de Soto (1539–43) und Francisco Vásquez de Coronado (1538–42) ausgedehnte Expeditionen im heutigen Südosten, Süden und Südwesten der USA und bereiten die Ende des 16. Jh.s durch Juan de Oñate vorangetriebene Begründung eines spanischen Territoriums nördlich des Rio Grande vor. Während die englischen und französischen Kolonisationsprojekte des 16. Jh.s scheitern, entsteht im spanischen **St. Augustine 1565** die erste europäische Ansiedlung auf dem Gebiet der heutigen USA.

Die multinationale Kolonisation Nordamerikas setzt sich in der ersten Hälfte des 17. Jh.s in den **dauerhaften spanischen, französischen und englischen Koloniegründungen** fort. Gleichzeitig werden weniger umfangreiche und kurzlebigere Projekte wie z.B. eine **niederländische Kolonie** im heutigen New York und eine **schwedische Kolonie** im heutigen Delaware begonnen. Die ersten **deutschen Siedler** kommen unter Daniel Pastorius 1683 nach Germantown in der Nähe des heutigen Philadelphia.

Frühe literarische und visuelle Dokumente: Der Rechenschaftsbericht, den Kolumbus 1493 an seine königlichen Auftraggeber in Spanien schickt und der im selben Jahr in mehreren europäischen Städten in einer lateinischen Übersetzung und mit Illustrationen versehen gedruckt wird, ist das früheste Dokument der Begegnungen europäischer Kolonisten mit den unbekannten Welten der westlichen Hemisphäre. Die meisten der größeren Expeditionen des 16. und frühen 17. Jh.s erfahren in ähnlicher Weise eine autobiographisch-dokumentarische Darstellung, so dass ein umfangreiches **Korpus an kultur- und literaturgeschichtlich wertvollen Repräsentationen** der multinationalen Frühphase der europäischen Kolonisation Nordamerikas erhalten ist.

Reiseberichte
und Sammlungen

Zur Zeit der Entdeckungsreisen und Kolonisation selbst werden Reiseberichte in umfangreichen Sammlungen verbreitet. Zu den berühmtesten Anthologien dieser Art zählen Richard Hakluyts *Principal Navigations, Voyages, Traffiques* (1589/1598–1600) und Samuel Purchas' *Hakluytus Posthumus, or Purchas His Pilgrims* (1625). Im Zusammenhang eines verstärkten Interesses an der **Multilingualität Nordamerikas** (s. Kap. 4.2) und der **transnationalen Theoriebildung** (s. Kap. 8.9) finden in den letzten Jahren z.B. die spanischen Berichte von Álvar Núñez Cabeza de Vaca (1542/55) und Pedro de Castaneda (1562/65) sowie die französischen Texte von Samuel de Champlain (1613/1627/1632) wieder mehr Beachtung.

Harriot/White-
Kooperation

Unter den Werken der frühen **englischsprachigen Kolonisationsliteratur** nimmt Thomas Harriots *A Brief and True Report of the New-Found Land of Virginia* (1588) eine Sonderstellung ein. Die Publikation erfolgt im Jahr des Sieges der englischen Flotte über die spanische Armada,

John White:
»The Coniuerer«
(1588)

wodurch der Nexus zwischen imperialer Ausdehnung der europäischen Mächte einerseits und symbolischer Appropriation in Literatur und Kunst andererseits besonders anschaulich wird. Harriots Bericht ist der erste englischsprachige Text über die Roanoke Colony in Virginia, ein englisches Kolonisationsprojekt in Nordamerika. Er enthält eine Serie von Illustrationen von **John White**, die das Leben der indianischen Bevölkerung aus europäischer Sicht wiedergeben. Whites Darstellungen finden u. a. in **Holzschnitten von Theodor de Bry** europaweit Verbreitung und bestimmen an der Wende zum 17. Jh. die **europäische Imagination von ›America‹**.

Neuere Interpretationen: In der Geschichtsschreibung und Literatur der nachfolgenden Jahrhunderte werden die ersten europäisch-amerikanischen Begegnungen mit unterschiedlichen ideologischen Konnotationen als Entdeckung, Besiedlung oder Eroberung beschrieben. In der neueren Forschungsliteratur spielen insbesondere **individuelle und kollektive Projektionsprozesse** sowie der Einfluss **eurozentrischer Vorurteile und Stereotypisierungen** eine maßgebliche Rolle. Darstellungen der ›Neuen Welten‹ werden als rhetorische und repertoiregebundene Konstruktionen und nicht als authentische Darstellungen der tatsächlichen Gegebenheiten der fremdartigen Landschaften und unbekannten Bewohner gesehen. Im Mittelpunkt neuerer Studien stehen die sensationalistischen Erwartungen, exotisierenden Wahrnehmungen und ökonomisch-imperialen Interessen der europäischen Betrachter. In seinem Buch *Marvelous Possessions* (1991) hebt Stephen Greenblatt die **Reaktionen des Wunderns (wonder)** in der Konfrontation mit der **Andersartigkeit (the Other)** hervor und zeigt, wie rhetorische Strategien und kognitive Schemata die Vermittlung der ›neuen Welt‹ in Europa bestimmen. Das Repertoire der frühen Repräsentation Nordamerikas wird darüber hinaus von Vorstellungen von Atlantis, Arkadien, Utopia, dem Millennium und dem biblischen Paradies geprägt.

Zur Vertiefung

Christoph Kolumbus über die Ankunft in der Neuen Welt (1493)

»The island and all the others were very fertile to a limitless degree, and this island is extremely so. In it there are many harbors on the coast of the sea, beyond comparison with others which I know in Christendom, and many rivers, good and large, which is marvellous. Its lands are high, and there are in it many sierras and very lofty mountains, beyond comparison with the island of Tenerife. All are most beautiful, of a thousand shapes, and all are accessible and filled with trees of a thousand kinds and tall, and they seem to touch the sky. And I am told that they never lose their foliage, as I can understand, for I saw them as green and as lovely as they are in Spain in May, and some of them were flowering, some bearing fruit, and some in another stage, according to their nature. And the nightingale was singing and other birds of a thousand kinds in the month of November there where I went. There are six or eight kinds of palm, which are a wonder to behold on account of their beautiful variety, but so are the other trees and fruits and plants. In it are marvellous pine groves, and there are very large tracts of cultivatable lands, and there is honey, and there are birds of many kinds and fruits in great diversity. In the interior are mines of metals, and the population is without number. Española is a marvel.«

(Baym et al. Hg.: *Norton Anthology of American Literature*, [7]2007, Bd. A, S. 33)

Ankunft in der Neuen Welt, Baseler Holzschnitt (1493)

3.2.2 | Englische Kolonien in Virginia

Charter-Kolonien: Die englische Kolonisierung Nordamerikas beginnt mit dem **Aufstieg Englands zur imperialen Seemacht** nach dem Sieg der englischen Flotte über die spanische Armada 1588. Unter der Regentschaft von **Königin Elizabeth I.** (1558–1603) werden die ersten königlichen Urkunden (Charters/Letters Patents) zur Gründung von Kolonien in Virginia ausgestellt. Die Bezeichnung Virginia, die auf die ›jungfräuliche Königin‹ Elisabeth I. verweist, bezieht sich zu dieser Zeit auf den größten Teil der Ostküste Nordamerikas von Neuengland bis zum heutigen North Carolina. Richard Hakluyts Werbeschrift *Discourse of Western Planting* (1584) liefert die ideologischen, religiösen, politischen, sozialen und ökonomischen Begründungen für die englische Expansion nach Nordamerika und bietet einen Einblick in das imperiale Gedankengut der Zeit.

Die von Sir Walter Raleigh und Arthur Barlowe initiierte und in Thomas Harriots *A Brief and True Report of the New-Found Land of Virginia* (1588) dokumentierte erste englische Kolonie in **Roanoke** zwischen 1584 und 1590 endet in einem Fehlschlag. Sie behält aufgrund der rätselhaften Umstände des Verschwindens der Siedlung und der Behandlung in William Shakespeares Drama *The Tempest* (1610/11) einen mythischen Status als ›verlorene Kolonie‹ (lost colony).

Roanoke

Nach der Thronbesteigung von **Jakob I.** 1603 und dem Waffenstillstand mit Spanien werden mit der **Virginia Company of London** und der **Virginia Company of Plymouth** 1606 zwei Handelgesellschaften (joint-stock companies) mit königlichen Privilegien zur Etablierung von weitgehend selbstverwalteten Kolonien an der südlicheren bzw. nördlicheren Ostküste Nordamerikas gegründet. Unter dem Dach der Virginia Company of London entsteht mit Jamestown in der Chesapeake Bay 1607 die **erste permanente englische Siedlung in Nordamerika** und die Keimzelle der späteren Kolonie Virginia. Bis zum Beginn der 1620er Jahre wächst die Kolonie auf mehr als 4000 Siedler (vgl. www.virtualjamestown.org).

Jamestown, 1607

John Smith: Eine entscheidende Rolle in der Etablierung von Jamestown und in der Vermittlung von Informationen über die englischen Gebiete in Nordamerika spielt zu Beginn des 17. Jh.s John Smith. Seine Werbeschriften (promotional literature) und Karten wie z. B. *A Description of New England* (1616) und *A Generall Historie of Virginia, New England, and the Summer Isles* (1624) fördern das Interesse an den Kolonien in England selbst. Smiths autobiographisch-narrative Selbstinszenierungen und seine historischen Anekdoten – z. B. seine Rettung durch die Häuptlingstochter Pocahontas – sind literatur- und kulturhistorisch gleichermaßen einflussreich geblieben. Mit seinen **idealtypischen Beschreibungen der Kolonisten** und seiner **Werbung für die ökonomischen Chancen in den Kolonien** antizipiert Smith U.S.-amerikanische Selbstvorstellungen z. B. als ›Land der unbegrenzten Möglichkeiten‹ (s. Kap. 6.2.6).

Wirtschaftliche und politische Entwicklung: Während in den ersten Jahren nach der Gründung der Kolonie die **Beziehungen zu den indianischen Bewohnern** der Region vergleichsweise gut sind, so führen die Landansprüche der Kolonisten im Umland von Jamestown in der Folgezeit immer wieder zu Konflikten. Wirtschaftlich profitiert die Kolonie nach anfänglichen Schwierigkeiten vor allem von der **Tabakanpflanzung**, die von John Rolfe nach indianischen Vorbildern eingeführt wird. Um den Mangel an Arbeitskräften zu beheben, werden Einwanderer mit Landzusagen angelockt und 1619 die **ersten afroamerikanischen Sklaven** nach Jamestown gebracht. Zugleich wird mit dem House of Burgesses 1619 der Grundstein für eine demokratische Verfassung der englischen Kolonien in Nordamerika gelegt. Nachdem die Kolonie durch Korruption, wirtschaftliche Probleme und blutige Auseinandersetzungen mit örtlichen Indianerstämmen zu zerfallen droht, widerruft Jakob I. 1624 die Charter und unterstellt Virginia als Royal Colony der königlichen Zentralverwaltung durch einen Gouverneur. Seit den 1650er Jahren entstehen in Virginia ein **parlamentarisches Zweikammersystem**, ein eigenständiges Gerichts- und Verwaltungswesen sowie ein stark auf die Einzelkolonie bezogenes Identitätsbewusstsein.

Zum Begriff

> Als → **indentured servants** werden Dienstknechte und -mägde bezeichnet, die sich gegen die Bezahlung der Überfahrt nach Nordamerika sowie freie Unterkunft und Verpflegung während ihrer Dienstzeit für eine bestimmte Zeitspanne – meist drei bis sieben Jahre – einem Arbeitgeber in den Kolonien verdingen. Nach Ablauf der Vertragszeit können sie ein freies Leben in den Kolonien führen. Das System der → **indentured servitude** bringt vor allem im 18. Jh. zahlreiche Einwanderer, darunter auch viele Deutsche, nach Nordamerika und bestimmt das wirtschaftliche System der britischen Kolonien maßgeblich mit.

Indentured Servitude und Sklaverei: In den folgenden Jahrzehnten entwickelt sich die **Chesapeake-Region**, in der neben der königlichen Kolonie Virginia 1632 Maryland als sog. ›Eigentümerkolonie‹ (proprietor colony) von Lord Baltimore und seinen katholischen Gefolgsleuten gegründet wird, zu einer rasch wachsenden, von weit auseinander liegenden (Tabak-)

Plantagen bestimmten Wirtschaftsregion. Bis 1700 kommen ca. 100.000 Einwanderer aus Großbritannien – die meisten davon als Dienstknechte auf Zeit (indentured servants) – in die Chesapeake Bay. Zunehmend übertrifft der **afrikanische Sklavenhandel** zahlenmäßig die Knechtschaft auf Zeit. Um 1700 liegt der Anteil der afrikanischen Sklaven an der Gesamtbevölkerung in der Chesapeake-Region bei über 20%. Nach dem Ende des Sklavenhandelmonopols der zunächst hauptsächlich in die Karibik ausgerichteten Royal African Company 1690 und der Etablierung weiterer europäisch-amerikanischer Sklavenhandelunternehmen steigt die Zahl der im Rahmen des atlantischen Sklavenhandels (**triangular slave trade**) in die englischen Kolonien gebrachten afrikanischen Sklaven stetig an. In Virginia und Maryland werden in den 1660er Jahren **Gesetze zu einer rassistischen Definition von Sklaverei** als lebenslang (durante vita) und erblich erlassen, wodurch wesentliche ideologische und juristische Bezugspunkte für den Ausbau und die Rechtfertigung der afroamerikanischen Sklaverei bis in 19. Jh. markiert werden.

Gesetze zur Sklaverei in Virginia im 17. Jh.

»Whereas some doubts have risen whether children that are slaves by birth, and by the charity and piety of their owners made partakers of the blessed sacrament of baptism, should by virtue of their baptism be made free, it is enacted and declared by this Grand Assembly, and the authority thereof, that the conferring of baptism does not alter the condition of the person as to his bondage or freedom; that diverse masters, freed from this doubt may more carefully endeavor the propagation of Christianity by permitting children, though slaves, or those of greater growth if capable, to be admitted to that sacrament.

Whereas some doubts have arisen whether children got by any Englishman upon a Negro woman should be slave or free, be it therefore enacted and declared by this present Grand Assembly, that all children born in this country shall be held bond or free only according to the condition of the mother; and that if any Christian shall commit fornication with a Negro man or woman, he or she so offending shall pay double the fines imposed by the former act.«

(Hening, Hg.: *Statutes at Large of Virginia*, 1969, Bd. 2)

Colonial Williamsburg: Bis zur Revolutionszeit entwickelt sich Virginia auf der Grundlage der frühen demokratischen Strukturen und der wirtschaftlichen Expansion zu einem selbstbewussten und wohlhabenden Zentrum der nach Unabhängigkeit von Großbritannien strebenden Kolonien. Das **Leben im kolonialen Virginia** ist heute im Freiluftmuseum Colonial Williamsburg nachgestellt und für Touristen als Living History-Aufführung unmittelbar vor Ort erlebbar (vgl. www.history.org).

3.2.3 | Englische Kolonien im puritanischen Neuengland

Puritaner: Die Organisationsform der Charter Colony mit Handelsprivilegien und Rechten zur Selbstverwaltung bildet den Rahmen für die englische Kolonisierung des nördlichen Virginia, dessen größerer Teil ab 1614 nach einer Karte von John Smith als **New England** bezeichnet wird (s. Kap. 2.1). Die englische Kolonisation dieser Gebiete seit Anfang des 17. Jh.s steht im Zusammenhang anhaltender Konflikte im englischen Mutterland. Im Mittelpunkt steht der Konflikt zwischen der anglikanischen **Church of England**, die sich 1534 unter Heinrich VIII. von Rom und der Katholischen Kirche abspaltet, und einer Vielzahl religiöser Gruppen, für die die anglikanische Kirche die Zielsetzungen der Reformation und die Glaubensgrundsätze des Protestantismus nicht weit genug umgesetzt hat. Zu diesen sog. Puritanern (Puritans) zählen die beiden Gruppen, die für die Kolonisation Neuenglands und die ideologischen Grundlegungen der U.S.-amerikanischen Nation und Gesellschaft eine entscheidende Rolle spielen:

- die kleinere Gruppe der sog. **Separatisten**, die für einen Bruch mit der Church of England plädiert
- die größere und einflussreichere Gruppe der sog. **Nonkonformisten,** die für eine weitergehende Reform der Church of England eintritt.

Beide Gruppen sehen sich unter der Herrschaft Jakob I. angesichts einer möglichen Annäherung zwischen der Church of England und der römisch-katholischen Kirche Verfolgungen und Diskriminierungen ausgesetzt. Für beide Gruppen eröffnet die **Migration nach Nordamerika** eine Möglichkeit, den religiösen und staatlichen Repressionen zu entkommen und ihre eigenen Vorstellungen von Religion und Kirche in den Kolonien zu verwirklichen.

Plymouth Colony: Die Separatisten flüchten 1607 von Scrooby in England nach Leiden in den Niederlanden. Nach Ausbruch des Dreißigjährigen Krieges segeln sie unter Führung von **William Bradford** und mit einem Patent der Virginia Company of London an Bord der **Mayflower** nach Nordamerika und gründen 1620 die Stadt Plymouth und die Plymouth Colony im heutigen Bundesstaat Massachusetts. Da Plymouth außerhalb der Jurisdiktion der Virginia Company of London und damit außerhalb ihrer ursprünglichen Gebietszuteilung liegt, geben sich die ca. 100 Kolonisten mit dem **Mayflower Compact** eigenständig eine Grundlage für ihr Gemeinwesen (civil body politic). Der Mayflower Compact wird häufig als ein **historischer Ausgangs- und ideologischer Bezugspunkt** der U.S.-amerikanischen Demokratie und Verfassungsgeschichte gesehen (s. Kap. 5.1).

Kollektive Erinnerung

Die kollektive Erinnerung an die Ankunft der zumeist als Pilgerväter (Pilgrims/Pilgrim Fathers) bezeichneten Separatisten am legendären Plymouth Rock, an historische Persönlichkeiten wie William Bradford oder Miles Standish sowie an die entbehrungsreiche Frühzeit der Siedlung nimmt in der Populärmythologie und in anglozentrischen Identitätskonstruktionen der USA seit der Frühphase der Republik einen wichtigen Platz ein und wird in der Feier des **Thanksgiving-Fests** bis heute mit einem nationalen Feiertag begangen. Das Leben in der historischen Siedlung selbst wird in dem Freiluftmuseum Plimoth Plantation in der Nähe des heutigen Orts Plymouth für Touristen nachgestellt (vgl. www.plimoth.org).

Great English Migration

Massachusetts Bay Colony: Mit der Verleihung einer Royal Charter an die Massachusetts Bay Company (1629) und der Gründung von Salem (1628) und Boston (1630) beginnt die angloamerikanische Geschichte der im Vergleich zur Plymouth Colony zahlenmäßig größeren und langfristig einflussreicheren Massachusetts Bay Colony. Die Entwicklung der Kolonie ist im historischen Zusammenhang mit der sog. Great English Migration zu sehen, die bis in die zweite Hälfte des 17. Jh.s mehr als 200.000 englische Einwanderer nach Neuengland, in die Chesapeake-Region und insbesondere auf die westindischen Inseln bringt. Unter der Führung von Persönlichkeiten wie z. B. John Winthrop, John Cotton, Thomas Hooker, Thomas Shepard, Increase Mather und Cotton Mather entwickelt sich die Massachusetts Bay Colony, zu deren Verwaltungsgebiet Teile der heutigen Bundesstaaten Vermont, New Hampshire und Maine gehören, zum politisch, ökonomisch und ideologisch dominanten **Zentrum des puritanischen Neuengland** des 17. und frühen 18. Jh.s.

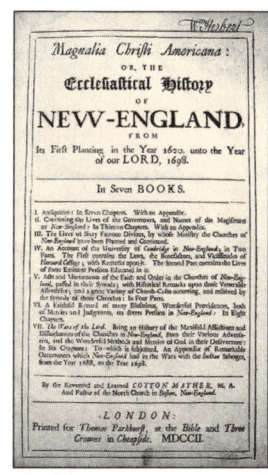

Cotton Mather:
*Magnalia Christi
Americana* (1702)

In einer Vielzahl von Werbeschriften, Predigten und historiographischen Texten propagieren die Repräsentanten der puritanischen Staats- und Kirchenmacht in Massachusetts ihre Vorstellungen von Neuengland als welthistorisch vorbildliche und heilsgeschichtlich von **Gott vorherbestimmte Musterkolonie**. In seiner Laienpredigt »A Model of Christian Charity« (1630) nutzt John Winthrop das biblische Bild der Stadt auf einem Hügel (»city upon a hill«) zu einer Selbstdarstellung von Neuengland, die bis heute in U.S.-amerikanischen Identitätskonstruktionen und in Ideologien einer weltpolitischen und historischen Mission der USA weiterwirkt (s. Kap. 6.2.3). Einen Höhe- und Endpunkt in der zeitgenössischen rhetorischen Konstruktion von Neuengland als **Manifestation des göttlichen Heils- und Welterlösungsplans** bildet Cotton Mathers monumentales Geschichtswerk *Magnalia Christi Americana* (1702).

Selbstdar-
stellungen
von Neuengland

Einfluss des Kalvinismus: In ihren theologischen Schriften, pastoralen Predigten und (auto-)biographischen Texten vertreten die puritanischen Pfarrer Neuenglands eine von den Lehren und Dogmen des Reformators Johannes Calvin inspirierte **Prädestinationslehre**. Der sündige Mensch ist nach dieser Doktrin der Allmacht und Gnade Gottes bedingungslos ausgeliefert und zur individuell-persönlichen Rechenschaft vor Gott allein verpflichtet (s. Kap. 7.3.3). Der deutsche Soziologe Max Weber sieht in der kalvinistisch geprägten Gesellschaft Neuenglands und in der Übertragung des theologischen Gedankens der individuellen Rechenschaftspflicht auf soziale und ökonomische Verhaltensweisen eine der wichtigsten Quellen für seine These von der **protestantischen Arbeitsethik** als einer wesentlichen Grundlage des Kapitalismus (s. Kap. 6.2.6).

Kirchenorganisation: Die Kirchenorganisation des **neuenglischen Kongregationalismus** des 17. Jh.s beruht auf unabhängigen Gemeinden (congregations) von öffentlich bekennenden Gläubigen (visible saints), die sich auf der Grundlage eines schriftlich fixierten Bundes (covenant) zu einer lokalen Kirchengemeinde (church) unter Führung eines von ihnen selbst gewählten Pfarrers (minister) zusammenschließen. Die exklusive Kirchenorganisation, die starke Betonung des Gemeinschaftsgefühls und die intolerante Haltung sowohl gegenüber Kritikern innerhalb des puritanischen Spektrums als auch gegenüber andersgläubigen Religionsgemeinschaften wie z. B. Baptisten, Quäkern, Anglikanern oder Katholiken lassen das puritanische Neuengland in der späteren Geschichtsschreibung und in der kulturellen Erinnerung als eine **moralisch strikte und ideologisch repressive Gesellschaft** erscheinen. Zu den berühmtesten Beispielen der repressiven Züge der puritanischen Herrschaft zählen die Salemer Hexenprozesse 1692, die 20 unschuldig angeklagten ›Hexen‹ das Leben kosten. Zugleich gelten die **demokratischen Formen der lokalen Kirchenorganisation** und die in der ursprünglichen Charter der Massachusetts Bay Colony formulierten repräsentativen Strukturen in der zivilen Regierung und Verwaltung als historische Bezugspunkte des politischen Systems und der politischen Kultur der USA.

Literatur

> **Das puritanische Neuengland in Texten seiner Repräsentanten**
>
> **John Cotton** | *Gods Promise to His Plantation* (1630)
> **William Bradford** | *The History of Plymouth Plantation* (1630–1647, publ. 1856)
> **John Winthrop** | *A Model of Christian Charity* (1630), *The History of New England 1630–1649* (publ. 1825)
> **Thomas Shepard** | *The Sincere Convert* (1640/1641), *The Autobiogaphy* (1649), *The Covenant of Grace* (1651)
> **Thomas Hooker** | *The Application of Redemption* (1656)
> **Nathaniel Morton** | *New Englands Memoriall* (1669)
> **William Stoughton** | *New England's True Interest* (1670)
> **Samuel Danforth** | *A Brief Recognition of New England Errand into the Wilderness* (1671)
> **Jonathan Mitchel** | *Nehemiah on the Wall in Troublesome Times* (1671)
> **Increase Mather** | *Remarkable Providences* (1684)
> **Cotton Mather** | *Magnalia Christi Americana* (1702)

Dissidenten und Koloniegründungen: So wie die puritanischen Gegner der Church of England ihre Visionen einer ›gereinigten‹ protestantischen Kirche und einer freien Religionsausübung durch die Migration nach Neuengland zu verwirklichen suchen, so verlassen prominente Kritiker des puritanisch-kongregationalistischen Gesellschaftsmodells – des sog. New England Way – schon früh aus Protest gegen die Beschränkung religiöser Freiheiten und gegen den Verlust ursprünglicher puritanischer Dogmen das Gebiet der beiden ersten puritanischen Kolonien:

- 1636 gründet Thomas Hooker die Siedlung Hartford im heutigen Connecticut.
- 1636 flüchtet der aus Massachusetts verbannte Dissident Roger Williams nach Providence im heutigen Rhode Island.
- 1638 etabliert John Davenport die später mit Connecticut vereinigte Kolonie New Haven.

Verbund der Kolonien

Trotz theologischer Gegensätze schließen sich 1643 alle neuenglandischen Kolonien außer Rhode Island auf der Grundlage der **Articles of Con-**

British North
America bis zur
Mitte des 18. Jh.s

federation of the United Colonies of New England zusammen und bilden einen ersten – wenn auch nicht dauerhaften – politischen Verbund dieser Art in Nordamerika zur gemeinsamen Interessenswahrung und Verteidigung gegenüber England, den französischen Kolonisten in Kanada und den regionalen Indianerstämmen.

3.2.4 | British North America bis zur Mitte des 18. Jh.s

1584–90	Siedlungsversuch von Roanoke
1607	Gründung von Jamestown
1620	Gründung von Plymouth/Plymouth Colony
1624/25	Etablierung von Virginia
1630	Gründung von Boston/Massachusetts Bay Colony
1632	Gründung von Maryland
1636	Gründung von Providence/Rhode Island und Hartford/Connecticut
1638	Gründung von New Haven
1663	Gründung von Carolina
1664	Eroberung von New York/Gründung von New York und New Jersey
1681	Gründung von Pennsylvania
1684/86/88	Etablierung und Sturz der Dominion of New England
1691/92	Zusammenlegung von Plymouth Colony und Massachusetts Bay Colony zur Province of Massachusetts Bay
1732	Gründung von Georgia

Middle Colonies: Die Gebiete zwischen Virginia und Neuengland – die sog. Mittleren Kolonien – sind während der Kolonisation Nordamerikas den Einflüssen unterschiedlicher europäischer Mächte ausgesetzt und entwickeln früh eine **multikulturelle Geschichte**. In der zweiten Hälfte des 17. Jh.s nimmt England in dieser Region die Vormachtstellung ein und baut diese bis ins 18. Jh. hinein aus. Nach der Eroberung der niederländischen Kolonie, die in den 1650er Jahren ihrerseits die früheren schwedischen Siedlungen übernommen hatte, wird 1664 aus Nieuw Amsterdam das englische New York. In den folgenden Jahren etabliert die englische Krone in den ehemals niederländischen und schwedischen Gebieten die Kolonien **New York, New Jersey und Delaware**. Vor allem die Kolonie New York wird wegen der guten transatlantischen Handelsverbindungen und der großzügigen Landzuteilungen entlang des Hudson River zu einem wirtschaftlich prosperierenden Einwanderungsgebiet für europäische Migranten unterschiedlicher Nationalitäten.

Nach der Vergabe der letzten freien Gebiete in dieser Region durch Karl II. an den **Quäker William Penn** und der Etablierung der Kolonie Pennsylvania 1681 ist in den Mittleren Kolonien die Aufbauphase abgeschlossen. Pennsylvania entwickelt sich in den folgenden Jahrzehnten zu einer religiös toleranten und ökonomisch erfolgreichen Kolonie. Dabei steigt die Hauptstadt **Philadelphia** – die erste nach einem rechtwinkligem Straßensystem (grid pattern) geplante Stadt in den zukünftigen USA – zu einem neuen politischen, kulturellen und wirtschaftlichem Zentrum auf. 1750 ist Philadelphia nach London und Liverpool die drittgrößte Stadt im britischen Weltreich (s. Kap. 2.3.3). In der Revolution spielt Philadelphia neben Boston eine entscheidende Rolle für die Gründung der USA.

Plantagenwirtschaft und Sklaverei in den südlichen Kolonien: Nach der Restauration der Monarchie in England 1662 vergibt Karl II. weite Gebiete zwischen der Chesapeake Bay und den spanischen Provinzen in Nordflorida an seine politischen und religiösen Gefolgsleute, die 1663 die Kolonie **Carolina** als Eigentümerkolonie (proprietor colony) gründen. 1712 wird die Kolonie in North Carolina und South Carolina geteilt; 1732 wird **Georgia** als unmittelbar an die spanischen Gebiete angrenzende Kolonie gegründet. Bis zur Mitte des 18. Jh.s entwickelt sich in den südlichen Kolonien eine **Plantagenwirtschaft** zum Anbau von Reis und Indigopflanzen. Das erfolgreiche, immer mehr Land beanspruchende Wirtschaftssystem dieser Kolonien ist in noch größerem Ausmaß als in Virginia und Maryland auf den afrikanischen Sklavenhandel und die **Sklaverei** ausgerichtet. Um 1700 beträgt der Anteil afroamerikanischer Sklaven an der Gesamtbevölkerung in Carolina schon mehr als 50 % – der höchste Anteil in allen britischen Kolonien in Nordamerika.

Slave Codes
Insgesamt werden in der ersten Hälfte des 18. Jh.s ungefähr fünfmal so viele Sklaven von Afrika nach Nordamerika – und dabei vorwiegend in die südlichen Kolonien – gebracht wie in den zwei Jahrhunderten zuvor. Zunehmend versuchen die englischen Kolonisten und Plantagenbesitzer, die Sklaven mit **repressiven Verhaltensvorschriften und Strafandrohungen** (slave codes) unter ihrer Kontrolle zu halten. Zu den berüchtigtsten dieser gesetzesartigen Bestimmungen zählt der South Carolina Code von 1740. Das inhumane System der Sklaverei führt bereits im frühen 18. Jh. zu Sklavenaufständen, unter denen die Stono Rebellion in South Carolina 1739 die größte Rebellion vor der Amerikanischen Revolution ist.

Zum Begriff

> → **Slave Codes** sind Gesetze oder gesetzesartige Bestimmungen, die in den sklavenhaltenden Kolonien bzw. späteren Bundesstaaten die Lebens- und Arbeitsbedingungen von Sklaven regeln. Sie werden zu einem wesentlichen Instrument der Unterdrückung der afroamerikanischen Bevölkerung und bleiben in den Südstaaten bis zum Bürgerkrieg in Kraft. Nach dem Bürgerkrieg werden Teile der Slave Codes in der Gesetzgebung der Segregation im Süden der USA fortgeführt (s. Kap. 3.4.1).

British North
America bis zur
Mitte des 18. Jh.s

South Carolina Slave Code (1740)

»XL. And whereas many of the slaves in this province wear clothes much above the condition of slaves, for the procuring whereof they use sinister and evil methods. For the prevention, therefore, of such practices for the future, be it enacted by the authority aforesaid, that no owner or proprietor of any Negro slave or other slave, except livery men and boys, shall permit or suffer such Negro slave or other slave to have or wear any sort of apparel whatsoever finer, other, or of greater value than Negro cloth, duffils, kerseys, osnabrigs, blue linen, check linen, or coarse garlix, or calicoes, checked cottons, or scotch plaids, under the pain of forfeiting all and every such apparel and garment that any person shall permit or suffer his Negro or other slave to have or wear, finer, other or of greater value than Negro cloth, duffils, kerseys, osnabrigs, blue linen, check linen, or coarse garlix, or calicoes, checked cottons, or scotch plaids as aforesaid. [...]

XLVII. And whereas many disobedient and evil-minded Negroes and other slaves, being the property of his Majesty's subjects of this province, have lately deserted the service of their owners and have fled to St. Augustine and other places in Florida in hopes of being there received and protected; and whereas many other slaves have attempted to follow the same evil and pernicious example, which, unless untimely prevented, may tend to the very great loss and prejudice of the inhabitants of this province. Be it, therefore, enacted by the authority aforesaid, that, from and after the passing of this act, any white person or persons, free Indian or Indians [...], take and secure and shall from thence bring to the workhouse in Charleston any Negroes or other slaves [...] shall be paid by the public treasurer of this province the several rates and sums following as the case shall appear to be.« (Kavenagh 1973, Bd. 3, S. 2116–7, 2118)

Politische Spannungen und Interessenkonflikte: Nach dem Ende der puritanischen Vorherrschaft entwickelt sich Neuengland an der Wende zum 18. Jh. zu einer religiös pluralistischeren und sozial toleranteren Gesellschaft. Nach dem Widerruf der ursprünglichen Urkunden und der folgenden Beschränkung ihrer Selbstverwaltungsrechte werden die Kolonien an der nördlichen Ostküste zunächst zu einer **Dominion of New England** (1686–89) zusammengefasst. Nach der Glorious Revolution in England 1688/89 werden die Kolonien Plymouth Colony und Massachusetts Bay Colony 1691/92 zu einer Province of Massachusetts Bay zusammengelegt, die unter der Verwaltung eines **vom König entsandten Gouverneurs** steht. Die Konfrontationen zwischen der merkantilistischen Zentralverwaltung in London und den an angestammten Rechten festhaltenden Kolonisten in Massachusetts im Zusammenhang mit der Reorganisation der neuengländischen Kolonien zeichnen die politischen und ökonomischen Ausgangs- und Streitpunkte der Amerikanischen Revolution vor. Im Regierungssystem der wirtschaftlich prosperierenden und zunehmend in Konkurrenz zum Mutterland tretenden Kolonien kommt den **Parlamenten und Versammlungen** (assemblies) im Laufe des 18. Jh.s mehr und mehr Bedeutung zu.

Gesellschaftliches Leben: Bis zur Mitte des 18. Jh.s hat sich in den britischen Kolonien in Nordamerika eine gebildete, wohlhabende und weltoffene Mittel- und Oberschicht etabliert, die trotz aller politischen, sozialen, ökonomischen und religiösen Unterschiede innerhalb der Kolonien überwiegend kulturell nach Großbritannien orientiert ist. Vor allem auf den Landsitzen im Süden und z. T. auch in den Mittleren Kolonien entfaltet sich eine Gesellschaft, die sich in ihrem Lebensstil an der europäischen Aristokratie – und besonders am **englischen Landadel** – orientiert. Zu den eindrucksvollsten Zeugnissen dieser Kultur zählt William Byrds Landsitz Westover Plantation in Virginia aus den 1730er Jahren, wo Byrd u. a. eine der größten Bibliotheken der Kolonien zusammenträgt. Aus der Verbindung eigener kolonialer Traditionen einerseits und der transatlantischen Zirkulation neuer Ideen der aufkommenden Naturwissenschaften, des philosophischen Rationalismus und der Aufklärung andererseits entsteht zugleich in den Städten des Nordostens ein **spezifisch kolonial-amerikanisches Bürgertum**.

Zum Prototyp des kolonialen Bürgers wird in der ersten Hälfte des 18. Jh.s **Benjamin Franklin** (1706–1790), der beispielhaft den aufgeklärten, umfassend gebildeten und selbstbewussten Bürger der Kolonien repräsentiert. Seine berühmten Erfindungen, seine naturwissenschaftlichen Experimente, seine Publikation des *Poor Richard's Almanack* (1733–1758) und seine Gründung von Einrichtungen wie z. B. der American Philosophical Society (1743) lassen ihn auf beiden Seiten des Atlantiks zum sprichwörtlichen **Homo Americanus** werden. Benjamin Franklins Autobiographie gilt als frühe Darstellung des **Self-made Man** (s. Kap. 6.2.6) und steht im größeren Kontext der Produktivität autobiographischer Literatur in allen Teilen des britischen Nordamerika seit dem frühen 18. Jh.

Benjamin Franklin, Porträt von Jean-Baptiste Greuze (1777)

Als Ausgangspunkte dieser autobiographischen Literatur gelten u. a. die puritanisch-protestantischen Traditionen des 17. Jh.s. Für Angehörige ethnischer Gruppen bietet die Autobiographie häufig eine erste Möglichkeit zur Teilhabe an der Schriftkultur.

Literatur

Autobiographische Literatur des 18. Jh.s

William Byrd (1652–1704) | *The Secret Diary of William Byrd of Westover*
Sarah Kemble Knight (1666–1727) | *The Private Journal of a Journey from Boston to New York*
Benjamin Franklin (1706–1790) | *The Autobiography of Benjamin Franklin*
Elizabeth Ashbridge (1713–1755) | *Some Account of the Fore-Part of the Life of Elizabeth Ashbridge*
John Woolman (1720–1772) | *The Journal of John Woolman*
Samson Occom (1723–1792) | *A Short Narrative of My Life*
Olaudah Equiano (1745–1797) | *The Interesting Narrative of the Life of Olaudah Equiano, or Gustavus Vassa, the African*

3.2.5 | Spanische und französische Kolonien und Kolonial-kriege

1565	St. Augustine (sp.)
1598	Nueva Espana/New Mexico (sp.)
1605–07	Port Royal (fr.)
1608	Quebec (fr.)
1609	Santa Fe (sp.)
1642	Montreal (fr.)
1680	Aufstand der Pueblos im Südwesten
1682	La Salle etabliert ›Louisiana‹ (fr.)
1699	Biloxi (fr.)
1716/18	San Antonio (sp.)
1718	New Orleans (fr.)
1754–63	French and Indian War (Siebenjähriger Krieg 1756–1763)
1769	Alta California (sp.)
1776	San Francisco/Monterrey (sp.)

Spanische Kolonisation: Die europäische Kolonisierung Nordamerikas wird ab Mitte des 17. Jh.s neben England von Spanien und Frankreich bestimmt. Auf die frühen spanischen Expeditionen im Süden und Südwesten der heutigen USA in der ersten Hälfte des 16. Jh.s und die Gründung von St. Augustine in Florida als erste dauerhafte europäische Siedlung in Nordamerika (1565) folgt am Ende des 16. Jh.s der Aufbau **spanischer Territorien nördlich des Rio Grande** und damit die Grundlegung des heutigen hispanischen Südwestens der USA. Juan de Oñate führt 1598/99 eine Militärexpedition durch das Rio Grande Valley und etabliert nach blutigen Auseinandersetzungen mit den Pueblo-Indianern das **spanische New Mexico** mit der 1609 gegründeten Hauptstadt Santa Fe. An der Wende zum 18. Jh. gründet Spanien **Texas** als Abgrenzung gegen den wachsenden französischen Einfluss in den südlichen Great Plains und entlang des Mississippi bis zum Golf von Mexiko. Bis zur Amerikanischen Revolution dehnt Spanien sein Einflussgebiet ins heutige **Kalifornien** aus, wobei die Etablierung von Alta California 1769 als Vorsichtsmaßnahme und Grenzbefestigung gegen englische und russische Kolonisationsaktivitäten entlang der Pazifikküste gedacht ist.

Entwicklung der spanischen Kolonie im Südwesten

Die spanische Kolonisation im Südwesten der heutigen USA bleibt ein beschränktes, wirtschaftlich problematisches und durch politische Korruption gefährdetes Unternehmen. Zudem ist die Geschichte der spärlich besiedelten Kolonie geprägt von kriegerischen Konflikten mit der indianischen Bevölkerung, die sich gegen die Repressionen der Kolonialherrschaft und das ökonomische Feudalsystem (sog. Encomi-

Kolonialzeit

> endas) der Großgrundbesitzer auflehnt. Insbesondere die Pueblo-Rebel-
> lion 1680 bringt die spanische Kolonie zeitweise zum Zusammenbruch
> und markiert einen frühen Höhepunkt in der Geschichte des Wider-
> stands gegen die europäische Kolonisierung.

Missionen

Eine besondere Rolle in der spanischen Kolonisation im heutigen Südwesten spielen katholische Priester und deren **Missionsaktivitäten** unter der
indianischen Bevölkerung. Mönche des Franziskanerordens errichten in
der Zeit zwischen Oñates Eroberungszug und dem frühen 18. Jh. im Gebiet zwischen San Antonio im heutigen östlichen Texas und den Gebieten
der heutigen Bundesstaaten New Mexico und Arizona mehr als 50 Missionsstationen. Unter den erhaltenen Missionskirchen zählen San Miguel,
Santa Fe und Rancho de Taos zu den ältesten und aufgrund ihres charakteristischen **Adobe-Baustils** bekanntesten. Bis zum Ende des 18. Jh.s
werden in Kalifornien u. a. in Monterey, San Louis Obispo, San Francisco
und Los Angeles Missionsstationen errichtet. In den zwischen den Gü-
tern (ranches) der hispanischen Landbesitzer und den militärischen Forts
(presidios) dünn besiedelten Gebieten zwischen dem Golf von Mexiko
und dem Pazifik stellen die Missionsstationen über ihre missionarisch-re-
ligiöse Funktion hinaus **wirtschaftliche und strategische Knotenpunkte**
dar. Trotz wiederholter Konflikte untereinander bilden die hispanischen
Eroberer und die Pueblo-Indianer des Südwestens auch militärische Allianzen gegen Angriffe nomadischer Indianerstämme aus dem Norden.

Französische Kolonisation: Nach den frühen Expeditionen von Verrazano und Cartier sowie fehlgeschlagenen Versuchen zur Errichtung
von Siedlungen am St. Lawrence River und in Florida in den 1540er bzw.
1560er Jahren beginnt die französische Kolonisation in Nordamerika erneut zu Beginn des 17. Jh.s. Unter der Führung von Samuel de Champlain
wird 1608 in Quebec ein Stützpunkt zur Absicherung des lukrativen **Pelz-
handels** gegenüber europäischen Konkurrenten eingerichtet, wobei die
französischen Händler und Kolonisten Allianzen mit Indianerstämmen
der Region eingehen. 1642 folgt die Gründung von Montreal und der Ausbau der französischen Besitzungen in Kanada. Neben den Pelzhändlern
fördern jesuitische Missionare die französische Kolonisierung der Gebiete
bis zu den Großen Seen und legen – ähnlich wie die spanischen Franziskanermönche im Südwesten – die Basis für die Verbreitung des **Katholizismus in Nordamerika** (s. Kap. 7.3.2). Ab 1663 stehen die französischen
Kolonien in Kanada unter direkter königlicher Verwaltung, die im Sinne
der merkantilistischen Vorstellungen Ludwigs XIV. vor allem an der Roh-
stofflieferung in das Mutterland interessiert ist und die Einwanderung
nach Kanada z. B. durch die Vergabe von Land an Veteranen der französischen Armee fördert.

Louisiana

Vor dem Hintergrund der Ausdehnung der englischen und spanischen
Kolonien in Nordamerika im Laufe des 17. Jh.s und der Mächtekonkur-
renz in Europa bemüht sich Frankreich um die **Ausweitung seiner Gebie-**

te im Inneren des nordamerikanischen Kontinents. 1672 erreichen der Pelzhändler Louis Jolliet und der Jesuit Jacques Marquette als erste Europäer den Oberlauf des Mississippi im heutigen Wisconsin; in den nächsten Jahren stoßen französische Expeditionen unter Sieur de la Salle nach Süden bis zum Delta des Mississippi und bis zum westlichen Golf von Mexiko vor. Unter dem Namen Louisiana – zu Ehren von Ludwig XIV. – beansprucht Frankreich ab 1682 das Gebiet zwischen den Appalachen und den Rocky Mountains und damit ungefähr die Hälfte der heutigen kontinentalen USA. Mit der **Gründung von La Nouvelle Orléans** als Hauptstadt des Territoriums Louisiana 1718 kommt die Expansionsphase der französischen Kolonisation zu ihrem Ende.

Kolonialkriege: Die erste Hälfte des 18. Jh.s ist von zunehmenden Rivalitäten unter den Kolonialmächten England, Spanien und Frankreich bestimmt. Territoriale Expansionsbestrebungen und konkurrierende Handelsinteressen in Nordamerika selbst, wechselnde Allianzen und Konflikte mit Indianerstämmen sowie Kriege in Europa, z.B. der Spanische Erbfolgekrieg (Queen Anne's War, 1702–1713) und der Österreichische Erbfolgekrieg (King George's War, 1740–48), führen zu **militärischen Konfrontationen**. Diese finden zwischen Engländern und Franzosen im östlichen Kanada und im Westen der Appalachen, zwischen Engländern und Spaniern im nördlichen Florida sowie zwischen Spaniern und Franzosen an den Grenzen zwischen Louisiana und dem hispanischen Südwesten statt.

Einen entscheidenden Einschnitt in der nordamerikanischen Kolonialgeschichte stellt der **French and Indian War** (1754–1763) dar, der nahezu zeitgleich mit dem Siebenjährigen Krieg (1756–1763) in Europa geführt wird. Nach der Eroberung von Quebec und Montreal durch britische Truppen 1759 und 1760 kommt die französische Kolonialherrschaft in Nordamerika mit dem Vertrag von Paris 1763 an ihr Ende. In den Verträgen von Paris (1763) und San Ildefonso (1762) tritt Frankreich alle Gebiete südlich der Großen Seen und östlich des Mississippi an Großbritannien ab. Spanien übergibt Florida an Großbritannien und erhält von Frankreich die Gebiete des Louisiana-Territoriums westlich des Mississippis und südlich von Kanada. Als unmittelbare Folge der britischen Übernahme Kanadas, die bereits 1713 durch die Eroberung der Kolonie Acadie (in der heutigen Provinz Nova Scotia) eingeleitet wird, flüchten viele französische Kolonisten in den heutigen Bundesstaat Louisiana, wo die französische Kolonialgeschichte in Nordamerika bis in die Gegenwart in der **frankophonen Kultur der Cajuns** nachwirkt.

3.2.6 | Interkulturelle Konfrontationen im kolonialen Nordamerika

Die nordamerikanische Kolonialgeschichte ist eine Geschichte interkultureller Begegnungen und Konfrontationen zwischen der indigenen Bevölkerung und den europäischen Kolonisten. Ungeachtet lokaler und regionaler Unterschiede sowie divergierender politischer und ökonomischer Interessen sowohl unter den rivalisierenden Kolonialmächten als auch unter den indianischen Stämmen bestimmt die stetige Verschlechterung der Beziehungen und die **Zurückdrängung der indianischen Kulturen** die Kolonialzeit.

Konflikte im Südwesten: Die spanische Kolonisation in der westlichen Hemisphäre, die auf die wirtschaftliche Nutzung der eroberten Länder und die katholische Missionierung der indigenen Bevölkerung zielt, stößt wegen ihres offensichtlichen Ethnozentrismus früh auf die Kritik des Dominikanerpriesters und Juristen **Bartholomé de Las Casas** (*Bericht von der Verwüstung der westindischen Länder*, 1552; dt. 1990). Im Südwesten der heutigen USA führt diese Politik nach den Eroberungszügen von Juan de Oñate 1598/99 zu einem ersten, von den spanischen Truppen blutig niedergeschlagenen Aufstand im Acoma Pueblo. Der **indianische Widerstand** gegen die spanische Kolonisierung und Missionierung gipfelt in der Pueblo-Revolte von 1680. Der Aufstand schwächt die Herrschaft Spaniens in den Gebieten des heutigen New Mexico und Arizona für mehrere Jahre und bleibt in der historischen Überlieferung der Indianerstämme des Südwestens bis in die Gegenwart ein maßgeblicher Bezugspunkt.

Im Zuge der **Rückeroberung (Reconquista)** ab 1692 wird die spanische Kolonialherrschaft weitgehend wiederhergestellt. Wenngleich in der Folgezeit die Pueblos weiterhin unter den Repressionen der Kolonialmacht zu leiden haben, so sind sie durch die Abschwächung der ökonomischen Ausbeutung und eine weniger aggressive Missionierung in der Lage, ihre eigenen Kulturen und Traditionen zu erhalten. Die Bewahrung einer eingeschränkten **politischen und kulturellen Eigenständigkeit** gegenüber den spanischen Kolonisten legt den Grundstein für ihr Überleben in den Auseinandersetzungen mit der angloamerikanischen Expansion im 19. Jh.

Konflikte im heutigen Kanada: Die französischen Kolonisten im östlichen Kanada erkennen im Unterschied zu den spanischen Eroberern und Missionaren früh die Bedeutung politischer Beziehungen und wirtschaftlicher Kooperationen mit der einheimischen Bevölkerung. An der Wende zum 17. Jh. dominieren französische Händler das lukrative Pelzgeschäft zwischen Europa und Nordamerika. Dabei begünstigt die große Nachfrage an Biberfellen in Europa den Aufbau eines engmaschigen Handelsnetzes mit der indianischen Bevölkerung zum Tausch von Fellen gegen europäische Gebrauchsgegenstände, Stoffe und Glasschmuck. Der Erfolg des **Handels mit den Indianern** (Indian trade) führt zum **Ausbau der französischen Kolonie** unter Samuel de Champlain und zur Gründung von Quebec 1608.

In den folgenden eineinhalb Jahrhunderten der französischen Kolonialherrschaft in Nordamerika versucht die französische Kolonialmacht durch Allianzen mit indianischen Stämmen ihre **strategische Position gegenüber ihren europäischen Rivalen** auszubauen. So stärken Verbindungen mit dem Algonquin-Stamm und den Huronen die französischen Interessen im Pelzgeschäft bis weit in den heutigen Mittleren Westen und Westen hinein. Im Gegenzug unterstützen die französischen Truppen ihre Verbündeten gegen deren traditionellen Feinde, die Mohawks und Iroquois. In diesen Konfliken zeichnen sich die später im French and Indian War und im Revolutionskrieg wichtigen militärischen Allianzen zwischen Kolonialmächten und Indianerstämmen ab.

Ähnlich wie in den spanischen Kolonien im Südwesten und Südosten werden die Beziehungen zwischen französischer Kolonialmacht und indianischer Bevölkerung durch die **Aktivitäten von katholischen Missionaren** geprägt. Nach der Übertragung der Mission im französischen Nordamerika an den Jesuitenorden 1633 reisen Missionare – oftmals zusammen mit Pelzhändlern – bis weit ins Landesinnere und provozieren gewalttätige Konflikte z. B. mit den Iroquois.

Konflikte in den britischen Kolonien: Auch in den britischen Kolonien in Nordamerika dominieren politisch-ökonomische Interessen, ethnozentrische Ideologien und missionarisches Sendungsbewusstsein das Verhältnis zwischen Kolonisten und indigener Bevölkerung. Gegenstimmen wie z. B. die von Roger Williams, der sich in seinem Buch *A Key into the Language of America* (1643) nur wenige Jahre nach Beginn der puritanischen Kolonisation Neuenglands für die Rechte und Kulturen der indianischen Bevölkerung einsetzt, bleiben die Ausnahme. John Whites Illustrationen für Thomas Harriots *A Brief and True Report of the New-Found Land Virginia* (1588) verdeutlichen **europäische Konstruktionen** der exotisch-primitiven Lebensweise, der technologischen Inferiorität und des religiösen Aberglaubens der ursprünglichen Einwohner. Die in der populären Imagination und in nationalen Gründungsmythen der USA tradierten Anekdoten von John Smiths Rettung durch die Häuptlingstochter Pocahontas in Virginia oder von dem freundlichen Empfang der Pilgerväter in Plymouth durch einen Indianer namens Squanto stehen den historischen Realitäten des sog. Great Massacre in Jamestown 1622 und des Pequot War in Neuengland 1637/38 gegenüber. Beide Kriege gehen von Konflikten über die **Ausdehnung der Kolonien** aus und eröffnen die im 19. Jh. kulminierende Politik der expansiven Landnahme gegen die indianische Bevölkerung.

Kriegerische Auseinandersetzungen: Neben dem **Pequot War** (1637/38) sind der **King Philip's War** (1676/77) und der **King William's War** (1689–97) für die politische und kulturgeschichtliche Entwicklung im britischen Nordamerika von Bedeutung. Insbesondere der King Philip's War markiert aufgrund der Brutalität der Kämpfe auf beiden Seiten einen entscheidenden Einschnitt in den Beziehungen zwischen der indianischen Bevölkerung und den Kolonialmächten. Der Begriff King William's War bezeichnet eine Serie von kriegerischen Auseinandersetzungen am nördlichen Rand der britischen Kolonien, in denen imperial-ideologische Konflikte zwischen dem protestantischen England und dem katholischen Frankreich als Kriege zwischen Allianzen aus Kolonialmächten und Indianerstämmen ausgetragen werden.

Der Pequot War, der King Philip's War und der King William's War werden in einer Vielzahl an zeitgenössischen Publikationen auf beiden Seiten des Atlantiks dargestellt. Besonders erfolgreich ist Mary Rowlandsons autobiographischer Bericht über ihre Gefangenschaft, der zum ersten Bestseller der amerikanischen Literaturgeschichte wird und die bis ins 19. Jh. produktive Form der sog. **Indian captivity narrative** etabliert. Für die Kultur- und Literaturgeschichte von besonderer Bedeutung ist die **Fixierung negativer Stereotypen** in diesen Texten und – als Gegentypus zum positiven Bild des »noble savage« – die Stigmatisierung des »Indian savage«, »Indian monster«, »barbarous beast«, »devil worshipper« oder »hellish foe«. Das Repertoire an Stereotypisierungen trägt maßgeblich zur kulturellen Konstruktion der **Folie des ›symbolischen Indianers‹** (»symbolic Indian«) bei. Bis ins 18. Jh. stellt die bei puritanischen Predigern beliebte Warnung vor der Übernahme ›indianischer‹ Denk- und Verhaltensweisen (sog. »Indianizing«) eine besonders starke Form der moralischen Ermahnung und Entrüstung dar.

Indianerkriege des 17. Jh.s in zeitgenössischen Texten

John Underhill | *News from America* (1638)
Increase Mather | *A Brief History of the War with the Indians in New-England* (1676)
William Hubbard | *The Narrative of the Troubles with the Indians in New England* (1677)
Benjamin Tompson | *New Englands Crisis* (1676)
Mary Rowlandson | *The Sovereignty & Goodness of God [...] Narrative of the Captivity and Restauration of Mary Rowlandson* (1682)
Cotton Mather | *Decennium Luctuosum* (1699)
Anthologie: **Slotkin, Richard/Folsom, James K.** (Hg.) | *So Dreadfull a Judgment: Puritan Responses to King Philip's War* (1978)

Missionierung in Neuengland: Der Missionsgedanke ist im protestantisch dominierten britischen Nordamerika vor allem in den puritanischen Kolonien in Neuengland von Bedeutung, wenngleich er nicht mit dem gleichen Nachdruck verfolgt wird wie in den katholischen spanischen und französischen Gebieten. Die Missionierung der sog. »heathen Indians« wird von England aus von der 1649 gegründeten Corporation for the Promoting and Propagating of the Gospel gefordert und als Instrument zur **Eindämmung des katholischen-jesuitischen Einflusses** in den französischen und spanischen Gebieten verstanden. In Neuengland selbst wird **John Eliot** zur zentralen Figur der Missionsaktivitäten. In einer Serie von Schriften, den sog. Eliot Tracts (1647–1659), schildert er die Fortschritte in der Bekehrung der indianischen Bevölkerung als Beweis für die moralische und politische Überlegenheit des puritanisch-protestantischen Neuengland. Die missionierten Indianer selbst werden in Missionssiedlungen (praying Indian villages) zusammengeführt, die in den Indianerkriegen gegen Ende des 17. Jh.s weitgehend zerstört werden.

Dezimierung der indigenen Bevölkerung: Bis zur Mitte des 18. Jh.s wächst in allen Kolonien entlang der Ostküste Nordamerikas die Kluft zwischen der steigenden Zahl der Kolonisten und Einwanderer einerseits und der durch Krankheiten, Vertreibungen und Kriege dezimierten indianischen Bevölkerung andererseits. Die sich beständig westwärts ausdehnende britische Kolonialherrschaft, die Versklavung von Indianern in Teilen der südlichen Kolonien und eine korrupte Vertragspolitik im Zusammenhang mit Landkäufen und Umsiedlungen verschlechtern die **Lebensbedingungen der indigenen Bevölkerung** z.T. drastisch. Wenngleich Aufstände wie z.B. in Carolina in der letzten Hälfte des 18. Jh.s eher örtlich beschränkt bleiben und die britische Kolonialmacht vor allem im Norden Allianzen mit Indianerstämmen gegen Franzosen und andere Stämme gleichermaßen eingeht, so ist bis zur Amerikanischen Revolution auch im britischen Nordamerika die Situation der indianischen Bevölkerung prekär.

3.2.7 | Erweckungsbewegung und Aufklärung

Great Awakening: Die Zeit zwischen den 1730er und 1760er Jahren ist in den britischen Kolonien in Nordamerika von geistesgeschichtlichen und politischen Bewegungen und Umbrüchen bestimmt, welche die Amerikanische Revolution vorbereiten. Die religiöse Erweckungsbewegung um 1740 – sog. Great Awakening – und deren heilsgeschichtlich-millenniaristische Erwartungen sind ein wichtiger Faktor im **Prozess der Nationwerdung der USA**. Die Ausgangspunkte dieser Erweckungsbewegung liegen in den ländlichen Gegenden des Connecticut Valley in Massachusetts und Connecticut, wo ab den 1730er Jahren eine **Erneuerung des religiösen Lebens** in Massenversammlungen und Gottesdiensten unter freiem Himmel (revival meetings/camp meetings) gefordert wird.

Prediger der Erweckungs-bewegung

Zu den bekanntesten Predigern zählt Jonathan Edwards aus Northampton, MA, dessen Predigt »Sinners in the Hands of an Angry God« (1741) das bekannteste Beispiel der **emotionalen Rhetorik** der Erweckungsbewegung ist. In New Jersey bringen William Tennent und Theodore Frelinghuysen Tausende von Gläubigen in Gebetsversammlungen (refreshings) zusammen. Andere Prediger wie z.B. James Davenport geben der religiösen Bewegung durch **sozial- und besonders aristokratiekritische Untertöne** eine stärker politische Dimension. Seinen Höhepunkt erreicht die Erweckungsbewegung nach der Ankunft des englischen Wanderpredigers George Whitefield 1739. Whitefields mehrjährige Tour durch die englischen Kolonien von Massachusetts bis Carolina lässt die Bewegung bis in die 1750er Jahre zu einer **populären Massenbewegung** mit oftmals mehr als 20.000 Besuchern pro Veranstaltung aus allen Gruppierungen und Schichten der kolonialen Gesellschaft werden.

Zur Vertiefung

Jonathan Edwards: »Sinners in the Hands of an Angry God« (1741)

»The God that holds you over the pit of hell, much as one holds a spider, or some loathsome insect over the fire, abhors you, and is dreadfully provoked: his wrath towards you burns like fire; he looks upon you as worthy of nothing else, but to be cast into the fire; he is of purer eyes than to bear to have you in his sight; you are ten thousand times more abominable in his eyes, than the most hateful venomous serpent is in ours. You have offended him infinitely more than ever a stubborn rebel did his prince; and yet it is nothing but his hand that holds you from falling into the fire every moment. And there is no other reason to be given, why you have not dropped into hell since you arose in the morning, but that God's hand has held you up. There is no other reason to be given why you have not gone to hell, since you have sat here in the house of God, provoking his pure eyes by your sinful wicked manner of attending his solemn worship. Yea, there is nothing else that is to be given as a reason why you do not this very moment drop down into hell.

O sinner! Consider the fearful danger you are in: it is a great furnace of wrath, a wide and bottomless pit, full of the fire of wrath, that you are held over in the hand of that God, whose wrath is provoked and incensed as much against you, as against many of the damned in hell. You hang by a slender thread, with the flames of divine wrath flashing about it, and ready every moment to singe it,

and burn it asunder; and you have no interest in any Mediator, and nothing to
lay hold of to save yourself, nothing to keep off the flames of wrath, nothing of
your own, nothing that you ever have done, nothing that you can do, to induce
God to spare you one moment.« (Baym et al., Hg.: *Norton Anthology of American
Literature*, [7]2007, Bd. A, S. 431–432)

Universitätsgründungen: Die emotionale Religiosität der Bewegung
drängt den Einfluss der älteren, intellektuell kalvinistisch-puritanischen
Theologie zurück und fördert die Veränderung der protestantischen Kir-
chen in den britischen Kolonien Nordamerikas (s. Kap. 7.3.4). Während
Kongregationalisten und Anglikaner an Anhängern verlieren, gewinnen
Baptisten, Methodisten und Presbyterianer an Popularität und Einfluss.
Die **Gründung neuer Colleges und Universitäten** – darunter mehrere der
heutigen Ivy League-Institutionen – durch Anhänger der konkurrierenden
Konfessionen erweitert bis zur Amerikanischen Revolution das Spektrum
des durch die Gründung der Harvard University, des College of William
& Mary und der Yale University in seinen Grundzügen etablierten U.S.-
amerikanischen Universitätssystems. Die Universitäten gewährleisten die
Ausbildung der intellektuellen und politischen Elite der Revolutionszeit
und Frühen Republik nach neuen, am Gedankengut der Aufklärung und
der klassischen Philologie ausgerichteten Kurrikula.

College- und Universitätsgründungen im 17. und 18. Jh.

Zur Vertiefung

1636	Harvard College
1693	College of William & Mary
1701	Yale College
1740/1749	Charity School of Philadelphia/Academy of Philadelphia (University of Pennsylvania)
1746	College of New Jersey (Princeton University)
1754	King's College (Columbia University)
1764	College of Rhode Island (Brown University)
1766	Queen's College (Rutgers University)
1769	Dartmouth College

American Enlightenment: In einem größeren ideengeschichtlichen Rahmen steht die Kulturgeschichte zur Mitte des 18. Jh.s in einem Zusammenhang mit der **europäischen Aufklärung**. Die zunehmende Schicht
wohlhabender und gebildeter Bürger rezipiert die Schriften englischer,
schottischer und französischer Philosophen und Wissenschaftler wie
z. B. John Locke, Francis Bacon, David Hume, Isaac Newton, Jean-Jacques Rousseau. Neue Vorstellungen von den Naturrechten der Menschen,
der Freiheit des Individuums, der Rechtmäßigkeit von Regierungen, der
Gesetzmäßigkeit und Harmonie des Universums sowie von einem opti-
mistischen Glauben an den **Fortschritt der Geschichte und Gesellschaft**
zu einem universellen Zustand der Vernunft und des Glücks prägen das

intellektuelle und politische Klima in den Jahren vor der Revolution. In der *Cambridge History of American Literature* schreibt David S. Shields: »The Enlightenment in America is sometimes conveyed in a single phrase, the political right of self-determination realized« (Bercovitch 1994, Bd. 1, S. 368). In Gesellschaften und Clubs wie z. B. dem Tuesday Club in Annapolis, MD und dem Junto Club in Philadelphia werden aufklärerische Ideen von den zukünftigen Revolutionären und Staatsmännern der USA diskutiert. Die Herausbildung einer **politisch interessierten Öffentlichkeit** wird gefördert von einem vergleichsweise hohen Grad der Lesefähigkeit und einer sich seit Beginn des 18. Jh.s nach britischen Vorbildern entwickelnden **Presselandschaft**. Im Mittelpunkt der Amerikanischen Aufklärung steht Benjamin Franklin, dessen persönlicher Umzug von Boston nach Philadelphia in den 1720er Jahren eine Verlagerung des politisch-kulturellen Schwerpunkts vom traditionell puritanischen Neuengland in die eher säkular geprägten Mittleren Kolonien symbolisiert.

3.3 | Revolution bis Bürgerkrieg

3.3.1 | Revolution, Unabhängigkeit, Staatsgründung

1754–1763	French and Indian War
1760	Krönung von Georg III.
1763	Vertrag von Paris beendet die franz. Kolonialherrschaft in Nordamerika
1764–67	Sugar Act, Stamp Act, Revenue Act/Townshend-Zölle
1768	Britische Truppen in Boston
1770	Boston Massacre
1773	Tea Act/Boston Tea Party
1774	Coercive Acts/First Continental Congress
1775	Schlacht bei Lexington und Concord, Schlacht von Bunker Hill; Second Continental Congress; Aufstellung der Continental Army
1775–1783	Unabhängigkeitskrieg
1776	Thomas Paine: *Common Sense*; 4. Juli: Declaration of Independence; Schlacht von Trenton
1777	Schlacht von Saratoga
1778	Allianz zwischen USA und Frankreich
1781	Articles of Confederation; Schlacht von Yorktown
1783	Vertrag von Paris erkennt Unabhängigkeit der USA an
1787	Constitution of the United States of America

Politische Spannungen und Konflikte: Die Zeit seit Mitte des 18. Jh.s ist geprägt von zunehmenden Spannungen zwischen den Kolonien und der britischen Regierung, die sich vor allem nach der Thronbesteigung von

Georg III. 1760 verstärken. Im Mittelpunkt der Kontroversen steht die **Besteuerung der Kolonien** durch das Parlament in London. Eine Serie von gesetzlichen Verordnungen (acts) reguliert die Wirtschaft und den Handel zugunsten des Mutterlands und gibt der seit dem 17. Jh. strittigen Frage nach der politischen **Repräsentation der Kolonien im Parlament in London** und nach der Rechtmäßigkeit der Präsenz britischer Truppen in den Kolonien neue Brisanz. Das Unabhängigkeitsstreben der Kolonisten wächst nach dem French and Indian War und dem Ende der französischen Kolonialherrschaft in Nordamerika 1763. Der **Widerstand gegen die Gesetze und Maßnahmen der königlichen Verwaltung** äußert sich in Parlamentsdebatten, öffentlichen Unruhen, Protestmaßnahmen, Boykotten und Gründungen von patriotischen Vereinigungen wie z.B. den »Sons of Liberty«.

Zentren der Unabhängigkeitsbewegung sind Virginia und Massachusetts. Zu den Wortführern des Widerstands gehören Patrick Henry, John Adams, Samuel Adams und John Hancock. Populäre Schriften wie z.B. James Otis' *The Rights of the British Colonies Asserted and Proved* (1764) und John Dickinsons *Letters from a Farmer in Pennsylvania* (1767) unterstützen die revolutionäre Stimmung. Als erster Höhepunkt und mythischer Moment im Prozess der U.S.-amerikanischen Nationwerdung und kollektiven Identitätsfindung gilt der blutige Zusammenstoß zwischen Kolonisten und britischen Truppen in Boston am 5. März 1770 (sog. **Boston Massacre**).

Zentren und
Wortführer
der Revolution

Interkoloniale Zusammenkünfte wie der First Continental Congress (1774) und der Second Continental Congress (1775) sowie örtliche Versammlungen entwickeln sich zu Gegenregierungen der Kolonisten, die zugleich mit der Aufstellung von **Milizen** (militia/minutemen) beginnen und 1775 die **Continental Army** unter George Washington bilden. Mit dem **Ausbruch offener Kampfhandlungen** in den Kämpfen bei Lexington und Concord sowie bei Bunker Hill – alle drei Orte in der Umgebung von Boston – im April und Juni 1775 und mit der Publikation von Thomas Paines Streitschrift *Common Sense* im Januar 1776 als Höhepunkt der publizistischen Kampagne für die Unabhängigkeit ist aus dem Konflikt zwischen imperialer Zentralverwaltung und Kolonien ein **Unabhängigkeitskrieg** geworden.

Paul Revere:
»Boston Massacre«
(1770)

Thomas Paine: *Common Sense* (1776)

Zur Vertiefung

Unter den Pamphleten (broadsides) und Streitschriften der Amerikanischen Revolution nimmt Thomas Paines *Common Sense* eine Sonder-

Revolution
bis Bürgerkrieg

stellung ein. Nach seiner Veröffentlichung im Januar 1776 findet Paines Aufruf zur Rebellion und Abspaltung vom Mutterland rasche Verbreitung in den Kolonien. Schätzungen gehen von ca. 100.000 Exemplaren bis zum Frühsommer 1776 aus. Paines offener Angriff gegen den König, seine Ausführungen zu einem möglichen Regierungssystem und seine Vision der zukünftigen U.S.-amerikanischen Nation antizipieren die Zielsetzungen der Unabhängigkeitserklärung und die Rhetorik des sog. U.S.-amerikanischen Exzeptionalismus (s. Kap. 6.2.3).

4. Juli 1776

Declaration of Independence: Die Unabhängigkeitserklärung vom 4. Juli 1776 markiert den Bruch der dreizehn Kolonien mit Großbritannien und den **Beginn der nationalen U.S.-amerikanischen Geschichte**. In der Vision der Gleichheit aller Menschen und im Versprechen des Rechts auf »**life, liberty, and the pursuit of happiness**« bezieht sich der Gründungstext der USA auf das Gedankengut der Aufklärung, der europäischen Naturrechtsphilosophie und Regierungslehre des 18. Jh.s sowie auf den englischen Philosophen John Locke und dessen Vorstellungen von Volkssouveränität (s. Kap. 5.2.1). Die ausführliche Darlegung der Verfehlungen des Königs und der repressiven Akte der Kolonialverwaltung bietet die **historische Rechtfertigung** der Trennung. Die Unabhängigkeitserklärung wird in zahllosen Drucken in den Kolonien verbreitet und zum wichtigsten politischen Bezugspunkt der Kolonisten und Revolutionäre.

Die 13 ursprünglichen Bundesstaaten der USA, 1776

Unabhängigkeitskrieg: Der Unabhängigkeitskrieg ist nicht allein eine Auseinandersetzung zwischen den Kolonisten aus den 13 Kolonien bzw. Staaten einerseits und britischen Truppen andererseits. Schätzungen zufolge lehnen ca. 20–25 % der insgesamt rund 2,5 Millionen angloamerikanischen Kolonisten – die sog. **Loyalists** oder **Tories** – die Unabhängigkeit ab. Trotz der Kritik an der königlichen Kolonialverwaltung und trotz der Sympathie für die politischen Ideale der Revolutionäre – der sog. **Patriots** – versuchen die Loyalisten, den Bruch mit Großbritannien zu vermeiden. Zentren der Loyalisten sind New York und die südlichen Kolonien Georgia und North und South Carolina. Der Unabhängigkeitskrieg ist somit zu einem gewissen Grad auch ein **Bürgerkrieg**. Sowohl die Continental Army der Kolonisten als auch die britischen Truppen erhalten Unterstützung von verschiedenen Indianerstämmen, und in den Reihen der britischen Truppen kämpfen ca. 30.000 deutsche Söldner und Zwangsverpflichtete (sog. **Hessian Mercenaries**).

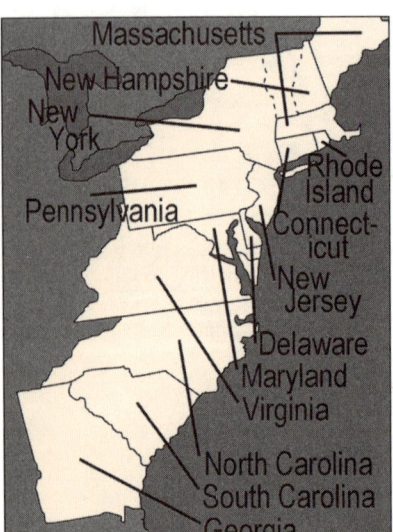

Als sich die Niederlage der britischen Kolonialmacht abzeichnet, unterstützen **Spanien** und **Frankreich** die Kolonisten, deren Milizarmeen

Revolution,
Unabhängigkeit,
Staatsgründung

den professionell ausgebildeten britischen Truppen zunächst unterlegen **Militärischer**
sind. Zu den in der U.S.-amerikanischen Populärkultur tradierten euro- **Verlauf**
päischen Heldenfiguren des Unabhängigkeitskriegs zählen Marquis de
Lafayette, Friedrich von Steuben und Thaddeus Kosciuszko. Mit Siegen
bei **Saratoga (1777)** und **Yorktown (1781)** gelingt der Continental Army
die entscheidende militärische Wende. Im Vertrag von Paris erkennt
Großbritannien 1783 die Unabhängigkeit der Vereinigten Staaten von
Amerika an, tritt die Gebiete östlich des Mississippi an die USA ab und
gibt damit im historischen Moment der Souveränität der USA deren territoriale Expansion nach Westen vor. Bis zum Ende der militärischen Auseinandersetzungen ist **George Washington** zur mythischen Heldenfigur
und zum **prototypischen Gründervater** (founding father) der neuen Nation geworden.

Interpretationen und Bewertungen der Amerikanischen Revolution **Zur Vertiefung**

In der U.S.-amerikanischen Geschichtsschreibung werden seit dem
19. Jh. Revolution, Unabhängigkeit und Staatsgründung mit unterschiedlichen Schwerpunktsetzungen behandelt:
George Bancroft schildert in *The History of the United States of America
from the Discovery* (1837–1885) den historischen Konflikt um die Unabhängigkeit als Kampf für Freiheit und Demokratie und akzentuiert die
weltgeschichtliche Mission der USA.
Charles A. Beard betrachtet in *An Economic Interpretation of the Constitution* (1913) die Gründung und die Verfassung der Nation als den
erfolgreichen Versuch der herrschenden Schichten in den Kolonien,
ihre Besitzansprüche und Privilegien angesichts der Veränderungen der
Organisation des britischen Weltreichs zu bewahren.
Bernard Bailyn betont in *The Ideological Origins of the American
Revolution* (1967) die Kontinuität der politischen Prozesse und Ideen
im angloamerikanischen Raum seit dem späten 17. Jh. und damit die
transatlantischen Bezugspunkte der Revolution.
Gordon Wood hebt in *The Radicalism of the American Revolution*
(1991) den Bruch mit überkommenen Herrschaftssystemen als Ausdruck der Radikalität und des utopischen Potentials des U.S.-amerikani-
schen Experiments hervor.
Mary Beth Norton verdeutlicht in *Liberty's Daughters* (1996) und
Founding Mothers and Fathers (1996) den Beitrag von Frauen zur Revolution und Unabhängigkeit.
Andrew Burstein akzentuiert in *Sentimental Democracy* (1999) die
politische und kulturelle Macht von Rhetorik im Prozess der Nationwerdung.
Joseph J. Ellis konzentriert sich in *Founding Brothers* (2000) auf die
individuellen Leistungen von Benjamin Franklin, Thomas Jefferson,
George Washington, John Adams, Alexander Hamilton und James
Madison.

Revolution
bis Bürgerkrieg

Verfassungsgebung: Die Etablierung der dreizehn Kolonien als Nation – als United States of America – beginnt während des Unabhängigkeitskriegs. Da dem neuen Staatsgebilde wesentliche Bezugspunkte und Rahmenbedingungen zur Definition einer Nation (z. B. abgegrenztes Territorium, Staatsvolk, Staatsgewalt, gemeinsame Geschichte, Nationalsprache) weitgehend fehlen, kommt den Gründungstexten und der Begründungsrhetorik besondere Bedeutung zu (s. Kap. 5.1 und 5.2). Bereits 1777 werden die **Articles of Confederation** als eine erste Verfassung entworfen, die 1781 ratifiziert wird und in ihrer Vorstellung von staatlicher Organisation und von Regierung die Konflikte der Revolution unmittelbar reflektiert (s. Kap. 5.2.2). Wenngleich sich dieser erste Verfassungsversuch als Fehlschlag erweist, bleibt er in den politischen Diskussionen z. B. zu den Rechten der Einzelstaaten (States' Rights) ein wichtiger Bezugspunkt.

Constitution

Mit der Erarbeitung einer neuen Verfassung – der von Washington, Jefferson, Franklin, Hamilton, Jay und vor allem Madison erarbeiteten **Constitution of the United States** – auf der **Philadelphia Convention 1787** und der Ratifikation dieser Verfassung durch die Einzelstaaten im Laufe des folgenden Jahres wird der neue Staat auf die bis heute gültige konstitutionelle Grundlage gestellt. Befürworter und Kritiker der gestärkten Zentralgewalt führen unter den Bezeichnungen **Federalists** bzw. **Antifederalists** eine grundsätzliche Debatte über Intention, Sinn und Praktikabilität der neuen Verfassung und der in ihr geregelten politischen Prozesse und Institutionen (s. Kap. 5.2.3).

Bill of Rights

Auch die Verabschiedung der **Bill of Rights** 1791 als Zusatz zur Verfassung entspringt dem Verlangen der früheren Kolonisten nach einer verfassungsmäßigen Garantie ihrer individuellen **Bürger- und Freiheitsrechte** gegenüber der neuen Staatsmacht. Der historische Kontext der Bill of Rights erklärt z. B. das bis heute kontrovers diskutierte, 2008 vom Obersten Gerichtshof bestätigte Recht auf Waffenbesitz (s. Kap. 5.5.2). Dass jedoch weder im Text der Verfassung noch in den Verfassungszusätzen der Bill of Rights die in der Unabhängigkeitserklärung evozierte Gleichheit aller Menschen verfassungsrechtlich verbindlich umgesetzt wird, zeigt die ideologisch-philosophische Unterschiedlichkeit dieser beiden Gründungsdokumente und legt mit der Verweigerung der Bürgerrechte für Afroamerikaner und der Verweigerung des Wahlrechts für Frauen den Grundstein für lange anhaltende politische und soziale Konflikte.

3.3.2 | Frühe Republik bis in die 1820er Jahre

Zeittafel

1787	Northwest Ordinance
1789	Wahl George Washingtons zum Präsidenten
1791	Gründung der Bank of the United States
1794	Whiskey Rebellion

1796	Washingtons Farewell Address
1798	Alien and Sedition Acts
1801	Wahl Thomas Jeffersons zum Präsidenten
1803	Louisiana Purchase
1804–06	Lewis & Clark-Expedition
1812–15	British-American War
1814	Vertrag von Ghent
1820–21	Missouri Compromise
1823	Monroe Doctrine

Ausdehnung des Staatsgebiets: Die Jahrzehnte nach dem Unabhängigkeitskrieg und der Staatsgründung sind von Entwicklungen, Ereignissen
und Entscheidungen bestimmt, welche die U.S.-amerikanische Geschichte, Politik und Kultur in den folgenden zwei Jahrhunderten maßgeblich
beeinflussen. Noch vor Inkrafttreten der Verfassung von 1787 wird im
Zuge der Übernahme der von Großbritannien abgetretenen Gebiete in der
Northwest Ordinance (1787) die zukünftige Organisation neuer Territorien und der Prozess zur Aufnahme neuer Bundesstaaten in die USA geregelt. Damit wird die **Grundlage für die Expansion** in die zu diesem Zeitpunkt noch von indianischen Stämmen bewohnten Gebiete des Westens
gelegt. Der **indianische Widerstand** gegen die weitere Ausdehnung der
ehemaligen Kolonien wird in den Territorien des heutigen Ohio, Kentucky
und Michigan von Mohawk-Häuptling Joseph Brant angeführt. In Grenz-
und Handelskonflikten mit Spanien im Südosten der heutigen USA und
am Mississippi zeichnen sich die späteren Auseinandersetzungen um die
hispanisch dominierten Gebiete im Süden und Südwesten ab.

Mit dem Kauf von Territorien im Mittleren Westen und Westen der
heutigen USA für 15 Mio. Dollar von Frankreich 1803 – sog. Louisiana
Purchase – verdoppelt Präsident Thomas
Jefferson das Staatsgebiet. Die Transakti-
on ist zum Zeitpunkt des Kaufs umstrit-
ten, da Politiker aus Neuengland einen
Verlust an Einfluss fürchten und auch
Vertreter anderer Bundesstaaten an der
Ostküste vor den Gefahren einer Über-
dehnung der Republik warnen. Im Auf-
trag von Präsident Jefferson erkundet die
Lewis & Clark-Expedition 1804 bis 1806
die Gebiete vom Mississippi bis in die
Rocky Mountains und an die heutige ka-

Louisiana Purchase

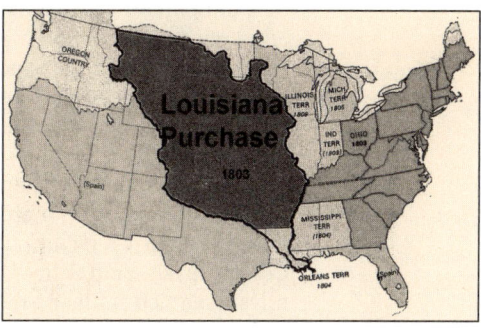

nadische Grenze im Nordwesten und sammelt das geographische und
topographische Wissen zur späteren Inbesitznahme der Territorien (vgl.
www.lewis-clark.org).

Louisiana
Purchase, 1803

Bis 1820 werden mit Vermont, Kentucky, Tennessee, Ohio, Louisiana,
Indiana, Mississippi, Illinois, Alabama und Maine **zehn weitere Bun-**

Neue Bundes-
staaten

desstaaten in die Union aufgenommen, so dass sich das Staatsgebiet der USA bis weit in den heutigen Süden und Mittleren Westen ausdehnt. Bei der Aufnahme von Missouri kommt es zwischen 1819 und 1821 zu einer Kontroverse über die Zulassung der **Sklaverei**, die erst durch ein diffiziles Bündel an Vereinbarungen zwischen den Bundesstaaten über die zukünftige Gestaltung neuer Territorien und Staaten beigelegt werden kann. In diesem sog. **Missouri Compromise** werden die mit der Ausdehnung des Staatsgebiets wachsenden regionalen Rivalitäten politisch deutlich.

Kontroversen in den 1790er Jahren: Die Etablierung des neuen Staats- und Regierungssystems findet mit der Wahl **George Washingtons** zum ersten Präsidenten der USA 1789 einen ersten Abschluss. Als Hauptstadt dient von 1790 bis 1800 Philadelphia, bevor **Washington, DC** zum politischen und ideologischen Zentrum der Nation wird (s. Kap. 6.3). In den ersten Jahren der sog. ›Jungen Republik‹ (Young Republic) oder ›Frühen Republik‹ (Early Republic) bestimmt eine Reihe von Aufgaben- und Themenfelder die politischen Diskussionen, darunter z. B.:

- die **Machtverteilung** zwischen den neuen staatlichen Organen
- die Befürchtungen vor einer monarchischen Ausgestaltung des **Präsidentenamts**
- die Einrichtung eines unabhängigen **Gerichtswesens** auf Bundes- und Einzelstaatenebene
- die **Sanierung** der durch den Unabhängigkeitskrieg stark belasteten Staatsfinanzen und die Einrichtung einer Nationalbank
- der **wirtschaftspolitische Kurs** des neuen Staates
- die Ausrichtung der **Außenpolitik**.

Neben Präsident Washington bestimmen vor allem Thomas Jefferson, John Adams, Alexander Hamilton und Aaron Burr die politischen Diskussionen und Entscheidungen. **Innenpolitische Widerstände** gegen die Besteuerung durch die Bundesregierung (z. B. Whiskey Rebellion, 1794) und **außenpolitische, z. T. auch militärische Konflikte** mit Spanien, Frankreich und Großbritannien stellen die Republik vor ernste Belastungsproben. Die unterschiedlichen Wirtschaftsinteressen der Kaufleute in den Städten des Nordostens einerseits und der Plantagenbesitzer und Farmer im Süden und Westen andererseits nähren Kontroversen über die zukünftige Ausrichtung der Nation als **agrarisch (agrarian)** im Sinne von Thomas Jefferson oder **handelsorientiert (mercantilist)** im Sinne von Alexander Hamilton (s. Kap. 6.2.2).

In der Kontroverse um die **Alien and Sedition Acts** von 1798, einem Gesetzespaket zum Schutz vor Spionen und unliebsamen Fremden, manifestieren sich erstmalig die in politischen, sozialen und kulturellen Diskussionen bis in die Gegenwart erkennbaren Konfliktlinien zwischen patriotisch-xenophobischen Tendenzen einerseits und liberalen Positionen zur Verteidigung von individuell-republikanischen Bürger- und Freiheitsrechten andererseits. Der Verlauf der **Französischen Revolution** spaltet die Politik in den 1790er Jahren zudem in Kritiker einer demokratischen Volksherrschaft, die vor den Gefahren einer Herrschaft des Mobs (mob

rule) warnen, einerseits und Anhänger radikaler Freiheits- und Gleich-
heitsideale andererseits.

Polarisierung der Politik und Blockbildung: Die Entfaltung eines po-
litisch engagierten Zeitungswesens fördert die Bildung von politischen
Lagern und die Entstehung eines **Zweiparteiensystems** (s. Kap. 5.6). In
den **Präsidentschaftswahlen von 1796 und 1800** stehen sich trotz der
Warnungen des scheidenden Präsidenten Washington in seiner Farewell
Address vor den Gefahren von Parteienstreit mit den Federalists und den
Democratic-Republicans zwei mehr oder weniger geschlossene Lager gegenüber. Die Siege von John Adams 1796 – eines Anhängers der Federalists
– und von Thomas Jefferson 1801 – eines Anhängers der Democratic-Republicans – zeigen die Bedeutung der politischen Blockbildung, zugleich
aber auch im demokratischen Machtwechsel von der einen Gruppe zur
anderen die Funktionstüchtigkeit des neuen politischen Systems.

George Washington: »Farewell Address« (1796)   *Zur Vertiefung*

»I have already intimated to you the danger of parties in the State, with particular reference to the founding of them on geographical discriminations. Let
me now take a more comprehensive view, and warn you in the most solemn
manner against the baneful effects of the spirit of party generally.

This spirit, unfortunately, is inseparable from our nature, having its root
in the strongest passions of the human mind. It exists under different shapes
in all governments, more or less stifled, controlled, or repressed; but, in those
of the popular form, it is seen in its greatest rankness, and is truly their worst
enemy.

The alternate domination of one faction over another, sharpened by the
spirit of revenge, natural to party dissension, which in different ages and
countries has perpetrated the most horrid enormities, is itself a frightful
despotism. But this leads at length to a more formal and permanent despotism.
The disorders and miseries which result gradually incline the minds of men to
seek security and repose in the absolute power of an individual; and sooner or
later the chief of some prevailing faction more able or more fortunate than his
competitors, turns this disposition to the purposes of his own elevation, on the
ruins of public liberty.

Without looking forward to an extremity of this kind (which nevertheless
ought not to be entirely out of sight), the common and continual mischiefs of
the spirit of party are sufficient to make it the interest and duty of a wise people
to discourage and restrain it.« (www.ourdocuments.gov)

Krieg von 1812/1815: Die beiden ersten Jahrzehnte des 19. Jh.s sind ebenfalls von einer Reihe von Kontroversen bestimmt:

- die politische Rolle des **Obersten Gerichtshofs** unter Chief Justice John
  Marshall
- die **Abspaltungsbewegung** in Neuengland (sog. High Federalists)
- die **Ausdehnung nach Westen** und die zunehmende Zurückdrängung
  der indianischen Kulturen
- die **Konflikte** zwischen den USA und Großbritannien im Zusammenhang der Napoleonischen Kriege in Europa.

Revolution
bis Bürgerkrieg

Wirtschaftliche Embargomaßnahmen zwischen den USA und Großbritannien, Rivalitäten um Einfluss im Gebiet des heutigen Kanada sowie
die britische Praxis der Zwangsrekrutierung von ausländischen Seeleu-
ten in die britische Marine (impressment) lassen die Spannungen im
Britisch-Amerikanischen Krieg 1812/15 eskalieren. Trotz der Besetzung
Washingtons und der Zerstörung des Präsidentensitzes durch britische
Truppen – der letzten Zerstörung dieser Art durch äußere Feinde auf dem
kontinentalen Staatsgebiet der USA bis zum 11. September 2001 – wird
der Krieg nach dem Vertrag von Ghent (1814) mit der **endgültigen Anerkennung der Unabhängigkeit** der U.S.-amerikanischen Nation durch
Großbritannien beendet.

Monroe Doctrine

Mit der Monroe Doctrine (1823) und der darin erklärten Hoheit der USA
über die westliche Hemisphäre findet die internationale Positionierung
der Frühen Republik einen Abschluss.

3.3.3 | Kulturelle Konstruktionen der U.S.-amerikanischen Nation

Das kulturelle Leben der Frühen Republik ist von der Formulierung und
Konstitution **kollektiver Identitätsangebote und ideologischer Orientierungsrahmen** für die Bürger der neu gegründeten Nation bestimmt
(s. auch Kap. 6.1). Die Anfänge eines spezifisch U.S.-amerikanischen
kulturellen Nationalismus lassen sich bis in die spätkoloniale Zeit verfolgen. So wird z.B. 1769 in Plymouth, MA der erste Forefathers Day in
Erinnerung an die Ankunft der Pilgerväter 1620 begangen und damit ein
kulturell wirkmächtiger **Gründungsmythos der USA** etabliert. Der historische Bruch der Revolution und die Gründung der Vereinigten Staaten
verstärken das kollektive Bedürfnis nach Darstellungen und Definitionen
der neuen Nationalstaatlichkeit.

Ideologische Grundlegung: Seit dem Unabhängigkeitskrieg propagieren Schriftsteller wie z.B. Philip Freneau, Hugh Henry Brackenridge und
Joel Barlow in **visionär-utopischen Gedichten (prospect poems)** Visionen der neuen Nation als Schauplatz eines bevorstehenden Goldenen Zeitalters und Millenniums. In den Werken von Joel Barlow verbindet sich
diese Vision bereits mit imperialem Gedankengut. Bis heute einflussreiche Vorstellungen von den Vereinigten Staaten als **weltgeschichtliche
Erlösernation** (redeemer nation) und Ideen eines **U.S.-amerikanischen
Exzeptionalismus** (s. Kap. 6.2.3) speisen sich aus dem in diesen Texten formulierten Repertoire an Selbstbildern und Geschichtsvisionen.
Gedichte wie z.B. Timothy Dwights *Greenfield Hill* propagieren einen
grundlegenden Unterschied zwischen Europa und den USA (sog. **glorious
contrast**), der die junge Nation einem Europa gegenüberstellt, das durch
überkommene Traditionen und limitierte wirtschaftliche Ressourcen ge-
kennzeichnet ist.

Kulturelle Konstruk-
tionen der U.S.-ameri-
kanischen Nation

Selbstdefinitorische Texte aus der Zeit der Amerikanischen Revolution und Frühen Republik

Literatur

Philip Freneau/Hugh Henry Brackenridge | *The Rising Glory of America* (1771/72)
Thomas Paine | *Common Sense* (1776)
Joel Barlow | *The Prospect of Peace* (1778), *The Vision of Columbus* (1787), *The Columbiad* (1807)
J. Hector St. John Crèvecoeur | *Letters from an American Farmer* (1782) [»What is an American?«]
Thomas Jefferson | *Notes on the State of Virginia* (1787) [»Query XIX«]
The Federalist Papers (1787/88)
Timothy Dwight | *Greenfield Hill* (1794)

Visionen der U.S.-amerikanischen Nation (1794)

Zur Vertiefung

From yon blue waves, to that far distant shore,
Where suns decline, and evening oceans roar,
Their eyes shall view one free elective sway;
One blood, one kindred, reach from sea to sea;
One language spread; one tide of manners run;
One scheme of science, and of morals one;
And, God's own Word, the structure, and the base,
One faith extend, one worship, and one praise.
These shall they see, amaz'd; and these convey,
On rapture's pinions, o'er the distant sea;
New light, new glory; fire the general mind,
And peace, and freedom, re-illume mankind.

(Timothy Dwight: *Greenfield Hill*, Teil VII, S. 168, Zeile 653–664; nach Evans: *Early American Imprints*)

Die mit Thomas Paines *Common Sense* beginnende und in den *Federalist Papers* fortgesetzte Selbstdefinition der USA in **journalistischen Veröffentlichungen** erreicht mit den auch an ein europäisches Publikum gerichteten Publikationen von J. Hector St. John Crèvecoeur und Thomas Jefferson in den 1780er Jahren einen Höhepunkt. Neben der Rhetorik des ›glorreichen Kontrasts‹ und Vorstellungen von der universell bedeutsamen Rolle des neuen Staates formulieren Crèvecoeurs Text »What is an American?« und Jeffersons »Query XIX« die **Neuartigkeit und Tugendhaftigkeit** der U.S.-amerikanischen Bürger und einer auf Freiheit und Unabhängigkeit beruhenden agrarischen Gesellschaft (s. Kap. 6.2.2).

»What is an American?«

Der Sieg über die britische Kolonialmacht und die erfolgreiche Gründung der Nation inspiriert eine Vielzahl an lokalen, regionalen und nationalen **Feierlichkeiten und Jubiläumsveranstaltungen**. Diese neue nationale Festkultur und deren Identitätsentwürfe sind zunächst von Neuengland bzw. von der neuenglländischen Geschichte dominiert. Die kollektive Erinnerung an Ereignisse der **Kolonialgeschichte und Revo-**

Festkultur

lution fördert die Entwicklung eines Repertoires zur nationalen Identifikation im Sinne der U.S.-amerikanischen Zivilreligion (s. Kap. 6.3). Im Laufe des 19. Jh.s setzt sich hierbei der Fourth of July gegen die Feier des Forefathers Day als Nationalfeiertag und national verbindlicher Gründungsmythos durch. Der Britisch-Amerikanische Krieg 1812/15 steigert das Interesse an nationalen Feiern, Symbolen und Ikonen. So entsteht zu dieser Zeit die Hymne »**Star-Spangled Banner**«. Im Verlauf der ersten Jahrzehnte des 19. Jh.s entwickelt sich Washington, DC zum nationalen und ideologisch-symbolischen Zentrum der Nation.

Era of Good Feelings: Die Popularität nationaler Identifikationsangebote und der vorübergehende Ausgleich parteipolitischer Differenzen nach 1815 tragen dazu bei, dass sich das Gefühl eines nationalen Konsens verbreitet. Im Jahre 1817 proklamiert eine Bostoner Zeitung eine »**Era of Good Feelings**«.

Literatur

Historische Romane 1820 bis 1860

James Fenimore Cooper | *The Spy: A Tale of Neutral Ground* (1821), *The Pioneers* (1823), *The Last of the Mohicans* (1826), *The Prairie* (1827), *The Wept of Wish-Ton-Wish* (1829/1833), *The Pathfinder* (1840), *The Deerslayer* (1841)
Lydia Maria Child | *Hobomok: A Tale of Early Times, by an American* (1824)
Catharine Maria Sedgwick | *Hope Leslie* (1827)
John Neal | *Rachel Dyer* (1828)
William Gilmore Simms | *The Partisan: A Tale of the Revolution* (1835), *The Yemassee: A Romance of Carolina* (1835)
anon. | *The Salem Belle: A Tale of 1692* (1842)
James Kirke Paulding | *The Puritan and His Daughter* (1849)
John Greenleaf Whittier | *Margaret Smith's Journal* (1849)
Nathaniel Hawthorne | *The Scarlet Letter* (1850), *The House of the Seven Gables* (1851)
John W. DeForest | *Witching Times* (1856/57)

Literarischer Nationalismus: Die Kulturgeschichte nach dem Krieg 1812/15 ist von nationalistischen Tendenzen in Literatur und Kunst geprägt. Zur zentralen Plattform einer U.S.-amerikanischen Nationalliteratur wird die 1815 gegründete Zeitschrift *North American Review*. Schriftsteller und Literaturkritiker wie z. B. George Tucker, Walter Channing, Rufus Choate, James K. Paulding, John Neal, William Gilmore Simms und vor allem Washington Irving, R.W. Emerson und Walt Whitman weisen Bewertungen der U.S.-amerikanischen Literatur als im Vergleich zu europäischen Literaturen minderwertig zurück. Sie fordern u. a. die **Etablierung einer nationalen Erzählliteratur** mit Themen aus der Zeit der kolonialen Gründungsgeschichte und der Revolution. Eine Vielfalt an **historischen Romanen** reagiert unmittelbar auf solche Forderungen nach einer nationalhistorischen Romanliteratur.

Kulturelle Konstruk-
tionen der U.S.-ameri-
kanischen Nation

Zur Vertiefung

Dokumente des literarischen und kulturellen Nationalismus

Zwei Dokumente der literarischen und kulturellen Unabhängigkeitsbewegung sind von besonderer Bedeutung. In seiner »Oration
Delivered before the Phi Beta Kappa Society at Cambridge, August 31,
1837« – 1841 unter dem Titel »**The American Scholar**« publiziert – betont **Ralph Waldo Emerson**, ein Hauptvertreter des Transzendentalismus, die nationale und intellektuelle Unabhängigkeit der USA: »Our day
of dependence, our long apprenticeship to the learning of other lands,
draws to a close. [...] We have listened too long to the courtly muses
of Europe.« Im Vorwort zu seiner Gedichtssammlung *Leaves of Grass*
(1855) proklamiert **Walt Whitman** einen poetischen Nationalismus mit
offensichtlichen politischen Implikationen:

»The Americans of all nations at any time upon the earth have probably the
fullest poetical nature. The United States themselves are essentially the greatest
poem. In the history of the earth hitherto the largest and most stirring appear
tame and orderly to their ample largeness and stir. Here at last is something in
the doings of man that corresponds with the broadcast doings of the day and
night. Here is not merely a nation but a teeming nation of nations. Here is action
untied from strings necessarily blind to particulars and details magnificently
moving in vast masses.«

(Baym et al., Hg.: *Norton Anthology of American Literature*, [7]2007, Bd. B, S. 2195)

Ralph Waldo
Emerson

Fireside Poets

Eine Sonderstellung in der Entwicklung einer U.S.-amerikanischen Nationalliteratur und -kultur nehmen im zweiten Drittel des 19. Jh.s die Werke
der sog. Fireside Poets ein. Ihre Popularität in Schulen, als Familienlektüre
und als Rezitationstexte bei öffentlichen Veranstaltungen trägt maßgeblich zur ›**Amerikanisierung‹ der Literatur** und zur Verbreitung historischer Anekdoten und nationaler Mythenbildungen bei. Das 1857 gegründete Magazin *Atlantic Monthly* wird zu einem wichtigen Sprachrohr der
Fireside Poets. Die Gedichte und Versepen von **Henry Wadsworth Longfellow** – »Evangeline«, »Hiawatha«, »The Courtship of Miles Standish«, »A
Psalm of Life«, »The Village Blacksmith«, »Paul Revere's Ride« – gehören
zu den Klassikern einer patriotischen U.S.-amerikanischen Nationalliteratur. Wegen ihrer elitären Stellung werden die Fireside Poets Henry Wadsworth Longfellow, Oliver Wendell Holmes, James Russell Lowell und John
Greenleaf Whittier auch als **Boston Brahmins** bezeichnet.

American
Renaissance

Den affirmativen Werken der Fireside Poets und der kommerziell erfolgreichen sentimentalen Literatur der Mitte des 19 Jh.s stehen die in der
Zeit selbst als unzugänglich und z. T. unmoralisch empfundenen Autoren
der sog. American Renaissance gegenüber. Die literaturhistorische Bezeichnung geht auf F.O. Matthiessens gleichnamige Studie von 1941 zu
Ralph Waldo Emerson, Henry David Thoreau, Nathaniel Hawthorne, Herman Melville, Walt Whitman zurück. Während sich diese Autoren ebenso wie Edgar Allan Poe und Emily Dickinson zu ihren Lebzeiten beim
breiten Lesepublikum nicht durchsetzen können, gelten sie im 20. Jh. als
Vorläufer der modernen Literatur und bilden lange den Kanon der Literaturgeschichtsschreibung (s. Kap. 8.6 und 8.7).

Revolution
bis Bürgerkrieg

Literatur

Bestseller der 1850er Jahre

Susan Warner | *The Wide Wide World* (1850)
William Gilmore Simms | *Katharine Walton* (1851), *Norman Maurice*
(1851), *Vasconselos* (1853), *The Forayers* (1855)
Harriet Beecher Stowe | *Uncle Tom's Cabin* (1852)
Maria Cummins | *The Lamplighter* (1854)
E.D.E.N. Southworth | *The Curse of Clifton* (1852), *The Missing Bride* (1854)
Fanny Fern | *Fern Leaves from Fanny's Portfolio* (1853)
Timothy S. Arthur | *Ten Nights in a Barroom, and What I Saw There* (1854)

Historische
Malerei

Malerei: Neben Festkultur und Literatur wird die Malerei zu einem bedeutenden Medium des kulturellen Nationalismus. Drei Bereiche verdienen besondere Aufmerksamkeit: historische Malerei, Portraitkunst, Landschafts- und Naturmalerei.

Seit dem Ende des 18. Jh.s präsentiert **John Trumbull** entscheidende Momente der Revolution in monumentalen Gemälden. 1851 vollendet **Emanuel Leutze** das bis heute ikonische Bild »Washington Crossing the Delaware«. Ebenso populär wie Szenen aus dem Unabhängigkeitskrieg werden großformatige Gemälde von kolonialgeschichtlichen **Ankunftsszenen und Gründungsmomenten** unter-

Emanuel Leutze:
»Washington
Crossing the
Delaware« (1851)

schiedlicher Art, unter denen die Arbeiten von Benjamin West, Henry Sargent und John Vanderlyn zu den bekanntesten zählen. In Drucken und Lithographien der Firmen Currier & Ives und Kellog & Kellog finden diese Bilder im Laufe des 19. Jh.s als **Dekorationskunst** weite Verbreitung.

Die nationale Portraitkunst konzentriert sich auf **George Washington** als prototypischen Gründungsvater. Besondere Berühmtheit erreichen die Washington-Bilder und Skulpturen von Charles Willson Peale, Rembrandt Peale, Jean-Antoine Houdon und Gilbert Stuart. In den Darstellungen von George Washington verdichten sich die Ideale republikanischer Tugendhaftigkeit und bürgerlicher Staatsmännigkeit, die auch die Darstellungen anderer prominenter Repräsentanten der U.S.-amerikanischen Republik wie z.B. John Singleton Copleys Portrait von Samuel Adams bestimmen (s. Kap. 5.1).

Gilbert Stuart:
»George Washing-
ton« (1796)

Im Zuge der Expansion nach Westen und unter dem Einfluss romantischer Naturvorstellungen werden Landschaften als Manifestation nationaler Größe und patriotischer Gesinnung dargestellt. Die Maler der **Hudson River School**, darunter bsonders Thomas Cole, Asher B. Durand, Frederick E. Church und Albert Bierstadt, betonen die **sublime Großar-**

tigkeit und Einzigartigkeit der nordamerikanischen Natur. Zugleich versuchen Maler wie **George Catlin** die von Zerstörung und Vertreibung bedrohten Kulturen der indianischen Bevölkerung künstlerisch zu bewahren und als Teil der U.S.-amerikanischen Geschichte und Zivilisation zu vereinnahmen.

Landschafts-
malerei

Sprachnationalismus und historische Gesellschaften: Wie umfassend der Impuls zur Konstruktion einer nationalen Identität in der Frühen Republik ist, zeigt sich in den sprachnationalistischen Arbeiten von **Noah Webster** und dessen *American Dictionary of the English Language* aus dem Jahr 1828 (s. Kap. 4.3). Der Wille zur Etablierung und Bewahrung einer eigenständigen Geschichte führt zur Gründung von **historischen Gesellschaften und Archiven** wie z. B. der Massachusetts Historical Society (1791), der New York Historical Society (1804) und der American Antiquarian Society (1812) sowie zu historiographischen Großprojekten wie z. B. George Bancrofts 1837 begonnener U.S.-amerikanischer Nationalgeschichte.

Thomas Cole:
»The Falls of the
Kaaterskill« (1826)

3.3.4 | Gesellschaftliche Veränderungen, technologischer Fortschritt, Erweckungs- und Reformbewegungen

1790	Richard Slaters Spinnerei in Rhode Island	**Zeittafel**
1793	Eli Whitney erfindet die Entkörnungsmaschine für Baumwolle	
1801	Camp Meeting Cane Ridge, KY	
1807	erste Dampfschiffe auf dem Hudson	
1811	Baubeginn der National Road/Cumberland Road	
1817–25	Bau des Erie Canal	
1828	Wahl Andrew Jacksons zum Präsidenten	
1830er Jahre	Streiks und soziale Unruhen in Philadelphia, New York, Lowell, MA	
1834	Cyrus McCormick patentiert die Erntemaschine	
1841	Brook Farm, Roxbury, MA	
1844	Samuel Morse patentiert den Telegraphen	
1848	Seneca Falls Convention	
1857	Baltimore-St. Louis-Eisenbahnlinie	
1869	Fertigstellung der Transnational Railroad in Promontory Point, UT	

Die Entwicklung in den Bundesstaaten und Territorien der USA zwischen dem Britisch-Amerikanischen Krieg und dem Bürgerkrieg ist von tiefgreifenden gesellschaftlichen Veränderungen und sozialen Umwälzungen geprägt. Hat die neu gegründete Republik zum Zeitpunkt des ersten Zensus 1790 ca. 4,5 Mio. Einwohner, so leben 1820 ca. 9,6 Mio. und 1860 über

**Revolution
bis Bürgerkrieg**

31 Mio. Menschen auf dem Staatsgebiet der USA. Zwischen 1820 und 1860 wandern bei jährlich stark steigenden Zahlen weit über 4 Mio. Menschen in die USA ein, viele davon aus Deutschland und Irland, kleinere Gruppen aus Skandinavien, den Niederlanden und der Schweiz (s. Kap 2.3). Die zunehmende **ethnische und religiöse Pluralisierung** der Einwanderer verstärkt die **fremdenfeindlichen Ressentiments** anglozentrisch-protestantischer Gruppen wie z. B. der United Order of Americans oder des Order of the Star-Spangled Banner (später die sog. Know-Nothing Party).

Wirtschaftsstruktur und Industrialisierung: Die steigende Zahl von Einwanderern und eine Vielzahl an technologischen Innovationen begünstigen die wirtschaftliche Expansion und Industrialisierung in den verschiedenen Regionen in unterschiedlicher Weise. In den Südstaaten dehnt sich die auf Sklaverei beruhende Plantagenwirtschaft nach der Erfindung der Entkörnungsmaschine für Baumwolle (Cotton Gin) durch Eli Whitney 1793 und der damit verbundenen **Maschinisierung der Baumwollverarbeitung** weiter aus und bleibt bis zum Bürgerkrieg die dominante Wirtschaftsform. Die landwirtschaftlichen Gebiete in den Bundesstaaten und Territorien des Mittleren Westens entwickeln sich nach der Erfindung des Stahlpflugs durch John Deere (1837) und nach der Patentierung einer Erntemaschine durch Cyrus McCormick (1834) zum **Zentrum des Getreideanbaus**.

Textilindustrie

Der Nordosten wird zu einem ersten Mittelpunkt der industriellen Produktion in den USA. 1790 etabliert Samuel Slater die erste Spinnerei in Rhode Island und bis in die 1830er und 1840er Jahre werden Städte wie Waltham und Lowell in Massachusetts zu Hochburgen der **Baumwollverarbeitung und Textilindustrie**. Weitere Zentren industrieller Verarbeitung an der Ostküste sind New York und Philadelphia, wo es zu ersten Protestaktionen und Streiks gegen die **Arbeitsbedingungen und Lebensumstände der Arbeiter** kommt. Bis in die 1850er Jahre dehnt sich die Industrialisierung ins westliche Pennsylvania und nach Ohio, Indiana und Michigan aus.

Ausbau der Infrastruktur: Der Ausbau der Transportwege und die Einführung technologischer Neuerungen – in der Geschichtsschreibung meist unter dem Stichwort **Internal Improvement** behandelt – fördert die wirtschaftliche Entwicklung und verbessert den nationalen Zusammenhalt zwischen den Gründerstaaten an der nördlichen Ostküste und den neuen Bundesstaaten und Territorien nordwestlich der Appalachen. Die Einführung von Dampfschiffen auf dem Hudson durch Robert R. Livingston und Robert Fulton 1807 leitet die **Ära der Dampfschifffahrt** ein, die bis zum Bürgerkrieg mit den luxuriösen Schaufelraddampfern auf dem Mississippi, Missouri und Ohio ihre Blütezeit erlebt und z. B. in den Romanen und Reiseberichten von **Mark Twain** festgehalten wird.

**Internal
Improvement**

Die 1806 von Präsident Jefferson autorisierte, 1811 bei Cumberland, MD begonnene und bis 1839 durch Ohio und Indiana bis nach Vandalia, IL vorangetriebene **National Road/Cumberland Road** wird zu einer der wichtigsten Verbindungstrassen nach Westen. Der **Bau des Erie Canal** 1817 bis 1825 als Verbindung zwischen dem Hudson River und dem Lake Erie wird

Gesellschaftliche
Veränderungen, tech-
nologischer Fortschritt

als eine der größten technischen Errungenschaften der Nation gefeiert und ist der Beginn einer Serie von Kanalbauten in den Bundesstaaten New York, Pennsylvania, Ohio und Indiana. Die Kanäle verbessern die Wirtschaftswege im Nordosten und Mittleren Westen und verschieben den ökonomischen Schwerpunkt ins Landesinnere und an die Großen Seen. In den späten 1820er Jahren beginnt der Aufbau eines **Eisenbahnnetzes**, das die großen Städte an der Ostküste wie z. B. Baltimore (Baltimore and Ohio Railroad, 1828) und Boston (Boston and Worcester Railroad, 1831) mit Städten und Siedlungen im Mittleren Westen verbindet. Bis zur Mitte des 19. Jh.s dehnt sich das Eisenbahnnetz zum Mississippi und in den oberen Mittleren Westen aus, und **Chicago** wird zum wichtigsten Knotenpunkt mehrerer Linien im Mittleren Westen.

Die Eisenbahn und der Telegraph werden zum Inbegriff eines nationalen **Fortschrittsoptimismus**. Nachdem Samuel Morse 1844 die erste Nachricht von Baltimore nach Washington gesendet hat, wird der Telegraph zu einem wichtigen Mittel der **Fernkommunikation** in den expandierenden USA. Intellektuelle und Kulturkritiker wie z. B. der Transzendentalist Henry David Theorau stehen den technologischen Neuerungen skeptisch gegenüber und warnen vor der Zerstörung der Umwelt und einer Dehumanisierung der Gesellschaft durch eine allzu optimistische Fortschrittsgläubigkeit.

Fortschrittsopti-
mismus und -kritik

Zur Vertiefung

Henry David Thoreau: *Walden* (1845)

»As with our colleges, so with a hundred ›modern improvements‹; there is an illusion about them; there is not always a positive advance. The devil goes on exacting compound interest to the last for his early share and numerous succeeding investments in them. Our inventions are wont to be pretty toys, which distract our attention from serious things. They are but improved means to an unimproved end, an end which it was already but too easy to arrive at; as railroads lead to Boston or New York. We are in great haste to construct a magnetic telegraph from Maine to Texas; but Maine and Texas, it may be, have nothing important to communicate. [...]

Men think that it is essential that the *Nation* have commerce, and export ice, and talk through a telegraph, and ride thirty miles an hour, without a doubt, whether they do or not; but whether we should live like baboons or like men, is a little uncertain. If we do not get out sleepers, and forge rails, and devote days and nights to the work, but go to tinkering upon our lives to improve them, who will build railroads? And if railroads are not built, how shall we get to heaven in season? But if we stay at home and mind our business, who will want railroads? We do not ride on the railroad; it rides upon us. Did you ever think what those sleepers are that underlie the railroad? Each one is a man, an Irish-man, or a Yankee man. The rails are laid on them, and they are covered with sand, and the cars run smoothly over them.«

(Baym et al., Hg.: *Norton Anthology of American Literature*, [7]2007, Bd. B, S. 1899, 1921)

Second Great Awakening: In der ersten Hälfte des 19. Jh.s kommt es zu einer neuerlichen religiösen Erweckungsbewegung, die als **Second Great Awakening** bezeichnet und als Antwort auf die gesellschaftlichen Veränderungen beschrieben wird. Ausgangspunkte sind in den 1790er Jahren die ehemaligen puritanischen Zentren im Nordosten, doch dehnt sich die Bewegung zu Beginn des 19. Jh.s in die neuen Bundesstaaten und Territorien westlich der Appalachen sowie nach Süden aus. Zu den populärsten Predigern an der Nordostküste und vor allem in New York City zählt **Charles G. Finney**, der traditionelle kalvinistische Vorstellungen von menschlicher Sündhaftigkeit und Determinismus durch Vorstellungen der persönlichen Besserung und Vervollkommnung (perfectionism) ersetzt. Die Gestaltung seiner Zusammenkünfte antizipiert die bis heute in protestantisch-evangelikalen Kirchen in den USA einflussreichen Riten und emotionalen Bekenntnisse (testimonies) einer persönlichen religiösen Wiedergeburt. Die aus der Erweckungsbewegung des 18. Jh.s bekannten **Freiluftgottesdienste (camp meetings)** werden zu mehrtägigen Großveranstaltungen, die sich vor allem in den Gebieten entlang der Siedlungsgrenze im Westen durch einen hohen Grad an Emotionalität und religiösem Enthusiasmus auszeichnen und von **Laien- und Wanderpredigern** geleitet werden.

Unter den verschiedenen religiösen Gruppen gewinnen **Methodisten und Baptisten** am stärksten an Anhängern und werden bis in die 1850er Jahre zu den größten protestantischen Religionsgemeinschaften (s. Kap. 7.3.4–7.3.6). Schätzungen gehen davon aus, dass bis zu 20 % der Bevölkerung in unterschiedlicher Weise an der Bewegung teilhaben, darunter auch zwei Gruppen, deren aktive Teilhabe am öffentlichen Leben ansonsten limitiert ist: Afroamerikaner und Frauen. Im Zusammenhang der religiösen Erweckungsbewegung der ersten Hälfte des 19. Jh.s formieren sich ferner die Denomination der **Unitarier** und die **Church of Jesus Christ of Latter-Day Saints** (s. Kap. 7.3.6).

Reformbewegungen: Die gesellschaftlichen Veränderungen und sozialen Spannungen in den Jahrzehnten vor dem Bürgerkrieg, zusammen mit dem religiös motivierten Glauben an die Vervollkommnung von Mensch und Gesellschaft, fördern eine Welle von Reformbewegungen. Zu den Hauptanliegen der reformerischen Gesellschaften, die ihren Schwerpunkt häufig in Neuengland haben und maßgeblich von Frauen der (weißen und protestantischen) Mittelschicht geprägt sind, zählen besonders:

- die **Abschaffung der Sklaverei** (abolitionist movement)
- die Durchsetzung der **Rechte von Frauen** (women's movement)
- die **Eindämmung des Alkoholmissbrauchs** (temperance movement)
- die Einführung und Verbesserung von **Kindergärten und Schulen**
- die Reform des **Gefängniswesens**
- die Verbesserung der **Lebens- und Arbeitsbedingungen** der Arbeiter- und Einwandererfamilien in den neuen industriellen und städtischen Zentren.

1826 wird die American Temperance Society gegründet, die den Alkoholmissbrauch und dessen soziale Folgen bekämpft. 1837 etabliert Horace Mann in Massachusetts ein staatsfinanziertes Schulsystem; 1852 verabschiedet Massachusetts das erste Schulgesetz. Populäre Schulbücher wie z. B. der **McGuffey Reader** vereinheitlichen den Lehrplan und unterstützen mit ihrem Inhalt eine patriotisch-nationale Erziehung. Die Bemühun-

Gesellschaftliche
Veränderungen, tech-
nologischer Fortschritt

gen um eine Reform des Gefängniswesens finden ihren Niederschlag in
Alexis de Tocquevilles Studie *Democracy in America* (1835–40).

Women's
Movement

Die Frauenrechtsbewegung der Zeit steht mit den Reformbewegungen
in engen Verbindungen, wendet sich aber vor allem gegen

- die Verweigerung des Wahlrechts für Frauen
- die Ungleichheit von Frauen vor dem Gesetz (Law of Coverture)
- die traditionellen Vorstellungen von getrennten Lebens- und Arbeits-
  bereichen für Männer und Frauen (separate spheres) sowie von der
  gottgegebenen Häuslichkeit von Frauen (domesticity).

Einen Höhepunkt findet die von politischen Aktivistinnen und Autorinnen
wie Lucretia Mott, Lucy Stone, Margaret Fuller und Elizabeth Cady Stanton angeführte Frauenrechtsbewegung in der **Seneca Falls Convention
1848** und der dort proklamierten Declaration of Sentiments. Es dauert allerdings noch bis zur Ratifizierung des 19. Verfassungszusatzes 1919/20,
bis Frauen an Präsidentschaftswahlen teilnehmen können.

Zur Vertiefung

Declaration of Sentiments (1848)

»When, in the course of human events, it becomes necessary for one portion of
the family of man to assume among the people of the earth a position different
from that which they have hitherto occupied, but one to which the laws of nature
and of nature's God entitle them, a decent respect to the opinions of mankind
requires that they should declare the causes that impel them to such a course.

We hold these truths to be self-evident: that all men and women are created
equal; that they are endowed by their Creator with certain inalienable rights;
that among these are life, liberty, and the pursuit of happiness. [...]

The history of mankind is a history of repeated injuries and usurpations
on the part of man toward woman, having in direct object the establishment of
an absolute tyranny over her. To prove this, let facts be submitted to a candid
world.

He has never permitted her to exercise her inalienable right to the elective
franchise.

He has compelled her to submit to law in the formation of which she had no
voice.

He has withheld from her rights which are given to the most ignorant and
degraded men, both natives and foreigners.

Having deprived her of this first right as a citizen, the elective franchise,
thereby leaving her without representation in the halls of legislation, he has
oppressed her on all sides.

He has made her, if married, in the eye of the law, civilly dead.«

(Lauter, Hg.: *Heath Anthology of American Literature*, ⁴2002, Bd.1, S. 2042–2043).

Utopische
Gemeinschaften

Die reformerische Stimmung der Zeit manifestiert sich in utopischen
Siedlungen und sozialistisch inspirierten Gemeinschaften, unter denen
Robert Owens New Harmony, IN (1825), Brook Farm in Roxbury, MA
(1841), Fruitlands in Harvard, MA (1844–45) und Oneida, NY (1848) die
bekanntesten sind. In seinem Roman *Blithedale Romance* (1852) gibt
Nathaniel Hawthorne ein kritisches Bild des Brook Farm-Experiments.

Politische Konsequenzen: Die sozialen, ökonomischen und kulturellen
Veränderungen und Reformbewegungen ziehen **Verschiebungen in der**

Parteienlandschaft nach sich. Seit den 1820er Jahren lösen die Democrats und Whigs die älteren Parteien der Democratic-Republicans und Federalists ab (s. Kap. 5.6). Die Demokraten entwickeln sich zu Befürwortern einer größeren Autonomie der Einzelstaaten; die Whigs treten für eine stärkere Zentralgewalt z. B. in Fragen der wirtschaftlichen Entwicklung ein. Die weitgehende Abschaffung der Bindung des Wahlrechts an Eigentum, die weitere Ausdifferenzierung der Presselandschaft, die Ersetzung von ernannten öffentlichen Angestellten durch in Rotationsverfahren gewählte Amtsinhaber und die Intensivierung der Wahlkämpfe bedingt eine **Politisierung und Demokratisierung des öffentlichen Lebens**. Als Höhepunkt in diesem Prozess gilt die Wahl von **Andrew Jackson** zum Präsidenten 1828.

3.3.5 | Regionalisierung, territoriale Expansion und Manifest Destiny

Zeittafel

1785/87	Northwest Ordinance
1803	Louisiana Purchase
1819/21	Transcontinental Treaty
1821	Santa Fe Trail
1830	Indian Removal Act
1835–36	Texanische Revolution
1836–45	Republic of Texas
1845	Annektierung von Texas durch die USA
1846	Übernahme von Oregon bis zum 49. Breitengrad
1846–48	Mexikanisch-Amerikanischer Krieg
1848	Vertrag von Guadelupe Hidalgo; Beginn des Goldrauschs in Kalifornien
1867	Kauf von Alaska

Northwest Ordinance (1785/1787) und Louisiana Purchase (1803) bereiten die kontinentale Expansion der USA in der Frühphase der Republik vor. Die Verbesserung der Transportwege, die Vergabe von Land durch die Regierung an Veteranen des Britisch-Amerikanischen Kriegs und die steigenden Einwandererzahlen führen in den ersten Dekaden des 19. Jh.s zu einer **dichteren Besiedlung** der Gebiete Appalachen und Mississippi. Diese Landesteile werden bis zum Bürgerkrieg als ›Westen‹ bezeichnet. Mit dem **Transcontinental Treaty 1819/21** endet die spanische Kolonialherrschaft östlich des Mississippi und die ehemals spanischen Gebiete in Florida gehen an die USA. Die Gebiete westlich des Mississippi – der sog. **Far West** mit den Great Plains, den Rocky Mountains, dem heutigen Südwesten der USA und den gegenwärtigen Pazifikstaaten Washington, Oregon und Kalifornien – gelten noch als unzugänglich und zivilisationsfeindlich (sog. Great American Desert) und stehen zu einem Großteil unter spanischer Kolonialherrschaft.

Beginnende Regionalisierung im Süden und Westen: Die Ausdehnung jenseits der Appalachen und die Entstehung spezifischer sozialer und ökonomischer Strukturen fördert die Herausbildung **regionaler Interessen und Identitäten** im Süden und Westen (s. Kap. 2.2). In den Südstaaten wird eine quasi-aristokratische, an europäischen Gesellschaftsformen orientierte **Plantagengesellschaft** zum Ideal erhoben und dem Bild des industrialisierten Nordens entgegen gesetzt. Zum symbolischen Ausdruck der Identitätskonstruktion des sog. Alten Südens (Old South) werden die Plantagenhäuser (antebellum homes), wie sie z. B. in Natchez, MS in großer Zahl erhalten sind (vgl. www.natchez.org). In den Territorien westlich der ursprünglichen Gründerstaaten wird das Ideal einer **Frontier-Lebensweise** (s. Kap. 6.2.5) propagiert und als Gegenentwurf zu einem (über-)zivilisierten Leben in den älteren urbanen Zentren an der Ostküste und in Europa verstanden. In der Erstausgabe von Walt Whitmans Gedichtband *Leaves of Grass* (1855) zeigt ein Portrait den Autor als Prototyp des sog. Western Rough.

Portrait von Walt
Whitman, 1855

Ausdehnung nach Westen: Die zunehmenden Handelsbeziehungen mit Mexiko und den mexikanischen Territorien auf dem heutigen Staatsgebiet der USA lenken das Augenmerk verstärkt auf die Gebiete westlich des Mississippi. Ab den 1820er Jahren werden mehrere **Überlandrouten (trails)** eingerichtet. Über diese mehrere tausend Kilometer langen Routen werden in monatelangen Überlandfahrten **Handelsgüter und Siedler** in den Westen und bis nach Kalifornien und an den Pazifik gebracht. Zu den bis heute in der populären Mythologie, in Hollywoodfilmen und

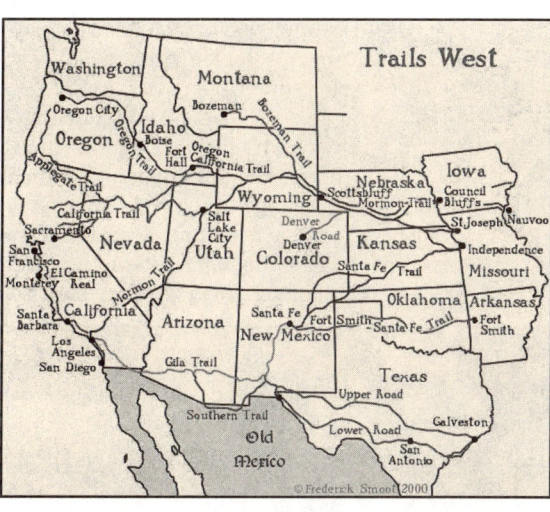

Trails im Westen
der heutigen USA

in der Musik des Westens berühmtesten Trails zählen der Santa Fe Trail, der Oregon Trail, der Bozeman Trail, der Mormon Trail und der California Trail. Über die Trails kommen auch viele der Goldsucher nach Kalifornien, die nach der **Entdeckung von Gold** auf dem Gelände der Sutter Ranch im Januar 1848 dem Goldrausch folgen und den Aufstieg Kaliforniens von einem dünn besiedelten und eher unattraktiven Territorium zu einem der bevölkerungsreichsten und einflussreichsten Bundesstaaten der USA einleiten.

Texanische Unabhängigkeit: Die anfänglich guten Beziehungen zwischen den USA und Mexiko verschlechtern sich drastisch, als die von der mexikanischen Regierung in die Gebiete des heutigen Bundesstaates Texas angeworbenen Siedler unter der Führung von Stephen F. Austin, David Crockett und Sam Houston die texanische Unabhängigkeit von Mexiko betreiben. In der **Revolution von 1835–36** müssen die Texaner in dem

Republic of Texas

Kampf um die Alamo Mission in San Antonio und im sog. Goliad Massacre Niederlagen hinnehmen, besiegen jedoch in der Schlacht am San Jacinto River die mexikanische Armee unter General Santa Anna. Mit diesem Sieg und der Texas Declaration of Independence vom 2. März 1836 wird die von 1836 bis 1845 bestehende **Republic of Texas** etabliert. Die zur Zeit der texanischen Revolution entstandenen negativen Stereotypisierungen von Mexikanern haben ebenso bis in die Gegenwart Bestand wie das texanische Selbstverständnis als ein in besonderer Weise eigenständiger Bundesstaat innerhalb der USA.

Manifest Destiny: Die zunehmende Orientierung nach Westen, die Migration neuer Einwanderer in die Territorien am Pazifik und die Unabhängigkeit der Republik Texas lässt in den 1840er Jahren die Expansionspolitik zu einem zentralen Thema der nationalen Politik werden. Eine populäre Formulierung findet die Vorstellung des **gottgegebenen Auftrags zur Expansion** der U.S.-amerikanischen Nation über den gesamten Kontinent in dem von **John L. Sullivan** 1845 geprägten Begriff des Manifest Destiny (s. Kap. 6.2.3). Nach der Wahl des Expansionisten James K. Polk zum Präsidenten 1844 und einer proexpansionistischen Pressekampagne erfolgt aufgrund eines Beschlusses des Kongresses und einer Abstimmung in Texas 1845 die **Annektierung von Texas** als Bundesstaat der USA. In einer vertraglichen Regelung mit Großbritannien wird ein Jahr später die Übernahme des **Oregon-Territoriums** bis zum 49. Breitengrad, d.h. bis zur heutigen Grenze zwischen den USA und Kanada, vereinbart.

Die Vorstellung des Manifest Destiny, der ethnozentrische Glaube an eine angloamerikanische Überlegenheit gegenüber Mexikanern und Indianern sowie der Fortschrittsoptimismus der Zeit findet seinen Niederschlag in zahlreichen Werken der visuellen Kultur. Zu den bekanntesten Beispielen aus der Zeit vor dem Bürgerkrieg zählt das für das Treppenhaus des Kapitols in Washington in Auftrag gegebene Monumentalgemälde »Westward the Course of Empire Makes Its Way« von Emanuel Leutze (1861). Unmittelbar nach dem Bürgerkrieg entstehen mit John Gasts »American Progress« (1872) und Albert Bierstadts »Emigrants Crossing the Plains« (1867) zwei weitere berühmte Bearbeitungen des ideologisch einflussreichen Topos.

Krieg mit Mexiko: Die mit der Annektierung von Texas und der Übernahme von Oregon verbundene Erweiterung des Machtbereichs der USA führt zum **Mexikanisch-Amerikanischen Krieg 1846–48**. Nach der Eroberung der mexikanischen Gebiete im heutigen Südwesten der USA und in Kalifornien sowie der Einnahme von Mexiko City durch U.S.-Truppen tritt

Mexiko im **Vertrag von Guadelupe Hidalgo 1848** Texas bis zum Rio Grande sowie Kalifornien und New Mexico an die USA ab, wobei das damalige New Mexico die heutigen Bundesstaaten New Mexico, Arizona, Nevada, Utah sowie Teile von Colorado und Wyoming umfasst. Im Zuge des Goldrauschs wird **Kalifornien** 1848 als Bundesstaat in die USA aufgenommen, während die übrigen hinzugewonnenen Gebiete vor dem Bürgerkrieg zunächst U.S.-amerikanische Territorien bleiben. Mit dem Kauf von Alaska von Russland für 7,2 Mio. Dollar unmittelbar nach dem Bürgerkrieg 1867 ist die U.S.-amerikanische Expansion auf dem nordamerikanischen Kontinent abgeschlossen.

Alaska

Indian Removal: Die Expansion der USA verstärkt die **Vertreibung der Indianer** aus deren angestammten Gebieten und die Zerstörung ihrer Lebensgrundlagen. Zu den bekanntesten historischen Tragödien in der Zeit bis zum Bürgerkrieg zählt die Vertreibung der sog. **Five Civilized Tribes**, d.h. der Cherokees, Choctaws, Creeks, Chickasaws und Seminoles, aus dem heutigen Südosten der USA. Grundlage der Zwangsumsiedlung der bis dahin in politisch unabhängigen und technologisch hochstehenden Gesellschaften lebenden Stämme ist die **Indian Removal Policy** der Regierung von Präsident Andrew Jackson. Der 1830 vom Kongress verabschiedete **Indian Removal Act** legitimiert die erzwungene Umsiedelung aus den traditionellen Stammesgebieten im Südosten in weitgehend wertlose und unfruchtbare Landstriche im Westen. Trotz einer Reihe von Gerichtsverfahren und mehrerer die Indianer unterstützender **Entscheidungen des Obersten Gerichtshofs** – z.B. Cherokee Nation v. Georgia (1831) und Worcester v. Georgia (1832) – werden die Stämme in Reservate insbesondere im heutigen Oklahoma vertrieben.

Der Zug Tausender Cherokee nach Oklahoma in den späten 1830er Jahren erlangt als **Trail of Tears** traurige Berühmtheit. Zwar regt sich unter Intellektuellen wie z.B. Margaret Fuller und Henry David Thoreau Widerspruch gegen die Vertreibungspolitik, die Mehrheit der Bevölkerung sieht die Vertreibung jedoch im Einklang mit der Politik und Ideologie des Manifest Destiny.

Trail of Tears

Zeittafel

Neue Bundesstaaten bis zum Bürgerkrieg

1791	Vermont	1836	Arkansas
1792	Kentucky	1837	Michigan
1796	Tennessee	1845	Florida
1803	Ohio	1845	Texas
1812	Louisiana	1846	Iowa
1816	Indiana	1848	Wisconsin
1817	Mississippi	1850	California
1818	Illinois	1858	Minnesota
1819	Alabama	1859	Oregon
1820	Maine	1861	Kansas
1821	Missouri		

3.3.6 | Sklaverei und Abolitionismus

Zeittafel

1793	Eli Whitney erfindet Cotton Gin
1807	Verbot des Sklavenhandels im British Empire
1808	U.S. Congress verbietet den transatlantischen Sklavenhandel
1831	Erste Ausgabe von *The Liberator*; Gründung der New England Anti-Slavery Society; Rebellion von Nat Turner in Virginia
1833	Gründung der American Anti-Slavery Society
1839	Rebellion an Bord der Amistad
1852	Harriet Beecher Stowe: *Uncle Tom's Cabin*
1857	George Fitzhugh: *Cannibals All* und Hinton R. Helper: *The Impending Crisis*
1859	John Browns Angriff auf Harper's Ferry, WV
1861–65	Bürgerkrieg
1863	Emancipation Proclamation
1865–70	Verabschiedung der Verfassungszusätze 13, 14, 15

Peculiar
Institution

Legale und juristische Kontexte: Das Fortbestehen der Sklaverei nach der Amerikanischen Revolution gehört zu den fundamentalen Widersprüchen der U.S.-amerikanischen Geschichte. Obwohl die Unabhängigkeitserklärung die Gleichheit aller Menschen proklamiert und die Verfassung der USA umfassende Bürgerrechte garantiert, behalten die Südstaaten die Sklaverei bis zum Bürgerkrieg bei. Die in den Südstaaten gebräuchliche Bezeichnung der **Peculiar Institution** verschleiert die Unrechtmäßigkeit und Unmenschlichkeit der Sklaverei. Die Entrechtung und Versklavung afroamerikanischer Männer, Frauen und Kinder sowie die legal und ideologisch begründete Kategorisierung von Sklaven als dingliches Eigentum wird erst durch die **Emancipation Proclamation (1863)** und die **Verfassungszusätze 13, 14 und 15 (Civil War Amendments 1865, 1868, 1870)** aufgehoben. Bis dahin bestimmen äußerst restriktive und offen rassistische Gesetze (Slave Codes, s. Kap. 3.2.4) das Leben der Sklaven in den Bundesstaaten zwischen Virginia und Texas. Diese Gesetze und Verordnungen bilden die Grundlage für die Ausbeutung der Arbeitskraft der Sklaven, die Beschränkung ihrer sozialen Mobilität und ihre Behandlung als käufliche Handelsware. Die Beendigung des Sklavenstatus ist in den Südstaaten bis zum Ende des Bürgerkriegs nur möglich durch die **Freilassung durch die Besitzer** (sog. Manumission), durch **Flucht** (z. B. mit Hilfe von Untergrund- und Fluchtorganisationen wie der Underground Railroad) oder durch **Freikauf.**

Baumwollwirtschaft und Sklaverei: Die Geschichte der Sklaverei zwischen Revolution und Bürgerkrieg ist mit dem Aufstieg der Baumwolle zum dominanten Produkt der nahezu **monokulturellen Plantagenwirtschaft** im Süden der USA verbunden. Das gegen Ende des 18. Jh.s aus ökonomischen Gründen in der Chesapeake Bay und in Carolina eher auslaufende System der Sklaverei wird nach der Erfindung der **Baumwollentkörnungsmaschine** (s. Kap. 3.3.4) in einem vorher unbekannten

Maße ausgedehnt. Nach der Einführung der maschinellen Entkörnung der Baumwolle und der Erschließung weiterer Anbaugebiete westwärts bis zum Mississippi in den ersten Jahrzehnten des 19. Jh.s werden immer mehr **Landarbeiter zur Ernte der Baumwolle** benötigt.

1807 verbietet Großbritannien den Sklavenhandel; 1808 untersagt der **Sklavenhandel** U.S.-amerikanische Kongress den transatlantischen Menschenhandel. Die anhaltende Nachfrage nach Arbeitskräften für die expandierende Baumwollwirtschaft wird durch den Verkauf von Sklaven aus den Bundesstaaten des Upper South in die Gebiete des Deep South oder Lower South (**internal slave trade**) bedient. Da Kinder von Sklaven nach der Gesetzgebung in den Südstaaten als Sklaven gelten, reproduziert sich das System z. T. selbst. Bei Ausbruch des Bürgerkriegs leben ca. 4 Mio. Sklaven in den Südstaaten und der florierende Baumwollhandel macht mehr als die Hälfte aller Exporte der USA aus. Zum selben Zeitpunkt leben ca. 250.000 Afroamerikaner als freie Bürger in den Südstaaten: einige von ihnen in leibeigenschaftsähnlichen Beschäftigungsverhältnissen, andere selbst als Sklavenhalter, wie der Roman *The Known World* (2003) von Edward P. Jones zeigt.

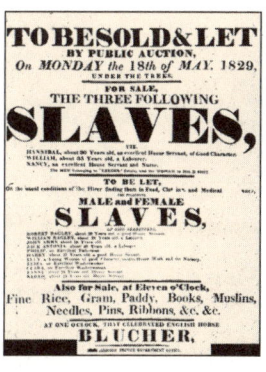

Plakat einer
Sklavenauktion,
1829

Arbeits- und Lebensbedingungen: Obwohl Sklaven auch als Dienstboten im Haushalt der weißen Eigentümer tätig sind und zu handwerklichen Arbeiten in Städten herangezogen werden, arbeitet die Mehrzahl unter **extremen Bedingungen auf den Baumwollfeldern** in den subtropischen Gebieten des Südens. Entgegen dem populärkulturellen Bild der großen Plantagen mit Hunderten von Sklaven lebt und arbeitet der überwiegende Teil auf kleineren Farmen mit weniger als zehn Sklaven. In einem **rigiden Kontrollsystem** werden sie bei der Feldarbeit von einem Aufseher (overseer) überwacht. Das von Außenkontakten weitgehend abgeschirmte Leben der Sklaven und Sklavenfamilien spielt sich meist in ärmlichen Siedlungen (slave quarters) ab. In der neueren Forschung wird die Stabilität der afroamerikanischen Familien dem älteren Stereotyp der dysfunktionalen Sklavenfamile entgegengesetzt. Eine besondere Rolle spielt das **religiöse Gemeinschaftsleben**, da die Bibel von Lese- und Schreibverboten für die Sklaven ausgenommen bleibt und Gottesdienste zu den wenigen erlaubten kollektiven Handlungen gehören.

Work Song: »Pick a Bale of Cotton«

Jump down, turn a-round to pick a bale of cot-ton,   Jump down, turn a-round to   pick a bale a day.

Oh   Lor - dy   pick a bale of cot - ton,   Oh   Lor - dy   pick a bale a day.

**Revolution
bis Bürgerkrieg**

> Jump down, turn around to pick a bale of cotton
> Jump down, turn around to pick a bale a day.
>
> Chorus: Oh Lordy, pick a bale of cotton,
>   Oh Lordy, pick a bale a day.
>
> That nigger from Shiloh can pick a bale of cotton
> That nigger from Shiloh can pick a day.
>
> Me and my gal can pick etc.
> Me and my wife etc.
> Me and my buddy etc.
> Me and my poppa etc.
> Takes a might big man to etc.

Kulturelles Leben

Trotz des repressiven Systems und der menschenunwürdigen Lebensbedingungen entwickelt sich ein vielfältiges kulturelles Leben, das in den Bereichen Musik (z. B. Spirituals/Work Songs), Theater (z. B. Minstrel Shows)
und Literatur (besonders z. B. Slave Narratives) wesentliche Grundlagen
für die afroamerikanische Kultur und Literatur bis in die Gegenwart legt.
Zu den eindrucksvollsten Zeugnissen der **mündlichen Überlieferung**
(oral history) der Sklaverei zählt die in den 1930er Jahren entstandene
Sammlung von Interviews mit früheren Sklaven. Die Interviews sind unter dem Titel »Born in Slavery« als Teil der »American Memory«-Sektion
der Library of Congress im Internet zugänglich (vgl. http://memory.loc.
gov/ammem/snhtml/snhome.html).

Zur Vertiefung

Slave Narratives

Die Lebenserzählungen von Sklaven, die sog. Slave Narratives, schil-
dern das Leben unter den Bedingungen der Sklaverei, Widerstands- und
Ausbruchsversuche sowie häufig auch die erfolgreiche Flucht in den
Norden und die Arbeit als Abolitionist. Zu den bekanntesten Beispielen
zählen die Autobiographien von Olaudah Equiano (1789), Frederick
Douglass (1845) und Harriet A. Jacobs (1861).

Frederick Douglass: *Narrative of Frederick Douglass,* Kapitel 10:

»If at any one time of my life more than another, I was made to drink the bitter-
est dregs of slavery, that time was during the first six months of my stay with
Mr. Covey. We were worked in all weathers. It was never too hot or too cold; it
could never rain, blow, hail, or snow, too hard for us to work in the field. Work,
work, work, was scarcely more the order of the day than of the night. The long-
est days were too short for him, and the shortest nights too long for him. I was
somewhat unmanageable when I first went there, but a few months of this discipline tamed me. Mr. Covey succeeded in breaking me. I was broken in body,
soul, and spirit. My natural elasticity was crushed, my intellect languished,
the disposition to read departed, the cheerful spark that lingered about my eye
died; the dark night of slavery closed in upon me; and behold a man transformed into a brute!
  Sunday was my only leisure time. I spent this in a sort of beast-like stupor,
between sleep and wake, under some large tree. At times I would rise up, a flash

Sklaverei und
Abolitionismus

of energetic freedom would dart through my soul, accompanied with a faint
beam of hope, that flickered for a moment, and then vanished. I sank down again,
mourning over my wretched condition. I was sometimes prompted to take my
life, and that of Covey, but was prevented by a combination of hope and fear. My
sufferings on this plantation seem now like a dream rather than a stern reality.«

(Baym et al., Hg.: *Norton Anthology of American Literature,* [7]2007, Bd. B,
S. 2099–2100)

Abolitionismus und Free Soil-Bewegung: Die Sklaverei stößt schon in
der Kolonialzeit auf die Kritik von Pfarrern, Politikern und Intellektuellen wie z. B. Samuel Sewall, Benjamin Franklin und Hector St. John de
Crèvecoeur. In den 1790er Jahren verwendet die Religionsgemeinschaft
der Quäker den Begriff des **Abolitionismus (Abolitionism)**, um die Bewegung zur Abschaffung der Sklaverei zu benennen. In der ersten Hälfte
des 19. Jh.s gewinnen die Abolitionisten an Popularität und fordern die
sofortige und vollständige Abschaffung der Sklaverei in allen Bundesstaaten. Eine weniger radikale, auf den stufenweisen Abbau der Sklaverei
in einzelnen Gebieten der USA zielende Bewegung sammelt sich unter
dem Programm des **Free Soil Movement**. Im Zentrum der Abolitionismus-
bewegung steht **William L. Garrison** und die von ihm herausgegebene
Zeitung *The Liberator*.

Die Abolitionismusbewegung findet einen militanten Höhepunkt in
dem Angriff von John Brown auf ein Waffenarsenal bei Harper's Ferry,
WV 1859. Nachdem John Brown wegen Hochverrats hingerichtet und zum
Märtyrer der Abolitionisten geworden ist, wird das Lied »John Brown's
Body« im Bürgerkrieg zum Kampflied der Unionstruppen. Das Lied inspiriert Julia W. Howe 1862 zur »Battle Hymn of the Republic« – einer bis heute bei nationalen Anlässen wie z. B. der Beerdigung von Robert F. Kennedy
1968 oder dem Gedenkgottesdienst für die Opfer der Terroranschläge vom
11. September 2001 gesungenen patriotischen Hymne.

John Brown

Unterstützer der Abolitionisten-Bewegung

Unterstützung finden die Abolitionisten bei Schriftstellern aus Neuengland wie z. B. John Greenleaf Whittier und Lydia Maria Child, bei
afroamerikanischen Publizisten und Autoren wie z. B. David Walker,
Sojourner Truth und den Grimke-Schwestern sowie bei Kritikern der
Sklaverei aus dem Süden selbst wie z. B. Hinton R. Helper, dessen Streitschrift *The Impending Crisis in the South* (1857) zu den umstrittensten
Publikationen der Zeit zählt. Die Ideen der Abolitionisten werden ferner
in Almanachen verbreitet, die durch den Abdruck visueller Zeugnisse
der Unterdrückung besonders wirksam sind. Den größten Einfluss
allerdings übt Harriet Beecher Stowes Roman *Uncle Tom's Cabin* aus,
der nach seiner Veröffentlichung 1852 zu einem Bestseller wird. *Uncle
Tom's Cabin* wird mehrfach für die Bühne adaptiert und in zahlreiche

Zur Vertiefung

> Sprachen übersetzt. Die zeitgenössische Bedeutung des Romans spiegelt sich in einem berühmten Zitat von Abraham Lincoln, der Harriet Beecher Stowe als »the little woman that wrote the book that started this great war« bezeichnet.

Verteidigung der Sklaverei: Den Bemühungen der Abolitionisten halten Befürworter der Sklaverei propagandistische Argumente entgegen, die über den Bürgerkrieg hinaus rassistische Stereotypisierungen und ethnozentrische Einstellungen vor allem in den Südstaaten bestimmen. Besonders populär sind:

Pro Slavery-Argumente

- **religiöse Begründungen**, welche die Sklaverei mit Passagen aus der Bibel und besonders mit Passagen zu Noahs Sohn Ham rechtfertigen
- **biologistische Begründungen**, die eine angebliche Inferiorität aus Körpermerkmalen abzuleiten versuchen und vor der ›Vermischung der Rassen‹ (miscegenation/amalgamation) warnen
- **ökonomische Begründungen**, die auf den wirtschaftlichen Ertrag der Sklaverei für die gesamte Nation hinweisen
- **soziologische Begründungen,** die das angeblich bessere Leben der Sklaven in den Südstaaten im Vergleich z. B. zu Industriearbeitern im Norden und in Europa herausstellen
- **historische Begründungen**, dass Sklaverei ein Merkmal kulturell hochstehender Zivilisationen von der Antike bis in die Gegenwart sei.

Edward Clay: »The Amalgamation Waltz«, 1839

Ist die **vorherrschende Meinung im Süden** bis in die 1820er Jahre keineswegs mehrheitlich für die Sklaverei, so verfestigt sich die Stimmung in den folgenden Jahrzehnten zugunsten der Beibehaltung der Sklaverei unter dem Eindruck der Prosperität der Baumwollwirtschaft und durch die propagandistischen Angriffe der Abolitionisten. Weite Verbreitung finden Argumente für die Beibehaltung der Sklaverei in den Cartoons von Edward Clay, den publizistischen Schriften von George Fitzhugh und Edward Pollard sowie in den populären Plantagenromanen von Caroline Lee Hentz.

Sklavenaufstände: In mehreren Aufständen, darunter die **Nat Tuner Rebellion** in Virginia 1831 und die Rebellion an Bord des Schiffs Amistad 1839, leisten Sklaven gewaltsam Widerstand. Wenngleich die Aufstände scheitern, so bleiben die Rebellionen in der afroamerikanischen Literatur und Geschichte ein wichtiger historischer Identifikations- und Bezugspunkt. William Styrons Roman *The Confessions of Nat Turner* (1967) aus der Zeit der Bürgerrechtsbewegung und des Black Power Movement sowie Steven Spielbergs Film *Amistad* (1997) können als Beispiele dienen.

3.3.7 | Sektionalismus, Verfassungskrisen, Bürgerkrieg

1820	Missouri Compromise	Zeittafel
1828	John C. Calhoun: *South Carolina Exposition and Protest*	
1832	South Carolina Ordinance of Nullification	
1850	Compromise of 1850; Fugitive Slave Act	
1852	Harriet Beecher Stowe: *Uncle Tom's Cabin*	
1854	Kansas-Nebraska Act	
1856	Dred Scott-Entscheidung des Obersten Gerichtshofs	
1859	John Browns Angriff bei Harper's Ferry, WV	
1860	Wahl Abraham Lincolns zum Präsidenten; South Carolina erklärt Sezession	
1861	Gründung der Confederate States of America (CSA); 12. April: Angriff auf Fort Sumter	
1861–65	Bürgerkrieg	
1863	1. Januar: Emancipation Proclamation durch Präsident Lincoln; 19. November: Präsident Lincolns Gettysburg Address	
1865	9. April: Kapitulation der Südstaaten bei Appomattox; 14. April: Ermordung von Präsident Lincoln	

Im Bürgerkrieg kulminieren Konflikte, die in der verfassungsrechtlichen Konstitution der Nation, in der territorialen Expansion nach Westen und in den regional unterschiedlichen wirtschaftlichen Strukturen seit der Kolonialzeit angelegt sind. Zum **Kristallisationspunkt** dieser Kontroversen wird in der ersten Hälfte des 19. Jh.s die Sklaverei, deren Fortbestehen gleichermaßen verfassungsjuristische, regionalpolitische und wirtschaftliche Implikationen hat. Ungeachtet des Ausgangs des Bürgerkriegs und der Abschaffung der Sklaverei prägen die **Interessenkonflikte**, die 1861 zum Kriegsausbruch führen, die innenpolitischen Diskussionen auch in der Zeit nach dem Bürgerkrieg. So brechen z. B. in den Konflikten um die Bürgerrechtsbewegung der 1950er und 1960er Jahre die Kontroversen um divergierende Vorstellungen von der Autonomie der Einzelstaaten erneut auf.

Verfassungskrise: Im Mittelpunkt der politischen Kontroversen zwischen Nord- und Südstaaten in der Zeit vor dem Bürgerkrieg steht das **konstitutionelle Spannungsverhältnis** zwischen der nationalen Zentralgewalt in Washington und den Rechten der Einzelstaaten. Die Befürworter der **Autonomie einzelstaatlicher Interessen** (States' Rights) beziehen sich auf die Articles of Confederation von 1781 und auf den 10. Zusatz zur Verfassung, der den Anspruch der Einzelstaaten auf spezifische Gesetzgebungsrechte formuliert (s. Kap. 5.2.2). Die Anhänger einer starken Bundesgewalt verweisen auf die Ablösung der Articles of Confederation durch die Verfassung von 1787 und auf die grundsätzliche Vorrangstellung der Nation als Ganzes gegenüber regionalen Interessen. Während in den Südstaaten die **Doktrin der States' Rights** als Instrument zur Verteidigung der ökonomischen Interessen der Baumwollwirtschaft und zur Bewahrung der Sklaverei zunehmend populär wird, verstehen sich die Nordstaaten als Hüter der **Einheit der Union** gegenüber regionalen Abspaltungstendenzen und als Kritiker des unmoralischen Systems der Sklaverei.

Nullification Crisis

Zu einer bis heute paradigmatischen Kontroverse kommt es bereits Ende der 1820er Jahre, als der Kongress gegen die Exportinteressen der Baumwollwirtschaft im Süden Schutzzölle erlässt und South Carolina unter Verweis auf die Vorrangstellung einzelstaatlicher Rechte diese Einfuhrzölle ablehnt. Im Zentrum dieser sog. **Nullification Crisis** steht der Südstaatenpolitiker **John C. Calhoun,** dessen Schrift *South Carolina Exposition and Protest* dazu führt, dass South Carolina 1832 die Bundesgesetze für nichtig erklärt und Präsident Jackson daraufhin mit militärischem Eingreifen durch Unionstruppen droht. Wenngleich die Auseinandersetzung mit einem Kompromiss beigelegt wird, zeichnen sich die Konfliktlinien der kommenden Jahre und die Sezessionsbestrebungen in den Südstaaten schon ab.

Kontroversen um die territoriale Expansion: Die Konflikte zwischen Nord- und Südstaaten konzentrieren sich im Zuge der Expansion nach Westen auf die Frage, ob die Sklaverei auf die neuen Territorien und Bundesstaaten ausgedehnt wird. Der **Missouri Compromise** (1820) zur geographischen Begrenzung der Sklaverei erweist sich zunehmend als brüchig. Nachdem Texas 1845 als Bundesstaat mit Sklaverei in die Union aufgenommen wird und der Mexikanisch-Amerikanische Krieg einen weiteren Zugewinn an Territorien im Westen bringt, kommt es im Kontext der propagandistischen Auseinandersetzungen um die Sklaverei zum **Compromise of 1850**, der zu einer kurzfristigen Beilegung des Konflikts führt:

Hauptpunkte
des Compromise
of 1850

- **Kalifornien** wird als Staat ohne Sklaverei in die Union aufgenommen
- in den Territorien zwischen Texas und Kalifornien bleibt die Regelung der Sklaverei der **Entscheidung der Bürger** überlassen
- in **Washington, DC** wird der Sklavenhandel verboten (jedoch nicht die Sklaverei selbst)
- der **Fugitive Slave Act** verordnet die Rückführung geflüchteter Sklaven in den Süden auch aus den sklavereifreien Staaten des Nordens

Die 1850er Jahre sind von einer **Radikalisierung des Konflikts** geprägt. Folgende Aspekte sind von besonderer Bedeutung:

Radikalisierung

- die **Ablehnung des Fugitive Slave Act** in weiten Teilen der Bevölkerung im Norden
- der Erfolg von Harriet Beecher Stowes Roman *Uncle Tom's Cabin*
- die Öffnung der bis dahin durch den Missouri Compromise freien Territorien Kansas und Nebraska für die Sklaverei im **Kansas-Nebraska-Act**
- der Aufstieg der **Republikanischen Partei** zum Sprachrohr der Sklavereigegner ab Mitte der 1850er Jahre
- die bürgerkriegsartigen Kämpfe um die Einführung bzw. Verhinderung der Sklaverei in Kansas (sog. »bloody Kansas«)
- die Entscheidung des Obersten Gerichtshof 1857, mit der Sklaven als ›unfreies Eigentum‹ definiert werden (**Dred Scott-Entscheidung**)

Sektionalismus,
Verfassungskrisen,
Bürgerkrieg

Gründung der Confederate States of America (CSA): Nach der Wahl des Republikaners Abraham Lincoln zum Präsidenten der USA im Herbst 1860 erklärt South Carolina den **Austritt aus der Union**. Bis zum Frühjahr 1861 verlassen weitere Südstaaten die Union, obwohl die Stimmung der Bevölkerung nicht in allen Staaten einhellig für die Sezession ist. Am 4. Februar 1861 werden in Montgomery, AL die Confederate States of America (CSA) gegründet, und noch im selben Monat wird **Jefferson Davis** zu deren Präsidenten gewählt. Damit wird aus den Kontroversen zwischen Nord- und Südstaaten um die Sklaverei ein Konflikt um den **Fortbestand der verfassungsmäßigen Einheit** der Nation.

Ausbruch des Bürgerkriegs: Mit dem Angriff konföderierter Truppen auf das von der Union gehaltene **Fort Sumter** im Hafen von Charleston, SC am 12. April 1861 beginnt der Bürgerkrieg (Civil War). Aus der Sicht des Südens wird der Bürgerkrieg auch als »war between the states« oder »war of secession« bezeichnet, aus der Sicht des Norden auch als »war for the Union« – Bezeichnungen, in denen sich die jeweilige Perspektive auf Kriegsgründe und politische Motivationen der Kontrahenten spiegelt.

Fort Sumter, 1861

Im Bürgerkrieg stehen sich der industrialisierte, bodenschatzreiche, infrastrukturell besser ausgebaute und bevölkerungsstärkere Norden und der überwiegend agrarökonomische, ideologisch einheitlichere und auf die Führung eines Verteidigungskriegs auf eigenem Boden konzentrierte Süden gegenüber. Ist zu Beginn des Kriegs aus der Sicht der Nordstaaten die **Sicherung des Fortbestands der Union** das zentrale politisch-ökonomische Ziel, so rückt zunehmend die moralische Rechtfertigung des Kriegs als Feldzug zur **Abschaffung der Sklaverei** in den Mittelpunkt. Aus dieser Entwicklung erklärt sich, dass Präsident Lincoln erst zum 1. Januar 1863 die Emancipation Proclamation zur Befreiung der Sklaven erlässt. Aus der Sicht des Südens wird der Krieg mehr und mehr zu einem **ideologisch-weltanschaulichen Kampf** für den Erhalt der als zivilisatorisch höher stehend betrachteten Kultur des Südens und der auf Sklaverei basierenden Baumwoll- und Plantagenwirtschaft.

Kriegsgründe und
Kriegsverlauf

Mathew Brady:
»Gettysburg,
Pennsylvania«
(1863)

Militärisch ist der Bürgerkrieg der **erste moderne Krieg**, in dem z. B. Maschinengewehre und U-Boote zum Einsatz kommen und in dem die Zahl der Toten und Verwundeten bis dahin unbekannte Größenordnungen erreicht. Die Kämpfe selbst werden von den Teams des Fotografen Mathew Brady begleitet, so dass der Bürgerkrieg auch zum ersten Krieg wird, der mit modernen Massenmedien visuell dokumentiert ist. Da Brady schon mit den Mitteln der fotografischen Konstruktion und Retusche arbeitet, beginnt zugleich **ein neues Zeitalter der visuellen Kriegspropaganda**.

Revolution bis Bürgerkrieg

Zur Vertiefung

> **Schlachten des Bürgerkriegs und historische Nationalparks**
>
> | | |
> |---|---|
> | Juli 1861 | First Battle of Bull Run/Manassas (www.nps.gov/mana) |
> | April 1862 | Shiloh (www.nps.gov/shil) |
> | August 1862 | Second Battle of Bull Run/Manassas (www.nps.gov/mana) |
> | September 1862 | Antietam (www.nps.gov/anti) |
> | Dezember 1862 | Fredericksburg www.nps.gov/frsp) |
> | Juli 1863 | Gettysburg (www.nps.gov/gett) |
> | Mai – Juli 1863 | Vicksburg (www.nps.gov/vick) |
> | September 1863 | Chickamauga (www.nps.gov/chch) |
> | September 1864 | Zerstörung von Atlanta |
> | 1864/65 | General Shermans Marsch durch den Süden |

Appomattox, 1865

Kriegsausgang und Retrospektiven: Mit der **Kapitulation der konföderierten Truppen** von General Robert E. Lee gegenüber dem Befehlshaber der Unionstruppen, General Ulysses S. Grant, bei Appomattox, VA am 9. April 1865 ist der Bürgerkrieg zugunsten der Nordstaaten und des **Erhalts der nationalen Union** entschieden. Mit mehr als 620.000 Toten auf beiden Seiten ist der Bürgerkrieg bis heute der verlustreichste Krieg in der Geschichte der USA. In der historischen Bewertung sind die **Gründe für den Sieg der Union** umstritten. Die Bandbreite möglicher Erklärungen reicht von der ökonomisch-materiellen Überlegenheit der Nordstaaten über organisatorische Defizite auf Seiten der Konföderierten bis zu militärstrategischen Vorteilen der Unionstruppen in den entscheidenden Schlachten. Der Ausgang des Bürgerkriegs bestätigt den Unionsgedanken der Verfassung und **vollendet den Prozess der nationalen Vereinigung**.

Kollektive Imagination und Erinnerungskultur

In der kollektiven Imagination des Südens bleibt der verlorene Krieg für lange Zeit eine verklärte ›verlorene Sache‹ (lost cause), und das Bild des untergegangenen ›Alten Südens‹ wird bis hin zu dem Monumentalfilm *Gone with the Wind* (1939) nostalgisch reproduziert. In der nationalen U.S.-amerikanischen Erinnerungskultur tritt die Erinnerung an die Schlachten des Bürgerkriegs neben die Erinnerung an die Amerikanische Revolution und reduziert die Bedeutung Neuenglands in der nationalen Mythologie. Bis heute werden die Schlachten des Bürgerkriegs z. B. in **historischen Inszenierungen** (sog. re-enactments) in Einrichtungen des National Park Service nachgestellt.

Gegenwartsliteratur

In der neueren Literatur behandeln vor allem die Romane *Cold Mountain* von Charles Frazier (1997), *The March* von E. L. Doctorow (2005) und *March* von Geraldine Brooks (2005) die historischen Ereignisse des Bürgerkrieg.

Ermordung Abraham Lincolns: Mit dem tödlichen Attentat auf Präsident Lincoln durch den Südstaatler John Wilkes Booth am Karfreitag des 14. April 1865 – nur wenige Tage nach der Kapitulation der Südstaaten – in Washington, DC erhält der Ausgang des Kriegs eine **mythische Dimen-**

sion. Abraham Lincolns Tod wird als Opfer für die Einheit der Nation und für die Freiheit der Sklaven verstanden. Lincolns Rede bei der Einweihung des Friedhofs für gefallene Unionssoldaten bei **Gettysburg am 19. November 1863**, in der er die Nation zur Bewahrung von Freiheit und Demokratie aufruft, wird zu seinem historischen und politischen Vermächtnis und zählt zu den zentralen Texten der U.S.-amerikanischen Politik, Verfassungsgeschichte und Zivilreligion (s. Kap. 5.2.5 und Kap. 6.3).

3.4 | Rekonstruktion bis Erster Weltkrieg

3.4.1 | Rekonstruktion und Beginn der Segregationspolitik

Zeittafel

1863	Proclamation of Amnesty and Reconstruction
1865–1877	Zeit der Rekonstruktion
1865	Einrichtung des Freedmen's Bureau, Gründung des Ku Klux Klan
1876	Rutherford B. Hayes zum Präsidenten gewählt
1877	Abzug der Unionstruppen aus den Südstaaten
1883	Oberster Gerichtshof erklärt Civil Rights Act für verfassungswidrig
1896	Plessy v. Ferguson: Oberster Gerichtshof erklärt Segregation für verfassungskonform
1903	W.E.B. DuBois: *The Souls of Black Folk*
1905	Niagara Movement
1910	National Association for the Advancement of Colored People (NAACP)

Der Sieg der Union im Bürgerkrieg bestätigt die Einheit der Nation und führt zur **Befreiung von ca. 3,5 Mio. Afroamerikanern aus der Sklaverei**. Der Kriegsausgang löst jedoch nicht die politischen Spannungen, die in den Auseinandersetzungen um die Sklaverei in den Jahrzehnten zuvor zwischen Nord- und Südstaaten zutage getreten waren. Die militärische und moralische Niederlage der Südstaaten, die Zerstörung der ökonomischen Grundlagen und der Infrastruktur weiter Teile des Südens sowie die mit der Besetzung der Südstaaten durch Unionstruppen verbundenen Konflikte schaffen neue Probleme und Kontroversen, welche die U.S.-amerikanische Politik und Gesellschaft nachhaltig prägen. Zugleich ist die Zeit unmittelbar nach dem Bürgerkrieg von Bemühungen um den **politischen, ökonomischen und sozialen Wiederaufbau der Südstaaten** bestimmt. Die Zeit vom Ende der Kampfhandlungen im Frühjahr 1865 bis zum Abzug der Unionstruppen 1877

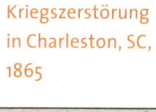

Kriegszerstörung in Charleston, SC, 1865

wird mit dem im Norden und Süden der USA unterschiedlich konnotierten Begriff der **Rekonstruktion (Reconstruction)** beschrieben.

Gesetzgebung: Die Pläne zur Wiederherstellung der politischen Ordnung und sozialen Gerechtigkeit in den Südstaaten konzentrieren sich auf zwei Bereiche:

- die **Rechte** der ehemaligen Sklaven
- die **Wiedereingliederung** der Südstaaten in die Union.

Von Präsident Lincolns Proclamation of Amnesty and Reconstruction (1863) bis zur Gesetzgebung der 1860er und 1870er Jahre ist die **Frage der Vergeltung** gegenüber den ehemals Konföderierten Staaten zwischen moderaten und radikalen Republikanern in den Nordstaaten sowie zwischen Präsident Andrew Johnson und dem Kongress umstritten. Die Auseinandersetzungen zwischen Kongress und Präsident führen zum ersten Versuch eines **Amtsenthebungsverfahren (Impeachment)** gegen einen Präsidenten in der Geschichte der USA (s. Kap. 5.3 und 5.4.3).

Civil War
Amendments

Ungeachtet dieser Kontroversen schaffen Gesetze und Zusätze zur Verfassung die Sklaverei offiziell ab, sichern ehemaligen Sklaven und deren Nachkommen die **Bürgerrechte** und geben im Rahmen eines allgemeinen Verbots ethnischer Diskriminierung männlichen Afroamerikanern das **Wahlrecht.** Ferner erklären sie die politischen, sozialen und kulturellen Diskriminierungen aus der Zeit der Sklaverei für nichtig und regeln die **militärische Okkupation des Südens**, den Wiederaufbau administrativer Strukturen und politischer Institutionen sowie die Beteiligung früherer Repräsentanten der Südstaaten an Wahlen und politischen Entscheidungen. Die von General Sherman eingeleitete Vergabe von Land früherer Plantagen- und Sklavenbesitzer an ehemalige Sklaven, die Wahl von afroamerikanischen Abgeordneten in die Parlamente und die Etablierung des Freedmen's Bureau, das vor allem den Aufbau eines Schulwesens für ehemalige Sklaven und deren Kinder zur Aufgabe hat, zielen auf eine **Verbesserung der Situation der Afroamerikaner** in den Südstaaten.

Zur Vertiefung

Verfassungszusätze und Gesetze der Rekonstruktionszeit	
1865	13. Verfassungszusatz schafft die Sklaverei ab
1866	Erster Civil Rights Act
1867	Erster Reconstruction Act
1868	14. Verfassungszusatz gewährt ehemaligen Sklaven die Bürgerrechte
1870	15. Verfassungszusatz garantiert Wahlrecht für alle männlichen Bürger der USA
1870–71	Enforcement Acts zur Durchsetzung der Bürgerrechte für Afroamerikaner
1871	Ku Klux Klan Act zur Eindämmung der Gewalt gegen ehemalige Sklaven
1875	Verabschiedung eines weiteren Civil Rights Acts

Gegenbewegungen: Die Umsetzung des politischen und sozialen Programms der Rekonstruktion erweist sich als problematisch. Eine Reihe von Entwicklungen und Entscheidungen unterläuft die Reformbemühungen:

- die **Rücknahme von Landzuteilungen** durch die Besatzungsbehörden
- die Entstehung **neuer ökonomischer Abhängigkeiten** für die afroamerikanischen Landarbeiter (**sharecroppers**)
- eine hohe Zahl von **Korruptionsfällen**
- die Bestrebungen der alten Eliten, die **Diskriminierung und Unterdrückung** der Afroamerikaner in neuer Form zu legalisieren.

Politische Uneinigkeiten über Verlauf, Umfang und Zielsetzung der Rekonstruktion erschweren die Verbesserung der Situation der Afroamerikaner und den Wiederaufbau des Südens ebenso wie die Ablehnung der Maßnahmen durch weite Teile der weißen Bevölkerung im Süden. Zum Inbegriff für südstaatlichen Rassismus und Widerstand gegen Reformen wird der **Ku Klux Klan**, der Ende 1865 in Tennessee als Geheimbund gegründet wird und ehemalige Sklaven, Besatzungstruppen und Reformer mit Terroraktionen einzuschüchtern versucht.

Ku Klux Klan

Stereotypen: In den Jahren der Rekonstruktion verstärkt sich das Bild des kollektiv gegen den Norden und gegen die Republikanische Partei eingestellten Südens (**Solid South**, s. Kap. 5.6). Zwei Figuren werden zu populären Stereotypisierungen der Ausbeutung und Korruption des Südens:

- der **Carpetbegger**: ein nur mit einer Stofftasche in den Süden gekommener und mit großen Kriegsgewinnen wieder abziehender Nordstaatler
- der **Scalawag**: ein mit den republikanischen Nordstaatlern und Besatzungsbehörden kollaborierender Südstaatler.

Scheitern der Rekonstruktion: Die Rekonstruktionszeit endet bereits 1876/77. Nachdem in der Präsidentschaftswahl 1876 der Republikaner Rutherford B. Hayes nur mit Unterstützung von Demokraten aus dem Süden eine Mehrheit gewinnen kann, ordnet er nach seiner Amtsübernahme den **Abzug der Unionstruppen** aus den Südstaaten an und beendet die republikanisch-nordstaatliche Kontrolle über den politischen, ökonomischen und sozialen Wiederaufbau. In den meisten Bundesstaaten im Süden übernimmt die **Demokratische Partei** die Macht in den Parlamenten und verhindert die Fortsetzung der Rekonstruktion.

*Cartoon zum
Stereotyp des
Carpetbegger*

Die Rekonstruktion in der historischen Bewertung

Unter Historikern sind die Gründe für das Scheitern der Rekonstruktion umstritten. Ältere, z. T. von rassistischen Vorurteilen geprägte Arbeiten betonen häufig die negative Rolle von afroamerikanischen Politikern im

Zur Vertiefung

Süden und deren Unterstützer im Norden sowie die negativen Auswirkungen der Entrechtung der alten Südstaateneliten nach dem Bürgerkrieg. Arbeiten seit den 1960er und 1970er Jahren verweisen auf eine unzureichende Konsequenz in der Durchsetzung der in Verfassungszusätzen und Gesetzen festgelegten Maßnahmen vor allem hinsichtlich Landverteilung und Wählerregistrierung. Lemann (2006) bekräftigt neuerdings Interpretationen der Rekonstruktion als gescheitertes idealistisches Experiment – als »America's unfinished revolution« (vgl. Foner 1988).

Filmplakat zu
The Birth of a
Nation (1915)

Nationale Versöhnung in Literatur und Film: Nach dem Ende der Rekonstruktion setzt sich in Politik und Kultur eine Stimmung der nationalen Versöhnung (reconciliation) durch, die **nostalgisch-romantisierenden Darstellungen** des Alten Südens und **negativen Stereotypisierungen** von Afroamerikanern Vorschub leistet. Die in der Tradition der Plantagenliteratur (s. Kap. 3.3.6) stehenden Texte von Thomas Nelson Page und Grace King popularisieren ein verklärtes Bild des Alten Südens im Norden und Süden gleichermaßen. Ihren Höhepunkt findet die apologetisch-rassistische Südstaatenliteratur zu Beginn des 20. Jh.s in **Thomas Dixons Romantrilogie** *The Leopard's Spots* (1905), *The Clansman* (1905) und *The Traitor* (1907), die zur Vorlage von **D.W. Griffiths Stummfilm** *The Birth of a Nation* **(1915)** wird. So bedeutsam *Birth of a Nation* filmhistorisch und filmtechnisch ist, so rassistisch und revanchistisch ist der Film in Inhalt, Stereotypisierung und ideologischer Zielrichtung.

Segregation: In den Verhandlungen um den Kompromiss von 1876/77 sichert die Demokratische Partei die rechtmäßige Behandlung der ehemaligen Sklaven und die Fortsetzung der Emanzipationspolitik zu. Tatsächlich betreiben die von den Demokraten kontrollierten Regierungen und Behörden im Süden seit Ende der 1870er Jahre eine Politik und Gesetzgebung der **rassistischen Diskriminierung und Delegitimation**. Diese Politik der Segregation wird in Anlehnung an eine populäre Stereotypisierung von Afroamerikanern aus der Zeit vor dem Bürgerkrieg als **Jim Crow-Politik** bezeichnet. Die Wahlrechte der Afroamerikaner werden durch Lese- und Schreibtests (literacy tests) und Wahlsteuern (poll taxes) eingeschränkt; in öffentlichen Transportmitteln, in Schulen oder am Arbeitsplatz werden Trennungen nach den Kategorien »colored« und »white« eingeführt.

Darstellung des
Jim Crow-Stereotyps, ca. 1830

Terroraktionen des Ku Klux Klan und eine steigende Zahl von **Lynchings** verleihen der Praxis der Segregation Nachdruck, ohne dass die Behörden einschreiten.

Nachdem der Oberste Gerichtshof der USA 1883 und 1896 einen Teil der Rekonstruktionsgesetzgebung für verfassungswidrig und die Rassentrennung nach dem **Prinzip »separate but equal«** für verfassungskonform erklärt, ist die Segregation in den Südstaaten bis zur Bürgerrechtsbewegung der 1950er und 1960er Jahre festgeschrieben. Aus der Sicht afroamerikanischer Historiker markiert die Segregationspolitik des späten 19. Jh.s einen Tiefpunkt in der Geschichte der Afroamerikaner und der USA.

Urteil des Obersten Gerichtshofs Plessy v. Ferguson (1896)

»We consider the underlying fallacy of the plaintiff's argument to consist in the assumption that the enforced separation of the two races stamps the colored race with a badge of inferiority. If this be so, it is not by reason of anything found in the act, but solely because the colored race chooses to put that construction upon it. The argument necessarily assumes that if, as has been more than once the case, and is not unlikely to be so again, the colored race should become the dominant power in the state legislature, and should enact a law in precisely similar terms, it would thereby relegate the white race to an inferior position. We imagine that the white race, at least, would not acquiesce in this assumption. The argument also assumes that social prejudices may be overcome by legislation, and that equal rights cannot be secured to the negro except by an enforced commingling of the two races. We cannot accept this proposition. If the two races are to meet upon terms of social equality, it must be the result of natural affinities, a mutual appreciation of each other's merits and a voluntary consent of individuals. [...] Legislation is powerless to eradicate racial instincts or to abolish distinctions based upon physical differences, and the attempt to do so can only result in accentuating the difficulties of the present situation. If the civil and political rights of both races be equal one cannot be inferior to the other civilly or politically. If one race be inferior to the other socially, the Constitution of the United States cannot put them upon the same plane.« (www.ourdocuments.gov)

Afroamerikanische Literatur und Protestbewegung: Zu den bedeutendsten Repräsentanten der afoamerikanischen Literatur an der Wende zum 20. Jh. zählen Frances Ellen Watkins Harper, Pauline E. Hopkins, Charles W. Chesnutt, Paul Laurence Dunbar und James Weldon Johnson. **W.E.B DuBois** veröffentlicht 1903 seine wegweisende Schrift *The Souls of Black Folk* und gründet 1905 das Niagara Movement als Vorläufer der **National Association for the Advancement of Colored People** (NAACP, 1910), die auf die unmittelbare Durchsetzung der Bürgerrechte pocht. DuBois, der zur zentralen Figur der afroamerikanischen Literatur, Kultur und Bürgerrechtsbewegung im 20. Jh. wird, lehnt einen primär auf wirtschaftlichen Fortschritt und soziale Anpassung zielenden Reformkurs, wie ihn **Booker T. Washington** in seiner *Atlanta Exposition Address* (1895) vertritt, als ungebührliche Anpassung (accommodationism) an die herrschenden gesellschaftlichen Strukturen und Wertvorstellungen ab.

3.4.2 | Gesellschaftliche Pluralisierung und Amerikanisierungsbewegungen

Zeittafel

1882	Chinese Exclusion Act
1891	Federal Immigration Act
1892	Eröffnung von Ellis Island, NY
1894	Gründung der Immigration Restriction League
1907	Jahr der höchsten Einwanderungszahlen
1910	Eröffnung von Angel Island, CA
1915	Neugründung des Ku Klux Klan; Gründung des National Americanization Committee
1921	Emergency Quota Act
1924	National Origins Act

Masseneinwanderung: Die Zeit zwischen dem Bürgerkrieg und dem Ersten Weltkrieg ist von einem enormen **Anstieg der Einwanderungszahlen** bestimmt. Das Bild der USA als Einwanderernation (s. Kap. 6.2.7) und die Attraktivität ideologischer Konzepte wie z. B. des Lands der unbegrenzten Möglichkeiten oder des Selfmade Man (s. Kap. 6.2.6) beruhen wesentlich auf den Erfahrungen und Darstellungen dieser Zeit. Allein 1907 wandern ca. 1,2 Mio. Menschen in die USA ein, die meisten davon aus Europa. Die **Zunahme der Einwanderung aus Europa** wird unterstützt durch den Ausbau der innereuropäischen Verkehrswege nach der Erfindung der Eisenbahn und die **Ausweitung des kommerziellen Transportwesens** zwischen Europa und Nordamerika. Dabei kommt deutschen Reedereien wie dem Norddeutschen Lloyd und der Hamburg-Amerikanischen Packetfahrt-Action-Gesellschaft (HAPAG) sowie den norddeutschen Häfen Bremen, Bremerhaven und Hamburg eine Schlüsselrolle zu. Der internationale Konkurrenzkampf um das Auswanderungsgeschäft und um nationales Prestige spiegelt sich im Wettbewerb um die Auszeichnung mit dem sog. **Blauen Band (Blue Riband)** für die schnellste Atlantiküberquerung mit Dampfschiffen.

Werbeanzeige für den Schiffsverkehr zwischen Europa und den USA

Zur Vertiefung

Internetseiten zur Deutschen Auswanderung in die USA

Historisches Museum Bremerhaven: www.historisches-museum-bremerhaven.de

Deutsches Auswandererhaus Bremerhaven: www.dah-bremerhaven.de

Ellis Island Foundation: www.ellisisland.org

Ellis Island Museum: www.ellisisland.com

USA Embassy – German American Immigration: http://usa.usembassy.de/garelations8300.htm

Library of Congress-Germans in America: www.loc.gov/rr/european/imde/germchro.html

Die Behörden reagieren auf die steigenden Einwandererzahlen mit dem Federal Immigration Act von 1891 und einer strafferen **Organisation des Einwanderungswesens**. 1892 wird im Hafen von New York Ellis Island als zentrale Ankunftsstation für alle europäischen Einwanderer eingerichtet. Bis zur Schließung der Station 1954 reisen mehr als 12 Mio. Migranten nach den medizinischen Untersuchungen und persönlichen Befragungen durch die Einwanderungsbehörden über Ellis Island in die USA ein. Seit 1992 ist Ellis Island ein Museum des National Park Service (vgl. www. nps.gov/elis) und beherbergt ein **Archiv zur Einwanderung** in die USA.

Old Immigration und deutsche Einwanderung: Zwischen den 1860er und 1890er Jahren wandern mehr als 10 Mio. Menschen in die USA ein (s. Kap. 2.3). Der weitaus größte Teil kommt in diesem Zeitraum aus den protestantischen Ländern Nord- und Westeuropas (sog. old immigrants). Deutsche Einwanderer stellen mit ca. 3 Mio. die **größte Gruppe**, und noch bei der Zensuserhebung 2000 betrachten sich ca. 42,8 Mio. bzw. ca. 15 % der Bevölkerung der USA als deutschstämmig. In der Kolonialzeit siedeln deutsche Einwanderer vor allem in Pennsylvania und an der Ostküste, in der ersten Hälfte des 19. Jh.s überwiegend in Texas und in den östlich des Mississippi gelegenen Staaten des Mittleren Westens (mit Cincinnati, OH, St. Louis, MO und Milwaukee, WI als Zentren). Bis zum Beginn des Ersten Weltkriegs verlagert sich die deutsche Einwanderung in die Territorien und Staaten westlich des Mississippi, und North Dakota, South Dakota, Iowa, Nebraska und Kansas werden zum sog. **German Belt** (vgl. die interaktive Karte www.memory. loc.gov/learn/features/immig/german_map.html). Eine eindrucksvolle Quelle zur Dokumentation der Einwanderungserfahrung sind Briefe, wie sie in dem Band *Briefe aus Amerika* (Helbich 1988) gesammelt sind.

Johann Bauers Brief an seine Eltern, 1855

»Am 26 October verließ ich Ph. & am 27t traf ich in *New York* ein von wo aus ich pr dampfboot nach *Albany* fur & am 28t Georg besuchte, und mich mit ihm besprach & fort gings pr Dampf nach *Buffalo Detroit & Chicago* lauter schöne blühende Städte. Als ich in *Chicago* ankam, was 1200 Meilen von *New York* entfernt ist dachte ich du bist hier jetzt weit genug, brachte meine Sachen in Sicherheit & während meiner Reise *Collegen* sich in den Wirtshäusern mit Trinken & spielen die Zeit angenehm zu machen suchten, ging ich sogleich darauf los Beschäftigung zu suchen, worüber dieselben lachten & sagten man muß sich doch auch ein wenig Ruhe gönnen. Ich war so glücklich schon Nachmittags Beschäftigung zu finden, & obschon die Bedingungen nicht glänzend waren, nahm ich sie doch an, weil ich für den Augenblick nichts Besseres in Aussicht hatte & der herrannahende Winter mich besorgt machte. Als ich 4 Tage meine Stelle begleitet hatte traf ich einen farmer & da mir dieser weit bessere Bedingungen stelllte so verließ ich *Chicago* & ging abermals 110 Meilen ins Land«. (Helbich 1988, S. 152–153)

New Immigration: Seit Ende des 19 Jh.s erhöht sich nicht nur die Zahl der Einwanderer, sondern auch die **ethnische und kulturelle Vielfalt**. Die sog. ›neuen Einwanderer‹ (new immigrants) aus Ländern Südeuropas, dem russischen Zarenreich, dem österreichisch-ungarischen Kaiserreich und Vorderasien – viele von ihnen katholischen und jüdischen Glaubens – bilden den größten Teil der ca. 18 Mio. Einwanderer zwischen 1890 und 1920. Unter den **Push and Pull-Faktoren** dieser Migrationsbewegung sind neben den ökonomischen Problemen in den Heimatländern und den Aussichten auf wirtschaftlichen Erfolg in den USA die antisemitischen Pogrome im russischen Zarenreich und der Antisemitismus in weiten Teilen der habsburgischen Monarchie von besonderer Bedeutung. Viele dieser Migranten bleiben in den Großstädten des Nordostens – vor allem in New York City selbst – und verwandeln durch die Etablierung von kulturell eigenständigen Vierteln (**ethnic neighborhoods**) deren Bild nachhaltig. Zu den bekanntesten Beispielen dieser z. T. ghettoähnlichen Stadtteile zählt die **Lower East Side** in New York City, wo an der Wende zum 20. Jh. jüdische Einwanderer aus Osteuropa eine neue Heimat finden.

Americanization Movement: Die Zunahme der Einwandererzahlen und die ethnische Pluralität der ›neuen Einwanderung‹ nährt **xenophobische Stimmungen und Ängste** vor der Erosion traditioneller Identitätskonstruktionen der USA. 1894 wird in Boston die Immigration Restriction League als eine der ersten Organisationen der **Amerikanisierungsbewegung** (Americanization Movement) gegründet. Im Zusammenhang populärer Vorstellungen von den USA als Schmelztiegel (melting pot, s. Kap. 6.2.7) betreibt die Bewegung die **kulturelle Assimilation** der neuen Einwanderer durch Sprachkurse, Bildungsangebote, Publikationen oder Feiern wie z. B. dem Americanization Day. Besonders aktiv ist das in New York ansässige National Americanization Committee. Die **Neugründung des Ku Klux Klan** 1915 ist in anderer Weise Ausdruck fremdenfeindlicher Einstellungen. Ihren Höhepunkt findet die von Xenophobie und ethnozentrischen Vorurteilen geprägte Stimmung in der Einwanderungsgesetzgebung und Quotenregelung der 1920er Jahre (s. Kap. 2.3.2).

Einwanderung aus China: Früher und z. T. unverhohlener als gegenüber Einwanderern aus Europa richten sich xenophobische Ressentiments und rassistische Vorurteile gegen Migranten aus Asien und besonders aus China. Diese kommen seit Ende der 1840er Jahre als Minen-, Eisenbahn- und Wäschereiarbeiter nach Kalifornien und in die Territorien des Westens. In San Francisco besteht um die Jahrhundertwende die erste Chinatown in den USA.

Angel Island

Mit dem Chinese Exclusion Act beginnt 1882 die Einschränkung der asiatischen und vor allem der chinesischen Einwanderung, die bis zum Zweiten Weltkrieg andauert. Mit Angel Island in der Bucht von San Francisco wird 1910 an der Westküste eine zentrale Einwanderungsstation eröffnet, in der bis 1940 fast 200.000 Einwanderer aus Asien untersucht und z. T. auch interniert werden. In der Bezeichnung »**The Guardian of the Western Gate**« spiegelt sich der im Vergleich mit Ellis Island restriktivere Prozess der Einwanderung durch Angel Island. Heute ist Angel Island ein

3·4

Grundzüge und Orientierungspunkte der Kulturgeschichte

Der Westen in der
zweiten Hälfte
des 19. Jh.s

National Historic Landmark mit Museumscharakter (vgl. www.angelis-
land.org/immigr02.html).

Pluralisierung der Literatur: Die ethnische Pluralisierung der U.S.-ame-
rikanischen Gesellschaft findet zu Beginn des 20. Jh.s ihren Niederschlag
in einer weiteren **Pluralisierung der Literatur**. Die autobiographischen
Werke **jüdisch-amerikanischer Autoren** wie z. B. Abraham Cahan, Mary
Antin und Anzia Yezierska und die Texte **asiatisch-amerikanischer Autoren** wie z. B. Sui Sin Far zeigen zum einen die Erwartungen und Hoffnungen der Einwanderer und zum anderen die Spannungen und Konflikte,
die sich aus Migrationserfahrungen, interkulturellen Lebenssituationen
und sozialen Marginalisierungen ergeben. Oft stehen die Ankunft in der
Neuen Welt und die Untersuchungen und Befragungen durch die Einwanderungsbehörden als **prototypische Szenen** im Mittelpunkt der Erzählungen (s. Kap. 6.2.1). In ähnlicher Weise wie W.E.B. DuBois für den Bereich
der afroamerikanischen Kultur kritisieren **Horace Kallen** und **Randolph
Bourne** in ihren soziologischen und kulturkritischen Schriften den traditionellen Vormachtanspruch angloamerikanischer Identitäts- und Ge-
schichtsmodelle. Bourne und Kallen betonen die Eigenständigkeit ethnischer Kulturen und stellen mit dem Konzept des **kulturellen Pluralismus**
(cultural pluralism) der Assimilationsideologie der Amerikanisierungsbewegung eine multikulturelle Alternativposition gegenüber (s. Kap. 6.2.7).

(Neue) Einwanderung in Literatur und soziologischen Schriften   Literatur

Lee Yan Phou | *When I was a Boy in China* (1887)
Abraham Cahan | *Yekl: A Tale of the New York Ghetto* (1896), *The Rise of
     David Levinsky* (1913/1917)
Mary Antin | *The Promised Land* (1912)
Sui Sin Far | *Mrs. Spring Fragrance* (1912)
Horace M. Kallen | »Democracy versus the Melting Pot« (1915),
     Culture and Democracy in the United States (1924)
Randolph Bourne | »Trans-National America« (1916)
Anzia Yezierska | *Hungry Hearts* (1920), *Salome of the Tenements* (1923),
     Bread Givers (1925)

3.4.3 | Der Westen in der zweiten Hälfte des 19. Jh.s

1858	Goldfunde in Colorado und Nevada	Zeittafel
1862	Homestead Act	
1864	Massaker an Cheyenne bei Sand Creek, CO	
1868	Vertrag von Fort Laramie, WY	
1869	Wahlrecht für Frauen in Wyoming	

1872	Gründung des ersten Nationalparks: Yellowstone National Park
1874	Goldfunde in Black Hills, SD; Patentierung des Stacheldrahts durch Joseph Glidden
1876	Schlacht am Little Bighorn, MT
1879	Massaker an Northern Cheyenne bei Fort Robinson, NE
1889	Oklahoma Territory für Siedler geöffnet
1890	Massaker an Sioux bei Wounded Knee, SD; Ghost Dance Movement
1892	John Muir gründet Sierra Club
1893	Frederick Jackson Turner: »The Significance of the Frontier in American History«

Transkontinentale Expansion: In der Zeit zwischen Bürgerkrieg und Erstem Weltkrieg wird der Prozess der transkontinentalen Expansion der USA durch die bundesstaatliche Organisation der **Territorien des Westens** abgeschlossen. In einer der größten Migrationsbewegungen des nordamerikanischen Kontinents nehmen Siedler die den indianischen Stämmen verbliebenen Gebiete zwischen Mississippi und Rocky Mountains in Besitz und verwandeln besonders nach der Patentierung des Stacheldrahts durch Joseph Glidden 1874 weite Teile der Prärie in Farm- und Weideland. Der **Homestead Act (1862)** bietet jedem erwachsenen U.S.-Bürger und jedem erwachsenen Bewerber um die Staatsbürgerschaft die Möglichkeit zum Erwerb von 160 Acres (64 ha) Land gegen eine geringe Verwaltungsgebühr und die Verpflichtung zur Bewirtschaftung des Landes für einen Zeitraum von mindestens fünf Jahren. Dieses Verfahren führt bis zum Ende des Jahrhunderts zu heftigen Landspekulationen.

Ende der
Frontier-Zeit

Zwischen 1870 und 1900 ziehen mehr als 2,5 Mio. Einwanderer – die meisten von ihnen in Planwagenkolonnen – in die Gebiete westlich des Mississippi. Nachdem im Zensus von 1890 die Bevölkerungsdichte in den letzten vormals unbesiedelten Gebieten zwei Personen pro Quadratmeile überschreitet, wird die Besiedlungsgrenze (Frontier) für geschlossen erklärt und die **Pionierzeit des Westens** als beendet betrachtet (s. Kap. 6.2.5).

Zur Vertiefung

Homesteading im Westen

Zwischen 1870 und 1900 wird mehr Land von Regierungsbehörden an neue Siedler im Westen vergeben als in der gesamten U.S.-amerikanischen Geschichte zuvor. In den Bundesstaaten North Dakota, South Dakota, Nebraska und Kansas werden in diesem Zeitraum mehr als zwei Mio. Farmen (homestead farms) gegründet, viele davon zunächst in der Form von isoliert über die Prärie verstreuten Lehmhütten (sodhouses). Die Trecks der Planwagen (covered wagon trains) und die sog. Pionier-

Der Westen in der
zweiten Hälfte
des 19. Jh.s

tugenden des Westens bleiben wichtige Bezugspunkte für U.S.-amerikanische Ideologien und populärkulturelle Geschichtsmythen sowie für Familienchroniken und Einwanderergeschichten (vgl. die Fotosammlungen unter http://memory.loc.gov/ammem und www.nebraskahistory.org).

Erinnerungen einer Siedlerin in Wyoming:

»To me, homesteading is the solution of all poverty's problems, but I realize that temperament has much to do with success in any undertaking, and persons afraid of coyotes and work and loneliness had better let ranching alone. At the same time, any woman who can stand her own company, can see the beauty of the sunset, loves growing things, and is willing to put in as much time at careful labor as she does over the washtub, will certainly succeed; will have independence, plenty to eat all the time, and a home of her own in the end.«

(Elinore Pruitt Stewart: *Letters of a Woman Homesteader*, 1914/1961, S. 215)

Zu den wichtigsten infrastrukturellen Faktoren, die die Eroberung des Westens begünstigen, gehört die Vervollständigung des transkontinentalen Eisenbahnnetzes. Das Zusammentreffen der Union Pacific- und der Central Pacific-Linien bei **Promontory Point, UT 1869** markiert einen vielfach dokumentierten Höhepunkt in der Geschichte des Westens. Die Entdeckung von **Gold und Silber** in den Rocky Mountains auf dem Gebiet der heutigen Bundesstaaten Colorado und Nevada (mit Cripple Creek, CO als Zentrum) und in den Black Hills in South Dakota (mit Deadwood, SD als Zentrum) zieht Spekulanten, Minenarbeiter und Abenteurer unterschiedlichster Motivationen in den Westen.

Eisenbahnnetz

Promontory Point, UT, 1869

Zur Vertiefung

Bundesstaaten mit Beitrittsdatum			
1858	Minnesota	1889	North Dakota, South Dakota,
1859	Oregon		Montana, Washington
1861	Kansas	1890	Idaho, Wyoming
1863	West Virginia	1896	Utah
1864	Nevada	1907	Oklahoma
1867	Nebraska	1912	New Mexico, Arizona
1876	Colorado		

Zerstörung der Lebensgrundlage der Indianer: Die territoriale Expansion beraubt die Plains Indians des größten Teils ihrer Lebensgrundlagen. Zum Inbegriff der systematischen Zerstörung der traditionellen nomadischen Lebensweise der Indianer wird die nahezu vollständige **Ausrottung der**

Bisonherden durch Fellhändler, Trophäensammler und Touristen. Eine Vielzahl von gebrochenen Verträgen, darunter als wohl berühmtester der **Vertrag von Fort Laramie** (1868, vgl. www.nps.gov/fola), schränkt die Bewegungsmöglichkeiten der Stämme immer weiter ein. Den Endpunkt der Vertreibungspolitik markiert im letzten Drittel des 19. Jh.s die **Einrichtung von Reservaten** in unfruchtbaren und abgelegenen Gebieten im Westen und Südwesten. Eine unrühmliche Rolle in der Reservatspolitik spielt das regierungsamtliche **Bureau of Indian Affairs (BIA)**, das die Indianer in existentieller Abhängigkeit hält und in unwürdige Lebensbedingungen zwingt.

Reservate   Die Reservatterritorien, unter denen die **Pine Ridge Reservation** der Sioux in South Dakota und die **Navajo Indian Reservation** im sog. Four Corners-Gebiet im Südwesten zu den größten und bekanntesten zählen, gehören bis heute zu den ärmsten und strukturschwächsten Landstrichen der USA. Auf Druck von Regierungsbehörden und Missionsgesellschaften entstehen in dieser Zeit schulische Einrichtungen (**Indian schools/boarding schools)** mit dem Ziel der ›Zivilisierung‹ und ›Amerikanisierung‹ der ihren Familien entrissenen indianischen Kinder. Unter den Texten der indianischen Literatur in englischer Sprache schildern die autobiographischen Schriften von Zitkala-Sa/Gertrude Bonnin die unfreiwillige Assimilation in Internaten.

Literatur

Indianische Erfahrungen in der Literatur

Sarah Winnemucca [Paiute] | *Life Among the Piutes: Their Wrongs and Claims* (1883)

Helen Hunt Jackson | *Ramona* (1884)

Sophia Alice Callahan [Creek] | *Wynema: A Child of the Forest* (1891)

Pauline Johnson [Mohawk]: *The White Wampun* (1895), *Mother's Magazine* (1912)

Zitkala-Sa [Gertrude Bonnin, Sioux] | »Impressions from an Indian Childhood« (1900), »School Days of an Indian Girl« (1900), *American Indian Stories* (1921)

Charles Alexander Eastman [Sioux] | *Indian Boyhood* (1902), *The Soul of an Indian* (1911), *From the Deep Woods of Civilization* (1916)

Mary Hunter Austin | *The Land of Little Rain* (1903)

Indianischer Widerstand: Von den 1860er bis in die 1890er Jahre leisten insbesondere die Plains Indians, darunter die Stämme der Sioux, Cheyenne, Arapaho, Kiowa und Comanche, aber auch die Nez Percé in den nördlichen Rocky Mountains und die Apachen im Südwesten Widerstand gegen die Zerstörung der indianischen Kulturen in Nordamerika. Die **Massaker von Sand Creek** (1864) und **Wounded Knee** (1890) bilden die Anfangs- und Endpunkte der Kriege im Westen. Die Anführer des militärischen Widerstands wie z. B. Crazy Horse, Sitting Bull, Red Cloud, Geronimo und Chief Joseph führen einen letztlich erfolglosen Krieg gegen die

Der Westen in der
zweiten Hälfte
des 19. Jh.s

U.S.-amerikanische Armee. 1876 erreichen sie in der **Schlacht am Little Bighorn** im Süden Montanas mit dem Sieg über General George Armstrong Custers 7. U.S.-Kavallerie einen bis heute in seiner Symbolkraft ungebrochenen Erfolg (www.nps.gov/libi, s. Kap. 6.3.3).

Edward Curtis:
»Indian Riders in
Canon de Chelly«,
1910

Mit dem **Ghost Dance Movement** der Plains Indians seit den 1880er Jahren und den romantisierenden Fotografien von **Edward Curtis** aus den 1890er und 1900er Jahren werden die indianischen Stämme in der Realität und in der Kunst gleichermaßen zu – so Edward Curtis – **»vanishing Indians«**. Erst in der indianischen Literatur der Gegenwart, der revisionistischen Geschichtsschreibung und Filmen wie z. B. *Little Big Man* (1970) und *Dances with Wolves* (1990) wird die Eroberung des Westens auch wieder aus **indianischer Perspektive** sichtbar.

Die Kapitulationsrede des Nez Percé-Häuptlings Chief Joseph (1877)

Zur Vertiefung

»I am tired of fighting‹, he said as he handed Miles his rifle. ›Our chiefs are killed. Looking Glass is dead. Too-Hul-hul-sote is dead. The old men are all dead. It is the young men who say yes or no. He who led on the young men [Ollokot] is dead. It is cold and we have no blankets. The little children are freezing to death. [...] I want to have time to look for my children, and see how many of them I can find. Maybe I shall find them among the dead. Hear me, my chiefs! I am tired. My heart is sick and sad. From where the sun now stands, I will fight no more forever.« (Calloway, Hg.: *First Peoples*, 2004, S. 316)

Der Westen in Kunst und Populärmythologie: Die Expansion und Migration in die Territorien jenseits des Mississippi verstärkt das Bild Nordamerikas als Land mit außergewöhnlichen Naturschönheiten. **Reiseberichte, Regionalliteratur und Zeitungskolumnen** von Autoren wie Mark Twain und Bret Harte vermitteln seit den 1860er Jahren den Lesern an der Ostküste und in Europa literarische Darstellungen des Westens. Maler wie Albert Bierstadt und Charles Moran sowie frühe Fotografen wie William Henry Jackson versuchen ab den 1870er und 1880er Jahren, die Landschaften des Westens und Südwesten mit traditionellen und modernen Medien der **visuellen Repräsentation** zu erfassen (s. Kap. 2.2.4, 6.2.2, 6.2.5). 1872 wird mit der Gründung des Yellowstone National Park durch den Kongress der Grundstein des heute weit verzweigten Systems von **Nationalparks und Naturschutzgebieten** gelegt (vgl. www.nps.gov). Die Gründung des Sierra Club durch John Muir 1892 gilt als Beginn der **ökologischen Bewegung** in Nordamerika.

Die Eroberung des Westens fördert die Bildung von Mythen und Legenden, die bis in die Gegenwart ideologische und populärkulturelle Reprä-

Mythen und
Legenden

sentationen der USA prägen und neben die älteren Erklärungsparadigmen aus der Geschichte Neuenglands, der Amerikanischen Revolution und des Bürgerkriegs treten (s. Kap. 2.2.3). Mit den Romanen von Edward L. Wheeler, Owen Wister und Zane Grey, den Gemälden von Fredric Remington und dem Stummfilm *The Great Train Robbery* beginnt noch während des historischen Prozesses der Expansion selbst die **populärkulturelle Kommerzialisierung** des ›Wilden Westens‹, die im 20. Jh. zu einer Vielzahl an Filmen, TV-Serien, populären Romanen, Comics, Songs u. v. a. m. führt.

Literatur

> **Der Westen in Populärliteratur und Film**
>
> **Ned Buntline, Buffalo Bill** | *King of the Border Men* (1869)
> **Edward Wheeler** | *Deadwood Dick* (1877)
> **Theodore Roosevelt** | *The Winning of the West* (1889)
> **Owen Wister** | *The Virginian* (1902)
> *The Great Train Robbery* (1903; Edwin S. Porter)
> **Zane Grey** | *Riders of the Purple Sage* (1912)

Zur Vertiefung

William
»Buffalo Bill«
Cody, 1903

> **Buffalo Bill und der ›Wilde Westen‹ in der Populärkultur**
>
> Im Mittelpunkt der zeitgenössischen Mythenbildung zum ›Wilden Westen‹ und am Beginn der Kommerzialisierung der Geschichte des Westens durch die Populär- und Unterhaltungskultur steht mit William »Buffalo Bill« Cody eine der umstrittensten Figuren der Geschichte der USA. Nach einer Karriere als Bürgerkriegsoffizier, Scout für die U.S.-Armee in den Indianerkriegen, Bisonjäger und Geschäftsmann wird »Buffalo Bill« durch die populären Romane von E.Z.C. Judson/Ned Buntline berühmt. 1883 gründet er die zirkusartige Show »Buffalo Bill's Wild West«, mit der er bis ins frühe 20. Jh. durch die Städte im Osten der USA und die Metropolen Europas tourt. Zu ihren Hochzeiten umfasst die Show ca. 1200 Schauspieler, darunter zeitweise auch Sitting Bull selbst und Annie Oakley, die fiktive und reale Begebenheiten – z. B. die Schlacht am Little Bighorn – nachstellen. Zu den umfassendsten Museen zur Geschichte des Westens zählt das Buffalo Bill Historical Center (www.bbhc.org) in Cody, WY.

Mit dem **Cowboy** wird das Repertoire nationaler Symbole um eine Heldenfigur erweitert, die Stereotypisierungen von Männlichkeit und das Bild der USA als eine vom Westen und dessen Wertesystem dominierte Gesellschaft maßgeblich bestimmt. Die großen Viehtriebe (cattle drives) über berühmte Routen wie den Chisholm Trail werden ebenso wie die Städte Abilene, Dodge City, Virginia City und Tucson zu neuen **historischen Bezugspunkten**, die heute z. B. in der Western & Country Music weiterleben. Die Legendenbildung kreist um sog. ›Westernhelden‹ wie Wyatt Earp, Doc Holliday, Wild Bill Hickok, Jessie James, Calamity Jane, Kit Carson,

Billy the Kid und um Begebenheiten wie die Schießerei im O.K. Corral in Tombstone, AZ 1881. In der europäischen Wahrnehmung offenbaren diese Figuren und Begebenheiten eine dunklere, gewalttätige und kriminelle Seite des Westens und der USA insgesamt. Neuere Forschungen zur Rolle von Frauen und ethnischen Gruppen in der Expansion nach Westen und Filme wie z. B. *Brokeback Mountain* (2005) widersprechen der **langjährigen Dominanz von Vorstellungen eines ›weißen männlichen Westens‹.**

Cowboy-Song »The Old Chisholm Trail«

Come along boys and listen to my tale,
I'll tell you of my troubles on the old Chisholm trail.
Come a ti yi yippee, come a ti yi yea,
Come a ti yi yippee, come a ti yi yea.
Oh, a ten-dollar hoss and a forty-dollar saddle,
And I'm goin' to punchin' Texas cattle.
Come a ti yi yippee [...].
I wake in the mornin' afore daylight,
And afore I sleep the moon shines bright.
Come a ti yi yippee [...].
It's cloudy in the west, a-lookin' like rain,
And my durned old slicker's in the wagon again.
Come a ti yi yippee [...].
No chaps, no slicker, and it's pourin' down rain,
And I swear, by gosh, I'll never night-herd again.

(Vertonte Version vgl. http://harmels.ilgm.com/html/TheOldChisholmTrail.html)

3.4.4 | Urbanisierung und Industrialisierung im Gilded Age

1859	Erste Ölbohrung in Titusville, PA	Zeittafel
1870	John D. Rockefeller gründet Standard Oil Company	
1876	Alexander Graham Bell erfindet das Telefon	
1877	Streik der Eisenbahnarbeiter	
1879	Thomas A. Edison erfindet die Glühbirne	
1882	Thomas A. Edison eröffnet das Elektrizitätswerk Pearl Street, New York; John D. Rockefeller gründet Standard Oil Trust	
1886	Haymarket-Aufstand in Chicago	
1892	Streik der Stahlarbeiter in Homestead, PA	
1892/93	World's Columbian Exposition in Chicago	
1901	J.P. Morgan gründet United States Steel	

In den Jahrzehnten nach dem Bürgerkrieg werden die USA zu einer der **führenden Wirtschaftsnationen**. An der Wende zum 20. Jh. wird ein Drittel der weltweit produzierten Industriegüter in den USA hergestellt, und im Ersten Weltkrieg wird die ökonomische Macht der USA kriegsentscheidend. Neue Kerngebiete der Großindustrie im Mittleren Westen treten neben die älteren Zentren der Industrialisierung im Nordosten. Schnell wachsende Industriestädte wie z. B. Pittsburgh, Detroit und Chicago beginnen das wirtschaftliche, soziale und kulturelle Leben der USA zu bestimmen. Urbanisierung und Industrialisierung schaffen eine Vielzahl an **sozialen und politischen Problemen**, die von den Reformbewegungen des Progressive Age (s. Kap. 3.4.6) bis zu den Kontroversen der unmittelbaren Gegenwart die gesellschaftspolitischen Diskussionen beeinflussen. Die grundlegende **Ambivalenz der Epoche** spiegelt sich im Titel des Romans *The Gilded Age* (1873) von Mark Twain und Charles Dudley Warner, nach dem die großindustrielle Gründungszeit in den USA oftmals benannt wird.

Urbanisierung: Demographisch ist die Zeit an der Wende zum 20. Jh. entscheidend von Urbanisierungsprozessen geprägt. Lebt um 1800 die überwiegende Mehrzahl der Bevölkerung der USA in ländlichen Gebieten, so leben um 1900 mehr als 40 % in Großstädten; um 2000 leben ca. 50 % in vorstädtischen Gebieten (s. Kap. 3.6.2 und 2.3.3). Um 1900 wohnen in **New York City** ca. 3,4 Mio. Menschen; **Chicago** wächst zwischen 1870 und 1900 von ca. 300.000 auf 1,7 Mio. Bewohner. Die Landflucht im Nordosten, die Migration der afroamerikanischen Landbevölkerung des Südens in die industriellen Zentren im Norden und die Einwanderung seit den 1870er Jahren lassen die Einwohnerzahlen der Städte ansteigen und führen zu deren kultureller Pluralisierung und sozialer Segmentierung. In New York (Harlem), Chicago (South Side), Detroit und Philadelphia entstehen **ghettoartige Viertel** mit einer nahezu ausschließlich afroamerikanischen Bevölkerung. Der Zuzug häufig mitteloser Arbeiter in die Großstädte führt zu sozialen Konflikten und besonders zu katastrophalen Wohnverhältnissen in den zahllosen Mietshäusern (tenement houses).

Modernität
Von den wirtschaftlich prosperierenden Städten und besonders dem urbanen Bauboom geht das Gefühl von **Modernität und Fortschritt** aus. Mit dem 1895 fertiggestellten Home Insurance Building in Chicago beginnt die **Ära der Wolkenkratzer**. Das 1902 fertig gestellte Flatiron Building in New York City wird wegen seiner aerodynamischen Form und gewagten Stahlkonstruktion zum Symbol für die Dynamik der modernen urbanen Metropole (s. Kap. 6.2.1). Die Behörden versuchen durch den Aufbau von **städtischen Verwaltungsstrukturen** (service city) die wachsenden organisatorischen und infrastrukturellen Probleme zu lösen. In zahlreichen Großstädten folgt man dem Beispiel von New York und Boston, wo schon vor dem Bürgerkrieg mit dem Central Park und dem Boston Common großflächige **Parkanlagen** zur Naherholung und Auflockerung der immer dichter besiedelten innerstädtischen Gebiete eingerichtet werden.

Städte in Kunst und Literatur: Die Urbanisierung und die Veränderungen im großstädtischen Raum werden in Literatur und visueller Kunst in vielfacher Weise aufgegriffen. Während literarische Repräsentationen der neuen Stadtlandschaften auf Konventionen der älteren, sozialkritischen Stadtliteratur zurückgreifen, nutzen Fotografen wie Jacob Riis, Alfred

Stieglitz und Lewis Hine das **neue Medium der Fotografie** für sozialkritische Darstellungen. In George Bellows' Gemälde »Pennsylvania Station Excavation« (1909) kommt die Ambivalenz der Urbanisierung der Gilded Age exemplarisch in der Imagination der düsteren Faszination des Baubooms und der Technologie zum Ausdruck.

Literarische Stadtansichten bis in die 1920er Jahre

George Lippard | *The Quaker City* (1845)
Stephen Crane | *Maggie: A Girl of the Streets* (1893)
Henry B. Fuller | *The Cliff-Dwellers* (1893), *With the Procession* (1895)
Theodore Dreiser | *Sister Carrie* (1900)
Upton Sinclair | *The Jungle* (1906)
F. Scott Fitzgerald | *The Great Gatsby* (1925)
John Dos Passos | *Manhattan Transfer* (1925)

Literatur

Technologisierung: Die Verfügbarkeit von Rohstoffen und Energiequellen, z. B. von Kohle in Pennsylvania und West Virginia und von Erdöl in Pennsylvania und Ohio, fördert den Prozess der Industrialisierung und den Aufbau einer leistungsfähigen **Stahl- und Schwerindustrie**. Der großflächige Rohstoffabbau leitet zugleich eine Umweltverschmutzung und -zerstörung in bis dahin unbekannten Ausmaßen ein. Der Ausbau der nationalen Infrastruktur – vor allem die Ausdehnung des Eisenbahnnetzes auf ca. 200.000 Meilen bis 1900 – und eine Reihe von **wegweisenden Erfindungen** unterstützen die Industrialisierung, den Beginn der modernen Massenproduktion und die Technologisierung des Alltags. Die Erfindung des Telefons durch Alexander Bell 1876 und die zahlreichen Neuerungen auf dem Gebiet der Elektrizität von Thomas A. Edison in den 1870er und 1880er Jahren revolutionieren Kommunikationsstrukturen, Energiegewinnung und industrielle Fertigungsabläufe.

Zum Inbegriff des technischen Fortschritts wird der **elektrische Dynamo**. In seiner zivilisationskritischen Schrift *The Education of Henry Adams* (1907/1918) betrachtet Henry Adams in dem Kapitel »The Dynamo and the Virgin« den Dynamo als ein kulturelles Symbol für die moderne Welt im Vergleich zur Jungfrau als Symbol für das christliche Mittelalter.

Dynamo

Ihren Höhepunkt erreicht die Technologiebegeisterung des späten 19. Jh.s in der **World's Columbian Exposition in Chicago 1892/93**. Ursprünglich als Jubiläumsfeier des 400. Jahrestags der Ankunft von Christoph Kolumbus in der ›Neuen Welt‹ geplant, wird die Weltausstellung zu einer nationalen Feier der U.S.-amerikanischen Wirtschaftskraft und zu einer **Demonstration des globalen Machtanspruchs** der USA. Im Mittelpunkt der von mehr als 25 Mio. Menschen besuchten Ausstellung stehen Exponate zu technischen Innovationen in Kommunikation und industrieller Produktion sowie Demonstrationen der Überlegenheit gegenüber Indianern, neuen Einwanderern und den Bewohnern der zu dieser Zeit europäisch oder U.S.-amerikanisch kolonisierten Welt.

Weltausstellung
1892/93

Zur Vertiefung

Building,
New York City,
ca. 1910

Elektrizität und Illumination

Mit der Weltausstellung 1892/93 beginnt das Zeitalter der elektrischen Illuminationen. Abendliche Illuminationen des Geländes werden zu spektakulären Demonstrationen des technischen Fortschritts und der nationalen Größe der USA. An der Wende zum 20. Jh. werden Beleuchtungen technologischer Errungenschaften und architektonischer Meisterleistungen zu eindrucksvollen Manifestationen technologischer Brillanz. Die symbolträchtige Illumination der Weltausstellung setzt sich in der Erleuchtung von Wolkenkratzern – vor allem des Singer Building und des Woolworth Building in New York – oder von Brücken – vor allem der Brooklyn Bridge in New York – fort. Der Enthusiasmus für spektakuläre Illuminationen und Feuerwerke hält im 20. Jh. auch in Zeiten von Wirtschafts- und Energiekrisen an und prägt die Inszenierungen nationaler Feiertage wie des Fourth of July und die Unterhaltungs- und Tourismusindustrie von frühen Freizeitparks wie Coney Island bis zu postmodernen Themenparks wie Disney World.

Soziale Lage der Arbeiter und *Laissez-Faire*-Kapitalismus: Die Industrialisierung des späten 19. Jh.s wird von der Verfügbarkeit einer großen Zahl an Arbeitskräften begünstigt. Insbesondere die Einwanderung bringt **billige Arbeitskräfte** in die neuen Industriemetropolen und ermöglicht den Aufbau eines Fabrikwesens mit modernen Managementstrukturen. Zwischen 1860 und 1900 steigt die Zahl der Industriearbeiter von ca. 900.000 auf ca. 3,2 Mio. Die meisten Arbeiter sind sozial kaum abgesichert; Kinderarbeit wird zum Inbegriff für die **unmenschlichen Seiten der Industrialisierung**. Die soziale Lage der Arbeiter einerseits und die enormen Profite der weitgehend frei von behördlichen oder politischen Kontrollen agierenden Wirtschaft andererseits lässt das Gilded Age bis heute als Hochphase eines U.S.-amerikanischen *Laissez-Faire*-Kapitalismus erscheinen.

Trusts und Tycoons

Das Wirtschaftssystem an der Wende zum 20. Jh. wird von **sozialdarwinistischen Ideen** eines unbeschränkten Konkurrenzkampfs und von der Etablierung möglichst profitträchtiger Produktionsmonopole (trusts) bestimmt. Zu den berühmtesten **Monopolgesellschaften** der Zeit zählen die Standard Oil Company und die United States Steel Company. Zur Symbolfigur der Zeit wird der **Großindustrielle** (Tycoon oder Robber Baron), der sich nach dem Muster des **Self-made Man** (s. Kap. 6.2.6) an die Spitze eines Monopolunternehmens emporarbeitet. Zu den berühmtesten Tycoons der Zeit zählen

- Cornelius Vanderbilt, Jay Gould und James J. Hill im Bereich der Eisenbahnen
- Andrew Carnegie und J.P. Morgan in der Stahlindustrie
- John D. Rockefeller in der Ölindustrie.

Die Geschäftspraktiken und der Lebensstil der Großindustriellen und deren Familienclans repräsentieren einerseits die dunklen Seiten des Gilded Age; andererseits setzen Großindustrielle in philanthropischen Stiftungen, Universitätsgründungen, Museen und sozialen Einrichtungen die am Gemeinwohl ausgerichtete Tradition der protestantischen Arbeitsethik (s. Kap. 6.2.6) fort und legen einen wichtigen Grundstein für das bis heute in den USA gut funktionierende **Mäzenatentum**.

Populäre Darstellungen: Das Versprechen nahezu grenzenloser Aufstiegsmöglichkeiten (upward mobility) findet in den Romanserien *Ragged Dick* (1867 ff.) und *Luck and Pluck* (1869 ff.) von Horatio Alger, in autobiographischen Schriften wie Andrew Carnegies *The Gospel of Wealth* (1889) und in Ratgebern (How-to-Books) wie Russell Conwells *Acres of Diamonds* (1888) einen **populärkulturellen Ausdruck**. Kritischer geht William Dean Howells in seinem Roman *The Rise of Silas Lapham* (1884) mit dem kulturellen Prototyp des Geschäftsmanns ins Gericht.

Entstehung von Gewerkschaften: Als Gegenbewegung zum *Laissez-Faire*-Kapitalismus konstituieren sich gewerkschaftliche Organisationen, die sich bis zur Jahrhundertwende zu einer einflussreichen gesellschaftlichen und politischen Kraft entwickeln. Nach ersten Streiks der Eisenbahnarbeiter in den 1870er Jahren kommt es wiederholt zu **Arbeiterunruhen und Aufständen**, die meist mit Gewalt niedergeschlagen werden. Die Haymarket Riots in Chicago 1886 und die Streiks der Stahlarbeiter in Homestead, PA 1892 gehören zu den **bekanntesten Streiks der Zeit** und bilden historische Bezugspunkte für die Arbeiterbewegung im 20. Jh. Die Arbeiterbewegung erreicht jedoch nicht die Macht europäischer sozialistischer Parteien oder revolutionärer Bewegungen, so dass der deutsche Soziologe Werner Sombart schon 1906 in einer gleichlautenden Studie die Frage stellt: *Warum gibt es in den Vereinigten Staaten keinen Sozialismus?*

Die Arbeiterbewegung im Gilded Age	
1866	National Labor Union
1869	Knights of Labor
1877	Socialist Labor Party
1886	American Federation of Labor (Gründer: Samuel Gompers)
1900	International Ladies' Garment Workers Union
1900	Socialist Party of America
1905	Industrial Workers of the World (IWW)

Zur Vertiefung

3.4.5 | Gesellschaftlicher Umbruch und Beginn der Konsum- und Freizeitgesellschaft

1857	Eröffnung des Kaufhauses Macy's in New York	Zeittafel
1869	Catherine E. Beecher/Harriet Beecher Stowe: *The American Woman's Home*; Wahlrecht für Frauen in Wyoming	

Rekonstruktion
bis Erster Weltkrieg

1876	National League of Baseball
1890	National American Woman Suffrage Association (NAWSA)
1891	»Birthplace of Basketball« gegründet: Springfield College, MA
1891	Versandhandel Sears gegründet
1895	Freizeitpark Coney Island eröffnet
1899	Thorstein Veblen: *Theory of the Leisure Class*
1903	erste World Series in Baseball; erster Stummfilm: *The Great Train Robbery*
1919/20	19. Verfassungszusatz garantiert Wahlrecht für Frauen

Bis zum Ersten Weltkrieg erfährt die U.S.-amerikanische Gesellschaft weitreichende Veränderungen, unter denen insbesondere die Entstehung einer modernen Konsumgesellschaft, die Herausbildung einer kommerziellen Unterhaltungs- und Freizeitindustrie und die Kritik an traditionellen Werte- und Rollenverständnissen zu sozialen und kulturellen Spannungen führen.

Konsumgesellschaft: Die Produktivität der Wirtschaft und die Vielfalt neuartiger Produkte vergrößern das Angebot an Konsumgütern in einem vorher unbekannten Ausmaß. Da die Ausweitung des Binnenmarkts und die steigenden Exporte allein den gewinnbringenden Absatz der immer preiswerteren Produkte nicht garantieren, entwickeln Firmen und Konzerne **Marketingstrategien** und initiieren publikumswirksame **Werbekampagnen**. Bis zum Beginn des 20. Jh.s gehören **Markenbezeichnungen (brand names)** wie Quaker Oats, Wrigley, Gillete, Campbell's Soup, Procter & Gamble zum Alltag der Konsumenten. Mit der Einführung von **Versandkatalogen** erschließt Sears ab 1891 die Märkte außerhalb der Städte und ermöglicht den Bewohnern entlegener Gebiete vor allem im Mittleren Westen und Westen die Teilhabe an der Konsumgesellschaft.

Conspicuous
Consumption

Nach der Gründung von Macy's in New York 1857 revolutioniert die Einrichtung von großen, architektonisch neuartig gestalteten Kaufhäusern das Einkaufsverhalten und leitet die in den Einkaufszentren (malls) des 20. und 21. Jh.s kulminierende Verbindung von **Einkaufen und Freizeitgestaltung** ein. Das Verhalten der wohlhabenden Konsumenten des späten 19. und frühen 20. Jh.s und die Inszenierung des mit immer mehr Aufwand zur Schau gestellten Warenangebots wird von Kulturhistorikern oftmals mit Thorstein Veblens Begriff des ›demonstrativen Konsums‹ (conspicuous consumption) beschrieben.

Unterhaltungs- und Freizeitindustrie: Die technologischen Neuerungen des Industriezeitalters, die neuen Medien der aufkommenden Massen- und Populärkultur und das zunehmende Bedürfnis nach Angeboten zur Freizeitgestaltung begünstigen in den großen Städten den Aufstieg einer kommerziellen Unterhaltungsindustrie. Traditionalistische Eliten und kirchliche Kreise betrachten die **veränderte Lebens- und Freizeitgestaltung** mit Misstrauen und kultureller Geringschätzung. Einen Einblick in die Lebensumstände und Freizeitgestaltung weiter Teile der Bevölkerung in der Zeit zwischen 1880 und 1920 bietet die Fotosammlung der **Detroit Publishing Company** (vgl. http://memory.loc.gov/ammem/collections/touring oder http://rs6.loc.gov/detroit/dethome.html).

In Bars und Tanzcafés spielt die als Sheet Music verbreitete populäre Musik (vgl. http://library.duke.edu/digitalcollections/hasm) eine zunehmend wichtige Rolle, und die in der sog. Tin Pan Alley in New York City ansässige **Musikindustrie** wird zu einem florierenden Wirtschaftszweig. Eine Symbolfigur der kommerziellen **Unterhaltungs- und Musikkultur** dieser Zeit ist Scott Joplin, dessen Ragtime-Musik (bes. der Song »The Entertainer«) bis heute international bekannt ist. Das neue Medium des **Stummfilms** zieht ein Millionenpublikum in die Kinos und bringt mit *The Great Train Robbery* (1903) das neue Genre des Western hervor.

Die Etablierung zweier großer Baseball-Organisationen – National League (1876) und American League (1901) – und der Start der seit 1903 zwischen ihren jeweiligen Meistern ausgetragenen World Series markiert den Beginn der modernen Sportindustrie und des Aufstiegs von **Baseball** zu einer der populärsten Sportarten in der USA. Auch Pferderennen, Box- und Ringkämpfe sowie Ruderwettkämpfe erreichen große Popularität und werden zu Gegenständen der realistisch-naturalistischen Malerei von George Bellows, Thomas Eakins und George Luks. Mit dem Boxer John L. Sullivan betritt eines der ersten **Sportidole** die öffentliche Bühne, dessen zur Schau gestellte Kraft und Männlichkeit mit der zeitgenössischen Symbolik der Industrialisierung und der Expansion korrespondiert.

Freizeitparks in der Nähe größerer Städte wie z. B. Coney Island in New York sprechen ein bürgerliches Publikum an und verändern die Freizeit- und Lebensgewohnheiten dieser Bevölkerungsgruppen nachhaltig. In ethnisch geprägten Stadtteilen dominieren – häufig zum Argwohn alteingesessener Bevölkerungsgruppen – Gemeinschafts- und Veranstaltungsformen der jeweiligen Einwanderergruppen, wie das Beispiel der deutschamerikanischen Gesangs- und Turnvereine im Mittleren Westen zeigt.

Geschlechterrollen und Frauenrechtsbewegung: Bis weit in die zweite Hälfte des 19. Jh.s werden herkömmliche Vorstellungen von Geschlechterrollen und Familienstrukturen von drei eng miteinander verwobenen Ideologien dominiert:

- **Separate Spheres:** die Vorstellung, dass Männer und Frauen wegen der von Natur und Gott vorgegebenen Eigenschaften und Unterschiede in unterschiedlichen Räumen leben und handeln – Männer als politisch-sozial verantwortlich Agierende im öffentlichen Raum und Frauen als Hausfrauen (homemaker) im häuslichen Raum
- **Cult of Domesticity:** die exemplarisch in Catherine E. Beechers und Harriet Beecher Stowes *The American Woman's Home* (1869) formulierte Vorstellung, dass der häusliche Raum in seiner Idealform von der Frau des Hauses als Hüter christlicher Moral, familiärer Tugenden, kultureller Werte und schöner Künste zum Wohle aller Familienmitglieder gestaltet wird
- **Republican Motherhood:** die Vorstellung, dass Frauen in der Mutterrolle und in der Erziehung von Kindern (besonders von Söhnen)

nach den Idealen und Tugenden der Republik ihre höchste Erfüllung finden.

Wahlrecht In den Jahrzehnten bis zum Ersten Weltkrieg wird die ideologische, soziale und politische Unterdrückung der Frauen von der Frauenrechtsbewegung mit Susan B. Anthony, Elizabeth Cady Stanton, Carrie Chapman Catt, Alice Paul und Margaret Higgins Sanger an der Spitze attackiert. Nachdem seit den späten 1860er Jahren in den westlichen Bundesstaaten Wyoming, Utah, Nebraska und Colorado Frauen an örtlichen Wahlen teilnehmen können und sich 1890 die verschiedenen Frauenrechtsorganisationen zur **National American Woman Suffrage Association (NAWSA)** zusammenschließen, rückt das allgemeine Wahlrecht für Frauen in den Mittelpunkt der Aktivitäten. Die Gründung von nationalen Vereinigungen wie z. B. des General Federation of Women's Club oder politischer Organisationen wie z. B. der American Birth Control League oder der National Association of Colored Women stärkt die **öffentlichkeitswirksame Arbeit der Frauenrechtsbewegung**. Der Kampf für das Wahlrecht für Frauen endet 1919/20 mit der erfolgreichen Verabschiedung des 19. Verfassungszusatzes.

Zur Vertiefung

> ### Hochschulzugang für Frauen
>
> Traditionelle Rollenkonzeptionen werden durch die Gründung von Colleges für Frauen in Frage gestellt. Zu den bereits vor dem Bürgerkrieg gegründeten Institutionen Oberlin College (1833) und Mount Holyoke (1837) kommen bis zur Jahrhundertwende Vassar College (1861), Wellesley College (1875), Smith College (1875) Bryn Mawr (1885), Barnard College (1889), Pembroke College (1891) und Radcliffe College (1894) hinzu. Um die Jahrhundertwende beträgt der Anteil der Frauen an der Gesamtzahl aller Studierenden ca. 30 %. Obwohl die neuen Bildungseinrichtungen die traditionellen Ideologien und Wertvorstellungen nicht offen in Frage stellen, tragen die steigenden Zahlen weiblicher Absolventen und die Öffnung von Studiengängen zu einer Ausdehnung der persönlichen und beruflichen Interessen und Tätigkeitsfelder von Frauen bei.

New Woman Zur Symbolfigur eines veränderten Rollenverständnisses wird gegen Ende des 19. Jh.s der Typus der ›neuen Frau‹ (New Woman). In **Opposition zu traditionellen Frauenbildern** zeichnet sich die ›neue Frau‹ durch eine größere Präsenz in Öffentlichkeit und Politik, durch Berufstätigkeit, ökonomische Unabhängigkeit, Forderung nach sexueller Freiheit und die Befürwortung der Ehescheidung aus. In zeitgenössischen Darstellungen werden symbolische Handlungen wie Rauchen oder Sport – besonders auch Fahrradfahren – zur positiven und negativen Charakterisierung verwendet.

Realistische Literatur: Die Spannbreite der gesellschaftlichen Konflikte und kulturellen Umbruchsituationen wird in der realistischen Literatur der Zeit fiktional verarbeitet. Dabei stellen sich einige Autoren offen gegen die Standards der sog. Genteel Tradition, nach der Literatur und

Kunst vor allem der moralischen Erbauung und nicht der unmittelbar authentischen Darstellung tatsächlicher Lebenswirklichkeiten dienen sollen. Zu den bedeutendsten Autoren realistischer Romane und besonders realistischer **Gesellschaftsromane (Novel of Manners)** zählen William Dean Howells, Henry James, Mark Twain und Theodore Dreiser. Autoren wie Kate Chopin, Elizabeth Stuart Phelps, Louisa May Alcott und Charlotte Perkins Gilman schildern die Lebensumstände und Konventionszwänge von Frauen und erhalten seit der Kanonrevision der 1980er Jahre (s. Kap. 8.7) besondere Aufmerksamkeit in der feministischen Literaturwissenschaft.

Realistische Erzählliteratur zwischen Bürgerkrieg und Jahrhundertwende   Literatur

Rebecca Harding Davis | *Life in the Iron Mills* (1861)
Elizabeth Drew Stoddard | *The Morgesons* (1862)
Louisa May Alcott | *Work* (1873)
Elisabeth Stuart Phelps | *Doctor Zay* (1882)
William Dean Howells | *The Rise of Silas Lapham* (1884)
Mark Twain | *The Adventures of Huckleberry Finn* (1885)
Sarah Orne Jewett | *A White Heron and Other Stories* (1886)
Henry James | *The American* (1877), *Portrait of a Lady* (1881), *The Bostonians* (1886)
Mary Wilkins Freeman | *A New England Nun and Other Stories* (1891)
Charlotte Perkins Gilman | »The Yellow Wall-Paper« (1892)
Kate Chopin | *The Awakening* (1899)
Theodore Dreiser | *Sister Carrie* (1900)

3.4.6 | Soziale Reformen, Gesellschaftskritik, Progressive Movement

1851	YMCA gegründet	*Zeittafel*
1873	New York Society for the Suppression of Vice	
1881	New York Charity Organization Society	
1889	Jane Addams' Hull House in Chicago	
1890	Sherman Anti-Trust Act; People's Party/Populist Party	
1896	Präsidentschaftskandidatur von William Jennings Bryan	
1901	Socialist Party of America	
1905	Gründung der Industrial Workers of the World (IWW)	
1912	Gründung der Progressive Party (»Bull Moose Party«); Woodrow Wilson gewinnt Präsidentschaftswahl für Demokratische Partei	
1914	Clayton Anti-Trust Act	
1916	Gründung des National Park Service	

Die wirtschaftlichen Umwälzungen und sozialen Probleme der Industrialisierung und Urbanisierung stoßen nicht nur bei der sozialistischen Arbeiterbewegung und den Gewerkschaften auf Kritik. Der Kongress versucht 1890 die **monopolistischen Geschäftspraktiken der Großunternehmen** mit dem Sherman Anti-Trust Act zu regulieren, scheitert aber am Widerstand der Gerichte und am Erfindungsreichtum der Unternehmen. In der Tradition der Reformbewegungen der ersten Hälfte des 19. Jh.s bemühen sich **Wohltätigkeitsorganisationen** wie Children's Aid Society, Salvation Army, New York Charity Organization Society, New York Society for the Suppression of Vice und Young Men's Christian Association (YMCA) bzw. Young Women's Christian Association (YWCA) darum, vor allem Kinder und Jugendliche vor den negativen Begleiterscheinungen der sozialen Entwicklungen und Probleme zu schützen. Bis zur Jahrhundertwende bieten allein YMCA und YWCA in mehr als 1000 Häusern bedürftigen Jugendlichen Unterkunftsmöglichkeiten und Freizeitangebote. Die **wachsende Armut** unter der städtischen Bevölkerung und die **schlechten Arbeitsbedingungen** in den Fabriken können solche Anstrengungen jedoch nicht nachhaltig beheben.

Social Gospel und Settlement House Movement: Größeren Einfluss, vor allem auch auf die weiteren Diskussionen um sozialstaatliche Strukturen in den USA im 20. Jh., üben die **sozialreformerischen Ideen** des Social Gospel von Walter Rauschenbusch und die **praktische Sozialarbeit** des Settlement House Movement um Jane Addams aus. Das 1889 in Chicago gegründete Hull House ist das erste von nahezu 500 sog. Settlement Houses bis zur Jahrhundertwende, in denen in unmittelbarer Nähe zu den Wohngebieten von Einwanderern und Industriearbeitern Hilfe in sozialen Notfällen, die Möglichkeit zu Wohngemeinschaften und Bildungs- und Freizeitprogramme angeboten werden. Die Einrichtungen entwickeln sich zu wichtigen Institutionen zur **Förderung von Frauen** und unterstützen wegweisende soziologische Untersuchungen wie z. B. Jane Addams' *Twenty Years at Hull-House* (1910).

Zur Vertiefung

Jane Addams über die soziale Lage von Kindern und Frauen

»I recall our perplexity over the first girls who had ›gone astray' – the poor, little, forlorn objects, fifteen and sixteen years old, with their moral natures apparently untouched and unawakened; one of them whom the police had found in a professional house and asked us to shelter for a few days until she could be used as a witness, was clutching a battered doll which she had kept with her during her six months of an ›evil life‹. Two of these prematurely aged children came to us one day directly from the maternity ward of the Cook County hospital, each with a baby in her arms, asking for protection, because they did not want to go home for fear of ›being licked‹. For them were no jewels nor idle living such as the storybooks portrayed. The first of the older women whom I knew came to Hull-House to ask that her young sister, who was about to arrive from Germany, might live near us; she wished to find her respectable work and wanted her to have the ›decent pleasures‹ that Hull-House afforded. After the arrangement had been completed and I had in a measure recovered from my astonishment at the businesslike way in which she spoke of her own life, I ventured to ask her history. In a very few words she told me that she had come from Germany as a music teacher to an American family. At the end of two years, in order to avoid a scandal involving the head of the house, she had come to Chicago where her child was born, but when the remittances ceased after its death, finding herself without home and resources, she had gradually become involved in her present mode of life.«

(Jane Addams: *Twenty Years at Hull-House,* 1910/1967, S. 145–146)

Literarische Kritik: Die Ideologien von Erfolg, Fortschritt, Unternehmertum und Individualismus geraten seit Ende des 19. Jh.s in die Kritik von Politikern, Intellektuellen, Schriftstellern und Künstlern unterschiedlichster weltanschaulicher Ausrichtungen. In den 1890er Jahren formiert sich im Kontext einer wirtschaftlichen Krise im agrarisch geprägten Mittleren Westen mit der populistischen People's Party eine basisdemokratische Protestbewegung gegen den wachsenden Einfluss von Großindustrie und Banken. In der Literatur lässt sich die Kritik an Industrialisierung, Technologisierung, Urbanisierung und Expansion in folgenden Texten verfolgen:

- in **utopischen bzw. dystopischen Romanen**, unter denen Edward Bellamys *Looking Backward 2000-1887* (1888), Mark Twains *Connecticut Yankee in King Arthur's Court* (1889) und William Dean Howells' *A Traveler from Altruria* (1894) die bekanntesten sind
- in den **naturalistischen Romanen** von Stephen Crane, Theodore Dreiser und Frank Norris
- in den sozialkritischen **Enthüllungs- und Skandalromanen der sog. Muckrakers,** zu denen besonders David Graham Phillips, Lincoln Steffens, Ida Tarbell, Upton Sinclair zählen
- in den Reportagen der **populären Magazine** wie z. B. *McClure's* und *Collier's.*

Der bekannteste Roman der Zeit ist Upton Sinclairs *The Jungle* (1906), der die korrupten Machenschaften von Monopolen, Fabrikbesitzern und Politikern am Beispiel der Fleischindustrie schonungslos offen legt. Die populären Romane von Charles Sheldon, William T. Stead und Edward E. Hale präsentieren eine **christliche Ethik als Reformmodell** und die Figur von Jesus Christus als ein modernes Rollenmodell.

Soziologische Analysen von Thorstein Veblen und kulturkritische Schriften von Henry Adams reflektieren den **Niedergang traditioneller Werteorientierungen** und den Aufstieg egoistischer und materialistischer Denk- und Verhaltensmuster. Herbert Croly zieht traditionelle Prämissen des U.S.-amerikanischen Wirtschaftssystems wie z. B. die Ablehnung staatlicher Intervention in ökonomische und soziale Prozesse in Zweifel und antizipiert damit die Politik des New Deal der 1930er Jahre (s. Kap.3.5.5).

Soziologische und kuturkritische Analysen

Literatur

Sozialkritische Publikationen vor dem Ersten Weltkrieg

Edward Bellamy | *Looking Backward 2000–1887* (1888)
Mark Twain | *A Connecticut Yankee in King Arthur's Court* (1889)
Jacob Riis | *How the Other Half Lives* (1890)
Stephen Crane | *Maggie: A Girl of the Streets* (1893)
William Dean Howells | *A Traveler from Altruria* (1894)
William T. Stead | *If Christ Came to Chicago* (1894)
Edward Everett Hale | *If Jesus Came to Boston* (1895)
Charles Sheldon | *In His Steps: What Would Jesus Do?* (1899)
Frank Norris | *McTeague* (1899), *The Octopus* (1901)
Thorstein Veblen | *Theory of the Leisure Class* (1899)
Theodore Dreiser | *Sister Carrie* (1900)
Lincoln Steffens | *The Shame of the Cities* (1904)
Ida Tarbell | *The History of the Standard Oil Company* (1904)
David Graham Phillips | *The Treason of the Senate* (1906)
Upton Sinclair | *The Jungle* (1906)
Henry Adams | *The Education of Henry Adams* (1907/1919)
Herbert Croly | *The Promise of American Life* (1909)
Jane Addams | *Twenty Years at Hull House* (1910)

Sozialkritische Fotografie: Eine besondere Rolle in der Reformbewegung kommt der sozialkritischen Fotografie (social photography) zu. Die technische Weiterentwicklung und die durch den wachsenden Zeitungs- und Zeitschriftenmarkt geförderte Nachfrage nach sensationalistischen Reportagen (human interest stories) begünstigen die Wirkungsmöglichkeiten des neuen Mediums der Fotografie. Der dänisch-amerikanische Schriftsteller und Fotograf Jacob Riis präsentiert in seinem Band **How the Other Half Lives** (**1890**) und in zahlreichen berühmten Einzelfotografien die Lebensumstände und Wohnverhältnisse der Einwanderer und Industriearbeiter in den Großstädten. Zu den wichtigsten Themengebieten des Fotografen Lewis W. Hine zählt die **Kinderarbeit**, die er in einer Fotoserie 1908–12 dokumentiert (vgl. www.historyplace.com/unitedstates/childlabor).

Progressive Movement: Die sozialreformerischen Ansätze und sozialkritischen Bewegungen zwischen dem späten 19. Jh. und dem Ersten Weltkrieg werden unter dem Begriff des Progressive Movement zusammengefasst. Trotz der Kritik an der Wirtschafts- und Gesellschaftsordnung stellt die Bewegung die Grundlagen des politischen Systems der USA nicht radikal in Frage, sondern versucht die **Vermittlung** von traditionellen Ausgangspunkten und Wertvorstellungen einerseits und sozialen Veränderungen und reformerischen Innovationen andererseits. Reformerische Forderungen nach einer Intervention des Staates im Interesse der Verbesserung individueller und kollektiver Lebensbedingungen bedeuten eine Abkehr vom *Laissez-Faire*-Liberalismus des 19. Jh.s und die Vorwegnahme einer **interventionistischen Regierungspolitik**, wie sie sich im

20. Jh. im Zusammenhang der Weltwirtschaftskrise in den 1930er Jahren
durchsetzt (s. Kap. 3.5.5).

Im Mittelpunkt der politischen Kontroversen der Progressive Era stehen zahlreiche Reformforderungen und Gesetzgebungsinitiativen: Reformen

- Regulierung der **Monopolunternehmen**
- Schutz von **Arbeitnehmerrechten**
- Verbot der **Kinderarbeit**
- **Verbesserung der Lebensverhältnisse** der großstädtischen Bevölke-
  rung
- Reform des **Bildungswesens**
- **Lebensmittelkontrolle**
- **Natur- und Umweltschutz**
- Eindämmung der **Korruption** in Stadtverwaltungen, Behörden und Re-
  gierung
- Reformen des **Wahlrechts**.

Dass auch in der Progressive Era nur wenig zur Überwindung der Rassen-
segregationspolitik getan wird, gehört zu den Paradoxien der Zeit.

Zu den prominentesten Politikern, die dem Progressive Movement in
den Jahren vor dem Eintritt der USA in den Ersten Weltkrieg nahe stehen,
zählen

- **Robert LaFollete**, ein populistischer Senator aus Wisconsin
- **Präsident Theodore Roosevelt**, der mit dem Slogan des »Square Deal«,
  seinen Anti-Trust-Maßnahmen und seinem Engagement für den Naturschutz Wählerstimmen zu gewinnen sucht
- **Präsident Woodrow Wilson**, der die Präsidentschaftswahl 1912 mit
  dem Programm des »New Freedom« für die Demokraten gewinnt und
  in seiner ersten Amtszeit eine reformorientierte Innenpolitik vertritt.

Nach dem Ausbruch des Ersten Weltkriegs in Europa und dem Kriegseintritt der USA 1917 verliert der Reformimpetus an Einfluss, erfährt jedoch
knapp 20 Jahre später in den Reformmaßnahmen des New Deal eine Neu-
auflage.

3.4.7 | Eintritt der USA in die internationale Politik

1796	George Washingtons Farewell Address	Zeittafel
1823	Monroe Doctrine	
1867	Erwerb von Alaska für 7,2 Mio. US-Dollar	
1884–85	Kongo-Konferenz in Berlin	
1890	Alfred T. Mahan: *The Influence of Sea Power upon History*	
1898	American Anti-Imperialist League; Annektierung von Hawaii; Spanisch-Amerikanischer Krieg	
1898–1902	Unabhängigkeitskrieg auf den Philippinen	
1899	Open Door Policy-Erklärungen	

Rekonstruktion
bis Erster Weltkrieg

1901	Platt Amendment
1902	Philippine Government Act
1904	Roosevelt Corollary
1907–09	Weltumrundung der Great White Fleet
1906–14	Bau und Eröffnung des Panama Canal
1917	Eintritt der USA in den Ersten Weltkrieg

Grundzüge der Außenpolitik: Die Außenpolitik der USA ist im ersten Jahrhundert nach der Staatsgründung von zwei Dokumenten bestimmt, welche die Grundzüge des außenpolitischen Denkens und Handelns bis heute prägen: George Washingtons **Farewell Address** (1796) und die **Monroe Doctrine** (1823). Am Ende seiner Amtszeit als Präsident warnt Washington vor dauerhaften Allianzen mit anderen Nationen – besonders mit denen Europas – und formuliert eine Position des **Isolationismus**. In einer Rede vor dem Kongress beansprucht Präsident James Monroe knapp 30 Jahre später die westliche Hemisphäre als Einflussbereich der USA und erklärt sowohl gegenüber Europa – d.h. hier gegenüber den damaligen Kolonialmächten Spanien und Portugal – als auch gegenüber Mittel- und Südamerika einen **geographischen Machtanspruch**, der bis in die Gegenwart gültig bleibt.

Zur Vertiefung

George Washington zur Außenpolitik der USA (1796)

»Our detached and distant situation invites and enables us to pursue a different course. If we remain one people under an efficient government the period is not far off, when we may defy material injury from external annoyance; when we may take such an attitude as will cause the neutrality we may at any time resolve upon to be scrupulously respected; when belligerent nations, under the impossibility of making acquisitions upon us, will not lightly hazard the giving us provocation; when we may choose peace or war, as our interest, guided by justice, shall counsel.

Why forego the advantages of so peculiar a situation? Why quit our own to stand upon foreign ground? Why, by interweaving our destiny with that of any part of Europe, entangle our peace and prosperity in the toils of European ambition, rivalship, interest, humor or caprice?

It is our true policy to steer clear of permanent alliances with any portion of the foreign world; so far, I mean, as we are now at liberty to do it; for let me not be understood as capable of patronizing infidelity to existing engagements. I hold the maxim no less applicable to public than to private affairs, that honesty is always the best policy. I repeat it, therefore, let those engagements be observed in their genuine sense. But, in my opinion, it is unnecessary and would be unwise to extend them.« (www.ourdocuments.gov)

Expeditionen

Eine Reihe wissenschaftlicher Expeditionen erweitert zeitgleich mit der Expansion auf dem nordamerikanischen Kontinent und im Kontext des Manifest Destiny (s. Kap. 3.3.5) das Interessensgebiet der USA auf andere Kontinente und bereitet die **Rolle der USA in der Weltpolitik** vor. Zu den spektakulärsten Marineexpeditionen zählen die von Commodore Charles

Eintritt der USA in
die internationale
Politik

Wilkes in die Südsee 1838–42 (vgl. www.sil.si.edu/DigitalCollections/ usexex) und die von Commodore Matthew Calbraith Perry nach Japan 1852–54. Die Berichte, Landkarten und Bilder in Publikationen wie z. B. Wilkes' *Narrative of the United States Exploring Expedition* (1844) und Perrys *Narrative of the Expedition of an American Squadron to the China Seas and Japan* (1856) bringen der Öffentlichkeit die fremden Kontinente und Kulturen mit **imperialistisch-kolonialistischen Implikationen** nahe.

Marineexpeditionen vor dem Bürgerkrieg Zur Vertiefung

1838–42: Charles Wilkes' Expedition in den Pazifik und in die Südsee
1847–48: William Francis Lynchs Expedition an das Tote Meer
1849–52: James Melville Gilliss' Expedition nach Chile
1851–52: William Lewis Herndons Expedition an den Amazonas
1852–54: Commodore Matthew C. Perrys Expedition nach Japan
1853–56: Cadwallader Ringgolds und John Rodgers Expedition in den Nordpazifik

---

Imperialistische Außenpolitik: Nach dem Bürgerkrieg dehnen die USA ihren politischen und militärischen Einflussbereich weiter aus. Der **Kauf Alaskas von Russland** für 7,2 Mio. US-Dollar 1867 bringt eine Erweiterung des Territoriums in Nordamerika, drängt den früheren Rivalen aus der hemisphärischen Einflusszone und sichert reichhaltige Bodenschätze. Mit der Teilnahme an der **Berliner Kongo-Konferenz 1884/85** reihen sich die USA in die Gruppe der imperialen Kolonialmächte ein. Im Zuge der fortschreitenden Industrialisierung und der Erhöhung der Wirtschaftskapazität wird die strategische Sicherung des freien Zugangs zu den internationalen – und besonders den asiatischen – Märkten (**Open Door Policy**) zu einer zentralen Prämisse der Außenpolitik.

Im Zeitalter des **nationalistisch motivierten Flottenbaus** in Europa formuliert Alfred T. Mahan in seiner populären Schrift *The Influence of Sea Power upon History* (1890) die U.S.-amerikanische Variante einer imperialen Flottenpolitik, die bis ins 20. Jh. der Marine eine besondere Stellung in der Außen- und Sicherheitspolitik der USA gibt. Ihren Höhepunkt erreicht die Flottenpolitik in der Zeit vor dem Ersten Weltkrieg in der Machtdemonstration der **Weltumrundung der Great White Fleet** 1907 bis 1909. Die Übernahme des ursprünglich französischen Projekts des **Panama-Kanals** durch die USA 1902 und der Bau des Kanals 1906 bis 1914 bekräftigt die global ausgerichtete Außenpolitik der USA und deren ökonomische Implikationen. Flottenpolitik

---

Sendungsbewusstsein und Außenpolitik Zur Vertiefung

Ähnlich wie in Europa wird die Außenpolitik und die globale Expansion der USA in der Zeit zwischen Bürgerkrieg und Erstem Weltkrieg von Vorstellungen der ethnischen, kulturellen und religiösen Überlegenheit der U.S.-amerikanischen Nation und von einem zivilisatorischen Sendungsbewusstsein begleitet. Zu den prominentesten Vertretern einer imperialen Außenpolitik zählen Theodore Roosevelt, Henry Cabot Lodge, Albert J. Beveridge und John Hay. Unterstützung erhalten imperialistische Politiker von der sensationalistischen Presse, allen voran von den Yellow Press-Publikationen der Verleger William Randolph Hearst und Joseph Pulitzer. Repräsentanten protestantischer Kirchen, wie z.B. Rev. Josiah Strong in seiner weit verbreiteten Schrift *Our Country* (1885), verbinden die territoriale Expansion der USA mit einem weltweiten Missionsgedanken:

»The unoccupied arable lands of the earth are limited, and will soon be taken. The time is coming when the pressure of population on the means of subsistence will be felt here as it is now felt in Europe and Asia. Then will the world enter upon a new stage of its history – *the final competition of races, for which the Anglo-Saxon is being schooled.* Long before the thousand millions are here, the mighty *centrifugal* tendency, inherent in this stock and strengthened in the United States, will assert itself. Then this race of unequaled energy, with all the majesty of numbers and the might of wealth behind it – the representative, let us hope, of the largest liberty, the purest Christianity, the highest civilization – having developed peculiarly aggressive traits calculated to impress its institutions upon mankind, will spread itself over the earth. If I read not amiss, this powerful race will move down upon Mexico, down upon Central and South America, out upon the islands of the sea, over upon Africa and beyond. [...] Thus, while on this continent God is training the Anglo-Saxon race for its mission, a complemental work has been in progress in the great world-beyond. God has two hands. Not only is he preparing in our civilization the die with which to stamp the nations, but, by what Southey called the ›timing of Providence,‹ he is preparing mankind to receive our impress.«

(Josiah Strong: *Our Country*, Hg. Jurgen Herbst, 1963, S. 213–216)

Kritiker Zu den prominentesten Kritikern einer imperialistischen Außenpolitik (Jingoism) gehört eine Gruppe von Politikern, Schriftstellern und Großindustriellen, die ab 1898 in der **American Anti-Imperialist League** organisiert ist. Prominente Kritiker sind z.B. Andrew Carnegie, William Jennings Bryan, Mark Twain, William Dean Howells, William James, Carl Schurz und John Dewey. Unter den **internationalen Kritikern** der U.S.-amerikanischen Außenpolitik der Zeit erreicht der kubanische Schriftsteller José Martí mit seinem Essay »Nuestra América/Our America« eine bis heute anhaltende Wirkung.

Spanisch-amerikanischer Krieg: Als erster Höhepunkt der imperialen Außenpolitik der USA gilt der Spanisch-Amerikanische Krieg 1898. Nach einer Serie von Konflikten mit Großbritannien über Seerechte im Nordatlantik und mit Deutschland über den Besitz der Pazifikinseln von Samoa in den 1890er Jahren sowie nach der Annektierung von Hawaii mit dem Hafen von Pearl Harbor 1898 kommt es zum Krieg mit Spanien um die **Vorherrschaft in der Karibik** und um die strategisch wichtigen Inseln der **Philippinen**. Die Explosion des U.S.-amerikanischen Kriegsschiffs *Maine* im Hafen von Havanna im Februar 1898 – heute als Unfall (und nicht als

Eintritt der USA in
die internationale
Politik

Sabotageakt) geklärt – dient der Regierung der USA und der von der Presse manipulierten Öffentlichkeit zur Rechtfertigung der Invasion von Kuba durch die von Theodore Roosevelt angeführten Einheit der Rough Riders und zum Angriff der Flotte unter Admiral George Dewey auf Manila. Die Kampfhandlungen dauern nur wenige Wochen, weshalb der **für die USA siegreiche Krieg** von Anhängern der imperialistischen Politik als »splendid little war« bezeichnet wird.

Die spanischen Niederlagen auf Kuba und auf den Philippinen bedeuten nach mehr als 400 Jahren das Ende des spanischen Kolonialreichs in der westlichen Hemisphäre und die Bestätigung des **globalen Machtanspruchs der USA**. Kuba wird von Spanien unabhängig, gerät jedoch unter U.S.-amerikanischen Einfluss (Platt Amendment). Gegen die Zahlung von 20 Mio. US-Dollar tritt Spanien Puerto Rico, Guam und die Philippinen als Territorien an die USA ab, wodurch sich der Machtbereich der USA weit in den **Pazifik** verschiebt. Nach einem Guerillakrieg gegen die philippinische Unabhängigkeitsbewegung wird eine U.S.-amerikanische Kolonialherrschaft etabliert, aus der die **Philippinen** erst nach dem Zweiten Weltkrieg entlassen werden. Die Perspektive der Außenpolitik der Zeit spiegelt sich in einer Rede von Senator Albert J. Beveridge vor dem Kongress 1900 (s. Kap. 6.2.3).

Ansprüche
im Pazifik

Notenheft
des Songs »I Didn't
Raise My Boy to Be
a Soldier«, 1915

Eintritt der USA in den Ersten Weltkrieg: Die Zeit bis zum Ersten Weltkrieg ist von einem Ausbau der Ansprüche in Mittel- und Südamerika und im pazifischen Raum geprägt. Mit der 1904 proklamierten **Roosevelt Corollary** zur Monroe Doctrine (sog. big stick policy) erklären sich die USA zur **internationalen Ordnungsmacht** – in Theodore Roosevelts Worten zu einer ›internationalen Polizeimacht‹ (»international police power«) – und demonstrieren dies mit militärischen Interventionen z. B. in Mexiko im Zusammenhang mit der Mexikanischen Revolution. Zugleich versucht Präsident Wilson gegenüber dem Krieg in Europa zunächst einen neutralistischen Kurs zu verfolgen und gewinnt 1916 seine Wiederwahl u. a. mit dem Slogan »He kept us out of war!«

Schließlich führen insbesondere die folgenden Aspekte und Ereignisse zum Kriegseintritt der USA:

Gründe für den
Kriegseintritt

- die **traditionell engen Bindungen** zwischen den USA einerseits und Großbritannien und Frankreich andererseits
- die **U-Boot-Kriegsführung** des kaiserlichen Deutschland und besonders die Versenkung des Dampfers Lusitania
- der deutsche Versuch, **Mexiko** zu einem Krieg gegen die USA zu ermuntern (Zimmermann-Telegramm)
- die steigende Besorgnis um den **Verlust wirtschaftlicher Investitionen und Finanzkredite** im Falle einer Niederlage der Alliierten.

In seiner Rede vor dem Kongress zur Kriegserklärung an Deutschland am 2. April 1917 formuliert Präsident Wilson die Abkehr von einem außenpolitischen Kurs der Isolation und der Beschränkung auf die westliche Hemisphäre und zeichnet den ambivalenten Weg der USA zu einer globalen Ordnungsmacht mit **ökonomisch-stragetischen Interessen und idealistisch-politischen Zielen** vor. Nach dem Ende des durch den Ein-

Kriegserklärung

tritt der USA und die American Expeditionary Force unter General John J. Pershing entschiedenen Ersten Weltkriegs, der an der Heimatfront (Home Front) von einer nationalistischen Propagandaschlacht gegen die deutschen ›Hunnen‹, durchaus aber auch von kritischen Stimmen z. B. aus dem Lager der Sozialreformer begleitet wird, ist die **Transformation der USA zur Weltmacht** vollzogen.

Zur Vertiefung

Präsident Woodrow Wilson am 2. April 1917

»We are glad, now that we see the facts with no veil of false pretense about them, to fight thus for the ultimate peace of the world and for the liberation of its peoples, the German peoples included: for the rights of nations great and small and the privilege of men everywhere to choose their way of life and of obedience. The world must be made safe for democracy. Its peace must be planted upon the tested foundations of political liberty. We have no selfish ends to serve. We desire no conquest, no dominion. We seek no indemnities for ourselves, no material compensation for the sacrifices we shall freely make. We are but one of the champions of the rights of mankind.«

(Widmer, Hg.: *American Speeches*, 2006, Bd. 2, S. 244–245; www.ourdocuments. gov)

3.5 | Die USA zwischen den Weltkriegen

3.5.1 | Gesellschaft und Politik nach dem Ersten Weltkrieg

Zeittafel

1917	Eintritt der USA in den Ersten Weltkrieg; Espionage Act; Revolution in Russland
1918	Präsident Wilsons »Fourteen Points«; Sedition Act; Grippeepidemie; 11. November: Waffenstillstand in Europa
1919	Friedensvertrag von Versailles; Rassenunruhen in Chicago; Ablehnung des Versailler Vertrags und des Beitritts zum Völkerbund durch den Senat
1919–21	Red Scare/Palmer Raids
1920	19. Verfassungszusatz (Wahlrecht für Frauen); Sieg von Warren G. Harding in den Präsidentschaftswahlen

Fremdenfeindlichkeit und Red Scare: Nach der Kriegserklärung durch Präsident Wilson richtet sich Patriotismus und Nationalismus besonders gegen die deutsch-amerikanische Bevölkerungsgruppe im Mittleren Westen sowie gegen Kriegsgegner unterschiedlicher politischer Orientierungen. Nach der Revolution in Russland im Herbst 1917 werden Repräsentanten der sozialistisch-kommunistischen Arbeiterbewegung in den USA wie z. B. der Präsidentschaftskandidat der Socialist Party of America, Eugene

V. Debs, Aktivisten der Industrial Workers of the World (IWW) oder die Herausgeber von oppositionellen Zeitschriften wie z. B. *The Masses* zu Opfern **fremdenfeindlicher Ressentiments**. Die hysterieartige Stimmung wird meist mit dem Begriff der Red Scare beschrieben. Die fremdenfeindliche Stimmung der Zeit bildet den Kontext für die **restriktive Einwanderungspolitik** der 1920er Jahre (s. Kap. 2.3.2).

Einen Höhepunkt erreicht die politische **Repression und Intoleranz** in den Palmer Raids der Jahre 1919 bis 1921. Unter der Verantwortung von Justizminister Alexander Mitchell Palmer und FBI-Direktor J. Edgar Hoover werden sog. Anarchisten und Radikale verfolgt, inhaftiert und in die Sowjetunion deportiert. Neben den Salemer Hexenprozessen 1691/92 und den Verfolgungen von ›unamerikanischen‹ Politikern, Intellektuellen und Künstlern durch Senator McCarthy während des Kalten Kriegs (s. Kap. 3.6.1) zählt die Red Scare zu den größten **Massenhysterien der U.S.-amerikanischen Politikgeschichte**. Zu den prominentesten der ca. 250 Deportierten zählt die russisch-amerikanische Frauenrechtlerin Emma Goldmann.

Wie sich ideologische Konflikte und ethnozentrische Ressentiments nach dem Ersten Weltkrieg verbinden, zeigt der Fall der italienisch-amerikanischen Anarchisten Nicola Sacco und Bartolomeo Vanzetti. Nach einem **umstrittenen Prozess** um ihre angebliche Beteiligung an einem Raubmord in der Nähe von Boston 1920 werden sie zum Tode verurteilt und trotz jahrelanger weltweiter Proteste 1927 hingerichtet. Das Schicksal der zu Symbolfiguren stilisierten Sacco und Vanzetti wird in Romanen, Gedichten, Theaterstücken, Bildern, Filmen und Liedern aus unterschiedlichen Perspektiven erzählt. Die Songs von Woody Guthrie, Pete Seeger und Joan Baez werden auch außerhalb des spezifischen historischen Kontexts als Dokumente einer inneramerikanischen Opposition gegen Intoleranz und Repression in der U.S.-amerikanischen Gesellschaft und Politik betrachtet.

Sacco & Vanzetti in Literatur, Film, Musik

Pete Seeger/Nicola Sacco | »Sacco's Letter to his Son« (1926/1951)
Carl Sandburg | »Legal Midnight Hour« (1927)
Edna St. Vincent Millay | »Justice Denied in Massachusetts« (1927)
Upton Sinclair | *Boston* (1928)
Maxwell Anderson | *Winterset* (1935)
Woody Guthrie | *Ballads of Sacco & Vanzetti* (1960)
Joan Baez | »Sacco and Vanzetti« (1971)
Giuliano Montaldo | »Sacco e Vanzetti« (1971)
Anton Coppola | *Sacco and Vanzetti* (2001)

Präsident Wilsons Pläne für die Nachkriegszeit: Auf die mit idealistischem Pathos und demokratischem Sendungsbewusstsein vorgetragene Kriegserklärung Präsident Wilsons folgt auf den Schlachtfeldern Europas

**Die USA zwischen
den Weltkriegen**

und auf der internationalen politischen Bühne eine tiefgreifende **Ernüchterung und Desillusionierung**. Wilson legt im Januar 1918 in den sog. »Fourteen Points« ein **außenpolitisches Programm für die Nachkriegszeit** vor, das u. a. folgende Punkte umfasst:

**Woodrow Wilsons
»Fourteen Points«**

- Regelungen zur Lösung territorialer Streitfragen in Europa
- Proklamation des demokratischen Selbstbestimmungsrechts der Völker
- globale Dekolonisierungsstrategien
- versöhnlicher Kurs gegenüber Deutschland
- Bildung einer »general association of nations« als neuartiges politisches Organ zur internationalen Konfliktlösung.

Im Versailler Friedensvertrag vom Juni 1919 setzen sich jedoch die Positionen der europäischen Sieger- und Kolonialmächte durch, und der Beitritt der USA zu dem in Anlehnung an Wilsons »Fourteen Points« gegründeten Völkerbund (League of Nations) scheitert am **öffentlichen Misstrauen in den USA** gegenüber einer dauerhaften internationalen Einbindung und an der **Ablehnung des Versailler Vertrags** durch den Senat im November 1919. Damit sind Wilsons Pläne gescheitert und die Außenpolitik der USA kehrt für die nächsten Jahre zu **isolationistischen Positionen** zurück.

Zur Vertiefung

Präsident Wilsons »Fourteen Points« (Auszug)

- Open covenants of peace, openly arrived at, after which there shall be no private international understandings of any kind but diplomacy shall proceed always frankly and in the public view.
- Absolute freedom of navigation upon the seas, outside territorial waters, alike in peace and in war, except as the seas may be closed in whole or in part by international action for the enforcement of international covenants.
- The removal, so far as possible, of all economic barriers and the establishment of an equality of trade conditions among all the nations consenting to the peace and associating themselves for its maintenance.
- Adequate guarantees given and taken that national armaments will be reduced to the lowest point consistent with domestic safety.
- A free, open-minded, and absolutely impartial adjustment of all colonial claims, based upon a strict observance of the principle that in determining all such questions of sovereignty the interests of the populations concerned must have equal weight with the equitable claims of the government whose title is to be determined. [...]
- A general association of nations must be formed under specific covenants for the purpose of affording mutual guarantees of political independence and territorial integrity to great and small states alike. (www.ourdocuments.gov)

Kollektive Traumatisierung und Desillusion: Für eine Generation junger Amerikaner und vor allem für diejenigen, die mit den Truppen als Soldaten, Sanitäter oder Krankenpfleger nach Europa kommen, bringt der Erste Weltkrieg statt der versprochenen glorreichen Siege und der Verwirklichung universeller Ideale und demokratischer Visionen die Erfahrung von Zerstörung, Verlust, Verwundung und Tod. Mehr als 110.000 U.S.-amerikanische Soldaten verlieren ihr Leben im Ersten Weltkrieg. Die Traumatisierung durch die **Zerstörungskraft der modernen technologischen**

Kriegsführung (sog. Shell Shock) und die individuelle und kollektive Erfahrung der Ohnmacht tritt für viele an die Stelle traditioneller Vorstellungen von Heldenmut, Ruhm und Männlichkeit. Zu den eindringlichsten literarischen Darstellungen der Kriegserfahrung zählen E.E. Cummings' Roman *The Enormous Room* (1922), Thomas Boyds Roman *Through the Wheat* (1923), Maxwell Andersons Drama *What Price Glory?* (1924) sowie Ernest Hemingways Kurzgeschichte »Soldier's Home« (1925) und Romane *The Sun Also Rises* (1926) und *A Farewell to Arms* (1929). Das Gefühl der Desillusion wird zum prägenden Merkmal der neuen Generation von Autoren und Intellektuellen und von der Schriftstellerin Gertrude Stein zu Beginn der 1920er Jahre im Bild der **Lost Generation** komprimiert. In seiner Kulturgeschichte der Jahre 1912 bis 1917 spricht Henry F. May (1959) von »the end of American innocence«.

Lost Generation

Das Gefühl der Desillusion in Texten der Lost Generation

Zur Vertiefung

»Long after midnight the towers and spires of Princeton were visible, with here and there a late-burning light – and suddenly out of the clear darkness the sound of bells. As an endless dream it went on; the spirit of the past brooding over a new generation, the chosen youth from the muddled, unchastened world, still fed romantically on the mistakes and half-forgotten dreams of dead statesmen and poets. Here was a new generation, shouting the old cries, learning the old creeds, through a revery of long days and nights; destined finally to go out into that dirty gray turmoil to follow love and pride; a new generation dedicated more than the last to the fear of poverty and the worship of success; grown up to find all Gods dead, all wars fought, all faiths in man shaken ...«

(F. Scott Fitzgerald: *This Side of Paradise*, 1920/1953, S. 282)

There died a myriad,
And of the best, among them,
For an old bitch gone in the teeth,
For a botched civilization,
Charm, smiling at the good mouth,
Quick eyes gone under earth's lid,
For two gross of broken statues,
For a few thousand battered books.

(Ezra Pound: »High Selwyn Mauberley«, 1920, In: Baym et al. Hg.: *Norton Anthology of American Literature*, [7]2007, Bd. D, S. 1487.

Soziale Veränderungen an der Heimatfront: In den USA selbst – während des Kriegs als Heimatfront (Homefront) bezeichnet – bringt der Erste Weltkrieg eine Reihe sozialer Umwälzungen mit weitreichenden Konsequenzen. Der Beginn des Ersten Weltkriegs in Europa 1914 führt zu einem Rückgang der Einwandererzahlen, während in allen wirtschaftlichen Bereichen die Nachfrage nach Arbeitskräften weiterhin steigt. 1914 bis 1918 wächst die Industrieproduktion um ca. 30 %, und im Zuge der **Umstellung auf eine Kriegswirtschaft** nimmt die Zahl der Arbeitskräfte zwischen 1916 und 1918 um mehr als 1,3 Mio. zu. Im Zusammenhang der expandierenden Kriegsindustrie kommen mehr als 500.000 afroamerikanische Arbeiter in die Industriestädte des Nordostens und Mittleren Westens wie z. B. Pittsburgh, Detroit und Chicago. Dass in den Kriegsjahren mehr Frauen berufstätig sind und Frauen eine prominentere Rolle in der Öffentlichkeit einnehmen, bedingt wesentlich die Ratifizierung des 19. Verfassungszusatzes zum **Wahlrecht für Frauen**.

Back to Normalcy? Die **Rückkehr und Demobilisierung der Truppen** nach Kriegsende führt zusammen mit einem Rückgang der industriellen und landwirtschaftlichen Produktion zu sozialen Unruhen und zahlreichen Streikaktionen. Die angesichts sozialer Probleme und wirtschaftlicher Rezessionen zunehmenden ethnischen Konflikte in den Städten, die z. B. in Chicago 1919 zu gewalttätigen Unruhen eskalieren, verstärken das Gefühl allgemeiner **Unsicherheit und Orientierungslosigkeit**. 1920 gewinnt der republikanische Kandidat Warren G. Harding die Präsidentschaftswahl mit einem isolationistischen Programm in der Außenpolitik, mit einem für seinen ordnungs- und wirtschaftspolitischen Konservatismus bekannten Vizepräsidenten Calvin Coolidge und vor allem mit dem Slogan »Zurück zur Normalität« (»back to normalcy«).

3.5.2 | Die paradoxen 1920er Jahre – Modernität und Internationalität

Zeittafel

1908–27	Produktion des Ford Model T
1920	Radiostation KDKA nimmt den Sendebetrieb auf
1921/22	WEAF sendet Nachrichtenprogramme und Rundfunkwerbung
1923	Calvin Coolidge wird Präsident
1926	Gründung NBC
1927	Gründung CBS; Tonfilm *The Jazz Singer*; Charles Lindberghs Flug über den Atlantik; Ford Model A
1928	vertonter Cartoonfilm *Steamboat Willy*
1929	Vergabe des ersten Academy Award (sog. Oscar)

F. Scott Fitzgerald:
Tales of the
Jazz Age (1922)

Die 1920er Jahre sind von vielfältigen Spannungen und Widersprüchen bestimmt, die von populären Etikettierungen wie z. B. Roaring Twenties oder Golden Twenties überlagert werden. Die **Mythenbildung der Goldenen Zwanziger Jahre** wird insbesondere von Frederick L. Allens Retrospektive *Only Yesterday* (1931) gefördert. Andere schlagwortartige Beschreibungen der 1920er Jahre wie z. B. Jazz Age gehen ebenfalls auf zeitgenössische Einschätzungen und künstlerische Projektionen unmittelbar beteiligter Personen wie z. B. den Schriftsteller F. Scott Fitzgerald zurück. Die **historischen Paradoxien und kulturellen Ambivalenzen** der Dekade sind zwischen radikaler, internationaler Modernität einerseits und reaktionärem, provinziellem Konservatismus andererseits ausgespannt – eine Polarität, die in nahezu allen Bereichen des politischen, sozialen und kulturellen Lebens der 1920er Jahre zu erkennen ist.

Wirtschaftsboom: Nach der ökonomischen und sozialen Krise der ersten Nachkriegsjahre erlebt die Wirtschaft in den 1920er Jahren einen Aufschwung, der zu einer bis dahin unbekannten **Prosperität weiter Bevölkerungskreise** führt. In Verbindung mit der fortschreitenden Technologisierung aller Lebensbereiche und der anhaltenden Popularität einer nahezu unbedingten Fortschrittsideologie wird ›Amerika‹ in der internationalen Wahrnehmung zur **Metapher von Modernität** schlechthin. Insbesondere deutsche Beobachter sprechen vom ›amerikanischen Wirtschaftswunder‹ – so Julius Hirsch 1926 in einer gleichlautenden Studie –, warnen aber auch vor den Gefahren des sog. ›Amerikanismus‹ als Inbegriff der negativen Konsequenzen des modernen Lebens.

Zur Vertiefung

Die Großstadt als Metapher von Modernität

Zum definitorischen Raum der ›amerikanischen Modernität‹ wird die Großstadt und besonders New York bzw. Manhattan. Mit ihrer Wirtschaftskraft, Dynamik, ethnischen Pluralität und Architektur wird die U.S.-amerikanische Großstadt für Schriftsteller und Künstler zum symbolischen Raum einer faszinierenden, zugleich jedoch überwältigenden und bedrohlichen Modernität. Zu den bekanntesten Beispielen zählen die Romane von John Dos Passos oder F. Scott Fitzgerald, die Fotografien von Lewis Hine und Alfred Stieglitz sowie die Gemälde von George Grosz und Joseph Stella.

Konsumkultur

Die Ende des 19. Jh.s entstehende Industrie- und Konsumkultur schafft in den 1920er Jahren eine Fülle von Arbeitsplätzen und erreicht mit der **Massenproduktion** immer neuer Artikel und technischer Gerätschaften ihren ersten Höhepunkt im 20. Jh., der erst wieder in den 1950er Jahre übertroffen wird. Die **Werbebranche** nutzt den expandierenden Zeitschriftenmarkt, um immer mehr Konsumenten über Magazine wie *Saturday Evening Post*, *McClure's*, *Reader's Digest* oder *Ladies Home Journal* zu erreichen. Die **Elektrifizierung von ca. 60% aller Haushalte** bis zur Mitte des Jahrzehnts verändert durch die Verbreitung von Kühlschränken, Waschmaschinen, Staubsaugern, Küchengeräten, Radios u.a.m. die Organisation, den Tagesablauf und die Lebensgewohnheiten eines Großteils der Bevölkerung. Der Aufbau von Ladenketten wie z.B. A&P revolutioniert **Verkaufsstrategien und Einkaufsgewohnheiten** gleichermaßen und leitet den Niedergang traditioneller Einzelhandelsgeschäfte ein.

Zum Begriff

Zum Inbegriff des technischen Fortschritts und der Partizipation immer größerer Teile der Bevölkerung an der modernen Konsumkultur wird der → **Fordismus**. Mit dem Begriff wird die von dem Auto-

mobilhersteller Henry Ford in der zweiten Dekade des 20. Jh.s in Detroit eingeführte Fließbandproduktion preiswerter Industriegüter
bei gleichzeitig hohen Lohnstandards zur Förderung der Beteiligung
der Industriearbeiter am Konsum bezeichnet.

Automobilkultur In den 1920er Jahren wird das Automobil zu einem wichtigen Konsum-
gut und Statussymbol. Mit einer verkauften Stückzahl von 15 Mio. zwi-

schen 1908 und 1927 wird der Ford Model T (sog.
Tin Lizzie) zum Symbol des Automobilzeitalters und
der **Mobilität der modernen Gesellschaft**. Zwischen
1920 und 1930 steigt die Zahl der Personenwagen in
den USA von 8 auf 23 Mio. an. Konservative Kreise
sehen im Automobil und der mit ihm verbundenen
Unabhängigkeit z. B. für Frauen und Jugendliche
eine Gefahr für traditionelle Moralvorstellungen. Die
kulturelle Bedeutung des Automobils für die U.S.-
amerikanische Gesellschaft der 1920er Jahre zeigt

Ford Model T sich darin, dass das Auto in zeitgenössischen Romanen wie z. B. Sinclair
Lewis' *Babbit* (1922) und F. Scott Fitzgeralds *The Great Gatsby* (1925) eine
maßgebliche Rolle spielt.

Neue Rollenverteilungen: In den 1920er Jahren erfahren herkömmliche
Rollenkonzeptionen für Frauen eine Neudefinition und Liberalisierung.
Der politischen Gleichberechtigung durch das Wahlrecht folgt für einen
Teil der weiblichen Bevölkerung eine **Befreiung von traditionellen Normen und Moralvorstellungen**. Durch die Vielzahl neuer Tätigkeiten in der
florierenden Wirtschaft – besonders im Bereich von Bürojobs – gewinnen
viele Frauen **ökonomische und soziale Selbständigkeit**. Die Technisie-
rung der Haushalte verändert nachhaltig das Leben der Hausfrauen. Zum
öffentlichen Ausdruck einer weitergehenden Unabhängigkeit und Freiheit
werden z. B. Sport, Autofahren, der Besuch von Tanzveranstaltungen und
Nachtklubs, das Rauchen und Trinken von Alkohol, das Tragen kurzer
Kleider, Make-up und die modische Kurzhaarfrisur (sog. Bob). Zu einem
neuen Prototyp der Frau wird der **Flapper,** wie sie sich in den Karikaturen
von John Held und in den Romanen und Kurzgeschichten von F. Scott
Fitzgerald findet und wie er in der Zeit selbst von der Schriftstellerin Anita
Loos und der Schauspielerin Clara Bow verkörpert wird.

Radio **Neue Medien:** In den 1920er Jahren wird die Medien- und Massenun-
terhaltungskultur zu einem konstitutiven Merkmal der Modernität der
U.S.-amerikanischen Gesellschaft und der zunehmend international verbreiteten U.S.-amerikanischen Populärkultur. Die Dekade gilt als Beginn
des ›**goldenen Zeitalters des Radios**‹ (golden age of radio), das bis in die
1940er Jahre andauert und erst mit der Verbreitung des Fernsehens endet. Als Start des kommerziellen Radios gilt die Aufnahme eines regulären Sendebetriebs mit festen Programmzeiten durch den Sender KDKA in
Pittsburgh, PA am 2. November 1920. Zwei Jahre später senden landesweit

bereits mehr als 500 Radiosender Programme unterschiedlichster Art und Dauer. Der Sender WEAF (heute WFAN) in New York City sendet ab 1921 regelmäßig **Nachrichtenprogramme** und eröffnet 1922 mit der Einführung der **Radiowerbung** den modernen Unterhaltungsmedien neue wirtschaftliche Perspektiven. Mit der Gründung der National Broadcasting Company (NBC) 1926 und des Columbia Broadcasting System (CBS) 1927 nimmt die bis zur Segmentierung der Medienlandschaft im letzten Drittel des 20. Jh.s fortbestehende **Struktur der kommerziellen Radio- und Fernsehlandschaft** ihre Formen an (s. Kap. 1.2.3). Die Verbindung des neuen Mediums Radio mit der seit dem späten 19. Jh. erfolgreichen Musikindustrie führt zu einer noch weiteren Verbreitung der populären Musik – und vor allem der neuen Jazzmusik – und zu einer Veränderung der Freizeitgewohnheiten.

Neben dem Radio wird der Film in den 1920er Jahren zum wichtigsten Unterhaltungsmedium. Die seit Beginn des 20. Jh.s in Hollywood in der Nähe der neuen südkalifornischen Metropole Los Angeles angesiedelte Filmindustrie etabliert ihre weltweite Vormachtstellung. Große **Filmstudios und Produktionsgesellschaften** wie Paramount Pictures, Metro-Goldwyn-Mayer, Universal Studies und United Artists sowie Produzenten und Regisseure wie Louis B. Mayer, Carl Laemmle, Irving Thalberg, Jesse L. Lasky, Fred Niblo, King Vidor, Rex Ingram und Cecil B. DeMille beginnen das Filmgeschäft zu dominieren. Die **internationale Anziehungskraft Hollywoods** führt auch deutsche Regisseure wie Fritz Lang und Ernst Lubitsch in die USA. Die Filme der Stars der Stummfilmzeit wie z. B. Rudolph Valentino, Douglas Fairbanks, Charlie Chaplin, Gloria Swanson und Mary Pickford werden zu Kassenschlagern. 1927 wird die Academy of Motion Picture Arts and Sciences gegründet wird und ab 1929 werden die **Academy Awards (Oscars)** vergeben. Mit dem ersten Tonfilm, *The Jazz Singer* mit Al Jolson, endet 1927 die Zeit der Stummfilme. Nur ein Jahr später kommt mit *Steamboat Willy* der erste Zeichentricktonfilm von Walt Disney in die Kinos.

Filmindustrie

Berühmte Stummfilme 1915–1929

Zur Vertiefung

Birth of a Nation	(1915, D.W. Griffith)
The Mask of Zorro	(1920, Fred Niblo)
The Sheik	(1921, George Melford)
The Three Musketeers	(1921, Fred Niblo)
The Four Horsemen of the Apocalypse	(1921, Rex Ingram)
Robin Hood	(1922, Allan Dwan)
The Thief of Bagdad	(1924, Raoul Walsh)
Ben Hur: A Tale of the Christ	(1925, Fred Niblo)
The Gold Rush	(1925, Charlie Chaplin)
The Big Parade	(1925, King Vidor)
The Son of the Sheik	(1926, George Fitzmaurice)
The Black Pirate	(1926, Albert Parker)
Metropolis	(1927, Friz Lang)
The Iron Mask	(1929, Allan Dwan)

Freizeitindustrie und Starkult: Die Stars der Stummfilmzeit legen den Grundstein für die moderne **Celebrity Culture**, die ihrerseits als mediale (Über-)Steigerung eines ›amerikanischen Individualismus‹ (s. Kap. 6.2.4) gesehen werden kann. Im Zusammenhang mit der Kommerzialisierung der Freizeitindustrie und des professionellen Sports werden Baseball-Spieler wie Babe Ruth und Ty Cobb, Football-Spieler wie Harold »Red« Grange, Boxer wie Jack Dempsey, Golfspieler wie Bobby Jones und Tennisspieler wie Bill Tilden zu Medienstars. Zum wohl berühmtesten U.S.-Amerikaner der 1920er Jahre – national wie international – wird Charles Lindbergh, der nach seiner Atlantiküberquerung mit dem Flugzeug Spirit of St. Louis 1927 zur **Personifikation der Verbindung traditioneller Tugenden und moderner Technik** wird.

Stars der
Literaturszene

In den 1920er Jahren erreichen U.S.-amerikanische Schriftsteller vor allem dann einen großen Bekanntheitsgrad, wenn sie wie z.B. F. Scott Fitzgerald, Ernest Hemingway, Sherwood Anderson, John Dos Passos und Gertrude Stein als Expatriierte (Expatriates) überwiegend in Paris leben und an der **internationalen Bewegung des literarischen Modernismus** partizipieren. Im Mittelpunkt der transatlantischen Literaturszene stehen F. Scott Fitzgerald und dessen Ehefrau Zelda, deren privates und gesellschaftliches Leben als Spiegelbild der 1920er Jahre gesehen wird. Fitzgeralds Roman *The Great Gatsby* (1925) gilt mit seiner Darstellung der gesellschaftlichen Oberschicht in New York, seinen prototypischen Figuren und seinen unmittelbar zeitgenössischen Referenzen als kulturgeschichtlich besonders aussagekräftiger Text.

Literatur

Romane der 1920er Jahre

Sherwood Anderson | *Winesburg, Ohio* (1919), *Dark Laughter* (1925)
F. Scott Fitzgerald | *This Side of Paradise* (1920), *The Great Gatsby* (1925)
Sinclair Lewis | *Main Street* (1920), *Babbit* (1922)
John Dos Passos | *Manhattan Transfer* (1925)
Ernest Hemingway | *The Sun Also Rises* (1926), *Farewell to Arms* (1929)
Nella Larsen | *Quicksand* (1928), *Passing* (1929)
William Faulkner | *The Sound and the Fury* (1929)

3.5.3 | Die paradoxen 1920er Jahre – Konservatismus und Provinzialität

Zeittafel

1909–14	Bible Institute of Los Angeles veröffentlicht *The Fundamentals*
1915	Neugründung des Ku Klux Klan
1919	18. Verfassungszusatz/Volstead Act
1920	Wahlsieg von Präsident Warren G. Harding

1922	Entscheidung des Obersten Gerichtshofs gegen das Gesetz zum Verbot von Kinderarbeit
1923	Entscheidung des Obersten Gerichtshofs gegen Mindestlohngesetz für Frauen
1924	National Origins Act
1925	Bruce Barton: *The Man Nobody Knows*; Scopes Monkey Trial
1927	Hinrichtung von Sacco und Vanzetti
1928	Herbert Hoovers »Rugged Individualism«-Rede; Wahl Hoovers zum Präsidenten
1929	Robert S. Lynd/Helen M. Lynd: *Middletown*
1933	21. Verfassungszusatz (Rücknahme der Prohibition)

Konservatismus in Wirtschafts- und Gesellschaftspolitik: Der Modernität und dem Internationalismus der Gesellschaft und Kultur der 1920er Jahre steht ein reaktionärer Konservatismus und eine moralistische Provinzialität gegenüber, deren kulturelle und politische Macht sich im Sieg des Republikaners Harding in der Präsidentschaftswahl 1920 spiegelt. Die von Harding versprochene ›Rückkehr zu Normalität‹ (s. Kap. 3.5.1) wird als eine Rückkehr zu **traditionellen Werten und Ideologien** verstanden und manifestiert sich in einer wieder stärker am *Laissez-Faire*-Kapitalismus orientierten Wirtschafts-, Industrie- und Gesellschaftspolitik. Urteile des Obersten Gerichtshof gegen Gesetze zum Verbot von Kinderarbeit und gegen Maßnahmen zur Förderung von Frauen sind ebenso Ausdruck dieses **wirtschafts- und gesellschaftspolitischen Konservatismus** wie eine konservativere Familienpolitik, die Schwächung der Gewerkschaften und eine rücksichtslosere Umweltpolitik.

Die beiden auf Warren G. Harding folgenden republikanischen **Präsidenten Calvin Coolidge (1923–1929) und Herbert C. Hoover (1929–1933)** stehen ähnlich wie Harding für den ökonomischen und ideologischen Konservatismus der 1920er Jahre. So definiert Präsident Coolidge auf dem Höhepunkt des Wirtschaftsbooms 1925 die Bedeutung von ›Amerika‹ wie folgt: »The business of America is business«. Sein Nachfolger Hoover beschließt im Oktober 1928 den letzten Präsidentschaftswahlkampf vor der Depression mit seiner »Rugged Individualism«-Rede, die zu den Kerndokumenten des politischen Konservatismus und Wirtschaftsliberalismus in den USA zählt. Wie populär in den 1920er Jahren der ökonomische Traditionalismus ist, zeigt sich am Erfolg von Bruce F. Bartons Bestseller *The Man Nobody Knows* (1925), der die Lebensgeschichte von Jesus Christus als Erfolgsstory eines Wirtschaftsmanagers erzählt.

Präsidiale Slogans

Herbert Hoover: »Rugged Individualism« (1928)

»After the war, when the Republican Party assumed administration of the country, we were faced with the problem of determination of the very nature of our national life. [...] It differs essentially from all others in the world. It is the

Zur Vertiefung

American system. It is just as definite and positive a political and social system as has ever been developed on earth. It is founded upon a particular conception of self-government in which decentralized local responsibility is the very base. Further than this, it is founded upon the conception that only through ordered liberty, freedom, and equal opportunity to the individual will his initiative and enterprise spur on the march of progress. And in our insistence upon equality of opportunity has our system advanced beyond all the world. [...]

When the war closed, the most vital of all issues both in our own country and throughout the world was whether governments should continue their war-time ownership and operation of many instrumentalities of production and distribution. We were challenged with a peace-time choice between the American system of rugged individualism and a European philosophy of diametrically opposed doctrines – doctrines of paternalism and state socialism. The acceptance of these ideas would have meant the destruction of self-government through centralization of government. It would have meant the undermining of individual initiative and enterprise through which our people have grown to unparalleled greatness.« (Widmer, Hg.: *American Speeches*, 2006, Bd. 2, S. 358–359)

Xenophobie und Nativismus: Die Rückbesinnung auf traditionelle Werte und sog. ›amerikanische‹ Ideologien führt zu einer Verstärkung ethno-

Ku Klux Klan-
Parade
in Washington, DC
(1926)

bzw. anglozentrischer Einstellungen und rassistisch-xenophobischer Vorurteile. Unmittelbarer Ausdruck dieser Stimmung ist eine **restriktive Einwanderungspolitik**, die ihren Höhepunkt 1924 im National Origins Act findet (s. Kap. 2.3.2). Zu den düstersten Manifestationen der fremdenfeindlichen Stimmung der 1920er Jahre gehört die unverhohlen öffentliche Präsenz des 1915 in Georgia wieder gegründeten und in den folgenden Jahren auf nationaler Ebene erstarkenden **Ku Klux Klan**. Unter der Führerschaft des Imperial Wizard Hiram Wesley Evans wächst der Ku Klux Klan in den 1920er Jahren auf eine Mitgliedschaft von ca. 5 Mio. an und demonstriert seine Macht z. B. mit Paraden auf der National Mall in Washington, DC. Der Prozess gegen Nicola Sacco und Bartolomeo Vanzetti (s. Kap. 3.5.1) illustriert in anderer Weise, wie der bis in die Zeit zwischen Revolution und Bürgerkrieg zurück verfolgbare Nativismus die Innen- und Gesellschaftspolitik des Jahrzehnts prägt.

Prohibition: Der Kampf gegen Alkoholmissbrauch geht in den USA bis in die Zeit der Reformbewegungen der ersten Hälfte des 19. Jh.s zurück (s. Kap. 3.3.4) und wird seit Ende des 19. Jh.s insbesondere von der Anti-Saloon League wieder belebt. Zu Beginn des 20. Jh.s wird die Prohibitionsbewegung zu einem erheblichen Teil aus fremdenfeindlichen – und während des Ersten Weltkriegs vor allem auch gegen Deutsch-Amerikaner gerichteten – Ressentiments gespeist, werden doch die Feste und Bräuche der Einwanderer von den alten Eliten mit Skepsis und Misstrauen betrachtet. In der Zeit zwischen 1919 und 1933 steht **Herstellung, Verkauf, Trans-**

port und Besitz von Alkohol auf der Basis des 18. Verfassungszusatzes und des sog. Volstead Act unter Strafe.

In unmittelbarer Konsequenz der Prohibition nimmt bis zu deren Widerruf durch den 21. Verfassungszusatz 1933 der **Alkoholschmuggel und illegale Alkoholverkauf** in konspirativen Bars (Speakeasies) rapide zu. Die Prohibition verhilft der organisierten Kriminalität und der Mafia zu großem Einfluss in den Großstädten und zu enormem Reichtum. **Gangsterbosse** wie z. B. Al Capone in Chicago werden zu umstrittenen Kultfiguren und nehmen in Populärliteratur, Filmen und Fernsehserien bis heute eine zentrale Rolle ein. Brian Da Palmas Film *The Untouchables* (1987) beruht auf einer Fernsehserie aus den 1950er Jahren, die wiederum auf den Erinnerungen des FBI-Agenten Eliot Ness basiert.

Religiöser Fundamentalismus: Im konservativen Klima der 1920er Jahre gewinnt der religiöse Fundamentalismus (s. Kap. 7.3.4) und ein christlich motivierter, normkonformistischer Moralismus eine prominente Stellung in der öffentlichen Wahrnehmung und in gesellschaftlichen Diskussionen. Zum Kristallisationspunkt der Kontroversen um den Einfluss fundamentalistischer Dogmen und eines rigiden christlich-fundamentalistischen Moralismus wird Mitte der 1920er Jahre der **Gerichtsprozess gegen den Lehrer John T. Scopes**, der im Bundesstaat Tennessee entgegen der fundamentalistisch inspirierten Schulgesetzgebung die Evolutionslehre von Charles Darwin unterrichtet. In dem als Scopes Monkey Trial bekannt gewordenen und durch die journalistische Berichterstattung zu einem nationalen Medienereignis ausgeweiteten Prozess stehen sich mit William Jennings Bryan auf Seiten der fundamentalistischen Evolutionsgegner und Clarence Darrow auf Seiten der die Verteidigung von Scopes unterstützenden American Civil Liberties Union (ACLU) zwei der bekanntesten Juristen der Zeit gegenüber. Obwohl Scopes für schuldig befunden wird und sich der **Einfluss fundamentalistischer Organisationen und Prediger** wie z. B. Billy Sunday oder Aimee Semple McPherson in den folgenden Jahren erhöht, lässt der Scopes Monkey Trial in den Augen vieler Beobachter die fundamentalistischen Vorstellungen und Welterklärungen unzeitgemäß erscheinen. Der Scopes Monkey Trial gibt Anlass zu zahlreichen literarischen Verarbeitungen, unter denen das Theaterstück *Inherit the Wind* von Jerome Lawrence und Robert E. Lee, das 1960 mit Spencer Tracy verfilmt wird, besondere Aufmerksamkeit verdient.

Provinzialismus in der Kritik: Ähnlich wie die Modernität der Kultur und Gesellschaft der 1920er Jahre wird auch deren Konservatismus zum Angriffspunkt zeitgenössischer Schriftsteller und Kulturkritiker. Literarische Darstellungen der 1920er Jahre knüpfen an die sog. »**Revolt From the Village**«-Bewegung früherer Jahre an und wenden sich gegen den Provinzialismus der Kleinstädte und ländlichen Gegenden der USA. Besonders harsch fällt die Kritik am **Konventionalismus und Moralismus des Mittleren Westens** in den Werken von Edgar Lee Masters, Sherwood Anderson und Sinclair Lewis aus. Zum schärfsten Satiriker der provinzialistisch-reaktionären Tendenzen der U.S.-amerikanischen Gesellschaft und Kultur wird **H. L. Mencken**, der mit dem Neologismus Booboisie der

moralistischen, provinziellen und kleinmütigen Mittelschicht der Kleinstädte einen Namen gibt und unter dem Titel *Americana* (1925) eine an-
ekdotische Sammlung provinzieller Merkwürdigkeiten und Grotesken
publiziert. Eine **wissenschaftliche Analyse** der durchschnittlichen Klein-
stadt versucht gegen Ende des Jahrzehnts die methodisch wegweisende
Studie *Middletown* der Soziologen Robert S. Lynd und Helen M. Lynd.

Zur Vertiefung

H.L. Mencken: *Americana* **(1925)**

»Statement made by a Kentucky politician:
If Governor Fields is right, I am going to stand by him because he is right. If he
is wrong, I am going to stand by him because he is a Democrat.

An ordinance, passed by ›the Christian legislators‹ of Long Beach, California:
No person shall indulge in caresses, hugging, fondling, embracing, spooning,
kissing, or wrestling with any person or persons of the opposite sex [...] and
no person shall sit or lie with his or her head, or any other portion of his or her
person, upon any portion of a person or persons upon or near any of the said
public places in the city of Long Beach.

Statement by the advertising director of Colgate and Co.:
I challenge you to find a boy with a clean mouth and a dirty heart. The boy who
washes his teeth doesn't go wrong. He can't.«

(Hoffman: *The Twenties*, 1965, S. 312)

3.5.4 | Kultureller Pluralismus und ethnische Literaturen

Die fremdenfeindlichen Stimmungen seit dem Ersten Weltkrieg und die
restriktive Einwanderungspolitik seit Beginn der 1920er Jahre stehen im
Widerspruch zur fortschreitenden **Pluralisierung der Kultur und Gesellschaft** in der Zeit zwischen den Weltkriegen. Im Bereich der wissenschaftlichen Auseinandersetzungen stehen den Verteidigungen einer monokulturellen Konstruktion der USA in Schriften wie z. B. Henry P. Fairchilds
The Melting Pot Mistake (1926) mit den Arbeiten von Horace Kallen und
Randolph Bourne zwei pluralistisch-multikulturelle Definitionen gegenüber. In seinem Essay »Trans-national America« (1916/1920) wendet sich
Bourne gegen eine anglozentrische Definition von ›Amerika‹ und verwirft
Assimilationsmodelle zugunsten der Bewahrung eigenständiger ethnischer Identitäten. Mit dem Konzept des **kulturellen Pluralismus** (Cultural
Pluralism) führt Kallen einen Begriff ein, der die kultur- und identitätspolitischen Diskussionen bis ins letzte Drittel des 20. Jh.s prägt (s. Kap. 3.6.6
und Kap. 6.2.7). In der neueren Kultur- und Literaturwissenschaft wird
die von Bourne und Kallen repräsentierte Programmatik eines kulturellen
Pluralismus und das Bewusstsein von Differenz und Ethnizität als Teil
einer U.S.-amerikanischen Modernität gesehen.
Indianische Bevölkerung: Die kulturelle Pluralisierung der Gesellschaft
und das Bemühen um eine wirkungsvollere Selbstrepräsentation unterschiedlicher ethnischer Gruppen manifestiert sich in der politischen und

kulturellen Praxis in unterschiedlicher Art und Weise. So wird noch vor dem Ersten Weltkrieg die **Society of American Indians** (1911) gegründet, deren Eintreten für politische und gesellschaftliche Emanzipation sowie für bessere Bildungschancen häufig als zu moderat und assimilationsorientiert betrachtet wird. Auch der **Indian Citizenship Act** (1924), mit dem Angehörige von Indianer-Stämmen die U.S.-amerikanische Staatsangehörigkeit erhalten, wird als Versuch der Regierung gesehen, die Assimilationspolitik durchzusetzen.

Mit dem **Indian Reorganization Act** (1934) – oftmals als Indian New Deal bezeichnet – werden hingegen erstmals **indianische Selbstverwaltungs- und Landrechte** neu geregelt und gestärkt.

Präsident Calvin Coolidge mit Vertretern der Osage nach der Unterzeichnung des Indian Citizenship Act (1924)

Nach den früheren Texten von Zitkala-Sa/Gertrude Bonnin und Charles Alexander Eastman sowie den ethnographischen Berichten von Mary Hunter Austin (s. Kap. 3.4.3) werden in den 1920er und 1930er Jahren **autobiographische Dokumentationen** (sog. as-told-to autobiographies) und **Sammlungen von mündlich überlieferten Dokumenten** publiziert. Zu den bekanntesten Publikationen dieser Art zählt die vielfach übersetzte Dokumentation *Black Elk Speaks*: *Being the Life Story of a Holy Man of the Oglala Sioux* (1932). Die Romane von Mourning Dove/Hum-Ishu Ma (Okanagan), John Joseph Mathews (Osage) und D'Arcy McNickle (Cree) antizipieren in Themen und Figurendarstellung die Texte der indianischen Gegenwartsliteratur.

Literarische Darstellungen

Hispanische Bevölkerung: Da die Einwanderungsgesetzgebung nach dem Ersten Weltkrieg die Migration innerhalb der westlichen Hemisphäre nicht betrifft, wandern bis 1930 ca. 2 Mio. Mexikaner in die USA ein und finden vor allem in der **kalifornischen Landwirtschaft** und in den **Fabriken des Mittleren Westens** Arbeitsplätze. Selbst nachdem 1925 eine neuartige Grenzpolizei (Border Patrol) eingerichtet und 1929 die illegale Einwanderung vom Kongress unter Strafe gestellt wird, kommen jährlich zehntausende Mexikaner zumeist aus wirtschaftlichen Gründen in den Südwesten der USA und nach Kalifornien. In der Folge entstehen **Spannungen und Interessenkonflikte** zwischen den neu zugewanderten und der alteingesessenen hispanischen Bevölkerung, die sich u.a. in unterschiedlichen Einstellungen zu Mexiko und Fragen der kulturellen und religiösen Assimilation äußern.

In der noch relativ schmalen literarischen Produktion der Zeit wirken Formen der Volkskunst – z.B. die Gedichtform des Corrido – nach. Zugleich zeigt sich in Texten wie Nina Otero Warrens *Old Spain in Our Southwest* (1936) und Joséphina Nigglis *Mexican Village* (1945) das Bemühen um die Repräsentation einer spezifischen ethnischen Identität durch die Ausrichtung an der spanischen bzw. mexikanischen **Geschichte des Südwestens**. Negativstereotypisierungen von Mexikanern in der Stumm-

Ethnische Identität und Stereotypisierung

filmzeit – z. B. in *The Greaser* (R. Walsh, 1915) – erhalten sich in späteren Hollywood-Filmen wie z. B. *The Treasure in the Sierra Madre* (1948).

Asiatische Bevölkerung: Die seit dem 19. Jh. bekannte Stereotypisierung und Diskriminierung der asiatisch-stämmigen Bevölkerung als ›Orientalen‹ (Orientals/Dragon Ladies) wird in der Populärkultur und vor allem in Hollywood-Filmen der 1920er und 1930er Jahre fortgeführt. Gleichzeitig setzt sich die in den Texten von Edith Maud Eaton (Sui Sin Far) begonnene Darstellung **asiatisch-amerikanischer Lebensverhältnisse und Akkulturationsprozesse** in den Werken von New Il-Han, Lin Yutang, Younghill Kang, Carlos Bulosan und Jade Snow Wong fort. Eine Sonderrolle kommt Pearl S. Bucks Roman *The Good Earth* (1931) und dessen ebenso populärer Verfilmung (1937) zu, zeigen Roman und Film doch gleichermaßen eine für die Zeit zwischen den Weltkriegen indikative Repräsentation fremder Kulturen als exotische Welten.

Literatur

Texte asiatisch-amerikanischer Autoren 1912–1950

Sui Sin Far | *Mrs. Spring Fragrance* (1912)
New Il-Han | *When I was a Boy in Korea* (1929)
Lin Yutang | *My Country and My People* (1935)
Younghill Kang | *East Goes West: The Making of an Oriental* (1937)
Carlos Bulosan | *Letter from America* (1942), *America is in the Heart* (1946)
Jade Snow Wong | *Fifth Chinese Daughter* (1950)

Literatur der ›neuen Einwanderung‹: Die sog. ›neue Einwanderung‹ aus Europa (s. Kap. 2.3.2 und 3.4.2), spiegelt sich exemplarisch in der **jüdisch-amerikanischen Literatur** des ersten Drittels des 20. Jh.s. Die oftmals autobiographischen Werke jüdisch-amerikanischer Autoren zeigen zum einen die Erwartungen und Hoffnungen der Einwanderer und zum anderen die Spannungen, Konflikte und Enttäuschungen, die sich aus **Migrationserfahrungen, interkulturellen Lebenssituationen und sozialen Marginalisierungen** ergeben. Prototypische Szenen und Initiationserlebnisse bestimmen modellhaft die Darstellung von Problemen und Chancen von Assimilations- und Akkulturationsprozessen: Ankunft in der ›Neuen Welt‹, Befragungen durch die Einwanderungsbehörden, Einschulungssituationen, Generationenkonflikte.

Literatur

Jüdisch-amerikanische Literatur 1896–1934

Abraham Cahan | *Yekl: A Tale of the New York Ghetto* (1896), *The Rise of David Levinsky* (1913/1917)
Mary Antin | *The Promised Land* (1912)
Anzia Yezierska | *Hungry Hearts* (1920), *Salome of the Tenements* (1923), *Bread Givers* (1925), *All I Could Ever Be* (1932)
Michael Gold | *Jews Without Money* (1930)
Henry Roth | *Call It Sleep* (1934)

Die Ankunft in New York in Texten jüdisch-amerikanischer Autoren

»Land! Land!‹ came the joyous shout.
›America! We're in America!‹ cried my mother, almost smothering us in her rapture.

All crowded and pushed on deck. They strained and stretched to get the first glimpse of the ›golden country,‹ lifting their children on their shoulders that they might see beyond them.

Men fell on their knees to pray. Women hugged their babies and wept. Children danced. Strangers embraced and kissed like old friends. Old men and women had in their eyes a look of young people in love.

Age-old visions sang themselves in me – songs of freedom of an oppressed people.

America! – America!«

(Anzia Yezierska: »How I Found America«, In: *Hungry Hearts*, 1920/1985, S.262)

»They were silent. On the dock below, the brown hawsers had been slipped over the mooring posts, and the men on the lower deck now dragged them dripping from the water. Bells clanged. The ship throbbed. Startled by the hoarse bellow of her whistle, the gulls wheeling before her prow rose with slight creaking cry from the green water, and as she churned away from the stone quay skimmed across her path on indolent, scimitar wing. Behind the ship the white wake that stretched to Ellis Island grew longer, raveling wanly into melon-green. On one side curved the low Jersey coast-line, the spars and masts on the waterfront fringing the sky; on the other side was Brooklyn, flat, water-towered; the horns of the harbor. And before them, rising on her high pedestal from the scaling swarmy brilliance of sunlit water to the west, Liberty. The spinning disk of the late afternoon sun slanted behind her, and to those on board who gazed, her features were charred with shadow, her depths exhausted, her masses ironed to one single plane. Against the luminous sky the rays of her halo were spikes of darkness roweling the air; shadow flattened the torch she bore to a black cross against flawless light – the blackened hilt of a broken sword. Liberty. The child and his mother stared again at the massive figure in wonder.«

(Henry Roth: *Call It Sleep*, 1934/1970, S. 9–10)

Harlem Renaissance: Die künstlerisch produktivste Manifestation der kulturellen Pluralisierung der Kultur und Gesellschaft zwischen den Weltkriegen wird mit dem Begriff der Harlem Renaissance bezeichnet und bezieht sich auf eine neue **Blüte der afroamerikanischen Kultur**. Der Name geht auf den New Yorker Stadtteil Harlem zurück, der in den beiden ersten Dekaden des 20. Jh.s zum Ziel afroamerikanischer Migranten aus den Südstaaten wird (Great Migration). Zwischen 1914 und 1918 verlassen ca. 400.000 Afroamerikaner den Süden und suchen Arbeit in der expandierenden Industrie im Norden; hinzukommen Einwanderer aus der Karibik und besonders aus Jamaika. Die afroamerikanische Bevölkerung in New York City verdoppelt sich von ca. 150.000 auf mehr als 300.000. Harlem – als »Negro capital of the world« bezeichnet – wird in der Folge zum **Hauptquartier einflussreicher politischer Organisationen** wie z. B. der von W.E.B. DuBois geführten National Association for the Advancement of Colored People (NAACP) und der Universal Negro Improvement Association des afroamerikanischen Nationalisten Marcus Garvey. Maßgebliche

Die USA zwischen den Weltkriegen

afroamerikanische Zeitungen und Magazine wie *The Crisis*, *The Messenger* und *Opportunity* werden in Harlem produziert, und Harlem wird zum Zentrum einer **afroamerikanischen Kunst- und Literaturszene**.

Nationale und internationale Ausweitung

Die Harlem Renaissance ist nicht auf New York City und auf die Zeit der 1920er Jahre beschränkt. In der neueren Kultur- und Literaturgeschichte wird sie als eine **nationale Bewegung** betrachtet, die sich zeitlich zwischen der Veröffentlichung von W.E.B. DuBois' *The Souls of Black Folk* 1903 und der Gründung der NAACP 1909 einerseits und den Rassenunruhen in Harlem Mitte der 1930er Jahre und der Publikation von Richard Wrights Roman *Native Son* 1940 andererseits erstreckt. In einem **internationalen Kontext** ist die Harlem Renaissance verbunden mit dem zeitgenössischen Interesse in nahezu allen westlichen Ländern an **fremden Kulturen, Exotik und Primitivismus.** Bekannte Beispiele sind die Popularität afroamerikanischer Clubs in New York – und besonders des Cotton Club in Harlem – sowie die Popularität der afroamerikanischen Tänzerin und Sängerin Josephine Baker in den 1920er Jahren in Paris und Berlin.

Josephine Baker

Ethnisches Selbstbewusstsein und künstlerische Produktion

Im Mittelpunkt der Harlem Renaissance steht die Affirmation eines spezifisch afroamerikanischen Selbstbewusstseins (race pride) und die künstlerische Repräsentation einer eigenständigen ethnischen und kulturellen Identität. Herkömmliche Geschichtsinterpretationen und negative Stereotypisierungen werden durch eine positiv betrachtete afroamerikanische Geschichte ersetzt. Die Darstellung der politischen und kulturellen Leistungen afroamerikanischer historischer Personen und die Betonung des **afroamerikanischen bzw. afrikanischen kulturellen Erbes** unterstützen ein positives Selbstbild. Die Formulierung einer **afroamerikanischen Ästhetik** in den theoretischen Texten von W.E.B. DuBois, Alain Locke, James Weldon Johnson und Langston Hughes wirkt in der afroamerikanischen Literatur bis heute nach. Die **künstlerische Produktion** der Harlem Renaissance umfasst neben den literarischen Texten z.B. von James Weldon Johnson, Claude McKay, Countee Cullen, Langston Hughes, Jean Toomer, Nella Larsen und Zora Neale Hurston die Jazzmusik eines Duke Ellington und Louis Armstrong, populäre Musicals weißer wie schwarzer Komponisten wie z.B. *Shuffle Along* (1921) oder *Porgy and Bess* (1935) sowie die Gemälde z.B. von Aaron Douglas und Jacob Lawrence.

Literatur

Texte der Harlem Renaissance

W.E.B. DuBois | *The Souls of Black Folk* (1903)
James W. Johnson | *The Autobiography of an Ex-Colored Man* (1912; 1927), *The Book of American Negro Poetry* (1922/1931)
Claude McKay | *Harlem Shadows* (1922)

Jean Toomer | *Cane* (1923)
Marcus Garvey | *The Philosophy and Opinions of Marcus Garvey*
(1923–25), *Home to Harlem* (1928)
Alain Locke | *The New Negro* (1925)
Langston Hughes | »The Negro Artist and the Racial Mountain« (1926)
Countee Cullen | *The Ballad of the Brown Girl* (1928), *The Black Christ and
Other Poems* (1929)
Nella Larsen | *Quicksand* (1928), *Passing* (1929)
Jessie Redmon Fauset | *Plum Bun: A Novel Without a Moral* (1929)
Zora Neale Hurston | *Their Eyes Were Watching God* (1937)
Richard Wright | *Native Son* (1940)

Zum zentralen Dokument der Bewegung wird die von Alain Locke 1925 herausgegebene Anthologie *The New Negro*. Sie erscheint im selben Jahr zuerst in der Zeitschrift *Survey Graphic* unter dem Titel »Harlem: Mecca of the New Negro« und enthält neben dem programmatischen Titelessay eine Sammlung literarischer und soziologischer Texte sowie Beispiele afroamerikanischer Kunst.

The New Negro

Alain Locke: *The New Negro* (1925)

Zur Vertiefung

»In the last decade something beyond the watch and guard of statistics has happened in the life of the American Negro and the three norms who have traditionally presided over the Negro problem have a changeling in their laps. The Sociologist, The Philanthropist, the Race-leader are not unaware of the New Negro, but they are at a loss to account for him. He simply cannot be swathed in their formulae. For the younger generation is vibrant with a new psychology; the new spirit is awake in the masses, and under the very eyes of the professional observers is transforming what has been a perennial problem into the progressive phases of contemporary Negro life. [...] Recall how suddenly the Negro spirituals revealed themselves; suppressed for generations under the stereotypes of Wesleyan hymn harmony, secretive, half-ashamed, until the courage of being natural brought them out-and behold, there was folk-music. Similarly the mind of the Negro seems suddenly to have slipped from under the tyranny of social intimidation and to be shaking off the psychology of imitation and implied inferiority. With this renewed self-respect and self-dependence, the life of the Negro community is bound to enter a new dynamic phase, the buoyancy from within compensating for whatever pressure there may be of conditions from without. The migrant masses, shifting from countryside to city, hurdle several generations of experience at a leap, but more important, the same thing happens spiritually in the life-attitudes and self-expression of the Young Negro, in his poetry, his art, his education and his new outlook, with the additional advantage, of course, of the poise and greater certainty of knowing what it is all about. From this comes the promise and warrant of a new leadership.«

(Locke 1925/1968, S. 3–5)

3.5.5 | Great Depression und New Deal

1929	24. Oktober: Zusammenbruch der Börsen in den USA und Europa
1932	Franklin Delano Roosevelt gewinnt Präsidentschaftswahl
1933	Beginn der New Deal-Gesetzgebung; Ende der Prohibition durch Zurücknahme des 18. Verfassungszusatzes
1935	Oberster Gerichtshof erklärt National Recovery Administration (NRA) für verfassungswidrig
1936	Oberster Gerichtshof erklärt Agricultural Adjustment Act (AAA) für verfassungswidrig; Wiederwahl Franklin Delano Roosevelts
1937/38	Roosevelt-Rezession
1938	Republikanische Partei gewinnt Kongresswahlen
1939	John Steinbeck: *The Grapes of Wrath*

Die wirtschaftliche Prosperität und kulturelle Dynamik der 1920er Jahre kommt mit dem **Börsencrash an der New Yorker Wall Street** im Oktober 1929 zu einem abrupten Ende. Nach einer jahrelangen Phase der Hochkonjunktur und riskanter finanzieller Spekulationen brechen am 24. Oktober 1929 (Black Thursday) die Aktienkurse an der New Yorker Börse zusammen. Nach panikartigen Verkäufen der Anleger und Schuldrückforderungen der Banken verlieren die meisten Aktien innerhalb weniger Tage einen Großteil ihres Wertes, unzählige Aktionäre ihre Geldanlagen und viele Firmen und Unternehmen ihre finanzielle Basis. Der Börsencrash an der Wall Street, der den Zusammenbruch der internationalen Börsen nach sich zieht, markiert den **Beginn der Weltwirtschaftskrise** und der Great Depression in den USA.

Wirtschaftskrise: Die U.S.-amerikanische Wirtschaft gerät in der Folge des Börsencrashs in eine Rezession und erreicht 1932 einen **historischen Tiefpunkt**. Das Bruttosozialprodukt fällt von 104 Mrd. US-Dollar 1929 auf 59 Mrd. US-Dollar 1932. Das Bankensystem kollabiert: zwischen 1930 und 1933 schließen mehr als 5.000 Banken, ohne ihren Kunden deren Ersparnisse und Anlagen zurückzugeben. Millionen von Familien verlieren ihre finanzielle Grundlage und existentielle Absicherung. Nach dem Bankrott mehrerer Eisenbahngesellschaften kommt das Transportsystem in Teilen der USA zum Erliegen. Die Preise für landwirtschaftliche Erzeugnisse fallen so dramatisch, dass 1933 ca. 10 % aller Farmen in den Bankrott gehen und weite Landstriche im Mittleren Westen nahezu vollständig ruiniert sind. Die **Arbeitslosigkeit** steigt von 3 % (1929) auf mehr als 25 % (1932) – d. h. mehr als 13 Mio. Arbeitslose – an; in einigen Industriestädten beträgt die Arbeitslosigkeit bis zu 80 %.

Unmittelbare Folgen der Wirtschaftskrise sind **Massenarmut** und die damit verbundenen sozialen, demographischen, psychologischen und auch gesundheits- und erziehungspolitischen Probleme. Die Library of Congress hat eine umfassende **Sammlung von Fotografien** zum Alltagsleben in den 1930er Jahre unter http://memory.loc.gov/ ammem/fsachtml/fsowhome.html zusammengestellt. Schwerwiegende Auswirkungen hat die Krise auf die Beschäftigungssituation von Frauen. Sowohl in den industrialisierten Großstädten des Nordens als auch im Süden der USA nehmen die **Rassenkonflikte** im Zusammenhang wachsender sozialer und ökonomischer Probleme zu, wie der Prozess gegen afroamerikanische Jugendliche in Scottsboro, AL im Jahre 1931 und Erskine Caldwells Kurzgeschichte »Saturday Afternoon« (1931) exemplarisch zeigen.

Ideologische Krise: Börsenkrach und ökonomische Depression markieren eine Zäsur, die in ihrer ideologischen Krisenhaftigkeit und existentiellen Gefahr für den Zusammenhalt der U.S.-amerikanischen Nation mit dem Bürgerkrieg verglichen werden kann. Herkömmliche Vorstellungen vom beständigen wirtschaftlichen Aufstieg und Definitionen der USA als Wirtschaftsunternehmen (s. Kap. 3.5.3) erweisen sich ebenso als **kollektive Illusion** wie traditionelle Ideen von der Allmacht des selbstbestimmten Individuums und den ökonomischen und sozialen Vorzügen des freien Unternehmertums. Konstruktionen der USA als Land der unbegrenzten Möglichkeiten und individuellen Freiheiten (s. Kap. 6.2) stoßen an ihre Grenzen und scheinen als individuell und kollektiv inspirierende Ideologien ausgedient zu haben.

Zahllose Menschen folgen dennoch den konventionellen Versprechungen und suchen einen Ausweg aus der persönlichen und nationalen Krise, indem sie auf der **Suche nach Arbeit und neuen Lebenschancen** in den Westen und Südwesten der USA ziehen. Vor allem die Landwirtschaft in Kalifornien zieht Migranten aus dem Nordosten und Mittleren Westen an. In der kollektiven Erinnerung verbindet sich diese Migration zumeist mit der **Flucht der Farmerfamilien** aus den Bundesstaaten der Great Plains vor den verheerenden Sandstürmen der 1930er Jahre. Für seine Darstellung des Zugs der als Okies bezeichneten Flüchtlinge aus den Dürregebieten des sog. Dust Bowl nach Kalifornien in *The Grapes of Wrath* (1939) erhält John Steinbeck 1962 den Nobelpreis für Literatur. Bis heute ist der in der Folk Music der 1930er Jahre z. B. von Pete Seeger und Woody Guthrie besungene Hobo, d.h. der obdachlose und auf Frachtzügen mitfahrende Tramp, eine Symbolfigur der 1930er Jahre.

Migration als Ausweg

Franklin Delano Roosevelt: Auf dem Höhepunkt der Wirtschaftskrise gewinnt der demokratische Kandidat Franklin Delano Roosevelt die **Präsidentschaftswahl 1932**, die in der politischen Geschichte der USA zu den historisch wegweisenden Wahlen gerechnet wird. Nach mehr als einem Jahrzehnt republikanischer Präsidenten verspricht Roosevelt – so zuerst in seiner Rede vor dem Parteikongress der Demokratischen Partei im Juli 1932 in Chicago formuliert – »a new deal for the American people«. Das **Programm des New Deal** – das Bild ist dem Kartenspiel entlehnt und beschreibt die Neuverteilung von Chancen und Gelegenheiten – bezeichnet eine **Neudefinition des U.S.-amerikanischen Regierungsverständnisses**, wobei Roosevelt

Franklin Delano
Roosevelt (1933)

in seinen Reden und Radioansprachen (sog. Fireside Chats) den Reform-
gedanken stets über einen revolutionären Bruch mit Traditionen und
Werten der U.S.-amerikanischen Politik, Geschichte und Kultur stellt. Die
reformorientierte Programmatik des New Deal komprimiert Roosevelt in
die Formel der »**three R's«: relief, recovery, reform**. Politik- und ideenge-
schichtlich greift der New Deal auf die sozialreformerischen Ansätze der
Progressive Era zu Beginn des 20. Jh.s zurück (s. Kap. 3.4.6).

Präsident Roosevelt: »First Inaugural Address«, 4. März 1933

»I am certain that on this day my fellow Americans expect that on my induction
into the Presidency I will address them with a candor and a decision which
the present situation of our people impels. This is preeminently the time to
speak the truth, the whole truth, frankly and boldly. Nor need we shrink from
honestly facing conditions in our country today. This great Nation will endure
as it has endured, will revive and will prosper. So, first of all, let me assert my
firm belief that the only thing we have to fear is fear itself – nameless, unreason-
ing, unjustified terror which paralyzes needed efforts to convert retreat into
advance. In every dark hour of our national life a leadership of frankness and
vigor has met with that understanding and support of the people themselves
which is essential to victory. And I am convinced that you will again give that
support to leadership in these critical days.«

(Widmer: *American Speeches*, 2006, Bd. 2, S. 398)

Politik des New Deal: Die Reformpolitik des New Deal betont in Abkehr
von wirtschaftsliberalistischen Vorstellungen und kapitalistischen Praktiken des 19. und frühen 20. Jh.s die Verantwortung und Zuständigkeit
der Regierung und staatlicher Behörden – und vor allem der Bundesregierung in Washington, DC – für die ökonomischen, sozialen und kulturellen
Belange der Nation. Bereits in den ersten Monaten der Präsidentschaft von
Franklin Delano Roosevelt manifestiert sich diese **neuartige interventio-
nistische Politik** in einer Vielzahl von Reforminitiativen und Gesetzen,
die im Laufe der 1930er Jahre auf alle Bereiche des wirtschaftlichen, sozialen und kulturellen Lebens erweitert werden. In der Rückschau unterscheidet man meist zwischen dem **First New Deal** der frühen Regierungs-
zeit Roosevelts und dem als radikaler betrachteten **Second New Deal** 1935
bis 1938. Zu den Regierungsmaßnahmen, Subventionsprogrammen und
Reformaktivitäten der Roosevelt-Administrationen zählen:

- **unmittelbare Hilfestellungen** für Landwirtschaft und Industrie
- **Arbeitsbeschaffungsprogramme** in nahezu allen wirtschaftlichen,
  sozialen und kulturellen Bereichen
- die Einführung von **Mindestlöhnen und Arbeitsschutzmaßnahmen**
- der Aufbau von **Sozialeinrichtungen** und eines **Sozialversicherungs-
  und Rentensystems** (Social Security)
- Bauprogramme für Straßen, Brücken, Eisenbahnen und Verwaltungs-
  gebäuden zur **Verbesserung der Infrastruktur**
- Programme zur **Erneuerung der Innenstädte** und zur Errichtung von
  Sozialwohnungen

- **lokale Großprojekte** wie z. B. die Tennessee Valley Authority zur Elektrifizierung abgelegener ländlicher Gebiete.

Allein die Works Progress Administration (WPA) beschäftigt ca. 8 Mio. Menschen und steht stellvertretend sowohl für die umfangreichen Hilfsprogramme als auch für die Zunahme an Verwaltung und Bürokratie in der Zeit des New Deal.

Programme des New Deal im Überblick

First New Deal März – Juni 1933

FERA = Federal Emergency Relief Act
AAA = Agricultural Adjustment Act
TVA = Tennessee Valley Authority
NIRA = National Industrial Recovery Act
PWA = Public Works Administration
CWA = Civil Works Administration
NRA = National Recovery Administration

Second New Deal 1935–1938

WPA = Works Progress Administration
SSA = Social Security Act
NHA = National Housing Act
NLRA = National Labor Relations Act (Wagner Act)
FLSA = Fair Labor Standards Act
REA = Rural Electrification Administration
FSA = Farm Security Administration

Zur Vertiefung

Widerstand und Bewertung: Der New Deal geht konservativen Kreisen und den meisten Anhängern der Republikanischen Partei zu weit, und der Oberste Gerichtshof verwirft einige der ambitioniertesten Gesetze der Roosevelt-Administration. Anhängern einer eher **sozialistisch-kommunistischen Wirtschafts- und Gesellschaftspolitik**, die seit den 1920er Jahren ihre Erfahrungen aus der UdSSR auf die USA zu übertragen versuchen, hingegen gehen die reformorientierten Maßnahmen nicht weit genug. In der **historischen Bewertung** ist der unmittelbare Erfolg des New Deal als Programm zur Bekämpfung der Wirtschaftskrise und der Beitrag des New Deal zur nachhaltigen Reform des Regierungs-, Sozial- und Wirtschaftsystems umstritten. So durchläuft die Wirtschaft der USA trotz aller Förderungsinitiativen und Subventionen 1937/38 eine Rezession (sog. Roosevelt Recession), und die Republikanische Partei gewinnt die Kongresswahlen 1938. 1939 beträgt die Arbeitslosigkeit immer noch 17 % (oder mehr als 9 Mio.); erst 1943, d. h. zwei Jahre nach dem Eintritt der USA in den Zweiten Weltkrieg, herrscht Vollbeschäftigung. Dennoch wird die Präsidentschaft Franklin Delano Roosevelts und sein innovatives Programm des New Deal als entscheidend für die **Überwindung der nationalen Krise** der Great Depression angesehen.

3.5.6 | Kulturpolitik und Protestkultur der 1930er Jahre

Sozialkritische Literatur: Die Weltwirtschaftskrise und der ideologische Paradigmenwechsel des New Deal haben weitreichende Folgen für die Kultur und Kulturpolitik der 1930er Jahre. Die sozialen Konflikte und politischen Neuorientierungen fördern eine **sozialkritische Protestkultur**, die mit der realistischen Dokumentation sozialer Missstände und der schonungslosen Aufdeckung von Ungerechtigkeiten in die politischen Diskussionen eingreift und zu einer Veränderung der Gesellschaft im Sinne sozialistisch-kommunistischer Vorstellungen beitragen möchte. Ähnlich wie gegen Ende des 19. Jh.s (s. Kap. 3.4.6) rücken die Lebensbedingungen sozialer Randgruppen, ethnischer Minderheiten und oftmals diskriminierter Einwanderergruppen in den Mittelpunkt des Interesses. Die **Politisierung der Literatur- und Kulturszene** und die unter Schriftstellern, Künstlern und Intellektuellen verbreiteten Sympathien für sozialistische Reformmodelle haben dazu geführt, dass die 1930er Jahre in der Literatur- und Kulturgeschichte oftmals als **Red Decade** bezeichnet werden. Die sozialkritische Literatur der Zeit wird häufig unter der Bezeichnung ›proletarische Literatur‹ (proletarian literature) behandelt.

Literatur

> **Sozialkritische Romane der 1930er Jahre**
>
> **Michael Gold** | *Jews Without Money* (1930)
> **John Dos Passos** | *U.S.A.* (Trilogie; 1930, 1932, 1936)
> **Jack Conroy** | *The Disinherited* (1933)
> **James T. Farrell** | *Studs Lonigan* (1938)
> **John Steinbeck** | *The Grapes of Wrath* (1939)
> **Richard Wright** | *Native Son* (1940)
> **Tillie Olsen** | *Yonnondio* (publ. 1974)

Politisches Theater

Die Tendenz zu einem primär politischen Verständnis von Kunst und Literatur zeigt sich besonders deutlich im Drama und Theater der 1930er Jahre. Unter dem Einfluss des europäischen Agitprop-Theaters der späten 1920er Jahre und revolutionärer Theatergruppen in der UdSSR entwickelt sich in den USA eine **politisch engagierte Theaterszene**, in dessen Zentrum das New Yorker Group Theatre steht. Die Group Theatre-Produktionen der Stücke von **Clifford Odets**, darunter besonders die Aufführungen von Odets' Streikdrama *Waiting for Lefty* (1935), zählen zu den Höhepunkten des politischen Theaters der 1930er Jahre. *Waiting for Lefty* wird von zahlreichen Arbeitertheatern in allen Teilen der USA aufgeführt und gehört mit seinem abschließenden, an das Publikum gerichteten Streikaufruf zu den bekanntesten Beispielen des proletarischen Theaters in den USA.

Living Newspapers

Eine innovative Form des politisch-proletarischen Theaters stellen die Living Newspaper-Projekte dar, die aktuelle innen- und außenpolitische Themen in einem **multimedialen Panorama** von Leinwandprojektionen, Radioeinspielungen, gesprochenen Texten und Spielszenen mit einem journalistisch-aufklärerischen Impetus präsentieren. Die Darbietung der meist kollektiv erarbeiteten Stücke steht in enger Verbindung mit

- **historisch-dokumentarischen Radioshows** der Zeit, unter denen »The March of Time« die bekannteste ist
- **Wochenschauen** als Teil von Filmvorführungen
- **sozialkritischen Dokumentarfilmen** wie z. B. *The Plow That Broke the Plains* (1936) oder *The River* (1938) von Pare Lorentz.

Zu den bedeutendsten Living Newspaper-Produktionen der 1930er Jahre zählen *Ethiopia*, *One Third of the Nation*, *Triple-A Plowed Under*, *Injunction Granted*, *Power* und *Liberty Deferred*.

Kultursubvention: Nahezu alle Living Newspaper-Aufführungen sind Produktionen des **Federal Theater Project,** das seinerseits eines von insgesamt fünf Projekten der Works Project Administration (WPA) zur Förderung von Kunst und Kultur und zur Unterstützung arbeitsloser und notleidender Künstler und Schriftsteller ist. Dieses mit Regierungsgeldern subventionierte Projektpaket (sog. Federal Project Number One) bildet das Kernstück der **politisch motivierten Kulturförderung** des New Deal und beschäftigt zwischen 1935 und 1939 Tausende von Schriftstellern, Journalisten, Historikern, Ethnologen, Archivaren, Fotografen, Künstlern. Neben den Aufführungen des Federal Theater Project wird eine umfangreiche, nahezu alle künstlerischen Ausdrucksformen umfassende Bandbreite an Projekten unterstützt:

- die Sammlung von **Erinnerungen ehemaliger Sklaven** (Slave Narratives)
- die Aufarbeitung **lokaler historischer Archive** (z. B. die Dokumentation der Hexenverfolgungen in Salem, MA 1692)
- die Produktion von **Kinderbüchern und Biographien** berühmter historischer Persönlichkeiten
- **Musikaufführungen** unterschiedlichster Stilrichtungen
- Sammlungen von **Arbeiter- und Einwandererliedern** sowie von **Folk Songs** (z. B. John Lomax und Alan Lomax)
- die **künstlerische Ausgestaltung** von öffentlichen Gebäuden und besonders Postämtern mit Wandgemälden (murals).

Teilprojekte des
Federal Project
Number One

Zu den bekanntesten Projekten gehört die **American Guide Series** – eine umfassende Dokumentation der Geschichte, Geographie und Kultur aller damaligen 48 Bundesstaaten.

Dokumentarische Fotografie: In der kollektiven Erinnerung der USA ist das Bild der Great Depression von der dokumentarischen Fotografie der 1930er und frühen 1940er Jahre geprägt. In der Nachfolge der reformorientierten Fotografie des späten 19. und frühen 20. Jh.s dokumentieren Fotografen wie **Dorothea Lange, Walker Evans** und **Gordon Parks** die sozialen Missstände für ein breites Publikum und führen den **sozialkritischen Fotojournalismus** zu einem neuen Höhepunkt. Die von Lange und Evans im Auftrag der Farm Security Administration (FSA) erstellten Fotoreportagen über das Leben der Landbevölkerung im Süden und über die Migration der Okies nach Westen gehören zu den ikonischen Repräsentationen der Zeit. Der von dem Schriftsteller James Agee und dem

Fotografen Walker Evans gemeinsam gestaltete Band *Let Us Now Praise Famous Men* (1941) zählt neben John Steinbecks Roman *The Grapes of Wrath* (1939), Clifford Odets' Drama *Waiting for Lefty* (1935) und den Fotos von Lange und Evans zu den wirkmächtigsten Dokumenten der Great Depression in den USA.

Affirmation und Eskapismus: In der proletarischen Literatur, in der dokumentarischen Fotografie und vor allem in der Folk Music der 1930er Jahre verbinden sich revolutionärer Anspruch und Sozialkritik einerseits und die Affirmation traditioneller Ideologien und Identitätskonstruktionen wie z. B. des Common Man und der individuellen Freiheit andererseits. Die Lieder von Pete Seeger und Woody Guthrie – z. B. »This Land is Your Land« (1940) – verdeutlichen diese Ambivalenz und zeigen, dass auch die Protestkultur der Zeit der Great Depression trotz aller Sympathien für sozialistisch-kommunistische Vorstellungen letztlich auf die **Bewahrung des ursprünglichen U.S.-amerikanischen Wertesystems** zielt. Der Wille zur Bestätigung traditioneller Wertvorstellungen zeigt sich in anderer Weise in Museumsprojekten wie z. B. dem Henry Ford Museum Greenfield Village in Michigan oder in der New Yorker Weltausstellung 1939. Die naive Malerei von Grandma Moses verweist zurück auf eine Gegenwelt der ländlichen Idylle und Beschaulichkeit.

In der kommerziellen Unterhaltungskultur der 1930er Jahre, die von Film und Radio bestimmt ist, wird die Affirmation zum Eskapismus. Mitten in der wirtschaftlichen Krise feiert die **Filmindustrie** mit historischen Filmen wie *Gone with the Wind* (1936), Fantasiefilmen wie *The Wizard of Oz* (1939) und Walt Disney-Zeichentrickfilmen wie *Snow White* (1937) finanzielle Erfolge. In der **Musik der Big Band-Ära** und den berühmten Konzerten und Radioaufnahmen von Duke Ellington, Count Basie, Benny Goodman, Jimmy Dorsey und Glenn Miller verbinden sich kommerzielle Unterhaltung und ethnische Emanzipation.

3.5.7 | Die USA im Zweiten Weltkrieg

1931	Japan besetzt die Mandschurei
1935–1939	Neutrality Acts
1937	Japans Angriff auf China
1939	Beginn des Zweiten Weltkriegs in Europa
1940	Selective Service and Training Act; Präsident Roosevelt für dritte Amtszeit gewählt
1941	7. Dezember: Japanischer Angriff auf Pearl Harbor; Eintritt der USA in den Zweiten Weltkrieg
1942	Executive Order 9066 führt zur Internierung von japanisch-amerikanischen Bürgern
1944	Landung der Alliierten Streitkräfte in der Normandie; Präsident Roosevelt zum vierten Mal gewählt

1945	12. April: Tod Roosevelts; Harry S. Truman wird Präsident; 8. Mai: Kapitulation Deutschlands; 6./9. August: Atombomben auf Hiroshima und Nagasaki; 2. September: Kapitulation Japans

Isolationismus und Kriegsvorbereitungen: Die Auswirkungen der Wirtschaftskrise und die Reformen des New Deal lassen in den USA die weltpolitischen Geschehnisse der 1930er Jahre zunächst in den Hintergrund treten. Die aggressive Außenpolitik der faschistischen Diktaturen in Europa und die kriegerische Expansionspolitik des japanischen Kaiserreichs in Asien können die öffentliche Meinung lange nicht von einer **isolationistischen Grundstimmung** abbringen, die sich zum einen aus den Erfahrungen des Ersten Weltkriegs speist und zum anderen aus den unmittelbaren sozialen und wirtschaftlichen Problemen erwächst. Der Kongress verabschiedet 1935 bis 1939 eine Serie von **Neutralitätsresolutionen** (Neutrality Acts), welche die USA von den sich abzeichnenden kriegerischen Konflikten distanzieren sollen.

Kriegsvorbereitungen und Stimmungswandel

Nach dem Einmarsch der deutschen Wehrmacht in die Tschechoslowakei und dem Überfall auf Polen durch das Deutsche Reich, leitet Präsident Roosevelt vielfältige Maßnahmen ein, welche die U.S.-amerikanische Wirtschaft und die Streitkräfte auf einen Krieg vorbereiten. Die Kriegserfolge der Achsenmächte Deutschland, Italien und Japan sowie die sog. Blitzkriege der Wehrmacht und die deutschen Luftangriffe auf Großbritannien führen zu einer **Steigerung des Verteidigungsetats** sowie zur **Einführung der Wehrpflicht** (Selective Service and Training Act). Emigranten aus Europa, darunter viele Exilanten aus Deutschland, tragen zu einer Veränderung der politischen Stimmung bei. Andererseits behält die U.S.-amerikanische Regierung ihre restriktive Einwanderungspolitik selbst gegenüber jüdischen Flüchtlingen bei, und die Einwanderungsbehörden schicken noch 1939 das Flüchtlingsschiff St. Louis mit mehr als 900 jüdischen Passagieren an Bord ohne Anlegeerlaubnis nach Deutschland zurück.

Roosevelts Four Freedoms: In der Präsidentschaftswahl 1940 gewinnt Roosevelt die bis heute einzige dritte Amtszeit eines Präsidenten mit einem sorgfältig austarierten interventionistisch-isolationistischen Programm. In den folgenden Monaten bestätigt Roosevelt in Radioansprachen das Selbstverständnis der Nation als »**great arsenal of democracy**« (29.12.1940) und verkündet in seiner State of the Union Address am 6. Januar 1941 die sog. ›vier Freiheiten‹ (Four Freedoms), die im August 1941 zu einem zentralen Punkt der von Präsident Roosevelt und Premierminister Churchill erklärten Atlantic Charter für eine Ordnung der Nachkriegszeit werden. **Norman Rockwells Bilderserie »Four Freedoms«** (1943; s. Kap. 6.2.4) wird vom Office of War Information zur Unterstützung der Werbung für Kriegsanleihen eingesetzt.

Die USA zwischen
den Weltkriegen

Zur Vertiefung

Präsident Roosevelt: »Four Freedoms«

»In the future days, which we seek to make secure, we look forward to a world founded upon four essential human freedoms.

The first is freedom of speech and expression – everywhere in the world.

The second is freedom of every person to worship God in his own way – everywhere in the world.

The third is freedom from want – which, translated into world terms, means economic understandings which will secure to every nation a healthy peacetime life for its inhabitants-everywhere in the world.

The fourth is freedom from fear – which, translated into world terms, means a world-wide reduction of armaments to such a point and in such a thorough fashion that no nation will be in a position to commit an act of physical aggression against any neighbour – anywhere in the world.

That is no vision of a distant millennium. It is a definite basis for a kind of world attainable in our own time and generation. That kind of world is the very antithesis of the so-called new order of tyranny which the dictators seek to create with the crash of a bomb.« (www.ourdocuments.gov)

Eintritt der USA in den Zweiten Weltkrieg: Der japanische Angriff auf den **Marinestützpunkt Pearl Harbor** auf der Hawaii-Insel Oahu am 7. Dezember 1941 markiert den Eintritt der USA in den Zweiten Weltkrieg. Nach der Kriegserklärung an Japan am 8. Dezember 1941 und der Kriegserklärung Deutschlands und Italiens an die USA am 11. Dezember 1941 befindet sich die USA auf Seiten Großbritanniens, Frankreichs und der UdSSR in einem **globalen Krieg** gegen die zu diesem Zeitpunkt in Europa, Afrika und Asien siegreichen und scheinbar übermächtigen Achsenmächte Deutschland, Italien und Japan. Militärisch spielt sich der Zweite Weltkrieg für die USA an **zwei Fronten** ab: dem sog. Pacific Theater und dem sog. European Theater.

European Theater

An der europäischen Front greifen U.S.-amerikanische Truppen im November 1942 mit der Landung in Nordafrika in die Kampfhandlungen ein. Nach der Landung in Sizilien im Juli 1943 und der Invasion in der Normandie am 6. Juni 1944 befreien die Alliierten Truppen unter dem Oberbefehl von General Dwight D. Eisenhower Westeuropa von der deutschen Besetzung und rücken bis zur **Kapitulation Deutschlands** am 8. Mai 1945 weit nach Osten in das damalige Deutsche Reich vor.

Pacific Theater

Nach dem Angriff auf Pearl Harbor und der Eroberung der Philippinen durch japanische Truppen im Mai 1942 erringen die U.S.-amerikanischen Streitkräfte einen ersten entscheidenden Sieg in der Seeschlacht bei den Midway-Inseln im Juni 1942. Bis zum Frühjahr 1945 erobern sie unter General Douglas MacArthur und Admiral Chester W. Nimitz mit der **Strategie des ›Inselspringens‹ (Island Hopping)** den Pazifikraum bis vor die japanischen Hauptinseln. Der Krieg im Pazifik endet nach dem Abwurf von Atombomben auf die japanischen Städte Hiroshima und Nagasaki am 6. und 9. August 1945 mit der **Kapitulation Japans** am 2. September 1945. Zur Ikone des siegreichen Kriegs wird Joe Rosenthals Foto von der Eroberung der Pazifikinsel Iwo Jima durch U.S.-amerikanische Marineinfanteristen.

Die USA im
Zweiten Weltkrieg

Mit den Siegen in Europa und Asien stehen die USA auf einem Höhepunkt ihrer politischen und militärischen Macht. Präsident Roosevelt erlebt das Ende des Zweiten Weltkriegs nicht mehr; er stirbt am 12. April 1945.

Ökonomische Implikationen: Der Krieg verändert die USA auch an der Heimatfront. Durch einen War Powers Act erteilt der Kongress Ende 1941 dem Präsidenten umfassende Rechte zur Bestimmung über zivile und militärische Angelegenheiten in Kriegszeiten. Bis 1945 gehören mehr als 15 Mio. Männer und Frauen aktiv den Streitkräften an, und das Pentagon

Joe Rosenthal: »Raising the Flag on Iwo Jima«, 23. Februar 1945

wird zum **Zentrum der Militärmacht der USA**. Die Wirtschaft wird mit Hilfe von Regierungsorganisationen wie War Production Board (WPB), War Manpower Commission (WMC), National War Labor Board (NWLB) und Office of War Mobilization (OWM) auf eine **Kriegswirtschaft** umgestellt. Ende 1942 erreicht die U.S.-amerikanische Wirtschaft die Kriegsproduktion von Deutschland, Japan und Italien zusammen; 1944 ist die Produktion der USA an Rüstungsgütern doppelt so hoch wie die der Achsenmächte. Renommierte Wissenschaftler, darunter auch die aus Europa geflüchteten, unterstützen die Regierung von Präsident Roosevelt und tragen maßgeblich zur Entwicklung neuer Waffentechnologien, Rüstungsgüter, medizinischer Produkte und im Rahmen des sog. Manhattan Project auch zum Bau der Atombombe bei.

Im Zuge der wirtschaftlichen Expansion kommt es zu umfangreichen Migrationsbewegungen z.B. in den Südwesten, und insbesondere Kalifornien wird durch den Boom der Kriegsjahre zu einem **neuen Wirtschaftszentrum**. Die Rüstungsinvestitionen der Regierung überwinden die Great Depression und legen durch eine hohe Produktivität, enorme Steigerungen der Beschäftigungszahlen und eine rasche Zunahme der Einkommen breiter Bevölkerungsschichten den Grundstein für den **Wohlstand der Nachkriegszeit**.

Auswirkungen auf die Nachkriegszeit

Gesellschaftliche Auswirkungen: Wie schon im Bürgerkrieg und im Ersten Weltkrieg finden auch im Zweiten Weltkrieg insbesondere Frauen bessere Beschäftigungsmöglichkeiten. In den Streitkräften übernehmen Frauen zum ersten Mal Aufgaben außerhalb von Lazaretten. Rosie the Riveter wird zu einer Symbolfigur der Heimatfront und des **Beitrags der Frauen zum Kriegserfolg**. Für Angehörige ethnischer Minderheiten bieten

J. Howard Miller: »Rosie the Riveter« (1942)

sich in der Rüstungsindustrie trotz anhaltender Vorurteile und Diskriminierungen Arbeits- und Aufstiegschancen, und in Streitkräften und Regierungsinstitutionen kommt es zu **integrationistischen Strukturen**, die für die sozialen und kulturellen Bewegungen der Nachkriegszeit bedeutsam sind.

Gleichzeitig richten sich fremdenfeindliche Ängste nach dem Überfall auf Pearl Harbor vor allem gegen japanischstämmige Bürger in den

Internierung und Zensur

187

Bundesstaaten an der Westküste und führen nach Präsident Roosevelts Executive Order 9066 zur **Einrichtung von Internierungslagern** wie z. B. in Manzanar, CA. David Gutersons Roman *Snow Falling on Cedars* (1994) gibt ein eindringliches Bild der von Vorurteilen und Stereotypisierungen geprägten Stimmung während des Zweiten Weltkriegs. **Propaganda- und Zensurmaßnahmen** werden durch das Office of War Information (OWI) koordiniert und umfassen alle Bereiche der Unterhaltungs- und Populärkultur und besonders der Film-, Radio- und Musikindustrie.

Kollektive Erinnerung: In der populären Imagination und kollektiven Erinnerung wird der Zweite Weltkrieg nach den Erfahrungen des Korea-, Vietnam- und Irakkriegs nahezu uneingeschränkt als »the good war« betrachtet, und die Generation des Zweiten Weltkriegs wird in einem gleichlautenden Bestseller von Tom Brokaw (1998) als »the greatest generation« porträtiert. Die Befreiung Europas von Totalitarismus, Tyrannei und Rassenwahn und der Sieg über die japanischen Aggressoren wird als **moralischer Erfolg der U.S.-amerikanischen Demokratie** gesehen, dem 2004 mit dem National World War II Memorial auf der National Mall in Washington, DC ein monumentales Denkmal gesetzt wird (vgl. www.nps. gov/nwwm). Gleichzeitig komplizieren **Kontroversen** z. B. um das Gedenken an den Abwurf der Atombombe die nationale Erinnerung. Seit den 1990er Jahren trägt die Filmindustrie mit Filmen wie *Saving Private Ryan* (1998), *Pearl Harbor* (2001), *Windtalkers* (2002) und dem Doppelprojekt *Flags of Our Fathers/Letters from Iwo Jima* (2006/2007) trotz aller kommerziellen Rahmenbedingungen zu einem **differenzierteren Bild des Zweiten Weltkriegs in der Populärkultur** bei.

Zur Vertiefung

Kontroverse um die Enola-Gay-Ausstellung

1995 kommt es zu einer heftigen Debatte um die Enola Gay – das Flugzeug, das am 6. August 1945 die Atombombe »Little Boy« auf Hiroshima abwarf. Das National Air and Space Museum der Smithsonian Institution in Washington, DC plant zum Gedenken an den 50. Jahrestag des Abwurfs der Atombombe eine Ausstellung der Enola Gay, die von Veteranen des Zweiten Weltkriegs und der Air Force Association z. T. heftig kritisiert wird. Gegenstand der Kritik ist das Bedauern, mit dem die Ausstellung auf die japanischen Opfer verweist, ohne die Gründe zu erwähnen, die die Alliierten während des Zweiten Weltkriegs dazu bewogen, die Bombe zu werfen. Heute ist die Enola Gay im National Air and Space Museum lediglich mit Informationen zu ihren technischen Details und ohne weitere Kommentare zu sehen. Eine detaillierte Darstellung des Konflikts findet sich unter http://digital.lib.lehigh.edu/ trial/enola.

3.6 | Vom Kalten Krieg bis ins 21. Jahrhundert

3.6.1 | Militärische Blockbildung, nukleare Bedrohung, Antikommunismus

1945	Februar: Konferenz von Jalta; Juli – August: Konferenz von Potsdam; Gründung der UNO in San Francisco	Zeittafel
1946	Februar: George F. Kennans »Long Telegram«; März: Winston Churchills Rede zum Eisernen Vorhang	
1947	Truman Doctrine; Marshall Plan; National Security Act; Beginn der Anhörungen des House Committee on Un-American Activities (HCUA)	
1948–49	Berliner Luftbrücke	
1949	Gründung der Volksrepublik China; Zündung der Atombombe durch die UdSSR; Gründung der NATO	
1950–53	Koreakrieg	
1950–54	McCarthy-Anhörungen	
1952	Zündung der Wasserstoffbombe durch die USA	
1953–61	Präsidentschaft von Dwight D. Eisenhower	
1953	Hinrichtung von Ethel und Julius Rosenberg	
1954	Rückzug Frankreichs aus Vietnam; Beginn der U.S.-amerikanischen Präsenz in Vietnam; Gründung der Southeast Asia Treaty Organization (SEATO)	
1957	Sputnik-Schock	
1959	Sieg der Revolution in Kuba	
1961–63	Präsidentschaft von John F. Kennedy	
1961	Treffen Kennedy/Chruschtschow in Wien; Bau der Berliner Mauer; gescheiterte Invasion in der Schweinebucht auf Kuba	
1962	Kuba-Krise	
1974/1979	SALT I/Salt II	
1975	Evakuierung von Saigon	
1979	NATO-Doppelbeschluss; Einmarsch der UdSSR in Afghanistan und Beginn des Afghanistankriegs	
1989	Fall der Berliner Mauer	
1991	Auflösung der UdSSR	

Die außenpolitische Neuorientierung der USA beginnt noch während des Zweiten Weltkriegs. Die Beteiligung an der Planung und Gründung der United Nations Organization (UNO) bedeutet eine stärkere **Internationalisierung der Außenpolitik** über den Krieg hinaus. Die Konferenzen von Jalta im Februar 1945 und Potsdam im Juli und August 1945 offenbaren Spannungen unter den Alliierten, welche die politischen und militärischen Konflikte der Nachkriegszeit antizipieren. Zwei Dokumente aus dem Jahr 1946 markieren die Wende zu einer Konfrontation zwischen den USA und der UdSSR:

- im Februar 1946 warnt der U.S.-amerikanische Diplomat **George F. Kennan** in seinem sog. ›**langen Telegramm**‹ (long telegram) vor expansionistischen Ambitionen der UdSSR und vor einer Gefährdung der westlichen Welt und Asiens durch den Kommunismus
- im März 1946 prägt **Winston Churchill** in einer Rede in Fulton, MO den Begriff des ›**Eisernen Vorhangs**‹ (Iron Curtain), der Europa in zwei Einflusssphären teilt.

Truman-Doktrin: Die offizielle Formulierung der Außen- und Verteidigungspolitik der USA für die nächsten Jahrzehnte erfolgt am 12. März 1947 in einer Rede von Präsident Truman vor dem Kongress. Die Ankündigung Trumans, die Machtansprüche der UdSSR durch internationale Bündnisse einzudämmen und U.S.-amerikanische Vorstellungen von Freiheit und Demokratie weltweit zu verteidigen, dokumentiert die Abkehr von isolationistischen Positionen und wird als **Politik der Eindämmung** (policy of containment) oder **Truman Doctrine** bezeichnet. Mit der Einrichtung des Department of Defense, des National Security Council (NSC) und der Central Intelligence Agency (CIA) durch den National Security Act (1947) legt die Truman-Regierung die organisatorischen Grundlagen für eine konfrontative Außenpolitik. Zugleich wird mit dem 1947 verabschiedeten European Recovery Plan – dem sog. **Marshall Plan** – ein umfangreiches Programm zum wirtschaftlichen und sozialen Wiederaufbau des zerstörten Europa aufgelegt. Walter Lippmans Buch *The Cold War* (1947) gibt dem sich abzeichnenden **Ost-West-Konflikt** seinen Namen.

Zur Vertiefung

Dokumente zum Beginn des Kalten Krieges

George F. Kennans »Long Telegram«, Moskau, 26. Februar 1946
»All Soviet propaganda beyond Soviet security sphere is basically negative and destructive. It should therefore be relatively easy to combat it by any intelligent and really constructive program. For those reasons I think we may approach calmly and with good heart problem of how to deal with Russia. As to how this approach should be made, I only wish to advance, by way of conclusion, following comments: [...]
    (3) Much depends on health and vigor of our own society. World communism is like malignant parasite which feeds only on diseased tissue. This is point at which domestic and foreign policies meet. Every courageous and incisive measure to solve internal problems of our own society, to improve self-confidence, discipline, morale and community spirit of our own people, is a diplomatic victory over Moscow worth a thousand diplomatic notes and joint communiqués. If we cannot abandon fatalism and indifference in face of deficiencies of our own society, Moscow will profit – Moscow cannot help profiting by them in its foreign policies.
    (4) We must formulate and put forward for other nations a much more positive and constructive picture of sort of world we would like to see than we have put forward in past.«

(www.gwu.edu/~nsarchiv/coldwar/documents/episode-1/kennan.htm)

Winston Churchills »Iron Curtain«-Rede, Fulton, MO 5. März 1946
»From Stettin in the Baltic to Trieste in the Adriatic an iron curtain has descend-

ed across the Continent. Behind that line lie all the capitals of the ancientstates of Central and Eastern Europe. Warsaw, Berlin, Prague, Vienna, Buda pest, Belgrade, Bucharest and Sofia; all these famous cities and the populations around them lie in what I must call the Soviet sphere, and all are subject, in one form or another, not only to Soviet influence but to a very high and in some cases increasing measure of control from Moscow.«

(www.americanrhetoric.com/speeches/winstonchurchillsinewsofpeace.htm)

Präsident Trumans Rede vor dem Kongress, 12. März 1947
»I believe that it must be the policy of the United States to support free peoples who are resisting attempted subjugation by armed minorities or by outside pressures.

I believe that we must assist free peoples to work out their own destinies in their own way.

I believe that our help should be primarily through economic and financial aid which is essential to economic stability and orderly political processes. [...]

The seeds of totalitarian regimes are nurtured by misery and want. They spread and grow in the evil soil of poverty and strife. They reach their full growth when the hope of a people for a better life has died. We must keep that hope alive. The free peoples of the world look to us for support in maintaining their freedoms. If we falter in our leadership, we may endanger the peace of the world – and we shall surely endanger the welfare of our own nation.«

(www.americanrhetoric.com/speeches/harrystrumantrumandoctrine.html)

Kalter Krieg in Europa: Seit Ende der 1940er Jahre bestimmen der Ost-West-Konflikt, das atomare Wettrüsten und die Konfrontationen der um die USA und die UdSSR gruppierten Bündnisblöcke die Politik auf nahezu allen Ebenen. Zu den wichtigsten Ereignissen und Folgen des Kalten Kriegs in Europa bis zum Fall der Berliner Mauer 1989 und der Auflösung der UdSSR 1991 zählen:

* die vor allem von U.S.-amerikanischen Flugzeugen bestrittene **Berliner Luftbrücke** (1948–49)
* die Etablierung von NATO (1949) und Warschauer Pakt (1955) als **rivalisierende Militärbündnisse**
* die **Teilung Deutschlands** und die Gründung zweier deutscher Staaten (1949)
* der Bau der **Berliner Mauer** (1961)
* die **Stationierung U.S.-amerikanischer Truppen** in Europa und besonders in der Bundesrepublik Deutschland.

Die humanitäre und wirtschaftliche Hilfe der USA für Europa, die Berliner Luftbrücke und die Präsenz U.S.-amerikanischer Truppen z.B. in Berlin werden sowohl in den USA selbst als auch international zu Symbolen für die Unterstützung der sog. ›freien Welt‹ durch die USA.

Koreakrieg und Beginn des Vietnamkriegs: In Asien schlägt die antikommunistische Politik der Eindämmung bereits mit der Gründung der Volksrepublik China 1949 fehl, und die Parteinahme der USA für die Exilregierung auf Taiwan führt zu einem jahrzehntelangen Konflikt mit China. Im Koreakrieg (1950–1953) eskaliert der Kalte Krieg zu einem **offenen militärischen Konflikt** zwischen den von den USA geführten UN-

Streitkräften einerseits und nordkoreanisch-chinesischen Truppen anderererseits. In der nationalen Erinnerung der USA figuriert der Koreakrieg zwischen dem Zweiten Weltkrieg und dem Vietnamkrieg häufig als der ›vergessene Krieg‹ (»the forgotten war«).

Vietnam

Seit Mitte der 1950er Jahre rückt Vietnam in den Blickpunkt der Politik der Eindämmung. Nach dem Rückzug Frankreichs aus seinen Kolonialgebieten in Indochina 1954 gründen die USA die South East Asia Treaty Organization (SEATO) und leiten ein dauerhaftes **militärisches Engagement in Südostasien** ein. Nach dem für die internationale Wahrnehmung und das außenpolitische Image der USA verheerenden Vietnamkrieg der 1960er und frühen 1970er Jahre endet der Konflikt in einer militärischen Niederlage, der symbolträchtigen Evakuierung von Saigon 1975 und einem nationalen Trauma (s. Kap. 3.6.5).

Wettrüsten und nukleare Bedrohung: Die hohen Investitionen in die Rüstungs- und Verteidigungsindustrie führen in den USA zu einem Wirtschaftsboom, der zu einem Großteil die Prosperität der Wohlstandsgesellschaft (affluent society) der 1950er und frühen 1960er Jahre trägt. Der **Ausbau der Rüstungs- und Raumfahrttechnologie** nach dem Sputnik-Schock 1957 hat weitgehende Auswirkungen auf die technische und wirtschaftliche Entwicklung in zivilen Bereichen. Der Einfluss der Rüstungsindustrie wächst in den 1950er Jahren so stark, dass Präsident Eisenhower in seiner Abschiedsrede 1961 vor der Macht eines **militärisch-industriellen Komplexes** (military-industrial complex) warnt.

**Zivilschutz-
maßnahmen
und Propaganda**

Nach der Zündung der ersten sowjetischen Atombombe 1949 werden überall in den USA **Maßnahmen zum Schutz der Zivilbevölkerung** gegen einen atomaren Angriff eingeleitet, die von Zivilschutzübungen, Baumaßnahmen in öffentlichen und privaten Gebäuden sowie umfangreichen Propagandaaktivitäten begleitet werden. Notorische Berühmtheit erlangt der heute im Internet verfügbare Zeichentrickfilm *Duck and Cover* (1951), in dem eine Schildkröte Schulkindern Schutzmaßnahmen bei einem Atombombenangriff erklärt (vgl. www.youtube.com). Der Dokumentarfilm *The Atomic Café* (1982) bietet eine Zusammenstellung von militärischen und zivilen Filmen zur Warnung vor nuklearen Angriffen aus der Zeit 1940 bis 1960.

*Duck and Cover-
Filmposter (1951)*

House Committee on Un-American Activities: Die militärische Konfrontation zwischen Ost und West zieht in den USA seit der zweiten Hälfte der 1940er Jahre eine Welle des **Antikommunismus** und einen **übersteigerten Patriotismus** nach sich. Das in den 1930er Jahren von konservativen Kreisen im Kongress zur Überwachung kommunistischer Umtriebe eingesetzte House Committee on Un-American Activities (HCUA) wird bis in die 1950er Jahre zur wichtigsten Plattform einer Kampagne gegen liberale Kritiker der politischen, wirtschaftlichen und sozialen Situation in den USA und gegen angebliche kommunistische Unterwanderungs- und Umsturzversuche.

Militärische Blockbil-
dung und nukleare
Bedrohung

Im Mittelpunkt der Hysterie steht Senator Joseph McCarthy, auf den McCarthyism
die Begriffe McCarthyism oder McCarthy Era zurückgehen. Millionen
von U.S.-Bürgern, darunter Regierungsangestellte, Universitätsmitar-
beiter, Angestellte in Rüstungsbetrieben oder Gewerkschaftsmitglieder
müssen sich **Verhören und Loyalitätsprüfungen** unterziehen und z. B.
Loyalitätseide ablegen. Öffentlichkeitswirksam inszenierte **Spionage-
prozesse**, darunter derjenige gegen die 1953 hingerichteten Ethel und
Julius Rosenberg, sind heute ähnlich umstritten wie der Sacco und Van-
zetti-Prozess der 1920er Jahre. Der Höhepunkt der Kampagne ist mit dem
Fall McCarthys nach seinen Angriffen gegen die Streitkräfte 1954 und
nach Entscheidungen des Obersten Gerichtshofs zum Schutz von Grund-
und Zeugenrechten überschritten. Der **Einfluss antikommunistischer
Propaganda** bestimmt jedoch auf Jahre hinaus die innen- und außen-
politischen Diskussionen. McCarthyism und der Rosenberg-Prozess sind
Gegenstand zahlreicher **literarischer Verarbeitungen** wie z. B. Arthur
Millers *The Crucible* (1953), E.L. Doctorows *The Book of Daniel* (1971),
Robert Coovers *The Public Burning* (1977) oder Tony Kushners *Angels in
America* (1993).

Hexenjagd gegen Hollywood

Zur Vertiefung

Die oftmals mit den Salemer Hexenverfolgungen der Jahre 1692/93
und der Red Scare nach dem Ersten Weltkrieg verglichene Hetze gegen
›unamerikanische Aktivitäten‹ richtet sich auch gegen Produzenten,
Regisseure und Schauspieler der Filmindustrie in Hollywood, die pro-
sowjetischer Einstellungen und konspirativer Absichten bezichtigt werden. Trotz der Proteste prominenter Schauspieler wie z. B. Humphrey
Bogart oder Lauren Bacall werden ›schwarze Listen‹ (blacklists) erstellt,
und Autoren, Produzenten, Regisseure und Schauspieler werden mit
Boykotten belegt. Zugleich produzieren regierungstreue Studios antikommunistische und antisowjetische Propagandafilme wie z. B. *The Red
Menace* (1949).

Kubakrise und Entspannungspolitik: Zum Brennpunkt des Wettrüstens
der atomaren Supermächte und der weltweiten militärischen Blockbildung wird die Kubakrise 1962. Als nach dem Sieg Fidel Castros in der
kubanischen Revolution der 1950er Jahre und der fehlgeschlagenen Invasion Kubas durch von der CIA unterstützte Exilkubaner 1961 die UdSSR
versucht, auf der Karibikinsel Atomraketen zu stationieren, antwortet die
Kennedy-Regierung mit einer **Seeblockade und einem Ultimatum**. Das
Abdrehen der sowjetischen Schiffe verhindert eine weitere Eskalation
und einen atomaren Krieg zwischen den Blöcken. Eine Serie von Abrüs-
tungskonferenzen und -verträgen (darunter SALT I und SALT II 1974 und
1979) führt in den 1970er Jahren zu einer **Phase der Entspannung**, bevor
sich die Fronten in den 1980er Jahren nach der sowjetischen Invasion Af-
ghanistans und dem NATO-Doppelbeschluss erneut verhärten und sich

die Blöcke bis zum Fall der Berliner Mauer 1989 politisch und militärisch weitgehend konfrontativ gegenüberstehen.

3.6.2 | Suburbanisierung

Anfänge: Die gesellschaftlichen und kulturellen Entwicklungen der Wohlstandsgesellschaft nach dem Zweiten Weltkrieg sind wesentlich von der **Entstehung und Ausdehnung der Vorstadtwohngebiete** am Rande der urbanen Zentren bestimmt. Diese als **Suburbanisierung** (suburbanization) bezeichnete Bewegung hat ihren Ausgangspunkt im 18. Jh. in England, als wohlhabende Großstadtbewohner ihre Familienwohnsitze in die ländliche Umgebung Londons verlegen. In den USA entstehen die ersten Vorstädte (suburbs) in den 1830er und 1840er Jahren an der Peripherie von Boston, Philadelphia und New York, nachdem neue Transportmittel und Verkehrsverbindungen ein schnelles und kostengünstiges Pendeln (commuting) zwischen Stadt und Vorstadt ermöglichen. Riverside in der Nähe von Chicago wird mit seinen großzügigen Grundstücken für Einfamilienhäuser, parkähnlichen Anlagen, Freizeitmöglichkeiten und guten Verkehrsanbindungen zum **Prototyp der modernen U.S.-amerikanischen Vorstadt**. Bis in die 1920er Jahre wachsen die vorstädtischen Gebiete kontinuierlich an, bevor die Wirtschaftskrise der Entwicklung durch die Verarmung weiter Bevölkerungskreise ein vorläufiges Ende setzt.

Levittown

Die Entwicklung der USA zu »the united states of suburbia« (vgl. Thomas 1998) setzt nach dem Zweiten Weltkrieg ein. Eine Reihe von Regierungsprogrammen zur Unterstützung von Veteranen – besonders der **Servicemen's Readjustment Act (sog. GI Bill, 1944)** – sowie der Ausbau des Straßennetzes und die Zunahme der Pkw-Zahl in den 1950er Jahren begünstigen das Wachstum der traditionell von der weißen Mittelklasse dominierten Vorstädte. Von entscheidender Bedeutung für die Suburbanisierung sind die **Massenproduktion kostengünstiger Fertighäuser** und die systematische Erschließung ländlicher Gebiete am Rande der städtischen Zentren. Zum Synonym für die Suburbanisierung werden in den 1950er Jahren die auf dem Reißbrett geplanten

Levittown,
NY (1948)

Siedlungen von Einfamilienhäusern der Firma Levitt & Sons in der Nähe von New York und Philadelphia. Die Levittown-Häuser werden je nach Modellart und Ausstattung mit einer Reihe von ebenfalls vorgefertigten Einrichtungsgegenständen und elektrischen Geräten ausgeliefert und so schon früh zum Symbol der **Standardisierung und Normierung** der suburbanen Kultur.

Entwicklungen bis zur Gegenwart: Die Suburbanisierung schreitet in der zweiten Hälfte des 20. Jh.s stetig fort und wird zu einem spezifischen Merkmal der Gesellschaft und Gegenwartskultur der USA. In *The Crab-*

grass Frontier: The Suburbanization of America (1985) bezeichnet Kenneth Jackson die Suburbanisierung als »the quintessential physical achievement of the United States [that] is perhaps more representative of its culture than big cars, tall buildings, or professional football« (S. 4). Der ursprüngliche Charakter der Vorstädte als Wohngebiete (residential areas) verändert sich durch die Einrichtung von **Einkaufszentren, Bürogebäuden und Geschäfts- und Industrieparks,** und auch jenseits der Vorstädte werden neue Wohn- und Industriegebiete erschlossen (sog. edge cities, exurbs, post-urban cities). Die anfänglich angloamerikanisch-weißen Vorstädte wandeln sich bis in die 1990er Jahren zu **ethnisch und sozial diversen Wohngebieten**. Die Gründung von abgegrenzten Wohnanlagen (gated communities) seit den 1980er Jahren kann im Zusammenhang dieser Entwicklungen als eine neuere Umsetzung des ursprünglich exklusiven Charakters der Vorstädte gesehen werden.

Der **Suburbanisierungsgrad der USA** nimmt seit dem Zweiten Weltkrieg kontinuierlich zu: von 15 % in 1940 auf 30 % in 1960 und 45 % in 1980. Nach dem Zensus 2000 leben an der Wende zum 21. Jh. ca. 50 % der Bevölkerung in suburbanen Gebieten, weshalb Politikwissenschaftler, Soziologen und Journalisten häufig auf die Bedeutung der Vorstädte für Wahlentscheidungen hinweisen.

Statistiken

American Suburbia – Ideologische Implikationen

Zur Vertiefung

Mit dem Begriff **American Suburbia** sind spezifische soziologische Entwicklungen und ideologische Implikationen verbunden. Robert Fishmans *Bourgeois Utopia: The Rise and Fall of Suburbia* (1987) verweist im Titel auf die Bedeutung der suburbanen Lebensweise. Der Besitz eines eigenen Grundstücks und Hauses entspricht dem ideologischen Nachdruck in den USA auf persönlicher Unabhängigkeit und Privateigentum. Die ländlich-idyllische Gestaltung der suburbanen Wohngebiete und besonders der Rasen vor oder hinter dem Wohnhaus wird oftmals mit agrarischen Konstruktionen der USA (s. Kap. 6.2.2) in Verbindung gebracht. Das suburbane Familieneigenheim wird als idealer Raum für die prototypische ›amerikanische Familie‹ gesehen. Die Entstehung und Entwicklung der vorstädtischen Wohngebiete ist historisch mit der Trennung von Wohnung, Familie und Freizeit einerseits und Arbeitswelt andererseits verbunden. Im Kontext traditioneller Rollenverteilungen führt dies dazu, dass die Vorstadt und vor allem das suburbane Heim als häuslicher Raum der (Haus-)Frauen (homemakers) betrachtet wird.

Bill Owens: »Suburbia« (1973)

Kritik am Mythos der Vorstadt: Nahezu zeitgleich mit der Expansion der Vorstädte und der Idealisierung der suburbanen Familie in populären Fernsehserien wie »The Adventures of Ozzie and Harriet«, »Father Knows

Best«, »Leave It to Beaver« oder »The Donna Reed Show« wächst die Kritik
am suburbanen Lebensstil und dessen ideologischer Verklärung. Soziologen, Stadtplaner und z. B. auch Vertreter der studentischen Protestbewegung der 1960er Jahre wenden sich insbesondere gegen:

Kritikpunkte

- die **Uniformität, Sterilität und Künstlichkeit** der Vorstadtsiedlungen
- den **Materialismus, Konformitätsdruck und sozialen Exklusivitäts-
anspruch** der suburbanen Gesellschaft und deren Freizeitverhalten
- die hohen **Erwartungen an idealisierte Familienbilder**
- das flächenmäßige **Ausufern der Vorstädte (suburban sprawl)** und
die damit einhergehende Umweltzerstörung.

Für die Feministin Betty Friedan wird das Leben der Frauen in den Vorstädten zum Ausdruck der Fortschreibung traditioneller Vorstellungen
von Häuslichkeit (domesticity) und der Fortsetzung der frustrierenden,
psychisch deformierenden Reduktion von Frauen auf konventionelle Rollen als Mutter und Hausfrau.

Zur Vertiefung

Betty Friedan: *The Feminine Mystique* (1963)

»The suburban housewife – she was the dream image of the young American
women and the envy, it was said, of women all over the world. The American
housewife – freed by science and labor-saving appliances from the drudgery,
the dangers of childbirth and the illnesses of her grandmother. She was healthy,
beautiful, educated, concerned only about her husband, her children, her
home. She had found true feminine fulfillment. As a housewife and mother, she
was respected as a full and equal partner to man in his world. She was free to
choose automobiles, clothes, appliances, supermarkets; she had everything that
women ever dreamed of.

In the fifteen years after World War II, this mystique of feminine fulfillment
became the cherished and self-perpetuating core of contemporary American
culture. Millions of women lived their lives in the image of those pretty pictures
of the American suburban housewife, kissing their husbands goodbye in front
of the picture window, depositing their stationwagonsful of children at school,
and smiling as they ran the new electric waxer over the spotless kitchen floor.
They baked their own bread, sewed their own and their children's clothes, kept
their new washing machines and dryers running all day. They changed the
sheets on the beds twice a week instead of once, took the rughoolag class in
adult education, and pitied their poor frustrated mothers, who had dreamed of
having a career. Their only dream was to be perfect wives and mothers; their
highest ambition to have five children and a beautiful house, their only fight
to get and keep their husbands. They had no thought for the unfeminine problems of the world outside the home; they wanted the men to make the major
decisions. They gloried in their role as women, and wrote proudly on the census
blank: ›Occupation: housewife‹.« (S. 13–14)

Suburbia in Literatur, Kunst, Populärkultur: In der Literatur, Kunst und
Populärkultur wird die Vorstadt seit den 1950er Jahren zu einem zentralen Thema. Die **Fotodokumentation** *Suburbia* von Bill Owens (1973; vgl.
www.billowens.com) zählt zu den aussagekräftigsten Darstellungen der
weißen Mittelklassevorstädte auf dem Höhepunkt ihrer traditionellen
Ausprägung und ihres materiellen Wohlstands. Die schwarz-weißen **Ge-**

mälde von Roger Brown betonen die Uniformität der suburbanen Architektur als Manifestation der Konformität der Lebensgestaltung selbst. In der **Literatur** wird die Darstellung der suburbanen Lebenswirklichkeiten nach Catherine Jurca zu »the central preoccupation« (2001, S. 160) der U.S.-amerikanischen Gegenwartsliteratur.

American Suburbia in der Erzählliteratur der Gegenwart

Literatur

Sloan Wilson | *The Man in the Gray Flannel Suit* (1955)
Philip Roth | *Goodbye, Columbus* (1959), *American Pastoral* (1997), *Human Stain* (2000)
John Updike | *Rabbit Run* (1960), *Couples* (1968), *Rabbit Redux* (1971), *Rabbit is Rich* (1981), *Rabbit at Rest* (1990)
Joyce Carol Oates | *Expensive People* (1968), *We Were the Mulvaneys* (1996)
John Cheever | *Bullet Park* (1969), *Short Stories* (1978)
Gloria Naylor | *Linden Hills* (1985)
Ronaldo Rindo | *Suburban Metaphysics and Other Stories* (1990)
Gish Jen | *Typical American* (1991), *Mona in the Promised Land* (1996)
Jeffrey Eugenides | *Virgin Suicides* (1993)
Rick Moody | *The Ice Storm* (1994)
Mark Salzman | *Lost in Place: Growing Up Absurd in Suburbia* (1995)
Richard Ford | *Independence Day* (1995)
D.J. Waldie | *Holy Land: A Memoir* (1996)
James Kaplan | *Two Guys from Verona: A Novel of Suburbia* (1998)
Richard Russo | *Empire Falls* (2001)
Jonathan Franzen | *The Corrections* (2001)
Robert Rand | *My Suburban Shtetl* (2001)
Alice Sebold | *The Lovely Bones* (2002)
S. Mitra Kalita | *Suburban Sahibs* (2003)

Die Filmindustrie produziert *mit Mr. Blandings Builds His Dream House* bereits 1948 eine filmische Darstellung der Anfänge der Nachkriegsentwicklung. Während eine Vielzahl an Filmen die Vorstädte eher allgemein als prototypischen U.S.-amerikanischen Schauplatz nutzt, setzen sich Filme wie z. B. **The Graduate** (1967), *Pleasantville* (1998), **American Beauty** (1999) und **The Hours** (2002) unmittelbar mit den suburbanen Lebensweisen auseinander. Auf die populären, offensichtlich apologetischen Fernsehserien der 1950er und 1960er Jahre folgen bis in die 1990er Jahre mit »Alf«, »7th Heaven« oder »American Family« Serien, die zwar den sozialen und ethnischen Wandel der Vorstädte reflektieren, in ihrer Grundtendenz jedoch ideologisch affirmativ bleiben. Mit **»Desperate Housewives«** (seit 2004) und **»Weeds«** (seit 2005) wird

Filme und Fernsehserien

auch in TV-Serien die glatte Oberfläche der suburbanen Gesellschaft und ihrer traditionellen Idealvorstellungen aufgebrochen. In der **populären Musik** ist das Leben in den Vorstädten seit den 1960er Jahren ein beliebtes

Poster zur Serie »Desperate Housewives«

Thema, wobei Malvina Reynolds/Pete Seegers »Little Boxes« (1963) und Marianne Faithfulls »The Ballad of Lucy Jordan« (1979) besondere Beachtung verdienen.

Zur Vertiefung

Suburbia in der populären Musik

Malvina Reynolds: »Little Boxes« (1963)
Manfred Mann: »Semi-Detached Suburban Mr. James« (1966)
Marianne Faithfull: »The Ballad of Lucy Jordan« (1979)
Pet Shop Boys: »Suburbia« (1986)
Blob Hotel: »Sick of Suburbia« (1988)
David Bowie: »Buddha of Suburbia« (1993/1995)
The Skids: »Sweet Suburbia« (1995)
Billy Jenkins: »Suburbia« (2000)
Butch Walker: »Suburbia« (2002)
Green Day: »Jesus of Suburbia« (2005)

3.6.3 | Civil Rights Movement und ethnische Emanzipations- bewegungen bis in die 1960er Jahre

Zeittafel

1929	Gründung der League of United Latin American Citizens (LULAC)
1941	Executive Order 8802 gegen Diskriminierung in kriegswichtigen Einrichtungen und Industrien
1942	Gründung des Congress of Racial Equality (CORE)
1944	Gründung des National Congress of American Indians
1947	Jackie Robinson erster afroamerikanischer Major League Baseball-Spieler; President's Committee on Civil Rights: *To Secure These Rights*
1948	Executive Order 9981 zur Integration der Streitkräfte
1950	Asociación Nacional México-Americana
1954	Entscheidung des Obersten Gerichtshofs Brown v. Board of Education of Topeka, KS
1955–56	Montgomery Bus Boycott
1957	Martin Luther King gründet Southern Christian Leadership Conference (SCLC)
1960	Student Nonviolent Coordinating Committee (SNCC)
1963	March on Washington, DC mit Martin Luther Kings »I Have a Dream«-Rede
1964	Civil Rights Act
1965	Protestmärsche in Selma, AL; Voting Rights Act; Rassenunruhen in Watts/Los Angeles; Ermordung von Malcom X; National Council on Indian Opportunity

1966	Black Power-Bewegung; Gründung der Black Panther Party in Oakland, CA
1967	Rassenunruhen in Newark, NJ und Detroit; El Movimiento Estudiantil Chicano de Aztlan (MEChA)
1968	Ermordung von Martin Luther King; American Indian Movement (AIM)
1969	Besetzung von Alcatraz durch AIM

Organisation ethnischer Gruppen: Das Bild der USA als moralische Siegermacht des Zweiten Weltkriegs wird durch die anhaltende Praxis der Rassensegregation getrübt. Während des Kriegs sind ethnisch getrennte Einheiten in den Streitkräften und die Internierung japanisch-amerikanischer Bürger nach dem Angriff auf Pearl Harbor (s. Kap. 3.5.7) Ausdruck einer von **ethnischen Vorurteilen und rassistischen Stereotypisierungen** geprägten Gesellschaft. Gunnar Myrdals Studie *An American Dilemma*: *The Negro Problem and Modern Democracy* (1944) gilt in diesem Zusammenhang als eine wegweisende Publikation. Insbesondere die afroamerikanische Bürgerrechtsbewegung sieht sich durch den Kriegseinsatz afroamerikanischer Männer und Frauen in ihrem Kampf für Bürgerrechte und Gleichberechtigung gestärkt. Seit 1942 propagiert sie die sog. **Double V-Kampagne** – Sieg im Krieg gegen totalitäre Systeme und Sieg im Kampf gegen Rassismus und Diskriminierung in den USA selbst.

Das **Spannungsverhältnis zwischen ideologischem Anspruch und gesellschaftlicher Realität** erfahren in gleicher Weise Indianer und Chicanos. Ähnlich wie Afroamerikaner tragen sie sowohl im zivilen als auch im militärischen Bereich zum Kriegserfolg der USA entscheidend bei, sind jedoch ebenfalls anhaltenden Diskriminierungen und ethnozentrischen Stereotypisierungen ausgesetzt. Die Gründung des **National Congress of American Indians** 1944 und die steigenden Mitgliederzahlen der 1929 etablierten **League of United Latin American Citizens (LULAC)** dokumentieren die zunehmende Organisationsbereitschaft ethnischer Gruppen.

Civil Rights Movement: Seit den 1940er Jahren wird die afroamerikanische Bürgerrechtsbewegung zum Kristallisationspunkt der Emanzipationsbestrebungen ethnischer Gruppen in den USA. Sie erlangt zunehmend Bedeutung und Selbstbewusstsein durch:

- den Mitgliederzuwachs der **National Association for the Advancement of Colored People** (NAACP)
- Präsident Roosevelts **Executive Order 8802** (1941) zum Verbot diskriminierender Einstellungspraktiken in kriegsrelevanten Einrichtungen und Industrien
- die Gründung des **Congress of Racial Equality** (CORE) 1942
- die **Integration von Kampfeinheiten** noch während des Kriegs
- das **Ende der Segregation im professionellen Baseball** 1947 durch die Zulassung des afroamerikanischen Spielers Jackie Robinson.

Frühe Erfolge
der Bürgerrechts-
bewegung

1947 legt das von Präsident Truman eingesetzte President's Committee on Civil Rights seinen Bericht *To Secure These Rights* vor, dessen Kritik an politischen und sozialen Diskriminierungen die Bürgerrechtsbewegung stärkt und zugleich auf erbitterten Widerstand der reaktionären Dixiecrats im Süden stößt. Präsident Trumans Executive Order 9981 zur Aufhebung der Segregation in den Streitkräften (1948; vgl. www.ourdocuments.gov) und Entscheidungen des Obersten Gerichtshofs gegen diskriminierende Praktiken z. B. auf dem Immobilienmarkt unterstützen die zu dieser Zeit von **A. Philip Randolph** geführte afroamerikanische Bürgerrechtsbewegung.

Brown v. Board of Education

Eine Zäsur in der Geschichte der USA markiert die Entscheidung des Obersten Gerichtshofs zur Rassentrennung in Schulen im Fall Brown v. Board of Education of Topeka, KS (1954). Mit seinem Urteil verwirft der Oberste Gerichtshof die seit seinem eigenen Urteil Plessy v. Ferguson (1896) rechtskräftige Diskriminierung nach der »separate but equal«-Formel (s. Kap. 3.4.1) und erklärt die **Segregationspolitik für verfassungs- und rechtswidrig**. In den Südstaaten führt das Urteil zu einer Verschärfung der Rassenkonflikte, zu gewalttätigen Aktionen gegen Afroamerikaner und zu einer neuen Popularität des Ku Klux Klan und der Doktrin der einzelstaatlichen Rechte. In den folgenden Jahren wird die **Integration der Schulen** in den Südstaaten gegen den Widerstand von Regierungen und Behörden in den Bundesstaaten und z. T. gegen den Willen der Bevölkerung durch die Bundesregierung durchgesetzt. Dabei werden die **militanten Auseinandersetzungen und Unruhen** in Little Rock, AR und Oxford, MS zu national und international beobachteten Beispielen für den Konflikt um Gleichberechtigung in den USA.

Zur Vertiefung

Brown v. Board of Education of Topeka, KS (1954)

»Segregation of white and Negro children in the public schools of a State solely on the basis of race, pursuant to state laws permitting or requiring such segregation, denies to Negro children the equal protection of the laws guaranteed by the Fourteenth Amendment – even though the physical facilities and other »tangible« factors of white and Negro schools may be equal. [...]

Segregation of white and colored children in public schools has a detrimental effect upon the colored children. The impact is greater when it has the sanction of the law, for the policy of separating the races is usually interpreted as denoting the inferiority of the negro group. A sense of inferiority affects the motivation of a child to learn. Segregation with the sanction of law, therefore, has a tendency to retard the educational and mental development of negro children and to deprive them of some of the benefits they would receive in a racially integrated school system.

Whatever may have been the extent of psychological knowledge at the time of Plessy v. Ferguson, this finding is amply supported by modern authority. Any language in Plessy v. Ferguson contrary to this finding is rejected. We conclude that, in the field of public education, the doctrine of »separate but equal« has no place. Separate educational facilities are inherently unequal.«

(www.ourdocuments.gov)

Martin Luther King: Die afroamerikanische Bürgerrechtsbewegung wird bis zum Ende der 1960er Jahre von dem Baptistenprediger und späteren Friedensnobelpreisträger Martin Luther King und dessen Konzept des **gewaltlosen Widerstands** bestimmt. Im Untertitel zu seiner Trilogie *Parting the Waters*, *Pillar of Fire* und *At Canaan's Edge* (1988, 1998, 2006) spricht Taylor Branch treffend von »America in the King Years«. In seinem »Letter from a Birmingham Jail« (1963) erläutert Martin Luther King die Zielsetzungen seiner an Mahatma Gandhi und Henry David Thoreau orientierten **Strategie der gewaltlosen direkten Aktion** (nonviolent direct action). Vor dem Hintergrund der wachsenden Bedeutung von Fernsehbildern zielt die Strategie auf die dramatische Provokation einer krisenhaften Situation zwischen Staatsautoritäten und Bürgerrechtlern, die wiederum mediale Aufmerksamkeit für die Ungerechtigkeiten in den Südstaaten und die gewalttätigen Reaktionen der Polizei auf die friedlichen Proteste weckt.

Organisationen und Aktionen der Bürgerrechtsbewegung

Zur Vertiefung

Die Bürgerrechtsbewegung unter Martin Luther King wird von der National Association for the Advancement of Colored People (NAACP), vom Congress of Racial Equality (CORE), von der Southern Christian Leadership Conference (SCLC) und dem aus der frühen Studentenbewegung hervorgehenden Student Nonviolent Coordinating Committee (SNCC) unterstützt. Zu den bekanntesten Protestaktionen der Bürgerrechtsbewegung zählen:

- der von der Bürgerrechtlerin Rosa Parks begonnene Busboykott in Montgomery, AL 1955–56
- eine Serie von Sitzstreiks (sit-ins) in Restaurants und öffentlichen Gebäuden in Montgomery, AL im Frühjahr 1963, die durch das brutale Vorgehen der lokalen Polizei unter Eugene »Bull« Connor weltweit Aufsehen erregen
- der March on Washington im August 1963, als dessen Höhepunkt Martin Luther Kings Rede »I Have a Dream« gilt
- die sog. Freedom Rides im Sommer 1964 als Protest gegen Segregationspraktiken im zwischenstaatlichen Busverkehr
- Protestmärsche nach Selma, AL im Frühjahr 1965.

March on
Washington (1963)

Der Kampf der Bürgerrechtsbewegung findet die offizielle Unterstützung der Regierung von Präsident John F. Kennedy. Gegen heftige Widerstände aus den Südstaaten legt Kennedy im Sommer 1963 kurz vor seiner Ermordung die bis dahin umfassendste Gesetzgebung zu den Bürgerrechten vor. Der **Civil Rights Act (1964)** und der **Voting Rights Act (1965)** beenden einhundert Jahre nach dem Bürgerkrieg formal die politische Entrechtung und soziale Diskriminierung der Nachkommen der afroamerikanischen Sklaven.

Unterstützung
durch die
Kennedy-
Regierung

Zur Vertiefung

Martin Luther King: »Letter from a Birmingham Jail« (1963)

»You may well ask: ›Why direct action? Why sit-ins, marches and so forth? Isn't negotiation a better path?‹ You are quite right in calling, for negotiation. Indeed, this is the very purpose of direct action. Nonviolent direct action seeks to create such a crisis and foster such a tension that a community which has constantly refused to negotiate is forced to confront the issue. It seeks so to dramatize the issue that it can no longer be ignored. My citing the creation of tension as part of the work of the nonviolent-resister may sound rather shocking. But I must confess that I am not afraid of the word ›tension.‹ I have earnestly opposed violent tension, but there is a type of constructive, nonviolent tension which is necessary for growth. Just as Socrates felt that it was necessary to create a tension in the mind so that individuals could rise from the bondage of myths and half-truths to the unfettered realm of creative analysis and objective appraisal, we must we see the need for nonviolent gadflies to create the kind of tension in society that will help men rise from the dark depths of prejudice and racism to the majestic heights of understanding and brotherhood.

The purpose of our direct-action program is to create a situation so crisis-packed that it will inevitably open the door to negotiation. I therefore concur with you in your call for negotiation. Too long has our beloved Southland been bogged down in a tragic effort to live in monologue rather than dialogue. [...]

You express a great deal of anxiety over our willingness to break laws. This is certainly a legitimate concern. Since we so diligently urge people to obey the Supreme Court's decision of 1954 outlawing segregation in the public schools, at first glance it may seem rather paradoxical for us consciously to break laws. One may well ask: ›How can you advocate breaking some laws and obeying others?‹ The answer lies in the fact that there are two types of laws: just and unjust. I would be the first to advocate obeying just laws. One has not only a legal but a moral responsibility to obey just laws. Conversely, one has a moral responsibility to disobey unjust laws. I would agree with St. Augustine that ›an unjust law is no law at all«. (Gates/McKay, Hg.: *Norton Anthology of African American Literature*, ²2004, S. 1898–1899)

Eskalation der Gewalt und Radikalisierung: Die Protestaktionen der Bürgerrechtsbewegung und die Gesetzgebungsverfahren im Kongress werden von einer Welle der Gewalt begleitet:

- die **Ermordung prominenter Repräsentanten** des Civil Rights Movement, darunter am 4. April 1968 Martin Luther King selbst
- **Bombenattentate** auf die Kirchen afroamerikanischer Gemeinden im Süden
- die **Verschleppung und Ermordung** weißer Aktivisten der Bürgerrechtsbewegung z. B. im Sommer 1964 in Mississippi.

Die brutale Gewalt der Anhänger der Segregationspolitik gegen die Bürgerrechtsbewegung erfährt in dem Film ***Mississippi Burning*** (1988) eine eindringliche Umsetzung. Auch in literarischen Darstellungen der Zeit der Bürgerrechtsbewegung wie z. B. Anne Moodys *Coming of Age in Mississippi* (1968) oder Alice Walkers *Meridian* (1976) spielen gewalttätige Aktionen weißer Rassisten eine besondere Rolle.

James Brown: »Say It Loud – I'm Black and I'm Proud« (1968)

Uh! Your bad self!
Say it loud! I'm black and I'm proud!
Say it louder! I'm black and I'm proud!
Look a-here!

Some people say we got a lot of malice, some say it's a lotta nerve,
But I say we won't quit movin' until we get what we deserve,
We've been buked and we've been scourned,
We've been treated bad, talked about as sure as you're born,
But just as sure as it takes two eyes to make a pair, huh!
Brother we can't quit until we get our share!

Say it loud, I'm black and I'm proud!
Say it loud, I'm black and I'm proud!
One more time, say it loud, I'm black and I'm proud, huh!

I've worked on jobs with my feet and my hands,
But all the work I did was for the other man,
And now we demand a chance to do things for ourselves,
We tired of beatin' our head against the wall,
An' workin' for someone else!

(www.mtv.com/music/artist/brown_james/13644663/lyrics.jhtml)

Die zunehmende Gewalt in der Auseinandersetzung um politische Gleichberechtigung und die anhaltende Armut unter Angehörigen ethnischer Gruppen führen zu einer Radikalisierung der afroamerikanischen Emanzipationsbewegung. Unter dem von **Stokely Carmichael** geprägten Schlagwort Black Power sammeln sich ab 1966 militante Aktivisten, die in Abgrenzung von Martin Luther Kings integrationistischem Programm einen **konfrontativen, separatistischen Kurs** verfolgen. CORE und SNCC wenden sich vom gewaltlosen Widerstand ab und vertreten zunehmend radikale Positionen. Zur Symbolfigur der Black Power-Bewegung wird der 1965 ermordete **Malcolm X**, der sich als prominenter Vertreter der Black Muslims und der Nation of Islam (s. Kap. 7.3.7) gegen Martin Luther King stellt. Seine programmatische Rede »The Ballot or the Bullet« (1964) und seine *Autobiography of Malcom X* (1965) zählen zu den wichtigsten Dokumenten der Black Power-Bewegung. Spike Lees preisgekrönter Film *Malcolm X* (1992) dokumentiert Leben und Zeit von Malcolm X.

Die 1966 in Oakland, CA von **Huey P. Newton** und **Bobby Seale** gegründete und von Eldridge Cleaver unterstützte Black Panther Party For Self-Defense propagiert unter dem Slogan »Power to the People« ein **marxistisch inspiriertes Sozialprogramm und den bewaffneten Widerstand** gegen die Staatsmacht. Die Rassenkonflikte erreichen in den Unruhen in Watts/Los Angeles (1965), Newark, NJ (1967) und Detroit (1967) sowie in nahezu allen Großstädten nach der Ermordung von Martin Luther King 1968 ihren gewalttätigen Höhepunkt.

Black Power

Black Panther Party

Vom Kalten Krieg bis
ins 21. Jahrhundert

Zur Vertiefung

Das Programm der Black Panther Party, 15. Oktober 1966

1. We want power to determine the destiny of our black and oppressed communities.
2. We want full employment for our people.
3. We want an end to the robbery.
4. We want decent housing, fit for the shelter of human beings.
5. We want decent education for our people that exposes the true nature of this decadent American society. We want education that teaches us our true history and our role in the present-day society.
6. We want completely free health care for all black and oppressed people.
7. We want an immediate end to police brutality and murder of black people, other people of color, all oppressed people inside the United States.
8. We want an immediate end to all wars of aggression.
9. We want freedom for all black and oppressed people now held in U.S. Federal, state, county, city and military prisons and jails. We want trials by a jury of peers for all persons charged with so-called crimes under the laws of this country.
10. We want land, bread, housing, education, clothing, justice, peace and people's community control of modern technology.

(www.newblackpanther.com/10pointplatform.html)

AIM und Red Power: Die Bemühungen des National Congress of American Indians um mehr soziale Gerechtigkeit, die Anerkennung von Landrechten und bessere politische Repräsentation führen 1965 zur Einrichtung des **National Council on Indian Opportunity**. Mit dem Slogan Red Power kämpfen ab 1968 jüngere Aktivisten mit den Proteststrategien der Bürgerrechts- und Studentenbewegung um kulturelle Eigenständigkeit und versuchen die ökonomische Ausbeutung indianischer Gebiete zu beenden. Das 1968 gegründete **American Indian Movement** (AIM) tritt für ein neues **Traditions- und Geschichtsbewusstsein** ein und erreicht mit der Besetzung von Alcatraz Island in der Bucht von San Francisco weltweite Aufmerksamkeit.

Indianische
Literatur

Mit seinen beiden Romanen *House Made of Dawn* (1968) und *The Way to Rainy Mountain* (1969) leitet der dem Kiowa-Stamm angehörende **N. Scott Momaday** die indianische Gegenwartsliteratur ein. **Dee Browns** *Bury My Heart at Wounded Knee* (1970) und **Vine Delorias** *Custer Died for Your Sins* (1969) präsentieren Revisionen der herkömmlichen Geschichtsschreibung des Westens.

Bürgerrechtsbewegungen der hispanischen Bevölkerung: Die steigende Zahl von Migranten aus dem U.S.-amerikanischen Territorium Puerto Rico lässt die hispanische Bevölkerung von New York City in den 1950er Jahren rasch anwachsen und löst **ethnische Konflikte und Rivalitäten** aus. Das Musical »West Side Story« thematisiert die Situation 1957 in melodramatischer Form. Der Zustrom mexikanischer Saisonarbeiter (braceros) in die Bundesstaaten des Südwestens sowie nach Kalifornien führt Mitte der 1950er Jahre zur **Deportation illegaler Einwanderer** zurück nach Mexiko (Operation Wetback). Die League of United Latin American Citizens (LULAC) und die 1950 gegründete Asociación Nacional Méxiko-Americana können weder die ökonomische Ausbeutung der Saison- und Wanderarbeiter noch die soziale und politische Diskriminierung verhindern.

In den 1960er Jahren gelingt **César Chávez** mit den Strategien des gewaltlosen Widerstands und mit Streikaktionen der United Farm Workers (UFW) in Kalifornien eine Verbesserung der Situation der Landarbeiter. Der Dramatiker Luis Valdez unterstützt mit seinem **Teatro Campesino** und aktuellen Propagandastücken die politischen Aktionen von Chávez. Seit Mitte der 1960er Jahre formiert sich unter dem vormals abwertenden Begriff Chicano/Chicana eine breitere kulturelle Bewegung, die sich 1967 im **Movimiento Estudiantil Chicano de Aztlan** (MEChA) konzentriert und in den folgenden Jahren z.B. bilingualen Unterricht, spanischsprachige Zeitungen und Schul- und Universitätskurse in mexikanisch-amerikanischer Geschichte und Kultur unterstützt.

Chicano/Chicana-Bewegung

Wirkungen: Wenngleich am Ende der 1960er Jahren die Bürgerrechts- und Emanzipationsbewegungen ethnischer Gruppen keineswegs alle Ziele erreicht haben und die sozialen Probleme und gesellschaftlichen Ungleichheiten offenkundig bleiben, so fördern die politischen Aktionen und die Erfolge von afroamerikanischen, indianischen und mexikanisch-amerikanischen Schriftstellern die **Akzeptanz eigenständiger kultureller Identitäten** und antizipieren die Multikulturalismus-Bewegung der 1980er und 1990er Jahre. Die in den 1970er Jahren beginnende Einrichtung von African American Studies-Programmen und Ethnic Studies-Programmen unterschiedlicher Ausrichtungen an Colleges und Universitäten ist auch eine Folge der politischen und kulturellen Bewegungen der 1950er und 1960er Jahre.

3.6.4 | Die Sixties

1960	John F. Kennedys New Frontier-Rede; Students for a Democratic Society (SDS), University of Michigan, Ann Arbor; Verkauf der Antibabypille	Zeittafel
1961	Amtsantritt von John F. Kennedy als Präsident; Gründung des Peace Corps	
1962	»The Port Huron Statement«; Michael Harrington: *The Other America*	
1963	22. November: Ermordung von Präsident Kennedy in Dallas, TX; Betty Friedan: *The Feminine Mystique*	
1964	Free Speech Movement (FSM), University of California, Berkeley	
1964/65	Präsident Johnsons Programm der Great Society	
1966	National Organization for Women (NOW); Wahl von Ronald Reagan zum Gouverneur von Kalifornien	
1967	Summer of Love, San Francisco; Protestmarsch zum Pentagon gegen Vietnamkrieg	

1968	Tet-Offensive in Vietnam; Ermordung von Martin Luther King und Robert F. Kennedy; Parteitag der Demokraten in Chicago und Proteste gegen Parteitag; Wahl von Richard Nixon zum Präsidenten
1969	Woodstock Festival; Mondlandung von Apollo 11; Rolling Stones Konzert, Altamont, CA
1970	Schießerei an der Kent State University, OH und an der Jackson State University, MS; Kate Millet: *Sexual Politics*

Die **Visionen, Konflikte und Spannungen** der 1960er Jahre spiegeln sich in Titeln zeitgenössischer Publikationen wie z. B. Theodor Roszaks *The Making of a Counter Culture* (1969), Charles A. Reichs *The Greening of America* (1970) und William O'Neills *Coming Apart* (1970). Die Dekade ist geprägt von

- einer **jungen Generation** mit neuen Werten und Zukunftsvisionen
- der **Aufbruchsstimmung und dem Veränderungswillen** einer Protest- und Jugendkultur
- den Idealen von **Alternativ- und Gegenkulturen** zum traditionell die U.S.-amerikanische Gesellschaft und Kultur dominierenden Mainstream
- einer **Zerrissenheit** zwischen Utopie und Neuanfang einerseits und sozialen Ungerechtigkeiten in den USA und dem Krieg in Vietnam andererseits.

Beat Generation Wesentliche politische Themen und kulturelle Auseinandersetzungen der 1960er Jahre sind bereits in den 1950er Jahren erkennbar. So demonstrieren die Texte aus dem Umfeld der Beat Generation, die Filme von James Dean und Marlon Brando, die Rock 'n' Roll-Musik von Elvis Presley und die Protestaktionen der afroamerikanischen Bürgerrechtsbewegung den **Bruch mit traditionellen Normen, Konventionen und Tabus** und werden in den 1960er Jahren zu Bezugspunkten für Intellektuelle und Reformer unterschiedlichster Ausrichtungen.

Literatur

Texte der Beat Generation

Allen Ginsberg | »Howl« (1956)
Norman Mailer | »White Negro« (1957)
Jack Kerouac | *On the Road* (1957)
Lawrence Ferlinghetti | *A Coney Island of the Mind* (1958)
William S. Burroughs | *Naked Lunch* (1959)

Präsidentschaft von John F. Kennedy: Der neu gewählte Präsident John F. Kennedy personifiziert zu Beginn des Jahrzehnts das **kollektive Gefühl eines Neuanfangs**. In seiner Nominierungsrede auf dem Parteitag der Demokraten 1960 prägt er mit der ›neuen Grenze‹ (New Frontier) einen symbolträchtigen Begriff für sein Regierungsprogramm, und in seiner Inaugural Address vom 20. Januar 1961 wendet er sich ebenso programmatisch an »a new generation of Americans«. Unter den Initiativen der Kennedy-Regierung verdeutlichen die Einrichtung des Peace Corps als internationale Entwicklungshilfeorganisation und die Förderung des NASA-Raumfahrtprogramms, das 1969 in der Mondlandung von Apollo 11 gipfelt, die gleichermaßen **idealistischen und nationalen Ambitionen**. Wenngleich die Präsidentschaft von John F. Kennedy in der historischen

John F. Kennedy

Bewertung zwischen außenpolitischen Fehlern in Vietnam und Kuba und innenpolitischen Reformprogrammen umstritten ist, so bleibt Kennedy selbst nicht zuletzt wegen seiner Ermordung in Dallas, TX am 22. November 1963 eine mythische Verkörperung der frühen 1960er Jahre und deren Liberalität und Imaginationskraft.

Lyndon B. Johnson und die Great Society: Unter dem Titel »The Great Society« bündelt Kennedys Nachfolger, der ebenfalls demokratische Präsident Lyndon B. Johnson, ein umfangreiches Reformpaket zur **Bekämpfung von Armut, Diskriminierung, Bildungsdefiziten, medizinischer Unterversorgung und Umweltzerstörung**. Das Programm wird in Umfang und Intention häufig mit dem New Deal der 1930er Jahre verglichen. Obwohl die Reformprogramme nicht alle Erwartungen erfüllen und die Finanzierung des Kriegs in Vietnam zunehmend die Umsetzung der Sozial- und Reformprogramme in Frage stellt, sinkt die Armut in den USA bis zum Ende der 1960er Jahre. Die **Reformpolitik der Johnson-Regierung** findet anders als Roosevelts New Deal die Unterstützung des Obersten Gerichtshof, der zu dieser Zeit nach seinem Vorsitzenden Earl Warren als »Warren Court« bezeichnet und für seine liberalen Entscheidungen von konservativen Politikern und gesellschaftlichen Gruppen attackiert wird.

Mit der **Einwanderungsgesetzgebung des Jahres 1965** werden die alten Restriktionen und Quotierungen aufgehoben (s. Kap. 2.3.2). In der Folge kommen Millionen von Immigranten vor allem aus Asien und Lateinamerika in die USA, die maßgeblich zur weiteren **ethnischen Pluralisierung** von Gesellschaft und Kultur beitragen.

Änderung der Einwanderungsgesetze

Gesetze und Programme der Great Society-Reformen

Zur Vertiefung

1964   Economic Opportunity Act, Civil Rights Act, National Wilderness Preservation Act

1965   Project Head Start, Elementary and Secondary Education Act, Voting Rights Act, Medicare Act, Immigration Act, Higher Education Act, National Endowments for the Arts and Humanities

---

Protestbewegungen an den Universitäten: Die studentische Protestbewegung der 1960er Jahre nimmt ihren Ausgangspunkt in der Grün-

Vom Kalten Krieg bis
ins 21. Jahrhundert

dung der **Students for a Democratic Society (SDS)** an der University of Michigan in Ann Arbor 1960. Diese wiederum versteht sich als Teil einer sog. ›Neuen Linken‹ (New Left) – so der Titel eines einflussreichen Artikels des Soziologen C.W. Mills (1960). Unter dem Eindruck der Bürgerrechtsbewegung und Präsident Kennedys Aufruf zum aktiven Engagement der jungen Generation formuliert Tom Hayden 1962 das SDS-Manifest »The Port Huron Statement«, das wesentliche Themen der Protestbewegung der 1960er Jahre vorgibt:

Port Huron
Statement

- die Forderung nach **politischen Mitbestimmungsrechten und demo-kratischen Gesellschaftsstrukturen** (participatory democracy)
- die **Ablehnung des Materialismus der Konsumkultur**
- die Kritik an **sozialen Ungerechtigkeiten und rassistischen Vorurteilen**

- die Kritik an **Militarismus, Wettrüsten und nuklearer Bedrohung**.

Mit dem 1964 an der University of California in Berkeley von Mario Savio gegründeten **Free Speech Movement (FSM)** beginnen die Studentenproteste an den Universitäten, wobei trotz einer allgemeinen Protesthaltung unter den Studierenden die meisten Universitäten und Colleges durch die 1960er Jahre hindurch einen regulären Lehr- und Forschungsbetrieb weiterführen. Die Eskalation des Kriegs in Vietnam durch die Johnson- und Nixon-Regierungen (s. Kap. 3.6.5)

Studentenproteste,
University of
California, Berkeley

lässt den studentischen Protest zu einer **Massenbewegung der jungen Generation** werden, deren Slogan »make love not war« weltweit Berühmtheit erlangt.

Zur Vertiefung

»The Port Huron Statement« (1962)

»We would replace power and personal uniqueness rooted in possession, privilege, or circumstance by power and uniqueness rooted in love, reflectiveness, reason, and creativity.

As a social system we seek the establishment of a democracy of individual participation, governed by two central aims: that the individual share in those social decisions determining the quality and direction of his life; that society be organized to encourage independence in men and provide the media for their common participation.

In a participatory democracy, the political life would be based in several root principles:

- that decision-making of basic social consequence be carried on by public groupings;
- that politics be seen positively, as the art of collectively creating an acceptable pattern of social relations;
- that politics has the function of bringing people out of isolation and into community, thus being a necessary, though not sufficient, means of finding meaning in personal life;
- that the political order should serve to clarify problems in a way instrumental to their solution; it should provide outlets for the expression of personal grievance and aspiration; opposing views should be organized so as to illumi-

nate choices and facilitate the attainment of goals; channels should be commonly available, to relate men to knowledge and to power so that private problems – from bad recreation facilities to personal alienation – are formulated as general issues.«

(Hayden: *The Port Huron Statement: The Visionary Call of the 1960s Revolution*, 2005, S. 53–54)

Counter-Culture: In enger Verbindung zur studentischen Protestbewegung – und kritisch beobachtet von konservativen Kreisen – entsteht die sog. Counter-Culture der 1960er Jahre. Die Repräsentanten und Anhänger dieser überwiegend jugendlichen ›Gegenkultur‹ verstehen sich als **Opposition gegen die Mittelklasse-, Konsum- und Technikkultur** der Nachkriegszeit und propagieren ein neues Gemeinschafts- und Lebensgefühl, das sich vor allem in der Hippie-Bewegung manifestiert. Bis heute gelten folgende Aspekte als wesentliche Anliegen dieser Gegenkultur:

- das harmonische Zusammenleben in Kommunen mit ökologischen Zielsetzungen
- die Ablehnung kapitalistischer Wirtschafts- und Gesellschaftsstrukturen im Interesse der Selbstverwirklichung des Individuums
- non konformistische Kleidung und eine neue Haarmode als Ausdruck der Ablehnung gesellschaftlicher Zwänge und Konventionen
- sexuelle Freizügigkeit als Befreiung von herkömmlicher emotionaler und gesellschaftlicher Unterdrückung
- Experimente mit Drogen zur Bewusstseins- und Erfahrungserweiterung
- die Abkehr von einer von Rationalität und Technik bestimmten Gesellschaft
- eine neue Rock- und Popmusik als Ausdruck eines neuen Lebensgefühls.

Kennzeichen der Hippie-Kultur

Musikbeispiel – Scott McKenzie: »San Francisco« (1967)

Zur Vertiefung

If you're going to San Francisco
Be sure to wear some flowers in your hair
If you're going to San Francisco
You're gonna meet some gentle people there

For those who come to San Francisco
Summertime will be a love-in there
In the streets of San Francisco
Gentle people with flowers in their hair

All across the nation such a strange vibration
People in motion
There's a whole generation with a new explanation
People in motion people in motion

For those who come to San Francisco [...].

(Vgl. Videobeispiel Scott McKenzie in Monterey 1967, www.youtube.com)

Turn on, tune in,
drop out

Jimi Hendrix

Die Hinwendung zu den Kulturen und Religionen Asiens und besonders Indiens einerseits und die Rückbesinnung auf Vorbilder wie z. B. den Transzendentalisten und Kulturkritiker Henry David Thoreau oder den Philosophen und Soziologen Herbert Marcuse andererseits umreißen das **philosophische und soziologische Bezugsgeflecht der Gegenkulturen**. Timothy Learys »Turn on, tune in, drop out« wird zum Slogan einer psychedelischen LSD-Kultur, die von Ken Kesey und seinen Merry Pranksters medienwirksam verbreitet wird. Die Gegen-, Protest- und Musikkultur erreicht im August 1969 mit dem **Festival in Woodstock** im Bundesstaat New York einen legendären Höhepunkt.

Das 1979 verfilmte Musical *Hair* (1967) und Filme wie *Easy Rider* (1969) und *Alice's Restaurant* (1969) vermitteln Ende der 1960er Jahre einem breiteren Publikum die Ideale und das Lebensgefühl der Gegenkultur, zugleich aber auch die z. T. gewalttätigen Reaktionen konservativer Kreise. Eine kritisch-nostalgische Aufarbeitung der **Kommerzialisierung und Vereinnahmung** der Gegenkultur leistet der Film *The Big Chill* (1983).

Die Westküste als Zentrum der Counter-Culture

Zum Gravitationszentrum der Counter-Culture wird seit Mitte der 1960er Jahre die Westküste der USA und dort besonders San Francisco mit dem Viertel um Haight-Ashbury. Der Summer of Love 1967 bringt Tausende sog. ›Blumenkinder‹ (flower children) nach San Francisco und markiert den Höhepunkt der friedlichen Sixties. Die Westküste wird zum Mittelpunkt der Musikkultur mit Interpreten und Gruppen wie z. B. The Grateful Dead, The Doors, The Mamas and the Papas, Jefferson Airplane, Janis Joplin, Crosby, Stills, Nash & Young und Jimi Hendrix, die neben die Beatles und die Rolling Stones, aber auch neben die schon länger in der Protestbewegung populären Folk- und Protestsänger Pete Seeger, Bob Dylan und Joan Baez treten. Das von Scott McKenzie gesungene Lied »San Francisco« (1967) wird zum ikonischen Song der Counter-Culture der Westküste.

Frauenrechtsbewegung: Die Protestbewegung und Gegenkultur der 1960er Jahre ist neben der afroamerikanischen Bürgerrechtsbewegung (s. Kap. 3.6.3) eng mit der Frauenrechtsbewegung verbunden. Die Verbreitung der Antibabypille seit Beginn der 1960er Jahre und eine zunehmende Legalisierung von Abtreibungen bis zu der richtungsweisenden, die Rechte der Frauen stärkenden **Roe v. Wade-Entscheidung des Obersten Gerichtshofs** 1973 tragen maßgeblich zur Emanzipation der Frauen bei. In den Medien weichen traditionelle Konventionen und Moralvorstellungen, wie sie sich bis in die späten 1950er Jahre z. B. in den Restriktionen des Hollywood Production Code spiegeln, mehr und mehr liberaleren Haltungen, freizügigeren Darstellungen und kritischeren Einstellungen gegenüber herkömmlichen Rollenverteilungen. Am Ende der 1960er Jahre stehen ca. **40% aller Frauen in Arbeitsverhältnissen**. 1966 gründen Betty Friedan, Bella Abzug, Pauli Murray u. a. die National Organization for Women (NOW), die ab den 1970er Jahren eine – letztlich erfolglose – Kampagne für ein **Equal Rights Amendment** zur Verfassung führt.

Zwei Bücher der Frauenrechtsbewegung der 1960er Jahre werden zu Klassikern der feministischen Literatur und beeinflussen die gesellschaftlichen Entwicklungen und die Women's Studies nachhaltig:

Programmatische Publikationen

- **Betty Friedans** *The Feminine Mystique* (1963) zeigt die Beschränkungen und Frustrationen von Frauen der U.S.-amerikanischen Mittelklasse
- **Kate Millets** *Sexual Politics* (1970) attackiert das Patriarchat in westlichen Gesellschaften und betont die politischen Dimensionen von Rollenverteilungen und Rollenzuschreibungen.

Radikalisierung und Gewalt: Gegen Ende des Jahrzehnts nehmen die politischen und gesellschaftlichen Auseinandersetzungen an Härte und Aggressivität zu. Neben die Friedensmärsche der studentischen Gegenkultur treten subversive Proteste von Aktivisten wie Abbie Hoffman und Jerry Rubin – u. a. als Mitglieder der Chicago Seven bekannt – sowie Aktionen militanter Gruppen wie der Black Panther oder der Weathermen. Das Verbrennen von Einberufungsbescheiden (draft cards) wird zum symbolischen Akt des Widerstands und der Ablehnung des Vietnamkriegs. Die **Militanz in der innenpolitischen Auseinandersetzung** um soziale Reformen und im Protest gegen den Vietnamkrieg erreicht 1968 einen Höhepunkt (s. Kap. 3.6.5). Nach der Ermordung von Präsident Ken-

Kent State University, OH 1968

nedy 1963 fallen im April 1968 mit Martin Luther King und im Juni 1968 mit dem demokratischen Präsidentschaftskandidaten Robert F. Kennedy zwei Hoffnungsträger der Bürgerrechts- und Protestbewegung ebenfalls Attentaten zum Opfer. Die gewalttätigen Auseinandersetzungen zwischen Polizei und Protestierenden im Umfeld des Parteitags der Demokraten in Chicago im August 1968 finden durch Fernsehübertragungen internationale Aufmerksamkeit und markieren einen **Wendepunkt in der Geschichte der 1960er Jahre**. Dem friedlichen Woodstock-Festival im August 1969 steht die Gewalt der Hell's Angels beim Konzert der Rolling Stones in Altamont, CA Ende 1969 gegenüber. Die Erschießung von vier Studenten auf dem Campus der Kent State University in Ohio und der Tod zweier afroamerikanischer Studenten auf dem Campus des Jackson State College in Mississippi 1970 trägt weiter zur Radikalisierung der Studentenbewegung bei.

Wirkungen und Wertungen: Bis zum Beginn der 1970er Jahre beeinflussen die Protestaktionen der Studenten entscheidend die Antikriegsstimmung in den USA, liberalisieren die U.S.-amerikanische Gesellschaft und Kultur und verändern universitäre Curricula und Zulassungsverfahren zugunsten ethnischer Gruppen. Ihre **gesellschaftlichen, sozialreformerischen und politischen Reformvorstellungen** kann die Studentenbewegung gegen eine zunehmend konservativere Stimmung in den USA nicht durchsetzen. Die Wahl des republikanisch-konservativen Kandidaten Ronald Reagan zum Gouverneur von Kalifornien 1966 und die Wahl des Republikaners Richard Nixon, des ehemaligen Vizepräsidenten unter Präsident Eisenhower, zum Präsidenten im November 1968 dokumentieren die Distanz weiter Teile der U.S.-amerikanischen Wähler zu den Zielen und Mitteln der studentischen Protestbewegung und das Verlangen nach der **Rückkehr zu vermeintlicher Stabilität und traditionellen Werten**.

3.6.5 | Politische Krisen und ideologische Affirmation von den 1960er bis in die 1980er Jahre

Zeittafel

1964	Tonkin-Resolution
1968	Tet-Offensive in Vietnam; Präsident Johnson verzichtet auf Kandidatur zur Wiederwahl; Massaker von My Lai; gewalttätige Ausschreitungen während des Parteitags der Demokraten in Chicago; Wahl Richard Nixons zum Präsidenten
1970–71	Einmarsch in Kambodscha und Laos
1971	Veröffentlichung der Pentagon Papers in der *New York Times*
1972	Einbruch in das Hauptquartier der Demokratischen Partei im Watergate-Komplex in Washington, DC; Wiederwahl Richard Nixons
1973	Friedensabkommen von Paris/Abzug U.S.-amerikanischer Truppen aus Vietnam; Rücktritt des Vizepräsidenten Spiro Agnew und Gerald R. Ford neuer Vizepräsident; OPEC-Öl-Embargo und Ölschock
1974	Rücktritt Richard Nixons als Präsident der USA; Gerald R. Ford neuer Präsident
1975	Eroberung Saigons durch Truppen Nordvietnams
1976	Feiern zum 200. Gründungsjubiläum der USA; Wahl Jimmy Carters zum Präsidenten
1979–1981	Geiselnahme von Angehörigen der U.S.-amerikanischen Botschaft in Teheran
1979	NATO-Doppelbeschluss; Einmarsch der UdSSR in Afghanistan
1980	Boykott der Olympischen Spiele in Moskau; Wahl Ronald Reagans zum Präsidenten

1982	Einweihung des Vietnam Veterans Memorial in Washington, DC
1983	Stationierung von Pershing II-Raketen und Cruise Missiles in Europa
1984	Wiederwahl Ronald Reagans
1987/1988	Besuche Reagans in Berlin und Moskau
1989	Fall des Eisernen Vorhangs und der Berliner Mauer
1991	Auflösung der UdSSR

Vietnamkrieg: Von den späten 1960er Jahren bis zum Ende der 1970er Jahre sind Politik und Gesellschaft in den USA von **nationalen und internationalen Krisen** geprägt, wobei der Krieg in Vietnam außen- und innenpolitisch zunächst im Mittelpunkt steht. Die auf Antikommunismus, militärischem Blockdenken und der sog. Domino-Theorie gründende Kriegsführung der USA in Vietnam weitet sich unter den Regierungen von Präsident Kennedy und Präsident Johnson beständig aus. Befinden sich bei Kennedys Amtsantritt ca. 1000 Militärberater in Indochina, so befinden sich zum Zeitpunkt von Präsident Johnsons Verzicht auf eine erneute Kandidatur 1968 mehr als **500.000 U.S.-amerikanische Soldaten in Vietnam**. Auf der Basis der von beiden Häusern des Kongresses verabschiedeten Tonkin-Resolution vom 7. August 1964 führen die USA einen Land- und Luftkrieg gegen die nordvietnamesische Nationale Befreiungsfront unter Ho Chi Minh, ohne jedoch einen entscheidenden Sieg zu erreichen. Zwar schlagen U.S.-amerikanische Truppen Anfang 1968 die **Tet-Offensive des Vietkong** zurück, die Brutalisierung des Kriegs und die Leiden der vietnamesischen Zivilbevölkerung haben jedoch vor allem durch die Berichterstattung über den Krieg im Fernsehen verheerende Wirkungen auf das internationale Ansehen der USA.

Das Massaker von My Lai, bei dem U.S.-amerikanische Soldaten 1968 mehr als 500 vietnamesische Zivilisten ermorden, wird zum Inbegriff der **Kriegsverbrechen in Vietnam**. Die 1971 von der *New York Times* unter dem Titel *The Pentagon Papers* veröffentlichten Geheimakten des Verteidigungsministeriums der USA zeigen die strategischen Fehler und Lügen der Militärführung und der Politik und gehören zu den Höhepunkten des investigativen Journalismus. Unter den Truppen in Vietnam herrscht angesichts des Kriegsverlaufs, steigender Verluste und der internationalen Proteste zunehmend Desillusion, Disziplinlosigkeit und Drogenmissbrauch. Unter den seit Mitte der 1960er Jahre immer **umfangreicheren Protesten in den USA** zählen die Demonstrationen vor dem Pentagon im Oktober 1967 zu den spektakulärsten. Die Kriegsgegner finden Unterstützung bei prominenten Politikern wie Robert Kennedy, George McGovern und Eugene McCarthy, den Führern der Bürgerrechtsbewegung, Wissenschaftlern und Intellektuellen wie z. B. dem Erziehungswissenschaftler Dr. Benjamin Spock sowie bekannten Autoren wie z. B. Norman Mailer. Mailers Roman *The Armies of the Night* (1968) dokumentiert die Protestaktionen in literarisch innovativer Form.

Ende des
Vietnamkriegs

Der 1968 gewählte republikanische Präsident Richard Nixon versucht, die aktive Beteiligung U.S.-amerikanischer Truppen durch die ›Vietnamisierung‹ (Vietnamization) des Kriegs zu reduzieren und verringert bis 1972 die Truppenstärke auf ca. 30.000. Zugleich weitet er noch während der Geheimverhandlungen zwischen den Außenministern Henry Kissinger und Le Duc Tho die Bombenangriffe und Bodenkämpfe ab 1970 auf Kambodscha und Laos aus. Das 1973 in Paris geschlossene **Friedensabkommen** beendet den Krieg zwischen Nord-Vietnam und den USA und führt zum **Abzug der USA aus Indochina**. Die Evakuierung der U.S.-amerikanischen Botschaft in Saigon im April 1975 markiert endgültig die **militärische Niederlage** in einem Krieg, der allein mehr als 58.000 U.S.-amerikanischen Soldaten das Leben kostet und die Gesellschaft der USA politisch, ideologisch und emotional spaltet.

Kollektives Vietnam-Trauma: Der Vietnamkrieg und die gesellschaftlichen Auseinandersetzungen um dessen Führung und Folgen finden einen unmittelbaren Niederschlag in der **Literatur und Populärkultur**. Eine Vielzahl literarischer Texte und international populärer Filme aus den 1970er und 1980er Jahren zeigen die individuellen Verletzungen und kollektiven Verunsicherungen. Kurt Vonneguts Roman *Slaughterhouse Five* (1969), der sich mit der Bombardierung Dresdens im Zweiten Weltkrieg beschäftigt, wird zu einer Art Kultbuch im Protest gegen den Vietnamkrieg. Die **Fernsehserie »M.A.S.H.«** (1972–1983), die zur Zeit des Koreakriegs spielt, aber als bittere Satire auf den Vietnamkrieg gesehen wird, ist eine der erfolgreichsten Serien der Fernsehgeschichte. Das **Vietnam Veterans Memorial** in Washington, DC zählt seit seiner Fertigstellung 1982 zu den meistbesuchten und umstrittensten nationalen Denkmälern der USA (vgl. www.nps.gov/vive).

Zur Vertiefung

Der Vietnamkrieg in Literatur, Film und Musik
Romane und Dramen: Megan Terry: *Viet Rock* (1967); David Rabe: *The Basic Training of Pavlo Hummel* (1969), *Sticks and Bones* (1969), *Streamers* (1977); Robert Stone: *Dog Soldiers* (1974); Ron Kovic: *Born on the Fourth of July* (1976); Philip Caputo: *A Rumor of War* (1977); Larry Heinemann: *Close Quarters* (1977), *Paco's Story* (1986); Michael Herr: *Dispatches* (1977); Tim O'Brien: *Going After Cacciato* (1978), *The Things They Carried* (1990); Gustav Hasford: *The Short Timers* (1979)

Filme: *The Green Berets* (1968), *The Deer Hunter* (1978), *Apocalypse Now* (1979), *Platoon* (1986), *Hamburger Hill* (1987), *Full Metal Jacket* (1987), *Good Morning Vietnam* (1987), *Born on the Fourth of July* (1989)

Songs: Pete Seeger: »Bring 'Em Home« (1965), Joan Baez: »Saigon Bride« (1967), Country Joe McDonald: »I Feel-Like-I'm-Fixin'-to-Die-Rag« (1967), Johnny Cash: »Singin' in Vietnam Talkin' Blues« (1971), Bruce Springsteen: »Born in the USA« (1984)

Watergate-Skandal: Die Niederlage in Vietnam fällt zusammen mit dem Watergate-Skandal, der einen moralischen **Tiefpunkt in der Politik- und**

Präsidentschaftsgeschichte der USA darstellt. Ausgangspunkt der Affäre ist der Wahlkampf 1972 und ein vom republikanischen Committee to Re-Elect the President (CREEP) initiierter Einbruch in das Hauptquartier der Demokratischen Partei im Watergate-Apartmentkomplex in Washington, DC. Die von den Journalisten Bob Woodward und Carl Bernstein in der *Washington Post* enthüllten Verbindungen zwischen den Watergate-Einbrechern und hochrangigen Mitarbeitern der Nixon-Administration im Weißen Haus sowie der von Senatsausschüssen und Gerichten zu Tage geförderte **Amtsmissbrauch von Präsident Nixon** zur Verschleierung der Korruption und kriminellen Machenschaften seiner Regierung führen zur Einleitung eines Amtsenthebungsverfahren (Impeachment, s. Kap. 5.4) gegen den Präsidenten. Am 9. August 1974 erklärt Nixon als bisher einziger Präsident in der Geschichte der USA seinen **Rücktritt**.

Ende der Präsi-
dentschaft von
Richard M. Nixon

Krisengefühl der späten 1970er Jahre: Die Präsidentschaften von **Gerald R. Ford** (1974–1977) und **Jimmy Carter** (1977–1981) sind bestimmt von den Nachwirkungen des Vietnamkriegs und der Watergate-Affäre. Außenpolitisch wie innenpolitisch erscheinen die USA zum Zeitpunkt des 200. Jubiläums der Unabhängigkeitserklärung moralisch diskreditiert, politisch wenig handlungsfähig und wirtschaftlich geschwächt. Das kollektive Krisengefühl wird besonders durch den **Ölschock 1973** und die nachfolgende internationale Energiekrise verstärkt, die in den USA zu Rezession, Inflation, Arbeitslosigkeit und steigenden Benzinpreisen führt. Außenpolitisch bleiben Abrüstungsinitiativen wie z. B. der SALT II-Vertrag mit der UdSSR (1979) oder Friedensvermittlungen wie z. B. die Camp David-Vereinbarungen zum Nahen Osten (1978) letztlich ohne Erfolg. Das sich wieder verschlechternde Verhältnis zwischen den USA und der UdSSR gipfelt nach der sowjetischen Invasion von Afghanistan im Boykott der Olympischen Spiele 1980 in Moskau durch die USA und ihre Verbündeten. Zum symbolischen Tiefpunkt der Außenpolitik und militärischen Handlungsunfähigkeit wird die **Geiselnahme von Angehörigen der U.S.-amerikanischen Botschaft in Teheran** durch Anhänger des iranischen Revolutionsführers Ayatollah Khomeini im November 1979 und das Scheitern einer militärischen Befreiungsaktion in der Endphase der Carter-Regierung.

Time-Titelblatt:
Geiseln in Teheran,
1979

Reorientierung und ideologische Affirmation in der Reagan-Ära: Die Siege des Republikaners, ehemaligen Gouverneurs von Kalifornien und früheren Schauspielers Ronald Reagan in den Präsidentschaftswahlen der Jahre 1980 und 1984 manifestieren ein kollektives Bedürfnis nach politischer Reorientierung und ideologischer Affirmation. In der Person Reagans verdichtet sich die **konservative Ablehnung der gesellschaftlichen, politischen und kulturellen Veränderungen und Liberalisierungen** seit den 1960er Jahren ebenso wie das Verlangen weiter Teile der Bevölkerung, das Trauma des Vietnamkriegs und die Erschütterung des politischen Systems durch die Watergate-Affäre in einem **neuen Patriotismus**, in zurückgewonnener militärischer Stärke und in einer starken Präsidentschaft zu überwinden. Person und Präsidentschaft Ronald Reagans stehen für:

Vom Kalten Krieg bis ins 21. Jahrhundert

Kennzeichen der Reagan-Ära

- ein **neoliberales Wirtschafts-, Sozial- und Steuerprogramm** (Reaganomics) im Sinne traditioneller Vorstellungen von freiem Unternehmertum und individueller Eigenverantwortung der Bürger
- die Wiederbelebung der **Rhetorik des Kalten Kriegs** in Angriffen gegen die UdSSR als ›Reich des Bösen‹ (evil empire)
- eine aggressive Politik gegenüber sozialreformerischen und sozialistischen Regierungen in **Mittel- und Südamerika**
- weitreichende Programme zur **Aufrüstung der Streitkräfte** einschließlich eines – von Kritikern polemisch als »Star Wars« bezeichneten – Programms zur satellitengestützten Raketenabwehr (Strategic Defense Initiative/SDI).
- die Betonung **traditioneller gesellschaftlicher Wertvorstellungen,** religiöser Überzeugungen und eines offenen Patriotismus.

Die Politik der Reagan-Regierung findet nachhaltigen Anklang in konservativen Kreisen und besonders bei Anhängern der selbsternannten **Moral Majority** und der **Christian Coalition of America** (s. Kap. 7.1 und Kap. 7.3.4). Andererseits bleibt sie bei Sozialreformern, liberalen Kulturkritikern und Gegnern der Militarisierung der Außenpolitik heftig umstritten.

Ende des Ost-West-Konflikts

Die Stationierung neuer Raketen vom Typ Pershing II und Cruise Missile in Europa im Zusammenhang des **NATO-Doppelbeschlusses** von 1979 führt in den 1980er Jahren zu den heftigsten **internationalen Protesten gegen die USA** seit dem Vietnamkrieg. Reagans Verhandlungspolitik mit der UdSSR in seiner zweiten Amtszeit und seine Besuche in Berlin (1987) und Moskau (1988) werden später als Anzeichen für das Ende des Ost-West-Konflikts gesehen. Mit dem Fall des Eisernen Vorhangs und der Berliner Mauer 1989, dem Abzug sowjetischer Truppen aus Mittel- und Osteuropa und der Auflösung der UdSSR 1991 geht der Kalte Krieg zu Ende.

Reagan in der Rückschau

Die Präsidentschaft Ronald Reagans wird innenpolitisch trotz aller Kontroversen meist als **Stabilisierung** nach dem Vietnamkrieg und nach dem Watergate-Skandal betrachtet. Der Ausgang des Ost-West-Konflikts wird besonders im traditionalistisch-konservativen Lager als Bestätigung der von Ronald Reagan verkörperten **traditionellen Werte und Ideologien der USA** gesehen.

3.6.6 | Gesellschaft und Kultur seit den 1970er Jahren

Zeittafel

1972	Kongress verabschiedet Equal Rights Amendment (Ratifizierung scheitert)
1973	Entscheidung Roe v. Wade des Obersten Gerichtshofs
1975	MITS PC Altair 8800; Indian Self-Determination Act; Gründung von Microsoft durch Bill Gates und Paul Allen
1977	PC Apple II; Film *Saturday Night Fever*
1978	Love Canal-Katastrophe

1979	Three Mile Island-Störfall
1981	Beginn der HIV-Erkrankungen
1983	Bombenanschlag auf U.S.-Marines in Beirut
1984	Gründung der Green Party (Ralph Nader)
1986	Immigration Reform and Control Act
1988	George H.W. Bush zum Präsidenten gewählt
1989	Gründung der Christian Coalition; Ölpest durch den Tanker Exxon Valdez
1990	Invasion Kuwaits durch irakische Truppen
1991	Golfkrieg/Operation Desert Storm
1992	Bill Clinton zum Präsidenten gewählt; Rassenunruhen in Los Angeles
1993	Anschlag auf das World Trade Center
1994	Sieg der Republikaner bei den Kongresswahlen
1995	Bombenanschlag auf Murrah Federal Building in Oklahoma City, OK
1996	Personal Responsibility and Work Opportunity Reconciliation Act (PRWOR)/Welfare Reform Act; Wiederwahl von Präsident Clinton; FOX News Channel gegründet
1998	Bombenanschläge auf Einrichtungen der USA in Kenia und Tansania
1998–1999	(gescheitertes) Amtsenthebungsverfahren gegen Präsident Clinton
1999	Amoklauf an der Columbine High School in Littleton, CO
2000	Sprengstoffanschlag auf die USS Cole vor der Küste Jemens; Wahlsieg von George W. Bush

Postmodernismus: Das letzte Drittel des 20. Jh.s wird in kultur- und literaturgeschichtlichen Darstellungen häufig als Postmodernismus oder Postmoderne bezeichnet, wobei die historische Abgrenzung von der klassischen Moderne einerseits und die Dauer und Wirkung bis in die unmittelbare Gegenwart andererseits unterschiedlich gesehen wird. Auf Grund ihrer Ablehnung von gesellschaftlichen Konformitäten und traditionellen künstlerischen Konventionen, ihrer Tabubrüche und ihrer Auflösung herkömmlicher Grenzen zwischen den verschiedenen Feldern kultureller Produktion und Vermarktung gelten die folgenden Bereiche als Vorläufer:

- die Autoren der **Beat Generation** der 1950er Jahre wie z. B. Allen Ginsberg, Lawrence Ferlinghetti, William S. Burroughs, Jack Kerouac
- die Literatur **ethnischer Autoren** der 1950er Jahre wie z. B. Bernard Malamud, Saul Bellow, Philip Roth und Ralph Ellison
- die neuen Formen der **populären Musik** seit den 1950er Jahren
- die **abstrakte Malerei und Popart** z. B. eines Jackson Pollock, Willem de Kooning, Andy Warhol, Roy Lichtenstein
- die **Gegen-, Protest- und Jugendkultur** der 1960er Jahre.

Maßgebliche Bezugspunkte in der Diskussion um postmoderne Kultur und Literatur sind ferner die kultur- und literaturtheoretischen Ansätze

Einflüsse und Wegbereiter der Postmoderne

des **Poststrukturalismus** (s. Kap. 8.5), **Jean-François Lyotards** ideologie-kritische und geschichtsrevisionistische Definition der Postmoderne als »incredulity toward metanarratives« (1984, S. xxiv) und **Jean Baudrillards** Publikationen zu den hyperrealen Medien-, Bilder- und Simulationswelten der Gegenwartskulturen und -gesellschaften.

Zu den theoretischen Vordenkern der postmodernen Literatur in den USA zählen u. a. John Hawkes, John Barth, Philip Roth, Ihab Hassan und Raymond Federman. Im Mittelpunkt der Texte postmoderner Autoren stehen:

Merkmale postmoderner Literatur

- die Zufälligkeiten, Pluralitäten und Diversitäten aller Welterfahrungen
- persönliche und kollektive Identitätskrisen
- der Verlust stabiler Konzeptionen von Individuum und Subjekt
- die Revision und Diversifizierung überlieferter einsträngiger Geschichtsdeutungen
- die Dekonstruktion von Ideologien und sog. ›großen Erzählungen‹ (master narratives) als Fiktionen
- die Synthese unterschiedlichster traditioneller Formen, innovativer Strukturen und populärkultureller Repertoires in hybride, teils auch intermediale Formen
- die Betonung von intertextuellen, metaliterarischen, parodistischen und bewusst spielerischen und enigmatischen Darstellungsstrategien.

In ähnlicher Weise bestimmen experimentelle Aufführungstechniken, neuartige Vorstellungen von Performance-Theater und die Grenzen zwischen Theater/Bühne und Publikum/Öffentlichkeit aufhebende Ansätze von Gruppen wie z. B. dem Living Theater und dem Bread and Puppet Theater die Entwicklung von Drama und Theater seit den 1960er Jahren. **Thomas Pynchons Roman *Gravity's Rainbow* (1973)** gilt als ein Hauptwerk des literarischen Postmodernismus.

Literatur

Ausgewählte postmoderne Romane

John Hawkes | *The Cannibal* (1949)
William S. Burroughs | *Naked Lunch* (1959)
John Barth | *Sot-Weed Factor* (1960), *Lost in the Funhouse* (1968)
Joseph Heller | *Catch-22* (1961)
Thomas Pynchon | *V* (1963), *The Crying of Lot 49* (1966), *Gravity's Rainbow* (1973)
Richard Brautigan | *Trout Fishing in America* (1967)
Ronald Sukenick | *Death of the Novel* (1969)
Kurt Vonnegut | *Slaughterhouse-Five* (1969)
E.L. Doctorow | *Ragtime* (1975)
Donald Barthelme | *The Dead Father* (1975)
Don DeLillo | *White Noise* (1985)
Paul Auster | *New York Trilogy* (1990)

Die Auszeichnung von Art Spiegelmans *MAUS: A Survivor's Tale*, einem sog. graphischen Roman (graphic novel), mit einem Pulitzer Prize Special Award 1992 zeigt die **Auflösung herkömmlicher Kategorien und etablierter Klassifikationen** im Postmodernismus. Der Trend zu **neorealistischen Darstellungsweisen** seit den 1980er Jahren, wie ihn in unterschiedlicher Art die Romanautoren Tom Wolfe, John Updike, Richard Ford, Philip Roth und Jonathan Franzen praktizieren, und die bei Publikum und Kritikern gleichermaßen erfolgreichen Werke **ethnischer Autoren** seit den 1970er und 1980er Jahren werden von Kritikern und Literaturwissenschaftlern unterschiedlich betrachtet: als Gegenbewegung zum Postmodernismus oder als weitere Spielart der postmodernen Betonung von Heterogenität und Diversität.

Art Spiegelman:
MAUS (1992)

Rückzug ins Private und Individuelle: Nach dem politischen Engagement, der idealistischen Aufbruchsstimmung und dem gesellschaftlichen Reformwillen der Generation der 1960er Jahre rücken in den 1970er und 1980er Jahren wieder stärker der persönliche Erfolg, der individuelle Aufstieg und das Bedürfnis nach sozialer und wirtschaftlicher Stabilität in den Mittelpunkt. In einem Essay aus dem Jahr 1976 prägt Tom Wolfe die Begriffe der »**me decade**« und der »**me generation**« zur Beschreibung dieses Stimmungswandels. **Christopher Laschs Studie *The Culture of Narcissism*** (1979) betont ähnlich den Trend zu einer größeren Ich-Bezogenheit und zum Rückzug ins Private und Individuelle.

Seit Beginn der 1980er Jahre dient der gesellschaftlich angepasste, materialistisch orientierte **Yuppie** – der Young Urban Professional – als Gegentypus zum Hippie der Protest- und Jugendkultur der 1960er Jahre. In Fernsehserien wie »Friends«, »Ally McBeal«, »Sex and the City« oder »Grey's Anatomy« bleiben diese Typisierungen bis über die Jahrtausendwende hinaus produktiv. Vielfach wird der **Körperkult der Gegenwartskultur** und die anhaltende **Popularität von Sport- und Fitnessbewegungen** auf die späten 1970er und frühen 1980er Jahre zurückgeführt und mit den erfolgreichen Aerobic-Büchern, -Videos und -Fernsehsendungen von Jane Fonda und Richard Simmons verbunden. An die Stelle der gesellschaftskritischen Pop- und Rockmusik der 1960er Jahre tritt in den 1970er Jahren der **Disco-Sound**, wie ihn z. B. die Bee Gees präsentieren und wie er durch den Film *Saturday Night Fever* (1977) mit John Travolta weltweit populär wird. Der Erfolg von Science Fiction-Filmen wie *Star Wars* (1977) und *E.T.* (1982) gilt als Ausdruck einer Flucht aus der Realität. **Technische Neuerungen** wie z. B. der Videorecorder und der Ausbau von **Freizeit- und Themenparks** verändern die Unterhaltungsindustrie und das Freizeitverhalten nachhaltig.

Digitale Revolution: Die weitreichendste technologische und kulturelle Veränderung geht von der elektronischen Datenverarbeitung und der Einführung des **Personal Computer (PC)** aus. Mit dem Altair 8800 (1975) und dem Apple II (1977) werden Ende der 1970er Jahre die ersten preisgünstigen PCs angeboten; zu Beginn der 1980er Jahre folgen PCs der Firma IBM. Zum weltweiten Synonym für den Aufstieg der Informationstechnologie wird das südlich von San Francisco gelegene sog. **Silicon Valley**, in dem sich namhafte Computer- und Softwareunternehmen ansiedeln. Innerhalb kürzester Zeit wird die IT-Branche zu einem der am schnellsten wachsenden, innovativsten und lukrativsten Wirtschaftszweige überhaupt (sog. New Economy), der allerdings an der Wende zum 21. Jh. nach einer längeren Phase der IT-Gläubigkeit und -Überbewertung einen dramatischen Einbruch und einen immensen Wertverlust erfährt. 1975 gründen Bill Gates und Paul Allen die **Softwarefirma Microsoft**, die mit Betriebssystemen und Programmen wie MS-DOS, Microsoft Windows und Microsoft Office zum monopolistischen Marktführer wird und die Computernutzung weltweit bestimmt. Bis 2000 besitzen 60 % aller U.S.-amerikanischen Haushalte mindestens einen PC, und die elektronische Revolution wird durch das Internet in bis dahin unvorstellbarer Weise erweitert.

Zur Vertiefung

Entwicklung des Internet

Auf der Basis des sog. ARPANET des U.S.-amerikanischen Verteidigungsministeriums aus den 1960er Jahren entstehen 1989 unter Federführung von Tim Berners-Lee die Anfänge des World Wide Web, das sich nach der Entwicklung des ersten Browsers Mosaic durch die spätere Software-Firma Netscape ab 1993 explosionsartig weiterentwickelt. Durch Webseiten, Suchmaschinen und E-Mail revolutioniert das Internet auch im wissenschaftlichen Bereich Kommunikationsprozesse, Formen des Wissenstransfers, Lehr- und Forschungsabläufe sowie das Bibliotheks- und Archivwesen. Zu Beginn des 21. Jh.s werden unter dem Begriff »Web 2.0« die zunehmend interaktiven und multimedialen Dimensionen des Internet zusammengefasst, wie sie sich z. B. in Wikis, Weblogs oder Sharing-Portalen wie z. B. YouTube manifestieren.

Natur- und Umweltschutz: Die Umweltschutzbewegung (environmental movement/ecological movement) erhält mit der Etablierung des Earth Day 1970, dem Aufbau der Environmental Protection Agency 1970 (vgl. www.epa.gov) und der Gründung der Organisation Greenpeace in Vancouver, Kanada 1971 **einflussreiche Plattformen**. Sie kämpft in der Folgezeit besonders gegen die Energiegewinnung aus Kernkraft, die Ausweitung der Ölförderung in Naturschutzgebieten, den Walfang, die Ausweitung des Ozonlochs, die globale Erwärmung und die Weigerung der Regierung der USA, das seit 1997 vorliegende Kyoto-Protokoll zu unterzeichnen. Die Giftmüllkatastrophe von Love Canal, NY 1978, der Unfall im Atomreaktor von Three Mile Island bei Harrisburg, PA 1979 (vgl. dazu auch den Film *China Syndrome* 1979) und die Ölpest in Alaska nach der Havarie des Tankers Exxon Valdez 1989 zählen zu den **größten Umweltkatastrophen**, die der Bewegung weitere Beachtung und Unterstützung bringen. Mit seiner Präsidentschaftskandidatur für die 1984 gegründete Green Party in den

Wahlen von 1996 und 2000 verschafft **Ralph Nader** den Anliegen der Umweltbewegung politische Aufmerksamkeit.

Als Zäsur in der U.S.-amerikanischen Umweltpolitik wird die Entscheidung des Obersten Gerichtshofs im Fall **Massachusetts v. Environmental Protection Agency (EPA)** vom April 2007 betrachtet, in der die Zuständigkeit und Verantwortung der EPA für die Regulierung der Treibhausgase anerkannt wird.

Massachusetts
v. EPA

Gesellschaftliche Liberalisierung: Aus dem Women's Liberation Movement der 1960er Jahre ergeben sich zahlreiche Impulse für die weitere **Verbesserung der Situation der Frauen**. Die 1966 gegründete National Organization for Women (NOW) wächst kontinuierlich und findet ab 1971 Unterstützung durch The National Women's Political Caucus. Die Entscheidung des Obersten Gerichtshofs im Fall Roe v. Wade (1973) gibt Frauen weitergehende Rechte für eine Abtreibung und gilt als **Wegmarke in der Geschichte der Frauenrechtsbewegung** in den USA. 1972 verabschiedet der Kongress das Equal Rights Amendment zur Verankerung der Gleichberechtigung in der Verfassung und unterbreitet es den Einzelstaaten zur Ratifizierung. Trotz einer Verlängerung der Frist in den 1980er und 1990er Jahren scheitert die Ratifizierung am Widerstand konservativer Kreise in einigen Bundesstaaten.

Die Legalisierung der Abtreibung führt zu heftigen, teils gewalttätigen Kontroversen zwischen Befürwortern der Abtreibung (Pro Choice-Gruppen) und Abtreibungsgegnern (Pro Life-Gruppen). Der jährliche March for Life (vgl. www.marchforlife.org) zählt zu den größten Veranstaltungen in diesem Zusammenhang. Bis in die unmittelbare Gegenwart kommt der Position der Kandidaten gegenüber Abtreibung in Wahlkämpfen auf nationaler und lokaler Ebene eine zentrale Bedeutung zu.

Kontroversen um
Abtreibungsrecht

Die Einrichtung von Women's Studies- und Gender Studies-Programmen an Universitäten und Colleges, die Weiterentwicklung feministischer Theorieansätze (s. Kap. 8.5 und 8.6) und die Revision herkömmlicher literarischer Kanonbildungen zugunsten einer stärkeren Berücksichtigung von Schriftstellerinnen (s. Kap. 8.7) tragen wesentlich zu einer Veränderung von konventionellen Stereotypen, Rollenvorstellungen und kulturellen Schemata bei. Bis zum Ende des 20. Jh.s gehen nahezu zwei Drittel aller Frauen einer beruflichen Tätigkeit nach und das traditionelle Modell der sog. Single-Income Family wird durch die neuen gesellschaftlichen Realitäten überholt.

Revision
traditioneller
Rollen und
Stereotypen

Zeitgenössische Romanautorinnen mit ausgewählten Werken

Maxine Hong Kingston | *Woman Warrior* (1976)
Alice Walker | *The Color Purple* (1982)
Gloria Naylor | *The Women of Brewster Place* (1982)
Toni Morrison | *Beloved* (1987), *Paradise* (1998)
Sandra Cisneros | *The House on Mango Street* (1988)
Amy Tan | *The Joy Luck Club* (1989)

Literatur

> **Annie E. Proulx** | *The Shipping News* (1993)
> **Carol Shields** | *The Stone Diaries* (1993)
> **Joyce Carol Oates** | *We Were the Mulvaneys* (1996)
> **Susan Sontag** | *In America* (1999)
> **Julia Glass** | *Three Junes* (2002)
> **Alice Sebold** | *The Lovely Bones* (2002)
> **Marilynne Robinson** | *Gilead* (2004)
> **Geraldine Brooks** | *March* (2005)

Konservative Gegenbewegungen: Der Widerstand gegen die Ziele und Errungenschaften der Frauenrechtsbewegung, gegen eine Modernisierung der Abtreibungsgesetze und gegen die weitere Auflösung traditioneller Moralvorstellungen ist Teil einer **konservativen Reaktion auf die Liberalisierung und Pluralisierung** der U.S.-amerikanischen Kultur und Gesellschaft (sog. conservative backlash). Die **Entdeckung des Aids-Virus** Anfang der 1980er Jahre und die Verbreitung der Krankheit fördert die Popularisierung dieses neuen konservativen Moralismus. Tony Kushners Theaterstück *Angels in America* (1993/94) und der Film *Philadelphia* (1993) hingegen kritisieren die gesellschaftlichen Kontexte der Krankheit in den USA. Im Mittelpunkt eines patriotischen, die Werte der ›amerikanischen Familie‹ betonenden Moralismus stehen religiös-fundamentalistische Gruppen, die ihren Einfluss auch über die Medien und die populäre Kultur ausüben (s. Kap. 7.3.4) und von den republikanischen Regierungen seit den frühen 1980er Jahren unterstützt werden (vgl. http://usinfo.state. gov/journals/itsv/0101/ijse/ijse0101.htm).

Gleichgeschlecht- *liche Lebens-* *gemeinschaften* Der konservative Widerstand richtet sich besonders heftig gegen die seit den 1970er Jahren an die Öffentlichkeit tretenden Organisationen zur Durchsetzung von Rechten für Homosexuelle und Lesben. Bis in die politisch-gesellschaftlichen Diskussionen und Wahlkämpfe des frühen 21. Jh.s werden vor allem gleichgeschlechtliche Lebensgemeinschaften kontrovers diskutiert. In dem Urteil **Lawrence v. Texas** (2003) entscheidet der Oberste Gerichtshof, dass die sexuelle Orientierung als Teil der individuellen Privatsphäre durch die Verfassung geschützt ist. Einzelne Staaten wie z.B. Massachusetts erlauben neuerdings gleichgeschlechtliche Ehen und stärken die Rechte von Schwulen und Lesben.

Ethnische Identitätspolitik: Die ethnischen Emanzipationsbewegungen der 1950er und 1960er Jahre finden im letzten Drittel des 20. Jh.s ihre Fortsetzung und Bestätigung in einem zunehmend **multikulturellen (Selbst-)Verständnis** der U.S.-amerikanischen Kultur und Gesellschaft.

Indianische *Bevölkerung* So führen die Protestaktionen des American Indian Movement auf Alcatraz Island (1969) und bei Wounded Knee, SD (1973) zum Indian Self-Determination Act von 1975, der den Stämmen größere **juristische, ökonomische und kulturelle Autonomie** gibt und trotz anhaltender Probleme mit Arbeitslosigkeit, Alkoholismus und Gewalt in den Reservatsgebieten bessere Zukunftsperspektiven eröffnet. Für den Zensus 2000 bezeichnet

sich die neue Höchstzahl von **4,1 Mio. U.S.-Bürger als »American Indian«**. In gerichtlichen und politischen Auseinandersetzungen erreichen
indianische Stämme seit den 1980er Jahren die Rückgabe von Land oder
Kompensationszahlungen für Vertragsverletzungen seitens der U.S.-Bun-
desregierung. Die seit 1988 mögliche Einrichtung von Casinos auf extra-
territorialen Reservatsgebieten und die Tourismusindustrie besonders
im Südwesten der USA bringen einigen Stämmen finanzielle Einnahmen
und neue wirtschaftliche Möglichkeiten. Filme wie *Little Big Man* (1970),
Dances with Wolves (1990) oder *Smoke Signals* (1998) problematisieren
herkömmliche Stereotypenbildungen und vermitteln **differenziertere
Sichtweisen der historischen und gegenwärtigen Lebensumstände** der
indianischen Bevölkerung.

Trotz der anhaltenden Probleme insbesondere in weiten Teilen der Innenstädte – siehe dazu z. B. den Film *Boyz ’N the Hood* (1991) – gelingt
einer **wachsenden afroamerikanischen Mittelklasse** der wirtschaftlich-
soziale Aufstieg. Förderprogramme und spezielle Zulassungsrichtlinien
(Affirmative Action-Programme) steigern seit den 1970er Jahren den
Anteil afroamerikanischer Studenten an Colleges und Universitäten.
Die Popularität von Fernsehserien wie z. B. »The Cosby Show« und geschichtsrevisionistischen Filmen wie z. B. *Amistad* (1997), die Erfolge
von Schauspielern und Medienstars wie z. B. der Oscar-Gewinnerin Halle
Berry und der Moderatorin Oprah Winfrey sowie der Aufstieg von Colin
Powell, Condoleezza Rice und Barack Obama in höchste politische Äm-
ter werden als **Ausdruck des gesellschaftlichen und politischen Fortschritts** gewertet. Andere Ereignisse und Entwicklungen verdeutlichen
die nach wie vor **schwierige Situation der afroamerikanischen Bevölkerungsgruppe**: Rassenunruhen wie z. B. nach der Misshandlung von Rodney King durch Polizisten in Los Angeles 1991, der von Louis Farrakhan
1995 organisierte Million Man March gegen anhaltende Diskriminierung,
Arbeitslosigkeit und Armut sowie die steigende Zahl afroamerikanischer
Männer in Gefängnissen.

Demographische Veränderungen: Das Wachstum der Bevölkerung der
USA von 204 Mio. 1970 auf 300 Mio. im Oktober 2006 geht zu einem er-
heblichen Maß auf **Einwanderung** zurück, wobei die Herkunftsländer der
Immigranten nun verstärkt in der westlichen Hemisphäre selbst und in
Asien liegen (s. Kap. 2.3.1 und 2.3.2). Einwanderer aus Asien werden auf-
grund ihres raschen sozialen und wirtschaftlichen Aufstiegs in den 1980er
Jahren häufig als ›Modellminderheit‹ (model minority) bezeichnet.

Den größten Anteil am Zuwachs der Bevölkerung machen hispanische
Einwanderer aus. 2006 beträgt die Zahl der in den USA lebenden hispanischen Bevölkerung **ca. 45 Mio. bzw. ca. 14 % der Gesamtbevölkerung**.
Bis 2050 wird der Anteil nach Schätzungen des U.S. Census Bureau auf
ca. 105 Mio. bzw. ca. 25 % steigen (s. Kap. 2.3.2). Der Großteil der hispanischen Bevölkerung lebt in den **Bundesstaaten des Südwestens und in
Kalifornien**; in Teilen dieser Region wird überwiegend Spanisch gesprochen (s. Kap. 4.2). Schätzungen gehen davon aus, dass 2007 12 bis 13 Mio.
Migranten – die meisten davon aus Mexiko und der Karibik – illegal in den

Afroamerikanische
Bevölkerung

Hispanische
Einwanderung

USA leben. T.C. Boyles Roman *Tortilla Curtain* (1995) gibt eine literarische Darstellung der Situation illegaler Migranten (illegal aliens) aus Mexiko in Kalifornien.

Seit den 1980er Jahren führen die illegale Migration und Initiativen zu einer **neuen Einwanderungsgesetzgebung** zu teilweise heftigen politischen Kontroversen (s. Kap. 2.3.2). Dabei wird der an der Grenze zwischen den USA und Mexiko errichtete Zaun für Befürworter einer restriktiven Einwanderungspolitik und Anhänger einer liberalen Einwanderungspolitik gleichermaßen zum positiven bzw. negativen Symbol eines neuen nationalen Selbstverständnisses.

Zur Vertiefung

Ethnische Erzählliteratur der Gegenwart

Das kulturelle Selbstbewusstsein der verschiedenen Bevölkerungsgruppen spiegelt sich in der ethnischen Literatur der Gegenwart. Eine Vielzahl an Romanen sprengt die Grenzen herkömmlicher Vorstellungen von einer ›U.S.-amerikanischen Nationalliteratur‹ und repräsentiert die Transnationalität, Multikulturalität und Multilingualität der Kultur und Gesellschaft der USA. Im Mittelpunkt dieser auch außerhalb der USA weithin rezipierten Texte stehen als zentrale Themen:

- Migrationserfahrungen
- Prozesse der Identitätssuche und -findung
- die Bedeutung kollektiver und individueller Erinnerungen
- die Erfahrung bikultureller, hybrider und marginaler Lebenssituationen.

Rudolfo Anaya: *Bless Me, Ultima* (1972)
Maxine Hong Kingston: *The Woman Warrior* (1976)
Leslie Marmon Silko: *Ceremony* (1977)
Gloria Naylor: *The Women of Brewster Place* (1982)
Richard Rodriguez: *Hunger of Memory* (1982)
Alice Walker: *The Color Purple* (1982)
Louise Erdrich: *Love Medicine* (1984)
Toni Morrison: *Beloved* (1987)
Sandra Cisneros: *The House on Mango Street* (1988)
Amy Tan: *The Joy Luck Club* (1989)
Gerald Robert Vizenor: *Heirs of Columbus* (1991)
Gish Jen: *Typical American* (1991)
Sherman Alexie: *Indian Killer* (1996)
Jhumpa Lahiri: *Interpreter of Maladies* (1999)
Jeffrey Eugenides: *Middlesex* (2002)
Edward P. Jones: *The Known World* (2003)
Junot Diaz: *The Brief Wondrous Life of Oscar Wao* (2007)

Culture Wars: Im Zusammenhang mit der Pluralisierung der Kultur und Gesellschaft der USA bricht in den 1980er Jahren eine Kontroverse um die **Verbindlichkeit und Zukunftsfähigkeit traditioneller Werte und Ideo-**

logien aus. Die gesellschaftspolitische Debatte teilt die Befürworter und Gegner von Multikulturalismus, emanzipatorischer Identitätspolitik und Geschichtsrevisionismus in zwei Lager. Insbesondere die Praxis der bevorzugten Einstellung von Angehörigen ethnischer Minderheiten sowie die bevorzugte Universitätszulassung von Angehörigen vormals diskriminierter ethnischer Gruppen wird zu einem Streitpunkt zwischen Liberalen und Konservativen. David Mamets Theaterstück *Oleanna* (1992) bietet eine satirische Darstellung der Implikationen, Gefahren und Auswüchse des ebenso prominenten Bemühens um ›**politische Korrektheit**‹ **(political correctness)** als Ausdruck eines sprachlich sensiblen Umgangs mit multikultureller Geschichte und Identitätspolitik.

Im Mittelpunkt der öffentlichen Auseinandersetzung, die nach James D. Hunters Buch *Culture Wars: The Struggle to Define America* (1991) als ›Kulturkrieg‹ bezeichnet wird, steht die Schulpolitik und die Diskussion um neue Curricula und Standards, darunter besonders

Curricula,
Standards,
Lehrbücher

- die von Präsident George H.W. Bush und der National Governors Association initiierten National Standards for History (1989)
- die National Education Goals (1990)
- das Stanford Curriculum aus den späten 1980er Jahren.

Das Bestreben, ein **neues Bild der U.S.-amerikanischen Geschichte** und deren historischer und gegenwärtiger Konflikte zu geben (»teaching the conflicts«), schlägt sich in den Neuausgaben der an Universitäten und Colleges verwendeten Geschichtslehrbücher (history textbooks) wie z.B. *The Enduring Vision*, *The American Pageant* oder *The Great Republic* nieder. Eine große Öffentlichkeits- und Medienwirkung erhält die Kontroverse durch **Bestseller von Politikern, Intellektuellen und Historikern,** die sich aus unterschiedlichen Richtungen und Perspektiven mit der multikulturellen Identitätsbewegung und -politik auseinandersetzen und z.T. vor einer **Fragmentierung (Balkanization)** der Kultur und Gesellschaft der USA durch die Abkehr von traditionellen Konsensgedanken, Wertorientierungen und Kanonbildungen warnen.

Bestseller der Culture Wars

Literatur

William J. Bennett | *To Reclaim a Legacy* (1984)
Allan Bloom | *The Closing of the American Mind* (1987)
E.D. Hirsch | *Cultural Literacy* (1987)
Dinesh D'Souza | *Illiberal Education* (1991)
James Hunter | *Culture Wars: The Struggle to Define America* (1991)
Arthur Schlesinger | *The Disuniting of America* (1991)

1990er Jahre: Die Diskussionen um das (multi-)kulturelle Selbstverständnis der USA und um nationale Identitätskonstruktionen in Vergangenheit, Gegenwart und Zukunft bestimmen das intellektuelle Klima der 1990er Jahre. Außenpolitisch ist das Jahrzehnt von der weltweiten Sonderrolle der USA nach dem Zerfall der UdSSR geprägt, innenpolitisch von der Präsidentschaft Bill Clintons. Der Sieg der von den USA angeführten internationalen Koalitionsstreitkräfte gegen den Irak in der Operation Desert Storm 1991 als Reaktion auf die Besetzung Kuwaits durch Truppen Saddam Husseins führt die USA unter Präsident George H. Bush auf einen neuen **Höhepunkt ihrer militärischen Macht und ihres globalen Führungsanspruchs**. Der Wahlsieg des Demokraten Bill Clinton gegen den Republikaner George H.W. Bush – der Sieg eines Mitglieds der Generation der 1960er Jahre über einen Veteranen des Zweiten Weltkriegs – spiegelt 1992 einen **Generationenwechsel in der U.S.-amerikanischen Politik**. Die Unzufriedenheit weiter Teile der Bevölkerung mit den negativen Auswirkungen der Wirtschafts- und Sozialpolitik der republikanischen Regierungen von Ronald Reagan und George H.W. Bush beenden die republikanische Vorherrschaft im Weißen Haus.

**Präsidentschaft
von Bill Clinton**

Den liberalen Vorstellungen der Regierung Präsident Clintons von Sozial-, Kultur- und Umweltpolitik steht eine starke konservative Opposition gegenüber. Während Clintons erster Amtszeit führt diese konservative Strömung mit Unterstützung von Medienstars wie dem Radio Talk-Show Moderator Rush Limbaugh, der National Rifle Association und Repräsentanten der Christian Right wie Jerry Falwell und Pat Robertson in den Kongresswahlen 1994 zu einem **Erdrutschsieg der Republikaner** unter der Führung von Newt Gingrich. Während Clintons zweiter Amtszeit wird die 1998 zu einem weltweiten Medienereignis ausgeweitete Kampagne für ein Amtsenthebungsverfahren gegen den Präsidenten wegen dessen sexueller Beziehungen zu der Praktikantin Monica Lewinsky zu einem offenkundigen Ausdruck dieses **politischen und kulturellen Spannungsverhältnisses**.

**Gewalt und
Bedrohungen**

Zu den Ambivalenzen des letzten Jahrzehnts des 20. Jh.s zählt die Diskrepanz zwischen wirtschaftlicher Prosperität für weite Teile der Bevölkerung einerseits und einem zunehmenden **Gefühl der existentiellen Bedrohung** andererseits. Zu den bekanntesten Gewalttätigkeiten in den USA selbst zählen:

- Amokläufe an Schulen wie z. B. an der Columbine High School in Littleton, CO (1999)
- Gewaltaktionen gegen Abtreibungskliniken
- kollektive Selbstmorde militanter Sekten wie der Branch Davidians in Waco, TX (1993)
- Terroranschläge wie z. B. der Bombenanschlag auf eine Bundesbehörde in Oklahoma City, OK (1995) und der Anschlag auf das World Trade Center in NYC (1993).

Außenpolitisch wird die Position der USA durch anhaltende Konflikte auf dem Balkan, in Somalia und im Nahen Osten sowie durch Anschläge auf die Botschaften in Kenia und Tansania (1998) und auf den Zerstörer USS Cole vor der Küste Jemens (2000) zunehmend schwierig. Die militärische Vorherrschaft löst die politischen Probleme nicht, und das internationale Ansehen der USA wird durch **negative Bilder der ökonomischen und militärischen Supermacht** geschwächt. Die Popularität von historisch-patriotischen Filmen über den Zweiten Weltkrieg wie z. B. *Saving Private Ryan*

(1998) oder *Pearl Harbor* (2001), der Erfolg von Bestsellern wie z. B. Tom Brokaws *The Greatest Generation* (1998) und die Errichtung des National World War II Memorial (2004) in Washington, DC (s. Kap. 3.5.7) wird in diesem Zusammenhang häufig als Ausdruck einer kollektiven Sehnsucht nach einer Zeit klarer politischer und moralischer Zielsetzungen und Vorgaben gesehen.

USA zur Jahrtausendwende: Der Zensus von 2000 gibt ein verändertes Bild der U.S.-amerikanischen Gesellschaft, das u. a. auf folgenden **demographischen Veränderungen** beruht:

- mit 33 Mio. verzeichnen die 1990er Jahre die **höchste Bevölkerungszunahme** innerhalb eines Jahrzehnts seit Beginn der Erhebungen des Zensus
- die weitere **ethnische Diversifizierung** der Gesellschaft geht vor allem auf die Zunahme der Einwanderung aus Asien und Lateinamerika zurück
- erheblich mehr Bürger machen von der Möglichkeit der **Zuordnung zu mehr als einer ethnischen Gruppe** Gebrauch
- die **Multilingualität** in den USA nimmt zu
- die **Bevölkerungsverschiebung in den Süden, Südwesten und Westen** durch interne Migration und Mobilität setzt sich verstärkt fort
- die **Erosion traditioneller Familienstrukturen** geht weiter.

In der umstrittenen Präsidentschaftswahl 2000 (s. Kap. 5.4.2) treffen mit dem Demokraten und Vizepräsidenten Al Gore einerseits und dem religiös-konservativen Republikaner George W. Bush andererseits Repräsentanten der beiden Lager aufeinander, deren ideologische und kulturelle Vorstellungen das **Spannungsfeld der U.S.-amerikanischen Gesellschaft seit den 1980er Jahren** bestimmen. Das Wahlergebnis zeigt Gore als Sieger bei den Gesamtstimmen (Popular Vote); nachdem der Oberste Gerichtshof in einem wochenlangen Streit um die Auszählung der Stimmen im Bundesstaat Florida zugunsten der Anträge der Republikanischen Partei urteilt, gewinnt Bush den Bundesstaat Florida und damit die Mehrheit im Wahlgremium (Electoral College). Im Januar 2001 wird George W. Bush als 43. Präsident der USA vereidigt.

Präsidentschaftswahl 2000

3.6.7 | Die USA nach dem 11. September 2001

2001	11. September: Terrorangriffe auf New York City und Washington, DC; 26. Oktober: PATRIOT Act; Krieg in Afghanistan	*Zeittafel*
2002–03	Aufbau des Department of Homeland Security	
2003	20. März: Beginn des Irakkriegs; 9. April: Einnahme von Bagdad	
2004	Wiederwahl von Präsident George W. Bush	
2005	August: Hurrikan Katrina	

2006	17. Oktober: USA erreicht eine Einwohnerzahl von 300 Mio.; Demokraten gewinnen Zwischenwahlen zum Kongress
2007	Amoklauf an der Virginia Tech University in Blacksburg, VA
2007–08	Hypothekenkrise und Bankenzusammenbrüche
2008	Vorwahlen und Wahlkampf um die Präsidentschaft mit den Kandidaten John McCain (Republikanische Partei) und Barack Obama (Demokratische Partei)

9/11: Die ersten Jahre des 21. Jh.s sind wesentlich von den Terroranschlägen des 11. September 2001 und deren unmittelbaren und längerfristigen Konsequenzen bestimmt. Nimmt man den japanischen Angriff auf Pearl

Harbor 1941 aus, da Hawaii zum damaligen Zeitpunkt noch kein Bundesstaat war, so ist der Anschlag des islamistischen Terrornetzwerks Al-Qaida mit vier entführten Verkehrsflugzeugen auf das World Trade Center in New York City und das Pentagon in Washington, DC der erste kriegerische Angriff auf dem Staatsgebiet der USA seit dem Britisch-Amerikanischen Krieg von 1812–15. Insgesamt kommen bei den Angriffen in New York und Washington sowie beim Absturz des vierten entführten Flugzeugs in Somerset County, PA nahezu 3000 Menschen ums Leben.

Die Art des Angriffs, die Zahl der Opfer und die weltweiten Live-Übertragungen des Einsturzes der beiden Türme des World Trade Center und der menschlichen Tragödien unmittelbar nach den Anschlägen markieren eine **neue Dimension des internationalen Terrors** und verändern die Gesellschaft und Politik der

Titelbild der Magnum-Dokumentation des 11. September 2001

USA. Das Gefühl der individuellen und kollektiven Sicherheit vor äußeren Bedrohungen und Verfolgungen, das die nationale Identität und das kulturelle Selbstverständnis der Einwanderungsgesellschaft der USA seit jeher prägt, wird in einer bis dahin kaum vorstellbaren Weise erschüttert. Der offizielle **9/11-Commission Report** (2004) dokumentiert die Ereignisse und verweist auf Versäumnisse in der Geheimdienstarbeit, in der Kommunikation zwischen Regierungsstellen und im Bereich von Präventionsmaßnahmen.

Künstlerische Reaktionen

Eine Vielzahl von literarischen, filmischen, fotografischen und musikalischen Verarbeitungen versucht, den traumatischen Erfahrungen und deren individuellen und kollektiven Auswirkungen künstlerisch Ausdruck zu verleihen. Besonders ausdrucksstark und vielfach international reproduziert sind die Fotografien des Bandes *New York September 11 by Magnum Photographers* (2001). Die Errichtung einer **Gedenkstätte auf Ground Zero** – dem Gelände des ehemaligen World Trade Center – wird kontrovers diskutiert, und die Konzeption des von dem Architekten Daniel Libeskind entworfenen Freedom Tower wird von den politisch-ökonomischen Realitäten und sicherheitspolitischen Erwartungen an die Neugestaltung dieses gleichermaßen zentralen und profitablen Teils von Manhattan eingeholt (vgl. www.nyc-tower.com).

Die USA nach dem
11. September 2001

9/11 in Literatur, Fotografie, Musik, Film

Literatur: Anne Nelson: *The Guys* (2002), William Gibson: *Pattern Recognition* (2003), Frédéric Beigbeder: *Windows on the World* (2003), Art Spiegelman: *In the Shadow of No Towers* (2004), Ian McEwan: *Saturday* (2005), Jonathan Safran Foer: *Extremely Loud and Incredibly Close* (2005), Don DeLillo: *Falling Man* (2007)

Fotografie: Magnum Photographers: *New York September 11 By Magnum Photographers* (2001), Life Magazine: *One Nation: America Remembers September 11* (2002), Christopher Sweet: *Above Hallowed Ground: A Photographic Record of September 11, 2001* (2002), Michael Feldschuh: *The September 11 Photo Project* (2002)

Musik: Paul McCartney: »Freedom« (2001), Neil Young: »Let's Roll« (2002), Bruce Springsteen: »The Rising« (2002)

Film: Jules C. Naudet/Thomas G. Naudet: *9/11* (2002), Bill Guttentag/Robert David Port: *Twin Towers* (2003), Michael Moore: *Fahrenheit 9/11* (2004), Paul Greengrass: *United 93* (2006), Oliver Stone: *World Trade Center* (2006)

Patriotismus und Kritik: In einer Welle des Patriotismus vereinen sich nach dem 11. September 2001 die verschiedenen politischen Lager und unterschiedlichen gesellschaftlichen Gruppen hinter der Regierung von George W. Bush. Die **Symbole und Rituale der U.S.-amerikanischen Zivilreligion** (s. Kap. 6.3) erfahren eine enorme Popularität und Verbreitung. Die wirtschaftlichen Auswirkungen der Terroranschläge sind weltweit zu spüren und treffen vor allem die New Yorker Börse sowie die nationalen und internationalen Fluglinien. Nur wenige Wochen nach den Anschlägen wird mit nahezu weltweiter Unterstützung das Taliban-Regime in Afghanistan von U.S.-amerikanischen Streitkräften gestürzt, ohne dass jedoch der Drahtzieher der Terroranschläge, Osama bin Laden, gefasst wird. Im Zuge des Kriegs in Afghanistan

Briefmarke des
US Postal Service
(2001)

werden die ersten Gefangenen in das **Gefangenenlager Guantánamo** auf Kuba gebracht, was international, aber auch in den USA selbst auf Kritik stößt. 2006 und 2008 erklärt der Oberste Gerichtshof die Militärgerichtsverfahren auf Guantanamo in mehreren Urteilen für verfassungswidrig (s. Kap. 5.5).

PATRIOT Act

Zur Verbesserung der inneren Sicherheit verabschiedet der Kongress im Oktober 2001 mit großer Mehrheit den PATRIOT Act, der in der Folgezeit von liberalen Politikern, Intellektuellen und einem zunehmenden Teil der Bevölkerung wegen seiner **Möglichkeiten zur Beschränkung individueller Freiheiten** kritisiert wird. Auch die Einrichtung eines **Department of Homeland Security** mit weitreichenden Kompetenzen zur Kontrolle der inneren Sicherheit und zur Verbesserung der Abwehr von terroristischen Angriffen bleibt umstritten. Zu einem international populären Dokument der Kritik an der Regierung von George W. Bush wird Michael Moores Film *Fahrenheit 9/11* (2004), der jedoch wegen seines manipulativen Umgangs mit Materialien und seines Einsatzes von Schauspielern als ›Zeugen‹ skeptisch zu betrachten ist (vgl. dazu den Film *Manufacturing Dissent*, 2007).

Irak-Krieg: Mit dem Angriff auf den Irak im Frühjahr 2003 nimmt der Kampf der USA gegen den islamistischen Terror eine andere Stoßrichtung. Bereits 2002 identifiziert Präsident Bush in seinen Reden zu einer ›Achse des Bösen‹ (»axis of evil«) Irak, Iran und Nord-Korea als Hauptfeinde der USA und kritisiert die Unterstützung des internationalen Terrorismus durch diese und andere Staaten. Mit der am 20. März 2003 begonnenen **Invasion des Irak** durch eine von den USA geführten Koalitionsstreitmacht verliert die Regierung von Präsident Bush einen Teil der internationalen Sympathie und Solidarität, die den USA nach den Terroranschlägen vor allem auch in Europa und Deutschland entgegengebracht wird. Mit der Einnahme von Bagdad am 9. April 2003, dem Sturz der Regierung Saddam Husseins und der Erklärung der Beendigung größerer Kampfhandlungen durch Präsident Bush am 1. Mai 2003 scheint der Krieg gewonnen.

Scheitern im Irak | Der Krieg im Irak wird für die USA aufgrund von mangelhaften Planungen für die Zeit nach einem militärischem Sieg, wegen schwerer Fehler in der Wiederaufbaupolitik und nach bürgerkriegsähnlichen Entwicklungen innerhalb des Iraks zu einem **militärischen und außenpolitischen Desaster**. Vor allem die folgenden Punkte führen zu einem internationalen Prestigeverlust der USA und lösen in den USA politische Kontroversen und Konflikte aus:

- die Tatsache, dass im Irak entgegen angeblicher Geheimdienstbeweise und entgegen offizieller Darstellungen der U.S.-amerikanischen Regierung offenbar **keine Massenvernichtungswaffen** existieren
- der **negative Verlauf der Besetzung** des Irak nach dem Sturz Saddam Husseins
- die Veröffentlichung von **Bildern von Gefangenenmisshandlungen** in dem von U.S.-amerikanischen Militärs geführten Gefängnis Abu-Ghraib 2004.

Dennoch wird George W. Bush 2004 als Präsident der USA wieder gewählt, erleidet jedoch bei den Zwischenwahlen zum Kongress im November 2006 durch den deutlichen Sieg der Demokratischen Partei indirekt eine Niederlage für die Irak-Politik seiner Regierung.

Hurrikan Katrina: Auch die zweite große Katastrophe des frühen 21. Jh.s in den USA ist ein weltweites Medienspektakel. Ende August 2005 verwüstet mit Hurrikan Katrina einer der stärksten je gemessenen Wirbelstürme weite Teile der Küstenregionen des Südostens und tötet ca. 1800 bis 2000 Menschen. Die Südstaatenmetropole New Orleans wird zu einem Großteil zerstört, als sich jahrelange Warnungen vor unzureichenden Schutzmaßnahmen und einer mangelnden Umwelt- und Landschaftsschutzpolitik bewahrheiten und die Deiche großflächig brechen. In der an Naturkatastrophen größeren Ausmaßes reichen Geschichte Nordamerikas (s. Kap. 2.1) markiert Hurrikan Katrina einen **Höhepunkt der Zerstö-rungskraft von Naturgewalten** und eine **neue Dimension der medialen Berichterstattung** über eine Naturkatastrophe und deren menschliche und politische Folgen.

Besonders betroffen von den Überflutungen, Zerstörungen, unzurei-chenden Evakuierungsmaßnahmen sind die **Wohngebiete der sozial schwächeren afroamerikanischen Bevölkerung** von New Orleans und Umgebung. Dies zieht kontroverse Diskussionen über die ungenügenden Hilfsmaßnahmen der Bundesregierung, politische Spannungen zwischen Einzelstaats- und Bundesbehörden sowie Vorwürfe des Rassismus und der ethnischen Diskriminierung nach sich. Hurrikan Katrina und die Ver-wüstung von New Orleans tragen dazu bei, dass das Umweltbewusstsein und eine **landschafts- und umweltschonendere Siedlungs- und Wirt-schaftspolitik** mehr Beachtung erhält.

Amokläufe und Waffenbesitz: Das Gefühl der Verunsicherung und Hilflosigkeit wird durch Ereignisse wie z. B. den Amoklauf eines Studen-ten in Blacksburg, VA am 16. April 2007 erhöht. Die **Ermordung von 32 Studierenden und Dozenten der Virginia Tech University** setzt die Serie von Gewaltexzessen an Schulen und Universitäten fort, die 1999 mit der Schießerei an der Columbine High School in Littleton, CO international für Aufsehen sorgt und Michael Moore als Vorlage für seinen Film *Bowling for Columbine* (2002) dient. Die Amokläufe an Schulen und Hochschulen werden zu einem Kristallisationspunkt für die Debatte über die **Gesetz-gebung zum Waffenbesitz**. Trotz der nach dem Attentatsversuch auf Prä-sident Reagan 1981 strikter gewordenen Gesetze und Verordnungen, ver-hindern die Verankerung des Rechts auf Waffenbesitz in der Verfassung und die Lobbyarbeit der National Rifle Association (NRA) eine umfassen-de und bundesweite Regelung der Waffenkontrolle. Im Juni 2008 bestätigt der Oberste Gerichtshof in seinem Urteil District of Columbia v. Heller das grundsätzliche Recht auf den Besitz von Waffen.

Wahljahr 2008: Im Wahljahr 2008 ist die **multiethnische und mul-tilinguale Gesellschaft und Kultur der USA** so divers wie kaum zuvor. Im Oktober 2006 überschreitet die Bevölkerungszahl **die 300 Millionen-Marke**, wobei sich der absolute Zuwachs von 200 auf 300 Mio. gegenüber früheren Zuwächsen beschleunigt und der Anteil an Einwanderern und Jugendlichen mit Migrationshintergrund an der Bevölkerungszunahme ca. 40 % beträgt. Der **Präsidentschaftswahlkampf 2008** steht zunächst im Zeichen des Widerstands gegen den Irakkrieg und die Außenpolitik der Regierung von Präsident Bush, in seiner Endphase jedoch zunehmend unter dem Eindruck wirtschaftlicher und sozialer Unwägbarkeiten nach dem Zusammenbruch des Immobilienmarkts in den USA und nach der von der Wall Street ausgehenden internationalen Finanzkrise. Die Kan-didaturen des Vietnamveteranen John McCain für die Republikanische Partei und des Afroamerikaners Barack Obama für die Demokratische Partei verdeutlichen zusammen mit der Bewerbung von Hillary Clinton, einer Repräsentantin des liberalen politischen Lagers in den USA, um die demokratische Kandidatur und der Nominierung von Sarah Palin, einer

Anhängerin konservativ-evangelikaler Vorstellungen, als republikanische Kandidatin für das Amt des Vizepräsidenten das **breite Spektrum an politischen und gesellschaftlichen Kräften** in den USA zu Beginn des 21.Jh.s.

4. Sprachen Nordamerikas

Sprachen und Amerikanistik/American Studies: Die Beschäftigung mit der Vielfalt der Sprachen Nordamerikas in Vergangenheit und Gegenwart ist ein zentraler Bestandteil der Amerikanistik/American Studies. Bereits die puritanischen Geistlichen Roger Williams und John Eliot dokumentieren im 17. Jh. in ihren Schriften *A Key into the Language of America* (1643) und *Indian Grammar Begun, or, An Essay to Bring the Indian Language into Rules* (1666) die Indianersprachen in Neuengland und illustrieren die Bedeutung von **Multilingualität** in den interkulturellen Begegnungs- und Konfrontationssituationen der Kolonialzeit. Noah Websters *American Dictionary of the English Language* (1828) markiert den Höhepunkt des sprachlichen Nationalismus in der Frühen Republik und formuliert die nationale und kulturelle **Eigenständigkeit des American English**. Franz Boas' *Handbook of American Indian Languages* (1911–22) und H.L. Menckens *The American Language: An Inquiry into the Development of English in the United States* (1919/1921) leiten im 20. Jh. die **wissenschaftliche Beschäftigung** mit den Indianersprachen einerseits und dem American English andererseits ein.

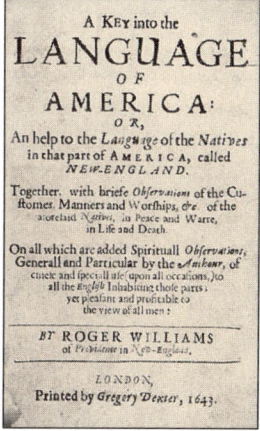

Roger Williams: *A Key into the Language of America* (1643)

Eine Zusammenstellung einflussreicher Publikationen vom 17. Jh. bis zum Beginn der modernen Sprachwissenschaft bietet die Anthologie *Origins of American Linguistics* 1643–1914 (13 Bde., 1997). Die *Multilingual Anthology of American Literature* (Shell/Sollors 2000) präsentiert die **Multilingualität der ›amerikanischen‹ Kultur- und Literaturgeschichte**, und in dem Themenheft *Multilingualism and American Studies* der Zeitschrift *Amerikastudien/American Studies* betont Heike Paul in Anknüpfung an neuere Theoriedebatten »the addition of language to the categories of difference in the field of American Studies« (Paul/Sollors 2006, S. 5). Eine Einführung in wesentliche Themen der sprachwissenschaftlichen Beschäftigung mit den USA und weiterführende bibliographische Dokumentationen bietet der Band *Language in the USA: Themes for the Twenty-First Century* (Finegan/Rickford 2004). Theorien, Methoden und Forschungsansätze der Sprachwissenschaft werden in dieser Einführung nicht behandelt; Angaben zu Einführungen in die englische Sprachwissenschaft finden sich am Ende der weiterführenden Literaturhinweise.

Neuere Publikationen

4.1 | Sprachen der indigenen Bevölkerung

Indianische Sprachen und Amerikanistik/American Studies: Die Sprachen
der indigenen Bevölkerung Nordamerikas – auf Deutsch meist als Indianersprachen oder indianische Sprachen bezeichnet – bleiben in amerikanistischer Lehre und Forschung traditionell eher unberücksichtigt. Seit
den wegweisenden Arbeiten von Franz Boas (*Handbook of American Indian Languages*, 1911–22) und Edward Sapir (*American Indian Languages*,
repr. 1990–91) werden sie primär der **Kulturanthropologie** und der **ethno-
logischen Linguistik** zugerechnet. Die Privilegierung der angloamerikanischen Kultur und deren Repräsentationsformen sowie die herkömmlich
dominante Literatur- bzw. Textorientierung in den Geistes- und Kulturwissenschaften führt lange Zeit zur **Marginalisierung der mündlichen
Traditionen der ursprünglichen Kulturen** Nordamerikas.

Seit der Kanonrevision der 1980er Jahre (s. Kap. 8.7) zählt die **englischsprachige indianische Literatur** zu den Kerngebieten der amerikanistischen Literaturwissenschaft. Auch die ins Englische übersetzten Mythen, Legenden, Reden und Petitionen sowie die visuellen und materiellen
Ausdrucksformen der ursprünglichen nordamerikanischen Bevölkerung
werden im Rahmen einer multikulturellen nordamerikanischen Kulturgeschichte stärker berücksichtigt. Einer unmittelbaren Beschäftigung mit
den indigenen Kulturen in ihren jeweils eigenen Sprachen steht jedoch in
der Regel eine **Sprachbarriere** entgegen.

Indianische Sprachen um 1500: Aufgrund der Mündlichkeit der indigenen Kulturen und der weitgehenden Zerstörung ihrer Lebensgrundlage
und Traditionszusammenhänge ist die Rekonstruktion der Sprachenviel-
falt auf dem nordamerikanischen Kontinent zu Beginn der europäischen
Kolonisierung außerordentlich schwierig (vgl. Goddard 1996; Mithun 1999
sowie www.ssila.org und www.native-languages.org). Um 1500 werden in
den Gebieten nördlich des Rio Grande, d. h. auf dem Staatsgebiet der heu-

tigen USA und Kanadas, ca. **250 bis 300 eigenständige und wechselseitig weitgehend unverständliche Sprachen** gesprochen. Eine Verständigung untereinander wird u. a. durch eine mehr oder weniger universelle Zeichensprache möglich.

Goddards Karte (s. S. 234) zeigt die **wichtigsten größeren Sprachfamilien und Einzelsprachen** sowie deren ursprüngliche geographische Verteilung in Nordamerika. Die eingezeichneten Linien sind nicht im Sinne von territorialen oder politisch eindeutigen Grenzen zu verstehen, da die nomadischen Lebensformen vieler Stämme feststehende räumliche Zuweisungen problematisch machen. Die Vertreibung aus den historischen Siedlungsräumen, zunächst durch die europäischen Kolonisten in einem eher regionalen Umfeld, später durch die U.S.-amerikanischen Regierungsbehörden in einem national-kontinentalen Rahmen, verstärkt die **Hybridisierung vormals unabhängiger Sprachen**.

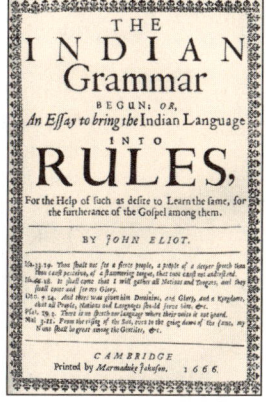

Überlieferung und Spracherhalt: Schriftsysteme sind in den indigenen Kulturen der nördlichen Hälfte der Hemisphäre weitgehend unbekannt. Die ältesten überlieferten sprachlichen Zeugnisse – in Form von Wortlisten oder kommunikativ unmittelbar relevanten Phrasen – finden sich in den **Berichten europäischer Reisender und Kolonisten** des 16. und 17. Jh.s. So enthält z. B. Thomas Harriots *A Brief and True Report of the New Found Land of Virginia* (1588) über 70 Wörter aus Indianersprachen. **Bibelübersetzungen und Lese- und Schulbücher** (primers) entstehen im Zusammenhang mit den missionarischen Aktivitäten der Jesuiten in Kanada, der Franziskaner im Südwesten und heutigen Kalifornien sowie der Puritaner im Nordosten der heutigen USA. Den ethnographischen, historiographischen und christlich-missionarischen Publikationen neuenglländischer Puritaner des 17. und frühen 18. Jh.s wie z. B. William Wood, Roger Williams, John Eliot, John Josselyn, Increase Mather und Cotton Mather kommt aufgrund ihrer Dokumentationen von indianischen Kulturen und Sprachen besondere Bedeutung zu.

Indianische
Grammatikregeln
des puritanischen
Missionars John
Eliot (1666)

Roger Williams: *A Key into the Language of America* (1643)

»The Natives are of two sorts, (as the English are.) Some more Rude and Clownish, who are not so apt to Salute, but upon *Salutation* resalute lovingly. Others, and the generall, are *sober* and *grave*, and yet chearfull in a meane, and as ready to begin a Salutation as to Resalute, which yet the English generally begin, out of desire to Civlize them.
What cheare Nétop? *is the generall salutation of all English toward them. Nétop is friend.*
Netompauog. *Friends.*
They are exceedingly delighted with Salutations in their own Language.
Neèn, Keèn, Ewo. *I, You, he.*
Keén ka neen. *You and I.*
Asco wequássin,
Asco wequassunnúmmis. *Good morrow.*

Zur Vertiefung

Askuttaaquompsìn?	*How doe you?*
Asnpaumpmaúntam.	*I am very well.*
Taubot paumpmaúntaman.	*I am glad you are well.*
Cowaúnckamish.	*My service to you.*«

(Jehlen/Warner, Hg.: *English Literatures of America*, 1997, S. 496)

Expansion nach Westen: Nach der Gründung der USA und der Erweiterung des Staatsgebiets durch den Louisiana Purchase (1803) geraten auch die indianischen Kulturen des Westens endgültig unter den Einfluss der expandierenden U.S.-amerikanischen Nation. Durch die Expedition von Meriwether Lewis und William Clark 1804 bis 1806 in die Gebiete westlich des Mississippi und durch die Berichte europäischer Reisender über den Westen in den ersten Jahrzehnten des 19. Jh.s werden die Sprachen der Stämme des Westens einem ethnographisch und wissenschaftlich interessierten Publikum bekannt. Zugleich sind sie im Zuge der fortschreitenden Vernichtung, Vertreibung und Umsiedlung zahlreicher Stämme bis zum späten 19. Jh. zunehmend vom Aussterben bedroht. Die **Reservats-, Akkulturations- und Schulpolitik des Bureau of Indian Affairs** (s. Kap. 3.4.3) trägt nach den militärischen Konflikten am Ende des 19. und zu Beginn des 20. Jh.s zu einem weiteren Rückgang der indianischen Sprachen bei.

Zur Vertiefung

Dokumentation der indianischen Sprachen als nationale Aufgabe

In einem eigenartigen Spannungsfeld zwischen der Zerstörung der indigenen Kulturen einerseits und der Bewahrung ihrer Sprachen andererseits gerät die Dokumentation der indianischen Sprachen früh zu einer nationalen Aufgabe. Wissenschaftliche Institutionen wie z. B. die American Philosophical Society, die American Antiquarian Society und insbesondere die Smithsonian Institution beginnen in der zweiten Hälfte des 18. und verstärkt in der ersten Hälfte des 19. Jh.s mit der Dokumentation der bedrohten Sprachen. Im Verlauf des 19. Jh.s werden Indianersprachen systematisch gesammelt, transkribiert und in ihren linguistischen Strukturen und Differenzen klassifiziert. Die ethnographischen und linguistischen Arbeiten des frühen 20. Jh.s von Franz Boas, Edward Sapir und Alfred Kroeber stehen in der Nachfolge dieser Aktivitäten.

Situation im 20. Jh.: Nach den Daten des U.S. Census Bureau steigt die indianische Bevölkerungsgruppe in den USA von ca. 240.000 im Jahr 1900 auf ca. 2,5 bis 4,1 Millionen (je nach ethnischer Selbsterklärung) im Jahr 2000. Die Situation der indigenen Sprachen stellt sich jedoch angesichts der beständig steigenden Zahl von Sprechern eines sog. American Indian English und im Kontext der **kulturellen und politischen Übermacht des Englischen und Spanischen** wie folgt dar:

»The overall situation is critical [...]. Well over a third of the languages spoken at contact have already disappeared. Another quarter are now remembered by only a small number of elderly speakers. Nearly all are likely to be gone by the end of the twenty-first century.« (Mithun 1999, S. 2)

Nur eine kleine Gruppe von indigenen Sprachen auf dem Staatsgebiet der USA außerhalb von Hawaii und Alaska erreicht heute mehr als 20.000 Sprecher; zahlreiche Sprachen haben nur noch eine Sprachgemeinschaft von weniger als 100 Sprechern.

Sprache	Sprachfamilie	Verbreitung	Zahl der Sprecher
Navajo	Athabaskan	AZ, NM, UT	148.530
Cree	Algic	MT, Kanada	60.000
Ojibwa	Algic	MN, ND, MT, MI, Kanada	51.000
Cherokee	Iroquoian	OK, NC	22.500
Dakota	Siouan	NE, ND, SD, MN, MT, Kanada	20.000
Apache	Athabaskan	NM, AZ, OK	15.000
Blackfoot	Algic	MT, Kanada	10.000
Choctaw	Muskogean	OK, MS, LA	9.211

(vgl. Campbell 1997, S. 107–156; auch »Native American Languages«, vgl. www.cogsci. indiana.edu/farg/rehling/nativeAm/ling.html)

Indianische Sprachen am Ende des 20. Jh.s

Es bleibt abzuwarten, ob die vom Kongress verabschiedete Gesetzgebung des **Native American Languages Act** und die damit verbundenen Initiativen und Programme zur Bewahrung und Revitalisierung der indigenen Sprachen diesen Trend aufhalten können.

Gesetzgebung

Native American Languages Act (1990)

Zur Vertiefung

»SEC. 102. The Congress finds that
(1) the status of the cultures and languages of Native Americans is unique and the United States has the responsibility to act together with Native Americans to ensure the survival of these unique cultures and languages;
(2) special status is accorded Native Americans in the United States, a status that recognizes distinct cultural and political rights, including the right to continue separate identities;
(3) the traditional languages of Native Americans are an integral part of their cultures and identities and form the basic medium for the transmission, and thus survival, of Native American cultures, literatures, histories, religions, political institutions, and values;
[...]
(8) acts of suppression and extermination directed against Native American languages and cultures are in conflict with the United States policy of self-determination for Native Americans;
(9) languages are the means of communication for the full range of human experiences and are critical to the survival of cultural and political integrity of any people
[...].

> SEC. 104. It is the policy of the United States to
> (1) preserve, protect, and promote the rights and freedom of Native Americans
> to use, practice, and develop Native American languages.«
>
> (Finegan/Rickford 2004, S. 175-176)

Bundesstaaten
mit Namen
indianischen
Ursprungs:
Alabama
Alaska
Arizona
Arkansas
Connecticut
Hawaii,
Illinois
Iowa
Kentucky
Massachusetts
Michigan
Minnesota
Mississippi
Missouri
Nebraska
New Mexico
(N/S) Dakota
Ohio
Oklahoma
Tennessee
Texas
Utah
Wisconsin
Wyoming

Indianische Begriffe im American English: Namen und Wörter aus indianischen Sprachen bleiben vor allem dann erhalten, wenn sie zu dem Vokabular gehören, das über englischsprachige Texte des 16. und 17 Jh.s in das englische Lexikon übernommen wird. Neben Fluss-, Gebirgs- und Landschaftsnamen zählen Tiernamen (z. B. racoon, chipmunk), Bezeichnungen für Pflanzen und Nahrungsmittel (z. B. pecan, squash), spezifische Begriffe aus dem Alltagsleben der indianischen Kulturen (z. B. igloo, potlatch, moccasin, squaw, tomahawk) sowie die Namen U.S.-amerikanischer Bundesstaaten zu den bekanntesten Beispielen indianischer Wörter im American English.

4.2 | Multilingualität, Einwanderung, Sprachpolitik

Kolonial- und Einwanderungsgeschichte: Die Kulturgeschichte Nordamerikas ist eine **Geschichte multilingualer Diversität**. Der Vielzahl indianischer Sprachen steht eine Vielfalt an europäischen und nichteuropäischen Sprachen gegenüber. Christoph Kolumbus übermittelt seine ersten Eindrücke von der ›Neuen Welt‹ in spanischsprachigen Briefen an seine königlichen Auftraggeber 1493 bis 1503. Die europäischen Berichte über Reisen und Kolonisierungsunternehmungen in Nordamerika im 16. Jh. werden zunächst in spanischer, später in portugiesischer und französischer Sprache verfasst; englischsprachige Texte folgen gegen Ende des 16. und zu Beginn des 17. Jh.s. Die Dominanz der britischen Kolonialmacht im 17. und 18. Jh. und die Gründung und Expansion der USA im späten 18. und 19. Jh. führen zur anhaltenden **politischen und kulturellen Dominanz der englischen Sprache** in Nordamerika. Die Kolonisationsbemühungen Frankreichs auf dem nordamerikanischen Kontinent bis ins 18. Jh. und die Vormachtstellung Spaniens bzw. Mexikos in weiten Teilen des heutigen Südwestens und Westens der USA bis ins 19. Jh. legen die Grundlagen für die bis heute andauernde **Präsenz des Spanischen und Französischen** in Nordamerika.

Literatur

Multilinguale Kolonisierung Nordamerikas

Álvar Núñez Cabeza de Vaca | *La relacion* […] (1542/1555)
anon. [Gentleman of Elvas] | *Relacam verdadeira dos Trabalhos* […] (1557)
Pedro de Castaneda | *Relacion de la jórnada de Cíbola* […] (1562/1565)

René Goulaine de Laudonnière | *L'histoire notable de la Floride* [...] (1586)
Thomas Harriot | *A Brief and True Report of the New Found Land of Virginia* (1588)
John Smith | *A True Relation of Such Occurrences and Accidents* [...] *in Virginia* (1608)
Samuel de Champlain | *Voyages* (1613/1627/1632)

Die Multilingualität der Kolonialgeschichte setzt sich in der **multiethnischen Einwanderungsgeschichte** der USA fort. Das Spektrum an Sprachen erweitert sich dabei im Zuge des transatlantischen Sklavenhandels vom 17. bis frühen 19. Jh. um afrikanische Sprachen bzw. Mischformen zwischen (west-)afrikanischen Sprachen und vor allem Englisch (sog. Pidgin- und Kreolsprachen). Das Beispiel afroamerikanischer Sklaven und deren Nachkommen in den USA und in der Karibik zeigt beispielhaft, dass interkulturelle Konfrontationen, Migrationen und Akkulturationsprozesse **Sprachkontakte und Sprachmischungen** unterschiedlichster Art bedingen und dass Fragen der **sprachlichen Identität** in der nordamerikanischen Kulturgeschichte einen besonderen Stellenwert besitzen. Nachdem die Einwanderungsgeschichte lange Zeit von europäischen Sprachen dominiert wird, bringen vor allem Migranten aus Asien seit dem späten 19. Jh. ihre jeweiligen Muttersprachen in die westlichen Staaten der USA.

→ **Pidgin- und Kreolsprachen** sind sprachliche Mischformen, die sich als Verkehrs- und Kontaktsprachen zwischen Sprechern unterschiedlicher Sprachen vor allem in Kolonialkontexten herausbilden und zu eigenständigen Sprachen weiterentwickeln können.

Zum Begriff

Im Rahmen der Einwanderung seit den 1960er Jahren (s. Kap. 2.3.2) erreichen Multi- und Bilingualität in den USA an der Wende zum 21. Jh. einen neuen Höchststand. Schätzungen gehen davon aus, dass **20 % aller U.S.-Amerikaner** in der häuslichen Umgebung eine andere Sprache als Englisch sprechen. Befragungen des U.S. Census Bureau von 1990 und 2000 dokumentieren den Grad der Multilingualität in den USA und wesentliche Verschiebungen in den letzten Jahren.

Bilingualität

Sprache	1990	2000	Veränderung 1990–2000
Spanisch	17.862.477	28.101.052	+ 10.238.575
Chinesisch	1.249.213	2.022.143	+772.930
Französisch (inkl. Patois, Cajun)	1.702.176	1.643.838	– 58.338
Deutsch	1.547.099	1.383.442	– 163.657

Die häufigsten Sprachen in den USA neben Englisch 1990 und 2000

Tagalog (Philippinen)	843.251	1.224.241	+380.990
Vietnamesisch	507.069	1.009.627	+502.558
Italienisch	1.308.648	1.008.370	– 300.278
Koreanisch	626.478	894.063	+267.585
Russisch	241.798	706.242	+464.444
Polnisch	723.483	667.414	– 56.069
Arabisch	355.150	614.582	+259.432
Hindi und Urdu	331.484	579.957	+248.473
Portugiesisch oder Kreolportugiesisch	429.860	564.630	+134.770
Japanisch	427.657	477.997	+50.340
Kreolfranzösisch	187.658	435.368	+247.710
Griechisch	388.260	365.436	– 22.824
(vgl. Finegan/Rickford (2004), S. 270)			

Deutsch in Nordamerika: Deutschsprachige Einwanderer stellen in der Hochphase der europäischen Einwanderung in die USA in der Zeit vor dem Ersten Weltkrieg die größte nichtenglischsprachige Gruppe (s. Kap. 2.3.2). In den **Zentren der deutschen Einwanderung**, z. B. in Pennsylvania, Texas und den Bundesstaaten des Mittleren Westens, finden sich bis ins frühe 20. Jh. große Gebiete mit ausschließlich deutschsprachiger Bevölkerung, einem vielfältigen kulturellen Leben in deutscher Sprache und vornehmlich in deutscher Sprache unterrichteten Schulen (vgl. Trommler 1986). Bis zum Eintritt der USA in den Ersten Weltkrieg und dem nachfolgenden Rückgang der deutschamerikanischen Kultur in der Öffentlichkeit spielen **deutschsprachige Zeitungen** in der Presselandschaft eine gewichtige Rolle. Wenngleich die deutschsprachige Presse nach 1917 stark an Popularität verliert, so erscheinen dennoch bis heute die *New Yorker Staats-Zeitung* (www.germancorner.com/NYStaatsZ/) und die *Nordamerikanische Wochenpost* (www.wochenpostusa.com). Der **Einfluss der deutschen Sprache** lässt sich – wie im Falle anderer ethnischer Gruppen auch – neben den deutschen Wörtern im American English (s. Kap. 4.3) besonders offensichtlich an Ortsnamen wie z. B. Bismarck, ND oder Potsdam, MN ablesen.

Spanisch: Die Daten des U.S. Census Bureau von 1990 und 2000 zeigen neben der Zunahme von Sprechern asiatischer Sprachen und der Abnahme traditionell starker europäischer Einwanderersprachen wie z. B. Italienisch und Deutsch die **prominente Stellung des Spanischen in der gegenwärtigen U.S.-amerikanischen Gesellschaft**. Zu Beginn des 21. Jh.s sind die USA die Nation mit der fünftgrößten Spanisch sprechenden Bevölkerung der Welt (zu demographischen Darstellungen s. Kap. 2.3.2). Spanisch ist neben Englisch die am weitesten verbreitete Sprache in Nordamerika und in Schulen und Universitäten ist Spanisch die beliebteste Fremdsprache. Die Webseite des Weißen Hauses (www.whitehouse.gov)

kann in einer spanischen Version besucht werden, und die auf der Webseite zugängliche wöchentliche Radioansprache des Präsidenten wird beim Abspielen ins Spanische übersetzt. Der Census 2010 wird zu einem größeren Teil in spanischer Sprache durchgeführt. **Spanischsprachige Fernsehsender** wie Univision (www.univision.com) und Telemundo (http://tv.telemundo.yahoo.com) erreichen immer größere Marktanteile und erhöhen beständig ihren Anteil an spanischsprachiger Werbung. Die **Zirkulation spanischsprachiger Tageszeitungen** hat sich von ca. 140.000 1970 auf ca. 1,7 Millionen 2002 mehr als verzehnfacht.

Die Zentren der Spanisch sprechenden Bevölkerung finden sich ungeachtet von Migrationsbewegungen innerhalb der USA nach wie vor:

- im **Nordosten** (und hier vor allem in New York City) mit seinen traditionell hohen puertoricanischen Bevölkerungsanteilen
- in **Florida** (und hier vor allem in Miami) mit seiner seit den 1950er Jahren starken kubanischen Bevölkerungsgruppe
- im **Südwesten und Westen** mit den Bundesstaaten Texas, Colorado, New Mexico, Arizona und Kalifornien als demjenigen Gebiet der heutigen USA, das historisch vom spanisch-mexikanischen Einfluss geprägt ist und in den letzten Jahren die meisten der Spanisch sprechenden Migranten aufgenommen hat.

Spanglish: Im Zusammenspiel zwischen demographischem Wandel und Identitätspolitik bildet sich als neue sprachliche Mischform das sog. Spanglish. Mit dem Film *Spanglish* (2004) und Ilan Stavans' Buch *Spanglish* (2003) hat die Mischsprache sowohl mediale als auch wissenschaftliche Sichtbarkeit erreicht.

»Miguel de Cervantes: *Don Quixote de La Mancha,* First Parte, Chapter Uno, Transladado al Spanglish por Ilán Stavans
In un placete de La Mancha of which nombre no quiero remembrearme, vivía, not so long ago, uno de esos gentlemen who always tienen una lanza in the rack, una buckler antigua, a skinny caballo y un greyhound para el chase. A cazuela with más beef than mutón, carne choppeada para el dinner, un omelet pa' los Sábados, lentil pa' los Viernes, y algún pigeon como delicacy especial pa' los Domingos, consumían tres cuarers de su income. El resto lo employaba en una coat de broadcloth y en soketes de velvetín pa' los holidays, with sus slippers pa' combinar, while los otros días de la semana él cut a figura de los más finos cloths. Livin with él eran una housekeeper en sus forties, una sobrina not yet twenty y un ladino del field y la marketa que le saddleaba el caballo al gentleman y wieldeaba un hookete pa' podear. El gentleman andaba por allí por los fifty. Era de complexión robusta pero un poco fresco en los bones y una cara leaneada y gaunteada. La gente sabía that él era un early riser y que gustaba mucho huntear. La gente say que su apellido was Quijada or Quesada –hay diferencia de opinión entre aquellos que han escrito sobre el sujeto – but acordando with las muchas conjecturas se entiende que era really Quejada. But all this no tiene mucha importancia pa' nuestro cuento, providiendo que al cuentarlo no nos separemos pa' nada de las verdá.« (Stavans 2003, S. 253)

Französisch: Die Präsenz der französischen Sprache auf dem nordamerikanischen Kontinent geht auf die französische Kolonisierung großer Gebiete des heutigen Kanada und der heutigen USA von den Großen Seen bis zum Golf von Mexiko zurück. Zwar findet die Kolonialherrschaft Frankreichs mit der Niederlage gegen Großbritannien im French and Indian War 1763 und mit dem Verkauf des Louisiana genannten Gebiets westlich des Mississippi an die USA 1803 ihr Ende (s. Kap. 3.2.5, 3.3.2, 3.3.5), doch haben sich bis heute in Nordamerika mehrere Gebiete mit unterschiedlich hohen Anteilen einer Französisch sprechenden Bevölkerung erhalten (vgl. Neumann-Holzschuh 2002; Valdman et al. 2005):

Kanada
- In Kanada ist Französisch zusammen mit Englisch **offizielle Landessprache**, jedoch gibt es im Zusammenhang der Unabhängigkeitsbestrebungen in Quebec und umstrittener Gesetzgebungen zu Bilingualität und Frankophonie seit den 1960er Jahren wiederholt politische **Kontroversen um Sprachregelungen**. Insgesamt sprechen mehr als sechs Millionen Kanadier – ein knappes Viertel der Gesamtbevölkerung – Französisch als Muttersprache. Der überwiegende Teil der frankophonen Kanadier lebt in Quebec, die übrigen meist in New Brunswick und Ontario.

USA
- Auf dem Staatsgebiet der USA leben in den an Kanada angrenzenden Gebieten des Nordostens, in der Gegend um St. Louis im Bundesstaat Missouri und vor allem im Südstaat Louisiana ungefähr **zwei Millionen Menschen mit frankophonen Vorfahren**, die zwischen dem 17. und 19. Jh. entweder direkt aus Frankreich oder aus dem heutigen Kanada in diese Gebiete einwandern und jeweils unterschiedliche Varietäten des Französischen sprechen. Im Unterschied zu den Französisch als Mutter- und Primärsprache sprechenden Kanadiern sind die in den USA lebenden frankophonen Sprecher eher **bilingual** (Englisch/Französisch) und bedienen sich ihrer französischen Varietäten eher in privaten oder lokalen Kontexten.

Cajuns: Von besonderer kulturhistorischer Bedeutung ist die Migration der Französisch sprechenden **Acadiens** in den 1750er Jahren aus dem Osten Kanadas in den Süden der heutigen USA und dort besonders in das Gebiet des heutigen Bundesstaates Louisiana. Die französisch geprägte Kultur dieser als Cajuns (aus Acadiens in englischer Aussprache) oder **Creoles** bezeichneten Gruppe hat sich im 19. und 20. Jh. unter hispanischem, angloamerikanischem und indianischem Einfluss zu einer **hybriden Kultur** entwickelt, deren ethnische Eigenständigkeit und sprachliche Wurzeln im Französischen in den 1970er Jahren durch die gesetzliche Anerkennung von Frankophonie und Zweisprachigkeit in weiten Teilen von Louisiana bestätigt werden (**Cajun Renaissance**).

Multilingualität in der Literatur: Die Multilingualität der nordamerikanischen Kulturgeschichte spiegelt sich in der Multilingualität U.S.-amerikanischer Literaturen. Zwar schlägt sich die historische und politische Dominanz der englischen Sprache lange Zeit in der Kanonisierung einer englischsprachigen ›amerikanischen Literatur‹ nieder, doch zeigt sich seit den Kanonrevisionen der 1980er Jahre ein stärker **pluralistisches Verständnis** der literarischen Produktion in Nordamerika (vgl. Pultar 2006; Shell/Sollors 2000; Sollors 1998). 1994 wird an der Harvard University das

Longfellow Institute mit dem Ziel gegründet, »to study the non-English writings in what is now the United States and to reexamine the English-language tradition in the context of American multilingualism« (www.fas. harvard.edu/~lowinus). Im Rahmen neuerer transnationaler Theorieansätze (s. Kap. 8.9) wird den kulturellen und politischen Implikationen der Interpretation literarischer Repräsentationen der USA bzw. Nordamerikas in anderen Sprachen als Englisch in Zukunft mehr Bedeutung zukommen.

Die Produktivität und Diversität nichtenglischsprachiger Literaturen lässt sich an zwei **Beispielen aus der deutsch-amerikanischen Literatur** verdeutlichen: einer deutschsprachigen Adaption des »Yankee Doodle« aus dem frühen 19. Jh. und einem Gedicht in der sprachlichen Mischform des sog. ›Germerican‹ aus den 1920er Jahren:

»Ein deutscher Yänke Dudel«	**Kurt M. Stein: »Die neue Lorelei« (1925)**
Yänke Dudel - sieh dich vor	Ich wunder was iss nur die Mätter,
Man will dich verführen;	Die Boats sein gecrowded mit Leut',
Krieg ist unfern vor dem Thor,	In spite von dem nastigen Wetter
Lerne - exerzieren.	Mooft alles acrosst von Detroit.
Schärft den Säbel putzt's Gewähr,	Du weisst net was tut sie attracteh?
Macht euch viel Patronen –	Well, dass iss doch simple wie pie;
Kommt ein Feind von ohngefähr,	Der reason se tun so queer acteh
So wißt ihr ihn zu lohnen!	Iss die Windsor'sche Lorelei.
Yänke Dudel, - sieh dich vor	Hoch auf a gegiltetem Sessel –
Man will dich verführen:	Viel gold'ner als der vor der War –
Krieg ist unfern vor dem Thor,	Da sitzt sie und lured jedes Vessel
Lerne - exerzieren.	An ihre gegiltete Bar.
Auf, ihr Brüder! frisch gemacht,	Dort fühlt jeder shwell, und tut singe'
Dann hilft kein Besinnen;	Und handed ihr Quarters und Dimes.
Wenn es gilt, seid nicht verzagt,	Die Bells am Cash Register ringeh,
So werd ihrs gewinnen. –	Wie in a Cathedral die Chimes.
[...]	[...]
(Trommler 1986, S. 239)	(Shell/Sollors 2000, S. 551)

Multilingualität und Politik

Im Kontext der ethnischen Emanzipationsbewegungen seit den 1960er Jahren, der Multikulturalismusdebatten seit den 1980er Jahren und der an der Jahrtausendwende neue Höchstzahlen erreichenden Einwanderung in die USA werden **Multi- und Bilingualität** und **Sprachstandards** zu politisch und kulturell brisanten Themen. Im Mittelpunkt der Kontroversen stehen die von einem hohen Anteil an Spanisch sprechenden Bewohnern geprägten Staaten des Südwestens und die **Rolle des Spanischen im U.S.-amerikanischen Bildungssystem**. Der 1968 vom Kongress verabschiedete Bilingual Education Act (auch als »Title VII« bekannt) verleiht zusammen mit späteren Gesetzgebungen wie z. B. dem Improving America's Schools Act (1994) der Förderung des bilingualen Unterrichts und der damit ver-

bundenen Identitätspolitik ein besonderes Gewicht (vgl. Text auf http://
thomas.loc.gov/; www.ed.gov).

Widerstand gegen eine multilinguale Gesellschaft: In den 1980er Jahren formiert sich der Widerstand konservativer Kreise gegen eine multilinguale und multikulturelle U.S.-amerikanische Gesellschaft (s. Kap. 3.6.6
und 8.7). Ein Hauptangriffspunkt der Bewegung ist die Infragestellung
der Dominanz des Englischen in Schulen zugunsten eines bilingualen
– oftmals spanischsprachigen – Unterrichts. In den Kontroversen stehen
sich zwei Lager gegenüber:

- **English Only:** die Anhänger des **English Only bzw. Official English
  Movement** und des 1983 von Senator S. I. Hayakawa gegründeten **Akti-
  onsbündnisses U.S. English** (vgl. www.us-english.org), die die Verabschiedung eines Bundesgesetzes oder eines Verfassungszusatzes zur
  Etablierung von Englisch als offizieller Sprache der USA anstreben.
- **English Plus:** die Befürworter **einer bilingualen Erziehung**, die sich
  1985 auf Initiative der League of United Latin American Citizens und
  der Spanish American League Against Discrimination (SALAD) unter
  dem Schlagwort **English Plus** zusammenfinden und 1987 das English
  Plus Information Clearinghouse (EPIC) gründen.

Volksentscheide Im Zusammenhang der steigenden Zahl an Spanisch sprechenden Einwohnern in den Staaten des Südwestens und Westens werden in Volksentschei-
den eine Reihe von gesetzlichen Regelungen angenommen, die sich gegen
Bilingualität im öffentlichen Leben und besonders in Schulen richten:

- **Proposition 63** (1986) erklärt Englisch zur offiziellen Sprache in Kalifornien
- **Proposition 227** (1998) erklärt Englisch zur Schul- und Unterrichts-
  sprache in Kalifornien
- **Proposition 203** (2000) erklärt Englisch zur Schul- und Unterrichts-
  sprache in Arizona.

Zur Vertiefung **California Proposition 227 (1998)**

»(a) WHEREAS the English language is the national public language of the
United States of America and of the state of California, is spoken by the vast majority of California residents, and is also the leading world language for science,
technology, and international business, thereby being the language of economic
opportunity; and
(b) WHEREAS immigrant parents are eager to have their children acquire a
good knowledge of English, thereby allowing them to fully participate in the
American Dream of economic and social advancement; and
(c) WHEREAS the government and the public schools of California have a moral
obligation and a constitutional duty to provide all of California's children,
regardless of their ethnicity or national origins, with the skills necessary to
become productive members of our society, and of these skills, literacy in the
English language is among the most important; and
(d) WHEREAS the public schools of California currently do a poor job of edu-
cating immigrant children, wasting financial resources on costly experimental
language programs whose failure over the past two decades is demonstrated by

> the current high drop-out rates and low English literacy levels of many immigrant children; and
> (e) WHEREAS young immigrant children can easily acquire full fluency in a new language, such as English, if they are heavily exposed to that language in the classroom at an early age.
> (f) THEREFORE it is resolved that: all children in California public schools shall be taught English as rapidly and effectively as possible.«
>
> (Crawford 1999, S. 301–302)

Gegenwärtige Situation: Nach dem Übergang des Bilingual Education Act (sog. »Title VII«) und dessen Förderungs- und Finanzierungsmöglichkeiten in die konservativen Gesetzgebungen des **English Language Acquisition Act (2002)** (vgl. www.ed.gov/policy/elsec/leg/esea02/pg40.html) und des **No Child Left Behind Act (2002)** (vgl. www.ed.gov/nclb/) sehen sich die Befürworter einer bilingualen Erziehung und einer multilingualen Kultur und Gesellschaft kulturpolitisch eher in der Defensive. Das Spannungsverhältnis zwischen der identitätsstiftenden Bindekraft der nichtenglischen – hier spanischen – Muttersprache einerseits und der Attraktivität der vielfältige soziale und ökonomische Optionen eröffnenden englischen Sprache andererseits schildert Richard Rodriguez in seinem autobiographischen Roman *Hunger of Memory* (1982).

4.3 | American English(es)

Zu Beginn des 21. Jh.s ist American English (AE) eine über die USA bzw. Nordamerika hinaus besonders einflussreiche Varietät der englischen Sprache (vgl. Schneider 2006; Wolfram/Schilling-Estes ²2006; Tottie 2002; Algeo 2001; Galinsky ²1985; Marckwardt 1980). Unterschiedliche Vorstellungen über den **Stellenwert und die ideologischen Implikationen des AE** lassen sich bis in die Zeit der politischen und kulturellen Unabhängigkeitsbestrebungen der U.S.-amerikanischen Nation im späten 18. und frühen 19. Jh. zurück verfolgen. Das AE steht bis ins 20. Jh. in einem Spannungsfeld von konkurrierenden Vorstellungen über seine Eigenständigkeit und Qualität. Die weltpolitische Vormachtstellung der USA seit dem Zweiten Weltkrieg und die in den letzten Jahrzehnten ständig zunehmende Verbreitung der U.S.-amerikanischen Populär-, Unterhaltungs- und Informationskultur haben zu einer **globalen Dominanz des AE** geführt.

American English 1789 bis 1835/1840

Noah Webster: *Dissertations on the English Language* (1789)
»As an independent nation, our honor requires us to have a system of our own, in language as well as government. Great Britain, whose children we are, and

whose language we speak, should no longer be our standard; for the taste of her writers is already corrupted, and her language on the decline. But if it were not so, she is at too great a distance to be our model, and to instruct us in the principles of our own tongue.«

John Witherspoon: *The Works of the Reverend John Witherspoon* (1802)

»The English language is spoken through all the United States. We are at a great distance from the island of Great-Britain, in which the standard of the language is as yet supposed to be found. [...] Time and accident must determine what turn affairs will take in this respect in the future, whether we shall continue to consider the language of Great-Britain as the pattern upon which we are to form ours, or whether, in this new empire, some centre of learning and politeness will not be found, which shall obtain influence and prescribe the rules of speech and writing to every other part.«

John Pickering: *A Vocabulary, or Collection of Works and Phrases Which Have Been Supposed to Be Peculiar to the United States of America* (1816)

»The preservation of the English Language in its purity throughout the United States is an object deserving the attention of every American who is a friend to literature and science of his country. [...] It is true, indeed, that our countrymen may speak and write in a *dialect* of English, which will be understood in the *United States*; but if they are ambitious of having their works read by English-men as well as by Americans, they must write in a language that Englishmen can read with pleasure.«

Captain Basil Hall: *Travels in North America* (1829)

»I have little doubt, after the experiences of this journey, that no inconsider-able portion of the mutual misunderstandings between the Americans and their [English] guests, arises from an imperfect acquaintance with this very English language, supposed to be common to both. [...] In America, it so happens – I don't at present enquire wherefore – that the English language is somewhat modified. I speak not alone of the meaning of individual words, in many of which also the change is abundantly perceptible; but chiefly of the general acceptation of language, as connected with a set of feelings, and a state of circumstances, materially different from those which exist in England. It would certainly be astonishing, if some difference were not to be produced in these two nations, both in the ideas, and in those forms of speech by which they receive expression, in consequence of the continued presence and operation of physical, moral, and political phenomena so essentially dissimilar, and in spite of the common origin, and the common language, of the two countries.«

Alexis de Tocqueville: *Democracy in America* (1835/1840)

»American authors may truly be said to live more in England than in their own country; since they constantly study the English writers, and take them every day for their models. But such is not the case with the bulk of the population, which is more immediately subjected to the peculiar causes acting upon the United States. It is not then to the written, but to the spoken language that atten-tion must be paid, if we would detect the modifications which the idiom of an aristocratic people may undergo when it becomes the language of democracy.«

(Zitate vgl. Babcock 1961, S. 45, 70, 28, 60-61, 62-63)

American
English(es)

Sprachnationalismus: Im Mittelpunkt der Bemühungen um die Konstruktion einer nationalsprachlichen Identität der USA steht **Noah Webster**. Mit seinem *American Spelling Book* (zuerst 1784 in *A Grammatical Institute of the English Language*) und seinem *Compendious Dictionary of the English Language* (1806) betreibt er das Projekt eines sog. **Federal English**, das zum Ausdruck der neuen demokratischen Gesellschaft der USA im Gegensatz zu Europa und besonders zu Großbritannien werden soll. Um schon in der äußeren Erscheinungsform eine solche Differenz zu markieren und dem Ideal der republikanischen Einfachheit zu entsprechen, erarbeitet Webster eine **Orthographiereform**. Ein Teil der von Webster vorgeschlagenen Neuregelungen wird zum Standard und prägt bis heute das schriftsprachliche Bild des AE im Unterschied zum British English (BE).

Orthographie
AE/BE
-ize/-ise
-or/-our
-er/-re
-se/-ce
-ment/-ement
-led/-lled
-m/-mme
-log/-logue
-ction/-xion

Websters Wörterbuch: Websters Hauptleistung liegt im Bereich der **Lexikographie**. 1828 veröffentlicht er sein zweibändiges *American Dictionary of the English Language* und begründet damit die einflussreichste Lexikontradition im Bereich des AE. Mit der ersten Ausgabe seines Wörterbuchs fixiert Webster eine Varietät des Englischen als **nationalen Standard**, die ein britischer Reisender 1735 im ersten belegten Kommentar zum AE als »barbarous English« bezeichnet. Für Studierende der Amerikanistik/American Studies sind im Bereich der einsprachigen Wörterbücher neben *Webster's Third New International Dictionary* (1961; http://unabridged.merriam-webster.com und die frei zugängliche Version www.merriam-webster.com) vor allem *The American Heritage Dictionary of the English Language* ([4]2000; www.bartleby.com/61) sowie das *Oxford English Dictionary* (zuerst 1933, [2]1989; laufend überarbeitet, vgl. www.oed.com) hilfreich.

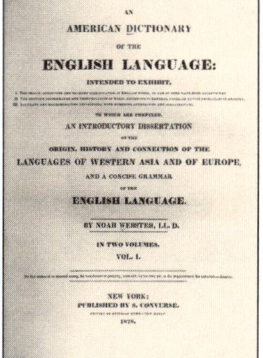

Websters *American Dictionary of the English Language* (1828)

Zur Vertiefung

Vorwort zu Noah Webster: *American Dictionary of the English Language* (1828)

»It is not only important, but in a degree necessary, that the people of this country, should have an *American Dictionary* of the English language; for, although the body of the language is the same as in England, and it is desirable to perpetuate that sameness, yet some difference must exist. Language is the expression of ideas; and if the people of one country cannot preserve an identity of ideas, they cannot retain an identity of language. Now an identity of ideas depends materially upon a sameness of things or objects with which the people in the two countries are conversant. But in no two portions of the earth, remote from each other, can such identity be found. Even physical objects must be different. But the principal difference between the people of this country and of all others, arise from different forms of government, different laws, institutions, and customs. [...] [T]he institutions of this country which are new and peculiar, give rise to new terms or to new applications of old terms, unknown to the people of England; which cannot be explained by them and which will not be inserted in their dictionaries, unless copied from ours.«

(zit. nach Algeo 2001, S. 67-68)

American
English(es)

Multikulturelle Kontexte des AE: Websters *American Dictionary of the English Language* verdeutlicht bereits zu Beginn des 19. Jh.s, wie sich das Lexikon des AE in einem engen Zusammenhang mit der multikulturellen und multilingualen Kolonisations- und Migrationsgeschichte Nordamerikas beständig verändert. Aus nahezu allen **indianischen, europäischen und nichteuropäischen Sprachen**, mit denen das Englisch der britischen Kolonisten seit dem 16. Jh. in Kontakt kommt, finden sich Entlehnungen im Vokabular des AE. Vielfach gehen Wörter über den Umweg einer anderen Sprache in den Wortschatz des AE ein. So kommen z. B. die indianischen Wörter *barbecue, canoe, potato* oder *chocolate* über das Spanische in das Englische, die afrikanischen Wörter *gumbo, bogus* oder *okra* über das Französische bzw. Spanische. Wie produktiv der Einfluss anderer Sprachen auf der Ebene der **Wortbildung** ist, zeigen Wörter, die mit nichtenglischen Suffixen wie z. B. den auf spanische bzw. französische Ausgangspunkte zurückgehenden Suffixen *-teria* (z. B. *cafeteria, washeteria*) und *-ee* (z. B. *trainee, divorcee*) gebildet werden.

Zur Vertiefung

> **Multikulturelle und multilinguale Wurzeln des AE**
>
> **Indianersprachen:** z. B. moccasin, tomahawk, igloo, pecan, squash, racoon, skunk
> **Spanisch:** z. B. coyote, mosquito, canyon, mustang, ranch, rodeo, lasso, patio, adobe
> **Französisch:** z. B. bureau, prairie, gopher, depot, dime, pumpkin, jambalaya, sashay, bayou
> **Niederländisch:** z. B. yankee, boss, coleslaw, waffle, cookie, sleigh
> **Deutsch:** z. B. kindergarten, festschrift, wiener, noodle, pretzel, hamburger, zeitgeist
> **Yiddish:** z. B. kosher, bagel, gefilte fish, schlepp, schickse, schlemiel
> **Chinesisch:** z. B. chow
> **Afrikan. Sprachen:** z. B. voodoo, banjo, goober, gumbo, bogus, okra

Amerikanismen: Die neu ins AE aufgenommenen oder im AE im Unterschied zum BE in einer anderen Bedeutung verwendeten Wörter werden 1781 von John Witherspoon als ›**Amerikanismen**‹ (**Americanisms**) bezeichnet. Bis zum frühen 20. Jh. dokumentieren John R. Bartletts *Dictionary of Americanisms* (1848) und Richard H. Thorntons *An American Glossary* (1912–39) das spezifisch ›amerikanische‹ Vokabular des AE. Drei Großwörterbücher sind aufgrund ihrer kulturhistorischen Ansätze und Dokumentationen von besonderer Bedeutung für das Studium der Amerikanistik/American Studies:

**Wörterbücher
des AE**

- **DAE:** *A Dictionary of American English on Historical Principles* (Craigie/Hulbert 1938–1944; 4 Bde.)
- **DA:** *A Dictionary of Americanisms on Historical Principles* (Mathews 1951; 2 Bde.)

- **DARE:** das bisher in vier Bänden vorliegende und 2009 mit dem fünften Band abzuschließende *Dictionary of American Regional English*
(Cassidy et al. 1985 f., http://polyglot.lss.wisc.edu/dare/dare.html).

Einen chronologischen Durchgang durch die Kulturgeschichte des Lexi-
kons des AE bietet *America in so Many Words* (Barnhart/Metcalf 1997).
Die Zeitschrift *American Speech* dokumentiert seit 1925 fortlaufend die
Entwicklung des AE.

DA	DAE
CARPETBEGGAR, *n.*	**CARPETBEGGAR, *n.***
1. One of the poor northern adventurers who, carrying all their belongings in carpet-bags, went south to profit from the social and political upheaval after the Civil War. (1868) 2. A term of contempt or humor applied to a stranger, for-eigner, transient etc. (1869)	1. One of the Northern adven-turers who went South to pro-fit by the social and political upheaval following the Civil War. (1868) 2. A term of contempt or humor applied to a transient, stran-ger, foreigner, etc. (1869) (Cf. CARPETBAG)
CORN, *n.*	**CORN, *n.***
1. Indian corn or maize, *Zea mays*. (1608) 2. Short for corn whiskey, *Col-loq.* (1820) 3. *Slang.* Cf. corny (1937) 4. In combs. designating im-plements used in raising or handling corn [...] (1648) 5. In. combs. denoting foods [...] (1833) 6. In the names of plants and animals: [...] (1857)	1. Indian corn or maize, *Zea mays.* (1608) 2. In phrases: a. *To feed on soft corn,* to flatter, to ›soft-soap.‹ *slang.* (1836) CORN, v. 1. *tr.* To cure, season or preserve with salt. (1794) 2. To make drunk, *colloq.* (1848) 3. To plant or crop with Indian corn. (1886)

Wortbildung: Das AE gilt im Bereich der Wortbildung als dynamisch und
flexibel. Dabei spielen im gegenwärtigen AE folgende Wortbildungsmus-
ter eine besondere Rolle:

- **Wortkombinationen** (combining): z.B. *car pool, wellness, outage, e-trade, cybertrend*
- **semantische und grammatische Konversionen** (shifting): z.B. *virus, chat, to tailgate*
- **Verkürzungen** (shortening): z.B. *celeb, gator*
- **Portmanteaubildungen** (blending): z.B. *camcorder, Medicare.*

Soziale Varietäten: Schließlich sind die sozialen Varietäten zu erwähnen, deren Eigenheiten und Diversitäten sich über das Lexikon hinaus auf der phonetisch-phonologischen, grammatikalischen und syntaktischen Ebene zeigen. Hier findet **Slang** besondere Aufmerksamkeit:

»Many people outside the United States seem to think that American English is synonymous with slang, and that slang is a particularly American phenomenon. These are obviously misconceptions: slang exists everywhere, and slang is probably not more pervasive in the United States than elsewhere.« (Tottie 2002, S. 103)

Ob die U.S.-amerikanische Unterhaltungs- und Populärkultur seit Beginn des 20. Jh.s und die Vielfalt an Gruppenidentitäten und -konflikten in den USA ein höheres Maß an sprachlicher Informalität im AE bedingt, ist unter Sprach- und Kulturwissenschaftlern umstritten. Die **historische und gegenwärtige Vielfalt von Slang** im AE ist in zwei Wörterbüchern dokumentiert: dem *Dictionary of American Slang* (Kipfer/Chapman [4]2007) und dem *Random House Historical Dictionary of American Slang* (Lighter 1994).

Slang-
Wörterbücher

Slang ist nicht zu verwechseln mit der **Umgangssprache** (vernacular speech/colloquial speech), die im Zusammenhang der stilistischen Innovationen von Autoren wie Walt Whitman, Mark Twain und Ernest Hemingway literaturgeschichtlich bedeutsam ist.

Zum Begriff

→ **Slang** ist ein situativ gewähltes, häufig auf sprachlichen Recycling-Prozessen beruhendes Register, das den Charakter eines bewusst informellen Substandards und einer spezifischen, oftmals exklusiven Gruppenbezogenheit außerhalb der Standardsprache hat. Als weitere Kennzeichen von Slang gelten u. a. die synonyme, oftmals tabubrechende Ersetzung von Wörtern oder Phrasen, die besondere Popularität unter Jugendlichen und eine relative Kurzlebigkeit. Aus soziolinguistischer Sicht besitzt Slang vor allem identitätsstiftende Funktionen für kulturell und/oder sozial marginalisierte Gruppen.

Beispiele für Slang im AE:

dough	> money
buck	> dollar
broad	> woman
cram	> study
smooth	> excellent
bull	> empty talk
bad	> good
attitude	> cheeky self-confidence
dork	> stupid person
go ballistic	> become violent
be in the loop	> be informed immediately and fully
mover and shaker	> person of power and influence

Aussprache im AE: Als ein maßgebliches Differenzkriterium des AE und seiner regionalen und sozialen Varietäten gilt die Aussprache. Dabei wird zur Verdeutlichung meist auf die **phonetischen Hauptunterschiede** zwischen AE und BE verwiesen. Sprachgeschichtlich beruhen diese Unterschiede überwiegend auf regionalen Aussprachealternanzen innerhalb Großbritanniens zur Zeit der Kolonisation Nordamerikas vom späten 16. bis ins frühe 18. Jh., d.h. sprachhistorisch zur Zeit des Frühneuenglischen (Early Modern English). In der Forschung ist umstritten, ob sich im AE der Kolonisten und deren Nachfahren ältere phonetische Varianten erhalten haben (colonial lag) oder ob die phonetischen Merkmale des AE auch noch in dialektalen Varietäten des heute in Großbritannien gesprochenen Englisch vorhanden sind. Zu den gebräuchlichsten Aussprachewörterbüchern zählt das *Pronouncing Dictionary of American English* (Kenyon/Knott 1986).

	AE [Lautschrift]	BE [Lautschrift]
car board	/kɑːr/ /bɔːrd/	/kɑː/ /bɔːd/
pass half	/pæs/ /hæf/	/pɑːs/ /hɑːf/
stop coffee	/stɑːp/ /kɑːfi/	/stɒp/ /kɒfi/
duty student	/duːti/ /stuːdənt/	/djuːti/ /stjuːdənt/
fertile mobile	/fɜːrtl/ /moʊbəl/	/fɜːtaɪl/ /məʊbaɪl/
library secretary laboratory	/ˈlaɪbreri/ /ˈsekrəteri/ /ˈlæbrətɔːri/	/laɪbrəri//laɪbri/ /sekrətəri/ /ləˈbɒrətri/

Gegenüberstellungen von Ausspracheunterschieden zwischen AE und BE sind angesichts der Diversität der beiderseits des Atlantiks tatsächlich gesprochenen regionalen, sozialen und ethnischen Varietäten der englischen Sprache häufig zu schematisch. So sind z.B. im Nordosten der USA und besonders in Neuengland das retroflexe [-r] und z.T. auch die differenzierende Aussprache von *pass* oder *half* nicht immer vollständig ausgeprägt. Herkömmliche Normen wie z.B. **Received Pronunciation für BE** und **General American für AE** verlieren durch die politische und kul-

American
English(es)

turelle Stärkung regionaler und ethnischer Identitäten sowie durch die globalen Migrationsbewegungen und internationalen Medieneinflüsse an Bedeutung. Diese beiden traditionellen Standards werden auch in der Sprachwissenschaft zunehmend in ihrer Einheitlichkeit und Verbindlichkeit problematisiert. Stattdessen dient für BE häufig **BBC English** als Referenzrahmen, für AE vielfach das sog. **Network English**. Im *Handbook of Varieties of English* heißt es zu Ausprachedifferenzierungen und -standards im AE:

> »The term ›General American‹ is sometimes used by those who expect for there to be a perfect and exemplary state of American English. However, [..] the term ›Standard American English‹ (StAmE) is preferred; it designates the level of quality (here of pronunciation) that is employed by educated speakers in formal settings. StAmE pronunciation differs from region to region, even from person to person, because speakers from different circumstances in and different parts of the United States commonly employ regional and social features to some extent even in formal situations.« (Kortmann/Schneider 2004, Bd. 1, S. 257)

Regionale Varietäten: Im Bereich der Sprachwissenschaft zählen Aussprachevarietäten innerhalb des AE seit jeher zu den zentralen Forschungsgebieten. Historisch stehen dabei regionale Varietäten – traditionell als ›Dialekte‹ bezeichnet – im Mittelpunkt. Schon 1889 wird die *American Dialect Society* gegründet; 1925 wird die für die Varietätenforschung maßgebliche Zeitschrift *American Speech* etabliert; H.L. Mencken trägt in *The American Language* (1919/1921) schon früh eine Fülle an Beispielen regionaler, aber auch sozialer und ethnischer Differenzierung zusammen. Umfassende Dokumentationen bieten heute der zwischen 1939 und den 1990er Jahren in mehreren Bänden publizierte **Linguistic Atlas of the United States and Canada**, das seit 1985 ebenfalls in mehreren Bänden erscheinende **Dictionary of American Regional English** (Cassidy et al. 1985 f.; http://polyglot.lss.wisc.edu/dare/dare.html) und der der auf

Wörterbücher
zu regionalen
Varietäten

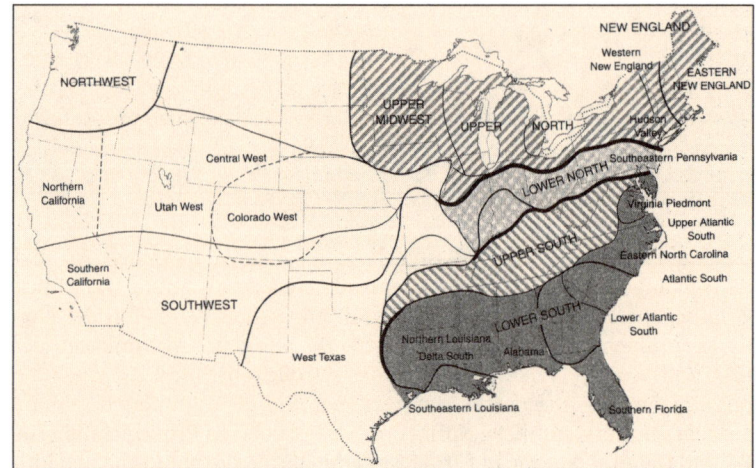

Regionale Varietäten des AE nach
Craig M. Carver
(aus Tottie 2002,
S. 210)

der Basis von Telefoninterviews erstellte *Atlas of North American Eng-lish* (Labov/Ash/Boberg 2006; www.ling.upenn.edu/phono_atlas/home.html). Während die ältere Forschung im Wesentlichen von einer Dreitei-lung des AE in die regionalen Varietäten Northern – Midland – Southern ausgeht, wird heute eine **differenziertere Darstellung nach Craig M. Car-ver** bevorzugt.

Soziolinguistische Studien: Seit den Forschungen von William Labov zu sprachlichen Varietäten in den innerstädtischen Bezirken von New York City spielen in soziolinguistischen Arbeiten die politischen, kulturellen und ideologischen Implikationen von **sprachlichen Differenzierungen nach sozialem Status, Alter, Geschlecht und ethnischer Herkunft** eine besondere Rolle. In *English with an Accent* zeigt Rosina Lippi-Green (1997) die unmittelbaren Auswirkungen von Differenzierung und Diskriminie-rung nach dem Akzent der Sprecher in unterschiedlichen Situationen und Kontexten. Dabei steht das African American English (s. Kap. 4.4) vielfach im Mittelpunkt soziolinguistisch orientierter Varietätenforschung. Im Zu-sammenhang der Multikulturalismusdebatte rücken andere **ethnische Varietäten des AE** wie z. B. Chicano English, Cajun Vernacular English und American Indian English sowie z. B. auch die Varietäten der Karibik in den Blickpunkt. Richard Bailey betont daher in seinem Überblick »Amer-ican English: Its Origins and History« nicht nur den Multilingualismus, sondern auch den regionalen, sozialen und ethnischen »multidialectalism of the USA« (Finegan/Rickford 2004, S. 3).

4.4 | African American English

Die wissenschaftliche Beschäftigung mit African American English (AAE) als »the linguistic variety spoken by many African Americans in the USA« (Finegan/Rickford 2004, S. 76) beginnt in den 1960er Jahren im Zuge der ethnischen Emanzipationsbewegungen und im Umfeld der in dieser Zeit entstehenden Soziolinguistik. Im Anschluss an die Publika-tionen von William Labov (1972) und J. L. Dillard (1972) wird AAE zur **bestdokumentierten sprachlichen Varietät in Nordamerika**, die auch immer wieder unter politischen Vorzeichen diskutiert wird (vgl. Green 2002; Wolfram/Thomas 2002; Schneider 1989). Die unterschiedlichen Ter-minologien zur Beschreibung der sprachlichen Varietät spiegeln die sich verändernden Einschätzungen und Anliegen von Wissenschaftlern und Sprechern gleichermaßen:

> »AFRICAN AMERICAN ENGLISH (AAE), or more popularly EBONICS, is the paradigm case of ethnicity-based language diversity. It is also the best known and most subject to controversy of any American English dialect. Even its name has become a contentious issue. Among the labels attached to this variety over the past four decades have been Negro Dialect, Nonstandard Negro English, Black English, Vernacular Black English, Afro-American English, Ebonics, African American (Vernacular) English, and African American Lan-

guage. Though it is now popularly referred to as Ebonics, most linguists prefer not to use this label. The term ›Ebonics‹ tends to evoke strong emotional reactions and has unfortunately given license to racist parodies of various types in recent years, so most linguists prefer to use more neutral references like African American English, African American Vernacular English, or African American Language.« (Wolfram/Schilling-Estes [2]2006, S. 211)

Zum Begriff

> Der von Robert Williams in den 1970er Jahren geprägte Begriff
> → **Ebonics** verweist auf die afrikanischen Ursprünge des AAE und betont in einem größeren historischen Rahmen die kulturellen Wurzeln von afroamerikanischen Sprechern in Afrika.

Genese und Eigenständigkeit des AAE: Fragen nach Genese, Stellenwert und Eigenständigkeit des AAE hängen eng zusammen mit den historischen Entwicklungen im Kontext des atlantischen Sklavenhandels und der Geschichte der Afroamerikaner in Nordamerika und in der Karibik (s. Kap. 3.2.2 und 3.3.6). Die von Afrika nach Nord-, Mittel- und Südamerika verbrachten Sklaven bringen ihre eigenen (**west-)afrikanischen Sprachen wie z.B. Yoruba, Ewe, Igbo oder Mandinka** mit in die westliche Hemisphäre. In unterschiedlicher Intensität entwickeln sich auf den Plantagen der Südstaaten und auf den karibischen Inseln Mischsprachen zwischen Englisch (in den jeweiligen Varietäten der Kontaktpersonen) und den westafrikanischen Sprachen der Sklaven. Werden solche Sprachen zur Mutter- oder Erstsprache der Sklaven und deren Nachfahren, spricht man von **Kreolsprachen** (creole language, s. Kap. 4.2). Ein bekanntes Beispiel einer afroamerikanischen Kreolsprache ist **Gullah** oder **Geechee**, das bis heute an den Küsten von South Carolina und Georgia sowie auf den Sea Islands gesprochen wird und afrikanische Wörter und Strukturen bewahrt.

Verbreitung

Im 20. Jh. findet AAE eine geographisch weitere und sozial differenziertere Verbreitung in den USA. Im Zuge der sog. **Great Migration** der Nachfahren der früheren Sklaven aus den ländlichen Gebieten des Südens in die Großstädte des Nordens und Mittleren Westens in den 1910er und 1920er Jahren bilden sich z.B. in New York (Harlem), Philadelphia, Detroit und Chicago (South Side) Zentren der afroamerikanischen Bevölkerung (s. Kap. 3.5.4). Zahlreiche Einwanderer aus der Karibik, zu denen z.B. der Lyriker Claude McKay gehört, tragen zu einer weiteren **sprachlichen Hybridisierung** der ghettoartigen Stadtteile (black neighborhoods) bei. In späteren Jahren wird Los Angeles (Watts) zu einem Zentrum der afroamerikanischen Bevölkerung im Westen der USA. Nach dem Zensus 2000 beträgt die afroamerikanische Bevölkerung 36,4 Mio. und damit 12,9 % der Gesamtbevölkerung der USA.

Hypothesen

Sprachwissenschaftler vertreten unterschiedliche Auffassungen von Ursprung und Eigenständigkeit des AAE. Neben sprachhistorischen, dialektgeographischen und strukturlinguistischen Aspekten geht es dabei vor allem um identitätspolitische Fragen:

- Ist AAE eine **Varietät des Englischen?**
- Sind **afrikanische Strukturen und Lexikonanteile** im AAE dominant?

Da AAE historisch vor allem in den ländlichen Gegenden des Südens der USA angesiedelt ist, kommt Affinitäten des AAE mit den regionalen und sozialen Varietäten des AE im Süden der USA eine besondere Bedeutung zu. In der Phonologie werden hier z. B. die an weiße Südstaatensprecher erinnernden Aussprachevarianten [pin] für *pen* oder [taim] für *time* genannt. Zudem spielen frühere Sprachstufen und deren Nachweis von (möglichen) **Affinitäten zwischen westafrikanischen Sprachen und Englisch** eine wichtige Rolle. Neben Dokumenten der afroamerikanischen mündlichen Traditionen werden die im späten 18. und 19. Jh. niedergeschriebenen und im frühen 20. Jh. in Tonbandaufzeichnungen festgehaltenen Erzählungen von ehemaligen Sklaven zur Rekonstruktion früherer Sprachstufen analysiert.

In den Diskussionen um Ursprung, Entwicklung und Eigenständigkeit des AAE markiert die Kontroverse um Ebonics in den 1990er Jahren einen Höhepunkt. Als durch einen Beschluss des Oakland School District Board of Education 1996 Ebonics als selbstständige (Mutter- und Schul-)Sprache von fast 30.000 afroamerikanischen Schülern festgelegt wird, entbrennt im Zusammenhang mit schulischen Förderrichtlinien und Bilingualismus eine nationale Diskussion um die **Eigenständigkeit und Legitimität von AAE**.

Kontroverse um
Ebonics

Theorien zur Genese des AAE nach Lisa Green (2002)

Zur Vertiefung

- **Substratist view:** AAE is structurally similar to West African languages brought by slaves to the colonies, and it is only superficially similar to English. These West African languages are referred to as substrate languages because of the subordinate social status of their speakers with respect to social status of English speakers.
- **Creolist view:** AAE is related to and shares features with creoles such as Jamaican Creole and Gullah (spoken on coastal Carolinas and in Georgia). AAE may have started off as a creole given that slaves from Africa and the West Indies brought creoles with them to the colonies.
- **Anglicist or dialectologist view:** AAE developed from an English base, which accounts for the characteristic patterns it shares with English varieties. AAE is thus more closely related to English than to creoles or West African languages.
- **Founder principle view:** The language of the founders of colonial America impacted the language of Africans who came to America and their offspring. These Africans and their descendants had the goal of adapting to the norms of the colonies.
- **Settler principle view:** AAE was created by African slaves but did not begin as a creole. Instead it developed from contact between Europeans and Africans in the seventeenth century.

African
American English

Merkmale des AAE: Ungeachtet dieser unterschiedlichen Theorien wird AAE durch rekurrente Merkmale im Unterschied zu AE markiert. Angesichts historischer und gegenwärtiger Varietäten sowie divergierender Aussprachen im AAE handelt es sich jedoch nicht um ein klar umgrenztes Bündel von normenhaften Merkmalen. Auch handelt es sich aus Sicht der Soziolinguistik und Varietätenforschung nicht um phonetisch, grammatikalisch oder syntaktisch inkorrekte Formen oder um ein inadäquates bzw. defizitäres Vokabular, sondern um **varietätenspezifische Merkmale.**

Zur Vertiefung

African American
English
bad > very good
brother > a black man
sister > a black woman
chill out > relax
cool > excellent
gig > job
jive > talk nonsense
uptight > anxious

Merkmale und Eigenheiten des African American English

habitual *be* for habitual or intermittent activity – z. B. *Sometimes my ears be itching*.

absence of copula for contracted forms of *is* and *are* – z. B. *She nice*.

present tense, third-person *-s* absence – z. B. *she walk* for *she walks*

possessive *-s* absence – z. B. *man hat for man's hat*

general plural *-s* absence – z. B. *a lot of time* for *a lot of times*

remote time stressed *béen* to mark a state or action that began a long time ago and is still relevant – z. B. *You been paid your dues a long time ago*.

simple past tense *had* + verb – z. B. *They had went outside and then they had messed up the yard*.

ain't for *didn't* – z. B. *He ain't go there yesterday*.

reduction of final consonant clusters when followed by a word beginning with a vowel – z. B. *lif' up* for *lift up*

skr for *str* initial clusters – z. B. *skreet* for *street*

use of [f] and [v] for final *th* – z. B. *toof* for *tooth*

AAE in Literatur und Medien: AAE ist die wohl produktivste ethnische Varietät im Bereich von Literatur und Medien. Erste Beispiele für eine **künstlerisch-ästhetische Verwendung von AAE** finden sich im 19. Jh. in den Slave Narratives, in von der mündlichen Tradition beeinflussten Gedichten und in Kurzgeschichten (z. B. Charles W. Chesnut oder Joel Chandler Harris). In der **Harlem Renaissance** der 1920er und 1930er Jahre erreicht die literarische Verarbeitung von AAE in den Texten von Langston Hughes, Jean Toomer und Zora Neale Hurston einen Höhepunkt, an den **Gegenwartsautoren** wie z. B. Ralph Ellison, Toni Morrison, Alice Walker, John E. Wideman und August Wilson anknüpfen. Nachdem in früheren Hollywoodfilmen wie z. B. *Gone with the Wind* (1939) AAE meist in einer reduzierten Form und mit stereotypisierender Wirkung eingesetzt wird, wird AAE in der **U.S.-amerikanischen Gegenwarts- und Populärkultur** in Fernsehserien (z. B. »Cosby Show«, »Ali G. Show«), Filmen (z. B. *Boyz 'N the Hood*, 1991; *Malcolm X*, 1992; *Bamboozled*, 2000) und diversen Formen der populären Musik wie Soul, Blues, Jazz, Hip Hop und Rap zu einem kultur- und gesellschaftspolitisch nicht immer unumstrittenen Ausdruck einer eigenständigen afroamerikanischen Identität.

African
American English

Zora Neale Hurston: *Their Eyes Were Watching God* (1937)

Zur Vertiefung

»Honey, de white man is de ruler of everything as fur as Ah been able tuh find out. Maybe it's some place way off in de ocean where de black man is in power, but we don't know nothin' but what we see. So de white man throw down de load and tell de nigger man tuh pick it up. He pick it up because he have to, but he don't tote it. He hand it to his womenfolks. De nigger woman is de mule uh de world so fur as Ah can see. Ah been prayin' fur it tuh be different wid you. Lawd, Lawd, Lawd!« (1937/1978, S. 29)

5. Grundlagen, Institutionen und Prozesse des politischen Systems der USA

5.1 | Historische Bezugspunkte und philosophisch-politische Traditionen

Die Gründung der USA als Republik und die Etablierung des politischen Systems einer repräsentativen Demokratie ist ein revolutionärer Akt, vollzieht sich jedoch zugleich im Kontext historischer Bezugspunkte und ideengeschichtlicher Traditionen sowohl in Europa als auch in den nordamerikanischen Kolonien selbst.

Wurzeln in den Kolonien: Die englischen Kolonien in Nordamerika beruhen seit ihren Anfängen in der ersten Hälfte des 17. Jh.s auf Strukturen einer demokratischen Selbstverwaltung, auf Prinzipien einer repräsentativen Vertretung in gewählten Organen und auf dem Recht zur politischen Selbstkonstitution. Der Wille zur Bewahrung dieser angestammten Rechte und Gepflogenheiten der ›Selbstregierung‹ (**self-government**) gegenüber den zentralistischen Ansprüchen der britischen Krone und des Parlaments in London führt zu Konflikten zwischen Kolonien und Mutterland und letztlich zur Unabhängigkeitserklärung und Staatsgründung der USA (s. Kap. 3.3.1).

1619 tritt in Virginia mit dem **Virginia House of Burgesses** die erste gewählte Versammlung mit legislativen Befugnissen in Nordamerika zusammen. Bis in die 1770er Jahre bleibt das Virginia House of Burgesses eine parlamentarische Institution mit Vorbildcharakter für die Unabhängigkeitsbewegung. Der auf der Grundlage der Privilegien der königlichen Charter für die Massachusetts Bay Colony seit 1630 gewählte **General Court** der puritanischen Kolonie um Boston hat in ähnlicher Weise repräsentativen Charakter und legislative Autorität. Die Gründer der Mas-

Virginia und
Massachusetts

Historische
Bezugspunkte und
Traditionen

sachussetts Bay Colony nehmen die von Jakob I. verliehene Charter mit nach Nordamerika und leiten aus diesem Umstand einen höheren Grad an politischer und administrativer Unabhängigkeit von der Zentralregierung in London ab.

Dokumente
des 17. Jh.s

Von besonderer Bedeutung für die Tradition der Selbstregierung sind die in den Kolonien verfassten Dokumente. Die puritanischen Separatisten an Bord der Mayflower geben sich 1620 in Ermangelung einer gültigen Gründungsurkunde für das Gebiet ihrer Kolonie um Plymouth mit dem **Mayflower Compact** selbst die Grundlage für einen »**civill body politick**«. In ähnlicher Weise stellen die **Fundamental Orders of Connecticut** von 1638 eine verfassungsartige Formulierung einer Regierungsform dar. Diese Akte der kollektiv verbindlichen **Selbstbegründung einer Gemeinschaft** stehen in Verbindung mit der Praxis des Bundes (covenant) der puritanischen Gemeinden in Neuengland (s. Kap. 3.2.3). In Darstellungen zur U.S.-amerikanischen Politik- und Verfassungsgeschichte werden die kirchlichen Gemeinden des 17. Jh.s – und die bis heute vor allem in Neuengland abgehaltenen Gemeindeversammlungen (town meetings) – häufig als historischer Bezugspunkt für die **Prinzipien einer direkten Demokratie in den USA** genannt.

Mayflower
Compact, 1620

Republikanismus

Europäische Bezugspunkte: Neben den historischen Wurzeln in den Kolonien bilden die Traditionen und Tugendideale des Republikanismus einen maßgeblichen Bezugsrahmen für das politische System der USA. John Adams' Vorstellungen von der **Herrschaft des Gesetzes** verdeutlichen die republikanischen Vorstellungen der Revolutionäre und Staatsgründer und deren Ablehnung aristokratischer oder monarchischer Regierungsformen zugunsten der persönlichen Freiheitsrechte des individuellen Bürgers. Die Orientierung an **Res Publica-Idealen der römischen Antike** zeigt sich z. B. in folgenden Bereichen:

- der **neoklassizistischen Architektur** der Frühen Republik
- terminologischen Anlehnungen bei **Amts- und Gebäudebezeichnungen** (Senator/Capitol)
- **literarischen Darstellungen** des Kontrasts zwischen den tugendhaften Bürgern der U.S.-amerikanischen Republik und der korrupten Aristokratie in Europa (s. Kap. 3.3.3)
- der **Porträtmalerei** der Revolutionszeit und Frühen Republik.

Zur Vertiefung

John Adams über Republikanismus und republikanische Tugenden

John Adams: *Novangelus* (1775)

»If Aristotle, Livy, and Harrington knew what a republic was, the British constitution is much more like a republic than an empire. They define a republic to be a *government of laws, and not of men*. If this definition be just, the British constitution is nothing more or less than a republic, in which the king is first magistrate. This office being hereditary, and being possessed of such ample and splendid prerogatives, is no objection to the government's being a republic, as long as it is bound by fixed laws, which the people have a voice in making, and a right to defend.« (*Political Writings of John Adams*, Hg. Carey, 2001, S. 66)

John Adams: *Thoughts on Government* (1776)
»No good government but what is republican [...] the very definition of a republic is ›an empire of laws, and not of men.‹« (*Portable John Adams*, Hg. Diggins, 2004, S. 235)

John Adams an Samuel Adams (1789)
»All good government is and must be republican. But at the same time, your candor will agree with me, that there is not in lexicography a more fraudulent word. Whenever I use the word republic with approbation, I mean a government in which the people have collectively, or by representation, an essential share in the sovereignty. [...] Are we not, my friend, in danger of rendering the word republican unpopular in this country by an indiscreet, indeterminate, and equivocal use of it?« (*The Life and Public Services of Samuel Adams*, Hg. Wells, 1865, S. 303)

John Singleton
Copley: »John
Adams« (1789)

In seinem Hauptwerk *Leviathan* (1651) erörtert der Staatstheoretiker **Thomas Hobbes** die Notwendigkeit einer Regierung und eines Gesellschaftsvertrags zur sinnvollen Regulierung des menschlichen Zusammenlebens, das sich im Naturzustand und ohne eine starke Regierung als ›Krieg aller gegen alle‹ (bellum omnium contra omnes) darstellen würde. **John Locke** hingegen betont in seinen beiden Hauptwerken *Two Treatises on Government* (1689) und *Essay Concerning Human Understanding* (1690) die Vorrangigkeit der unveräußerlichen **Naturrechte des Individuums** und die **Souveränität des Volkes** (popular sovereignty) in der Bildung und Strukturierung der Regierung. Locke lehnt die Vorrechte eines Monarchen ab, betont die Gleichheit aller Menschen und ordnet die Regierungsgewalt grundsätzlich dem Willen und Konsens der Regierten unter. Sinn und Zweck von Regierung ist nach John Locke der Schutz der Naturrechte des Individuums, darunter insbesondere Leben, Freiheit und Eigentum (**life, liberty, property**), sowie die Bewahrung von Gesetz und Gerechtigkeit. Das Volk hat nach Locke das Recht, sich gegen tyrannische Herrscher zu erheben und auf diese Weise Recht und Gesetz zu schützen.

Englische politische Philosophie des 17. Jh.s

Lockes Ideen stehen im Zusammenhang mit der sog. Glorious Revolution von 1688, die durch die Stärkung der Rechte des Parlaments gegenüber dem König den Beginn einer parlamentarischen Demokratie in Großbritannien markiert. Die 1689 folgende Erklärung der **Bill of Rights** – neben der Magna Carta das maßgebliche Dokument der britischen Verfassungs- und Rechtsgeschichte – beschränkt die Befugnisse des Monarchen und verleiht den Bürgern politische Rechte und persönliche Freiheiten. Für die Kolonisten in Nordamerika bleiben die in der Glorious Revolution erreichten Rechte und Freiheiten ein maßgeblicher historischer und politischer Orientierungspunkt.

Glorious Revolution

Einen zeitlich unmittelbareren Kontext für die Etablierung des politischen Systems der USA bildet das Gedankengut des Rationalismus (Age of

Aufklärung und Rationalismus

Reason), die schottische Common Sense-Philosophie und die Aufklärung (Enlightenment). Die Gründer der USA sind in ihren Vorstellungen von einer demokratisch verfassten Republik mit freien Bürgern von dem rationalistischen Glauben an die Möglichkeit von vernunftgeleitetem Handeln und wissenschaftlicher Systematik sowie von aufklärerischen Forderungen nach umfassenden **individuellen Freiheiten** und **religiöser Toleranz** geleitet. Besonders einflussreich sind im Zusammenspiel mit der politischen Philosophie von John Locke dabei die folgenden Aspekte:

- die von **Jean-Jacques Rousseau** formulierte Konzeption eines zwischen Volk und Regierung konsensual, aber in voller Souveränität des Volkes geschlossenen **Gesellschaftsvertrags** (social contract)
- der aufklärerische Glaube an **universellen Fortschritt**, an die Vervollkommnung des Individuums und an eine beständig fortschreitende Verbesserung der gesellschaftlich-sozialen Bedingungen
- die religiösen Vorstellungen des **Deismus** von der Welt als einem harmonischen, in sich sorgfältig ausbalancierten göttlichen Schöpfungssystem als Vorbild für ein ebenso perfekt austariertes und funktionierendes Regierungssystem
- die Regierungstheorie von **Baron de Montesquieu** und das Prinzip der **Gewaltenteilung** (separation of powers) in Exekutive (executive), Legislative (legislative) und Judikative (judiciary/judicial) sowie das Prinzip der **Checks and Balances** zwischen den einzelnen Zweigen der Regierung.

Zeitgenössische Kritik

Den individualistisch-freiheitlichen Visionen der Staatsgründer der USA stehen kritische Stimmen gegenüber, die an herkömmlichen Konzeptionen von der (gottgegebenen) Vormacht der Regierung gegenüber dem Volk, an theologisch motivierten, skeptischen Menschenbildern und an antiegalitären Vorstellungen einer sozial stratifizierten Gesellschaft festhalten. Ist die Amerikanische Revolution und die Begründung des politischen Systems der USA von den optimistisch-emanzipatorischen Ideen der Aufklärung geprägt, so ist die Diskussion gegen Ende des 18. Jh.s bereits vom Spannungsverhältnis zwischen diesen utopistischen Ausgangspunkten und den Realitäten des tatsächlichen politischen und historischen Geschehens bestimmt. Zum Kristallisationspunkt dieses Konfliktverhältnisses wird in den 1790er Jahren die Beurteilung der Französischen Revolution; zum wichtigsten Text dieser Debatte wird Edmund Burkes revolutionskritische Schrift *Reflections on the Revolution in France* (1790). Die beiden Pole der Diskussion, d. h. Vertrauen in das Individuum und Orientierung an individuellen Freiheitsrechten einerseits und Skepsis gegenüber möglichen Fehlentwicklungen in einer direkten Demokratie und Betonung von Pflichten und Grenzen innerhalb eines Gemeinwesens andererseits, bleiben bis heute von zentraler Bedeutung z. B. in der Rechtsprechung des Obersten Gerichtshofs der USA.

5.2 | Gründungsdokumente und politisch konstitutive Texte

Das politische System und die politischen Prozesse der USA beruhen auf einer Reihe von Texten, welche die Grundlagen für das Regierungssystem und dessen konstitutionellen Prinzipien formulieren (zu Textsammlungen vgl. *American Revolution* 2001; Beschloss 2003/www.ourdocuments. gov; Adams 1995). Diese Gründungsdokumente werden im Verlauf der U.S.-amerikanischen Geschichte und Politik zu zentralen ideologischen Bezugspunkten der **Zivilreligion der USA** und werden in der Rotunda der National Archives in Washington, DC und in der Liberty Hall in Philadelphia ausgestellt (s. Kap. 6.3). Ihre Verfasser werden traditionell als ›Gründerväter‹ (»Founding Fathers«; vgl. auch Ellis 2000) bezeichnet.

Die Bedeutung der politisch konstitutiven Texte und die große Zahl von Verfassungen aus der Frühzeit der USA – zwischen 1776 und 1800 entstehen auf dem damaligen Gebiet der USA und deren Bundesstaaten knapp 30 Verfassungen (vgl. Thorpe 1909) – wird häufig auf die Traditionen der kolonialen Urkunden und Patente (vgl. Kavanagh 1983) und auf den Einfluss puritanischer Traditionen der **Wort- und Schriftgläubigkeit** (sola scriptura) und des Gemeindebunds (covenant) zurückgeführt. In der historischen Situation der Etablierung der Nation kommt den Gründungstexten eine **kollektiv stabilisierende** und **ideologisch definitorische Funktion** zu, zumal die Bedingungen einer Nation – z. B. abgegrenztes Territorium, einheitliches Staatsvolk, gemeinsame Geschichte und Traditionen, nationale Sprache und Kultur – für die Vereinigten Staaten von Amerika zu diesem Zeitpunkt nur bedingt erfüllt sind. Dass die Gründer der USA ihr Vorhaben selbst als ein Experiment mit ungewissem Ausgang betrachten und z. B. auch die Gründungstexte selbst für Revisionen offen halten möchten, zeigt sich in Diskussionen über eine zeitliche Beschränkung der Gültigkeit der Verfassung.

Bedeutung
von Texten

5.2.1 | Unabhängigkeitserklärung (1776)

Die am 4. Juli 1776 in Philadelphia vom Continental Congress proklamierte Declaration of Independence ist die **Gründungsurkunde der USA**. Die Erklärung der Unabhängigkeit wandelt die britischen Kolonien nicht unmittelbar in Staaten der USA; dies vollzieht sich durch die Verabschiedung von Verfassungen in den einzelnen Staaten selbst. Auch kommt der Unabhängigkeitserklärung kein juristisch oder legal verbindlicher Status zu, doch besitzt sie als Ausgangspunkt der Staatsgründung und als idealtypische Formulierung der individuellen Naturrechte und der Prinzipien der U.S.-amerikanischen Regierungsform eine übergeordnete **historische, ideologische und moralische Autorität** (vgl. Armitage 2007; Gerber 2002; Maier 1997).

Gründungs-
dokumente und
konstitutive Texte

Vorläufer

Die Unabhängigkeitserklärung hat zwei Vorläufer, die für ihr Verständnis von besonderer Bedeutung sind:

- **Thomas Paines Streitschrift** *Common Sense*, die im Januar 1776 anonym in Philadelphia publiziert wird und bis zum Sommer 1776 in mehr als 100.000 Exemplaren in den Kolonien verbreitet wird. Paine fordert den Bruch der Kolonien mit dem Mutterland, attackiert den englischen König und das Prinzip der erblichen Monarchie, evoziert die Naturrechte und John Lockes Staatsphilosophie und entwirft die Vision einer glorreichen Zukunft der unabhängigen und vereinten Kolonien.
- die **Lee Resolution**, die am 7. Juni 1776 von Richard Henry Lee, einem Delegierten aus Virginia, in den Continental Congress eingebracht wird und zur Erklärung der Unabhängigkeit und Bildung einer Konföderation unabhängiger Staaten aufruft. Die Resolution wird am 2. Juli 1776 verabschiedet und markiert den entscheidenden Schritt zur Annahme der zu diesem Zeitpunkt noch in Arbeit befindlichen Unabhängigkeitserklärung.

Beide Texte bereiten die Unabhängigkeitserklärung inhaltlich und formal vor und finden z. T. wörtlich Eingang in deren Text. Die 1689 in Boston im Zusammenhang der Glorious Revolution verkündete »**Declaration of the Gentlemen, Merchants, and Inhabitants of Boston, April 18, 1689**« kann als historischer Bezugspunkt der Unabhängigkeitserklärung betrachtet werden.

Unabhängigkeits-
erklärung
vom 4. Juli 1776

Entstehung: Die Unabhängigkeitserklärung wird am 4. Juli 1776 vom Second Continental Congress im Philadelphia State House – heute als Liberty Hall bekannt – verabschiedet. Im historischen Ablauf der Amerikanischen Revolution ist sie nicht als ein Initialdokument, sondern als ein **retrospektives Dokument mit Rechtfertigungscharakter** zu sehen. Mit dem politischen Akt der staatlichen und nationalen Selbstkonstitution endet die Kolonialzeit für den Bereich der dreizehn Gründungsstaaten.

Hauptautor der Unabhängigkeitserklärung ist **Thomas Jefferson**, der bei Revisionen der Textentwürfe von Benjamin Franklin und John Adams unterstützt wird. Nach der Annahme der Unabhängigkeitserklärung am 4. Juli 1776 wird der Text unmittelbar in gedruckter Form (sog. broadsides) an die Versammlungen in den einzelnen Staaten sowie an die Kommandeure der Truppen der Kolonien verteilt. Das heute eher bekannte Original der offiziellen handschriftlichen Declaration of Independence – auf Pergament und mit den Unterschriften der Delegierten – wird in den folgenden Tagen erstellt und am 2. August 1776 gefertigt.

Gliederung: Die Unabhängigkeitserklärung gliedert sich vor den Unterschriften in vier größere Abschnitte:

Abschnitte der
Unabhängigkeits-
erklärung

- die **Präambel** mit der Evokation der Naturrechte als Bezugsrahmen für das politische Handeln der Kolonisten und mit der Ankündigung und Rechtfertigung der Trennung vom Mutterland
- die von John Locke beeinflusste **Darlegung der unveräußerlichen Naturrechte** des Individuums und der Prinzipien und Aufgaben einer allein nach dem Willen und der Souveränität des Volkes gebildeten Regierung als Instanz zum Schutz der Rechte der Bürger
- die **Anklage gegen König Georg III.** im längsten und für die Zeit selbst aussagekräftigsten Teil, der die konkreten Verfehlungen des Monarchen und seiner Kolonialregierung gegen die kollektiven Rechte der Kolonien und die individuellen Rechte der Kolonisten vorbringt
- die tatsächliche – allerdings eher programmatische denn verfassungsrechtliche – **Deklaration der Kolonien als »free and independent states«** und die Erläuterung der juristischen Implikationen dieser Unabhängigkeitserklärung.

Unter den zahlreichen Änderungen, die Jeffersons Entwürfe im Laufe der Revisionen erfahren, sind die Ersetzung der Locke'schen Trias »life, liberty, property« durch **»life, liberty, and the pursuit of happiness«** sowie die Streichung der gegen die **Sklaverei** gerichteten Passagen von besonderer Bedeutung. Beide Änderungen werden meist als Demonstration der politischen Macht der über große Besitzstände verfügenden Delegierten des Continental Congress und als Ausdruck des Einflusses der Delegierten aus Virginia und anderen zukünftigen Südstaaten interpretiert.

Änderungen

Wirkung und Rezeption: Die Unabhängigkeitserklärung ist eines der zentralen Dokumente der U.S.-amerikanischen Nation. In gesellschaftlichen Kontroversen und politischen Auseinandersetzungen dient sie als Bezugspunkt und Folie für programmatische Erklärungen und politische Manifeste unterschiedlichster Ausrichtungen und Anliegen wie z. B. der **»Seneca Falls Declaration«** der Frauenrechtsbewegung 1848 (vgl. Foner 1976).

5.2.2 | Articles of Confederation (1781)

Die Articles of Confederation and Perpetual Union – meist unter dem Kurztitel Articles of Confederation bekannt – stellen die **erste Verfassung der USA** dar und geben der neuen Nation in ihrem ersten Artikel den Namen »The United States of America«. Der Text wird im Herbst 1777 vom Continental Congress angenommen; es dauert jedoch bis zum Frühjahr 1781, bis alle Bundesstaaten die Articles of Confederation ratifiziert haben.

Grundgedanken: Die erste Verfassung der USA spiegelt in ihrer Grundstruktur und in ihren Vorstellungen von Regierung die unmittelbare historische Erfahrung der Kolonisten mit der königlichen Zentralverwaltung in London und mit deren Organen und Institutionen in den Kolonien. Die **Souveränität und die Rechte der Einzelstaaten** stehen grundsätzlich über den Belangen der Bundesregierung, und der Zusammenschluss der Staaten wird als »a firm league of friendship« beschrieben. Zentrale Exekutivorgane und nationale Zuständigkeiten bleiben auf ein Minimum reduziert, während Regelungen zur Vertretung der Einzelstaaten im Kongress im Detail ausgeführt sind. Ein Präsident oder eine Bundesregierung sind nicht vorgesehen; ein Gerichtswesen auf Bundesebene wird ebenfalls nicht etabliert. Nationale Steuererhebungen – und damit die Finanzierung des Staates und seiner Institutionen – sind nahezu unmöglich.

Die Articles of Confederation erweisen sich als **Fehlschlag**. Die Nachwirkungen des Revolutionskriegs, wirtschaftliche Konflikte zwischen den Einzelstaaten, außenpolitische Probleme (z. B. mit Spanien über Fragen der Grenzziehung) und soziale Unruhen (z. B. die im Zusammenhang des Scheiterns der ersten Verfassung vielfach zitierte Shays' Rebellion 1786) zeigen, dass die Struktur eines losen Staatenbundes nicht überlebensfähig ist.

Doktrin der States' Rights: In der politischen Tradition der USA und besonders in Diskussionen um Entscheidungen des Obersten Gerichtshofs bleibt die Doktrin der Vorrangigkeit der Rechte der einzelnen Bundesstaaten (Prinzip der States' Rights) bis heute einflussreich. Besonders deutlich wird dies darin, dass sich die Südstaaten nach ihrer Abspaltung von den United States of America 1861 durch die Bezeichnung Confederate States of America (CSA) in die Tradition der Articles of Confederation und deren Betonung der Souveränität der Einzelstaaten stellen.

5.2.3 | Constitution (1787)

Verfassungsgebende Versammlung: Nach dem Scheitern der Articles of Confederation findet im Sommer 1787 eine **verfassungsgebende Versammlung** (Constitutional Convention/Federal Convention) unter dem Vorsitz von George Washington in Philadelphia statt (vgl. Vile 2005). Weil eine Revision oder Ergänzung der Articles of Confederation wenig sinnvoll erscheint, wird auf der Grundlage des von James Madison und Edmund Randolph eingebrachten **Virginia Plan** eine neue Verfassung erarbeitet mit dem in der Präambel formulierten Ziel »in Order to form a more perfect Union«. Zu den Urhebern und maßgeblichen Befürwortern des neuen Verfassungstextes gehören James Madison, George Washington, Benjamin Franklin und Alexander Hamilton.

Zu den besonders **kontrovers diskutierten Punkten** zählen z. B.

- institutionelle Ausgestaltung, Zuständigkeiten und Befugnisse der **zentralen Regierungsgewalt**
- Art und Umfang der **Repräsentation der Bundesstaaten** auf nationaler Ebene im Kongress

- direkt-demokratische oder indirekt-repräsentative **Wahlverfahren**
- das **Verfahren zur Ratifizierung** und möglichen Ergänzung der neuen Verfassung.

Am 17. September 1787 wird die Constitution of the United States of America von der Versammlung in der bis heute gültigen Textfassung angenommen.

Grundprinzipien der Verfassung: Der Text der Verfassung ist vergleichsweise kurz und umfasst lediglich ca. 7000 Wörter (vgl. Vile [4]2006; Maddex 2002; Levy [2]2000). Die Eröffnungsformulierung der Präambel **»We the People of the United States«** setzt den Volkswillen und die Volkssouveränität an den Anfang jedweden politischen Prozesses und allen Regierungshandelns. Die in der Präambel projizierte Etablierung und Sicherung von Gerechtigkeit, Wohlergehen und Freiheit stellt die Verfassung in die Tradition der Unabhängigkeitserklärung und der **Ideale der Aufklärung**. Die insgesamt sieben Artikel der Verfassung und deren Abfolge verdeutlichen die Grundprinzipien der Verfassung:

- das Prinzip der **Volkssouveränität** und den Vorrang der Legislative gemäß der Staatslehre von John Locke
- das Prinzip der **Gewaltenteilung und -verschränkung** und der gegenseitigen Kontrolle der Regierungsorgane nach Montesquieu
- das Bemühen um eine ausgewogene **Verteilung der Macht** zwischen Einzelstaaten und Bundesregierung bei gleichzeitiger Stärkung der Bundesregierung
- die Vorsorge zur **Ratifizierung und Ergänzung** der Verfassung.

Leitgedanken der Verfassung

Zum Begriff

Das politische System und die politischen Prozesse der USA sind vom Prinzip des → **Föderalismus (Federalism)** und dem damit verbundenen Zusammenspiel und Spannungsverhältnis zwischen den Interessen, Rechten und Aufgaben der Bundesregierung einerseits und den Interessen, Rechten und historischen und kulturellen Identitäten der Einzelstaaten andererseits geprägt. Der bekannteste Ausdruck dieses Konfliktfeldes ist die kontroverse Doktrin der States' Rights (s. Kap. 5.2.2), die letztlich zum Bürgerkrieg 1861–65 führt und in den Auseinandersetzungen der 1950er und 1960er Jahre um die Durchsetzung gleicher Rechte für afroamerikanische Bürger von Repräsentanten der segregationistischen Südstaaten zur Rechtfertigung ihrer politischen und juristischen Positionen erneut evoziert wird. Die Politik des New Deal der 1930er Jahre gilt als Ausdruck einer starken Bundesregierung und einer aktiven Zentralgewalt. Seit den 1980er Jahren beschreibt die von Präsident Ronald Reagan geprägte Formel des ›neuen Föderalismus‹ (New Federalism) ein neues, auf die Stärkung der einzelstaatlichen Zuständigkeiten zielendes Verhältnis zwischen Bundesregierung und Einzelstaaten. Wie wichtig und auch problematisch die grundsätzlichen Eigenheiten und Widersprüchlichkeiten des föderalistischen Systems der

> USA im Einzel- und Krisenfall sein können, zeigen die Kontroversen um die Verantwortlichkeiten nach der Naturkatastrophe des Hurrikan Katrina in New Orleans 2005 sowie die Diskussionen um zentrale oder einzelstaatliche Aufgaben und Rechte in der Terrorismusbekämpfung nach dem 11. September 2001. In nahezu allen gesellschaftspolitisch aktuellen und virulenten Fragen wie z. B. Todesstrafe, Waffenbesitz, Abtreibung, gleichgeschlechtliche Lebensgemeinschaften, Bildungs- und Schulstandards spiegelt die Vielfalt einzelstaatlicher Gesetze und Verordnungen die historische und gegenwärtige Diversität der USA und ihrer Regionen, Bundesstaaten und Gemeinden.

Artikel der Verfassung

Im Einzelnen gliedert sich die Verfassung nach der Präambel wie folgt (zu detaillierten Kommentaren vgl. »Annotated Constitution« in O'Connor/ Sabato 2008, S. 66–79):

- **Artikel I** – der ausführlichste – beschreibt die Legislative (legislative branch), strukturiert den **Kongress (Congress of the United States)** als ein Zweikammernparlament mit Senat (Senate) und Abgeordnetenhaus (House of Representatives) und regelt die Zusammensetzungen, Wahlverfahren, Zuständigkeiten und Aufgaben beider Häuser.
- **Artikel II** etabliert eine zentrale Exekutivgewalt (executive branch) in Form eines **Präsidenten (President of the United States)** und regelt dessen Amtszeit, das Verfahren zu seiner Wahl und Absetzung sowie dessen Rechte, Pflichten, Zuständigkeiten und Aufgaben.
- **Artikel III** etabliert ein **Gerichtswesen** (judicial branch) mit einem nationalen Obersten Gerichtshof (Supreme Court) und nachgeordneten lokal und regional zuständigen Gerichten.
- **Artikel IV** regelt das Verhältnis zwischen den einzelnen **Bundesstaaten** untereinander sowie zwischen Einzelstaaten und Bundesregierung; ferner regelt der Artikel die mögliche Aufnahme neuer Bundesstaaten in die Union.
- **Artikel V** beschreibt die Verfahren zur Ergänzung der Verfassung durch das Hinzufügen von **Verfassungszusätzen (amendments)**.
- **Artikel VI** erklärt die Verfassung und alle auf deren Grundlage erlassenen Gesetze zu »the supreme Law of the Land« und stärkt dadurch maßgeblich die **Bundesgewalt und -hoheit** (sog. supremacy clause).
- **Artikel VII** beschreibt Verfahren und Mehrheitsbedingungen für eine **Ratifizierung der Verfassung**.

Die Ratifizierung der Verfassung erweist sich trotz der Abkehr vom Gebot der Einstimmigkeit gegenüber den Articles of Confederation als ein langwieriger Prozess, erfolgt jedoch schließlich mit der erforderlichen Mehrheit in den einzelnen Staaten bis Ende 1788 (vgl. Bailyn 1993). 1789 wird **George Washington** nach der neuen Verfassung zum ersten Präsidenten der USA gewählt.

5.2.4 | Bill of Rights und weitere Verfassungszusätze

Ergänzung der Verfassung: Das Verfahren zur Ergänzung der Verfassung hat bisher zu insgesamt **27 Verfassungszusätzen (Amendments)** geführt, zugleich aber auch immer wieder die Umsetzung anderer Vorhaben zur Ergänzung verhindert. Die Verfassungszusätze sind aufgrund der Vorgaben des Artikel V und des Prozesses zu ihrer Implementierung integrale Bestandteile der Verfassung selbst und von gleicher juristischer Verbindlichkeit wie der ursprüngliche Text der Verfassung. Ein Verfassungszusatz kommt **in einem zweistufigen Prozess** zustande:

Verfahren
zur Ergänzung

- **Vorschlag, Ausarbeitung und Verabschiedung** des Zusatzes entweder im Kongress mit Zweidrittelmehrheiten in beiden Häusern oder ebenfalls mit Zweidrittelmehrheit durch einen zur Behandlung dieses Verfassungszusatzes vom Kongress auf Bitten von zwei Drittel der Bundesstaaten einberufenen nationalen Verfassungskonvent; die zweite der beiden Möglichkeiten ist in der U.S.-amerikanischen Geschichte bisher noch nicht genutzt worden.
- **Ratifizierung** des Verfassungszusatzes entweder durch mindestens drei Viertel der Einzelstaatenparlamente oder durch mindestens drei Viertel der Verfassungskonvente der Einzelstaaten; die zweite der beiden Möglichkeiten ist bisher nur einmal im Falle des 21. Verfassungszusatzes genutzt worden.

Der komplexe Prozess zur Ergänzung der Verfassung, die relativ hohen Hürden der Mehrheitsgebote und vor allem auch der Ratifizierungszeitraum von in der Regel sieben Jahren erschweren tagespolitisch, gruppenspezifisch oder einzelstaatlich motivierte Veränderungen und geben den tatsächlich verabschiedeten Verfassungszusätzen großes **politisches und kulturelles Gewicht**. Zu den **gescheiterten Verfassungszusätzen** im Laufe des 19. und 20. Jh.s zählen z. B. das Verbot jedweder Interventionsmöglichkeit der Bundesregierung in einzelstaatliche Angelegenheiten, das Verbot von Kinderarbeit, das Verbot des Verbrennens der U.S.-amerikanischen Nationalflagge und – in den 1980er und 1990er Jahren besonders kontrovers diskutiert – ein **Equal Rights Amendment (ERA)** zur Gleichberechtigung von Frauen und Männern.

Gescheiterte
Verfassungs-
zusätze

Geschichte und Inhalte: Die 27 Zusätze zur Verfassung der USA erstrecken sich über den Zeitraum 1791 bis 1992 und spiegeln entscheidende historische Entwicklungen und gesellschaftspolitische Kontroversen der U.S.-amerikanischen Geschichte. Die ersten zehn Zusätze sind unter der Bezeichnung **Bill of Rights** bekannt und treten im Zusammenhang der Ratifizierung der Verfassung bereits 1791 in Kraft (vgl. Levy 1999). Als Vorbild der Bill of Rights, die aus Sorge um die individuellen Freiheitsrechte angesichts einer stärkeren Regierungsgewalt in der neuen Verfassung entstehen, dienen die **englischen Bill of Rights** von 1689 und die **Virginia Declaration of Rights** von 1776. Die Zusätze der Bill of Rights enthalten zentrale Grundrechte der U.S.-amerikanischen Bürger, darunter:

Bill of Rights

- **Religions-, Meinungs-, Presse- und Versammlungsfreiheit** im ersten Verfassungszusatz
- das Recht zum **Besitz und Tragen von Feuerwaffen** im zweiten
- das Recht zur **Aussageverweigerung** und auf einen **fairen Prozess** vor einer Jury im fünften, sechsten und siebten
- das für die anhaltenden Diskussionen um die Todesstrafe bedeutsame **Verbot einer grausamen und ungewöhnlichen Bestrafung** im achten.

Amendments
im 19. und 20. Jh.

Unter den übrigen 17 Verfassungszusätzen verdienen die nach dem Bürgerkrieg verabschiedeten Zusätze 13, 14 und 15 (1865–1870) zur **Abschaffung der Sklaverei**, zur uneingeschränkten Übertragung der persönlichen Grundrechte der Bill of Rights auf alle Staaten und zum Verbot der Verweigerung des Wahlrechts aufgrund rassistischer Kriterien gesonderte Erwähnung. Auch der 19. Verfassungszusatz zum **Wahlrecht für Frauen** (1920), der 23. Verfassungszusatz zum Wahlrecht im District of Columbia (1963), der 24. Verfassungszusatz zum Verbot von Wahlsteuern (1964) und der 26. Verfassungszusatz zum Wahlrecht ab einem Lebensalter von 18 Jahren (1971) sichern **individuelle Bürgerrechte und besonders Wahlrechte**. Notorische Bekanntheit erreicht der 18. Verfassungszusatz zur **Prohibition** (1919) und dessen Rücknahme mit dem 21. Verfassungszusatz (1933). Eine weitere Gruppe von vier Verfassungszusätzen, d.h. 12, 20, 22 und 25 betreffen Wahl, Amtszeiten und Vertretungsregelungen für den **Präsidenten.** Die übrigen drei Verfassungszusätze behandeln das **Verhältnis zwischen Bundesregierung und Einzelstaaten** (11), Verfahrensfragen im Kongress (17, [20,] 27) und die Einführung einer Einkommenssteuer (16).

Wenngleich die absolute Zahl der Zusätze seit Inkrafttreten der Verfassung vergleichsweise gering bleibt, so haben ihre jeweils neuen bzw. modifizierten verfassungsrechtlichen Vorgaben die Geschichte und Gesellschaft der USA jedoch stets verändert und geprägt.

5.2.5 | Interpretationen der Verfassung und Krise im Bürgerkrieg

Die Verfassung der USA ist die älteste fortwährend existierende und funktionierende Verfassung der Welt. Die von den Verfassern selbst eingeräumte Möglichkeit zur Ergänzung und Veränderung der Verfassung wird als Ausdruck des Prinzips der ›**lebendigen Verfassung‹ (living Constitution)** betrachtet (nach McBain 1928). Die juristische Auslegung der Verfassung und deren Anpassung an veränderte politische und gesellschaftliche Gegebenheiten obliegt seit der richtungweisenden Entscheidung **Marbury v. Madison (1803)** primär und letztlich dem **Obersten Gerichtshof**, dessen Urteile und Vorgaben die politischen Diskussionen und gesellschaftlichen Verhältnisse in den USA seit Beginn des 19. Jh.s nachhaltig beeinflussen (s. Kap. 5.5).

Im interpretatorischen Umgang mit dem Text der Verfassung unterscheidet man zwischen **zwei Richtungen**:

- **Strict Construction**, d.h. eine literalistisch-enge Lesart gemäß einer als ursprünglich angenommenen Intention des Textes (auch originalism/judicial restraint)
- **Loose Construction**, d.h. eine freiere Adaption des Textes an historische und gesellschaftliche Veränderungen der jeweiligen Gegenwart (auch pragmatism/judicial activism).

Federalist Papers: Eine umfassende Interpretation der Verfassung entsteht bereits im Zusammenhang des Ratifizierungsprozesses 1787/88 bzw. während der Kontroversen zwischen Befürwortern der neuen Verfassung und deren Stärkung der Bundesgewalt einerseits (**Federalists**) und Kritikern einer stärkeren Rolle der Zentralregierung und Befürwortern einer größeren einzelstaatlichen Souveränität (**Anti-Federalists**) andererseits. Die insgesamt 85 Essays der *Federalist Papers* werden zur Unterstützung der Ratifizierung von den Föderalisten Alexander Hamilton, James Madison und John Jay geschrieben und unter dem Pseudonym »Publius« veröffentlicht, zunächst von Herbst 1787 bis Frühjahr 1788 in verschiedenen Zeitungen in New York und Ende 1788 dann als Buch.

Die *Federalist Papers* – nach dem Titel der Buchpublikation häufig kurz als *The Federalist* zitiert – gelten als Dokumentation und Kommentar der ursprünglichen **Intentionen der Verfassung**. Sie werden bis heute z. B. bei Entscheidungen des Obersten Gerichtshof herangezogen und von Verfassungshistorikern als exemplarische Erläuterungen angesehen. Im Mittelpunkt der Essays stehen:

- die Notwendigkeit einer **starken Bundesregierung** zur Bewahrung der Union der Einzelstaaten
- das Prinzip der Gewaltenteilung und der gegenseitigen Kontrolle (**Checks and Balances**) der verschiedenen Regierungsorgane
- die Bevorzugung **repräsentativer Prozesse und Strukturen** gegenüber Mechanismen einer direkten Demokratie in den Prozessen der politischen Willensbekundung und Entscheidung.

»Federalist No. 10« (1787)

Der bekannteste Essay der *Federalist Papers* ist der »**Federalist No. 10**« aus der Feder von James Madison. »Federalist No. 10« diskutiert das Spannungsverhältnis zwischen allgemein-öffentlichem Wohl und grundsätzlichen Individualrechten einerseits und gruppenspezifischen Interessen und möglicherweise situationsbedingten, kurzfristigen Handlungsweisen andererseits. Madison sieht in der Bildung von Interessensgruppen (sog. factions) und deren möglicher Übernahme der Meinungs- und Entscheidungshoheit die größte Gefahr für den demokratischen Prozess und die Bewahrung der Rechte der individuellen Bürger. Die mögliche Tyrannei einer Interessensgruppe wird nach Madison durch ein System der repräsentativen Demokratie (republic) effektiver verhindert als durch die Prozesse einer direkten Demokratie (pure democracy). Politische Manipulationen und Beeinflussungen lassen sich nach Madison eher durch die Delegation von Macht und Entscheidungen an kompetente und am Gemeinwohl orientierte Repräsentanten einschränken als durch die jeweils unmittelbare Ausübung politischer Willensbekundungen.

Verfassungskrise im Bürgerkrieg: Das mit der Verfassung etablierte Regierungssystem hat sich im Laufe der U.S.-amerikanischen Geschichte als flexibel, anpassungsfähig und auch in historischen Konflikten widerstandsfähig erwiesen. Zur größten Krise der Verfassung der USA wird die **Abspaltung der Südstaaten** 1861, weil die Verfassung selbst die Möglichkeit bzw. Unmöglichkeit der Trennung eines Einzelstaates von der Union nicht erwähnt und sich die separatistischen Staaten der Confederate States of America (CSA) mit ihrem Austritt aus der Union historisch und konstitutionell im Recht sehen. Vor diesem Hintergrund ist der Ausgang des Bürgerkriegs als endgültige Bestätigung der nationalen Union und der Gültigkeit der Verfassung von 1787 zu verstehen.

Gettysburg
Address

Unter den Dokumenten der Verfassungs- und Politikgeschichte der USA kommt **Abraham Lincolns »Gettysburg Address«** in diesem Zusammenhang eine herausragende Bedeutung zu. Die knapp zweiminütige Ansprache, die Lincoln am 19. November 1863 aus Anlass der feierlichen Eröffnung eines Soldatenfriedhofs bei Gettysburg, PA vor ca. 15.000 Zuhörern hält, verpflichtet die Nation auf die Ideale und Werte der Gründungsdokumente der U.S.-amerikanischen Nation. Die biblisch konnotierte Rede beginnt mit der Evokation der Unabhängigkeitserklärung und gipfelt in dem vielzitierten Postulat der Bewahrung der konstitutionellen Prinzipien und Prozesse von »**government of the people, by the people, for the people**«.

Zur Vertiefung

Abraham Lincoln: »Gettysburg Address« (1863)

»Four score and seven years ago our fathers brought forth upon this continent a new nation, conceived in Liberty, and dedicated to the proposition that all men are created equal. Now we are engaged in a great civil war, testing whether that nation, or any nation so conceived and so dedicated, can long endure. We are met on a great battle-field of that war. We are met to dedicate a portion of it as a final-resting place for those who here gave their lives that that nation might live. It is altogether fitting and proper that we should do this. But in a larger sense we cannot dedicate, we can not consecrate, we cannot hallow this ground. The brave men, living and dead, who struggled here, have consecrated it far above our poor power to add or detract. The world will little note, nor long remember what we say here, but it can never forget what they did here. It is for us, the living, rather, to be dedicated here to the unfin ished work that they have thus far so nobly carried on. It is rather for us to be here dedicated to the great task remaining before us, – that from these honored dead we take increased devotion to the cause for which they here gave the last full measure of devotion, – that we here highly resolve that the dead shall not have died in vain, – that the nation shall, under God, have a new birth of freedom, and that government of the people, by the people, for the people, shall not perish from the earth.«

(www.ourdocuments.gov)

5.3 | Der Kongress im Zusammenspiel von Checks and Balances

Die Verfassung der Vereinigten Staaten beschreibt die Organe der Bundesregierung in deren Strukturen, Zuständigkeiten und Aufgabenbereichen nach den Prinzipien der Volkssouveränität und Gewaltenteilung und entwirft das Idealbild eines Zusammenwirkens von Legislative, Exekutive und Judikative nach dem Prinzip der Checks and Balances. Die oberste gesetzgebende Gewalt der USA liegt beim **Kongress (Congress),** der im Gebäude des Kapitols in Washington, DC zusammentritt. Gemäß dem **parlamentarischen Zweikammernsystem** (bicameral system/bicameral legislature) besteht der Kongress aus dem **Repräsentantenhaus** (House of Representatives) und dem **Senat** (Senate).

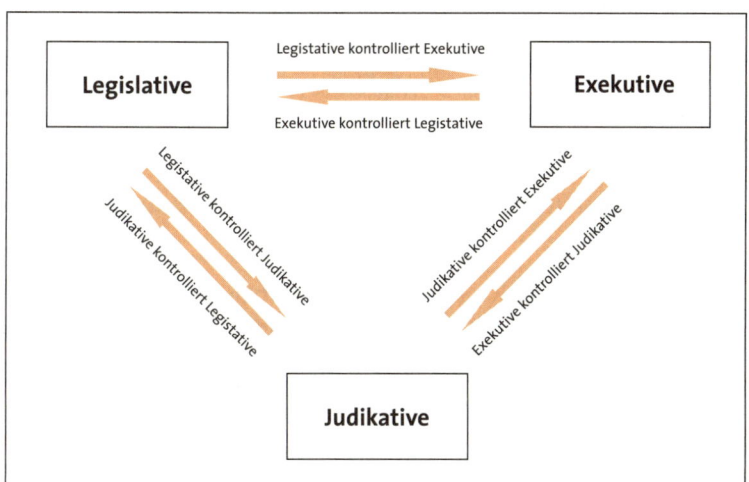

Regierungs-
gewalten und
Checks and
Balances

Senat: Im Senat ist jeder der 50 Bundesstaaten unabhängig von seiner Flächengröße und seiner Bevölkerungszahl mit jeweils **zwei Senatoren** repräsentiert.

Repräsentantenhaus: Das Repräsentantenhaus hat heute die feste Zahl von insgesamt **435 Abgeordneten** (dazu je ein Delegierter ohne Stimmrecht aus Washington, DC und den Territorien Puerto Rico, Samoa, Guam, Virgin Islands). Der Anteil der Einzelstaaten an der Gesamtzahl von 435

Internetquellen
www.senate.gov
www.house.gov

richtet sich nach der jeweiligen Bevölkerungszahl und wird nach den alle zehn Jahre erhobenen Daten des U.S. Census Bureau und aktuellen demographischen Veränderungen festgelegt (sog. **Apportionment**). Damit jeder Abgeordnete ungefähr die gleiche Zahl von Wählern repräsentiert, wird neben der Anpassung der Gesamtabgeordnetenzahl pro Bundesstaat an die jeweils aktuelle Bevölkerungsgröße der einzelnen Bundesstaaten ferner der geographische Zuschnitt der Wahlbezirke innerhalb eines Bundesstaates geändert und an lokale und regionale Bevölkerungsverschiebungen angepasst (sog. **Redistricting**). Die Praxis von Mehrheitsparteien, durch den strategischen (Neu-)Zuschnitt von Wahlbezirken die Wahl eigener Kandidaten zu begünstigen, wird mit dem Begriff des **Gerrymandering** bezeichnet.

Zum Begriff

> Der Begriff → **Gerrymandering** setzt sich zusammen aus dem Namen eines Gouverneurs von Massachusetts, Elbridge Gerry, und dem Wort »salamander«. Er bezeichnet die Form eines auffällig geschwungenen Wahlbezirks, der 1812 von Gerry zu seinen Gunsten zugeschnitten wurde.

Abgeordneten-
haus und Demo-
graphie

Die Anpassung der Abgeordentenzahlen und Wahlbezirke trägt **Migrationsbewegungen** zwischen Bundesstaaten und der jeweiligen **Bevölkerungsentwicklung** innerhalb eines Bundesstaates gleichermaßen Rechnung (s. Kap. 2.3). Im 110. Kongress, der aus der Wahl vom 7. November 2006 hervorgeht, vertritt jeder Abgeordnete des Repräsentantenhauses ca. 650.000 Wähler. Die bevölkerungsreichsten Staaten Kalifornien (53), Texas (32), New York (29) und Florida (25) stellen deutlich mehr Abgeordnete als die lediglich mit der vorgeschriebenen Minimalzahl von je einem Abgeordneten vertretenen bevölkerungsarmen – und daher auch nicht weiter in Wahlbezirke unterteilten – Bundesstaaten Alaska, Delaware, Montana, North Dakota, South Dakota, Wyoming und Vermont.

Wahlverfahren und Wahlperioden: Die **Wahlperiode von Senatoren** beträgt **sechs**, die von **Abgeordneten des Repräsentantenhauses zwei Jahre**. Traditionell ist ein Sitz im Senat aufgrund der geringeren Zahl der Mitglieder und der längeren Amtszeit mit mehr Prestige verbunden als die Wahl ins Repräsentantenhaus. Abgeordnete des Repräsentantenhauses und Senatoren dürfen kein anderes Amt in Exekutive oder Judikative gleichzeitig innehaben und müssen Einwohner des von ihnen repräsentierten Bundesstaates sein. Prominente Politiker nehmen daher manchmal einen wahlstrategischen Wohnsitz; so werden z. B. Robert Kennedy und Hillary Clinton nach Verlegung ihrer Wohnsitze nach New York 1964 bzw. 2000 zu Senatoren dieses Bundesstaates gewählt.

Während das Repräsentantenhaus alle zwei Jahre vollständig neu gewählt wird, wird jeweils ein Drittel der Senatoren gestaffelt alle zwei Jahre neu gewählt. Die Mitglieder beider Kammern des Kongresses werden seit Beginn des 20. Jh.s direkt von den **Wahlberechtigten (eligible electorate/**

constituency) des jeweiligen Bundesstaates bzw. des jeweiligen **Wahlbe-zirks (Congressional District)** gewählt; bis zum 17. Verfassungszusatz 1913 werden die Senatoren von den jeweiligen Parlamenten der Bundesstaaten nach Washington entsandt. Wahlverfahren und Wahlperioden betonen zum einen die unmittelbare, mit einer direkten Rechenschaftsverpflichtung verbundene Anbindung der Abgeordneten an die Wähler und den Wählerwillen, zum anderen eine Balance zwischen kürzeren und längeren Amtszeiten sowohl zwischen Repräsentantenhaus und Senat als auch innerhalb des nie vollständig entlassenen Senats selbst.

Besondere Bedeutung kommt im U.S.-amerikanischen Wahlsystem und -rhythmus denjenigen Wahlen zum Repräsentantenhaus zu, die zur Hälfte der Amtszeit eines Präsidenten – und zusammen mit der Wahl eines Drittels des Senats, der Wahl der Mehrzahl der Gouverneure von Bundesstaaten sowie zahlreichen Wahlen auf der Ebene der Bundesstaaten und Kommunen – stattfinden. Diese **Halbzeit- oder Zwischenwahlen (Midterm Elections)** werden traditionell als politische Standortbestimmung für den Präsidenten und die ihn unterstützende Partei gewertet. Die Wahlen vom 7. November 2006 sind ein weiteres Beispiel in einer langen historischen Reihe solcher Zwischenwahlen, die zur Dominanz unterschiedlicher politischer Parteien in Legislative und Exekutive führen (sog. **divided government**) – meist mit gravierenden Rückwirkungen auf den Präsidenten und dessen Politik, hier auf Präsident George W. Bush und insbesondere dessen Irak-Politik.

Midterm Elections

Der Kongress im Überblick

Zur Vertiefung

Senat	Repräsentantenhaus
100 Mitglieder	435 Mitglieder
2 pro Bundesstaat	Zahl pro Bundesstaat je nach Bevölkerung
gewählt für 6 Jahre	gewählt für 2 Jahre
Neuwahl eines Drittels alle 2 Jahre	vollständige Neuwahl alle 2 Jahre
Direktwahl	Direktwahl

Aufgaben und Zuständigkeiten des Kongress: Als höchste legislative Instanz obliegt dem Kongress das Einbringen und die Beratung von Gesetzesentwürfen (bills) sowie die **Verabschiedung von Gesetzen**. Da der Kongress die Zuständigkeit über die mit allen Gesetzen verbundenen Ausgaben besitzt, hat er letztlich die übergeordnete **Finanz- und Haushaltshoheit** (power of the purse). Gesetze, die im Kongress verabschiedet sind, können vom Präsidenten durch ein Veto blockiert bzw. bis zu deren endgültiger Verabschiedung durch Überstimmen des präsidialen Vetos mit Zweidrittelmehrheiten in beiden Kammern verzögert (s. Kap. 5.4) oder vom Obersten Gerichtshof für unzulässig und verfassungswidrig erklärt werden (s. Kap. 5.5) Weitere wichtige Aufgaben und Zuständigkeiten des Kongresses umfassen besonders:

Aufgaben und
Zuständigkeiten

- das Recht zur Kriegserklärung
- das Aufstellen von Streitkräften
- die Prägung von Münzen und das Drucken von Geldscheinen
- die Regulierung des Binnen- und Außenhandels
- die Etablierung von Bundesgerichten unterhalb des Obersten Gerichtshofs
- die Verabschiedung von Maßnahmen zur Regulierung von Einwanderung und Einbürgerung
- die Verwaltung und Gesetzgebung im District of Columbia und in den Territorien
- das Recht zur Ansetzung von Untersuchungen und Anhörungen sowie das Recht umfassender Akteneinsicht bei der Exekutive
- die Entgegennahme des jährlichen Berichts des Präsidenten.

Das in der Verfassung verbriefte Recht zur Implementierung aller Gesetze, die zur Ausübung der vorstehend genannten Aufgaben und Tätigkeiten notwendig und angemessen sind (**necessary and proper clause**), gibt dem Kongress die – in der Verfassungs- und Politikgeschichte nicht unumstrittene – Möglichkeit, die eigene Autorität und Macht auszudehnen und an veränderte gesellschaftliche und politische Gegebenheiten anzupassen.

In die **primäre Zuständigkeit des Repräsentantenhauses** fallen besonders:

- die Initiierung von Steuer- und Haushaltsgesetzgebung
- die Initiierung eines Amtsenthebungsverfahrens (Impeachment) durch die Anklage eines Präsidenten, Vizepräsidenten oder Richters des Obersten Gerichtshofs.

In die **primäre Zuständigkeit des Senats** fallen besonders:

- die Zustimmung zur Ernennung von Bundesrichtern, Botschaftern und Kabinettsmitgliedern durch den Präsidenten
- die Durchführung der tatsächlichen Verhandlung in einem Amtsenthebungsverfahren
- die Zustimmung mit Zweidrittelmehrheit zu den vom Präsidenten geschlossenen Verträgen.

Gemeinsame Sitzungen (joint sessions) von Repräsentantenhaus und Senat finden zu besonderen Anlässen wie z. B. der Auszählung der Stimmen des Wahlkollegiums zur Präsidentenwahl und der Amtseinführung des Präsidenten sowie für besondere Reden des Präsidenten und zur Entgegennahme des jährlichen Berichts des Präsidenten (**State of the Union Address**) statt.

Der Kongress in der Öffentlichkeit: In den politischen und verfassungsrechtlichen Diskussionen der letzten Jahre wird zum einen eine **Schwächung des Kongresses** in Anbetracht einer kontinuierlichen Stärkung des Amts des Präsidenten im Laufe der Geschichte der USA und besonders im 20. Jh. erörtert. Zum anderen wird eine **Stärkung der Macht des Kongresses** durch die Ausweitung seiner Anhörungsaktivitäten, der Befugnisse seiner Untersuchungsausschüsse und der Akzeptanz seiner Kontrollaufgaben in der Öffentlichkeit (**Congressional Review**) betont.

Als Beispiele aus der jüngsten Vergangenheit können die Untersuchungen zum **Watergate-Skandal** in den frühen 1970er Jahren, zur Verwicklung der Regierung von Ronald Reagan in illegale Waffenlieferungen (**Iran-Contra-Affäre**) in den 1980er Jahren und zu Präsident Clintons Verwicklung in Finanzgeschäfte (**Whitewater-Skandal**) in den 1990er Jahren dienen. Große öffentliche Aufmerksamkeit finden die Senatsanhörungen von Kandidaten für einen Posten als Richter am Obersten Gerichtshof (s. Kap. 5.5). Die Übertragung im Fernsehen geben Untersuchungsausschüssen und Anhörungen im Medienzeitalter eine besondere Bedeutung für den politischen Meinungsbildungsprozess. Die Kontrollfunktion der Legislative gipfelt im Recht auf die Durchführung eines (öffentlichen) **Amtsenthebungsverfahrens** gegen den Präsidenten und gegen Bundesrichter (s. Kap. 5.4).

Organisation: Senat und Repräsentantenhaus sind nach den demokratischen Machtverhältnissen zwischen **Mehrheitspartei (Majority Party)** und **Minderheitspartei (Minority Party)** aufgeteilt und organisiert. Traditionell spielen politisches Handeln nach Parteizugehörigkeit und Abstimmungsverhalten nach Parteidisziplin im Repräsentantenhaus eine größere Rolle als im Senat. Die Mitglieder von Senat und Repräsentantenhaus finden sich je nach Parteizugehörigkeit zu **Fraktionen** (Party Caucus/Party Conference) zusammen, die vor allem bei der Zusammenstellung der **Ausschüsse und Unterausschüsse** des Kongresses bzw. des Senats und/oder des Repräsentantenhauses mitwirken (Joint Congressional Committees/Subcommittees bzw. Senate Committees/Subcommittees bzw. House Committeees/Subcommittees). Die Mehrheitspartei stellt für alle Ausschüsse und Unterausschüsse die Vorsitzenden.

Die in den Medien besonders sichtbare Tätigkeit als Ausschussvorsitzender – besonders im Falle von Senatsausschüssen – gilt als Sprungbrett für ambitionierte Politiker und als Plattform für mögliche Präsidentschaftskandidaten. Politisch prominente Senatoren wie z. B. der Demokrat Edward Kennedy (Massachusetts) oder der Republikaner Jesse Helms (North Carolina) bestimmen von ihren Posten als Ausschussvorsitzende aus lange Jahre die innen- und außenpolitischen Diskussionen in den USA. Im Senat gibt es 2007 insgesamt 20 Ausschüsse mit 68 Unterausschüssen, im Repräsentantenhaus 22 Ausschüsse mit 104 Unterausschüssen. Zu den innenpolitisch und außenpolitisch bedeutendsten Ausschüssen zählen das United States House Committee on Ways and Means und das United States Senate Committee on Foreign Relations.

Ausschuss-
vorsitzende

Vorsitzende in Repräsentantenhaus und Senat: Den Vorsitz im Repräsentantenhaus führt der **Speaker of the House**, der von allen Abgeordneten gewählt wird, demzufolge stets der jeweiligen Mehrheitspartei angehört und seit dem frühen 19. Jh. eine herausgehobene Position in der U.S.-amerikanischen Politik einnimmt. Zu den bekanntesten Speakers of the House zählen bis in die zweite Hälfte des 19. Jh.s Frederick Muhlenberg, Henry Clay und Thomas B. Reed, in der Zeit nach dem Zweiten Weltkrieg Sam Rayburn, Thomas W. McCormack, Thomas Phillip »Tip« O'Neill, Newt Gingrich und Daniel Hastert. 2006 wird mit der Demokratin

Nancy Pelosi die erste Frau in das Amt des Speaker of the House gewählt. In der Rangfolge der Vertretung des Präsidenten steht der Speaker of the House nach dem Vizepräsidenten an zweiter Stelle.

Den **Vorsitz im Senat** führt laut Verfassung der Vizepräsident, der jedoch kein gewähltes Mitglied des Senats ist. Er hat nur im Fall eines Abstimmungspatts eine Stimme, die dann jedoch entscheidend ist. Den Vorsitz in der parlamentarischen Arbeit (Funktion des Presiding Officer) hat ein **President Pro Tempore** inne, wozu von der Mehrheitspartei meist der dienstälteste Senator gewählt wird. Da der Senatsvorsitz einen Ehrenposten ohne wirklichen Einfluss darstellt, überlassen die jeweils gewählten Presidents Pro Tempore den tatsächlichen Vorsitz zumeist jüngeren Kollegen.

Mehrheits- und Minderheitsführer: Sowohl im Repräsentantenhaus als auch im Senat werden die Fraktionen von einem aus ihren Kreisen gewählten Mehrheits- bzw. Minderheitsführer (Majority Leader/Minority Leader) geführt. In beiden Kammern des Kongresses kommt den Mehrheitsführern nach dem Speaker of the House bzw. dem Vorsitzenden des Senats eine herausgehobene Rolle zu. Die Mehrheits- und Minderheitsführer werden seit Beginn des 20. Jh.s jeweils von sog. ›Einpeitschern‹ (**Majority Whip/Minority Whip**) unterstützt, deren Aufgabe es vor allem ist, die Abgeordneten und Senatoren in kontroversen Diskussionen parteistrategisch auf einer Linie zu halten und Abstimmungsverhalten bzw. -ergebnisse im Interesse der jeweiligen Partei zu sichern.

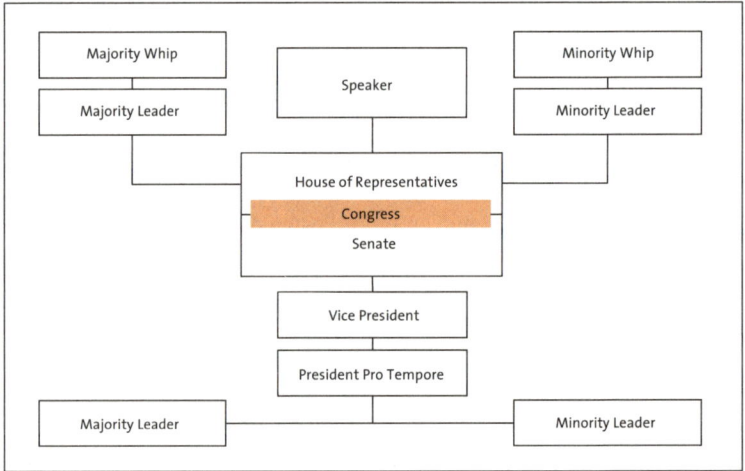

Führungsebenen
und -funktionen in
Repräsentanten-
haus und Senat

Den Führungspersönlichkeiten im Senat kommt eine besondere Rolle zu, wenn es gilt, ein sog. **Filibuster** – d.h. das ununterbrochene und zeitlich unbeschränkte Reden eines Senators (oder mehrerer Senatoren) mit dem Ziel der Verhinderung einer unliebsamen Abstimmung – zu brechen. Da es sich um einen Eingriff in die **Redefreiheit** eines oder mehrerer Senatoren handelt, kann ein Filibuster nur mit den Stimmen von 60 Senatoren (=

drei Fünftel des Senats) beendet werden (sog. Cloture). Zu den berühmtesten Redemarathons in der Geschichte des Senats zählt die mehr als
24-stündige Rede des Senators Strom Thurmond (South Carolina) gegen
die Bürgerrechtsgesetzgebung 1957.

5.4 | Präsident und Präsidentschaftswahlen

Die höchste Instanz der Exekutive im Regierungssystem der USA und
zugleich der höchste Repräsentant der U.S.-amerikanischen Nation ist
der Präsident (vgl. Milkins [5]2008; Brinkley/Dyer 2004; Genovese 2004;
Brinkley 2000; Walles 1991). Fehlt in den Articles of Confederation vor
dem Hintergrund der historischen Erfahrungen der Kolonisten noch eine
zentrale exekutive Gewalt und Repräsentationsinstanz, so bestimmt die
Verfassung von 1787 in **Artikel II** das Amt des Präsidenten in den bis
heute gültigen Grundzügen. Die Befürchtungen von Kritikern der neuen
Verfassung, dass die Etablierung eines Präsidenten zu monarchischen
Strukturen oder gar zur Einführung einer erblichen Monarchie in den
USA führen könnte, schlagen sich in den politischen Diskussionen und
Kontroversen zur Zeit der Frühen Republik nieder (vgl. Wood 2002). Die
bürgerlich-republikanische Amtsführung des ersten Präsidenten **George
Washington (1789–1797)** und der friedliche Übergang der mit der Präsidentschaft verbundenen Machtbefugnisse von einer Partei – den Federalists – auf eine andere, rivalisierende Partei – die Democratic-Republicans
– nach dem Wahlsieg von **Thomas Jefferson** über John Adams 1800 bestätigt die Funktionsfähigkeit der Verfassung und die Tragfähigkeit der
Konzeption einer zeitlich limitierten und an die Volkssouveränität gebun-
denen Präsidentschaft.

5.4.1 | Amt und Aura

Trotz der republikanischen Intentionen der Gründergeneration und des
verfassungsrechtlichen Grundsatzes der jeweils neuen demokratischen
Legitimation jedes einzelnen Präsidenten spiegelt sich im Amt selbst und
vor allem in dessen zeremoniell-repräsentativer Ausgestaltung eine **quasi-
monarchische Rolle und Autorität**. Dem Präsidenten obliegt die alleinige
Repräsentation der Nation nach innen und nach außen in der Tradition
der Einheit von König, Volk und Staat.

    Inszenierung der Präsidentschaft: Die wichtigste Bühne zur Insze-
nierung der Präsidentschaft ist das zwischen 1792 und 1800 im Zusammenhang der Planungen der Bundeshauptstadt Washington von Pierre
L'Enfant erbaute **White House** (www.whitehouse.gov). Es zeichnet sich
durch die Ambivalenz von bewusster Bürgerlichkeit einerseits und aris-
tokratisch-feudalem Landsitz andererseits aus. Es dient dem Präsidenten

    White House

und dessen Familie als Wohnhaus, Arbeitsplatz, Schauplatz für öffentlichkeitswirksame Pressekonferenzen, Fernsehansprachen und Gesetzes-
unterzeichnungen sowie als zeremonielle Plattform für Staatsempfänge
und andere Demonstrationen der Machtfülle von Präsident und Nation.
Nationale Zeremonien wie z. B. die Amtseinführung (Inauguration) eines neu bzw. wieder gewählten Präsidenten sind ritualisierte Feiern von
Amt und Person. In populärkulturellen Zeremonien wie z. B. der alljährli-
chen Begnadigung des sog. nationalen Truthahns vor Thanksgiving oder
der Illumination des nationalen Weihnachtsbaums präsentiert sich der
Präsident hingegen eher republikanisch (vgl. Dokumentation unter www.
whitehouse.gov).

Präsidentenfamilie und First Lady: Vor allem im 20. Jh. und im Medienzeitalter der Gegenwart trägt die Präsidentenfamilie als ›erste Familie‹ der
U.S-amerikanischen Demokratie maßgeblich zur öffentlichen Wahrnehmung des Präsidenten und dessen Amtsführung bei. Diese Entwicklung
deutet sich in den präsidialen Familienclans der Adams im späten 18. und
19. Jh. an und erreicht ihren Höhepunkt mit den Familien der Roosevelts,
Kennedys und Bushs im 20. und frühen 21. Jh. Die Rolle der Ehefrau des
Präsidenten, der **First Lady**, hat seit prominenten und z. T. umstrittenen
Persönlichkeiten wie Eleanor Roosevelt, Jacqueline Kennedy, Nancy Reagan und Hillary Clinton an Gewicht gewonnen und zu Kontroversen um

den persönlichen Einfluss von Nancy Reagan auf Präsident Reagan in den
1980er Jahren und von Hillary Clinton auf Präsident Clinton in den 1990er
Jahren geführt.

Verehrung und Vermarktung: Die Verehrung, die dem Amt und der
Person des Präsidenten in einem Spannungsverhältnis zur demokratisch-

republikanischen Intention der Verfassung entgegengebracht
wird, zeigt sich bereits darin, wie der erste Präsident **George
Washington** nach seinem Tod in Gemälden glorifiziert wird. Die
Verehrung **Abraham Lincolns** manifestiert sich in ähnlicher
Weise in dem tempelartigen Lincoln Memorial in Washington,
DC. In jüngster Vergangenheit dokumentieren die Begräbnisfei-
erlichkeiten nach der Ermordung von Präsident **John F. Kennedy**
1963 und nach dem Tod von Präsident **Ronald Reagan** 2004 die
jeweils über die einzelne Persönlichkeit hinausgehende nationale Bedeutung von Amt und Person des Präsidenten. Die Glorifizierung der Präsidenten gipfelt im **Mount Rushmore National
Memorial** in den Bergen von South Dakota und dessen offizieller
Bezeichnung als »America's ›Shrine of Democracy‹« (vgl. www.
nps.gov/moru).

Die prominente Position des Präsidenten in Geschichte, Politik und
Kultur führt zu einer Fülle an **Mythenbildungen**, die in der Medien- und
Unterhaltungskultur stetig neue kommerzielle Dimensionen erhalten.
Die Denkmäler für Washington, Jefferson, Lincoln oder Roosevelt auf
der National Mall in Washington, DC sind Ausdruck der historisch-po-
litischen und symbolischen Bedeutung der Präsidenten für die Nation.
Die wachsende touristische Kommerzialisierung dieser Erinnerungsorte

droht jedoch zunehmend die eigentliche Sinngebung zu unterlaufen. **Bewertungen der Präsidenten** nach den Kategorien »best/worst« erfreuen sich großer Beliebtheit und führen zumeist Abraham Lincoln, Franklin D. Roosevelt und George Washington auf den vordersten und Präsidenten wie James Buchanan, Warren G. Harding oder Andrew Johnson auf den letzten Plätzen (vgl. www.americanpresidents.org/survey und *U.S. News & World Repor*t 26. Februar 2007, S. 40–53). **Filme** wie Oliver Stones *JFK* (1991) oder die **Fernsehserie** »The West Wing« (1999–2006) erreichen große Popularität und lassen die Grenzen zwischen Realität und Fiktion verschwimmen.

Die Darstellung U.S.-amerikanischer Präsidenten ist vielfältigen Wandlungen ausgesetzt: vom bürgerlich-republikanischen Pater Familias in der Tradition George Washingtons über die mediale Konstruktion als viril-maskuline Heldenfigur seit Theodore Roosevelt bis zur (Selbst-)Präsentation von Präsidenten – und auch schon Präsidentschaftskandidaten – als sportlich-jugendliche Helden in der Nachfolge von John F. Kennedy. Die Bewerbung von Hillary Clinton um die Präsidentschaftskandidatur der Demokratischen Partei und die Nominierung von Sarah Palin als republikanische Kandidatin für das Amt des Vizepräsidenten verändern 2008 das traditionell ausschließlich männlich geprägte Bild U.S.-amerikanischer Politik in ähnlicher Weise wie die frühere Wahl der Demokratin Nancy Pelosi in das Amt des Speaker of the House.

Präsidenten als Heldenfiguren

Amtszeiten: Kandidaten für das Amt des Präsidenten müssen in den USA geboren worden sein, zum Zeitpunkt der Wahl ein Alter von mindestens 35 Jahren erreicht haben und vor der Wahl mindestens 14 Jahre in den USA gelebt haben. Die Wahlperiode beträgt **vier Jahre**; Wiederwahl ist möglich. George Washington setzt mit seinem Verzicht auf eine zweite Wiederwahl den Präzedenzfall für die **Beschränkung auf zwei Amtszeiten**, die lediglich von Franklin Delano Roosevelt (1933–1945) während der Weltwirtschaftskrise und des Zweiten Weltkriegs mit drei Wiederwahlen durchbrochen wird. Der 22. Verfassungszusatz (1951) begrenzt die Amtszeit mit der Beschränkung auf eine mögliche Wiederwahl auf höchstens zweimal vier Jahre.

Die **Vertretung des Präsidenten** und damit der ordnungs- und verfassungsgemäße Transfer der Macht im Falle von Tod, (temporärer) Amtsunfähigkeit, Rücktritt oder Amtsenthebung regelt der Presidential Succession Act (1947) und der 25. Verfassungszusatz (1967). An die Stelle des Präsidenten tritt zunächst der Vizepräsident, danach der Speaker of the House, danach der President Pro Tempore des Senats und danach der Außenminister; danach folgen in einer genau festgelegten Reihung die übrigen Kabinettsmitglieder und der Attorney General. Zu den bekanntesten Fällen des Nachrückens eines Vizepräsidenten in jüngerer Zeit gehört die Amtsübernahme durch Lyndon B. Johnson nach der Ermordung von Präsident Kennedy 1963 und die Amtsübernahme durch Gerald Ford nach dem Rücktritt von Präsident Nixon 1974.

Vertretung und Amtsübernahme

5.4.2 | Wahlverfahren

Der Präsident der USA wird in einem langwierigen, komplizierten und in vielerlei Hinsicht spektakulären, medienwirksamen und teuren Verfahren ausgewählt. Dabei lassen sich mehrere Schritte und Wegmarken unterscheiden:

Vorwahlen: Verfahrenstechnisch handelt es sich bei den **Vorwahlen (Primaries)** um parteiinterne Abstimmungen in einzelnen Bundesstaaten zur Ermittlung der **Präsidentschaftskandidaten** der jeweiligen Partei. Die Bandbreite der Spielarten zur Ermittlung der auf die Bewerber fallenden Anzahl der Delegierten zum Nominierungsparteitag reicht von formalisierten Wahlverfahren bis zu informellen Probeabstimmungen (straw polls). Die Auszählung und Verteilung der Stimmen erfolgt entweder nach dem **Winner-Take-All-Prinzip** oder einer proportional repräsentativen Verteilung. Insgesamt lassen sich in der historischen Entwicklung seit Anfang des 20. Jh.s zwei Entwicklungen erkennen:

Verfahren und Auszählmodalitäten

- der Trend von speziellen, auf relativ wenige Parteimitglieder beschränkten **Wahlversammlungen (Caucuses)** hin zu offeneren Wahlverfahren
- der Anstieg der Zahl an Bundesstaaten mit Vorwahlen.

Nationale Bedeutung

Im Fernseh- und Medienzeitalter seit den 1950er und 1960er Jahren kommt den Vorwahlen eine **nationale Bedeutung** als entscheidungsrelevanter Stimmungstest und Indikator für die Wahlchancen von möglichen Kandidaten zu. Traditionell stehen die sehr früh im Wahljahr abgehaltenen ersten Vorwahlen in **New Hampshire** und **Iowa** besonders im Rampenlicht. Ähnlich viel Beachtung findet der sog. **Super Tuesday**, ein Vorwahltag herkömmlicherweise im frühen März mit gleichzeitigen Vorwahlen in mehreren Bundesstaaten.

Zur Vertiefung

Vorwahlen und Parteistrategien

Das Bemühen der Parteiorganisationen in den einzelnen Bundesstaaten, im Interesse der Erhöhung der nationalen Aufmerksamkeit für ihren eigenen Staat möglichst frühe Vorwahltermine zu erhalten (sog. frontloading), führt in der Präsidentschaftswahl 2008 dazu, dass der Iowa Caucus bereits am 3. Januar 2008 abgehalten wird und an dem auf den 5. Februar 2008 vorgerückten Super Tuesday in mehr als 20 Bundesstaaten Vorwahlen stattfinden. Die Entscheidung über die jeweiligen Kandidaten der Parteien soll sich dadurch früher abzeichnen, was für Kritiker dieser Entwicklung die Chancen für bis dahin unbekanntere und weniger finanzstarke Bewerber vermindert und zugleich für die siegreichen Kandidaten die Dauer und die Anstrengung des auf sie allein fokussierten Wahlkampfes erheblich verlängert.

Parteitage: Die nationalen Parteitage (**National Party Conventions**) der Demokratischen Partei und der Republikanischen Partei finden zwischen Ende Juli und Anfang September des Wahljahres statt und dienen der offiziellen **Nominierung der Präsidentschafts- und Vizepräsidentschaftskandidaten** (sog. ticket) durch die Delegiertenversammlungen. Sie schließen den Auswahlprozess innerhalb der Parteien ab und eröffnen die entscheidende Phase des Wahlkampfs. Traditionell hält die Partei, die nicht den Präsidenten stellt, den ersten Parteitag ab. Auf diesen Parteitagen, die im Gegensatz zu inhaltlich-programmatischen Parteitagen der politischen Parteien in den meisten europäischen Demokratien vor allem **Nominierungsparteitage** sind, kommen die in den Vorwahlen für die jeweiligen Bewerber um die Kandidatur der Partei ermittelten Delegierten zusammen und geben ihre Stimmen entweder für ihre Bewerber ab oder übertragen ihre Stimme im Interesse der größtmöglichen Unterstützung für den Kandidaten der Partei auf den Bewerber, der in den Vorwahlen insgesamt siegreich bleibt.

Die für europäische Beobachter oftmals allzu spektakelhaft anmutende **Choreographie der Parteitage** erhält eine enorme Aufmerksamkeit in den Medien und insbesondere in stundenlangen Live-Übertragungen auf nahezu allen Fernsehsendern. Im Mittelpunkt steht neben einer Reihe von medienwirksamen Auftritten prominenter Unterstützer der jeweiligen Partei die Rede des Kandidaten zur Annahme der Kandidatur (acceptance speech). Häufig werden diese Reden zu Dokumenten nationaler Ideologien und kollektiver Erwartungen im Sinne der U.S.-amerikanischen Zivilreligion (s. Kap. 6.3).

Choreographie der Parteitage

Endphase des Wahlkampfs: Die Parteitage läuten die heiße Phase des Wahlkampfs ein, der in den vergangenen Jahrzehnten mehr und mehr durch **Fernsehduelle der Kandidaten** und **Werbespots** zu einem Medienereignis wird und immer größere Finanzmittel seitens der Kandidaten erfordert. Als historischer Beginn des **Fernsehwahlkampfs** gilt die Fernsehdebatte zwischen Richard Nixon und John F. Kennedy 1960. In den Jahren, in denen ein unabhängiger Kandidat für die Wahl zum Präsidenten kandidiert – wie neuerdings z. B. Ross Perot im Jahr 1992 oder Ralph Nader in den Jahren 2000 und 2004 – nimmt auch dieser unabhängige Kandidat manchmal an den Fernsehduellen teil. Mittlerweile finden Rededuelle nicht nur in der Endphase des Wahlkampfs zwischen den Präsidentschaftskandidaten statt, sondern auch schon während der Vorwahlen zwischen den verschiedenen Bewerbern um die Kandidatur einer Partei.

Die **Finanzierung des Wahlkampfs** gehört zu den umstrittensten Themen der U.S.-amerikanischen Politik. Eine erfolgversprechende Kandidatur ohne eigene Finanzmittel in Millionenhöhe und ohne eine ebenso umfangreiche Unterstützung durch Sponsoren und Spender ist nahezu unmöglich. Für den Präsidentschaftswahlkampf 2004 sammeln die beiden großen Parteien mehr als 1,5 Milliarden Dollar an Wahlkampfspenden; die Kandidaten um die Präsidentschaft seit den 1990er Jahren geben für ihre Kampagnen in der Regel dreistellige Millionenbeträge aus. Die Diskussion um die **Reform der Wahlkampffinanzierung** findet ihren bisherigen Abschluss im **Bipartisan Campaign Reform Act (BCRA)** von 2002, der die individuelle Spendenhöhe, den Fluss von sog. Soft Money

Finanzierung des Wahlkampfs

**Präsident und
Präsidentschafts-
wahlen**

sowie Art und Umfang von Anzeigen und Spots regelt (vgl. www.census.
gov/compendia/statab/cats/elections/campaign_finance.html).

Wahl: Die Wahl des Präsidenten findet alle vier Jahre am Dienstag nach
dem ersten Montag im November statt, d. h. zwischen dem 2. und 8. November. Die Präsidentschaftswahl gewinnt derjenige Kandidat, der die
Mehrheit der Stimmen des **Wahlgremiums (Electoral College)** auf sich
vereint (zu Übersichten von Kandidaten und Wahlergebnissen seit 1789
vgl. Boyer [6]2008, Appendix 19–22; O'Connor/Sabato 2008, Appendix 4;
www.census.gov/compendia/statab/cats/elections/presidential.html).

Electoral College

Das Wahlgremium besteht aus insgesamt 538 Personen. Diese Zahl
korrespondiert mit der Gesamtzahl der Mitglieder von Repräsentantenhaus (435) und Senat (100) plus 3 Stimmen für den District of Columbia.

Ablauf der Wahl

Die Wahl des Präsidenten erfolgt zunächst in den einzelnen Bundesstaaten durch die direkte Stimmabgabe der Wahlberechtigten für einen
der Kandidaten und – bis auf Nebraska und Maine – nach dem **Winner-
Take-All-Prinzip**, d. h. der Kandidat mit der Mehrheit der Wählerstimmen in einem Bundesstaat erhält alle Stimmen, die dieser Bundesstaat im
Wahlgremium hat. Der Anteil der Stimmen eines Bundesstaats am Wahlgremium entspricht – im Sinne der Abbildung der Bevölkerungsverteilung und -anteile zum jeweils aktuellen Zeitpunkt – der Gesamtzahl der
Abgeordneten und Senatoren dieses Staates im Kongress. Die tatsächliche
Wahl des Präsidenten erfolgt durch das Wahlgremium, dessen Mitglieder
allerdings nicht in ihrer Gesamtheit an einem Ort zusammentreten, sondern jeweils anteilig in den einzelnen Bundesstaaten am zweiten Montag
im Dezember.

**Präsidentschafts-
wahl 2004:
Stimmenanteile
im Wahlgremium
nach Bundes-
staaten (aus
O'Connor/Sabato
2008, S. 490)**

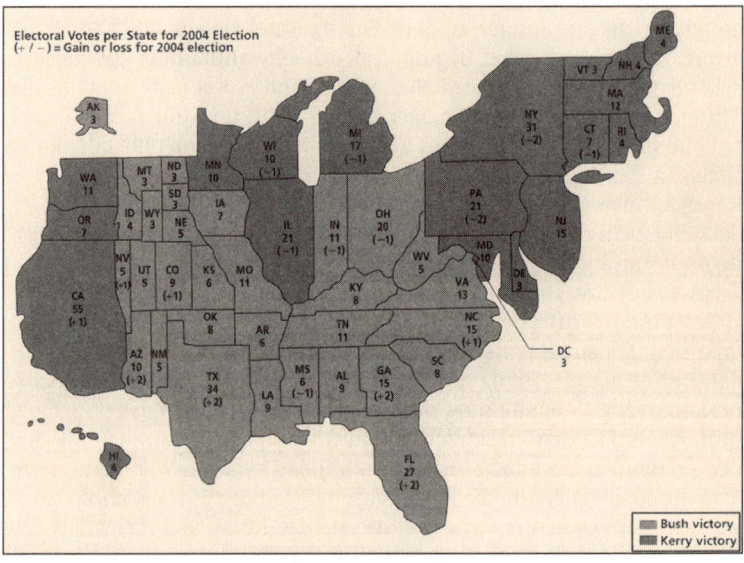

Popular Vote

Für die Präsidentschaftswahl 2004 ergibt sich ein Mehrheitsverhältnis
für den republikanischen Amtsinhaber George W. Bush gegenüber dem

demokratischen Herausforderer John Kerry von 286:251 Stimmen (bei einem sog. faithless elector) im Wahlgremium bei einem Verhältnis von 62.040.610 zu 59.028.444 Wählerstimmen insgesamt. In diesem konkreten Fall stimmen die Mehrheiten bei den Wählerstimmen (Popular Vote) und im Wahlgremium überein. Durch das Winner-Take-All-Prinzip kann jedoch eine **Diskrepanz** zwischen der von einem Kandidaten direkt erreichten Gesamtwählerstimmenzahl in allen Staaten zusammengenommen einerseits und der anteiligen Zahl der Stimmen im Wahlgremium andererseits entstehen. Diese mögliche Diskrepanz gehört zu den umstrittensten Eigenheiten des U.S.-amerikanischen Wahlsystems.

Zur Vertiefung

Präsidentschaftswahl 2000

Wegen der Diskrepanz zwischen den Mehrheiten bei Wählerstimmen und Wahlgremiumsstimmen nimmt die Präsidentschaftswahl 2000 eine Sonderstellung ein. Unklarheiten bei der Auszählung der Stimmen in Florida, problematische Wahlzettel (z. B. sog. butterfly ballots) und z. T. veraltete Wahlmaschinen führen zu wochenlangen gerichtlichen Auseinandersetzungen über die Zuteilung der im Wahlgremium entscheidenden Stimmen Floridas zwischen den beiden Parteien und deren Präsidentschaftskandidaten George W. Bush und Albert A. Gore. Die in der Geschichte der USA bisher einmalige Kombination aus der Mehrheit für den einen – letztlich unterlegenen – Kandidaten (Gore) bei den Gesamtwählerstimmen einerseits und der durch eine Entscheidung des Obersten Gerichtshofs erfolgten Zuteilung der umstrittenen Wahlgremiumsstimmen Floridas an den anderen – damit siegreichen – Kandidaten (Bush) andererseits lässt die Präsidentschaftswahl 2000 und deren Entscheidung lange umstritten bleiben.

	George W. Bush	Albert A. Gore
Wählerstimmen	50.456.002 = 47.87 %	50.999.897 = 48,38 %
Wahlgremium	271	266
	(1 faithless elector)	

5.4.3 | Präsident und Kongress

Impeachment: Die Möglichkeit zur Amtsenthebung des Präsidenten wird in der verfassungsgebenden Versammlung von 1787 von Benjamin Franklin befürwortet, um für das vorzeitige Ende einer Präsidentschaft demokratische Regeln festzulegen und politische Attentate einzudämmen. Das **Amtsenthebungsverfahren (Impeachment)** wegen »treason, bribery, or other high crimes and misdemeanors« ist in Artikel I, Sektion 3 und Artikel II, Sektion 4 der Verfassung beschrieben und beteiligt beide Kammern des Kongresses als höchste Instanzen der Legislative sowie den Chief Justice des Obersten Gerichtshof als höchsten Vertreter der Judikative. Das

Verfahren wird durch eine Anklageerhebung mit einfacher Mehrheit im Repräsentantenhaus eingeleitet. Der Senat agiert danach unter dem Vorsitz des Chief Justice als Gerichtshof und kann den Präsidenten mit einer **Zweidrittelmehrheit** zu jedem einzelnen der Anklagepunkte seines Amtes entheben.

Bisher werden in der Geschichte der USA drei Präsidenten angeklagt: Andrew Johnson (1868), Richard Nixon (1974), Bill Clinton (1998). Sie werden jedoch entweder im Senat freigesprochen (Johnson, Clinton) oder sie entziehen sich dem weiteren Verfahren durch Rücktritt (Nixon).

Zusammenspiel mit dem Kongress: Der Präsident der USA verfügt über eine Machtfülle, die über die Befugnisse der meisten demokratisch gewählten Regierungschefs der Welt hinausgeht. Zu den meistdiskutierten Themen der U.S.-amerikanischen Politik- und Verfassungsgeschichte gehört in diesem Zusammenhang das **Zusammenspiel zwischen Exekutive und Legislative** und die Frage nach der **Ausweitung der präsidialen Gestaltungsmöglichkeiten** auf Kosten der Legislative und des Kongresses durch sog. ›starke Präsidenten‹ (strong presidents) wie z. B. Abraham Lincoln im 19. und Franklin D. Roosevelt im 20. Jh. Zu Beginn des 21. Jh.s und besonders nach den Terrorangriffen vom 11. September 2001 stehen den Bestrebungen der Exekutive unter Präsident George W. Bush zur Ausdehnung ihrer Befugnisse (sog. unitary executive theory) die nach der Zwischenwahl von 2006 wieder erstarkenden Bemühungen des Kongresses nach wirksameren Kontrollprozessen und -mechanismen gegenüber.

Zum Begriff

> Der Historiker Arthur Schlesinger (1973/2004) prägt in einer der wichtigsten Studien zur U.S.-amerikanischen Präsidentschaft den Begriff der → imperial presidency zur Beschreibung der politischen und kulturellen Macht und Autorität des Präsidenten.

Rechte und Zuständigkeiten

Zu den wichtigsten verfassungsmäßigen Aufgaben, Zuständigkeiten und Rechten des Präsidenten zählen insbesondere:

- das **Vorschlags- und Ernennungsrecht** für Minister mit Kabinettsrang, hohe Regierungsbeamte, Botschafter, Offiziere der Streitkräfte und Richter am Obersten Gerichtshof
- das Recht, den Kongress aus wichtigem Anlass zusammenzurufen, und die Pflicht, dem Kongress regelmäßig – traditionell einmal im Jahr – eine Regierungserklärung abzugeben **(State of the Union Address)**
- die Autorität, **Verträge mit anderen Staaten** abzuschließen und damit die Außenpolitik maßgeblich zu bestimmen
- ein **Vetorecht** gegenüber der Legislative und den im Kongress verabschiedeten Gesetzen (mit Ausnahme von Verfassungszusätzen)
- der **Oberbefehl über die Streitkräfte** und die Möglichkeit als Oberbefehlshaber **(Commander in Chief)**, für eine begrenzte Zeit Truppen ohne Beteiligung des Kongresses und ohne eine förmliche Kriegserklärung ins Ausland zu entsenden

Präsident
und Kongress

- das **Recht zur Amnestie und Begnadigung (Presidential Pardon)** besonders von Regierungsbeamten (mit Ausnahme von Angeklagten in Amtsenthebungsverfahren); berühmte Amnestien sind die von Präsident Gerald Ford für Richard Nixon nach dessen Rücktritt nach der Watergate-Affäre und die von Präsident Carter für mehr als 10.000 Kriegsdienstverweigerer nach dem Ende des Vietnamkriegs.

Neben den verfassungsmäßigen Rechten und Zuständigkeiten geben exekutive Verfügungen (**Executive Orders**) mit Gesetzescharakter sowie das Prinzip des ›exekutiven Privilegs‹ (**Executive Privilege**) dem Präsidenten zusätzlichen politischen und administrativen Handlungsspielraum, der jedoch vom Obersten Gerichtshof in der im Zusammenhang der Watergate-Affäre gefällten Entscheidung **U.S. v. Nixon (1974)** eingeschränkt wird.

Executive Privilege

Kontrolle des Präsidenten: Die **Machtfülle des Präsidenten** wird im Sinne der Checks and Balances durch eine Reihe von Kontroll- und Zustimmungsmechanismen beschränkt:

- das Recht des Senats auf **Anhörung nominierter Kandidaten** und die **Bestätigung (confirmation) von Personalvorschlägen** des Präsidenten durch den Senat vor der Ernennung
- die Notwendigkeit der **Zustimmung** des Senats zu den vom Präsidenten geschlossenen Verträgen (mit Ausnahme sog. Executive Agreements)
- die Möglichkeit zum **Überstimmen (overriding) eines präsidialen Vetos** durch Zweidrittelmehrheiten in beiden Kammern
- den **War Powers Act von 1973**, der den Zeitraum zur Entsendung von Truppen ohne Kriegserklärung oder Zustimmung des Kongresses auf 60 Tage (bzw. bei einer Verlängerung auf insgesamt 90 Tage) limitiert
- die **Haushalts- und Finanzhoheit des Kongresses**.

Kongress v. Präsident

Zur Vertiefung

Zu den bekanntesten **Ablehnungen** präsidialer Entscheidungen, Verträge, Vetos und Nominierungen im 20. Jh. zählen:
- die Ablehnung des Friedensvertrags von Versailles und damit der Beteiligung der USA am Völkerbund durch den Senat nach dem Ersten Weltkrieg
- das Überstimmen des Vetos von Präsident Nixon gegen den War Powers Act in Repräsentantenhaus und Senat
- die Ablehnung des von Präsident Reagan 1987 für den Obersten Gerichtshof nominierten Richters Robert Bork.

Wie schwierig das Überstimmen eines präsidialen Vetos ist, zeigt die Statistik, dass in mehr als 200 Jahren von den mehr als 2500 präsidialen Vetos nur ca. 100 überstimmt wurden.

5.5 | Gerichtswesen und Oberster Gerichtshof

5.5.1 | Struktur des Gerichtswesens

Historische Ausgangspunkte und Grundsätze: Das Rechtswesen der USA hat sich aus dem englischen System des Common Law entwickelt und basiert im Unterschied zum deutschen oder französischen Recht nicht auf kodifizierten Gesetzen, sondern auf sog. **Präzedenzfällen** (precedents). Im Rahmen dieses **Fallrechts** werden maßgebliche Urteile und richtungweisende Entscheidungen aus der Vergangenheit von Richtern und Gerichten als Orientierung und Maßstab in ihrer eigenen, gegenwärtigen Rechtsprechung herangezogen, jeweils fallbezogen ausgelegt und gegebenenfalls durch neue Entscheidungen bestätigt, modifiziert oder ersetzt.

Das Gerichtswesen der USA umfasst Gerichte der Einzelstaaten und Bundesgerichte (vgl. Janosik 1987). Es ist ein **föderalistisch-duales System**, an dessen Spitze als letztinstanzliches Gericht der **Oberste Gerichtshof der Vereinigten Staaten (Supreme Court of the United States of America)** steht. Die Verfassung der USA erwähnt in Artikel III lediglich den Obersten Gerichtshof und überlässt die Einrichtung weiterer (Bundes-)Gerichte dem Kongress, der im **Judiciary Act (1789)** die Grundlinien des bis heute gültigen Gerichtswesens fixiert.

Föderalistisches System

Die einzelstaatlichen Gerichte und die Bundesgerichte sind voneinander unabhängig und für sich genommen jeweils in **drei Ebenen** gegliedert. Sie verhandeln beide jeweils gleichermaßen zivil- und strafrechtliche Angelegenheiten, die in die juristischen Zuständigkeiten von Einzelstaaten oder Bundesregierung fallen bzw. Einzelstaaten oder Bundesregierung originär und in ihren Auswirkungen betreffen. Einzelstaats- und Bundesgerichte kommen in Berührung – meist in **Berufungsverfahren** –, wenn Staats- und Bundesgesetze bzw. Staatsgesetze und Bundesverfassung sich widersprechen oder wenn ein Gericht eines Einzelstaats für seine Urteilsfindung die Bundesverfassung interpretiert hat.

Bundesgerichte: Das gestufte System der **Bundesgerichte** (Federal Courts) umfasst:

- auf der untersten Ebene die **Bundesbezirksgerichte** (Federal District Courts), von denen es pro Einzelstaat mindestens eines gibt und deren Zuständigkeit die Grenzen des jeweiligen Einzelstaats nicht überschreitet; insgesamt gibt es derzeit 94 Bundesbezirksgerichte
- auf der mittleren Ebene elf, in ihrer Zuständigkeit nach größeren geographischen Gebieten eingeteilte und durchnummerierte **Bundesberufungsgerichte** (Courts of Appeals; bis 1948 Circuit Courts of Appeals); hinzu kommen zwei weitere Bundesberufungsgerichte (D.C. Circuit Court of Appeals/U.S. Court of Appeals for the Federal Circuit) für Angelegenheiten, die Bundesbehörden sowie Patente, Verträge oder finanzielle Ansprüche gegenüber der Bundesregierung betreffen
- als höchste Instanz der **Oberste Gerichtshof** (Supreme Court of the United States of America).

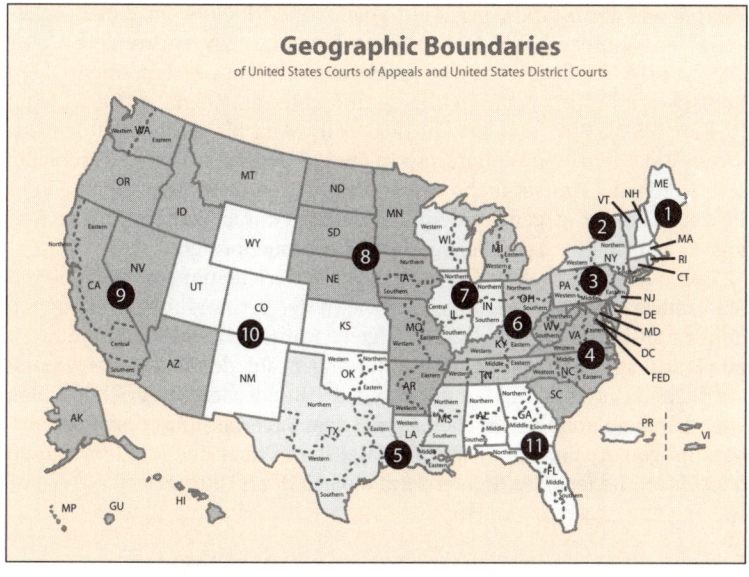

Zuständigkeits-
grenzen der
Bundesbezirks-
und Bundes-
berufungsgerichte

Gerichte der Einzelstaaten: In der Zuständigkeit der Bundesstaaten gliedert sich das Gerichtswesen unabhängig von unterschiedlichen Bezeichnungen und Detailunterteilungen generell wie folgt:

- auf der untersten Ebene die **Trial Courts** im Bereich von Kommunen
  (Municipal Courts) oder Bezirken/Kreisen (County Courts/Circuit
  Courts), in denen die gerichtliche Auseinandersetzung beginnt
- auf der mittleren Ebene die **Appellate Courts** als Berufungsinstanz
  zur weiteren Behandlung von Fällen, die erstinstanzlich entschieden
  werden
- als oberste Instanz auf der Ebene der Einzelstaaten **das Oberste Gericht
  des jeweiligen Staates** (meist ebenfalls Supreme Court genannt).

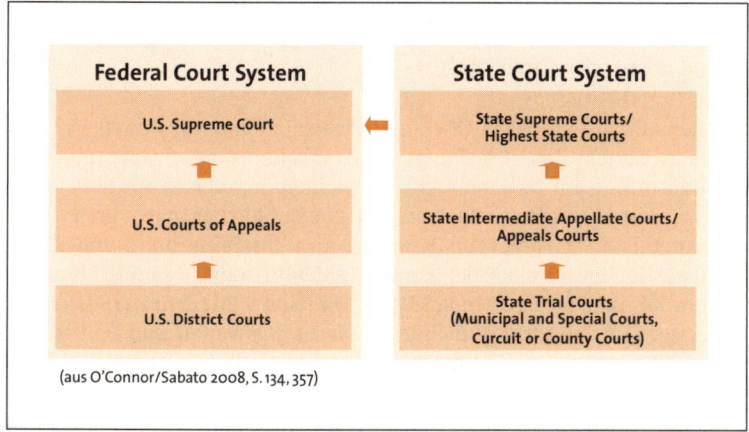

(aus O'Connor/Sabato 2008, S. 134, 357)

Das U.S.-
amerikanische
Gerichtswesen

Richter und Prozessführung: Die nahezu 1000 Richter an den Bundesgerichten kommen nach dem gleichen **Ernennungsverfahren**, den gleichen politischen Prozessen und gegebenenfalls den gleichen öffentlichen
Kontroversen in ihr Amt wie die neun Richter am Obersten Gerichtshof
(s. Kap. 5.5.2). Bundesrichter bekleiden ihr Amt bis zu ihrem Rücktritt,
ihrem Tod oder einem – allerdings in der U.S.-amerikanischen Geschichte
sehr seltenen – Amtsenthebungsverfahren. Richter an den Gerichten der
Einzelstaaten hingegen werden überwiegend durch **Wahlverfahren** und
meist auch für eine zeitlich begrenzte Amtsdauer bestellt.

Den einzelnen Richtern kommt in ihren Gerichten, beim Umgang mit
Staatsanwälten und Verteidigern sowie in der Verhandlungsführung ein
hohes Maß an Eigenständigkeit, Eigenverantwortlichkeit und Autorität
zu. Erstinstanzliche Gerichtsverhandlungen auf der Ebene der einzelstaatlichen Gerichte und auf der Ebene der Bundesbezirksgerichte finden
vor allem bei Kapitalverbrechen gemäß dem 6. Verfassungszusatz als Verhandlungen mit einer **Jury (Jury Trials)** statt. Dabei stellt die Jury Schuld
oder Unschuld fest; der Richter setzt danach das Strafmaß fest.

Zur Vertiefung

Alexis de Tocqueville über Richter und Gerichte in den USA

Die hohe Autorität der Gerichte und das moralische Ansehen, das
Richtern in den USA traditionell zukommt, hat schon Alexis de Tocqueville in den 1830er Jahren beeindruckt. In *Democracy in America*
(1835/1840) vergleicht er die richterliche Tätigkeit der Verfassungsin-
terpretation und Rechtsauslegung mit den sakralen Handlungen und
hoheitlichen Aufgaben ägyptischer Priester: »The French lawyer is
merely a man of learning, but the English or American man of law in
some ways resembles an Egyptian priest. Like the priest, he is the sole
interpreter of an occult body of knowledge.«

(Alexis de Tocqueville: *Democracy in America*, 2004, S. 307–308)

5.5.2 | Oberster Gerichtshof

www.supreme-
courtus.gov

Position und Aufgabe: Der Oberste Gerichtshof (Supreme Court) stellt als
höchstes Gericht der USA die letztinstanzliche Autorität der Judikative
dar und nimmt im Rahmen der Gewaltenteilung eine zentrale Position
ein (vgl. Jost [4]2007; Hall [2]2005; Schultz 2005). Führt er in den ersten Jahren der U.S.-amerikanischen Republik zunächst eine politische Rand-
existenz, so nimmt nach der Fixierung des **Prinzips des sog. Judicial
Review** mit dem wegweisenden Urteil **Madison v. Marbury (1803)** seine
Bedeutung im Zusammenspiel der Regierungsgewalten und politischen
Kräfte ständig zu. Seine Entscheidungen beeinflussen wesentlich den
Gang der U.S.-amerikanischen Geschichte, die Entwicklung der U.S.-
amerikanischen Gesellschaft und immer wieder auch die Formation und

Oberster
Gerichtshof

Revision von U.S.-amerikanischen Ideologien und Identitätskonstruktionen (vgl.
Hall 1999). Die Obersten Richter selbst
werden als verbindliche Interpreten und
Hüter der Verfassung und der Ideale der
U.S.-amerikanischen Republik und Nation
betrachtet. Robert A. Ferguson bezeichnet
den Supreme Court als »**the great oracle of
Americanism**« (1984, S. 13). Der Einfluss
des Obersten Gerichtshofs auf die politischen Prozesse und die gesellschaftlichen
Diskussionen in den USA wird in den letzten Jahren z. B. in der Entscheidung zum

Der Oberste
Gerichtshof

Ausgang der Präsidentschaftswahl 2000 (Bush v. Gore, 12. Dezember
2000), in der Entscheidung zur Eindämmung des Treibhauseffekts (Massachusetts v. Environmental Protection Agency, 2. April 2007) und in der
Bestätigung des Rechts auf den Besitz von Waffen (District of Columbia v.
Heller, 26. Juni 2008) deutlich.

Richter und Ernennungsverfahren: Der Oberste Gerichtshof setzt sich
seit 1869 aus insgesamt **neun Richtern** zusammen: dem **Chief Justice** und
acht **Associate Justices** (für eine Gesamtliste der Richter seit Ende des
18. Jh.s vgl. www.supremecourtus.gov/about/members.pdf). Der Chief
Justice verfügt formal über kein größeres Gewicht bei Abstimmungen und
Entscheidungen, sondern ist vornehmlich mit organisatorisch-adminis-
trativen und z. T. auch repräsentativen Aufgaben betraut. Dennoch haben
Chief Justices wie z. B. John Marshall (1801–1835) im 19. und Earl Warren
(1953–1969), Warren E. Burger (1969–1986) und William Rehnquist (1986–
2005) im 20. und 21. Jh. durch die unter ihrem Vorsitz verhandelten Fälle
und getroffenen Entscheidungen Berühmtheit erlangt. Oftmals spricht
man daher unter Anspielung auf den jeweiligen Chief Justice vom Burger
Court oder Rehnquist Court. Seit 2005 ist John G. Roberts Chief Justice
des Obersten Gerichtshofs**.**

Die Richter am Obersten Gerichtshof sind auf Lebenszeit ernannt, besitzen ein größtmögliches Maß an Unabhängigkeit und verfügen über eine
hohe überparteiliche moralische Autorität. Die **Amtszeit** eines Richters
am Obersten Gerichtshof endet mit Rücktritt, Tod oder Amtsenthebung.
Der Nominierungs- und Ernennungsprozess verdeutlicht das Zusammenspiel der politischen Gewalten in den USA nach dem Prinzip der Gewaltenteilung und -verschränkung:

- das **Vorschlagsrecht** für die Richter am Obersten Gerichtshof liegt
  beim Präsidenten, der beim Ausscheiden eines Richters einen neuen
  Kandidaten nominiert (nomination)
- der Senat hat das Recht auf eine **Anhörung** des nominierten Kandidaten
  vor dem Senate Judiciary Committee und muss der Ernennung des vom
  Präsidenten vorgeschlagenen Kandidaten zustimmen (confirmation)
- der Präsident ernennt nach der **Bestätigung durch den Senat** den Kandidaten zum Richter am Obersten Gerichtshof (appointment)

Nominierung
und Ernennung
eines Richters

- nach der **Ernennung** obliegt es dem Richter zusammen mit den anderen acht Richtern, die Exekutive und Legislative gleichermaßen zu kontrollieren und auf die Einhaltung der Verfassung zu achten.

Angesichts der Bedeutung des Obersten Gerichtshofs und der nahezu unantastbaren Stellung der Richter gehört die **Nominierung von Kandidaten** für den Obersten Gerichtshof durch den Präsidenten und die folgende Anhörung vor dem Senatsausschuss zu den wichtigsten und brisantesten politischen Prozessen in den USA. Wenn sie die politischen und gesellschaftlichen Auffassungen des amtierenden Präsidenten nicht teilen, bleiben Richter z. B. trotz hohen Alters oder Krankheit im Amt, um mit ihrem Rücktritt keine Möglichkeit zur Veränderung der Zusammensetzung des Gerichts zu eröffnen. Umgekehrt versuchen Präsidenten die ihnen zufallenden Möglichkeiten zur Nominierung politisch nahestehender Kandidaten und damit zur politisch-ideologischen Veränderung des Gerichts zu nutzen. Die Frage nach der möglichen Anzahl und nach der juristisch-gesellschaftspolitischen Tendenz der Nominierungen und Ernennungen während der bevorstehenden Amtszeit eines neuen oder wiedergewählten Präsidenten zählt zu den bedeutendsten Themen im U.S.-amerikanischen Präsidentschaftswahlkampf.

Zur Vertiefung

Ernennungsverfahren seit den 1980er Jahren

In jüngerer Zeit finden die Kontroversen um den von Präsident Reagan nominierten Kandidaten Robert Bork (1987) und um den von Präsident George H.W. Bush nominierten Kandidaten Clarence Thomas (1991) nationale und internationale Beachtung; Bork wird vom Senat letztlich abgelehnt; Thomas wird vom Senat akzeptiert und vom Präsidenten ernannt. Die Nominierungs- bzw. Ernennungsverfahren seit den frühen 1990er Jahren – Ruth B. Ginsburg (1993), Stephen G. Breyer (1994), John G. Roberts (2005), Samuel A. Alito (2006) – sind von politisch-ideologischen Kontroversen, parteipolitischen Diskussionen und gruppenspezifischen Einflussnahmen durch Interessengruppen und politischen Vereinigungen wie z. B. die Federalist Society geprägt. Die Richter selbst verhalten sich nach ihrer Ernennung oftmals entgegen früheren Erwartungen oder entgegen vorherigen Klassifizierungen nach bestimmten verfassungsrechtlichen Schulen oder Traditionen.

Konflikte zwischen den Gewalten: Zu den bekanntesten Konflikten zwischen Legislative und Exekutive einerseits und dem obersten Organ der Judikative andererseits im 20. Jh. gehört die Auseinandersetzung zwischen Präsident Franklin D. Roosevelt und dem Obersten Gerichtshof um die **New Deal-Gesetzgebung der 1930er Jahre**. Roosevelt scheitert mit dem Versuch, durch eine Restrukturierung des Obersten Gerichtshofs und besonders durch eine Erhöhung der Zahl der Richter die politischen Einflussmöglichkeiten auf das Gericht zu vergrößern (Judiciary Reorganization Bill oder sog. Court Packing Plan, 1937). In einem anderen spektakulären Konflikt aus der neueren Geschichte verweigert der Oberste Gerichtshof mit der einstimmigen Entscheidung **U.S. v. Nixon (1974)** dem Präsidenten ein unbegrenztes Vorrecht im Umgang mit dem Kongress und mit Regierungsstellen und setzt somit der Exekutive Grenzen. Weltweite Beachtung finden ferner die Entscheidungen des Obersten Gerichtshofs vom Juni 2006 (Hamdan v. Rumsfeld) und vom Juni 2008 (Boumediene v. Bush), nach denen die von der Regierung eingerichteten Militärtribunale für Verhandlungen gegen Terrorverdächtige in **Guantánamo** gegen die Verfassung verstoßen.

Fallauswahl und Entscheidungen: Der Oberste Gerichtshof entscheidet in juristischen Streitigkeiten und Fällen von **übergeordneter und grundsätzlicher Bedeutung**. Die Mehrzahl der verhandelten Fälle sucht sich der Oberste Gerichtshof nach eigener Einschätzung aus; für die Annahme eines Falls zur Behandlung und Entscheidung sind vier Richterstimmen nötig. Eine geringere Zahl von Fällen erreicht den Obersten Gerichtshof aufgrund von Berufungsverfahren in nachgeordneten Bundesgerichten und in den höchsten Gerichten der Einzelstaaten. Die Titel der vom Obersten Gerichtshof entschiedenen Fälle besitzen häufig eine schlagwortartige Bedeutung. Bei besonders wichtigen Fällen und Entscheidungen spricht man von **landmark cases bzw. landmark decisions**.

Die Entscheidungen des Obersten Gerichtshofs werden mehrheitlich getroffen, wobei neben dem Urteilstext als Mehrheitsmeinung auch das Abstimmungsergebnis und die Stimmverteilung auf die Richter öffentlich bekannt gemacht wird. Oftmals formulieren überstimmte Richter ihre abweichende Meinung gesondert **(dissenting opinion)** und markieren damit mögliche Bezugspunkte für juristische Diskussionen und zukünftige Fälle und Entscheidungen auf Bundes- oder Einzelstaatsebene.

Dissenting
Opinion

In den Fällen, die vor dem Obersten Gerichtshof verhandelt werden, handelt es sich häufig um Fragen und Konflikte aus den folgenden größeren Bereichen:

- **individuelle Freiheiten und Rechte** nach den ersten zehn Verfassungszusätzen der Bill of Rights (z. B. Entscheidungen zu Meinungsfreiheit, zu Religionsfreiheit, zur Privatsphäre, zum Recht auf Abtreibung, zur Todesstrafe, zum Waffenbesitz)
- Ausmaß und Anwendbarkeit der **Befugnisse der einzelnen Regierungsgewalten und -organe** (bes. des Präsidenten)
- **Verhältnis** zwischen Einzelstaaten bzw. einzelstaatlicher Gesetzgebung einerseits und Bundesregierung bzw. Bundesgesetzgebung andererseits (Entscheidungen z. B. zur Sklaverei, zur Anwendung der Todesstrafe, zur Umweltpolitik, zum Recht auf Abtreibung)
- **Wahlrecht** und **Wahlorganisation**
- **Rechte und Chancengleichheit** von Angehörigen ethnischer Gruppen (Entscheidungen zu Affirmative Action-Programmen, d. h. Quotenregelungen für bestimmte Gruppen an Universitäten und Schulen).

Entscheidungs-
felder

Gerichtsentscheidungen und Politik: Die Entscheidungen des Obersten Gerichtshofs in gesellschaftspolitisch aktuellen Fällen, die historischen Entwicklungen in den Argumentationen und vor allem die Revision früherer Entscheidungen verdeutlichen, wie die Richter des Obersten Gerichtshofs – z. T. einstimmig, z. T. divers – auf historische, politische und kulturelle Veränderungen reagieren. Die vom Obersten Gerichtshof in mehr als 200 Jahren entschiedenen Fälle sind ein aussagekräftiger **Indikator der Konflikte, Spannungen und Kontroversen** in der U.S.-amerikanischen Geschichte und Gesellschaft (vgl. Hall 1999).

Zur Vertiefung

Berühmte Entscheidungen des Obersten Gerichtshofs

1803   Marbury v. Madison: Etablierung des Grundsatzes des Judicial Review und damit der Letztgültigkeit der Entscheidungen des Obersten Gerichts

1819   McCullough v. Maryland: Festschreibung der Rechte der Bundesregierung gegenüber den Einzelstaaten

1857   Dred Scott v. Sanford: Verbot von Anti-Sklavereigesetzgebung des Kongresses in Territorien

1896   Plessy v. Ferguson: grundsätzliche Legitimation der Segregation

1947   Everson v. Board of Education: Anwendung des Establishment Clause des ersten Verfassungszusatzes auch in den Einzelstaaten

1954   Brown v. Board of Education, Topeka, KS: Abschaffung der Segregation in Schulen

1957   Roth v. U.S.: Entscheidung zur Meinungs- und Pressefreiheit; ›obszöne Materialien‹ können nur als solche gelten, wenn sie »utterly without redeeming social value« sind

1966   Miranda v. Arizona: Pflicht der Polizei und Staatsorgane, verhaftete Personen über ihre Rechte aufzuklären

1973   Roe v. Wade: Erlaubnis von Abtreibungen im Rahmen des Rechts von Frauen auf Privatsphäre

1974   U.S. v. Nixon: Beschränkung des Executive Privilege des Präsidenten

1978   Regents of California v. Bakke: Entscheidung zu Minderheitenquoten an Universitäten und Schulen

1989   Texas v. Johnson: Entscheidung zur Meinungsfreiheit, Erlaubnis des Verbrennens der Nationalflagge

2003   Lawrence v. Texas: Verbot der diskriminierenden Gesetzgebung gegen Homosexuelle und Aufhebung früherer Entscheidungen des Obersten Gerichtshofs

2006   Hamdan v. Rumsfeld: Einschränkung der Befugnisse der Exekutive bei der Behandlung von Terrorverdächtigen

2007   Massachusetts v. Environmental Protection Agency: Pflicht der Regierungsorgane zum Umwelt- und Klimaschutz

2008   Disctrict of Columbia v. Heller: Recht auf Waffenbesitz nach dem 2. Verfassungszusatz

5.5.3 | Kulturelle Repräsentationen

Seit der Kolonialzeit spielen Gerichtsprozesse vor allem dann eine große Rolle, wenn der jeweilige Fall und seine Verhandlung gesellschaftliche und politische Hintergründe von übergreifender Bedeutung haben. Zu den **kulturhistorisch signifikanten Gerichtsprozessen** zählen besonders (vgl. Bailey/Chermak 2004; Knappman [2]2002):

- die Verhandlungen gegen **Dissidenten** wie z. B. Anne Hutchinson und die Salemer Hexenprozesse im puritanischen Neuengland des 17. Jh.s
- der Prozess gegen den **Abolitionisten** John Brown kurz vor dem Bürgerkrieg
- der Prozess gegen die vermeintlichen Anarchisten **Sacco und Vanzetti** in den 1920er Jahren
- der Scopes Monkey Trial um die **Evolutionslehre** in den 1920er Jahren
- der Prozess gegen das der Spionage angeklagte **Ehepaar Rosenberg** im Kontext des Kalten Kriegs
- der Prozess gegen den Massenmörder **Charles Manson** Anfang der 1970er Jahre
- die im Umfeld ethnischer Spannungen und großem Medieninteresse stattfindenden Prozesse gegen den früheren Footballspieler **O.J. Simpson** in den 1990er Jahren und gegen den Musikstar **Michael Jackson** 2005.

Gerichtsprozesse in der Literatur und Medien: Die Interpretation der Fälle und Verhandlungen legt Spannungen und Konflikte in der Gesellschaft zum jeweiligen Zeitpunkt frei und analysiert medial unterschiedliche Repräsentationen der Prozesse. Sie beschäftigt sich z. B. mit der historisch spezifischen **Inszenierung von Rechtsprechung** sowie mit sich wandelnden **gesellschaftlichen Normen und politischen Überzeugungen**. In der Literatur finden sich zahlreiche Darstellungen von Gerichtsprozessen, von Herman Melvilles Erzählung *Billy Budd Sailor* (1924) über Arthur Millers Drama *The Crucible* (1953) und Harper Lees Roman *To Kill a Mockingbird* (1960) bis zu David Gutersons Roman *Snow Falling On Cedars* (1994). Filme wie z. B. Steven Spielbergs *Amistad* (1997) zu einem berühmten Sklavereiprozess im 19. Jh. oder *A Time to Kill* (1996, dt. *Die Jury*) nach einem populären Roman von John Grisham sowie Fernsehserien aus dem Anwalts- und Gerichtsumfeld wie z. B. »Ally McBeal« (1997–2002) oder »Boston Legal« (2004–) illustrieren die anhaltende Bedeutung von Gerichtsprozessen für die moderne Medien- und Unterhaltungskultur.

5.6 | Politische Parteien und Interessenvertretungen

Die politischen Parteien der USA werden meist im Zusammenhang von Wahlkämpfen und medienwirksam inszenierten Parteitagen zur Kür der Präsidentschaftskandidaten wahrgenommen. Die Geschichte des U.S.-amerikanischen Parteiensystems geht bis in die Frühzeit der Republik zurück und ist stärker mit kulturhistorischen Entwicklungen und ideologisch-politischen Kontroversen verbunden als aus dieser gegenwärtigen Perspektive oftmals angenommen. Dennoch war und ist es die Hauptaufgabe U.S.-amerikanischer Parteien, die **Nominierung und Wahl von Kandidaten** sicherzustellen (vgl. Bibby [2]2003; Binning 1999; Klumpjan 1998).

Entstehung und Entwicklung der Parteien bis zum Bürgerkrieg: Das Parteiensystem der USA ist weitgehend ein **Zweiparteiensystem**. In den 1790er Jahren bilden sich im Zusammenhang der politischen Auseinandersetzungen um die Ratifizierung der Verfassung und um das Verhältnis zwischen Bundesregierung und Einzelstaaten (s. Kap. 3.3.2) zwei parteiähnliche Gruppierungen im Kongress:

Parteien der Frühen Republik

- die **Federalists** um John Adams und Alexander Hamilton, die eine starke Zentralregierung und eine außenpolitische Anlehnung an Großbritannien befürworten
- die **Democratic-Republicans** (oftmals auch nur Republicans) um Thomas Jefferson, die eine größere einzelstaatliche Unabhängigkeit unterstützen und eher Sympathien für Frankreich und die Französische Revolution haben.

Finden die Democratic-Republicans ihre Sympathisanten meist in den Südstaaten, so haben die Federalists vor allem in Neuengland zahlreiche Anhänger.

Karikaturen zu den Parteien von Thomas Nast (1870/1874)

In der Präsidentschaftswahl 1800 treten mit John Adams und Thomas Jefferson erstmals Kandidaten als **Repräsentanten rivalisierender politischer Gruppierungen** an. Nach den z. T. vehementen Kontroversen in den ersten Jahren der Republik verlieren diese beiden frühen Parteien in den ersten Jahrzehnten des 19. Jh.s zunehmend an Bedeutung und treten schließlich nahezu völlig in den Hintergrund.

"A LIVE JACKASS KICKING A DEAD LION."
And such a Lion! and such a Jackass!

Ausgangspunkte des modernen Zweiparteiensystems: Die rasch wachsende Wählerschaft im Zuge des Bevölkerungswachstums, die Ausweitung direkter Wahlakte und eine zunehmende Politisierung und Polarisierung der Kontroversen um die Expansion nach Westen, die Sklaverei, die Regelung der Einwanderung und die Steuerung wirtschaftlicher Entwicklungen u. a. m. lässt ab den späten 1820er Jahren ein **neues Zweiparteiensystem** entstehen. Dabei bilden sich nach der Auflösung der Federalists zunächst aus der Anhängerschaft der früheren Democratic-Republicans zwei neue Parteien:

- die eher konservativeren **National Republicans** – in den 1830er und 1840er Jahren unter dem Namen Whig Party oder Whigs bekannt – um John Quincy Adams, Daniel Webster und Henry Clay

- die eher progressive **Democratic Party**, die im Jahre 1832 ihren ersten nationalen Parteitag abhält – und somit die älteste, kontinuierlich arbeitende demokratische Partei der Welt ist – und zu deren prominentesten ersten Vertretern Präsident Andrew Jackson gehört.

Nach der Zersplitterung der National Republicans über die Frage der Ausdehnung oder Abschaffung der Sklaverei konstituiert sich 1854 als neue politische Kraft und in Opposition gegen die Sklaverei die **Republican Party (Grand Old Party)**, die zwei Jahre später ihren ersten nationalen Parteitag abhält.

Mit dem Begriff des **→ ›soliden Süden‹ (solid South)** wird die vom Bürgerkrieg bis in die Zeit nach dem Zweiten Weltkrieg anhaltende mehrheitliche Unterstützung im Süden für die bis dahin weitgehend integrationsfeindliche Demokratische Partei beschrieben. Seit den späten 1960er Jahren wenden sich die weißen Wähler im Süden zunehmend den konservativen Positionen der Republikanischen Partei zu, während die stark steigende Zahl der hispanischen Bevölkerung eher die Demokratische Partei wählt.

Zum Begriff

1860 gewinnt Abraham Lincoln die Präsidentschaftswahl für die **Republikanische Partei**. Die Mehrheit der Wähler in den Südstaaten wählt in der letzten Präsidentschaftswahl vor dem Bürgerkrieg die Demokratische Partei und begründet damit die lang anhaltende Vormachtstellung der Demokratischen Partei im Süden (sog. **solid South**). Bis zum Bürgerkrieg hat sich in den USA somit das bis in die Gegenwart fortbestehende Zweiparteiensystem mit Democratic Party und Republican Party formiert und in einer bis ins 20. Jh. anhaltenden regionalen Verteilung etabliert. Unmittelbar nach dem Bürgerkrieg entstehen nach Karikaturen des deutschstämmigen Künstlers **Thomas Nast** mit (demokratischem) Esel und (republikanischem) Elefant die bis heute geläufigen Symbolfiguren der beiden großen Parteien.

**Präsidentschafts-
wahl 1860**

Der demokratische
Esel und der
republikanische
Elefant in Logos
der Parteien 2008

Zweiparteiensystem seit dem Bürgerkrieg: Die Demokratische Partei und die Republikanische Partei dominieren seit dem Bürgerkrieg die politische Landschaft der USA sowohl auf Bundesebene als auch auf der Ebene der Einzelstaaten. Im Kontext der steigenden Bevölkerungszahlen und der zunehmenden Urbanisierung bauen beide Parteien bis zum Ersten Weltkrieg in großen Städten wie z.B. New York, Chicago, Boston oder Cleveland mächtige **Parteiorganisationen** (Party Machines) auf, die unter der Führung eines lokalen **Parteiführers (Boss)** durch die Verteilung von Jobs, kommunale Dienstleistungen, Sozialleistungen und Freizeitaktivitäten der jeweiligen Partei politischen Einfluss und Wählerstimmen – häufig auch im Umfeld der Einwanderergemeinden – verschaffen.

Zu den bekanntesten Parteiorganisationen im späten 19. und frühen 20. Jh. zählt die **Tammany Hall** (auch Tammany Society) der Demokratischen Partei in New York City, die vor allem unter der irisch-amerikani-

Party Machines

schen Bevölkerung einen starken Rückhalt hat und von so berüchtigten
Parteibossen (hier Grand Sachems genannt) wie William M. Tweed oder
Charles F. Murphy beherrscht wird. In Chicago hält sich der Einfluss der
Parteiorganisationen unter Richard J. Daley bis in die 1960er Jahre und
sichert dort noch John F. Kennedy einen Großteil der Stimmen im Präsi-
dentschaftswahlkampf 1960.

Zur Vertiefung

Entwicklung der Parteiorganisation im 20. Jh.

Im Laufe des 20. Jh.s geht der unmittelbare Einfluss der Parteien auf das
Wählerverhalten zurück, und auch die Parteimaschinen verlieren an
Bedeutung. Zu den wichtigsten Gründen für diesen Trend zählen

- der Aufbau **parteiunabhängiger Kommunalverwaltungen** und
  Dienstleistungsapparate in den großen Städten
- die **Verschiebung** großer Anteile an Wählern in die suburbanen
  – meist weniger effektiv von Parteimanagern kontrollierbaren –
  Wohngebiete
- die **Sozialgesetzgebung und Sozialleistungen** seit dem New Deal
  der 1930er Jahre
- die Entwicklung einer eher von **Kandidaten** denn von Parteipro-
  grammen geleiteten Politik
- die seit den 1950er und 1960er Jahren stetig an Bedeutung gewin-
  nende **Rolle der Medien** in Prozessen der politischen Meinungsbil-
  dung und in Wahlkämpfen.

Insgesamt hat die Zahl der Wähler, die sich grundsätzlich und kontinuierlich mit einer der beiden Parteien identifizieren, seit dem Zweiten Weltkrieg deutlich abgenommen. Die Praxis der Verteilung von
Stimmen auf die Kandidaten unterschiedlicher Parteien bei gleichzeitig
stattfindenden Wahlen z. B. zur Präsidentschaft, zum Kongress oder
zum Amt des Gouverneurs (ticket splitting) führt ebenfalls zu einer
Reduktion des Einflusses der Parteien.

Parteipositionen und Wählerwanderungen: Die beiden großen Parteien
in den USA erfahren in den vergangenen 150 Jahren immer wieder **Veränderungen in der Anhängerschaft** (realignments), woraus sich jeweils
unmittelbare Konsequenzen für die politische Machtverteilung und die
politische Stimmung ergeben. Wahlen, in denen sich solche Reorientierungen als entscheidend erweisen, werden als ›**kritische Wahlen**‹ (critical elections) bezeichnet. Die Zweiteilung in der Zeit nach dem Bürgerkrieg in einen – ideologisch siegreichen, wirtschaftlich prosperierenden
und demographisch stärkeren – republikanischen Norden einerseits und
einen – historisch unterlegenen, bevölkerungsärmeren und ökonomisch-
kulturell als zweitrangig empfundenen – demokratischen Süden andererseits führt dazu, dass der Präsident zunächst meist von der Republikanischen Partei gestellt wird. Mit den Präsidentschaften des **Demokraten
Franklin D. Roosevelt** in den 1930er und 1940er Jahren verschieben sich
die parteipolitischen Machtverhältnisse von einer eher regional-histori-

schen zu einer eher ideologisch-politischen, auch einkommensabhängigen Verteilung. Seither stellen die beiden Parteien den Präsidenten und die Mehrheiten im Kongress nach jeweils wechselnden Mehrheitsverhältnissen.

Seit dem New Deal profiliert sich die **Demokratische Partei** als sozialreformerische und gesellschaftspolitisch liberal-progressive Partei gegenüber der ideologisch-kulturell und rechtspolitisch konservativen und wirtschafts- und industriefreundlichen **Republikanischen Partei**. Tendenziell stehen Angehörige ethnischer Gruppen und Wähler mit niedrigen Einkommen eher der Demokratischen Partei näher, während das traditionelle Establishment zur Wahl der Republikanischen Partei neigt. **Innenpolitisch brisante Themen** wie z. B. Bürgerrechte, Abtreibung, Todesstrafe, Waffenkontrolle, Gesundheitsreform, Emanzipation ethnischer Gruppen oder gleichgeschlechtliche Ehen dienen den Kandidaten beider Parteien zur Eigenpositionierung. **Außenpolitisch** unterscheiden sich beide Parteien traditionell weniger. Stimmen beide Parteien in politischen Fragen oder auch in Gesetzesinitiativen überein, spricht man von **Bipartisanship**.

Regionale Verteilungen: Der seit dem 19. Jh. traditionell republikanische **Nordosten** hat sich im Laufe des 20. Jh.s zu einem eher demokratischen Gebiet verändert. Umgekehrt gilt die Zunahme an Wählern der Republikanischen Partei im **Süden** seit den 1980er und 1990er Jahren als Beispiel für eine Veränderung in die andere Richtung. Die seit der Präsidentschaft Ronald Reagans einflussreiche Verbindung zwischen fundamentalistischen Gruppen der Christian Right und republikanisch-konservativen Kandidaten gilt als Hauptgrund für das Aufbrechen des traditionell demokratischen Südens zugunsten der Republikanischen Partei. Die demographischen Veränderungen und regionalen Bevölkerungsverschiebungen in den letzten Jahrzehnten (s. Kap. 2.3) haben zu einer größeren Bedeutung des **Südwestens und Westens** bei Präsidentschaftswahlen geführt, wobei sich in den letzten Jahren vor allem die rasch wachsenden und prosperierenden Bundesstaaten der Rocky Mountains zu neuen Zentren der Republikanischen Partei entwickeln.

Seit den 1990er Jahren und besonders seit den Wahlen von 2000 und 2004 spricht man häufig von einer **Zweiteilung der USA** in die demokratischen Landesteile (eher an den Nordost- und Westküsten sowie um die Großen Seen) und in die republikanischen Landesteile (eher im Süden und Landesinneren).

Dritte Parteien: Durch die Geschichte hindurch gibt es immer wieder politische Bewegungen, kleinere Parteien und besonders sog. ›dritte Parteien‹ (**third parties**), die sich außerhalb des etablierten Zweiparteiensystems mit unterschiedlichem Erfolg als Protest- oder Reformparteien zu profilieren versuchen. Dritte Parteien entstehen z. T. als regionale Bewegungen wie z. B. die **Populists** in den 1890er Jahren, die sich primär den Interessen der Farmer im Mittleren Westen verpflichtet fühlen. Obwohl diese Gruppierungen lediglich in Präsidentschafts- und Kongresswahlen eine größere Bekanntheit erreichen, kandidieren ihre Mitglieder auch bei

Tendenzen
in der Parteinähe

www.gop.com
www.democrats.org

Parteipolitische
Zweiteilung

Wahlen in einzelnen Bundesstaaten und Kommunen. In Wahlen scheitern diese Parteien bzw. Gruppierungen häufig durch die Mechanismen
des Mehrheitswahlrechts, nicht jedoch ohne dabei die Mehrheitsfähigkeit
einer der beiden großen Parteien bzw. die Chancen von deren Kandidaten
zu schwächen. So kostet bei der Präsidentschaftswahl 2000 die Kandidatur von **Ralph Nader (Green Party)** dem Demokaten Al Gore wahrscheinlich die Wahl zum Präsidenten.

Single Issue
Parties

Ebenso einflussreich wie dritte Parteien können Parteien werden, die
mit einem spezifischen Thema in den Wahlkampf ziehen. Beispiele solcher ›**Ein-Themen-Parteien**‹ **(single issue parties)** sind die **Free Soil Party** vor dem Bürgerkrieg als Opposition gegen die Ausbreitung der Sklaverei und die **Prohibition Party** am Ende des 19. und zu Beginn des 20. Jh.s
als Bewegung für ein Alkoholverbot. Wenn sich kleine oder dritte Parteien
aus Abspaltungen einer der beiden großen Parteien ergeben, spricht man
von sog. **spin-off parties**. Ein berühmtes Beispiel einer solchen Abspal-
tungspartei ist die **Progressive Party (Bull Moose Party)** von Theodore
Roosevelt 1912, die sich von der Republikanischen Partei trennt. Sie erreicht allein keine Mehrheit im Präsidentenwahlkampf, bindet aber so
viele tendenziell republikanische Stimmen, dass letztlich der Kandidat
der Demokratischen Partei, Woodrow Wilson, die Präsidentschaft gegen
den allgemeinen politischen Trend zwischen Bürgerkrieg und Weltwirt-
schafskrise gewinnt.

Als weitgehend parteiunabhängiger Kandidat bewirbt sich zuletzt
Ross Perot 1992 und 1996 um die Präsidentschaft. Bisher hat noch kein
Kandidat einer dritten Partei oder ein unabhängiger Kandidat die Präsidentschaftswahl gewonnen, meist jedoch prägen die Kandidaten der dritten Parteien oder die parteiunabhängigen Kandidaten mit ihren Themen
den Wahlkampf mit und beeinflussen die Entscheidung durch Bindung
von Stimmen in die eine oder andere Richtung.

Zur Vertiefung

> **Dritte Parteien in Präsidentschaftswahlen des 20. Jh.s**
>
> Socialist Party of America mit Eugene V. Debs zwischen 1900 und 1932
> Progressive Party mit Theodore Roosevelt 1912 und Robert M. LaFollete
>   1924
> Dixiecrats oder States' Rights Party mit Strom Thurmond 1948
> American Independent Party mit George Wallace 1968
> Green Party mit Ralph Nader 2000 und 2004

Interessenvertretungen: Neben den offiziellen Parteien ist der politische
Prozess in den USA von einer Vielzahl von Interessenvertretungen und
der offenen oder verdeckten Arbeit von Lobbyisten geprägt. Interessengruppen und Lobbyisten stehen im **Spannungsverhältnis** zwischen der
in einem demokratischen System legitimen und sinnvollen Vertretung
von Meinungen und Interessen einerseits und der durch finanzielle Unter-

stützung und Spendengelder Abhängigkeiten schaffenden Einflussnahme und Manipulation andererseits.

Gegenwärtig schätzt man auf nationaler Ebene weit mehr als **20.000** unterschiedlich organisierte und unterschiedlich einflussreiche Interessen- und Sponsorengruppen im Bereich von

- **Wirtschaftsverbänden** diverser Art
- **Gewerkschaften** wie z. B. AFL-CIO
- **Berufs- und Standesvertretungen** wie z. B. die American Medical Association
- Repräsentanten **ethnischer Gruppen** wie z. B. die National Association for the Advancement of Colored People (NAACP)
- **Kirchen und religiösen Gruppen** wie z. B. die Christian Coalition
- **Bürger- und Menschenrechtsvertretungen** wie z. B. Amnesty International
- **Reform- und Protestbewegungen** wie z. B. Abtreibungsgegner und -befürworter
- **Umweltschutzgruppen** wie z. B. Greenpeace
- **Bürgerbewegungen** mit spezifischen Anliegen und Programmen unterschiedlicher Ausrichtungen (public interest groups/single issue groups)
- **Gruppenvertretungen** wie z. B. die American Association of Retired Persons (AARP)
- Vertretern der **Einzelstaaten** u. v. a. m.

Zu den auch international bekannten und in Organisationsstruktur und Arbeit repräsentativen Interessensvertretungen gehört die **National Rifle Association** (www.nra.org), der ca. vier Millionen Mitglieder angehören und die unter Berufung auf den zweiten Verfassungszusatz für das Recht der Bürger auf Waffenbesitz eintritt. Seit den 1970er Jahren und im Zusammenhang einer stärkeren Kontrolle des Lobbywesens formieren sich sog. **Political Action Groups (PACs)** als offiziell registrierte, parteiähnliche und insbesondere zur finanziellen Unterstützung von Kandidaten berechtigte Interessensvertretungen.

Logo der NRA

Kritik und Kontrolle von Parteien und Lobbyisten: Für Kritiker des politischen Systems der USA haben sich die im »Federalist No. 10« in den 1780er Jahren geäußerten Bedenken gegenüber der möglichen Einflussnahme von parteiischen Fraktionen und Interessengruppen auf politische Diskussionen und parlamentarische Entscheidungen im Laufe der Geschichte bestätigt. Die Aktivitäten der Lobbyisten in der Expansionsphase des 19. Jh.s hat Mark Twain in seinem Roman *The Gilded Age* (1873) satirisch beleuchtet, und die Fülle an **politischen Cartoons** zum Thema Lobbyismus ist unübersehbar. Für die Anhänger des Progressive Movement zu Beginn des 20. Jh.s sind Parteiorganisationen der Inbegriff politischer Korruption und der offensichtliche Ausdruck einer unliebsamen Verquickung von Politik, Verwaltung, Interessensgruppen und z. T. auch der organisierten Kriminalität.

Zu den berühmtesten **Lobbyistenskandalen** im 20. Jh. zählt der Teapot Dome Scandal der 1920er Jahre, in dessen Mittelpunkt die Verbindung der Amtsführung des Innenministers im Kabinett von Präsident Harding mit Interessen der Ölindustrie auf Regierungsland in Wyoming steht. In jüngster Zeit werden die z. T. illegalen Beratungstätigkeiten des Lobbyisten Jack Abramoff für ein weitverzweigtes Netz von Kongressmitgliedern aufgedeckt.

**Kontrolle
der Finanzen**

Gegenwärtig zählt die Finanzierung der Parteien und ihrer Wahlkämpfe durch Spendengelder zu den umstrittensten Fragen des Parteien- und Lobbysystems. Mit dem Federal Election Campaign Act (FECA) aus den 1970er Jahren und dem Bipartisan Campaign Reform Act (BCRA) aus dem Jahr 2002 werden **Regeln und Kontrollmechanismen** zur Vermeidung von Interessenkollisionen, Einflussnahmen und Korruption geschaffen, deren Effektivität jedoch umstritten bleibt.

Zur Vertiefung

> **Think Tanks:** Die politischen Entscheidungsprozesse insbesondere auf Bundesebene in Washington werden in den letzten Jahrzehnten zunehmend von Beratungsinstitutionen unterschiedlichster ideologischer Ausrichtungen und wissenschaftlicher Kompetenzen bestimmt. Insgesamt gibt es in den USA über 1500 solcher sog. ›Denkfabriken‹ (think tanks), Zu den einflussreichsten neutralen Einrichtungen zählen die Brookings Institution (www.brookings.edu) und der Council on Foreign Relations (www.cfr.org/thinktank). Unter den eher konservativen Organisationen zählen das American Enterprise Institute (www.aei.org), die Heritage Foundation (www.heritage.org) und das Center for Strategic and International Studies (www.csis.org) zu den bedeutendsten.

6. Ideologien und Identitäts-konstruktionen

Geschichte und Gesellschaft der USA sind von kollektiven Selbstdefinitionen, mythischen Selbstbildern und idealisierten Selbstvorstellungen geprägt, deren Ausgangs- und Bezugspunkte z. T. bis in die Kolonialzeit zurückreichen und eine anhaltende, immer wieder umstrittene Popularität besitzen. Diese Ideologien und Identitätskonstruktionen und deren kulturellen Repräsentationen und Revisionen spielen sowohl in der **nationalen Sinngebung** als auch in der **internationalen Wahrnehmung** der USA eine bedeutende Rolle und bilden einen wichtigen Bereich amerikanistischer Forschung und Lehre.

6.1 | Konzeptionelle Einordnungen und Interpretationsansätze

Einordnung in die Amerikanistik/American Studies: Die Interpretation von Selbstdefinitionen und Mythologien der U.S.-amerikanischen Nation bestimmt bereits die Gründungsphase der American Studies. So beschäftigt sich die Myth and Symbol-Schule (s. Kap. 8.2) mit **kollektiven Idealen, Wertvorstellungen und Identitätskonstruktionen der USA** und sucht nach singulären, distinktiven und einheitlichen Kriterien für eine Definition von ›America‹. **Geschichtsrevisionistische Arbeiten** der 1970er Jahre zielen auf ein komplexeres Bild der traditionellen Selbstdeutungen der USA und legen die dunklen, vormals unterdrückten oder vernachlässigten Seiten der lange Zeit verbindlichen und offiziell propagierten Selbstdarstellungen und kollektiven Geschichtsdeutungen frei. Zu den bekanntesten Beispielen gehört Richard Slotkins Studie *Regeneration through Violence: The Mythology of the American Frontier, 1600–1860* (1973), welche die gewalttätigen Züge der Expansion nach Westen hervorhebt.

Im Zusammenhang der poststrukturalistischen Theoriediskussionen seit den späten 1970er Jahren und der kulturwissenschaftlichen Reorientierung seit den 1980er Jahren (s. Kap. 8.5 und 8.6) werden kollektive Selbstvorstellungen und nationale Identitäten als **politische Konstruktio-**

Konstruktivis-
tische Ansätze

nen, als imaginäre Repräsentationen und als das Ergebnis kultureller Zuschreibungen und gesellschaftlicher Verhandlungsprozesse gesehen – und nicht mehr als essentiell gegebene Realitäten oder kollektiv tatsächlich vorhandene Charaktereigenschaften oder Mentalitäten. In ihren vielzitierten Publikationen zu kollektiven bzw. nationalen Identitäten sprechen Benedict Anderson und Eric Hobsbawm von »**imagined communities**« (Anderson 1983) und von »**the invention of tradition**« (Hobsbawm/Ranger 1983) zur Verdeutlichung des Konstrukt- und Repräsentationscharakters von kollektiven Selbstbildern und nationalen Traditionsbildungen. Nach der postmodernen Theoriebildung und Diskurstheorie können kollektive Selbstdarstellungen und Geschichtsdeutungen als ›**große Erzählungen**‹ (grand narratives, metanarrative, master narratives) bezeichnet werden. Konstruktivistische Ansätze korrespondieren mit dem spezifischen Konstruktcharakter U.S.-amerikanischer kollektiver Identitäten und nationaler Geschichten (s. Kap. 3.3.3).

> Unter → ›großen Erzählungen‹ versteht man u. a. nach dem französischen Theoretiker Jean-François Lyotard abstrakte Ideen oder kulturelle Schemata, die der kollektiv verbindlichen Ordnung, Erklärung und Legitimation historischer Erfahrungen, gesellschaftlicher Strukturen oder politischer Systeme dienen.

Die Suche nach einer »Usable Past«

In seinem Aufsatz »The Search for a Usable Past« (1967) zeigt Henry Steele Commager, wie sich die U.S.-amerikanische Nation ein Repertoire an kollektiv identitätsstiftenden Geschichten, Erzählungen und Traditionen erst selbst erschaffen musste. Commager antizipiert Positionen und Aspekte der gegenwärtigen Erinnerungskulturforschung, welche die Konstitution eines national verbindlichen Gedächtnisses und dessen Repräsentation in unterschiedlichen Formen, Medien und Umfeldern als wesentliche Faktoren in der Konstruktion und Tradition kollektiver Selbstbilder und nationaler Identitäten betrachtet:

»In the Old World nations grew out of well-prepared soil, built upon a foundation of history and traditions; in America the foundations were still to be laid, the seeds still to be planted, the traditions still to be formed. [...] The task of providing themselves with a historical past was particularly difficult for Americans because it was not something that could be taken for granted, as with most peoples, or arranged once and for all. It was something that had to be done over and over again, for each new wave of newcomers, and that had to be kept up to date, as it were, continually reinvigorated and modernized. Above all, it had to be a past which contained an ample supply of easily grasped common denominators for a heterogeneous people [...]. Almost inevitably the common denominators tended to be pictorial and symbolic: the Pilgrims and Valley Forge, Washington and Lincoln, cowboy and Indian, and along with them ideas and institutions like Democracy, Liberty, Equality, the American Dream, and the American way of Life.« (S. 3, 20)

Ideologie: Nach den New American Studies der 1980er und 1990er Jahre (s. Kap. 8.6) lassen sich die kollektiven Selbstdarstellungen und Selbstkonstruktionen der USA sowohl in ihrer Gesamtheit als auch in ihren einzelnen Manifestationen als Ideologien beschreiben. Die Ideologien der USA erwachsen als **symbolische Repräsentationssysteme des nationalen Selbstverständnisses** aus den geschichtlichen und kulturellen Kontexten seit der Kolonialzeit. Sie erfüllen historisch erklärende und politisch-sozial legitimierende Funktionen innerhalb der Gesellschaft der USA und leisten als rhetorische Konstrukte und symbolische Zusammenhänge einen **Beitrag zum Zusammenhalt und Fortbestand der Nation**. In ihrer kollektiven Verbindlichkeit und Funktionalität sind sie mit Mythen vergleichbar, die in ähnlicher Weise einer Gemeinschaft historische Deutungsangebote und Legitimitätsmuster zur Verfügung stellen.

→ **Ideology** »is the system of interlinked ideas, symbols, and beliefs by which a culture – any culture – seeks to justify and perpetuate itself; the web of rhetoric, ritual, and assumption through which society coerces, persuades, and coheres. [...] An ideology, to repeat, arises out of historical circumstances, and represents these, symbolically and conceptually, as though they were natural, universal, and right.« (Bercovitch 1986, S. 635–636)

Zum Begriff

Konsens: Ideologische Selbstkonstruktionen und kulturell akzeptierte bzw. politisch gesetzte Geschichtsdeutungen unterstützen in der seit jeher raschen und umfassenden Transformationsprozessen ausgesetzten Gesellschaft der USA die Kohäsion und Kontinuität der Nation (vgl. Bercovitch 1993). Für Besucher und Beobachter der angeblich so ›neuen Welt‹ und ›jungen Nation‹ produzieren sie ein erstaunlich stark anmutendes **Traditions- und Geschichtsbewusstsein**. Trotz aller Konflikte und Widersprüche in der U.S.-amerikanischen Geschichte und Gesellschaft kommt den dominanten ideologischen Identifikationsangeboten, kulturellen Deutungsmustern und historischen Gründungsmythen ein **hohes Maß an Akzeptanz und Konsensfähigkeit** zu. Die mit dem Repertoire an kollektiven Selbstdefinitionen verbundenen Grundüberzeugungen, Werte und Orientierungen genießen eine hohe Attraktivität, vielfach sogar eine nahezu sakrosankte Autorität in weiten Teilen der Bevölkerung.

Kulturelle Produktion und ideologische Sinngebung

Zur Vertiefung

»Weil politische und soziale Autorität in einer Demokratie – und für die amerikanische Demokratie gilt das in besonderem Maße – aufgrund des ständigen politischen Wandels und der hohen sozialen Mobilität der Gesellschaft instabil sind, gewinnt die Kultur als ein Reservoir von Sinngebungsmustern eine zentrale Orientierungsfunktion. Das erklärt die Langlebigkeit und Wirkungsmacht bestimmter Gründungsmythen der amerikanischen Gesellschaft, denen eine wichtige konsensbildende Funktion zukommt. Es gibt in der Tat zahlreiche Beobachter der amerikanischen Gesellschaft, die in der Bindekraft ihrer kulturellen Mythen den Grund für den erstaunlichen Zusammenhalt dieser außerordentlich heterogenen Gesellschaft sehen.« (Fluck 2004, S. 703)

Kulturelle Produktion

In allen Phasen der U.S.-amerikanischen Geschichte finden die dominanten, weitgehend konsensualen Selbstkonstruktionen ihren Ausdruck in unterschiedlichen **Formen und Medien der kulturellen Produktion**. Zu Hochzeiten der Amerikanisierungsbewegung zu Beginn des 20. Jh.s (s. Kap. 3.4.2) wird z. B. den aus verschiedenen Kulturen und politischen Kontexten kommenden Migranten durch spezielle Publikationen und Bildungsangebote ein politisch und kulturell als verbindlich gesetzer Konsens vermittelt. Seit Beginn der modernen Populär-, Unterhaltungs- und Tourismuskultur erfahren Formen und Medien der nationalen Selbstdarstellung eine **Kommerzialisierung und Trivialisierung**, die vor allem aus europäischer Sicht oftmals fremdartig anmutet, jedoch die politisch-soziale Bindekraft und die kulturell übergreifende Bedeutung des Konsensangebots U.S.-amerikanischer Identitätskonstruktionen nicht zu schmälern scheint.

Kritik und Dissens: Die kritische Auseinandersetzung mit dominanten Ideologien, Geschichtsdeutungen und Identitätskonstruktionen der USA stellt ihrerseits eine kollektiv-nationale Identitätskonstruktion eigener Art dar. Unter Verweis auf die Gründungsgeschichte der neuengländischen Kolonien und auf die Amerikanische Revolution wird die **Bereitschaft zum Dissens und zur politischen Opposition** im Interesse von demokratischen Freiheiten, politischen Veränderungen, sozialen Reformen und universellen Menschen- und Bürgerrechten vielfach als die eigentlich grundlegende Identitätskonstruktion der USA angesehen. Dissens bzw. die Toleranz und Akzeptanz einer **Tradition von Dissens** ist eine spezifische Position innerhalb der U.S.-amerikanischen Konsensgesellschaft und politischen Kultur. Kritiker der Konsensgesellschaft betrachten das Zusammenspiel von Konsens und Dissens als einen Prozess, in dem Dissens und Opposition letztlich vom generellen Konsens aufgefangen und dadurch in der potentiell revolutionären bzw. reformerischen Wirkung eingeschränkt werden.

Zur Vertiefung

Traditionen des Dissens und der Opposition
Die Tradition des Dissens und der Opposition reicht zurück zu den religiösen Dissidenten im puritanischen Neuengland der Kolonialzeit wie z. B. Anne Hutchinson und Roger Williams und zu den Revolutionären in der Zeit der Nationgründung wie z. B. Samuel Adams, Patrick Henry oder Thomas Paine. Sie rekurriert im 19. Jh. z. B. auf die Aktivisten der sozialen und politischen Reformbewegungen und auf frühe Fortschritts-

und Technologiekritiker wie z. B. Henry David Thoreau. Im 20. Jh. bilden sozialkritische und von der Arbeiterbewegung inspirierte Künstler der 1930er und 1940er Jahre wie z. B. die Fotografen Dorothea Lange und Walker Evans oder die Folk-Sänger Woody Guthrie und Pete Seeger sowie die Protestbewegungen der Jugend-, Gegen- und Populärkultur der 1960er Jahre mit Dissensdokumenten wie z. B. dem »Port Huron Statement« (1962) wichtige Bezugspunkte. Ein neuerliches Beispiel für die nationale wie internationale Wirkkraft solcher populärkultureller Gegenstimmen ist das gegen die Politik der Regierung von Präsident George W. Bush gerichtete Lied »Dear Mr. President« von Pink aus dem Jahr 2006. Die Tradition der Opposition gegen offizielle und klischeehafte Selbstdefinitionen, gegen Erwartungen und Vorgaben staatlicher Autoritäten und gegen einen repressiven politisch-kulturellen Konformismus in den USA wird in Deutschland bzw. in deutschen Publikationen oftmals als Ausdruck eines ›anderen Amerika‹ oder auch eines ›besseren Amerika‹ betrachtet. Eine umfassende Zusammenstellung von Dokumenten und weiterführende Hinweise bietet die Anthologie *Dissent in America* (Young 2006).

6.2 | Kollektive Selbstkonstruktionen und kulturelle Narrative

Im folgenden Abschnitt werden **Bildkomplexe, Narrative und Prototypisierungen** vorgestellt, die in der nationalen Selbstkonstruktion der USA in Vergangenheit und Gegenwart besonders wirkmächtig sind. Die bis in die Kolonialzeit zurückreichenden ideologischen Selbstinterpretationen sind unterschiedlich stark von europäischen Mythen und Vorstellungen z. B. von Atlantis, Arkadien, Utopia und einem christlichen Millennium geprägt. Die zu größeren **Traditions- und Repertoirezusammenhängen** zusammengefassten Selbstvorstellungen und Identitätskonstruktionen inspirieren eine Vielzahl an künstlerischen Repräsentationen, die immer wieder das **Spannungsverhältnis zwischen Ideal und Realität** sowie die Ambivalenz zwischen kollektiven Projektionen einerseits und unmittelbaren individuellen Lebenswirklichkeiten andererseits verdeutlichen.

6.2.1 | ›Neue Welten‹ und ›neue Menschen‹

Novus Mundus: Seit den ersten Berichten von Christoph Kolumbus und vor allem seit Amerigo Vespuccis Flugschrift »Novus Mundus« (1502) zirkuliert im Europa des 16. Jh.s eine Vielzahl von Vorstellungen und Wunschbildern der westlichen Hemisphäre als einer **unberührten, para-**

diesartigen ›**Neuen Welt**‹. In der nordamerikanischen Kolonialgeschichte schlagen sich solche Projektionen und Erwartungshaltungen in Namengebungen nieder, unter denen John Smiths Neuschöpfung **New England** (1614) die ideologisch folgenschwerste ist. Für die puritanischen Kolonisten des 17. Jh.s wird die Differenzierung zwischen ›New England‹ und ›Old England‹ zu einer **programmatischen Identitätsformulierung** und bildet den Rahmen für religiös motivierte Selbstkonstruktionen von Neuengland als ein gottgewolltes ›Neues Jerusalem‹ (New Jerusalem) auf Erden.

»**What is an American?**« In der Gründungsphase der USA macht J. Hector St. John Crèvecoeur in seinem Essay »What is an American?« (1782) den Begriff der **Neuheit** zum Definitionskriterium der U.S.-amerikanischen Nation und deren Bürger. Für Crèvecoeur ist die neu etablierte Nation sowohl der Ausgangspunkt für eine neue Regierungsform und eine neue Gesetzgebung als auch der Schauplatz einer neuen Lebensweise und einer neuen Form des sozialen Zusammenlebens. Die Bürger der neuen Nation werden nach ihrer Migration von Europa nach Amerika in einem **regenerativen Transplantations- und Transformationsprozess** zu ›neuen Menschen‹. Crèvecoeurs Text illustriert das kollektive Selbstverständnis der neuen, zukunftsgerichteten U.S.-amerikanischen Nation als utopischer Gegenentwurf zum alten, in Traditionen, Konventionen, und Korruption erstarrten Europa (sog. glorious contrast).

Literarische Darstellungen Die Neuheit der jungen Nation und eine angenommene Unschuld und Unerfahrenheit ihrer Bewohner wird für R.W.B. Lewis in *The American Adam: Innocence, Tragedy and Tradition in the Nineteenth Century* (1955) zu einem der wichtigsten Themen und Motive der U.S.-amerikanischen Literatur des 19. und 20. Jh.s. In den Romanen von **Henry James** stehen prototypisch ›amerikanische‹ Charaktere wie z.B. Christopher Newman in *The American* (1877) zwischen den Erwartungen und Werten der ›Neuen Welt‹ einerseits und den Konventionen und Anforderungen Europas andererseits.

Zur Vertiefung

J. Hector St. John Crèvecoeur: »Letter III: What is an American?« (1782)

»In this great American asylum, the poor of Europe have by some means met together, and in consequence of various causes; to what purpose should they ask one another what countrymen they are? Alas, two thirds of them had no country. Can a wretch who wanders about, who works and starves, whose life is a continual scene of sore affliction or pinching penury; can that man call England or any other kingdom his country? A country that had no bread for him, whose fields procured him no harvest, who met with nothing but the frowns of the rich, the severity of the laws, with jails and punishments; who owned not a single foot of the extensive surface of this planet? No! urged by a variety of motives, here they came. Every thing has tended to regenerate them; new laws, a new mode of living, a new social system; here they are become men [...]. What then is the American, this new man? He is either an European, or the descendant of an European, hence that strange mixture of blood, which you will find in no other country. I could point out to you a family whose grandfather was an Englishman, whose wife was Dutch, whose son married a French woman, and whose present four sons have now four wives of different nations. *He* is an American, who leaving behind him all his ancient prejudices and manners, receives new ones from the new mode of life he has embraced, the new government he obeys, and the new rank he holds. [...] The American is a new man, who acts upon new principles; he must therefore entertain new ideas, and form new opinions. From involuntary idleness, servile dependence, penury, and useless labour, he has passed to toils of a very different nature, rewarded by ample subsistence. – This is an American.«

(Baym et al., Hg.: *Norton Anthology of American Literature* [7]2007, Bd. A, S. 597–598)

Neuanfang und Modernität: Seit dem 19. Jh. wird das Bild der USA als sprichwörtliche ›neue Welt‹ und als eine im positiven Sinne geschichtslose und historisch unbelastete Nation im Zusammenhang der Einwanderungsbewegungen fortgeschrieben und intensiviert. Offizielle Selbstdarstellungen, aber auch Texte der Einwandererliteratur repräsentieren die USA als Ort des Neuanfangs mit der Möglichkeit zu **ökonomischem Erfolg, sozialem Aufstieg und persönlicher Selbstverwirklichung**. Kritische Stimmen unter den Autoren der Einwandererliteratur des frühen 20. Jh.s wie z. B. Henry Roth oder Edith Maud Eaton (Sui Sin Far) zeigen das Scheitern von Hoffnungen und Erwartungen in der ›Neuen Welt‹.

Im 20. Jh. bestimmen Assoziationen der ›Neuen Welt‹ mit Modernität die kulturelle Imagination, und technologische Errungenschaften, industrielle Fortentwicklung und architektonische Meisterleistungen bestimmen U.S.-amerikanische Identitätskonstruktionen im sog. **»American century«** (so Henry Luce 1941). Insbesondere die **Wolkenkratzer in New York** – dem Inbegriff moderner Urbanität – werden zum Symbol der modernen ›Neuen Welt.‹ In *Modern Times* (1936) kritisiert Charlie Chaplin solche Selbstkonstruktionen mit den Mitteln des neuen Mediums Film.

Flat Iron Building,
New York City
(erbaut 1902)

American Century

Abraham Cahan: *The Rise of David Levinsky* **(1917)**

Zur Vertiefung

»The immigrant's arrival in his new home is like a second birth to him. Imagine a new-born babe in possession of a fully developed intellect. Would it ever forget its entry into the world? Neither does the immigrant ever forget his entry into a country which is, to him, a new world in the profoundest sense of the term and in which he expects to pass the rest of his life. I conjure up the gorgeousness of the spectacle as it appeared to me on that clear June morning: the magnificent verdure of Staten Island, the tender blue of sea and sky, the dignified bustle of passing craft – above all, those floating, squatting, multitudinously windowed palaces which I subsequently learned to call ferries. It was all so utterly unlike anything I had ever seen or dreamed of before. It unfolded itself like a divine revelation. I was in a trance or in something closely resembling one. ›This, then, is America!‹ I exclaimed, mutely. The notion of something enchanted which the name had always evoked in me now seemed fully borne out.« (1917/1993, S. 86–87)

6.2.2 | Nature's Nation und Agrarianism

Vorstellungen des nordamerikanischen Kontinents als ›Neue Welt‹ und der USA als geschichtslose, unschuldige Nation verbinden sich seit der Frühzeit der Republik mit Paradiesvorstellungen und Repertoires von Arkadien und pastoralen Idyllen sowie mit der romantischen Naturbegeisterung des frühen 19. Jh.s zu einer nationalen Selbstkonstruktion als – so auch der Titel einer Studie von Perry Miller (1967) – ›natürliche Nation‹ (nature's nation). Die enormen Ausdehnungen des Landes und die unberührten Schönheiten der Natur werden als Quelle der **individuellen Wiedergeburt und nationalen Regeneration** begriffen und fördern sendungsbewusste Selbstdefinitionen der U.S.-amerikanischen Nation.

Agrarianism: Einen gesellschaftspolitischen Ausdruck finden Vorstellungen eines pastoral-arkadischen Lebens im harmonischen Einklang mit der Natur im sog. Agrarianism, der seinen ideologischen Ausgangspunkt in der Frühen Republik hat und bis in die Gegenwart politisch und populärkulturell einflussreich bleibt. Zu den wichtigsten Texten dieses Bildkomplexes zählen Thomas Jeffersons *Notes on the State of Virginia* (1787) und Timothy Dwights poetische Vision *Greenfield Hill* (1794). Jeffersons Projektion einer **agrarischen Republik** mit unabhängigen, auf eigenem Grundbesitz wirtschaftenden **Farmern** (yeoman farmer/husbandman) markiert das Gegenbild zu einer von Handel und ökonomischen Abhängigkeiten geprägten merkantilistischen Gesellschaftsform in Europa. Sie formuliert eine nationale Selbstkonstruktion, in deren Vorstellungswelt das selbstbestimmte Leben und Arbeiten auf dem Lande die beste Voraussetzung für ein **individuell und kollektiv tugendhaftes Leben** ist. Zum Gegenpol dieses Idealbildes wird die Stadt als Raum der Entfremdung, Korruption und moralischen Versuchung.

Zur Vertiefung

Thomas Jefferson: *Notes on the State of Virginia* (1787), Query XIX

»The political economists of Europe have established it as a principle that every State should endeavour to manufacture for itself; and this principle, like many others, we transfer to America, without calculating the difference of circumstance which should often produce a difference of result. In Europe the lands are either cultivated, or locked up against the cultivator. Manufacture must therefore be resorted to of necessity not of choice, to support the surplus of their people. But we have an immensity of land courting the industry of the husbandman. Is it best then that all our citizens should be employed in its improvement, or that one half should be called off from that to exercise manufactures and handicraft arts for the other? Those who labour in the earth are the chosen people of God, if ever he had a chosen people, whose breasts he has made his peculiar deposit for substantial and genuine virtue. It is the focus in which he keeps alive that sacred fire, which otherwise might escape from the face of the earth. Corruption of morals in the mass of cultivators is a phaenomenon of which no age nor nation has furnished an example. It is the mark set on those, who not looking up to heaven, to their own soil and industry, as does the husbandman, for their subsistence, depend for it on casualties and caprice of customers.

Dependance begets subservience and venality, suffocates the germ of virtue, and prepares fit tools for the designs of ambition. This, the natural progress and consequence of the arts, has sometimes perhaps been retarded by accidental circumstances: but, generally speaking, the proportion which the aggregate of the other classes of citizens bears in any state to that of its husbandmen, is the proportion of its unsound to its healthy parts, and is a good enough barometer whereby to measure its degree of corruption. While we have land to labour then, let us never wish to see our citizens occupied at a workbench, or twirling a distaff. Carpenters, masons, smiths, are wanting in husbandry: but, for the general operations of manufacture, let our workshops remain in Europe.«

(Jehlen/Warner, Hg.: *English Literatures of America,* 1997, S. 863–864)

Kunst, Literatur, Naturschutz: Einen künstlerischen Niederschlag finden Vorstellungen der Einheit von Natur und Nation in den Gemälden der Hudson River School der 1820er und 1830er Jahre (s. Kap. 2.2.4 und 3.3.3). Die Landschaftsmalerei und Fotografie des späteren 19. Jh.s z. B. von Thomas Moran und William Henry Jackson sowie die Fotografien von Ansel Adams im 20. Jh. schreiben die **Synthese von nationaler Größe und sublimer Natur** fort. Die regionale Literatur des 19. und 20. Jh.s und besonders z. B. die sog. Southern Agrarians speisen sich wesentlich aus dem Repertoire des Agrarianism. Die mit Henry David Thoreaus fortschritts- und industrialisierungskritischer Schrift *Walden* (1854), der Einrichtung des Yellowstone National Park (1872) als erstem Naturschutzgebiet und den Naturbeschreibungen von John Muir und dessen Gründung des Sierra Club (1892) beginnende Umweltbewegung bezieht bis heute ihre Berechtigung und Motivation aus Konstruktionen der USA als einer in besonderer Weise der **Bewahrung der ursprünglichen Natur verpflichteten Nation**. Die Naturparks des National Park Service (vgl. www.nps.gov) sind unmittelbarer Ausdruck eines Selbstverständnisses der U.S.-amerikanischen Nation als ›natürliche Nation‹.

Ikonographie der Farm: Im Zuge des Homestead Act (1862) und der Expansion nach Westen (s. Kap. 3.4.3) wird die Farm im Mittleren Westen und in der Prärie zum Inbegriff einer nationalen Mythenbildung, deren politische Kraft sich gegen Ende des 19. und zu Beginn des 20. Jh.s in sozialreformerisch-populistischen Bewegungen wie z. B. der Populist Party manifestiert. Die **populärkulturelle Attraktivität** der Ideologie einer agrarisch-tugendhaften Nation zeigt sich im 20. Jh. in Jugendbüchern wie Laura Ingalls Wilders *Little House on the Prairie* (1935) und der gleichnamigen Fernsehserie »Little House on the Prairie« (1974–1983). Die wiederholten Krisen der Farmwirtschaft (farm crises) in den 1880er, 1930er und 1980er Jahren werden nicht zuletzt wegen der Bedeutung solcher Selbstkonstruktionen als Krisen der U.S.-amerikanischen Gesellschaft und deren Grundlagen gesehen. Die sozialkritischen Fotografien und Dokumentarfilme der Works Progress Administration und der Farm Security Agency der 1930er Jahre, darunter besonders die Werke von Walker Evans, Dorothea Lange und Pare Lorentz, sowie die neueren Filme *Country* (1984; Richard Pearce) und *The River* (1984; Mark Rydell) verarbeiten die sozialen und psychologischen Folgen des Niedergangs der Farmen.

6.2.3 | Exzeptionalismus und Sendungsbewusstsein

Wurzeln im puritanischen Neuengland: Zu den politisch und ideologisch einflussreichsten Selbstkonstruktionen der USA zählt das Selbstverständnis als Nation und Gesellschaft mit einer **welthistorischen Sonderstellung** und einem **missionarischen Sendungsbewusstsein**. Dieser meist mit dem Begriff des ›amerikanischen Exzeptionalismus‹ (American exceptionalism) umschriebene Bildkomplex steht in Verbindung mit Vorstellungen einer vorgeblich ›neuen Welt‹ und einer geschichtslosen Nation, geht aber zugleich zurück auf die **eschatologische Identitätsrhetorik der puritanischen Kolonien** in Neuengland. Im Titel einer der bedeutendsten amerikanistischen Studien spricht Sacvan Bercovitch (1975) von »the Puritan origins of the American self«.

Zum Begriff

> Mit dem Begriff des → ›amerikanischen Exzeptionalismus‹ (American exceptionalism) wird das Selbstverständnis und das Überlegenheitsgefühl der U.S.-amerikanischen Nation als welthistorisch singulär und politisch-gesellschaftlich einzigartig im Vergleich mit allen anderen Nationen bezeichnet.

City Upon a Hill

Als Ausgangspunkt einer Rhetorik des Exzeptionalismus wird meist John Winthrops Predigt »A Model of Christian Charity« (1630) betrachtet. Winthrop beschreibt in den Traditionen der typologischen Bibelexegese und der kalvinistischen Prädestinationslehre die puritanischen Kolonisten als das **auserwählte Volk Gottes (chosen people)** und entwirft in Anlehnung an biblische Projektionen eines Neuen Jerusalems das Bild von Neuengland als gottgefällige und gottgewollte »city upon a hill«. In programmatischen Schriften des 17. Jh.s wie z. B. Samuel Danforths Predigt *A Brief Recognition of New England's Errand into the Wilderness* (1671) oder Cotton Mathers historiographischem Monumentalwerk *Magnalia Christi America* (1702) verfestigt sich in einer für die nationale Selbstkonstruktion der USA bis heute wirksamen Art und Weise das Repertoire der Selbstdeutung der puritanischen Kolonien als **Vorbildgemeinschaft in einem gelobten Land** mit einem **heilsgeschichtlichen Auftrag für den Rest der Welt**.

Zur Vertiefung

> **John Winthrop: »A Model of Christian Charity« (1630)**
>
> »The Lord will be our God, and delight to dwell among us, as His own people, and will command a blessing upon us in all our ways, so that we shall see much

more of His wisdom, power, goodness and truth, than formerly we have been acquainted with. We shall find that the God of Israel is among us, when ten of us shall be able to resist a thousand of our enemies; when He shall make us a praise and glory that men shall say of succeeding plantations, ›the Lord make it like that of NEW ENGLAND.‹ For we must consider that we shall be as a city upon a hill. The eyes of all people are upon us.«

(Baym et al., Hg.: *Norton Anthology of American Literature*, [7]2007, Bd. A, S. 158)

Die USA als universelle Modellnation: Aus der religiös motivierten Selbstdefinition der puritanischen Kolonien entwickelt sich im Zusammenhang mit der Amerikanischen Revolution und des bis dahin einzigartigen nationalen Experiments der Verwirklichung politisch-republikanischer Ideale von Freiheit, Gleichheit und Demokratie das säkulare Selbstbild der U.S.-amerikanischen Nation als **universelles politisches und gesellschaftliches Modell**. Traditionelle Konzepte der sog. *translatio imperii* (vgl. Freese 1996), d. h. der beständig westwärts wandernden Zivilisation, wie sie z. B. in Bishop Berkeleys Gedicht »On the Prospect of Planting Arts and Learning in America« (1723) formuliert sind, unterstützen die Fortschreibung des Repertoires eines ›amerikanischen Exzeptionalismus‹. Die in der Frühen Republik populären Prophe-

Edward Hicks:
»Peaceable
Kingdom« (1834)

zeiungen des unmittelbar bevorstehenden **Millenniums in Nordamerika** verleihen dem aufklärerischen Optimismus der Revolution und dem utopischen Impetus der Staatsgründung eine religiös-chiliastische Dimension. Ernest Tuveson (1968) bezeichnet daher die USA als ›**Erlösernation**‹ (redeemer nation). Die national-prophetische Lyrik (prospect poetry) der Frühen Republik (s. Kap. 3.3.3) oder Edward Hicks' Gemälde »Peaceable Kingdom« (1834) illustrieren die literarische und künstlerische Konstruktion der USA als paradiesartigen Ort universeller Harmonie und universellen Friedens.

Manifest Destiny: Im Laufe des 19. Jh.s verbinden sich die heilsgeschichtlichen und politisch-utopischen Komponenten des sendungsbewussten Exzeptionalismus mit **territorialer Expansionsrhetorik, teleologischer Fortschrittsgläubigkeit und ethnozentrischem Überlegenheitsdenken** (s. Kap. 3.3.5). Der in den 1840er Jahren von den Expansionisten John L. O'Sullivan und William Gilpin propagierte Begriff des Manifest Destiny komprimiert die Vorstellung der gottgegebenen Aufgabe und Verpflichtung der U.S.-amerikanischen Nation, »to overspread the [North American] continent alloted by Providence for the free development of our yearly multiplying millions« (Engler/Scheiding [2]2007, S. 389).

Selbstkonstruk-
tionen und
kulturelle Narrative

Zur Vertiefung

Manifest Destiny in Gemälden des 19. Jh.s

George Caleb Bingham: »Daniel Boone Escorting Settlers through the
Cumberland Gap« (1851–52)
Emanuel Leutze: »Westward the Course of Empire Takes Its Way (West-
ward Ho!)« (1861)
Albert Bierstadt: »Emigrants Crossing the Plains« (1867)
Frances F. Palmer: »Across the Continent, Westward the Course of Em-
pire Takes its Way« (1868, für Currier & Ives)
John Gast: »American Progress« (1872)

Globalisierung
des Anspruchs

Bis zum Ende des 19. Jh.s weitet sich der Einfluss- und Machtbereich
der USA im Zusammenhang mit dem globalen Imperialismus über den

nordamerikanischen Kontinent hinaus
aus. Apologeten eines **anglozentrischen
Imperialismus**, wie z. B. Josiah Strong in
seinem Bestseller *Our Country* (1885) und
Senator Albert C. Beveridge in politischen
Reden wie z. B. »The Philippines are Ours
Forever« (1900), positionieren die USA und
ihre dominante angloamerikanische Elite
in der Rolle einer von Gott auserwählten
Nation (God's own country) und eines **globalen Erlösers**.

Frances F. Palmer:
»Across the
Continent« (1868)

Zur Vertiefung

Senator Albert J. Beveridge: »The Philippines are Ours Forever« (1900)

»Mr. President, the times call for candor. The Philippines are ours forever, ›territory belonging to the United States,‹ as the Constitution calls them. And just
beyond the Philippines are China's illimitable markets. We will not retreat from
either. We will not repudiate our duty in the archipelago. We will not abandon
our opportunity in the Orient. We will not renounce our part in the mission of
our race, trustee, under God, of the civilization of the world. And we will move
forward to our work, not howling out regrets like slaves whipped to their bur-
dens, but with gratitude for a task worthy of our strength, and thanksgiving to
Almighty God that He has marked us as His chosen people, henceforth to lead
in the regeneration of the world. [...] Mr. President, this question is deeper than
any question of party politics: deeper than any question of the isolated policy
of our country even; deeper even than any question of constitutional power.
It is elemental. It is racial. God has not been preparing the English-speaking
and Teutonic peoples for a thousand years for nothing hut vain and idle self-
contemplation and self-admiration. No! He has made us the master organizers
of the world to establish system where chaos reigns. He has given it the spirit of
progress to overwhelm the forces of reaction throughout the earth. He has made
us adepts in government that we may administer government among savage
and senile peoples. Were it not for such a force as this the world would relapse
into barbarism and night. And of all our race He has marked the American
people as His chosen nation to finally lead in the regeneration of the world.

Exzeptionalismus
und Sendungs-
bewusstsein

> This is the divine mission of America, and it holds for us all the profit, all the glory, all the happiness possible to man. We are trustees of the world's progress, guardians of its righteous peace. The judgment of the Master is upon us: ›Ye have been faithful over a few things; I will make you ruler over many things.‹«
>
> (*Congressional Record*, 56th Congress, 1st Session, Bd. 33, S.705, 711)

Sendungsbewusstsein und Außenpolitik: Im 20. Jh. bestimmt das Selbstverständnis der USA als globale ›Erlösernation‹ in unterschiedlichen Formen das außenpolitische Handeln und die geostrategische Planung der USA. Die sendungsbewusste Rhetorik des Exzeptionalismus prägt maßgebliche Präsidentenreden von Präsident Woodrow Wilsons Begründung des Eintritts der USA in den Ersten Weltkrieg 1917 bis zur zweiten Antrittsrede von Präsident George W. Bush im Januar 2005. Selbstdefinitionen der **weltgeschichtlichen Ausnahmerolle der USA** spiegeln sich in der Rhetorik gegen totalitäre Systeme von den 1920er Jahren bis zum Ende des Kalten Kriegs und in der anhaltenden Beanspruchung von Ausnahmeregelungen für die USA und für U.S.-amerikanische Staatsbürger und Soldaten im internationalen Rechtswesen. Die Terroranschläge vom 11. September 2001 verstärken **die kollektive Rückbesinnung** auf die traditionellen Selbstkonstruktionen einer auserwählten Nation.

Kritik: Die politische Funktionalisierung von Selbstkonstruktionen als ›Gottes eigenes Land‹ und die Begründung militärischer Interventionen mit der Rhetorik des Exzeptionalismus stößt immer wieder auf Protest, im 20. Jh. vor allem im Zusammenhang der **Anti-Vietnamkriegsbewegung** und neuerlich als Reaktion auf die **Kriegsführung der Bush-Administration im Irak.** Eines der aussagekräftigsten populärkulturellen Dokumente der Kritik an der Rhetorik des Exzeptionalismus ist Bob Dylans Song »With God on Our Side« (1963).

Bob Dylan: »With God on Our Side« (1963)

Zur Vertiefung

Oh my name it is nothin'
My age it means less
The country I come from
Is called the Midwest
I's taught and brought up there
The laws to abide
And that land that I live in
Has God on its side.

Oh the history books tell it
They tell it so well
The cavalries charged
The Indians fell
The cavalries charged
The Indians died

Oh the country was young
With God on its side.

Oh the Spanish-American
War had its day
And the Civil War too
Was soon laid away
And the names of the heroes
I's made to memorize
With guns in their hands
And God on their side.
[...]

(www.bobdylan.com/songs/with-god.html)

Selbstkonstruk-
tionen und
kulturelle Narrative

6.2.4 | Freiheit, Demokratie, Individualismus

Freiheit

Zu den politisch wirkmächtigsten und kulturell produktivsten Selbstdefinitionen der USA zählt das Bild vom **Land der Freiheit und der freien Bürger** (»land of the free«). Es wird im Refrain zur Nationalhymne »The Star-Spangled Banner« besungen, in der Unabhängigkeitserklärung proklamiert und in den Rechtegarantien der Verfassung sichergestellt. Aus einer unüberschaubaren Fülle an Darstellungen ist die Freiheitsstatue im Hafen von New York seit ihrer Einweihung (1886) in besonderer Weise zum weltweiten Symbol für die nahezu sprichwörtliche, vielfach trivialisierte Identitätskonstruktion der USA als **freiheitliche Gesellschaft und demokratische Nation** geworden. So bezeichnet die Webseite des National Park Service die Statue of Liberty als »a universal symbol of freedom and democracy« (vgl. www.nps.gov/stli). Das Statue of Liberty National Monument schließt neben der Freiheitsstatue selbst die ehemalige Einwanderungsstation Ellis Island ein, die seit 1990 als nationales Einwanderungsmuseum und als American Family Immigration History Center dient und so das Selbstverständnis der USA als Einwanderungsnation (s. Kap. 6.2.7) mit dem nationalen Ideal der Freiheit verbindet.

Freiheitssymbole und Mottos: Das Repertoire der nationalen Selbstvorstellung als Nation der Freiheit umfasst eine Vielzahl an prototypischen historischen Figuren:

- **religiöse Dissidenten** und Advokaten religiöser Freiheiten aus der Kolonialzeit
- **freiheitsliebende Revolutionäre**, Gründungspolitiker und Angehörige der Miliz (minutemen) während des Unabhängigkeitskriegs
- **Pioniere** der Expansion nach Westen des 19. Jh.s
- **Bürgerrechtskämpfer** des 20. Jh.s

Patrick Henrys vielzitierter Ausspruch »**Give me Liberty, or give me Death**« in seiner Rede vor dem Virginia House of Burgesses 1775 zählt zu den bekanntesten Slogans der U.S.-amerikanischen Geschichte. Das Staatsmotto von New Hampshire, »Live Free or Die« kann ebenso als Beispiel für die Produktivität und Attraktivität dieser Identitätskonstruktion erwähnt werden wie der in den USA häufig anzutreffende Ortsname **Liberty** oder **Liberty City**. Für geschichtsbewusste U.S.-Amerikaner nimmt

Norman Rockwell:
»Freedom of
Speech« (1943)

die Freiheitsglocke – die sog. **Liberty Bell** – in Philadelphia einen besonderen Platz im Repertoire nationaler Freiheitssymbole ein (vgl. www.nps.gov/inde). Das Selbstbild der USA als Nation der Freiheit findet eine alltägliche Verbreitung in der Prägung »Liberty« auf 1-Cent-Münzen (Pennies), 5-Cent-Münzen (Nickels) und 25-Cent-Münzen (Quarters). Wie stark Vorstellungen von Freiheit und Freizügigkeit kollektiv verankert sind, zeigt sich darin, dass Beschneidungen von Freiheitsrechten zur Terrorbekämpfung nach dem 11. September 2001 – wie z. B. der PATRIOT Act – trotz des allgemeinen Patriotismus nach den Anschlägen unter Berufung auf traditionelle Werte und Identitäten kritisiert werden.

Demokratie: In einem unmittelbaren Zusammenhang mit Idealen von politischer Freiheit und persönlicher Selbstbestimmung steht die Konzeption der U.S.-amerikanischen Nation als demokratischer Staat. Die in Unabhängigkeitserklärung und Verfassung festgeschriebenen **Prinzipien der Volkssouveränität und Rechte der Einzelbürger** bilden ungeachtet aller Kontroversen um die konkrete Ausgestaltung der politischen Prozesse und um die Umsetzung von Gleichheitsrechten in Vergangenheit und Gegenwart die Grundlagen für eine nationale Identitätskonstruktion als **Demokratie mit einem universellen Vorbildanspruch**.

Im Mittelpunkt kollektiver Identitätskonstruktionen der U.S.-amerikanischen Demokratie steht zunächst der Prototyp des republikanisch gesinnten Bürgers (s. Kap. 5.1). Im Laufe des 19. Jh.s wird zunehmend der sog. ›einfache Mann‹ (common man) zur **Personifikation demokratischer Tugenden** und eines einfachen, jedoch selbstbestimmten Lebens. Zu Beginn des 19. Jh.s sind im Zusammenhang der Französischen Revolution und der Angst vor einer Willkürherrschaft der Volksmassen (mob rule) die Vorstellungen eines **demokratisch-egalitären Gesellschaftssystems** z. T. noch negativ konnotiert und werden von Autoren wie Washington Irving und James Fenimore Cooper durchaus kritisch gesehen. Nach der Amtszeit von Präsident Andrew Jackson, im Zuge der sozialen Reformbewegungen und insbesondere angesichts steigender Einwanderungszahlen im Laufe des 19. Jh.s setzt sich eine positive Einstellung zu kollektiven Selbstdarstellungen der USA als Demokratie durch.

Demokratie und
Common Man

Common People in Literatur, Film, Musik und Kunst

Zur Vertiefung

Die Gedichte und Essays von Walt Whitman, dem ›poet of democracy‹, markieren in der zweiten Hälfte des 19. Jh.s einen Höhepunkt der literarischen Feier der USA als demokratische Nation und der ›einfachen Bürger‹ als Ausgangspunkt, Grundlage und regenerative Kraft der Demokratie. In der ersten Hälfte des 20. Jh.s setzt sich die konstitutive Verbindung von Demokratie und ›einfachen Leuten‹ fort:

- in Texten von Autoren wie z. B. Carl Sandburg, Thornton Wilder, John Steinbeck
- in Fotografien von z. B. Walker Evans und Dorothea Lange
- in Liedern der Folksänger der 1930er Jahre wie z. B. Woodie Guthrie
- in Gemälden und Drucken von Norman Rockwell (bes. »Four Freedoms«, 1941–43)
- in Filmen wie z. B. *Mr. Smith Goes to Washington* (1939)

Wie die traditionell grundlegende Selbstdefinition der USA als Demokratie national wie international reformerisch wirksam wird, verdeutlicht die Protest- und Jugendbewegung der 1960er Jahre, die ihren politischen Ausgangspunkt maßgeblich im »Port Huron Statement« (1962) und dem dort formulierten Ideal einer »participatory democracy« nimmt.

Selbstkonstruk-
tionen und
kulturelle Narrative

Wie einflussreich das Selbstbild der USA als Demokratie und die politische Rhetorik der Demokratie bis zum Beginn des 21. Jh.s bleibt, illustrieren die folgenden Beispiele:

Politische Rhetorik
der Demokratie

- **Präsident Woodrow Wilsons** Begründung des Eintritts der USA in den Ersten Weltkrieg 1917 mit dem übergeordneten Ziel »the world must be made safe for democracy«
- **Präsident Franklin D. Roosevelts** Rede vor dem Kongress im Januar 1941, in der er die essentiellen Freiheiten der Demokratie als Maßstab außenpolitischen Handelns ansetzt (»Four Freedoms«-Rede)
- **Präsident Ronald Reagans** »evil empire«-Rede 1983 als ein Höhepunkt der Rhetorik des Kalten Kriegs
- **Präsident George W. Bushs** zweite Antrittsrede 2005 mit der Verkündigung der »policy of the United States to seek and support the growth of democratic movements and institutions in every nation and culture, with the ultimate goal of ending tyranny in our world«.

Individualismus: Die Projektion des individuellen Strebens nach Glück in der **Unabhängigkeitserklärung** und die verfassungsmäßige Garantie individueller Freiheits- und Bürgerrechte in der **Bill of Rights** (s. Kap. 5.2) bilden den ideologischen, politischen und juristischen Rahmen für Selbstdefinitionen der USA als eine Kultur des Individualismus. Der Begriff ›Individualismus‹ selbst geht im vorliegenden Zusammenhang vor allem auf Alexis de Tocqueville zurück, der in *Democracy in America* (1835/1840) die **Ambivalenz** zwischen selbstgenügsam-autonomer Unabhängigkeit einerseits und egoistisch-performativer Selbstzentriertheit andererseits erörtert und auf die demokratisch-egalitären Verhältnisse, historischen Entwicklungen und sozialen Strukturen in den USA zurückführt.

Historisch-
kulturelle
Ausgangspunkte

Die historischen und kulturellen Ausgangspunkte eines spezifischen ›amerikanischen Individualismus‹ reichen bis in die Kolonialzeit des 17. Jh.s zurück und speisen sich wesentlich aus **protestantisch-puritanischen Traditionen** der Eigenverantwortlichkeit und Unabhängigkeit des einzelnen Menschen in seinem persönlichen, individuellen Verhältnis zu Gott. Der aufklärerisch-emanzipatorische Individualismus des 18. Jh.s findet neben den politischen Gründungsdokumenten der USA seinen identitätsprägenden Ausdruck vor allem in der Person von **Benjamin Franklin** als dem Prototyp des individualistisch autonomen, jedoch verantwortungsvoll am Gemeinwohl orientierten Bürgers. Im 19. Jh. formuliert **Ralph Waldo Emerson** in seinen philosophischen Schriften und vor allem in einem Essay »Self-Reliance« (1841) den Typus des aus eigenen intellektuellen Kräften und nach eigenen Urteilskriterien selbstbewusst, eigenverantwortlich und pragmatisch handelnden Individuums.

Rugged
Individualism

Die wirtschaftlich-sozialen Entwicklungen des späten 19. und frühen 20. Jh.s und vor allem die legendären Industriebosse der Gilded Age (s. Kap. 6.2.6) begünstigen **utilitaristisch-ökonomische Vorstellungen** von Individualismus als persönlich-materielles Erfolgsstreben und Ausdruck eines freien Unternehmertums (free enterprise). Diese Variante des Individualismus gipfelt in dem von Präsident Herbert Hoover 1928 geprägten Schlagwort vom »American system of rugged individualism« und stellt bis zum Ende des Kalten Krieges einen ideologischen Gegenpol zu sozialistisch-kommunistischen Gesellschaftsentwürfen dar.

Seit den 1920er Jahren wird aus dem persönlich-individuellen Streben nach Glück verstärkt die Suche nach immer neuen individualistisch-egoistischen Bedürfnisbefriedigungen durch die Angebote der **Konsum-, Unterhaltungs- und Freizeitkultur.** Der expressive, z. T. exzessive Individualismus des 20. Jh.s manifestiert sich für seine Kritiker in einem offen zur Schau getragenem Narzissmus – Christopher Lasch spricht in einem vielzitierten Buch von *The Culture of Narcissism* (1979) –, in einem übersteigerten Celebrity-Kult in allen Bereichen der modernen und postmodernen Populär- und Unterhaltungskultur sowie in einer breiten Palette an individuell verfügbaren Selbstverwirklichungsoptionen insbesondere im Bereich der Körper- und Sportkultur.

Heldenfiguren: In der kulturellen Imagination finden Konstruktionen der USA als Nation und Kultur des Individualismus ihren Niederschlag in unzähligen Heldenfiguren und deren Repräsentationen in ebenso vielen verschiedenen Formen und Medien. Aus einer Vielzahl an möglichen Beispielen seien die folgenden genannt:

- **Präsidenten** von George Washington über Abraham Lincoln bis zu John F. Kennedy
- **Pionierfiguren** von Daniel Boone bis zu den Astronauten der Mondlandung
- **Wirtschaftsmagnaten** von John D. Rockefeller und Andrew Carnegie bis zu Bill Gates
- **Erfinder** wie z. B. Benjamin Franklin und Thomas A. Edison
- **Sportler** wie z. B. der Baseballspieler Babe Ruth (George Herman), der Boxer Muhammad Ali oder der Golfspieler Tiger Woods.

Für die Tradierung und Verbreitung der kulturellen Erzählung des Individualismus sind **individuelle Lebensgeschichten repräsentativer Personen** von maßgeblicher Bedeutung. Benjamin Franklins Autobiographie ist neben den Bekenntniserzählungen der Puritaner (spiritual narratives/personal narratives) ein zentraler Ausgangspunkt für die in der Literatur- und Kulturgeschichte produktiven Traditionen der Autobiographie und Biographie. Auch in der **Romanliteratur** ist die individuelle Suche nach Selbstbestimmung und Selbstentfaltung – von James Fenimore Coopers *Leatherstocking*-Romanen über Mark Twains *The Adventures of Huckleberry Finn* (1884) bis zu F. Scott Fitzgeralds *The Great Gatsby* (1925) und Jack Kerouacs *On the Road* (1957) – ein beherrschendes Thema. Bereits in Herman Melvilles Roman *Moby Dick* (1851) werden jedoch auch die Gefahren eines übersteigerten, egomanischen Individualismus überdeutlich aufgezeigt.

Alexis de Tocqueville über Individualismus und Egoismus

»*Individualism* is a recent expression arising out of a new idea. Our fathers knew only the word *egoism*. Egoism is a passionate and exaggerated love of self that impels man to relate everything solely to himself and to prefer himself to everything else. Individualism is a reflective and tranquil sentiment that disposes each citizen to cut himself off from the mass of his fellow men and withdraw into the circle of family and friends, so that, having created a little society for his own use, he gladly leaves the larger society to take care of itself. [...] Individualism is democratic in origin, and it threatens to develop as conditions equalize. [...]

As conditions equalize, one finds more and more individuals no longer rich enough or powerful enough to have much influence on the fate of their fellow men who have nevertheless acquired or retained enough enlightenment and wealth to take care of themselves. These people owe nothing to anyone, and in a sense they expect nothing from anyone. They become accustomed to thinking of themselves always in isolation and are pleased to think their fate lies entirely in their own hands. Thus, not only does democracy cause each man to forget his forebears, but it makes it difficult for him to see his offspring and cuts him off from his contemporaries. Again and again it leads him back to himself and threatens ultimately to imprison him altogether in the loneliness of his own heart.« (Tocqueville 2004, S. 585–586)

6.2.5 | Frontier-These und Pioniergeist

Vorstellungen von ›Amerika‹ als ›Neuer Welt‹ und nationale Ideologien der gottgewollten Expansion nach Westen bilden den Rahmen für eines der einflussreichsten und umstrittensten Narrative und Bildrepertoires der U.S.-amerikanischen Geschichte und Gesellschaft: die Frontier-These. Diese geht zurück auf den Historiker **Frederick Jackson Turner**, der in seinem 1893 zuerst veröffentlichten Aufsatz »The Significance of the Frontier in American History« das Verschwinden einer klar definierbaren Siedlungsgrenze (frontier of settlement) und eines zusammenhängenden unbesiedelten Gebiets, d. h. eines Gebiets mit weniger als zwei (weißen) Personen pro Quadratmeile, auf dem Territorium der USA feststellt.

Zum Begriff

> → **Frontier** bezeichnet die Grenze zwischen Wildnis und Zivilisation im Prozess der territorialen Expansion der USA nach Westen. 1893 erklärt der Historiker Frederick Jackson Turner auf der Grundlage der Erhebungen des U.S. Census Bureau von 1890 den Kolonisierungs- und Zivilisationsprozess für beendet, zugleich aber die historische Erfahrung der Bewältigung der Herausforderungen der Frontier zum nationalen Definitionskriterium der USA.

Turners Geschichtsdeutung: In der Interpretation des historischen Prozesses der Kolonisation des Westens, welchen Turner als die erste Periode der U.S.-amerikanischen Geschichte und als entscheidendes Differenzkritierium zwischen Europa und den USA versteht, wird die Konfrontation mit den unbekannten Lebenswirklichkeiten an der Frontier und die

Bewältigung der Herausforderungen des Lebens an der stetig von Osten nach Westen wandernden Grenze zwischen Zivilisation und Wildnis zur definitorischen nationalen Erfahrung:

- Die Frontier ist der **Schauplatz der Amerikanisierung** des ursprünglich europäisch-kolonialen Lebens und der europäischen Einwanderer.

- An der Frontier entstehen spezifisch U.S.-amerikanische **politische, wirtschaftliche und soziale Institutionen und Praktiken**.
- An der Frontier zeigen und bewähren sich **nationale Charakteristika und Tugenden** wie z. B. Freiheit, Individualismus, Demokratie, Gemeinschaftssinn, Pragmatismus, Erfindungsreichtum, Pioniergeist.
- Die Frontier bietet Möglichkeiten zum **persönlichen, sozialen und wirtschaftlichen Neuanfang** und ist nach Turner – durchaus auch in Fortschreibung puritanisch-christlicher Vorstellungen von der Wildnis (wilderness) als Ort der spirituellen und moralischen Erprobung, Bewährung und Erneuerung – der konkrete und mythische Ort der **individuellen und kollektiven Regeneration**.

Mit Turners Geschichtsdeutung und Identitätskonstruktion wird der Westen zur **historisch und kulturell bestimmenden Region der USA**, die sich bis weit ins 19. Jh. hinein – in Fortsetzung kolonialer Traditionen und Orientierungen – noch als maritime Nation verstehen.

Frederick Jackson Turner: »The Significance of the Frontier in American History« (1893/1921)

»Up to our own day American history has been in a large degree the history of the colonization of the Great West. The existence of an area of free land, its continuous recession, and the advance of American settlement westward, explain American development. [...] This perennial rebirth, this fluidity of American life, this expansion westward with its new opportunities, its continuous touch with the simplicity of primitive society, furnish the forces dominating American character. The true point of view in the history of this nation is not the Atlantic coast, it is the great West. [...] The frontier is the line of most rapid and effective Americanization. The wilderness masters the colonist. It finds him a European in dress, industries, tools, modes of travel, and thought. It takes him from the railroad car and puts him in the birch canoe. It strips off the garments of civilization and arrays him in the hunting shirt and the moccasin. It puts him in the log cabin of the Cherokee and Iroquois and runs an Indian palisade around him. [...] Thus the advance of the frontier has meant a steady movement away from the influence of Europe, a steady growth of independence on American lines. And to study this advance, the men who grew up under these conditions, and the political, economic, and social results of it, is to study the really American part of our history. [...] But the most important effect of the frontier has been in the promotion of democracy here and in Europe. As has been indicated, the frontier is productive of individualism. Complex society is precipitated by the wilderness into a kind of primitive organization based on the family. The tendency is anti-social. It produces antipathy to control, and particularly to any direct control. [...] The result is that to the frontier the American intellect owes its striking charac teristics. That coarseness and strength combined with acuteness and inquisitiveness; that practical, inventive turn of mind, quick to

> find expedients; that masterful grasp of material things, lacking in the artistic
> but powerful to effect great ends; that restless, nervous energy; that dominant
> individualism, working for good and for evil, and withal that buoyancy and
> exuberance which comes with freedom – these are traits of the frontier, or traits
> called out elsewhere because of the existence of the frontier.«
>
> (Engler/Scheiding ²2007, S. 414–418)

Rezeption: Turners Darstellung der Frontier und des Westens als zentraler Bezugsrahmen für nationale Selbstvorstellungen und kollektive Idea-
lisierungen prägt die Diskussionen um Identitätskonstruktionen der USA
bis in die Gegenwart. Dabei wird besonders eine u.U. tatsächlich gegebene
oder aus unterschiedlichen Interessen projizierte **Gewaltbereitschaft der
U.S.-amerikanischen Gesellschaft** – häufig mit dem verfassungsrechtlich
verankerten Recht auf individuellen Waffenbesitz assoziiert (s. Kap. 5.2)
– als Ausdruck einer anhaltenden Frontier-Mentalität und des Willens
zur individuellen Selbstbehauptung und Verteidigung der (nationalen)
Gemeinschaft betrachtet. In den fachwissenschaftlichen Diskussionen
werden vor allem Richard Slotkins Trilogie *Regeneration through Violence:
The Mythology of the American Frontier, 1600–1860* (1973), *The Fatal Environment: The Myth of the Frontier in the Age of Industrialization, 1800–
1890* (1985) und *Gunfighter Nation: The Myth of the Frontier in Twentieth-
Century America* (1992) sowie Annette Kolodnys *The Land Before Her:
Fantasy and Experience of the American Frontiers, 1630–1869* (1984) als
Revisionen traditioneller Mythen des Westens einflussreich. Kritiker der
Turner-These verweisen insbesondere auf:

- die **nostalgisch-romantisierenden Grundzüge** in Turners Darstellung
  der Demokratisierungseffekte und des Lebens an der Frontier sowie
  auf seine Vernachlässigung der Gewalt der Expansion nach Westen
- den **ethnozentrischen und rassistischen Grundansatz** in Turners Geschichtsdeutung und Darstellung der indianischen Bevölkerung sowie
  seine eurozentrische Vernachlässigung der Einwanderung aus Lateinamerika und Asien
- Turners Vernachlässigung der historischen Rolle von **nicht-weißen
  ethnischen Gruppen und von Frauen** in der Expansion nach Westen
- Turners **Fortschrittsgläubigkeit**, evolutionäre Geschichtsvorstellung
  und simplifizierenden Bipolaritäten (z.B. Wildnis/Zivilisation), die
  den Komplexitäten der historischen Realitäten und multikulturellen
  Entwicklungen gerade im Westen nicht gerecht werden
- Turners **reduktive Konzentration auf den Westen** als primär ge-
  schichts- und identitätsprägende Region zu Lasten der anderen Regionen der USA und deren andersartigen Geschichten und z.T. auch eher
  urbanen Identitätskonstruktionen
- **demographische Entwicklungen und Bevölkerungsverschiebungen**,
  die zu Beginn des 20. Jh.s weite Teile des Westens wieder unter die für
  die Frontier-These definitorische Bevölkerungsdichte fallen lassen

- Turners Beitrag zur **imperialistischen Außenpolitik der USA**, die als Reaktion auf das Ende der Expansion auf dem nordamerikanischen Kontinent selbst gesehen wird.

Wie einflussreich Turners Deutung der USA als Frontier-Nation in der U.S.-amerikanischen Politik ist, verdeutlichen zwei Beispiele:

- **Theodore Roosevelts** vierbändiges Werk *The Winning of the West* (1888–1896), das die imperialistische Außenpolitik der Roosevelt-Administration an der Wende zum 20. Jh. antizipiert
- **John F. Kennedys** Regierungsprogramm der New Frontier, das er in seiner Nominierungsrede als Präsidentschaftskandidat der Demokratischen Partei 1960 verkündet.

Frontier-Mythos in der kulturellen Imagination und Populärkultur: Der Frontier-Mythos findet seit dem frühen 19. Jh. zeitgleich mit der historischen Entwicklung selbst einen unmittelbaren Niederschlag in der populären Imagination und in unterschiedlichen Medien der kulturellen Produktion. Erwähnt seien in einer Auswahl:

- **prototypische Pioniere** der Expansion nach Westen wie z.B. David Crockett, Daniel Boone oder Jim Bowie
- **Outlaw-Figuren** wie z.B. Jesse James, Butch Cassidy, Billy the Kid
- **historische Gemälde** wie z.B. Emanuel Leutzes »Westward the Course of Empire Takes its Way (Westward Ho!) « (s. Kap. 3.3.5), das offiziell vom Kongress zur Dekoration des Kapitols in Auftrag gegeben wird

Einwanderfamilie auf dem Weg nach Westen (1886)

- **Lithographien** der Druckerei Currier & Ives
- **Fotografien** des Pionierlebens im Westen
- **Buffalo Bills »Wild West«-Show,** die seit den 1880er Jahren die Eroberung des Westens als Bühnenspektakel inszeniert.

In der Literatur erreicht die Darstellung des historischen Prozesses der kontinuierlichen Verschiebung der Frontier nach Westen bereits in den **Leatherstocking-Romanen** (1823–1841) von James Fenimore Cooper einen ersten Höhepunkt. Realität und Mythologie der Frontier bleiben wichtige Bezugspunkte der Literatur bis in die Gegenwart, von den **regionalen Erzählungen** und Gedichten von Bret Harte, Mark Twain und Walt Whitman in den Jahren nach dem Bürgerkrieg über die **Bestseller** von Zane Grey und Owen Wister zu Beginn des 20. Jh.s bis zu den Romanen des zeitgenössischen Autors **Cormac McCarthy.**

Literatur

Selbstkonstruk-
tionen und
kulturelle Narrative

Zur Vertiefung

> **Walt Whitman: »Pioneers! O Pioneers!« (1865)**
>
> Come my tan-faced children,
> Follow well in order, get your weapons ready,
> Have you your pistols? have you your sharp-edged axes?
>   Pioneers! O pioneers!
>
> For we cannot tarry here,
> We must march my darlings, we must bear the brunt of danger,
> We the youthful sinewy races, all the rest on us depend,
>   Pioneers! O pioneers!
>
> O you youths, Western youths,
> So impatient, full of action, full of manly pride and friendship,
> Plain I see you Western youths, see you tramping with the foremost,
>   Pioneers! O pioneers!
>
> Have the elder races halted?
> Do they droop and end their lesson, wearied over there beyond the seas?
> We take up the task eternal, and the burden and the lesson,
>   Pioneers! O pioneers!
>
> All the past we leave behind,
> We debouch upon a newer mightier world, varied world,
> Fresh and strong the world we seize, world of labor and the march,
>   Pioneers! O pioneers! [...]
>
> (*Walt Whitman's Poems*, Hg. Allen/Davis, 1955, S. 218–219)

Film/Fernsehen

Im 20. Jh. wird zunächst der **Western** als eine der populärsten Formen des Hollywood-Films zu einem wichtigen Medium der Repräsentation des Frontier-Mythos. Nach dem Zweiten Weltkrieg kommt eine Vielzahl national wie international gleichermaßen populärer **TV-Serien** wie z. B. »Bonanza«, »Wagon Train«, »The Virginian« oder »Gunsmoke« hinzu. Filme wie z. B. *Heaven's Gate* (1980), *Dances with Wolves* (1990) oder *Brokeback Mountain* (2005) revidieren die lange Zeit dominante Verklärung von Freiheits-, Männlichkeits- und Gemeinschaftsidealen.

Musik

Im Bereich der Country Music greift die sog. **Western Music** oder **Cowboy Music**, die z. T. auf Lieder der Cowboys aus der zweiten Hälfte des 19. Jh.s wie z. B. »Streets of Laredo«, »Cowboy's Lament« oder »Home on the Range« zurückgeht, den Bildkomplex der Frontier auf. Die Songs von Jimmy Rogers, Sons of the Pioneers, Gene Autry, Tex Fletcher, Roy Rogers, Hank Williams, Michael Martin Murphy, Garth Brooks oder Emmylou Harris tragen in unterschiedlicher Weise zur **Romantisierung und Glorifizierung des Westens** bei.

Shows

Von Buffalo Bills »Wild West«-Show des späten 19. und frühen 20. Jh.s bis zu den Rodeo-Veranstaltungen der Gegenwart genießen Inszenierungen des Lebens an der Frontier als Teil der **Unterhaltungs- und Tourismusindustrie** große Popularität. Zu den bekanntesten kommerziellen Funktionalisierungen des Frontier- und Cowboy-Mythos zählt die Werbung für die Zigarettenmarke Marlboro, die seit 1954 den sog. Marlboro Man als Personifikation der Freiheit und Unabhängigkeit des Westens propagiert.

6.2.6 | Land der unbegrenzten Möglichkeiten, Self-made Man, protestantische Arbeitsethik

Zwei deutsche Studien aus dem frühen 20. Jh. – Ludwig Max Goldbergers *Das Land der unbegrenzten Möglichkeiten* (1903) und Julius Hirschs *Das amerikanische Wirtschaftswunder* (1926) – evozieren mit ihren seinerzeit neu geprägten Titelbegriffen einen selbstdefinitorischen Bildkomplex, der primär **sozioökonomisch** ausgerichtet ist und im Zusammenhang der Expansion der U.S.-amerikanischen Wirtschaft zum Zeitpunkt der Publikation der beiden Untersuchungen eine besondere Anziehungskraft hat. Von der Kolonialzeit bis ins 19. Jh. ist es die Verfügbarkeit von offenem Siedlungsland in den nach Westen expandierenden Territorien und Bundesstaaten, seit dem späten 19. Jh. vor allem die nahezu unlimitierte Verfügbarkeit von **Arbeitsplätzen und beruflichen Möglichkeiten** in Industrie und Dienstleistungsgewerbe in den rasch wachsenden urbanen Zentren, die dieses Bild in der Innen- und Außensicht der USA gleichermaßen fördern.

Land der unbegrenzten Möglichkeiten

Unter → **Werbeliteratur (promotional literature)** versteht man Literatur zur Förderung der Einwanderung nach Nordamerika. Das Repertoire der Werbung beruht seit dem 19. Jh. weitgehend auf der Darstellung der USA als Land der unbegrenzten ökonomischen Möglichkeiten mit der Aussicht auf sozialen Aufstieg.

Zum Begriff

Die **Werbeliteratur zur Förderung der Einwanderung** passt seit den Schriften von John Smith zu Beginn des 17. Jh.s ihr Repertoire an die jeweiligen ökonomischen Gegebenheiten und sozialen Bedingungen der Zeit an. Dabei bleibt der Topos vom ›Land der Möglichkeiten‹ (land of opportunities) in seinem Grundbestand weitgehend unverändert. Zu Beginn des 21. Jh.s verdeutlichen trotz wiederholter Wirtschaftskrisen im Laufe des 20. Jh.s und trotz immer wieder erhobener Zweifel an der tatsächlichen Möglichkeit zu wirtschaftlichen Erfolg und sozialem Aufstieg insbesondere die anhaltend hohen Einwanderungsquoten (s. Kap. 2.3.2) die Attraktivität des ideologischen Selbstverständnisses der USA als ein Land und eine Gesellschaft mit unmittelbar realistischen Aussichten auf materiellen Erfolg und sozialen Aufstieg (social mobility/upward mobility).

Traugott Bromme:
Hand- und Reisebuch für Auswanderer und Reisende

Self-made Man: Das Bild vom Land der unbegrenzten Möglichkeiten und der damit verbundene Erfolgsmythos verdichten sich in der kulturellen Erzählung des Self-made Man. Der Begriff geht auf Senator Henry Clay zurück, der 1832 in einer Rede vor dem Senat die wirtschaftlichen Leistungen von »self-made men« an der Frontier in Kentucky rühmt. Der prototypische Self-made Man arbeitet sich aus einfachen Verhältnissen mit eigener Kraft nach oben und erreicht Erfolg, Wohlstand und Ansehen – im Unterschied zu aristokratischen und ständischen Gesellschaften in Europa – allein durch seine **persönlichen Leistungen** (achievements), seine geschickte **Nutzung günstiger Gelegenheiten** (opportunities) und seine selbst erworbenen **Verdienste** (merits).

Benjamin Franklin

In der Kultur- und Literaturgeschichte geht die Identitätskonstruktion des Self-made Man vor allem auf **Benjamin Franklin** zurück. In seiner Autobiographie, in *Poor Richard's Almanack* (1733–58) und in Einzelschriften wie z. B. »The Way to Wealth« (1758) und »Advice to a Young Tradesman« (1748) stilisiert Franklin seinen eigenen Lebensweg zu einem **kollektiven Erfolgsrezept**. Im Mittelpunkt von Franklins prototypischen Selbstvorstellungen und seiner Ratschläge für ökonomischen Erfolg und sozialen Aufstieg stehen Fleiß, Leistungsbereitschaft, Tugendhaftigkeit, Selbstdisziplin und eine **kontinuierliche Rechenschaftsablage**. Franklin

Zur Vertiefung

The Autobiography of Benjamin Franklin:

»The precept of order requiring that every part of my business should have its allotted time, one page in my little book contain'd the following scheme of employment for the twenty-four hours of a natural day.

THE MORNING.	{ 5} Rise, wash, and address
Question. What good shall I do this day?	{ 6} Powerful Goodness! Contrive day's business, and take the resolution of the day;
	{ 7} prosecute the present study, and breakfast.
	{ 8} Work.
	{ 9} Work.
	{10} Work.
	{11} Work.
NOON.	{12} Read, or overlook my
	{ 1} accounts, and dine.
	{ 2} Work.
	{ 3} Work.
	{ 4} Work.
	{ 5} Work.
EVENING.	{ 6} Put things in their
Question. What good have I done to-day?	{ 7} places. Supper. Music
	{ 8} or diversion, or conversation.
NIGHT.	{ 9} Examination of the day.
	{10} Sleep.
	{11} Sleep.
	{12} Sleep.
	{ 1} Sleep.
	{ 2} Sleep.
	{ 3} Sleep.
	{ 4} Sleep.

I enter'd upon the execution of this plan for self-examination, and continu'd it with occasional intermissions for some time. I was surpris'd to find myself so much fuller of faults than I had imagined; but I had the satisfaction of seeing them diminish.«

(Baym et al., Hg.: *Norton Anthology of American Literature* [7]2007, Bd. A, S. 530–531)

schließt in seinen vorbildlichen Lebensentwurf eine Liste erforderlicher Tugenden und eine Vorlage für eine Tabelle zur persönlichen Überprüfung der eigenen Tugendhaftigkeit ein.

Materieller Erfolg und soziales Ansehen des Self-made Man sind mit der Demonstration persönlicher Rechtschaffenheit und der Planung moralischen Verhaltens verbunden. Franklins **Funktionalisierung und z. T. Trivialisierung** von Charaktereigenschaften im Interesse von persönlichem Erfolg, strategischer Selbstinszenierung und öffentlicher Respektabilität antizipiert die im 19. und 20. Jh. populäre **Ratgeberliteratur** (advice books/how-to books) und verweist auf moderne **Motivationstrainer** in der Nachfolge von Dale Carnegie.

»From rags to riches«: Der Self-made Man wird im 19. und 20 Jh. zu einer überaus produktiven kollektiven Identitätskonstruktion. Die persönlichen **Erfolgsgeschichten von Wirtschaftsmagnaten** der Gilded Age wie z. B. John D. Rockefeller, Cornelius Vanderbilt, Andrew Carnegie oder James J. Hill bestätigen für Millionen von Einwanderern die Gültigkeit des Konzepts. Einen Höhepunkt findet die Selbstvorstellung in den millionenfach verbreiteten Jugendbüchern von **Horatio Alger**, deren Protagonisten nach dem Muster des Erstlingserfolgs *Ragged Dick* (1867) den sprichwörtlichen Weg »from rags to riches« (»vom Tellerwäscher zum Millionär«) durchlaufen. In populären Drucken wie z. B. Currier & Ives' »The Ladder of Fortune« (1875) findet die **Verbindung von persönlichen Tugenden und ökonomischen Gelegenheiten** einen ähnlich exemplarischen Ausdruck. In den 1980er Jahren wird die Autobiographie des Automobilkonzernchefs Lee Iacocca – in der deutschen Übersetzung bezeichnenderweise *Mein amerikanischer Traum* betitelt – ein Bestseller und verdeutlicht die anhaltende Popularität des Erfolgsmythos. In der politischen Mythologie verkörpert Abraham Lincolns Aufstieg von der Blockhütte (log cabin) ins Weiße Haus das Erfolgsmuster, das bis in die Gegenwart von Politikern wie Bill Clinton, Arnold Schwarzenegger und Barack Obama als Bezugsfolie für ihre jeweiligen Selbstinszenierungen genutzt wird.

Currier & Ives: »The Ladder of Fortune« (1875)

Der Self-made Man in der Literatur

Zur Vertiefung

Seit dem späten 19. Jh. finden sich zahlreiche Darstellungen des Self-made Man in der Literatur. William Dean Howells' Roman *The Rise of Silas Lapham* (1885) zeigt in der Problematisierung des Konzepts im Wirtschaftsleben der Gilded Age die Ablösung traditioneller moralischer Verhaltensmuster zugunsten eines reinen Profitstrebens. Zu den bekanntesten literarischen Auseinandersetzungen mit dem rags-to-riches-Erfolgsrezept und dessen Bezugstexten von Franklin bis Alger zählt F. Scott Fitzgeralds Roman *The Great Gatsby* (1925), der neben Anspielungen auf historische Beispiele des Self-made Man und auf Horatio Algers Romane auch eine kritische Abwandlung von Benjamin Franklins

Zeitplan und Tugendkatalog enthält. Arthur Millers Drama *Death of a Salesman* (1949) zeigt die Illusion der kollektiven Erfolgsvision am Beispiel des gescheiterten Handlungsreisenden Willy Loman. Steven Millhausers Roman *Martin Dressler: The Tale of an American Dreamer* (1996) spielt phantasievoll mit dem Repertoire der kulturellen Erzählung vom Self-made Man und entlarvt die Brüchigkeit und Irrealität der Erwartungen und Versprechungen von materiellem und persönlichem Glück.

Protestantische Arbeitsethik: Der deutsche Soziologe Max Weber nimmt in seiner berühmten Schrift *Die protestantische Ethik und der Geist des Kapitalismus* (1905) Benjamin Franklin und dessen Lebensgeschichte zum Ausgangspunkt einer historisch-kulturellen Erklärung des **Erfolgs kapitalistischer Wirtschaftsformen in protestantischen Ländern**. Für Weber – und in ähnlicher Weise für Richard H. Tawney in *Religion and the Rise of Capitalism* (1926) – unterstützen protestantische Glaubensgrundsätze und insbesondere der kalvinistisch beeinflusste Puritanismus in den neuengländischen Kolonien des 17. und 18. Jh.s den Aufstieg des modernen Kapitalismus und die Herausbildung einer sog. protestantischen Arbeitsethik (protestant work ethic). Nach Max Weber fördern die folgenden Faktoren das individuelle Streben nach persönlichem, sozialem und materiellem Erfolg:

Weber-These

- die Vorstellungen Martin Luthers von der **gottgegebenen Begabung (talent) und Aufgabe (calling)** eines jeden einzelnen Menschen in der Welt selbst
- die **kalvinistische Prädestinationslehre**
- der protestantisch-puritanische Nachdruck auf einem **gottgefälligen Leben** mit harter Arbeit, Sparsamkeit, Nüchternheit, Bescheidenheit, Rechenschaftsablegung und sozialer Wohltätigkeit als Ausdruck der eigenen Güte und Gläubigkeit.

In der Konsequenz ergibt sich eine **Verhaltensethik**, die dem erfolgreichen Individuum die Verantwortung und Pflicht zu noch mehr Erfolg, zu anhaltendem Gemeinschaftssinn, zu weiteren sozialen Wohltaten und zu einem dauerhaft gottgefälligen, moralischen Leben auferlegt (**innerweltliche Askese/worldly asceticism**).

Philanthropie

Die **kollektive Verantwortung** und **moralische Verpflichtung**, die im Sinne der protestantischen Arbeitsethik aus individuellem Erfolg, Ansehen und Reichtum erwächst, wird als ein Ausgangspunkt für die Philanthropie U.S.-amerikanischer Großindustrieller wie z. B. John D. Rockefeller, Andrew Carnegie oder John Paul Getty betrachtet. Andrew Carnegies Schrift *Gospel of Wealth* (1889) ist eine der bekanntesten Darstellungen der Verbindung zwischen materiellem Erfolg und philanthropischer Verantwortung. In seiner Studie *The Theory of the Leisure Class* zeigt der Soziologe Thorstein Veblen allerdings schon 1899, wie die traditionellen Verantwortungsmuster der am Gemeinwohl orientierten Arbeitsethik in der modernen Individual- und Performanzgesellschaft zugunsten von egoistischen Selbstdarstellungen und narzistischen Zurschaustellungen von Wohlstand (**conspicuous consumption/conspicuous leisure**) erodieren.

Kritik: Kritiker der U.S.-amerikanischen Gesellschaft sehen in den von Max Weber beschriebenen sozioökonomischen Mechanismen und Prozessen die Gründe für Tendenzen zu einer zwanghaften Selbstdisziplinierung, zu sozialem Konformismus, zu übertriebenem Moralismus und zu ungebremstem Profitstreben. Wie produktiv Stereotypisierungen des Materialismus schon im 19. Jh. in der deutschsprachigen Literatur sind, illustrieren beispielhaft Ferdinand Kürnbergers Roman *Der Amerikamüde* (1855) und die Beschreibungen der USA als ein Land von »himmelanstinkenden Krämerseelen« in den Briefen des – gescheiterten – österreichischen Auswanderers Nikolaus Lenau.

6.2.7 | Einwanderungsnation zwischen Melting Pot und Multiethnizität

Zu den einflussreichsten und populärsten Identitätskonstruktionen der USA zählt die Definition als Einwanderungsnation (s. auch Kap. 2.3.2), die von den Gründungstexten der Revolutionszeit bis in die Gegenwart ein vielfältiges und kontroverses Repertoire an Bildern und Konzepten hervorbringt. Der 1782 vom Kongress als Teil des Great Seal of the United States angenommene Wahlspruch *e pluribus unum* proklamiert das **Ideal einer ›Einheit aus der Vielfalt‹**, das die beiden Pole in den Diskussionen um U.S.-amerikanische Selbstkonzeptualisierungen als Nation von Einwanderern aus unterschiedlichsten Herkunftsländern und diversen Kulturkreisen markiert. Die Definition der USA als Einwanderungsnation grenzt lange Zeit insbesondere die Gruppen der Indianer und Afroamerikaner aus; erst Redefinitionen als **multiethnische und multikulturelle Nation und Gesellschaft** ermöglichen zumindest in der Idealität eine Partizipation aller Bevölkerungsgruppen an einer kollektiven Selbstkonstruktion dieser Art.

Melting Pot und Assimilation: Die Vorstellung der U.S.-amerikanischen Gesellschaft als Schmelztiegel (melting pot) findet sich zuerst in Crèvecoeurs utopisch-visionärer Formulierung ›des Amerikaners‹ als ›neuem Menschen‹ (s. Kap. 6.2.1) und wird von Frederick Jackson Turner in der Beschreibung der Siedlungsgrenze als Ort und Bewährungsprobe (crucible) der Amerikanisierung und Demokratisierung verwendet. Der Begriff selbst wird in **Israel Zangwills Theaterstück *The Melting Pot* (1908)** geprägt. In der politischen Zielsetzung und sozialen Praxis impliziert das Verständnis der USA als Schmelztiegel eine Assimilation im Sinne des Aufgehens der ursprünglich vielfältigen ethnischen, kulturellen und nationalen Traditionen und Identitäten in die **traditionell dominante, anglozentrische Konstruktion der USA**.

Selbstkonstruk-
tionen und
kulturelle Narrative

Amerikanisierung

Zu Hochzeiten der Einwanderung gegen Ende des 19. und zu Beginn des 20. Jh.s verstehen Apologeten der Ideologie des Schmelztiegels den Prozess des ›Verschmelzens‹ als Prozess der Amerikanisierung
(s. Kap. 3.4.2). Amerikanisierungsprogramme zielen darauf, dass sich die
Einwanderer nach den Erfahrungen der Migration und des Neuanfangs
unter **Aufgabe ihrer bisherigen ethnischen, kulturellen und nationalen
Identitäten und Traditionen** in ›Amerikaner‹ im Sinne anglozentrisch-
protestantischer Identitätskonstruktionen verwandeln. Im Mittelpunkt
von Amerikanisierungsprogrammen, die außer von Regierungsstellen
auch von Wirtschafts- und Industrieunternehmen wie z. B. der Ford Motor Company betrieben werden, stehen englische Sprachkurse, kulturelle
Veranstaltungen und Bildungsangebote mit patriotisch-nationalistischen
Inhalten sowie Feste und Feiern z. B. zum Americanization Day und zum
Abschluss von Schul- oder Ausbildungszeiten.

Zur Vertiefung

**Die Melting Pot-Ideologie in Jeffrey Eugenides' Roman *Middlesex*
(2002)**

»And now we are in the Detroit Light Guard Armory, later that night, 7:00 p.m.
An assembled audience of two thousand settles down as the house lights dim.
Prominent business leaders greet each other with handshakes. [...] The curtain
parts to gasps and scattered applause. A painted flat shows a steamship, two
huge smokestacks, and a swath of deck and railing. A gangway extends into
the stage's other focal point: a giant gray cauldron emblazoned with the words
FORD ENGLISH SCHOOL MELTING POT. A European folk melody begins to
play. Suddenly a lone figure appears on the gangway. Dressed in a Balkan
costume of vest, ballooning trousers, and high leather boots, the immigrant
carries his possessions bundled on a stick. He looks around with apprehension
and then descends into the melting pot.
   »What propaganda,« Zizmo murmurs in his seat.
   Linda shushes him.
   Now SYRIA descends into the pot. Then ITALY. POLAND. NORWAY. PALES-
TINE. And finally: GREECE.
   »Look, it's LEFTY!«
   Wearing embroidered *palikari* vest, puffy-sleeved *poukamiso*, and pleated
foustanella skirt, my grandfather bestrides the gangway. He pauses a moment
to look out at the audience, but the bright lights blind him. He can't see my
grandmother looking back, bursting with her secret. GERMANY taps him on
the back. »*Macht schnell.* Excuse me. Go fastly.« [...]
   Inside the cauldron, men are packed together, throwing off immigrant
costumes, putting on suits. Limbs are tangling up, feet stepping on feet. Lefty
says, »Pardon me, excuse me,« feeling thoroughly American as he pulls on his
blue wool trousers and jacket. In his mouth: thirty-two teeth brushed in the
American manner. His underarms: liberally sprinkled with American deodor-
ant. And now spoons are descending from above, men are churning around,
and around. [...] Red lights brighten. The orchestra launches into »Yankee
Doodle.« One by one, the Ford English School graduates rise from the cauldron.
Dressed in blue and gray suits, they climb out, waving American flags, to thun-
derous applause.« (S. 103–105)

Kultureller Pluralismus und Multiethnizität: Der normativen Metapher des Schmelztiegels und der mit ihr verbundenen Assimilationspolitik stehen pluralistisch-multiethnische Konzeptionen gegenüber. Diese bestätigen die herkömmliche Vorstellung der USA als Einwanderungsland, beziehen jedoch die vormals marginalisierten Bevölkerungsgruppen in die Definition der USA als **multiethnische Gesellschaft und Nation** mit ein. Bereits auf dem Höhepunkt der Assimilationsideologie legen **Horace Kallen** und **Randolph Bourne** ihre Visionen einer multiethnischen U.S.-amerikanischen Gesellschaft vor. In seinem Essay »Trans-National America« (1916/1920) verwirft Bourne monokulturell-anglozentrische Modelle und national(istisch)e Assimilationsvorstellungen und präsentiert stattdessen das Gegenmodell einer **Föderation eigenständiger ethnischer Identitäten**. Kallen (1924) entwirft in seinen Schriften das Bild der U.S.-amerikanischen Gesellschaft als Mosaik und führt mit dem Begriff des ›**kulturellen Pluralismus**‹ **(cultural pluralism)** ein Paradigma ein, das die identitätspolitischen Diskussionen im 20. Jh. entscheidend prägt (vgl. Hornung 1995).

> Der → **kulturelle Pluralismus** entsteht in den Schriften von Randolphe Bourne und Horace Kallen als Gegenkonzeption zu Assimilations- und Amerikanisierungsbewegungen zu Beginn des 20. Jh.s und betont die multiethnische Diversität als Zukunftsmodell der U.S.-amerikanischen Gesellschaft.

Zum Begriff

Seit den ethnischen Emanzipationsbewegungen der 1960er und 1970er Jahre und seit der Multikulturalismusdebatte der 1980er und 1990er Jahre sind die Diskussionen um U.S.-amerikanische Identitätskonstruktionen von pluralistischen Metaphern bestimmt. Nathan Glazers Studie *Beyond the Melting Pot* (1963) markiert einen Einschnitt in der ideologisch-soziologischen Diskussion. Konzepten einer gruppenspezifischen Ethnizität (ethnicity; vgl. Sollors 1986, 1996) und Vorstellungen von gruppen- und kulturspezifischer Differenz, Unabhängigkeit und Gleichberechtigung kommt dabei eine zentrale Bedeutung zu. Das von Kallen und Bourne skizzierte Bild des **Mosaiks** wird ergänzt um Metaphern wie **Salatschüssel** (salad bowl), **Regenbogen** (rainbow) und **Kaleidoskop** (kaleidoscope). Im Zusammenhang der sog. ›Kulturkriege‹ (culture wars) seit den späten 1980er (s. Kap. 3.6.6 und 8.7) und kontroversen Bestsellern wie z. B. Arthur Schlesingers *The Disuniting of America* (1992) wird ein pluralistisch-multiethnisches Bild der USA als ›**Balkanisierung**‹ **(balkanization)** kritisiert. Unabhängig von ihrer je spezifischen Metaphorik betonen pluralistische Definitionen der USA die **kulturelle Eigenständigkeit und Unabhängigkeit der verschiedenen ethnischen Gruppen** und weisen den Dominanzanspruch einer Gruppe – und vor allem den der traditionell vorherrschenden protestantisch-angloamerikanischen Mehrheit – zurück (vgl. Jacoby 2004).

Pluralistische
Metaphern

Neues Selbstbewusstsein ethnischer Gruppen: Das mit multiethnischen und multikulturellen Konstruktionen der USA einhergehende eigenkulturelle Selbstbewusstsein ethnischer Gruppen manifestiert sich prominent in der **Gegenwartsliteratur**. Hier treten in jüngster Zeit neben die Werke indianischer, afroamerikanischer, hispanischer und asiatischamerikanischer Autoren und neben die Werke der Nachkommen der Einwanderer des 19. und 20. Jh.s verstärkt die Texte von **Angehörigen neuerer Migrantengruppen** wie z. B. die der indischstämmigen Amerikanerin Jhumpa Lahiri. Der Wandel in der ideologischen Selbstkonstruktion der USA als Einwanderungsnation – von einer primär assimilationsorientierten zu einer eher multiethnischen Gesellschaft – zeigt sich ferner in der Gestaltung des **Einwanderungsmuseums auf Ellis Island**, das sich auf seiner Internetseite als »a symbol of America's immigrant heritage« präsentiert und den Wert diverser ethnischer Traditionen und Identitäten als Teil einer multiethnischen Selbstkonstruktion der Nation anerkennt (vgl. www.ellisisland.com).

Neuere
Migrations-
literatur

6.2.8 | American Dream

Zum Begriff

> Der Begriff → **American Dream** geht auf den Historiker James Truslow Adams zurück, der zur Zeit der Weltwirtschaftskrise im Epilog zu seinem Buch *The Epic of America* (1931) den Terminus prägt und den ›amerikanischen Traum‹ als »that dream of a land in which life should be better and richer and fuller for every man, with opportunity for each according to his ability or achievement« (S. 317) beschreibt. Adams betont die materiellen und ideellen Dimensionen der mit ›America‹ assoziierten Möglichkeiten und Freiheiten zur Verwirklichung individueller Glücks- und Heilserwartungen. Adams' Bestätigung der Versprechungen des nationalen ›amerikanischen Traums‹ erinnert an das von Sacvan Bercovitch in *The American Jeremiad* (1978) als für die U.S.-amerikanische Kulturgeschichte prägend angesetzte Muster der ideologischen Affirmation trotz gegenwärtiger Krisen und Enttäuschungen.

In unterschiedlicher Weise sind kollektive Narrative und Prototypisierungen der USA bzw. ›der Amerikaner‹ Komponenten und Varianten des sog. American Dream als eine Art **übergeordnete nationale Identitätskonstruktion** (vgl. Cullen 2003; Freywald/Porsche 1999). Das ideologische Konstrukt eines spezifischen ›amerikanischen Traums‹ hat als übergreifendes, oftmals jedoch allzu schlagwortartiges Deutungsmuster die Diskussionen um U.S.-amerikanische Identitäten und Identifikationsangebote wesentlich geprägt. In einer kaum überschaubaren Fülle von künstlerischen Darstellungen und politischen Dokumenten werden der ›amerikanische Traum‹ und dessen Manifestationen und Spielarten fiktionalisiert, funktionalisiert und kritisiert. Bezeichnenderweise nehmen nahezu alle Präsidenten der USA und alle Bewerber um die Präsidentschaft in ihren Wahlkampf-, Nominierungs- und Antrittsreden Bezug auf den Bildkomplex und auf die Zufriedenheits- und Erfolgsversprechen des American Dream. Unter den Dokumenten der Protest- und Reformbewegungen, die sich in ähnlicher Weise auf den American Dream als Bezugsrahmen für ihre Forderungen beziehen, ist **Martin Luther Kings »I Have a Dream«-Rede (1963)** wohl die bekannteste.

Langston Hughes: »A Dream Deferred« (1951)

What happens to a dream deferred?
Does it dry up
like a raisin in the sun?
Or fester like a sore –
And then run?

Does it stink like rotten meat?
Or crust and sugar over –
like a syrupy sweet?
Maybe it just sags
like a heavy load.
Or does it explode?

(Rampersad et al., Hg.: *Collected Poems of Langston Hughes*, 1995, S. 426)

Aus der Vielzahl an **literarischen Darstellungen** der Vision und Illusion von einem materiell, ideell und emotional gleichermaßen erfüllten

Traum/Albtraum

Leben seien exemplarisch F. Scott Fitzgeralds Roman *The Great Gatsby* (1925), Langston Hughes' Gedicht »A Dream Deferred« und Edward Albees Theaterstück *The American Dream* (1960) genannt. In Deutschland bestimmt das Wortspiel vom ›amerikanischen Traum‹ als ›amerikanischer Albtraum‹ vielfach die kritische Auseinandersetzung mit entsprechenden Identitätskonstruktionen und Ideologien (vgl. Freese 1994). In den USA selbst erweist sich das Identifikationsangebot des American Dream z. B. unter neuen Ein-

wanderergruppen in seiner **politischen Wirkung und ideologischen Anziehungskraft** trotz aller Kritik und Enttäuschungen als widerstandsfähig und attraktiv. Das Bildrepertoire des American Dream wird nach dem Zweiten Weltkrieg häufig mit den Werten, Erwartungen und Lebensbedingungen in den wohlhabenden **Vorstadtwohngebieten** assoziiert (s. Kap 3.6.2).

Margaret Bourke-White: »Bread Line during the Louisville Flood, Kentucky« (1937)

6.3 | Inszenierungen, Ikonen und Kritiker der U.S.-amerikanischen Zivilreligion

6.3.1 | Die Zivilreligion der USA in Theorie und Praxis

Die historisch und kulturell dominanten Selbstkonstruktionen, Geschichtsbilder, Erzählungen und Identitätsangebote der USA sind Teil der U.S.-amerikanischen Zivilreligion (Civil Religion). In seinem Aufsatz »Civil Religion in America« (1967) überträgt der Soziologe Robert N. Bellah die von Jean-Jacques Rousseau geprägte Vorstellung einer Zivilreligion auf die USA und argumentiert, dass die U.S.-amerikanische Gesellschaft und Nation trotz aller Diversität, Konflikte und Krisen traditionell von einem **breiten Konsens über fundamentale Werte, kollektive Selbstvorstellungen und gesellschaftliche Ziele** zusammengehalten wird (vgl. www.robertbellah.com/articles_5.htm). In seiner ebenso einflussreichen Studie *An American Dilemma: The Negro Problem and Modern Democracy* (1944) beschreibt Gunnar Myrdal einen kollektiv konsensualen, patriotischen und universell sendungsbewussten »**American creed**« als Grundlage der **Einheit der disparaten Nation** der USA.

Zum Begriff	Der Begriff → **Zivilreligion** geht auf Jean-Jacques Rousseau und sein Hauptwerk *Le Contrat Social* (1762) zurück. Er beschreibt die emotionale Loyalität und quasireligiöse Verehrung, welche die Bürger in kollektiver Übereinstimmung ihrem Staat entgegenbringen. Die Zivilreligion und die Akzeptanz durch die Bürger tragen wesentlich zur Einheit und zum inneren Zusammenhalt einer Nation bei.

Ausdrucksformen der Zivilreligion: Die kollektiv akzeptierten, nahezu sakrosankten Grundüberzeugungen der U.S.-amerikanischen Zivilreligion finden im Laufe der Geschichte ihren Ausdruck in **Dokumenten, Symbolen, Ritualen, historischen Schauplätzen, Monumenten, Heldenfiguren u. a. m.** Die Ideologien und Geschichtsdeutungen der Zivilreligion werden mit einem europäischen Beobachtern oftmals übertrieben anmutenden Patriotismus zur Schau gestellt und besonders an **nationalen Feier- und Festtagen** wie z. B. Fourth of July, Memorial Day oder Thanksgiving immer wieder neu in ihrer kollektiven Gültigkeit und Verbindlichkeit bekräftigt. Die U.S.-amerikanische Zivilreligion steht in einem engen Zusammenhang mit der nationalen bzw. offiziellen **Erinnerungskultur** und bezieht in Krisenzeiten einen wesentlichen Teil ihrer Anziehungskraft aus der affirmativen Evokation von positiv konnotierten Mythen und Ereignissen der U.S.-amerikanischen Geschichte. So hat die Zivilreligion der USA z. B. nach den Terroranschlägen vom 11. September 2001 eine Renaissance erfahren.

Einen national wie international beachteten Höhepunkt der kollektiven Selbstversicherung der USA und eine jeweils neue Bestätigung der

Wertvorstellungen und ideologischen Bezugspunkte der U.S.-amerikanischen Zivilreligion bilden die Feierlichkeiten zur **Amtseinführung des Präsidenten** (Inauguration Day). Im Mittelpunkt der Zeremonie steht die Ableistung des **Amtseides** (Oath of Office) durch den gewählten Präsidenten und die **Antrittsrede** (Inaugural Address). Zu den berühmtesten Beispielen einer zivilreligiös aufgeladenen Präsidentenrede zählt die Antrittsrede von Präsident John F. Kennedy (1961). Auch andere Präsidentenreden wie z.B. George Washingtons »Farewell Address« (1796), Abraham Lincolns »Gettysburg Address« (1863) oder Franklin Delano Roosevelts Reden aus der Zeit der Wirtschaftskrise der 1930er Jahre und des Zweiten Weltkriegs zählen zu den **Kerntexten der U.S.-amerikanischen Zivilreligion**.

Das wohl bekannteste Beispiel für die rituelle Affirmation der individuellen Zustimmung der Bürger zum ideologisch-patriotischen Grundkonsens der U.S.-amerikanischen Zivilreligion ist der Fahneneid (Pledge of Allegiance):

Pledge of Allegiance

> I pledge allegiance to the Flag of the United States of America, and to the Republic for which it stands, one Nation under God, indivisible, with liberty and justice for all.

Der Eid wird bei offiziellen Anlässen, bei öffentlichen Veranstaltungen wie z.B. Sportereignissen oder auch in Schulen gesprochen und ist Höhepunkt und ritueller Abschluss des Einbürgerungsprozesses für Immigranten.

Zivilreligion und Einbürgerung

Zur Vertiefung

Im Rahmen der Einbürgerung wird von Bewerbern um die U.S.-amerikanische Staatsbürgerschaft neben dem Fahneneid ein sog. **Naturalization Test** verlangt. Neben dem Sprachtest (English Test) enthält diese Prüfung auch einen Teil mit Fragen zu Geschichte und Regierungssystem der USA (Civics Test) und stellt so auf seine Art eine Kurzfassung der zivilreligiösen Werte und staatsbürgerlichen Grundlagen der USA dar. Der ab dem 1. Oktober 2008 gültige neue Test wird auf der Internetseite der regierungsamtlichen **U.S. Citizenship and Immigration Services** (vgl. www.uscis.gov) wie folgt beschrieben: »The revised test, with an emphasis on the fundamental concepts of American democracy and the rights and responsibilities of citizenship, will help encourage citizenship applicants to learn and identify with the basic values we all share as Americans.« Zu den besten **satirischen Darstellungen** zivilreligiöser Civics-Kurse und Tests zur Staatsbürgerkunde gehört *America (The Book): A Citizen's Guide to Democratic Inaction* (Stewart et al. 2004).

Washington, DC und National Mall: Das Zentrum der nationalen Zivilreligion bildet die Hauptstadt Washington, DC, die in den 1790er Jahren von dem französischen Architekten Pierre L'Enfant am Reißbrett geplant wur-

Die U.S.-amerika-
nische Zivilreligion

National Mall,
Washington, DC

de. In den repräsentativen Gebäuden von Legislative, Exekutive und Judikative und in deren **symbolischer Anordnung in der Gesamtanlage der Hauptstadt** spiegeln sich die Ideale der U.S.-amerikanischen Republik und deren Vorstellungen vom harmonischen Zusammenspiel der verschiedenen Regierungsgewalten im übergeordneten Interesse des Gemeinwohls. Die Platzierung der **Library of Congress** – der größten Bibliothek der Welt – in unmittelbarer Nähe zu den Regierungsinstitutionen verdeutlicht die idealisierte Verbindung von Gelehrsamkeit und staatlicher Macht bzw. demokratischer Machtausübung. Die heute von der Library of Congress im Internet zur Verfügung gestellte American Memory Collection versteht sich als **virtuelles Gedächtnis der Nation** mit einem explizit an die Bevölkerung gerichteten Bildungsanspruch und Identifikationsangebot (vgl. www.memory.loc.gov).

Die National Mall im Herzen der Hauptstadt ist die zentrale öffentliche Arena – der heilige Tempelbezirk – der **kollektiven Verehrung** der nationalen Ideologien, Wertvorstellungen, Geschichtsdeutungen und Erinnerungen (vgl. www.nps.gov/nama). Das parkartige Gelände der National Mall erstreckt sich in seiner Ost-West-Ausdehnung über mehr als 3 km zwischen dem Kapitol und dem Lincoln Memorial und umfasst vor allem:

National Mall

- **Denkmäler für Präsidenten** wie George Washington, Thomas Jefferson, Abraham Lincoln, Franklin D. Roosevelt
- **nationale Gedenkstätten** für den Zweiten Weltkrieg, den Korea-Krieg, den Vietnamkrieg
- die Museen und Forschungseinrichtungen der 1846 vom Kongress gegründeten **Smithsonian Institution** (vgl. www.si.edu).

Als größter Museumskomplex der Welt sammeln die Einrichtungen der Smithsonian Institution das **historische und kulturelle Erbe der Nation** und stellen es als **nationales Identifikationsangebot** öffentlich und frei zugänglich aus.

Der symbolische Raum der National Mall wird immer wieder für **Demonstrationen** von Apologeten und Kritikern der U.S.-amerikanischen Ideologien und Geschichtsdeutungen gleichermaßen genutzt. Das bekannteste Beispiel hierfür ist der March on Washington der afroamerikanischen Bürgerrechtsbewegung im August 1963 mit der vor dem Lincoln Memorial gehaltenen »I Have a Dream«-Rede von Martin Luther King.

Rotunda von Nationalarchiv und Kapitol: Innerhalb der National Mall nehmen zwei Orte aufgrund der sakralen Intensität ihrer symbolischen Inszenierung nationaler Ideologien, Grundüberzeugungen und Geschichtskonstruktionen eine Sonderstellung ein: die Rotunda des Nationalarchivs (National Archives) und die Rotunda des Kapitols. In der Rotunda des Nationalarchivs sind die **Gründungsurkunden der USA** zusammen mit anderen wichtigen Dokumenten der U.S.-amerikanischen

Geschichte ausgestellt. Besucher können hier u. a. die Originale der Unabhängigkeitserklärung, der Verfassung und der Bill of Rights besichtigen. In der ähnlich neoklassizistisch-tempelartigen Rotunda des Kapitols werden in einer sorgfältig arrangierten Zusammenstellung **Gemälde mit definitorischen Szenen der kolonialen und nationalen Geschichte sowie Büsten von nationalen Heldenfiguren** präsentiert (vgl. den Plan unter www.aoc.gov/cc/capitol/rotunda.cfm). Die Kuppel der Rotunda wird von Constantino Brumidis Gemälde »The Apotheosis of George Washington« (1865) ausgeschmückt. Der symbolträchtige Raum der Rotunda des Kapitols wird zur öffentlichen Aufbahrung verstorbener Präsidenten wie John F. Kennedy (1963) oder Ronald Reagan (2004) sowie national besonders verdienter Persönlichkeiten wie zuletzt der Bürgerrechtlerin Rosa Parks (2005) genutzt.

6.3.2 | Ikonische Verdichtungen der Zivilreligion

Darstellungen, Ausdrucksformen und Schauplätze der dominanten Ideologien und Identitätskonstruktionen der U.S.-amerikanischen Zivilreligion erreichen vielfach den Status von nationalen Ikonen (national icons).

> Unter → **nationalen Ikonen** versteht man Objekte, Personen und Darstellungen der kollektiven Verehrung. Sie komprimieren, abstrahieren und emotionalisieren kollektive Selbstbilder und repräsentieren einzelne Aspekte, Eigenschaften oder Tugenden, die als nationaltypisch oder idealtypisch betrachtet und zur emotionalen Aneignung und ideologischen Identifizierung ausgestellt und angeboten werden. Nationale Ikonen fördern soziale Kohäsion und politisch-kulturellen Konsens.

Zum Begriff

Das umfangreiche und diverse Repertoire nationaler Ikonen der USA und der U.S.-amerikanischen Zivilreligion umfasst z. B.:
- **Nationalsymbole** wie z. B. Flagge (Stars and Stripes/Old Glory), Siegel (mit dem Motto »e pluribus unum«), Münzen und Banknoten mit nationalen Mottos (»In God We Trust«, »e pluribus unum« sowie American Bald Eagle als nationales Wappentier.
- **die Nationalhymne** »The Star-Spangled Banner« sowie weitere nationalpatriotische Lieder von besonderem Rang wie »America the Beautiful« oder die sog. »Battle Hymn of the Republic«, letztere meist unter der Eingangszeile »Mine Eyes Have Seen the Glory of the Coming of the Lord« oder dem Refrain »Glory, Glory, Hallelujah« bekannt.
- **Gründungsdokumente** und paradigmatische Formulierungen der Grundprinzipien der U.S.-amerikanischen Demokratie und Nation wie

z. B. Mayflower Compact, Unabhängigkeitserklärung, Verfassung mit
Bill of Rights oder die »Gettysburg Address« von Präsident Lincoln. Der
besondere Status, den solche Dokumente genießen, unterstreicht die
Internetseite www.ourdocuments.gov, die neben Faksimiledrucken
und Transkriptionen der zentralen Dokumente der USA eine Fülle an
Zusatzmaterialien anbietet.

- **Darstellungen von Präsidenten** wie z. B. George Washington, Thomas
  Jefferson, Abraham Lincoln oder Theodore Roosevelt als Repräsentationen republikanischer Tugenden und nationaler Werte. Die kollektive
  Verehrung, die diesen Präsidenten entgegengebracht wird, manifestiert sich in Mount Rushmore als national-patriotischem Schrein der

  ›Demokratie‹ (shrine of democracy; vgl. www.nps.gov/moru),
  in den Denkmälern auf der National Mall und den z. T. vom
  National Park Service betreuten Gedenkstätten ihres Lebens
  und Wirkens.

- **Gemälde von Gründungsakten**
  der Kolonien und der USA
  selbst als kollektiv verbindliche
  Darstellungen von nationalen
  Gründungsgeschichten und den
  damit verbundenen Idealen von
  Freiheit, religiöser Toleranz und
  Demokratie. Als Beispiele seien

John Trumbull:
»Declaration of
Independence«
(1817–1826)

Henry Sargents »Landing of the Pilgrim Fathers« (ca. 1815), Edwin
Whites »Signing the Compact in the Cabin of the Mayflower« (1867)
und John Trumbulls »Declaration of Independence« (1817/1819/1826)
genannt.

- **Visuelle Repräsentationen**, die durch ihre exemplarische Repräsenta-
  tion bestimmter historischer Ereignisse und nationaler Identitätskon-
  struktionen einen ikonischen Status erlangen und z. B. als Reproduk-
  tionen in Schulbüchern ideologieprägend wirken. Beispiele sind Paul
  Reveres »Boston Massacre« (1770), Emanuel Leutzes »Washington
  Crossing the Delaware« (1850) und »Westward the Course of Empire
  Takes Its Way« (1861), John Gasts »American Progress« (1872), Grant
  Woods »American Gothic« und Norman Rockwells Serie der »Four
  Freedoms« (1943).

- **Darstellungen von prototypischen Männer- und Frauenfiguren** als
  Verkörperungen der Ideale der Nationalgeschichte und Nationalkul-
  tur, wobei das Repertoire männlicher Ikonen z. B. den revolutionären
  Milizionär (minuteman), den Pionier, den Cowboy, den Erfinder, den
  Geschäftsmann oder den modernen Sporthelden umfasst, das Reper-
  toire weiblicher Ikonen vor allem Mutterfiguren wie Dorothea Langes
  »Migrant Mother« und historische Heldinnenfiguren wie z. B. die Revo-
  lutionskämpferin Molly Pitcher.

- **Kunstfiguren** wie z. B. Columbia, Brother Jonathan, Uncle Sam, Captain America oder auch Mickey Mouse, die im Laufe der Geschichte zu national- und populärkulturellen Symbolen der USA werden.
- **Schauplätze, Denkmäler und historische Ereignisse** als Ikonen U.S.-amerikanischer Geschichte und der mit diesen Ereignissen und Prozessen assoziierten Verhaltensweisen, Wertvorstellungen und Identitätskonstruktionen. Beispiele sind die Freiheitsstatue als Evokation des Freiheitsgedankens, Ellis Island als Bild für die Einwanderungsnation, Plymouth, MA und Jamestown, VA als Orte nationaler Gründungsmythen, Bunker Hill und Gettysburg als Schauplätze der Kämpfe um die Unabhängigkeit und Einheit der Nation in Revolutions- und Bürgerkrieg sowie Independence Hall in Philadelphia als Ort der Unabhängigkeitserklärung.
- **Naturräume und Naturschauspiele** wie z. B. die Landschaften der Rocky Mountains, die Wüsten des Südwestens oder die Niagara-Fälle als ikonischer Ausdruck der sublimen Schönheit und natürlichen Kraft der ursprünglichen und gegenwärtigen USA.
- **technische Leistungen und Errungenschaften**, darunter besonders Brücken und Wolkenkratzer wie z. B. die Brooklyn Bridge oder das Empire State Building in New York als Ausdruck der Modernität, Produktivität, Leistungsfähigkeit und Größe der Nation.

Uncle Sam

Münzen und Briefmarken als Multiplikatoren der Zivilreligion

Die kulturelle Zirkulation nationaler Ikonen und der mit diesen assoziierten Ideologien und Identitätskonstruktionen erfolgt auch durch Münzen und Briefmarken. Unter den zahlreichen Serien und Gedenkprägungen der United States Mint (vgl. www.usmint.gov) seien zur Verdeutlichung das »50 State Quarters Program« und die »Westward Journey Nickel Series« genannt. Seit 1893 werden vom United States Postal Service (vgl. www.usps.com) Sonderbriefmarken mit Bildern aus dem Repertoire der nationalen Selbstkonstruktion und mit zivilreligiösen Motiven gedruckt, darunter nach dem 11. September 2001 die Marke »Heroes USA« mit dem – an Joe Rosenthals Foto »Raising the Flag on Iwo Jima« erinnernden – Bild der flaggenhissenden Feuerwehrmänner in Ground Zero.

Zur Vertiefung

Briefmarke zu den Terroranschlägen vom 11. September 2001

National Park Service und Erinnerungstourismus: Die ikonischen Schauplätze der Zivilreligion sind vielfach Teil des weitverzweigten **Netzwerks von Naturparks und Erinnerungsorten** des National Park Service (vgl. www.nps.gov). Der National Park Service (NPS) wird 1872 mit dem Auftrag der Bewahrung des natürlichen, historischen und kulturellen Erbes der Nation gegründet und ist heute organisatorisch ein Teil des Innenministeriums der USA. Die vom NPS betriebenen Gedenkstätten besit-

Die U.S.-amerika-
nische Zivilreligion

Logo des
National Park
Service

zen aufgrund ihrer **Popularität als touristische Ziele** und ihrer **didaktischen Programme** für die ideologische Identifikation und für die nationalen Identitätskonstruktionen eine besondere Bedeutung. Eine Vielzahl an privaten und kommerziell organisierten Gedenkstätten z. B. am Ort der Gründung der ersten Kolonie in Neuengland erweitert das Spektrum an zivilreligiös-ikonenhaften Erinnerungsorten. Besonderer Beliebtheit, auch als internationale touristische Ziele, erfreuen sich die sog. **Living History-Inszenierungen** z. B. in Plimoth Plantation und in Colonial Williamsburg. Die Inszenierung von Geschichte unter Publikumsbeteiligung (sog. reenactments), wie z. B. das Nachstellen der entscheidenden Schlacht im Bürgerkrieg bei Gettysburg 1863, bietet Raum für die aktive Partizipation der Besucher bzw. Bürger an nationaler Geschichte und zivilreligiösen Riten.

Zur Vertiefung

Erinnerungsorte und Living History im Internet

Colonial Williamsburg	www.history.org
Plimoth Plantation	www.plimoth.org
Washingtons Landsitz Mount Vernon	www.mountvernon.org
Jeffersons Landsitz Monticello	www.monticello.org
Lincolns Geburtsplatz	www.nps.gov/abli
Annual Gettysburg Civil War Reenactment	http://gettysburg-reenactment.com
Gettysburg	www.nps.gov/gett

6.3.3 | Gegenstimmen und Pluralisierung der Zivilreligion

Nahezu alle nationalen Ikonen der USA werden zum Gegenstand oppositioneller Angriffe und populärkultureller Karikaturen. **Jasper Johns' Pop Art-Darstellungen** der U.S.-amerikanischen Flagge – besonders »Flag« (1954) und »White Flag« (1955) – und **Jimi Hendrix' Gitarrenimprovisation** zur Nationalhymne »The Star-Spangled Banner« auf dem Woodstock Festival 1969 sind nur zwei Beispiele künstlerisch-gegenkultureller Kritik und Karikatur aus den 1950er und 1960er Jahren. In seinem Buch zu Grant Woods Gemälde mit dem gleichnamigen Titel *American Gothic* (2005) zeigt Steven Biel, wie eine U.S.-amerikanische Ikone in unterschiedlichen Kontexten und mit unterschiedlichen politischen und sozialkritischen Zielsetzungen parodiert wird. Wie die **Symbole von Gegnern und Kritikern der USA** ihrerseits zu populären und zugleich umstrittenen Ikonen eigener Art werden, zeigt John Coskis Studie *The Confederate Battle Flag: America's Most Embattled Emblem* (2005). Eine Liste ikonischer Repräsentationen und Dokumente von oppositionellen Bewegungen und Vertretern der Tradition des Dissens ist so divers wie das Repertoire U.S.-amerikanischer Ikonen selbst. Sie reicht von Protest- und Folksongs wie »This Land Is Your Land« über Martin Luther Kings »I Have a Dream«-Rede bis zu dem Projekt eines monumentalen Denkmals für den Sioux-Häuptling Crazy Horse in den Bergen von South Dakota als Gegenbild zum nahe gelegenen Nationalheiligtum Mount Rushmore.

Revision der nationalen Erinnerungskultur: Die multikulturelle Kritik traditioneller anglozentrischer Identitätskonstruktionen hat zu einer Revision ikonischer Schauplätze und Gedenkstätten der U.S.-amerikanischen Zivilreligion und Erinnerungskultur geführt. Aus einer Vielzahl möglicher Beispiele seien die folgenden angeführt:

- Das 2004 eröffnete **National Museum of the American Indian** (vgl. www.nmai.si.edu) und das in der Planung befindliche **National Museum of African American History and Culture** (vgl. www.nmaahc. si.edu) verdeutlichen als Teil der Smithsonian Institution auf der National Mall in Washington, DC die Pluralisierung des vormals monolithisch anglozentrischen Nationalerbes.
- Die **Umbenennung** des vormaligen Custer Battlefield National Monument – des Schauplatzes der Schlacht zwischen General Custers 7th U.S. Cavalry und einer Koalition aus Stämmen der Northern Plains Indians 1876 – in **Little Bighorn Battlefield National Monument** (vgl. www.nps.gov/libi) 1991 und die Errichtung eines **Indian Memorial** in unmittelbarer Nähe zu dem Denkmal für die Toten der 7th U.S. Cavalry 2003 zeigt, wie nach über 125 Jahren eine lange Zeit dominante nationale Geschichtsdeutung aufgebrochen wird.
- Die Aufnahme von Gedenkstätten wie z. B. **Manzanar War Relocation Center National Historic Site** (vgl. www.nps.gov/manz) – das Internierungslager für japanischstämmige Bürger der USA während des Zweiten Weltkriegs – in die Reihe der vom NPS betriebenen Erinnerungsorte dokumentiert, dass diese mittlerweile auch die dunkleren Seiten der U.S.-amerikanischen Geschichte und Politik umfassen und damit das nationale Identifikationsangebot erweitern.

Der Band *US Icons and Iconicity* (Hölbling/Rieser/Rieser 2006) untersucht U.S.-amerikanische Ikonen und ikonische Darstellungen in ihren Funktionen für kollektive und nationale Identifikations- und Solidarisierungsprozesse mit dem Ziel »to explore origins, maintenance, and manipulation of icons and to trace their hegemonic as well as subversive impact. Icons arise in diverse circumstances and then experience mutation, modulation, adjustment, refinement, and diversification until they either fade and expire or else join the pantheon of core US icons, becoming almost eternal« (S. 17).

7. Religion und Religionsgemeinschaften in den USA

7.1 | Religion in Geschichte, Politik und Kultur

Das Verständnis der USA erfordert grundlegende Kenntnisse der Bedeutung von Religion und Religionsgemeinschaften für die U.S.-amerikanische Geschichte, Politik und Kultur. Besonders relevant sind dabei Kenntnisse:

- der historischen Entwicklungen der verschiedenen Religionsgemeinschaften
- der verfassungsrechtlichen Rahmenbedingungen
- der regionalen Verbreitung einzelner Religionsgruppen
- der wesentlichen Kontroversen um Religion und religiöse Ausrichtungen
- der statistisch-demographischen Gegebenheiten und Tendenzen in der unmittelbaren Gegenwart.

Welche Bedeutung dem Thema Religion in den fachwissenschaftlichen Diskussionen der Amerikanistik/American Studies zukommt, verdeutlicht beispielhaft das Themenheft *Religion and Politics in the Contemporary United States* des *American Quarterly* (Griffith/McAlister 2007). Überblicksdarstellungen bieten besonders Butler et al. (2008), Hall (2007), Ahlstrom (^{2}2004), Allitt (2003), Williams (2002), Carroll (2000), Marty (1984).

Sonderfall USA?: Die Geschichte der USA als Einwanderungsland und die Aktivitäten der einzelnen Religionsgemeinschaften in Vergangenheit und Gegenwart führen zu einer **Diversität und Vitalität des religiösen Lebens**, das für europäische Beobachter oftmals fremdartig anmutet. Es gehört zu den Paradoxien der wissenschaftlichen Beschäftigung mit den USA, dass die U.S.-amerikanische Geschichte und Gesellschaft einerseits in spezifischer Weise Modernisierungsprozesse manifestiert und fördert, andererseits jedoch den aus europäischer Sicht konstitutiven historischen Nexus zwischen Modernität und Säkularisierung nicht in gleicher Weise vollzieht (vgl. Milich 2004; Ostendorf 2005). Kultur- und Religionshistoriker verweisen vielmehr darauf, dass die USA im Laufe ihrer Geschichte immer wieder Prozesse und Phasen einer **Desäkularisierung** durchlaufen. So wächst z. B. seit den späten 1970er Jahren die **Sichtbarkeit von Re-**

ligiosität und religiösem Nationalismus trotz des verfassungsrechtlichen Grundsatzes der Trennung von Kirche und Staat in allen Bereichen des politischen, gesellschaftlichen und kulturellen Lebens. Jimmy Carter ist der erste Präsident, der sich als ›neugeborener Christ‹ (born-again Christian) präsentiert, und alle Präsidenten nach Carter leben ihre Religiosität in der Öffentlichkeit.

Zur Vertiefung

Alexis de Tocqueville über Religion in den USA (1835/40)

»The greater part of English America was populated by men who, having broken away from the authority of the pope, never submitted to any supreme religious authority again. They therefore brought to the New World a Christianity that can best be described as democratic and republican: this singularly favored the establishment of a republic and democracy in temporal affairs. From the beginning, politics and religion were in harmony, and they have remained so ever since. [....]

Nevertheless, Christianity maintains more actual power over souls in America than anywhere else. There is no better illustration of the usefulness and naturalness of religion, since the country where its influence is greatest today is also the country that is freest and most enlightened. [...]

Although religion in the United States never intervenes directly in government, it must be considered as the first of America's political institutions.«
(Tocqueville 2004, S. 332, 336, 338)

Christian Nation

Das Verständnis der USA als ›christliche Nation‹ (Christian nation) ist nicht nur unter Anhängern der Republikanischen Partei verbreitet, und die U.S.-amerikanische Zivilreligion mit ihrer sakralen Rhetorik und ihrer christlich inspirierten Ikonographie ist ein integraler Bestandteil des nationalen Selbstverständnisses (s. Kap. 6.3). Wenngleich immer wieder umstritten und juristisch angefochten, ist die 1954 dem **Fahneneid (Pledge of Allegiance)** hinzugefügte religiöse Formel »one Nation under God« und das u. a. auf Münzen und Geldscheinen verbreitete Motto »**In God We Trust**« ein Teil des alltäglichen Lebens in den USA.

Einfluss der Religion: Die folgenden Beispiele verdeutlichen, wie einflussreich religiöse Bewegungen im Verlauf der Geschichte der USA sind (vgl. Lambert 2008; Prätorius 2003):

**Beispiele
aus Geschichte
und Politik**

- die von religiösen Gruppen unterschiedlicher Ausrichtungen geprägte **Gründungsgeschichte der britischen Kolonien** in Nordamerika im 17. Jh.
- die **kongregationalistische Kirchenorganisation** als Vorläufer basisdemokratischer Strukturen besonders in Neuengland
- die **religiöse Erweckungsbewegung des 18. Jh.s** als Wegbereiter eines nationalen Bewusstseins in den Kolonien und der Amerikanischen Revolution
- die Verbindung **heilsgeschichtlich-milleniaristischer Erwartungen** mit der utopisch inspirierten Gründung der U.S.-amerikanischen Nation
- der Einfluss religiöser Bewegungen auf die **sozialen und politischen Reformbewegungen** des frühen 19. Jh.s

- die **sozialreformerische Bewegung des Social Gospel** zu Hochzeiten der kapitalistischen Industrialisierung gegen Ende des 19. und zu Beginn des 20. Jh.s
- die Verbindung zwischen den **Missionsaktivitäten protestantischer Gruppen** und der imperialen Außenpolitik der USA gegen Ende des 19. und zu Beginn des 20. Jh.s
- die Bedeutung von Religion und religiösen Organisationen für den **afroamerikanischen Befreiungskampf** im Widerstand gegen die Sklaverei, im Kampf gegen Diskriminierung und Segregation nach dem Bürgerkrieg sowie in der Bürgerrechtsbewegung der 1950er und 1960er Jahre
- die **Veränderung der traditionell protestantisch geprägten USA** zu einer der größten katholischen Nationen der Welt durch die Migrationsbewegungen seit dem Zweiten Weltkrieg und besonders durch die Einwanderung aus Mexiko und Lateinamerika.

Seit den 1980er Jahren spielen die Verbindungen zwischen der Republikanischen Partei und Gruppierungen vom konservativen Rand des Spektrums protestantischer Glaubensgemeinschaften eine besondere politische Rolle. In religiös-theologischer Sicht werden diese Gruppen als ›**neugeborene Christen**‹ **(born-again Christians)** bezeichnet; als politischer Oberbegriff für die Vielzahl an Einzelgruppen wird meist der Begriff der **Christian Right** oder der **Religious Right** gebraucht. Zu den prominentesten denominationsübergreifenden Gruppierungen dieses gesellschafts- und sozialpolitischen Konservatismus zählen:

Christian Right

- die zwischen 1979 und 1989 aktive **Moral Majority** um Jerry Falwell
- die seit Ende der 1980er Jahre populäre **Christian Coalition of America**, zu deren politischen Wortführern und Repräsentanten Pat Robertson, Ralph Reed, Roberta Combs und Joel Hunter zählen (vgl. www.cc.org)
- die 1977 von James Dobson gegründete und von Colorado Springs, CO aus geführte **Focus on the Family** (vgl. www.focusonthefamily.com).

Die engen Vernetzungen zwischen diesen politischen Interessengruppen einerseits und den Regierungen der republikanischen Präsidenten Reagan, Bush Sr. und Bush Jr. andererseits führen dazu, dass in der **internationalen Wahrnehmung** das Gedankengut konservativ-fundamentalistischer Gruppen als ein wichtiger Faktor in der Außenpolitik der USA gilt (vgl. Groitl 2007).

»What We Believe« – Programm der Christian Coalition of America

Zur Vertiefung

»Christian Coalition of America is a political organization, made up of pro-family Americans who care deeply about becoming active citizens for the purpose of guaranteeing that government acts in ways that strengthen, rather than threaten, families. As such, we work together with Christians of all denominations, as well as with other Americans who agree with our mission and with our ideals.

Religion in
Geschichte, Politik
und Kultur

> Today, Christians need to play an active role in government again like never before. If we are going to be able to change policy and influence decisions – from the school boards to Washington, DC – it is imperative that people of faith become committed to doing what Ronald Reagan called ›the hard work of freedom.‹ We are driven by the belief that people of faith have a right and a responsibility to be involved in the world around them. [...]
>
> To that end, we continuously work to identify, educate and mobilize Christians for effective political action! Such action will preserve, protect and defend the Judeo-Christian values that made this the greatest country in history.« (www.cc.org)

**Nutzung
der Medien**

In den USA selbst erreicht die ›christliche Rechte‹ durch die Nutzung der Medien eine bis dahin unbekannte Breitenwirkung (s. Kap. 7.3.4). Neben **Fernsehgottesdiensten** und speziellen Fernsehsendern wie z. B. dem **Christian Broadcasting Network** (CBN, www.cbn.com) verbreiten **Radioshows** wie die seit 1988 mit Rekordzuhörerzahlen ausgestrahlte Rush Limbaugh Show und republikanisch-konservativ orientierte Nachrichtensender wie z. B. der 1996 gegründete Fox News Channel fundamentalistisch-evangelikale Inhalte und Sichtweisen.

Kulturelle Produktion: In allen Bereichen der kulturellen Produktion bilden christliche Traditionen und besonders der Text der Bibel einen **intertextuellen und motivgeschichtlichen Bezugsrahmen**.

**Literatur
und Malerei**

Bibelkenntnisse, Kenntnisse christlich-religiöser Typologien und Kenntnisse der Weltsichten und Glaubensüberzeugungen einzelner Religionsgemeinschaften sind eine unabdingbare Voraussetzung für das Verständnis der Literatur seit der Kolonialzeit. Aus einer Vielzahl an möglichen Beispielen seien genannt:

- die Schriften der neuengländischen Puritaner des 17. Jh.s
- die Texte der American Renaissance des 19. Jh.s
- die Texte afroamerikanischer Autoren des 19. und 20. Jh.s
- Romane von Gegenwartsautoren wie z. B. Thomas Pynchon, John Updike, Walker Percy oder Toni Morrison.

Die nationalistische Malerei des 19. Jh.s nutzt biblisch-christliche Motive der Wanderung, des Gelobten Landes und der Heiligen Familie zur Darstellung der gottgefälligen Mission der Expansion nach

**George Caleb
Bingham: »Daniel
Boone Escorting
Settlers through
the Cumberland
Gap« (1851/52)**

Westen z. B. in folgenden Gemälden:
- George Caleb Bingham: »Daniel Boone Escorting Settlers through the Cumberland Gap« (1851/52)
- Emanuel Leutze: »Westward the Course of Empire Takes Its Way« (1861)
- Albert Bierstadt: »Emigrants Crossing the Plains« (1867).

Die Reden U.S.-amerikanischer Politiker, Sozialreformer und Präsidenten speisen sich aus dem religiös-biblischen Repertoire, wie die folgenden Beispiele zeigen:

- Abraham Lincolns »Gettysburg Address« (1863)
- William Jennings Bryants »Cross of Gold«-Rede (1896)
- Martin Luther Kings »I Have a Dream«-Rede (1963).

7.2 | Religionsfreiheit und Trennung von Kirche und Staat

Historische Vorläufer und Kontexte: Vorstellungen zur Trennung von Kirche und Staat sowie Forderungen nach Religions- und Gewissensfreiheit (liberty of conscience) finden sich bereits in Dokumenten des 17. Jh.s:

- den Schriften des puritanischen Dissidenten **Roger Williams** zur Gewissens- und Glaubensfreiheit in Rhode Island (z. B. *The Bloody Tenent of Persecution*, 1644)
- dem **Maryland Toleration Act** in der katholisch dominierten Kolonie Maryland (1649)
- der Erklärung zur freien Religionsausübung außerhalb der Dutch Reformed Church in der holländischen Kolonie im späteren New York (**Flushing Remonstrance**, 1657)
- dem **Great Law of Pennsylvania** in der Quäker-Kolonie Pennsylvania (1682).

Roger Williams gilt als Urheber des bis heute in der Rechtsprechung zum Verhältnis zwischen Kirche und Staat einflussreichen Bildes der ›**Mauer**‹ **zwischen Kirche und Staat**. In einem Brief an John Cotton, einem der bedeutendsten neuengländischen Pfarrer des 17. Jh.s, spricht er 1644 von »a hedge or *wall of separation* between the garden of the church and the wilderness of the world«.

Liberale Traditionen religiöser Toleranz und Freiheit konkurrieren mit **Repressalien gegen Dissidenten** seitens der jeweils dominanten und institutionell etablierten Glaubensgemeinschaften in den Kolonien in Nordamerika. Diskriminierungen, Vorurteile und Verfolgungen in den protestantisch dominierten britischen Gebieten richten sich besonders gegen **Katholiken und Anglikaner**, aber auch gegen radikale protestantische Gruppen wie z. B. **Quäker und Baptisten**. Jüdische Kolonisten erfahren seit der Ankunft der ersten Gruppe 1654 in New York in allen Kolonien **antisemitische Ressentiments**.

Die **Garantie von Religionsfreiheit** und das **Postulat der Trennung von Kirche und Staat** in der Verfassung der USA ergeben sich aus einer Reihe von sozialen, geistesgeschichtlichen und politisch-juristischen Kontexten:

- der **zunehmenden religiösen Vielfalt** in den Kolonien im 18. Jh. im Zuge steigender Einwanderungszahlen
- den **Ideen der Aufklärung** von persönlich-individueller Freiheit und religiöser Toleranz

- dem maßgeblich von Thomas Jefferson unterstützten **Virginia Statute of Religious Freedom** (1786)
- den **Vorgaben der Northwest Ordinance** (1787) zu Religionsfreiheit in den neuen Territorien.

Insbesondere das Virginia Statute of Religious Freedom gilt als maßgebliche Formulierung der die Verfassung leitenden Vorstellungen von Religionsfreiheit.

Zur Vertiefung

Virginia Statute of Religious Freedom (1786)

»Whereas Almighty God hath created the mind free; that all attempts to influence it by temporal punishments or burthens, or by civil incapacities, tend only to beget habits of hypocrisy and meanness, and are a departure from the plan of the Holy author of our religion [...]. That our civil rights have no dependence on our religious opinions, any more than our opinions in physics or geometry; that therefore the proscribing any citizen as unworthy the public confidence by laying upon him an incapacity of being called to offices of trust and emolument, unless he profess or renounce this or that religious opinion, is depriving him injuriously of those privileges and advantages to which in common with his fellow-citizens he has a natural right; that it tends only to corrupt the principles of that religion it is meant to encourage, by bribing with a monopoly of worldly honours and emoluments, those who will externally profess and conform to it [...]. Be it enacted by the General Assembly, That no man shall be compelled to frequent or support any religious worship, place, or ministry whatsoever, nor shall be enforced, restrained, molested, or burthened in his body or goods, nor shall otherwise suffer on account of his religious opinions or belief; but that all men shall be free to profess, and by argument to maintain, their opinion in matters of religion, and that the same shall in no wise diminish enlarge, or affect their civil capacities.«

(Allitt 2000, S. 109–110)

Verfassungsgrundlagen: Ungeachtet der vielfältigen historischen und gegenwärtigen Verknüpfungen von Religion und Politik herrscht in den USA das **konstitutionelle Prinzip der Trennung von Kirche und Staat** und der **Grundsatz der Religionsfreiheit** (vgl. Berg 2008; Duncan/Jones 2008; Greenawalt 2006). Maßgeblicher Ausgangs- und Bezugspunkt ist der erste Verfassungszusatzes von 1791: »Congress shall make no law respecting an establishment of religion, or prohibiting the free exercise thereof [...]«. Nach der Formulierung des Textes spricht man von der **Einrichtungsklausel (Establishment Clause)** und der **Ausübungsklausel (Free Exercise Clause)** zur Bezeichnung der Prinzipien der Trennung von Kirche und Staat und des Rechts auf freie Religionsausübung (vgl. Levy ²1994). Das in Artikel VI der Verfassung festgeschriebene Verbot einer Überprüfung der religiösen Überzeugung vor der Übertragung eines öffentlichen Amts wird ebenfalls als Verfassungaussage zur Trennung von Kirche und Staat und zur persönlichen Religionsfreiheit verstanden. Die beiden Klauseln des ersten Verfassungszusatzes schaffen die **Rahmenbedingungen und das Spannungsverhältnis**, in denen Religion und Religiosität in den USA stehen:

- einerseits die verfassungsmäßig garantierte Freiheit zur ungehinderten Gestaltung des religiösen Lebens des Individuums
- andererseits die grundsätzliche Säkularisierung von Staat, Regierung und öffentlichem Gemeinwesen.

Die → **Einrichtungsklausel** (Establishment Clause) im ersten Verfassungszusatz bezeichnet das Verbot der Einrichtung oder Unterstützung von Kirchen oder kirchlichen Organisationen durch die Regierung des Bundes oder die Regierungen der Einzelstaaten. Sie gilt als die wichtigste Verfassungsaussage zur Trennung von Staat und Kirche in den USA.

Zum Begriff

Die Formel von der »separation of church and state« findet sich nicht im Text der Verfassung selbst, sondern stammt aus einem Brief von **Thomas Jefferson** an die Minderheitengruppe der Danbury Baptists in Connecticut 1802, in dem er seine Interpretation und Wertschätzung des ersten Verfassungszusatzes übermittelt:

Separation of
Church and State

> »Believing with you that religion is a matter which lies solely between man & his god, that he owes account to none other for his faith or his worship, that the legitimate powers of government reach actions only, and not opinions, I contemplate with sovereign reverence that act of the whole American people which declared that their legislature should make no law respecting an establishment of religion, or prohibiting the free exercise thereof, thus building a wall of separation between church and state.« (vgl. www.usconstitution.net/jeffwall.html)

Gesellschaftliche Praxis und Kontroversen: In der politischen und gesellschaftlichen Praxis ist die verfassungsmäßige Trennung von Kirche und Staat bzw. von Religion und Regierungsorganen Gegenstand unterschiedlicher Interpretationen und Anlass zahlreicher Kontroversen. Bis heute wird von Befürwortern einer strikten Trennung von Religion und Staat und von Gegnern eines Verständnisses der USA als christlich fundierter Nation ein Passus im **Vertrag von Tripoli (1797)** zitiert, in dem eine Begründung der USA und deren Regierung in der christlichen Religion explizit negiert wird. Unter den Präsidenten der Frühen Republik treten besonders Thomas Jefferson und James Madison für eine strikte Trennung von Kirche und Staat ein. Zugleich nehmen Regierungsmitglieder in den ersten Jahrzehnten der Republik an religiösen Zeremonien teil, und es finden bis ins 19. Jh. im Kapitol und im Weißen Haus christliche Gottesdienste statt.

Gemäß der Verfassungsvorgabe wird in den USA **keine Staatsreligion oder Staatskirche** etabliert. Die einzelnen Glaubensgemeinschaften und Kirchengemeinden finanzieren sich grundsätzlich nicht durch Steuergelder oder öffentliche Abgaben sondern durch die direkt und unmittelbar entrichteten **Spenden und freiwilligen Beiträge (tithes/tithing)** ihrer Mitglieder.

Finanzierung
der Glaubens-
gemeinschaften

Religionsfreiheit und
Trennung von Kirche
und Staat

Föderalismus
und Verfassungs-
vorgaben

Einzelstaatliche Hoheiten und Sonderregelungen in einzelnen Bundes-
staaten laufen im 19. Jh. dem Grundsatz der Trennung von Kirche und
Staat teilweise entgegen. So wird z. B. erst in den 1830er Jahren die Con-
gregationalist Church in Massachusetts als bundesstaatlich unterstützte
Kirche aufgelöst. In einigen Bundesstaaten werden vor allem **Katholiken,
Quäker und Mormonen** von öffentlichen Ämtern oder Schulen ausge-
schlossen. Die Entscheidung **Everson v. Board of Education (1947)** des
Obersten Gerichtshofs schreibt die umfassende Gültigkeit der Regelungen
der Bundesverfassung für die Einzelstaaten fest.

Die Wahl von John F. Kennedy zum ersten katholischen Präsidenten
1960 gilt als ein Endpunkt in der Geschichte der Vorurteile und Diskriminierungen gegen Katholiken in den USA. Die Diskussionen um die Bewerbung des Mormonen Mitt Romney um die Präsidentschaftskandidatur
der Republikanischen Partei 2008 zeigen jedoch die nach wie vor latente
Skepsis gegenüber Mitgliedern von religiösen Gruppen, die historisch mit
Vorurteilen belegt sind.

Schulen und Religion: Im 20. Jh. werden die Schulen zu Kristallisati-
onsfeldern der Auseinandersetzungen um die Bedeutung der Trennung
von Kirche und Staat und um die Rolle von Religion im öffentlichen Leben
(vgl. Dierenfeld 2007). Im Mittelpunkt der gesellschaftlichen Kontroversen und juristischen Auseinandersetzungen stehen

- die Praxis des **Schulgebets** (school prayer)
- die christlich geprägte Formulierung und das Ritual des **Fahneneids
  (Pledge of Allegiance)**
- Art und Umfang des schulischen Unterrichts über **Evolutionstheorien
  und Kreationismus**.

Im Zuge der Multikulturalismusdebatten geraten ab den 1990er Jahren
auch religiöse bzw. christliche Symbole oder Inschriften an öffentlichen
Gebäuden sowie religiöse Teile öffentlicher Veranstaltungen in den Blickpunkt. Eher kurios muten im Vergleich zur politischen und kulturellen
Sprengkraft dieser Kontroversen die Versuche an, religiös bzw. christlich
geprägte Formeln wie z. B. »Merry Christmas« als religiöse Einflussnahme
aus dem öffentlichen Leben zu verbannen und durch neutrale Wünsche
wie z. B. »Happy Holidays« zu ersetzen.

Entscheidungen des Obersten Gerichtshofs: Die Entscheidungen des
Obersten Gerichtshofs spiegeln in der je spezifischen Auslegung des ersten Verfassungszusatzes die komplexen gesellschaftlichen Diskussionen
und die z. T. widersprüchliche Rechtslage:

- einerseits stärkt der Oberste Gerichtshof die Ansprüche bestimmter
  Gruppen oder Einzelpersonen auf **eine religionsfreie öffentliche und
  besonders eine religionsfreie schulische Umgebung**
- andererseits bekräftigt er das Recht auf **individuelle und freie religiöse Äußerungen und Verhaltensweisen**.

Die Entscheidungen des Obersten Gerichtshofs drehen sich auch um die
Frage, ob allein explizit christliche Formeln, Rituale oder Symbole den
Grundsatz der Trennung von Kirche und Staat und das Recht auf freie
Religionsausübung verletzen oder ob auch **universell religiöse Äußerun-**

gen oder Akte (z. B. sog. nonsectarian/nondenominational prayers) die Verfassungsvorgaben unterlaufen.

Trotz der wegweisenden Entscheidung **Everson v. Board of Education (1947)** zur Trennung von Kirche und Staat und einer Reihe von ebenso richtungweisenden Urteilen zum Schulgebet und zur Präsenz von religiösen bzw. christlichen Symbolen und Texten in öffentlichen Räumen bleibt die Rechtslage umstritten. Befürworter einer strikten Trennung von Kirche und Staat auf der einen Seite und Anhänger eines Verständnisses der USA als christliche Nation auf der anderen legen die jeweiligen Urteile gleichermaßen in ihrem eigenen Sinne aus und versuchen durch jeweils neue Prozesse und Entscheidungen ihre eigenen Positionen und Vorstellungen juristisch zu untermauern. Die sich ändernde Zusammensetzung des Obersten Gerichtshofs führt dazu, dass in den letzten Jahren die Entscheidungen meist mit knappen Mehrheiten fallen und dass in durchaus ähnlich gelagerten Fällen widersprüchliche Urteile ergehen.

Zur Vertiefung

Ausgewählte Entscheidungen des Obersten Gerichtshofs zur Trennung von Kirche und Staat und zur freien Religionsausübung

West Virginia State Board of Education v. Barnette (1943): Mitglieder der Zeugen Jehovas können nicht zum Fahneneid oder zum Gruss der Flagge in öffentlichen Schulen gezwungen werden
Everson v. Board of Education (1947): Grundsatz der Trennung von Kirche und Staat ist für alle Einzelstaaten verbindlich
McCollum v. Board of Education (1948): öffentliche Schulen dürfen keinen Religionsunterricht anbieten
Engel v. Vitale (1962): das Verfassen eines offiziellen Schulgebets durch Lehrer öffentlicher Schulen und dessen verpflichtendes gemeinsames Vortragen durch Schüler ist verfassungswidrig
Epperson v. Arkansas (1968): Gesetze, die Curricula öffentlicher Schulen (z. B. in Biologie) nach den Dogmen einer oder mehrerer Religionsgemeinschaften ausrichten, sind verfassungswidrig
Lemon v. Kurzman (1971): staatliche Gelder dürfen nicht zur Unterstützung von konfessionellen Schulen verwendet werden; Kriterien für Gesetzgebungsverfahren, die Fragen der Religion und Religionsausübung betreffen (sog. Lemon Test)
Edwards v. Aguillard (1987): das verpflichtende Unterrichten des Kreationismus in öffentlichen Schulen ist verfassungswidrig, da damit eine bestimmte religiöse Sicht gefördert wird
Lee v. Weisman (1992): das öffentliche Gebet eines offiziellen Repräsentanten einer Religionsgemeinschaft bei einer Abschlussfeier an einer öffentlichen Schule ist verfassungswidrig
Santa Fe Independent School District v. Doe (2000): ein organisiertes Gebet von Schülern bei einer schulischen Sportveranstaltung an einer öffentlichen Schule ist verfassungswidrig

> **McCreary County v. ACLU Kentucky** (2005): die Ausstellung des Texts der Zehn Gebote in öffentlichen Gebäuden ohne einen historischen oder säkularen Bezug ist verfassungswidrig
>
> **Van Orden v. Perry** (2005): das Aufstellen einer Gedenktafel mit den Zehn Geboten auf öffentlichem Gelände ist verfassungskonform, wenn das Monument historisch und säkular kontextualisiert ist

7.3 | Die religiöse Landschaft der USA

In den folgenden Abschnitten werden größere Gruppierungen sowie historisch und kulturell einflussreiche Denominationen vor allem auch im Zusammenhang der Einwanderungsgeschichte vorgestellt. Zu den vielfältigen Aktivitäten und Einrichtungen der einzelnen Gruppen und z.B. zu den Schulen und Universitäten einzelner Religionsgruppen wird auf die Internetseiten verwiesen. Nicht behandelt werden Sekten oder sektenartige Gemeinschaften wie z.B. Scientology, Bahá'í (Bahaismus) oder New Age-Gruppen.

Zum Begriff

»The term → **denomination** refers to a set of congregations that belong to a single administrative structure characterized by particular doctrines and practices. Examples of denominations include the Southern Baptist Convention, the American Baptist Churches in the USA and the National Baptist Convention.

A → **denominational family** is a set of religious denominations and related congregations with a common historical origin. Examples of families include Baptist, Methodist and Luthern.

A → **religious tradition** is a set of denominations and congregations with similar beliefs, practices and origins. In this report, Protestant denominations are grouped into three traditions: evangelical churches, mainline churches and historically black churches.«

(Pew Forum on Religion & Public Life: *U.S. Religious Landscape Survey 2008*, S. 13; vgl. http://religions.pewforum.org)

7.3.1 | Religionen der indigenen Bevölkerung

Die europäischen Kolonisten in Nordamerika treffen im Zuge der Inbesitznahme des Kontinents bis ins 19. Jh. auf eine **Vielfalt an indianischen Religionen**, die trotz der Zerstörung der indianischen Kulturen und der Missionsbestrebungen christlicher Kirchen bis heute in heiligen Ritualen

Religionen
der indigenen
Bevölkerung

und Bräuchen wie z. B. dem Sun Dance oder den Sweat Lodge-Feiern der Plains Indians und in Bauten wie z. B. den Kivas der Pueblo Indians im Südwesten bewahrt werden (vgl. Hirschfelder/Molin 2000).

Religiöse Vorstellungen: Die **Naturreligionen der ursprünglichen Bevölkerung** Nordamerikas gleichen sich einerseits in wesentlichen spirituellen Vorstellungen und religiösen Praktiken, sind aber andererseits eng mit den spezifischen **Mythologien, mündlichen Traditionen und Lebensweisen** der jeweiligen Stämme verbunden (s. Kap. 3.1). Traditionelle Rituale des alltäglichen und kulturellen Lebens, soziale Ordnungen innerhalb der Gemeinschaft, sprachliche Ausdrucksformen und sakrale Erzählungen reflektieren unmittelbar die religiösen Vorstellungen des jeweiligen Stammes. Konzeptionen von Zeit und Raum entsprechen zumeist **nichtlinearen, zyklischen Wahrnehmungen** jahreszeitlicher Rhythmen und ähneln pantheistischen Vorstellungen eines lebendigen, von natürlichen und übernatürlichen Wesen bevölkerten und in sich **harmonischen Kosmos**.

Die Grenzen zwischen Leben und Tod sind offener, und Begräbnisstätten sind **heilige Orte der Einheit zwischen Lebenden und Toten**, Projektionsflächen von Vergangenheit, Gegenwart und Zukunft. Auch in der unmittelbaren Gegenwart sind daher bestimmte Gegenden wie z. B. die Black Hills in South Dakota heilige Orte bestimmter Stämme und spielen in Kontroversen zwischen U.S.-amerikanischer Bundesregierung und Wirtschaftsunternehmen einerseits und indianischen Stämmen und Interessensverbänden andererseits um Landnutzungsrechte, die Ausbeutung von Bodenschätzen und die Kommerzialisierung von Tourismusaktivitäten eine wichtige Rolle.

Heilige Orte

Der Sun Dance der Sioux

Zur Vertiefung

Der Sun Dance gehört zu den bekanntesten heiligen Ritualen der Plains Indians und wird im 19. Jh. in zahlreichen Reiseberichten und Bildern dargestellt. Das von einigen Stämmen als Teil des mehrtägigen Rituals praktizierte Piercing wird zu Beginn des 20. Jh.s zeitweise von der U.S.-amerikanischen Regierung verboten, ist heute aber wieder als Teil der traditionellen Religionsausübung erlaubt.

»On the fourth day of the Chadron sun-dance the self-torture began, and I was told that those who were to submit themselves to the great ordeal were the same young warriors who had been dancing the day before. [...] Each one of the young men presented himself to a medicine-man, who took between his thumb and forefinger a fold of the loose skin of the breast, about half way between the

George Catlin:
»Looking at the
Sun« (1851)

> nipple and the collar-bone, lifted it as high as possible, and then ran a very
> narrow-bladed but sharp knife through the skin underneath the hand. In the
> aperture thus made, and before the knife was withdrawn, a stronger skewer of
> bone, about the size of a carpenter's pencil was inserted. Then the knife-blade
> was taken out, and over the projection of this skewer, backwards and forwards,
> alternately right and left, was thrown a figure-of-eight noose with a strong
> thong of dressed skin. This was tied to a long skin rope fastened, at its other
> extremity, to the top of the sun-pole in the center of the arena. Both breasts
> are similarly punctured, the thongs from each converging and joining the rope
> which hangs from the pole. The whole object of the devotee is to break loose
> from these fetters. To liberate himself he must tear the skewers through the
> skin, a horrible task that even with the most resolute may require many hours
> of torture. [...] All the while the beating of the tom-toms and the wild, weird
> chanting of the singers near him continue. The wonderful strength and exten-
> sibility of the human skin is most forcibly and fearfully displayed in the strong
> struggles of the quivering victims. [...]« (Schwatka, Frederick: »The Sun-Dance
> of the Sioux«, in: *Century Magazine 39*, 1889–90, S. 753–759; vgl. http://etext.
> virginia.edu/toc/modeng/public/SchSiou.html.)

Missionierung in der Kolonialzeit: Die Kolonisierung Nordamerikas geht
nicht im gleichen Maße wie die Eroberung Mittel- und Südamerikas mit
der gewaltsamen christlichen Missionierung der ursprünglichen Bevölkerung einher. Dennoch tragen die Missionsaktivitäten der **spanischen
Franziskanermönche** in den Bundesstaaten des heutigen Südwestens
und in Kalifornien, der **französischen Jesuiten** im heutigen Kanada und
im Mittleren Westen sowie der **protestantischen Religionsgruppen** in
den britischen Kolonien im Nordosten zur Zerstörung der indianischen
Kulturen und Religionen vom 16. bis zum 18. Jh. bei (s. Kap. 3.2.5 und
3.2.6). Zu den bekanntesten missionarischen Unternehmungen in den britischen Kolonien zählen:

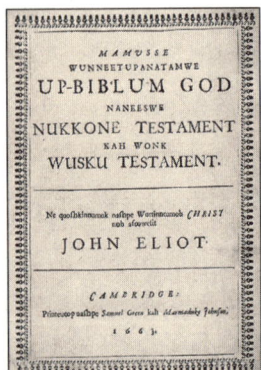

- die Einrichtung von besonderen Siedlungen (praying Indian
  villages) und Missionsschulen in Neuengland im 17. und frühen 18. Jh. durch **John Eliot und Eleazar Wheelock**
- die Missionstätigkeiten von **David Brainerd** in Neuengland
  und Pennsylvania im frühen 18. Jh., die in zahlreichen bio-
  graphischen Darstellungen bis ins 19. Jh. als Beispiel für die
  Zivilisationsbemühungen der Kolonisten glorifiziert werden
- die Missionsaktivitäten von **Quäkern und pietistischen
  Gruppen** wie der Herrnhuter Brüdergemeinde (Moravian
  Church), die den indianischen Kulturen z. T. weniger ethnozentrisch gegenüber treten.

In Leben und Werk von **Samson Occom** (1723–1792), einem zum
Christentum konvertierten Mohegan, presbyterianischen Pfarrer und Verfasser der Autobiographie *A Short Narrative of My Life* (1768),
spiegelt sich die **Zerrissenheit zwischen indianischen und weißen Kulturen**, die sich für die meisten christlichen Indianer aus der Missionierung ergibt.

Titelblatt der
Bibelübersetzung
des Puritaners
John Eliot (1665)

Entwicklungen seit dem 19. Jh.: Bis zum Ende des 19. Jh.s werden durch die Vertreibungs- und Reservatpolitik der U.S.-amerikanischen Bundesregierung und durch die Einrichtung von Missionsschulen durch nahezu alle christlichen Religionsgemeinschaften die traditionellen Religionen der indianischen Bevölkerung weiter zurückgedrängt. **Religiös-visionäre Gegenbewegungen** wie z. B. der Ghost Dance der Plains Indians zielen angesichts der drohenden Vernichtung der Kulturen und Religionen auf eine **spirituelle Erneuerung und die Stärkung des Widerstands** gegen die U.S.-amerikanische Armee im Westen.

Im Laufe des 20. Jh.s betonen katholische und protestantische Missionen gleichermaßen die **Verbindung von traditionellen Bräuchen und Christentum.** Der 1950 organisierte, ökumenisch orientierte National Council of Churches (NCC) beendet offiziell die aktiven Missionsaktivitäten seiner protestantischen Mitgliedskirchen. Einige christliche Religionsgemeinschaften und -gruppen führen ihre Missionstätigkeiten und vor allem die damit verbundenen sozialen und schulischen Einrichtungen fort, Letzteres meist mit indianischer Zustimmung. Zu den bekanntesten Institutionen dieser Art zählt die seit Ende des 19. Jh.s bestehende, katholisch geführte **Red Cloud Indian School** (vgl. www.redcloudschol.org) in Pine Ridge, SD.

Gegenwärtige Situation: In der Gegenwart dominiert **religiöser Synkretismus** den Alltag in den meisten indianischen Gemeinschaften und Territorien. Die Fortführung und Wiederbelebung historisch-traditioneller Stammesreligionen, spezifische Synthesen aus traditionellen Vorstellungen und christlichem Gedankengut, die Mitgliedschaft in nichtindianischen – meist christlichen – Religionsgemeinschaften und neue Formen von Spiritualität und Religion stehen sich häufig unmittelbar gegenüber. Im Zuge der ethnischen Emanzipationsbewegungen seit den 1960er Jahren werden Forderungen nach der vollständigen **Rückkehr zu traditionellen Religionen** erhoben; ein Beispiel hierfür ist Vine Delorias Buch *God Is Red* (1973). Die Aufzeichnungen traditioneller Rituale und sakraler Erzählungen wie z. B. *Black Elk Speaks* (1932) finden eine größere Leserschaft.

Eine Reihe von Gesetzen und Gerichtsentscheidungen stärkt die Bedeutung und Unabhängigkeit der traditionellen Religionsausübung und traditioneller religiöser Vorstellungen: | Gesetzgebung

- der American Indian Religious Freedom Act (AIRFA) bekräftigt 1978 die **freie Religionsausübung für traditionelle Praktiken und Riten**
- der Native American Graves Protection and Repatriation Act (NAGPRA) verordnet 1990 die **Rückgabe von Kultgegenständen und Grabbeigaben** aus Museen an die jeweiligen Stämme
- ein Zusatz zum AIRFA legalisiert 1994 den **Gebrauch von traditionell religiösen Halluzinogenen** und besonders der Peyote-Kaktuspflanze im Rahmen religiöser Zeremonien.

Die wohl größte religiöse Bewegung ist der sog. **Peyotism** – eine in zahlreichen Varianten praktizierte Religion, für die die Verbindung von christlichen Vorstellungen mit traditionellen Stammesritualen kennzeichnend | Peyotism ist. Ihre Organisationsform und Repräsentation findet Peyotism in der **Native American Church**, die in den 1890er Jahren in Oklahoma unter der Führung von Quanah Parker entsteht, sich 1918 etabliert und 1944 organisiert wird.

Zur Vertiefung

Peyotism

»The focus of Peyotism is the ritual ingestion of a dried cactus resembling a button which contains nine alkaloids, of which mescaline is the most potent. The immediate reaction in the user is usually one of nausea, but eventually the bitterness recedes and a sense of euphoria accompanied by an altered state of consciousness and perception ensues. The result is a sense of personal relationship with the universe as a whole, which establishes a mood that can be developed and explored in the ritual context. This ritual is usually conducted in a tipi (tepee) around a fire and a crescent-shaped mound of earth. It begins on Saturday evening and runs till the following morning. A fixed part of the rite is set in English, but more spontaneous participation tends to be in native languages. The basic act is the eating of the peyote and subsequent meditation on the visions which are thereby produced. The goal of this contemplation is a contact of the individual with the power that permeates the cosmos – a diffuse sense of spiritual force characteristic of Native American tradition – and the use of this power to achieve an altered and more positive perspective on the problems of everyday life.« (Williams 2002, S. 320–321)

7.3.2 | Katholizismus im Kontext der Kolonial- und Einwanderungsgeschichte

Spanische und französische Kolonisation: Mit der spanischen und französischen Kolonisation in Nordamerika (s. Kap. 3.2.1 und 3.2.5) beginnt die Geschichte christlicher Religionsgruppen in Nordamerika. Die Etablierung **von spanischen Missionsstationen** in St. Augustine im heutigen Bundesstaat Florida (1565) und in Santa Fe im heutigen Bundesstaat New Mexico (1609) markiert zusammen mit den Missionierungsaktivitäten **französischer Jesuiten** seit der ersten Hälfte des 17. Jh.s im heutigen Kanada und in der Region um die Großen Seen die **Anfänge des Katholizismus in Nordamerika** (Cogley/Van Allen 1986; Varacelli 2006).

Bis zur Unabhängigkeit der USA erstrecken sich spanische Siedlungen und katholische Missionsstationen über weite Teile des heutigen Südwestens der USA und Kaliforniens. Französisch-katholische Siedlungen reichen auf dem Gebiet der heutigen USA von Wisconsin (La Pointe 1665) und Michigan (Sault St. Marie 1668) entlang des Mississippi bis in die heutigen Bundesstaaten Louisiana, Mississippi und Alabama. Die Flucht französischer Kolonisten vor britischen Kolonialtruppen aus der **Provinz Acadien** (frz. Acadie, engl. Acadia) an der Ostküste Kanadas in den 1750er und 1760er Jahre in die zu diesem Zeitpunkt noch französischen Gebiete um New Orleans lässt im heutigen Bundesstaat Louisiana

Cajuns

die französisch geprägte und katholische **Kultur der Cajuns** entstehen (s. Kap. 4.2).

Katholische Einwanderung und nationale Expansion: Unter den britischen Besitzungen an der Ostküste ist das 1634 von Lord Baltimore gegründete **Maryland** die einzige katholische Kolonie. Der spätere Bundesstaat Maryland bleibt bis ins 19. Jh. das **Zentrum des Katholizismus in den USA**. 1789 wird hier die erste Diözese in den USA etabliert. Ein Klima relativer religiöser Toleranz lässt im 18. Jh. Pennsylvania und New York zum Ziel für **katholische Einwanderer aus Deutschland und Irland** werden. Zum Zeitpunkt des Unabhängigkeitskriegs leben ca. 25.000 Katholiken – weniger als 1 % der geschätzten Gesamtbevölkerung – in den 13 Gründungsstaaten.

Im 19. und frühen 20. Jh. ist die Geschichte der katholischen Kirche in den USA eng mit der Einwanderungsgeschichte und der nationalen Expansion in den Westen des Kontinents verbunden. Die katholische Bevölkerung der USA steigt bis 1900 auf ca. 12 Mio. (ca. 15 % der Gesamtbevölkerung), wobei folgende Entwicklungen von besonderer Bedeutung sind:

- die **irische Einwanderung** seit den 1840er Jahren
- die Einwanderung **katholischer Deutscher** in der zweiten Hälfte des 19. Jh.s
- die katholischen Gruppen der sog. ›**neuen Einwanderung**‹ aus **Süd- und Südosteuropa** seit Ende des 19. Jh.s (s. Kap. 2.3.2)
- die **Übernahme des hispanischen Südwestens** nach dem Mexikanisch-Amerikanischen Krieg (1846–1848).

Boston und die großen Städte des Mittleren Westens werden aufgrund der hohen irischen, italienischen, polnischen und deutschen Bevölkerungsanteile zu **Zentren des Katholizismus**.

Neuere Entwicklungen: In der zweiten Hälfte des 20. Jh.s führt die zunehmende Zahl von **Migranten aus Mexiko, Lateinamerika, der Karibik und von den Philippinen** zu einem raschen Wachstum der katholischen Kirche in den USA, zu der sich zu Beginn des 21. Jh.s knapp ein Viertel der U.S.-amerikanischen Gesamtbevölkerung bekennt. Die USA zählt gegenwärtig zu den drei Nationen der Welt mit den größten katholischen Bevölkerungen. Die nahezu 200 Diözesen umfassende katholische Kirche der USA nimmt wegen ihrer ethnischen und kulturellen Diversität und wegen der vergleichsweise liberalen gesellschaftspolitischen Positionen eines Großteils ihrer Mitglieder eine gewisse **Sonderstellung innerhalb der römisch-katholischen Weltkirche** ein.

Antikatholizismus: Ungeachtet der freiheitlich-liberalen Zielsetzungen der Amerikanischen Revolution und trotz der verfassungsrechtlichen Vorgaben bleiben in der neu etablierten Nation die seit dem 17. Jh. in den britischen Kolonien virulenten **antikatholischen Ressentiments** ein-

Antikatholischer Cartoon in Harper's Weekly *(1871)*

THE AMERICAN RIVER GANGES.

flussreich. Bis ins 20. Jh. schlagen sich Vorurteile gegen Katholiken in Angriffen nativistisch-radikaler Gruppen wie z. B. der Know Nothings oder des Ku Klux Klan und in sozialen und politischen Diskriminierungen z. B. in Teilen der Südstaaten nieder. Erst mit der Wahl John F. Kennedys zum Präsidenten im Jahr 1960 und mit den weitreichenden demographischen Veränderungen und Liberalisierungen nach dem Zweiten Weltkrieg werden diese Vorurteile überwunden. Die Wirkung des in den Medien mit großer Aufmerksamkeit verfolgten Besuchs von Papst Benedikt XVI. in den USA im April 2008 ist noch nicht verlässlich abzuschätzen.

7.3.3 | Beginn der protestantischen Dominanz in den britischen Kolonien

Die historischen Kerngebiete der USA an der nordamerikanischen Ostküste werden im 17. Jh. überwiegend von britischen Kolonisten besiedelt. Diese spiegeln in ihren religiösen Überzeugungen das zeitgenössische Spektrum der **reformatorischen Religionsgemeinschaften** in Großbritannien und legen die Grundlagen für die Entwicklung der USA zu einer lange Zeit **protestantisch-anglozentrisch geprägten Nation** (WASP – White Anglo-Saxon Protestant). Im Mittelpunkt der Gründungs- und frühen Kolonialgeschichte stehen Anglikaner und puritanische Kongregationalisten.

Anglikaner und Episkopalkirche

Kolonialzeit: Der erste protestantische Gottesdienst auf dem Gebiet der heutigen USA findet wahrscheinlich 1607 in Jamestown, VA als anglikanischer Gottesdienst statt. Die südlichen Kolonien des britischen Nordamerika sowie Teile von New York und Maryland bleiben in religiöser Hinsicht bis in die Zeit des Unabhängigkeitskriegs von Anhängern der 1534 von Heinrich VIII. nach der Abspaltung von Rom gegründeten **Church of England (auch Anglican Church)** geprägt. In Virginia, Georgia und Carolina wird die Church of England in der Kolonialzeit zu einer Art offiziellen Kirche, deren theologische und liturgische Grundlage das 1549 zuerst publizierte und bis 1662 mehrfach revidierte **Book of Common Prayer** der Church of England ist.

Der Organisationsgrad und der politisch-gesellschaftliche Einfluss der anglikanischen Gemeinden (parishes) bleibt relativ gering, zumal in der Kolonialzeit der Bischof von London das Oberhaupt aller Anglikaner auch in den nordamerikanischen Kolonien bleibt. In den puritanisch dominierten Kolonien Neuenglands dauert es bis zum Ende des 17. Jh.s, bis die wegen ihrer hierarchischen Organisation, ihrer Heiligenverehrung und ihrer zeremoniellen Riten als zu wenig reformatorisch betrachteten Anglikaner das Recht auf eigene Gottesdienste z. B. in der **King's Chapel in Boston** erhalten.

ECUSA: Nach der Unabhängigkeit und der verfassungsrechtlichen Etablierung des Prinzips der Trennung von Kirche und Staat gründen die anglikanischen Kirchen 1789 die **Episcopal Church in the United States of America/ECUSA** (vgl. www.episcopalchurch.org). Zur Demonstration der Unabhängigkeit vom König als Oberhaupt der Church of England gibt sich die U.S.-amerikanische Episkopalkirche ein eigenes Book of Common Prayer, das heute in einer Neufassung von 1979 gilt. Die Episkopalkirche gliedert sich gegenwärtig in ca. **100 Bistümer mit Bischöfen** an ihrer Spitze; die in regelmäßigen Abständen unter dem Vorsitz eines sog. Presiding Bishop zusammentretenden Synoden (General Conventions) bilden eine nationale Organisations- und Hierarchieebene. Der Haupt- und Verwaltungssitz der U.S.-amerikanischen Episkopalkirche, in der z. B. die **Ordination von Frauen und die Laienpartizipation** möglich ist und die gleichgeschlechtlichen Lebensgemeinschaften aufgeschlossen gegenüber steht, ist in New York City.

Zeremonieller Mittelpunkt der Episcopal Church in the United States of America ist die National Cathedral in Washington, DC. Die Kathedrale wird auch für **religionsübergreifende öffentliche Feierlichkeiten** wie z. B. Staatsakte für verstorbene Präsidenten oder Gedenkfeiern wie diejenige für die Opfer der Terrorangriffe vom 11. September 2001 genutzt.

Puritaner und Kongregationalismus

Bedeutung der Puritaner: Die Kolonialgeschichte der nördlichen britischen Kolonien ist von **protestantischen Dissidenten von der Church of England** geprägt, die ab 1620 eine Reihe von religiös dominierten Kolonien in Neuengland gründen (s. Kap. 3.2.3). Die meist unter dem Begriff der **Puritaner (Puritans)** zusammengefassten Gruppen bleiben bis zum Ende des 17. Jh.s im Nordosten der heutigen USA religiös, politisch und kulturell dominant. Sie legen in ihren Schriften wichtige Grundlagen für Ideologien und nationale Selbstbilder der USA und dienen als Bezugspunkt für soziologisch-ökonomische Konzeptionen der **protestantischen Arbeitsethik** (s. Kap. 6.2.3 und 6.2.6). Die 1648 formulierte *Platform of Church Discipline Gathered Out of the Word of God* (sog. Cambridge Platform) gilt als Zusammenfassung der **theologischen und kirchenrechtlichen Vorstellungen der neuenglländischen Puritaner**.

Protestantische Reformer kritisieren seit der zweiten Hälfte des 16. Jh.s die mangelnde Reformbereitschaft der 1534 von Heinrich VIII. gegründeten Church of England. Sie streben eine weitergehende Lösung der Kirche von katholischen Traditionen und eine umfassendere Reformation an. Wegen ihrer Betonung der Notwendigkeit zur ›Reinigung‹ der Church of England werden sie ab 1564 als → **Puritaner (Puritans)** bezeichnet. Die im 17. Jh. nach Neuengland auswan-

Die religiöse
Landschaft der USA

> dernden Puritaner zählen zum einen zur Gruppe der Separatisten
> (Separatists), d. h. zu den Befürwortern eines Bruchs mit der Church
> of England, zum anderen zur Gruppe der Nonkonformisten (Non-Sep-
> aratists oder Nonconformists), d. h. zu den Anhängern einer protes-
> tantischen Reform der Kirche von innen. In Neuengland verwischen
> sich die Grenzen zwischen beiden Orientierungen im Laufe des 17. Jh.s
> zunehmend und die neuengländischen Puritaner entwickeln ihren
> eigenen Weg des Kongregationalismus (sog. New England Way).

Sola Scriptura/
Sola Fide

Wie für alle protestantischen Gruppen stehen auch für die neuengländischen Puritaner Martin Luthers reformatorischer Grundsatz *sola scriptura*,
d. h. die **Zentralität der Bibel** für Glauben und Leben der Christen, und die
persönliche Glaubensbeziehung zwischen Mensch und Gott (*sola fide*)
im Mittelpunkt. Konsequenterweise sind die **gelehrte Schriftauslegung
in den Predigten** (sermons) der Pfarrer (minister) und die individuelle
und familiäre Bibellektüre von besonderer Bedeutung für die Puritaner.
Die Gründungen von Harvard College (1636), der ersten Universität in
Nordamerika, und von Yale College (1701) sind Ausdruck der Bedeutung,
welche die Puritaner einer gut ausgebildeten Pfarrerschaft beimessen, und
legen die Basis für das nordamerikanische Universitätssystem (s. Kap. 1.3).
Darüber hinaus sind sie theologisch von den Lehren des Genfer Reformators **Johannes Calvin** bestimmt und betonen in besonderer Weise:

Kalvinistische
Glaubens-
grundsätze

- die unbedingte **Allmacht Gottes** (sovereignty and unlimited power of God)
- die **Sündhaftigkeit des Menschen** (total depravity and sinfulness of man/woman)
- die **göttliche Vorherbestimmung** aller weltlichen Geschehnisse und Geschichte (providential history) sowie jeder einzelnen menschlichen Existenz (predestination)
- die **begrenzte Erlösung**, d. h. nur eine beschränkte Zahl von aus-erwählten Menschen ist zur Erlösung von Gott vorgesehen (limited atonement)
- die **unwiderstehliche Gnade Gottes**, d. h. der eigene, freie Wille des individuellen Menschen hat auf Gottes Plan keine Wirkung und keinen Einfluss (irresistible and unlimited grace)
- die Beharrlichkeit und das Weiterleben der **auserwählten Heiligen** (perseverance of the saints).

Kongregationalismus: Die Ablehnung herkömmlicher kirchlicher Organi-
sationsformen und Hierarchien führt in der **kirchlichen Praxis** der neuengländischen Puritaner zum Prinzip der Unabhängigkeit der individuellen Gemeinde (congregation) als eigenständige Kirche (church). Aufgrund
der **Organisation in Einzelgemeinden** spricht man von Kongregationalismus (Congregationalism). Grundlage der jeweiligen Gemeinde ist in Anlehnung an das Alte Testament ein selbst geschlossener Bund (covenant)
zwischen allen Mitgliedern (vgl. Youngs 1990).

Text des Covenant of the First Church in Boston (1630)

»In the Name of our Lord Jesus Christ, And in Obedience to His holy will, and Divine Ordinaunce: Wee whose names are hereunder written, being by his most wise and good Providence brought together into this part of America in the Bay of Massachusetts, and desirous to unite our selves, into one Congregation or Church, under the Lord Jesus Christ our Head, in such sort as becometh all those whom He hath Redeemed, and Sanctifyed to Himselfe, do hereby, solemnly, and religiously (as in His most holy Praesence) Promisse, and bind ourselves to walke in all our wayes according to the Rule of the Gospell, and in all sincere conformity To His holy Ordinaunces, and in mutuall love, and respect Each to other So neere as God shall give us grace.«

(www.fscboston.org/index.php?/history/item/141)

Voraussetzung zur Mitgliedschaft in einer bestimmten Gemeinde bzw. Kirche ist ein **individuelles Bekehrungserlebnis** (conversion experience) des einzelnen Gläubigen und die rituelle Aufnahme – je nach Ausrichtung u.U. mit einer Taufe – durch die Gemeinde selbst. Der von jeder Gemeinde in eigener Verantwortung gewählte Pfarrer (minister) ist der spirituelle Führer der Gemeinschaft. Symbolischer Mittelpunkt der Gemeinde ist das **Kirchengebäude (meeting house),** das in protestantischer Tradition schlicht gehalten ist und zu den regionalen Wahrzeichen Neuenglands wird.

Verhalten gegenüber Dissidenten und Andersgläubigen: Der manichäische Kalvinismus der neuengländischen Puritaner und ihre rigiden Sozialstrukturen und Moralvorstellungen lassen keinen Dissens zu. Abweichende religiöse Überzeugungen gelten als **Häresie und Gefährdung der kirchlichen und weltlichen Ordnung** gleichermaßen. Kritiker der puritanischen Orthodoxie, Intoleranz und exklusiven Gnadenlehre wie z. B. Roger Williams und Anne Hutchinson sowie Anhänger anderer religiöser Gruppen wie z. B. Baptisten und Quäker werden aus den Kolonien verbannt, mit harten Strafen belegt und sogar mit dem Tode bestraft.

Die **moralischen und gesellschaftlichen Vorstellungen der Puritaner** des 17. Jh.s prägen die Gesellschaft und Kultur des Nordostens bis ins 19. Jh. (s. auch Kap. 2.2.2) und tragen zu Wahrnehmungen der U.S.-amerikanischen Gesellschaft als ›puritanisch‹ (puritanical) oder überzogen moralistisch bei. Die enge Verquickung von kirchlicher und staatlicher Ordnung im puritanischen Neuengland des 17. Jh.s – manchmal unzutreffend als Theokratie beschrieben – findet z. B. in den **Romanen und Kurzgeschichten von Nathaniel Hawthorne** und besonders in seinem berühmten Roman *The Scarlet Letter* (1850) eine eindringlich literarische Darstellung.

Bedeutungsverlust der Kongregationalisten: An der Wende zum 18. Jh. gibt es in Neuengland ca. 120 puritanisch-kongregationalistische Kirchen, und die Kongregationalisten sind die stärkste und einflussreichste religiöse Gruppe im Nordosten. Bis ins 19. Jh. sinkt die Bedeutung der kalvinistischen Kongregationalisten aufgrund mehrerer Faktoren:

- größere **religiöse Toleranz** nach der Reorganisation der neuengländischen Kolonien in den 1680er und 1690er Jahren (s. Kap. 3.2.4)
- wachsende Kritik an der rigiden kalvinistischen Lehre unter Pfarrern und Gemeinden
- Verbreitung der **Ideen der Aufklärung** und veränderter, individualistischer Menschbilder
- steigende Bedeutung **anderer protestantischer Gruppen** im Zusammenhang der Erweckungsbewegungen im 18. und 19. Jh.

Im **20. und 21. Jh.** finden sich kongregationalistische Kirchen besonders im Nordosten und im Mittleren Westen und repräsentieren trotz einer relativ kleinen Zahl von Mitgliedern ein breites Spektrum an theologischen und gesellschaftspolitischen Positionen. Sie sind vor allem durch die Dachorganisationen Congregational Christian Churches (CCC, 1931–1957) und National Association of Congregational Christian Churches (NACCC, seit 1955) untereinander verbunden.

Wirkung: Die Praxis der kongregationalistischen Gemeindeorganisation als weitgehend unabhängige, lokale Kirche und die Riten und Bedingungen der Aufnahme in eine kongregationalistische Gemeinde prägen bis heute einen Großteil der protestantischen Religionsgruppierungen in den USA und unterscheidet diese von den meisten protestantischen Kirchen z.B. in Europa. Die **lokal-unabhängigen Kirchenstrukturen des Kongregationalismus** gelten vielfach als ein Ausgangspunkt der basisdemokratischen Züge des politischen Lebens in den USA.

7.3.4 | Pluralisierung, Popularisierung und Politisierung des Protestantismus

Die Dominanz der anglikanischen Kirche in den südlichen und der puritanischen Kongregationalisten in den nördlichen Kolonien an der Ostküste wird bereits im 17. Jh. durch die Ankunft **weiterer protestantischer Gruppen** durchbrochen, die für die Entwicklung der religiösen Landschaft der späteren USA von maßgeblicher Bedeutung sind (s. Kap. 7.3.5). Die Pluralisierung und Ausdehnung des Protestantismus wird durch zwei **Erweckungsbewegungen** gefördert, die neue religiöse Überzeugungen und kirchliche Praktiken hervorbringen und zur Verbreitung bereits existierender oder neuer Glaubensgemeinschaften auf dem nach Westen expandierenden Staatsgebiet der USA beitragen: die **Große Erweckungsbewegung** zur Mitte des 18. Jh.s (Great Awakening, s. Kap. 3.2.7) und die **Zweite Große Erweckungsbewegung** in der ersten Hälfte des 19. Jh.s (Second Great Awakening, s. Kap. 3.3.4).

Pluralisierung des
Protestantismus

Vom 18. bis ins 20. Jh. bedingen vor allem die folgenden Umstände und Entwicklungen die Entstehung einer Vielzahl an Untergruppierungen und Teilorganisationen in nahezu allen protestantischen Glaubensgemeinschaften:

- die **stetig steigende Zahl an Einwanderern**, die ihre eigenen religiösen Überzeugungen mitbringen und die bereits bestehenden Gruppen in ihrer theologischen Ausrichtung verändern
- **theologische Kontroversen** zwischen Anhängern traditioneller – oftmals strikt kalvinistischer – Lehrmeinungen einerseits und Befürwortern liberalerer – meist von Aufklärung, Pietismus und Erweckungsbewegungen beeinflusster – Positionen andererseits (im 18. und frühen 19. Jh. als Kontroversen Old Lights/New Lights bzw. Old School/New School bezeichnet)
- **politische Auseinandersetzungen um die Abschaffung bzw. Beibehaltung von Sklaverei und Segregation** in den Südstaaten, woraus sich in vielen Fällen eine Trennung in rivalisierende Dachorganisationen im Süden bzw. Norden ergibt
- Diskussionen um den Umgang mit den **sozialen Konsequenzen von Kapitalismus und moderner Industriegesellschaft** gegen Ende des 19. und zu Beginn des 20. Jh.s.

Fundamentalismus: Im 20. Jh. spalten sich die protestantischen Religionsgemeinschaften vor allem über die Frage der Übernahme oder Ablehnung der religiösen und gesellschaftspolitischen Vorstellungen der fundamentalistischen Bewegung (vgl. Marsden ²2006). In neueren Publikationen und Statistiken unterscheidet man nach William Hutchison (1989) zwischen **Mainline Protestant,** d. h. moderaten bzw. liberalen protestantischen Denominationen, und **Evangelical Protestant**, d. h. fundamentalistisch-evangelikalen protestantischen Denominationen.

Der protestantische Fundamentalismus des 20. Jh.s geht in seinen theologischen Grundsätzen von der **Schriftenreihe *The Fundamentals*** aus, die zuerst in den Jahren 1910 bis 1915 veröffentlicht wird (vgl. Neuausgabe Marsden 1988) und dem fundamentalistischem Gedankengut in der Zeit zwischen den Weltkriegen zu großer Popularität verhilft (s. Kap. 3.5.3). 1919 wird in Minneapolis die **World Christian Fundamentals Association** gegründet; 1920 wird zum ersten Mal in einem Zeitungsbericht der Begriff *fundamentalist* zur Beschreibung einer entsprechenden religiösen Ausrichtung verwendet. In den folgenden Jahren etablieren sich in nahezu allen protestantischen Denominationen fundamentalistisch orientierte Organisationen. Fundamentalistische Lehren erreichen bis in die Gegenwart vor allem im Süden der USA besondere Verbreitung und Popularität und üben einen erheblichen **Einfluss auf politische Entscheidungen und Wahlen** in den Südstaaten aus.

Fundamentalistische Kirchen unterschiedlichster Ausrichtung innerhalb des Spektrums protestantischer Kirchen wenden sich gegen:

- eine **liberale Theologie** europäischer Prägung
- die Ansätze und Methoden der **historisch-kritischen Bibelforschung und Bibelinterpretation**
- moderne **natur- und sozialwissenschaftliche Forschungen** und besonders Evolutionstheorien.

Die Anhänger fundamentalistischer Positionen propagieren hingegen zumeist:

Grundsätze
des Fundamentalismus

- die schriftgetreue Auslegung und textgenaue **Wahrheit der Bibel** als höchste Autorität in Glauben und Leben (literalism/biblical inerrancy)
- die Zentralität des **persönlichen Bekehrungs- und Glaubenserlebnisses** (conversion/being born again)
- die **Alleingültigkeit der biblischen Schöpfungsgeschichte** als Erklärung der Entstehung und Entwicklung der Welt
- die grundsätzliche **Verwerflichkeit und Unrichtigkeit naturwissenschaftlich-evolutionärer Theorien**
- die Bedeutung der **Verkündigung des Evangeliums** und missionarischer Tätigkeiten
- die Erwartung des Millenniums und der **Rückkehr von Jesus Christus** in historisch-gegenwärtiger Zeit (Second Coming).

Evangelikale Bewegungen: Seit den 1940er Jahren gewinnt die Bezeichnung Evangelicalism (auch Neo-Evangelicalism) unter konservativen Protestanten an Popularität, um die **aktive Verkündigung des Evangeliums** (Gospel) und die öffentliche Bezeugung der **individuellen Gläubigkeit und Nachfolge von Jesus Christus** (giving testimony) als essentiellen Teil des Selbstverständnisses protestantischer bzw. protestantisch-wiedergeborener Kirchen in den Mittelpunkt zu stellen. Anhänger der evangelikalen Bewegung (vgl. Noll 2001) grenzen sich häufig von konservativ-kalvinistischen Positionen des Fundamentalismus ab, vertreten z. T. ökumenische Ansätze und öffnen sich den populär- und medienkulturellen Möglichkeiten und Technologien der Gegenwart. Dessen ungeachtet teilen sie mit Fundamentalisten wesentliche Grundpositionen der Schriftgläubigkeit, des Millenarismus und der Ablehnung von Evolutionstheorien und gesellschaftspolitischen Liberalisierungen wie z. B. die Abtreibungsgesetzgebung und die Toleranz gleichgeschlechtlicher Lebensgemeinschaften.

Billy Graham

**Evangelikale
Kreuzzüge**

Die ›Kreuzzüge‹ (crusades) evangelikaler Prediger wie z. B. Billy Graham und Harold J. Ockenga in den 1950er und 1960er Jahren stehen in den missionarischen Traditionen der Erweckungsbewegungen des 18. und 19. Jh.s und finden vor allem im Süden und Westen eine große Anhängerschaft. In der **populärkulturellen Gestaltung** der Veranstaltungen sind sie Vorläufer der massenmedialen Entwicklungen der unmittelbaren Gegenwart. Die von den evangelikalen Predigern nach dem Zweiten Weltkrieg ausgehende religiöse Erneuerung wird mit den Erweckungsbewegungen des 18. und 19. Jh.s verglichen und häufig als eigene **neue Erweckungsbewegung** betrachtet.

Zum Begriff

> Der → **Evangelicalism** seit Mitte des 20. Jh.s steht in den Traditionen der protestantischen Erweckungsbewegungen des 18. und 19. Jh.s und des theologischen Fundamentalismus seit den 1920er Jahren. Im Zentrum stehen das persönliche Bekehrungserlebnis, das

wörtliche Verständnis der Bibel als religiöse und historische Wahrheit sowie die Bedeutung der Verkündigung des Evangeliums in der Nachfolge von Jesus Christus.

Kreationismus und Intelligent Design: Im Mittelpunkt sowohl der Selbstdarstellungen fundamentalistisch-evangelikaler Gruppen als auch der Kontroversen um deren gesellschaftlichen, kulturellen und politischen Einfluss steht seit dem Ende des 20. Jh.s die ablehnende Haltung gegenüber **naturwissenschaftlichen Lehren und Theorien zur Entstehung und Entwicklung der Welt**. Die bereits in den 1920er Jahren aufbrechenden Kontroversen um Evolutionstheorien (s. Kap. 3.5.3) erreichen in den 1980er und 1990er Jahren (s. Kap. 3.3.6) einen neuen Höhepunkt (vgl. Scott 2005; Numbers 2006; Young/Largent 2007). Als Anhänger des **Kreationismus (Creationism)** bezeichnen sich dabei diejenigen, die in der Radikalform (Strict Creationism) jegliche evolutionsgeschichtlichen Vorgänge ablehnen und in wörtlicher Auslegung der biblischen Schöpfungsgeschichte die Erschaffung der Welt und der Menschheit als unmittelbar göttlichen Akt betrachten. Vor dem Hintergrund der Entscheidung des Obersten Gerichtshofs im Fall Edwards v. Aguillard (1987) zum Ausschluss kreationistischer Lehrinhalte von öffentlichen Schulen entsteht im Umfeld des Discovery Institute in Seattle, WA die **Theorie des ›intelligenten Entwurfs‹** (Intelligent Design, auch Neo-Creationism).

Die Vertreter der **Intelligent Design-Bewegung,** darunter besonders Phillip E. Johnson, Charles Thaxton und Stephen C. Meyer, versuchen, den kreationistischen Vorstellungen vom singulären göttlichen Schöpfungsakt in einem christlich-biblischen Sinne einen **wissenschaftlichen Anspruch** zu geben (vgl. House 2008). Sie behaupten, dass Entstehung, Entwicklung und Entfaltung des Universums und der Menschheit durch eine ›intelligente Ursache‹ (intelligent cause) und einen teleologisch-intelligent Handelnden (intelligent agent) und nicht durch mehr oder weniger zufällige und unkontrollierte Evolutionsprozesse zu erklären sind. So argumentieren Repräsentanten der Bewegung wie z. B. Michael J. Behe, dass bestimmte biologische und chemische Vorgänge, Zusammenhänge und Systeme zu komplex seien, um sie auf Prozesse der natürlichen Selektion oder evolutionäre Weiterentwicklungen zurückzuführen (sog. irreducible complexity). Die Mehrzahl der Wissenschafts- und Lehrerverbände in den USA steht den Vorstellungen eines ›intelligenten Entwurfs‹ skeptisch gegenüber, verurteilt die sog. Creation Science als pseudo- oder unwissenschaftlich und betrachtet Intelligent Design-Theorien als Deckmantel für die Verbreitung kreationistischer Ideen.

Wissenschaft?

Medienreligion und Megachurches: Mit dem 1961 von Pat Robertson begründeten Christian Broadcasting Network (CBN, vgl. www.cbn.com) beginnt das Zeitalter der Fernsehgottesdienste, das der in den 1920er und 1930er Jahren im Radio einsetzenden **massenmedialen Vermittlung religiöser Inhalte** neue Dimensionen verleiht. Die Sendung »The 700 Club«

des CBN wird seit den 1960er Jahren in wechselnden Formaten gesendet und ist bis heute als Talk Show eine der einflussreichsten fundamentalistisch-evangelikalen Sendungen im U.S.-amerikanischen Fernsehen. Die **Fernsehgottesdienste** der sog. ›Televangelisten‹ (televangelists) wie z. B. Jim Bakker und Jimmy Swaggart erreichen in den 1980er Jahren ein Millionenpublikum und zählen zu den bekanntesten – nach Korruptions- und Sexskandalen auch umstrittensten – religiösen Programmen in den USA.

Zur Vertiefung

Prediger und Televangelisten in Literatur, Film, Musik

Fundamentalistisch-evangelikale Prediger und die Televangelisten der jüngeren Zeit werden immer wieder zum Gegenstand von Literatur, Film und populärer Musik. Zu den bekanntesten Beispielen satirischer Darstellungen zählen Sinclair Lewis' Roman *Elmar Gantry* (1927), der 1960 mit Burt Lancaster und Jeanne Simmons in den Hauptrollen verfilmt wird, und der Song »Jesus He Loves Me« von Genesis (1991). Eine ausgewogenere Darstellung bietet der Film *The Apostle* (1997) von Robert Duvall.

Megachurches

Die Thomas Road Baptist Church in Lynchburg, VA des evangelikalen Predigers Jerry Falwell wird zum Ausgangspunkt des populären Radio- und TV-Programms »Old Time Gospel Hour« und zu einer der ersten **Großkirchen (megachurches)** in den USA (vgl. Ellingson 2007; http://hirr.hartsem. edu/megachurch/megachurches.html). Megachurches sind überwiegend protestantisch-evangelikaler Ausrichtung und politisch dem konservativ-republikanischen Lager zuzurechnen. Die Gestaltung der Gottesdienste wird vielfach als zu stark an der kommerziellen Unterhaltungs- und Populärkultur orientiert kritisiert. Unter den evangelikalen Großkirchen, die mehrere Tausend Mitglieder zählen und ihre Gottesdienste über regionale und nationale Fernsehsender verbreiten, gehören die **Crystal Cathedral in Garden Grove, CA** (www.crystalcathedral.org), die **Saddleback Church in Lake Forest, CA** (www.saddleback.com), die **Willow Creek Church in South Barrington, IL** (www.willowcreek.org) und die **Lakewood Church in Houston, TX** (www.lakewood.cc) gegenwärtig zu den größten und bekanntesten. Die von der Predigerfamilie Schuller geleiteten Gottesdienste der Crystal Cathedral werden als TV-Programm »Hour of Power« weltweit ausgestrahlt.

Zur Vertiefung

Religion und Populärkultur

Seit den 1960er Jahren werden die Verbindungen zwischen religiösen Bewegungen und populärkulturellen Ausdrucksformen stetig stärker und evangelikale Gruppen nutzen populärkulturelle Formen für ihre Interessen und Zielsetzungen. Einzelbeispiele wie das Rock-Musical *Jesus Christ Superstar* von Andrew Lloyd Webber und Tim Rice (1971) und der von Mel Gibson produzierte Film *Die Passion Christi* (*The Passion of the Christ*; 2004) verdeutlichen die Attraktivität populärkultureller Darstellungen religiöser Inhalte und deren Kommerzialisierung und Strittigkeit gleichermaßen. Die religiöse Rock- und Popmusik in den USA beginnt im Umfeld der sog. Jesus People der späten 1960er und frühen 1970er Jahre und wird heute meist unter dem Begriff der ›zeitgenössischen christlichen Musik‹ (contemporary Christian music) zusammengefasst. Sie umfasst das gesamte Spektrum der zeitgenössischen populären Musik von Christian Rock und Christian Metal bis zu Christian Western & Country und Christian Folk Music. Im Bereich der Populärliteratur verbreiten Bestseller-Serien wie z. B. die seit 1995 erscheinende und von der Evangelical Christian Publishers Association preisgekrönte »Left Behind«-Serie von Tim LaHaye und Jerry B. Jenkins (vgl. www.leftbehind.com) apokalyptisch-fundamentalistisches Gedankengut in millionenfacher Auflage. Verfilmungen, Videospiele und Comic-Adaptionen der »Left Behind«-Romane erhöhen die Popularität der Serie.

7.3.5 | Protestantische Gruppen im europäischen Kontext

Baptisten

Ausgangspunkte und Anfänge: Die ersten Anhänger der europäischen Anabaptisten- oder Täuferbewegung des 16. Jh.s, die die **Erwachsenentaufe und ein weltabgeschiedenes Leben** als Zeugnis des Glaubens fordern, treten im 17. Jh. in den nordamerikanischen Kolonien auf. Sie bleiben bis zum frühen 18. Jh. trotz ihrer Nähe zu den kalvinistischen Lehren, zu der Schriftgläubigkeit und zu den kongregationalistischen Kirchenstrukturen der neuengländischen Puritaner eine kleine Minderheit. **Erste baptistische Kirchen** entstehen in den 1630er und 1640er Jahren in Rhode Island, in den 1660er Jahren in Boston, in den 1680er Jahren in Pennsylvania und um 1700 in Connecticut. Die **Philadelphia Baptist Association (1701)** wird zu einer ersten Dachorganisation für baptistische Kirchen in den britischen Kolonien und fördert z. B. 1764 die Gründung des College of Rhode Island (später Brown University) in Providence, RI.

Pennsylvania Dutch

Zu den baptistischen Gruppen im kolonialen Nordamerika zählen auch Religionsflüchtlinge aus dem deutschsprachigen Raum. Diese kommen zunächst auf Einladung von William Penn nach Pennsylvania und werden daher häufig unter dem Begriff Pennsylvania Dutch zusammen-gefasst. So begründet eine Gruppe aus Krefeld stammender Anhän-ger der nach Menno Simmons benannten Mennoniten (Mennonites) 1683 Germantown in Pennsylvania, die erste deutsche Siedlung in Nordamerika. Im frühen 18. Jh. kommen baptistische Gruppen aus Südwestdeutschland (Dunkers oder Brethren) nach Pennsylvania und die umliegenden Kolonien. Die ersten Amischen (Amish) – nach dem Schweizer Mennoniten Jakob Ammann benannt – kommen ebenfalls im frühen 18. Jh. nach Pennsylvania. Deutschstämmige Baptisten finden sich seit dem 19. Jh. auch in den traditionell deutsch-amerikanischen Gebieten des Mittleren Westens. Heute ist die bekannteste Gruppe die der Amischen, die zu einem großen Teil in abgeschlossenen, ländlichen Siedlungsgebieten in den Bundesstaaten Pennsylvania und Ohio sowie Indiana, Michigan und Wisconsin leben. Die vorindustrielle Lebens-weise der Amischen zieht zahlreiche Besucher an, und vor allem die Siedlungen in Lancaster County, PA sind eine Touristenattraktion. Ne-ben den baptistischen Gruppen werden häufig auch die Anhänger des deutschen Pietisten Nikolaus Ludwig von Zinzendorf und der Herrn-huter Brüdergemeinde (Moravian Brethren/Moravian Church), die in den 1730er Jahren zu Missionszwecken nach Nordamerika kommen und 1741 Bethlehem, PA und 1772 Gnadenhütten, OH gründen, zu den Pennsylvania Dutch gezählt.

Baptismus und Erweckungsbewegungen: Der Aufstieg der Baptisten zu einer der **größten und einflussreichsten Religionsgruppen** beginnt mit der Großen Erweckungsbewegung zur Mitte des 18. Jh.s und vollzieht sich in der Folgezeit parallel zur territorialen Ausdehnung der USA. Das Entstehen baptistischer Gemeinden wird durch folgende Umstände geför-dert:

- die **Aufrufe der Erweckungsprediger** zu einer umfassenden religiösen Erneuerung
- die Verbreitung eines stärker **emotionalen Religionsverständnisses**
- die Tätigkeit von **Laien- und Wanderpredigern**.

Bereits in den 1790er Jahren gibt es mehr als 1100 baptistische Kirchen in den ursprünglichen Bundesstaaten. Bis zum Bürgerkrieg etablieren baptistische Organisationen und Prediger zahlreiche neue Gemeinden, so dass die geschätzte Zahl von Baptisten von den 1790er bis in die 1850er Jahre von ca. 60.000 auf ca. 800.000 steigt. Die historische Verwurzelung vieler baptistischer Kirchen in den Erweckungsbewegungen des 18. und 19. Jh.s erklärt teilweise ihre spätere **Tendenz zu fundamentalistisch-evangelikalen Ausrichtungen** und die traditionell starken, bis heute anhaltenden **Missionsaktivitäten** ihrer Gemeinden und Organisationen innerhalb der USA und weltweit.

Baptistische Kirchen im Süden: Im Süden entstehen bis zum Bürger-krieg flächendeckend baptistische Kirchen, die den Kern für die bis heute anhaltende religiöse Dominanz der Baptisten in den Südstaaten bilden.

Die 1845 in Augusta, GA gegründete **Southern Baptist Convention** (SBC, vgl. www.sbc.net) wird zu einem der stärksten Verfechter von Sklaverei und Segregation in den Südstaaten. **Baptisten in den Nordstaaten** hingegen gehören vielfach der Abolitionistenbewegung an und unterstützen aktiv die späteren Bürgerrechtsbewegungen. Die von der Southern Baptist Convention seit den 1840er Jahren vertretenen rassistischen Positionen und Theorien werden erst 1995 in einer Declaration of Repentance zurückgenommen. Im 20. Jh. wird die Southern Baptist Convention zur **größten protestantischen Glaubensgemeinschaft in den USA** – nach eigenen Angaben der Internetseite mit mehr als 16 Mio. Mitgliedern in 42.000 Einzelkirchen in den USA – und zur größten baptistischen Organisation der Welt.

Die baptistischen Gemeinden und Kirchen außerhalb der Southern Baptist Convention werden seit 1972 von der Organisation der **American Baptist Churches USA** (vgl. www.abc-usa.org) als Nachfolgerin mehrerer früherer Vereinigungen repräsentiert.

Presbyterianer

Glaubensgrundsätze und Kirchenstruktur: Die Ausgangspunkte des Presbyterianismus (Presbyterianism) liegen in der **schottischen Reformationsbewegung des 16. Jh.s** und in der Kirchenrefrom des schottischen Reformators John Knox. Auch die Presbyterianer beziehen sich auf die theologischen Lehren und Grundsätze von **Johannes Calvin** und betonen in der Nachfolge reformatorischer Grundsätze die Zentralität der Heiligen Schrift und die Bedeutung des individuellen Glaubens- und Gnadenserlebnis. Im Unterschied zu den baptistischen Gemeinden gehen sie von der Kindertaufe aus.

Ähnlich der kongregationalistischen Praxis der lokalen Kirchenorganisation sind die einzelnen presbyterianischen Gemeinden weitgehend autonom, allerdings auf lokaler, regionaler und nationaler Ebene institutionell verbunden (presbyteries, synods, assemblies). Auf allen Ebenen der Kirchenorganisation und Entscheidungen sind Geistliche und Laien gleichermaßen beteiligt. Mit dem Begriff Presbyterianismus ist somit eine **spezifische Form der Kirchenverfassung** beschrieben, die zwischen den hierarchischen Ordnungen der Katholischen Kirche und der Episkopalkirche einerseits und den unabhängigen Gemeindestrukturen nach dem Prinzip des Kongregationalismus andererseits steht.

Historische Entwicklung: Bereits im 17. Jh. treten Anhänger presbyterianischer Kirchen in den nordamerikanischen Kolonien auf. 1683 kommt der schottische Geistliche **Francis Makemie** nach Nordamerika und bildet 1706 in Philadelphia den ersten Zusammenschluss presbyterianischer Kirchen. Bis zum Ende der Kolonialzeit lassen vor allem **Einwanderer aus Schottland und Irland** die presbyterianischen Kirchen an Zahl zunehmen. 1746 wird das College of New Jersey, die spätere **Princeton University**, zur Ausbildung presbyterianischer Pfarrer gegründet. Die erste nationale General Assembly findet 1789 unter dem Vorsitz von John Witherspoon statt.

Regionale
Verteilung
und Spaltung

Zentren des Presbyterianismus sind seit der Kolonialzeit und Frühen Republik die Bundesstaaten Pennsylvania, Virginia und North Carolina. Die Erweckungsbewegung des 19. Jh.s führt zu einer Ausdehnung presbyterianischer Kirchen in die neuen Bundesstaaten westlich der Appalachen, darunter vor allem Kentucky und Tennessee. Sklaverei und Segregationspolitik führen zu einer Spaltung der Presbyterianer in verschiedene Organisationen im Norden und Süden (1858: United Presbyterian Church of North America; 1861: Presbyterian Church in the Confederate States of America).

Gegenwärtige Organisationen: Unter den zahlreichen presbyterianischen Organisationen der Gegenwart (vgl. Hart/Noll 1999), die sich hinsichtlich ihrer fundamentalistisch-evangelikalen Ausrichtung, der Frage der Ordination von Frauen und der Haltung zu gesellschaftspolitischen Fragen wie Abtreibungsrecht oder gleichgeschlechtliche Lebensgemeinschaften unterscheiden, sind die beiden folgenden die größten und einflussreichsten:

- **Presbyterian Church USA** (PCUSA, vgl. www.pcusa.org) mit Sitz in Louisville, KY
- **Presbyterian Church in America** (PCA, vgl. www.pcanet.org) mit Sitz in Lawrenceville, GA.

Quäker

Glaubensüberzeugungen: 1656 kommen Anhänger der in den 1640er Jahren von George Fox in England begründeten Quäker (auch Religious Society of Friends) nach Neuengland. Die (englischsprachige) Bezeichnung **Quaker, d. h. »Zitterer‹**, geht auf die Bewegungen und Gebetsriten während ihrer Gottesdienste und religiösen Zusammenkünfte zurück. Zu den religiösen Grundüberzeugungen der Quäker gehören:

- die Ablehnung von formalen Kirchenstrukturen, Priesterfunktionen und Sakramenten zugunsten **informeller Treffen von Gläubigen** (meetings)

William Penn

- die **Individualität von Glaube und Priesterschaft** (sog. inner light)
- der Glaube an eine **universelle Erlösungsmöglichkeit**.

Die Quäker stellen für die puritanischen Geistlichen in Neuengland eine Gefahr für das kongregationalistische Kirchensystem dar und werden vor allem in Massachusetts verfolgt. 1660 wird die Quäkerin Mary Dyer in Boston hingerichtet.

Pennsylvania als ›heiliges Experiment‹: Bis zum frühen 18. Jh. siedeln Quäker in fast allen britischen Kolonien in Nordamerika, besonders jedoch in der traditionell liberalen Kolonie Rhode Island und in der 1681/82 von dem Quäker William Penn als ›heiliges Experiment‹ (holy experiment) gegründeten Kolonie Pennsylvania, die bis 1756 von den Quäkern und ihren religiösen und gesellschaftspolitischen Überzeugungen dominiert bleibt:

- in Pennsylvania herrscht **Religionsfreiheit** und religiöse Toleranz
- die Quäker fordern schon 1711 die **Abschaffung der Sklaverei**
- die Quäker üben weitgehende **Vertragstreue gegenüber Indianern**
- die Quäker vertreten **Gewaltfreiheit** und pazifistische Positionen (peace testimony)
- **Frauen** nehmen gleichberechtigt an Gottesdiensten teil.

Reform und Protest: Im 19. Jh. gehören Quäker zu den wichtigsten Unterstützern von Reformbewegungen wie z. B. **Abolitionismus und Frauenrechtsbewegung**. Nachdem sie bereits im Bürgerkrieg und im Spanisch-Amerikanischen Krieg Kriegsdienstverweigerern und Kriegsopfern geholfen hatten, gründen sie 1917 das American Friends Service Committee (AFSC) als **Hilfsorganisation für Opfer kriegerischer Konflikte**. 1947 erhält das AFSC den Friedensnobelpreis. In der Gegenwart unterstützen Quäker z. B. die afroamerikanische Bürgerrechtsbewegung und andere ethnische Emanzipationsbewegungen sowie nationale und internationale Friedensaktionen bis hin zu Protestaktionen gegen den Irakkrieg.

Zur Vertiefung

Die Gruppe der Shaker (›Schüttler‹) bzw. United Society of Believers geht auf eine Abspaltung von den Quäkern in der ersten Hälfte des 18. Jh.s zurück. Die Gründerin Ann Lee etabliert die Glaubensgemeinschaft zunächst in Manchester in England, emigriert dann 1774 nach Nordamerika und errichtet 1785 eine erste Shakergemeinde in New Lebanon, NY. Die sozialutopischen Gemeinschaften der Shaker erleben ihre Blütezeit in der ersten Hälfte des 19. Jh.s in Neuengland und in den neuen Territorien westlich der Appalachen. Bis zum Beginn des 20. Jh.s verlieren die Shaker drastisch an Anhängern, so dass die meisten Gemeinden aufgelöst werden und heute nur noch vereinzelte Gemeinschaften wie z. B. die Sabbathday Lake-Gemeinde Shaker Village (vgl. www.shaker.lib.me.us) existieren. Museumseinrichtungen wie das Hancock Shaker Village in Hancock, MA (vgl. www.hancockshakervillage.org) bewahren Kultur, Lebensstil und Kunsthandwerk der Shaker.

Methodisten

Anfänge in England und Nordamerika: Die ersten methodistischen Kirchen entstehen zur Mitte des 18. Jh.s in England in Folge der religiösen Erneuerungsbewegung des anglikanischen Geistlichen **John Wesley**. Die zunächst abwertend intendierte Bezeichnung ›Methodisten‹ (Methodists) geht auf die ›methodisch‹ strikte Diszipliniertheit im Bibelstudium der Anhänger von John Wesley zurück. Theologisch ist Wesley von pietistischen Strömungen, von Martin Luthers Glaubens- und Gnadenlehren und von den kalvinismuskritischen Vorstellungen des Arminianismus geprägt. Im Mittelpunkt steht das **unmittelbar persönliche und emotionale Bekeh-**

rungs- und Glaubenserlebnis. Im Unterschied zu kalvinistisch bestimmten Gruppen gehen Methodisten von einem positiveren Menschenbild und einem universelleren Erlösungs- und Heilsversprechen Gottes aus. Im Mittelpunkt methodistischer Gottesdienste stehen **emotional vorgetragene Predigten**, Schilderungen individueller religiöser Erlebnisse (testimony, profession of faith), intensive Gebete und das **Singen von Kirchenliedern** (hymns).

Die ersten methodistischen Gemeinden in den nordamerikanischen Kolonien entstehen im Kontext der Großen Erweckungsbewegung und meist unter der Führung von **Laien- und Wanderpredigern** in Maryland, New York, Pennsylvania und Virginia. 1771 trifft **Francis Asbury** in Baltimore ein und wird zum prominentesten Repräsentanten der methodistischen Kirchen in der Revolutionszeit und Frühen Republik. Unter seiner Leitung wird 1784 in Baltimore die Methodist Episcopal Church als erste methodistische Kirchenorganisation in den USA gegründet.

Circuit Riders: Die von Laien geleiteten Gemeinden eines bestimmten Bezirks werden in der Frühphase des Methodismus von **ordinierten Wanderpfarrern** (Circuit Riders) betreut. Die Praxis der Laienprediger und das spezifisch methodistische System der Circuit Riders sowie die Popularität von **mehrtägigen Freiluftgottesdiensten** (camp meetings) fördern im 19. Jh. die Zunahme der Zahl methodistischer Gemeinden besonders in den **Territorien und neuen Bundesstaaten im Westen.** Bis zum Bürgerkrieg werden die Methodisten zur größten religiösen Gruppierung in den USA mit mehr als 4000 Circuit Riders.

Die Methodisten sind im weiteren Verlauf des 19. und 20. Jh.s neben den Baptisten eine der beiden größten protestantischen Denominationen in den USA. Nicht zuletzt wegen ihrer ökumenischen Offenheit und der seit 1956 möglichen Ordination von Frauen werden sie im Spektrum des U.S.-amerikanischen Protestantismus zu den **liberaleren Gruppen** gezählt. Methodisten sind seit dem frühen 19. Jh. in besonderer Weise an **gesellschaftlichen Reformbewegungen** beteiligt und unterstützen schon früh Schul- und Bildungseinrichtungen wie z. B. die Wesleyan University in Connecticut (gegr. 1831).

Methodistische Kirchenorganisation: Die einzelnen methodistischen Gemeinden sind weitgehend autonom, zugleich jedoch nach Bezirken (circuits/districts) organisiert und in einer nationalen Generalkonferenz (General Conference) als oberstem Organ zusammengefasst. 1844 spaltet sich die Methodist Episcopal Church, South von der nationalen Organisation ab. Erst 1939 vereinigen sich die regionalen Verbünde wieder; 1968 wird die **United Methodist Church** als Dachorganisation aller methodistischen Kirchen etabliert (vgl. www.umc.org).

Lutherische und Reformierte Kirchen

Ausgangspunkte: Zur Kolonialzeit gehören die meisten nicht-britischen Kolonisten in den Gebieten der zukünftigen USA lutherischen und reformierten Religionsgruppen an. Diese beiden protestantischen Denominationen beziehen sich unmittelbar auf Martin Luther bzw. auf die beiden Schweizer Reformatoren Johannes Calvin und Ulrich Zwingli. Unabhängig von Unterschieden in den theologischen Lehren und in der Kirchenorganisation betonen Lutheraner und Reformierte – im Deutschen würde man von Angehörigen der Evangelischen Kirchen sprechen – die **persönliche Glaubens- und Gnadenerfahrung** sowie die zentrale Bedeutung von **Bibel** und **Gesangbuch** für den individuellen Glauben und das kirchliche Gemeinschaftsleben. Die ersten Lutheraner kommen in den 1630er Jahren

aus Schweden nach Nordamerika und gründen eine **schwedische Kolonie** im heutigen Delaware; die **holländische Kolonie** im heutigen New York und deren reformierte Gemeinde (Dutch Reformed Church) bildet den Ausgangspunkt der reformierten Kirchen an der Ostküste.

Gesangbuch des Deutschen Evangelisch-Lutherischen Ministeriums in Pennsylvania (1803)

 Einwanderung und Kirchenentwicklung: Die Entwicklung der lutherischen und reformierten Kirchen in Nordamerika bzw. in den USA vom 18. bis ins 20. Jh. wird von deutschen, skandinavischen und holländischen Einwanderern bestimmt. Bis zur Amerikanischen Revolution lassen **Migranten aus Südwestdeutschland** die Zahl der lutherischen und reformierten Kirchen in Pennsylvania und in den Mittleren Kolonien steigen. In den 1720er Jahren gründet John Philip Böhm in Pennsylvania eine reformierte Kirche, auf die sich bis heute die Reformed Church in the United States zurückbezieht (vgl. www.rcus.org). Das von **Heinrich Melchior Mühlenberg** 1748 gegründete Ministerium von Pennsylvania ist der Beginn der lutherischen Kirchenorganisation in Nordamerika. Die Einwanderung aus Deutschland im 19. und frühen 20. Jh. und die Einwanderung aus den skandinavischen Ländern und den Niederlanden lassen die Siedlungsgebiete dieser Einwanderungsgruppen im Mittleren Westen zu den **Kerngebieten der lutherischen Kirchen** werden. Unter den kirchlichen Organisationen der Lutheraner und Reformierten ist die **Evangelical Lutheran Church in America** (ELCA, vgl. www.elca.org) die größte und mit ihrer Offenheit für historische-kritische Bibelinterpretationen, die Ordination von Frauen und ökumenische Ansätze zugleich wohl liberalste.

Die religiöse
Landschaft der USA

Zur Vertiefung

Einwanderung und Lutherische und Reformierte Kirchen

Lutheran Church-Missouri Synod, 1847 in Missouri gegründet
(vgl. www.lcms.org)
Wisconsin Evangelical Lutheran Synod (WELS), 1850 in Milwaukee,
WI gegründet (vgl. www.wels.net)
Reformed Church in America (RCA), geht zurück auf die Dutch
Reformed Church in New York, 1628 (vgl. www.rac.org)
Christian Reformed Church in North America, 1857, Holland, MI
(vgl. www.crcna.org)
Reformed Church in the United States, geht zurück auf reformierte
Kirchen in Pennsylvania in 1725 (vgl. www.rcus.org)

7.3.6 | Protestantische Gruppen im nordamerikanischen Kontext

Unitarier

Innerhalb des Spektrums protestantischer Gruppen in den USA wird den
Unitariern (Unitarians) häufig eine Sonderposition zugewiesen:

- Die Glaubensrichtung ist in besonderer Weise in die **U.S.-amerikani-
sche Geistes- und Kulturgeschichte** des späten 18. und frühen 19. Jh.s
eingebunden.
- Die Unitarier vollziehen die in nahezu allen protestantischen Denominationen erkennbare Abkehr von kalvinistischen Prädestinations- und
Erbsündenlehren wohl zuerst und am weitestgehenden zugunsten der
Betonung des freien Willens und der rationalen Handlungsfähigkeit
der individuellen Gläubigen.
- Die Unitarier beziehen bis heute gesellschaftspolitisch und theologisch
gleichermaßen **liberale, humanistische und antidogmatische Positionen**.

Theologische Lehren: Die Bezeichnung Unitarismus akzentuiert die **Ablehnung der Dreieinigkeitslehre** zugunsten einer Vorstellung von der
Einheit Gottes, der Einheit allen Seins und der Einheit von Gott, Natur
und Mensch. Die Anfänge des Unitarismus liegen regional in **Neuengland** und theologisch im Widerstand kongregationalistischer Geistlicher
des 18. Jh.s (Old Lights) sowohl gegen die kalvinistische Orthodoxie als
auch gegen den Emotionalismus der Großen Erweckungsbewegung (New
Lights). Der Unitarismus betont die Vorstellung eines gütigen, allen Menschen Erlösung anbietenden Gottes (**Fatherhood of God**) und ein positives
Menschenbild, für das Jesus Christus als Muster für ein gottgefälliges und
moralisches Leben in der Gemeinschaft dient (**Brotherhood of Man**). In
der Interpretation der Bibel kommen die rationalistische Philosophie und
moderne historisch-kritische Ansätze zum Tragen.

Historische Entwicklung: Die King's Chapel in Bosten wird in den 1780er Jahren zur ersten unitarischen Kirche. In den Folgejahrzehnten wird die Harvard University in Cambridge, MA und deren Divinity School zu einem **intellektuellen Zentrum** der Unitarier. Bis heute bleibt Neuengland das Kernland des Unitarismus, der in anderen Teilen der USA eine relativ kleine Anhängerschaft aufweist. Zu den bekanntesten Repräsentanten des Unitarismus zählen bis zur Mitte des 19. Jh.s Jonathan Mayhew, Charles Chauncy, Ebenezer Gay und William Ellery Channing. Prominente Vertreter der philosophisch-literarischen Bewegung des **Transzendentalismus** (Transcendentalism) wie z. B. Ralph Waldo Emerson und Henry David Thoreau und der sog. Fireside Poets wie z. B. Henry Wadsworth Longfellow stehen dem Unitarismus nahe. Channings Predigt »Unitary Christianity« (1819) gilt als eines der wichtigsten Dokumente des Unitarismus.

William Ellery Channing: »Unitarian Christianity« (1819)

Zur Vertiefung

»In the first place, we believe in the doctrine of God's Unity, or that there is one God, and one only. To this truth we give infinite importance, and we feel ourselves bound to take heed, lest any man spoil us of it by vain philosophy. The proposition, that there is one God, seems to us exceedingly plain. We understand by it, that there is one being, one mind, one person, one intelligent agent, and one only, to whom underived and infinite perfection and dominion belong. [...] We believe that God is infinitely good, kind, benevolent, in the proper sense of these words; good in disposition, as well as in act; good, not to a few, but to all; good to every individual, as well as to the general system. We believe, too, that God is just; but we never forget, that his justice is the justice of a good being, dwelling in the same mind, and acting in harmony, with perfect benevolence. By this attribute, we understand God's infinite regard to virtue or moral worth, expressed in a moral government; that is, in giving excellent and equitable laws, and in conferring such rewards, and inflicting such punishments, as are best fitted to secure their observance.«

(http://xroads.virginia.edu/~hyper/detoc/religion/unitarian.html)

Organisationen: 1825 wird die American Unitarian Association gegründet, 1833 die Universalist Church of America, 1865 die National Conference of Unitarian Churches. Heute vertreten insbesondere die 1961 bzw. 2000 aus diesen älteren Assoziationen hervorgegangenen Unitarian Universalist Association of Congregations (UUA, vgl. www.uua.org) und American Unitarian Conference (AUC, vgl. www.americanunitarian.org) die unitarischen Kirchen in den USA.

Mormonen

Entstehung: Zu den bekanntesten religiösen Gruppierungen, die in den USA selbst entstehen und eine weltweite Ausstrahlung erreichen, gehören die Mormonen, die auch unter der Bezeichnung **Kirche Jesu Christi der Heiligen der Letzten Tage** (The Church of Jesus Christ of Latter-Day Saints) bekannt sind. Die Glaubensüberzeugungen der 1830 in Fayette, NY zuerst als »Church of Jesus Christ« etablierten Religionsgemeinschaft beruhen auf den Visionen ihres Gründers und Propheten Joseph Smith, dem nach eigenen Angaben in den 1820er Jahren der Engel Moroni erscheint und die Abschrift einiger angeblich im Berg Cumorah in der Nähe von Manchester, NY verborgener goldener Schrifttafeln aus biblischer Zeit überträgt. Das Ergebnis von Smiths Arbeit ist das Manuskript des **Buch Mormon (The Book of Mormon)**, das 1830 in Palmyra, NY zum ersten Mal in gedruckter Form erscheint. Das Buch Mormon schildert die Geschichte der Wanderungen biblischer Völker unter der Führung des Patriarchen Lehi von Jerusalem nach Nordamerika, die Erscheinung von Jesus Christus und die Wiederherstellung einer ursprünglichen Urkirche.

Exodus nach Westen: Nach Verfolgungen durch die lokalen Behörden und Kirchen im Bundesstaat New York ziehen die Mormonen unter der Führung von **Joseph Smith** in den frühen 1830er Jahren zunächst nach Kirtland, OH, dann nach gewalttätigen Konflikten mit anderen Siedlern in den späten 1830er Jahren weiter westwärts nach Illinois und Missouri. In Nauvoo, IL entwirft Smith unter dem Eindruck neuer Visionen ein **religiozentrisches Kirchen- und Gesellschaftsmodell**, das die wesentlichen Linien des Mormonentums – einschließlich bestimmter Taufriten, des Prinzips der Polygamie (plural marriages), der Betonung von Missionsaktivitäten sowie sozialer und ökonomischer Kooperationssysteme – bis heute vorgibt.

Nach der Ermordung von Joseph Smith 1844 spaltet sich die Bewegung in mehrere Gruppen, deren größte unter Führung von Brigham Young 1847 in das Gebiet des späteren Territoriums und Bundesstaats Utah zieht und dort zunächst den **theokratischen Staat Deseret** gründet. In der Selbstdarstellung der Mormonen sind der Exodus in ein Gelobtes Land im Westen, die Kolonisation der Gebiete in Utah und die Nationalmythologie der USA eng miteinander verwoben. Bis heute ist der Bundesstaat Utah und dessen Hauptstadt Salt Lake City Zentrum und offizieller Sitz der Church of Jesus Christ of Latter-Day Saints (vgl. www.lds.org). Der Salt Lake City Temple ist eine weltweit bekannte **Ikone der Religionsgemeinschaft** der Mormonen.

Position in der religiösen Landschaft: Die von Mormonen bewohnten Gebiete in Utah und Teilen der angrenzenden Bundestaaten sind im Vergleich zur der ansonsten diversen religiösen Landschaft der USA ungewöhnlich **monoreligiös**. Die z.T. archaisch-biblischen, z.T. illegalen Lebensweisen und Praktiken einiger

strikter Mormonen lassen die nahezu fünf Mio. Mitglieder zählende Religionsgemeinschaft zu einer der kontroversesten sowohl in den USA selbst als auch in der internationalen Wahrnehmung werden.

Pentecostalism und Holiness-Bewegung

Ursprünge und Kontexte: Die im Deutschen unter den Bezeichnungen ›Pfingstbewegung‹ und ›Heiligungsbewegung‹ einzuordnenden Gruppierungen des Pentecostalism und der Holiness-Bewegung formieren sich in den USA im 19. Jh. und gewinnen im 20. Jh. unter evangelikalen Christen stark an Anhängern. Beide Gruppen haben ihre Ausgangspunkte in den religiösen Erweckungsbewegungen des 19. Jh.s und in protestantisch-evangelikalen, besonders auch methodistischen Vorstellungen von der **Gemeinschaft des Heiligen Geistes als Vorbereitung auf das Millennium** (entire sanctification). Die Gottesdienstgestaltung, d. h. Musik und Gesang, freie Gebetsformen, spontane Beiträge der Teilnehmer (testimonies) und Handauflegungen, ist Ausdruck einer **unmittelbaren, stark emotionalen Gläubigkeit**. In religionsgeschichtlichen Darstellungen wird die Attraktivität von Pentecostalism und Holiness-Bewegung meist als **Reaktion auf die sozialen Umwälzungen und Modernisierungsprozesse** in der U.S.-amerikanischen Gesellschaft nach dem Bürgerkrieg gesehen.

Holiness-Bewegung: Die Anfänge der Holiness-Bewegung liegen in den 1830er Jahren, als Phoebe Palmer eine Erneuerung der methodistischen Kirche anstrebt und 1837 mit ihrem »Tuesday Meeting for the Promotion of Holiness« beginnt. 1860 wird in Pekin, NY die bis heute existierende Free Methodist Church (vgl. www.freemethodistchurch.org) gegründet. 1867 findet in Vineland, NY ein Treffen statt, das am Anfang einer Serie von Massengottesdiensten und religiösen Erbauungsveranstaltungen im Mittleren Westen, Westen und Südwesten steht und aus dem die **National Camp Meeting Association for the Promotion of Holiness** hervorgeht.

Bis zum Beginn des 20. Jh.s bilden sich eigene, z. T. bis in die Gegenwart fortbestehende Vereinigungen von Holiness-Kirchen: die Church of God (1880), die Church of the Nazarene (1908), die Pilgrim Holiness Church (1922; seit 1968 Wesleyan Church). Die **Church of the Nazarene** entwickelt sich zur größten Holiness-Kirche in den USA und hat heute ihren Sitz in Kansas City, MO (vgl. www.nazarene.org).

Pentecostalism-Bewegung: Die Pentecostalism-Bewegung entsteht an dem 1900 gegründeten Bethel Bible College in Topeka, KS unter der Führung von Charles F. Parham. Sie bezieht sich auf das biblische Pfingsterlebnis der Apostel. Ausgehend von der angeblichen **Erfahrung eines kollektiven Zungenredens** (speaking in tongues, glossolalia/xenoglossia) in einer Gruppe von Parhams Studierenden am 1. Januar 1901 am Bethel Bible College betont sie Praktiken des Zungenredens sowie die Möglichkeit des spirituellen Heilens. 1905 etabliert Parham die **Apostolic Faith-Bewegung** und eine Bibelschule in Houston, TX; ein Jahr später entsteht unter der Leitung des afroamerikanischen Predigers William J. Seymour mit der Azusa Street-Kirche in Los Angeles ein weiteres Zentrum des Pentecostalism.

Der Pentecostalism findet im 20. Jh. besonders im Süden, Mittleren Westen und Westen immer mehr Anhänger und wird in den letzten Jahrzehnten des 20. Jh.s im Zusammenhang mit der evangelikalen Bewegung zu einer der dynamischsten Denomination in den USA. Die größten Vereinigungen sind heute:

- die überwiegend afroamerikanische **Church of God in Christ** (gegr. 1907, Sitz in Memphis, TN)
- die **General Council of the Assemblies of God** (gegr. 1914, Sitz in Springfield, MO, vgl. www.ag.org)
- die **Church of God** (gegr. 1907, Sitz in Cleveland, TN, vgl. www.church-ofgod.org).

7.3.7 | Afroamerikanische Kirchen und religiöse Traditionen

Die ersten afroamerikanischen Kirchen entstehen im späten 18. und frühen 19. Jh. unter den Bedingungen des transatlantischen Sklavenhandels, der Sklaverei im Süden und der rassistischen Diskriminierung in allen Kolonien und späteren Staaten der USA (vgl. Battle 2006; Glazier 2001; Murphy 1993). Die nach Nordamerika und in die Karibik verschleppten Sklaven bringen religiöse Traditionen und zeremonielle Praktiken aus ihren jeweiligen Heimatkulturen in **West- und Zentralafrika** mit. Diese erhalten sich in den Sklavengemeinschaften in Riten, mündlichen Überlieferungen und Liedern und verschmelzen vor allem im Süden der heutigen USA und in der Karibik mit christlichen, besonders auch katholischen Vorstellungen und Praktiken der Heiligenverehrung. Heute finden sich im nordamerikanischen Raum Elemente westafrikanischer Religionen vor allem in der **Voodoo-Religion** und in hybrid afrikanisch-christlichen Religionsvorstellungen wie z. B. der aus der westafrikanischen Yoruba-Tradition hervorgehenden **Santeria-Bewegung**.

Beginn afroamerikanischer christlicher Kirchen: Die ersten Sklavengenerationen stehen den christlichen Religionsgruppen und deren Missionsbestrebungen meist ablehnend gegenüber, und auch die weißen Kolonisten nehmen die Sklaven nicht in ihre Gemeinden auf. Die Erweckungsbewegungen des 18. und frühen 19. Jh.s führen zu einer **Annäherung zwischen afroamerikanischen und protestantischen Gruppen**, da die egalitär-demokratischen Strukturen der Erweckungsbewegungen, ihre stärkere Einbeziehung von Laienpredigern und die performativ-evangelikalen Gottesdienstgestaltungen Affinitäten mit Traditionen der afrikanischen Religionen aufweisen.

*Invisible
Institution*
Die afroamerikanischen Kirchen im Norden gewinnen schon in der Zeit zwischen Revolution und Bürgerkrieg **politischen Einfluss** durch Verbindungen zur Abolitionismus-Bewegung (s. Kap. 3.3.6). Im Süden versuchen Plantagenbesitzer und Befürworter der Sklaverei durch eine

strenge Kontrolle der afroamerikanischen Gemeinden ihre Vorstellungen von der gottgegebenen und gottgefälligen Sklaverei zu verbreiten und erlauben nur bedingt den Aufbau selbstständiger afroamerikanischer Kirchen. Dennoch entstehen seit den 1820er Jahren in Virginia und South Carolina erste afroamerikanische Gemeinden, und die afroamerikanischen Kirchen im Süden der USA – häufig als ›**unsichtbare Institution**‹ **(invisible institution)** bezeichnet – entwickeln sich zu einem wichtigen Raum des Widerstands gegen die Sklaverei. Zu den bekanntesten **religiös bzw. christlich motivierten Aufständen gegen die Sklaverei** in den Südstaaten zählen die von Demark Vesey und Nat Turner geführten Rebellionen in den Jahren 1822 bzw. 1831.

Religion und Bürgerrechtsbewegung: Nach dem Bürgerkrieg und bis ins 20. Jh. werden die politischen Aktivitäten gegen die Segregationspolitik in den Südstaaten und gegen Rassismus und Diskriminierung in allen Bundesstaaten zu einem erheblichen Maße von afroamerikanischen religiösen Organisationen und Kirchen unterstützt. Traditionen der afroamerikanischen Kirchen wie z. B. das Singen von Spirituals und Gospels werden Teil der **Strategie des gewaltlosen Widerstands**, und die von Spirituals inspirierten Lieder der Bürgerrechtsbewegung wie z. B. »We Shall Overcome« werden zu Ikonen der biblisch konnotierten Mythologie der Befreiung. Die **National Association for the Advancement of Colored People (NAACP)**, die wichtigste afroamerikanische Bürgerrechtsorganisation, steht seit ihrer Gründung 1910 in einer engen Beziehung zu den afroamerikanischen Kirchen.

Berühmte afroamerikanische Spirituals

Zur Vertiefung

»Go Down, Moses«
»Nobody Knows the Trouble I've Seen«
»Roll, Jordan, Roll«
»Joshua Fought the Battle of Jericho«
»Swing Low, Sweet Chariot«
»Sometimes I Feel Like a Motherless Child«
»Steal Away to Jesus«
»Didn't My Lord Deliver Daniel?«
»Wade in the Water«
(vgl. www.spiritualsproject.org)

Ihren Höhepunkt findet die Kooperation zwischen der politischen Emanzipationsbewegung und den Kirchen in der Bürgerrechtsbewegung der 1950er und 1960er Jahre, in der die 1957 in Atlanta, GA gegründete **Southern Christian Leadership Conference** (SCLC) mit ihrem ersten Präsidenten **Martin Luther King** eine entscheidende Rolle spielt. Zu den bekanntesten Geistlichen und politischen Aktivisten zählen neben Martin Luther King die **Baptistenpfarrer Ralph David Abernathy und Jesse Jackson**. Auch in den Kontroversen um ethnische Identitätspolitik und

Southern Christian
Leadership
Conference

Die religiöse
Landschaft der USA

Multikulturalismus seit den 1980er Jahren kommt den afroamerikanischen Kirchen eine wichtige Rolle zu.

Zum Begriff

> Unter dem Sammelbegriff → **Black Church** oder → **African American Church** werden diejenigen christlichen Kirchen in den USA zusammengefasst, deren Gemeinden sich traditionell ausschließlich oder weitestgehend aus afroamerikanischen Mitgliedern zusammensetzen.

Denominationszugehörigkeit: Seit dem späten 19. Jh. stellen **Methodisten** und **Baptisten** die Mehrzahl der christlichen afroamerikanischen Gemeinden. Am Ende des 20. Jh.s gehören ca. 5 Mio. Afroamerikaner methodistischen und ca. 12. Mio. baptistischen Kirchen an. Unter den zahlreichen, meist weitverzweigten Gruppierungen und Denominationen der sog. **Black Church** oder **African American Church** zählt die 1907 von Charles Harrison Mason etablierte und von der evangelikalen Pfingstbewegung inspirierte **Church of God in Christ** (vgl. www.cogic.org) heute zu den größten und am schnellsten wachsenden.

Zur Vertiefung

Afroamerikanische methodistische und baptistische Kirchenorganisationen

African Methodist Episcopal Church (www.ame-church.com), 1816 in Philadelphia gegründet

African Methodist Episcopal Zion Church (www.amez.org), 1821 in New York gegründet

Christian Methodist Episcopal Church (www.c-m-e.org), 1870 in Jackson, TN gegründet

National Baptist Convention, USA (www.nationalbaptist.com), 1895 in Atlanta, GA gegründet

National Baptist Convention of America (www.nbcamerica.com), 1915 gegründet mit Sitz in Shreveport, LA

Progressive National Baptist Convention (www.pnbc.org), 1961 in Cincinnati, OH gegründet

Nation of Islam: Die wichtigste nichtchristliche Bewegung ist die Orientierung am Islam. Zwar ist davon auszugehen, dass ein Teil der von Afrika nach Nordamerika verbrachten Sklaven Muslime waren, doch wird die Identifikation mit dem Islam erst im 20. Jh. politisch und gesellschaftlich relevant. 1913 gründet Noble Drew Ali (Timothy Drew) in Newark, NJ den **Moorish-American Science Temple** und präsentiert eine eigene Version von Islam und Koran. 1934 übernimmt **Elijah Muhammad** die Leitung der um 1930 von W.D. Fard in Detroit initiierten Nation of Islam (vgl. www.noi.org) und führt die auch unter dem Namen »**Black Muslims**« bekannte Bewegung bis in die 1970er Jahre.

Ziel der z. T. militanten Angriffe gegen die ›weißen Teufel‹ (white devils) Malcolm X
und der Ablehnung einer Integration in die christlich geprägte Gesellschaft der USA ist die Etablierung einer **eigenständigen isla-
mischen Nation** auf dem Territorium der USA. In den 1950er und
1960er Jahren ist der 1965 ermordete **Malcolm X** (Malcolm Little)
einer der populärsten Repräsentanten der Black Muslims. Seit
1977 ist **Louis Farrakhan** der einflussreichste Führer der Black
Muslim-Bewegung, der aufgrund rassistischer Äußerungen umstritten ist, zugleich aber mit dem sog. Million Man March 1997
eine medienwirksame Protestaktion initiiert (vgl. Kelleter 2000).

Rückkehr zu afrikanischen Traditionen Zur Vertiefung

Von besonderer kultureller und politischer Bedeutung sind im 20. Jh.
afroamerikanische Gruppen, die sich ähnlich wie die Anhänger von
Voodoo und Santeria auf die historischen und religiösen Ausgangspunkte der ehemaligen Sklaven in Afrika zurückbeziehen und in
unterschiedlicher Weise eine Trennung von der westlich-christlichen
Kultur anstreben. Bereits im 19. Jh. fordert die American Colonization
Society die Rückkehr von befreiten Sklaven nach Liberia und wird dabei
von religiösen Gruppen und Pfarrern wie z. B. dem Methodisten Henry
McNeal Turner unterstützt. In den 1920er Jahren wirbt die Universal
Negro Improvement Association (UNIA) von Marcus Garvey und die
1919 gegründete African Orthodox Church von George Alexander
McGuire für die kollektive Rückkehr nach Afrika und eine **Afrikani-
sierung christlicher Traditionen**. In den 1930er und 1940er Jahren
finden spiritistische Bewegungen wie das Peace Mission Movement
des sog. Father Divine (George Baker) und das United House of Prayer
for All People des sog. Sweet Daddy Grace (Charles Emmanuel Grace)
kurzfristig eine große Anhängerschaft in den urbanen Zentren des
Nordostens. Seit den 1970er Jahren erreicht die von Jamaika ausgehende **Rastafari-Bewegung** (Rastafarians), die in dem 1930 zum Kaiser von
Äthiopien gekrönten Haile Selassie (Geburtsname Ra Tafar Makonnen)
eine göttliche Messiasfigur sieht, durch die Verbindung mit der Reggae-
Musik auch in den USA große Popularität.

7.3.8 | Jüdische Gruppierungen

Erste Gemeinden: Die erste größere Gruppe jüdischer Einwanderer
kommt 1654 als Flüchtlinge aus den portugiesischen Kolonien in Brasilien
in die zu diesem Zeitpunkt noch niederländischen Besitzungen im heutigen Bundesstaat New York. Sie gründen die bis in die Gegenwart existierende **Shearith Israel-Gemeinde** (vgl. www.shearithisrael.org) – auch
The Spanish and Portuguese Synagogue in the City of New York genannt
– und bauen 1730 eine erste Synagoge in New York. 1658 trifft eine weitere

Gruppe jüdischer Kolonisten aus den Niederlanden in Newport, RI ein; 1763 wird dort die Touro Synagoge errichtet. Bis zur Revolution entstehen jüdische Gemeinden in fast allen anderen größeren Städten an der Ostküste wie z. B. Philadelphia (1745), Charleston (1750) und Savannah (1733). Zum Zeitpunkt des ersten Zensus der USA 1790 leben ca 1200 Juden in den USA. Eine erste, bis heute fortbestehende Organisation zur Förderung der Interessen des Judentums bildet sich 1843 mit **B'nai B'rith** (vgl. www. bnaibrith.org).

Sephardim/ Aschkenasim

Die Mitglieder der frühen Gemeinden gehören zunächst überwiegend der Gruppe der Sephardim (Sephardic Jews) an, die ihre Geschichte auf jüdische Vorfahren auf der iberischen Halbinsel zurückverfolgen. Im Laufe des 18. Jh.s kommen verstärkt jüdische Einwanderer in die britischen Kolonien, die der Gruppe der mittel- und osteuropäischen Aschkenasim (Ashkenazic Jews) angehören und die Dominanz dieser Gruppe innerhalb des Judentums in den USA einleiten.

Jüdische Einwanderung: Die Geschichte der Juden in den USA ist eng verwoben mit der Einwanderungsgeschichte und mit der Geschichte des Antisemitismus in Europa im 19. und 20. Jh. (vgl. Raphael 2008; Diner 2004; Sarna 2004; ferner www.ajhs.org). Folgende Migrationsbewegungen sind für die soziale, ethnische und religiöse Vielfalt des Judentums in den USA bedeutsam:

Jüdische Migration

- die **Einwanderung deutscher Juden** im 19. Jh., die in der Nachfolge des Aufklärers Moses Mendelssohn eher liberale religiöse Ansichten vertreten, sich meist bereitwillig in die U.S.-amerikanische Kultur und Gesellschaft integrieren und sich in den deutsch-amerikanisch geprägten Gebieten im Nordosten und Mittleren Westen niederlassen

- die zahlenmäßig größere **jüdische Einwanderung aus Mittel- und Osteuropa** zwischen 1880 und dem Ersten Weltkrieg, die meist traditionalistische Ansichten mit in ihre neue Heimat bringen, häufig lange Zeit noch Jiddish (Yiddish) sprechen und sich vorwiegend in den Großstädten und besonders in New York City niederlassen
- die **Flucht deutscher und europäischer Juden** unterschiedlichster ethnischer Gruppen und theologischer Ausrichtungen vor der nationalsozialistischen Terrorherrschaft in den 1930er und 1940er Jahren, wobei allerdings den Flüchtlingen z. T. von den U.S.-amerikanischen Behörden die Einreise in die USA verweigert wird
- die **Einwanderung jüdischer Bürger der früheren Staaten der UdSSR** nach dem Ende des Kalten Kriegs sowie kleinerer Gruppen aus Südamerika, Südafrika und Israel.

Hester Street, Lower East Side, New York, ca. 1900

An der Wende zum 21. Jh. ist die USA mit ca. sieben Mio. jüdischen Bürgern weltweit die Nation mit den meisten Einwohnern jüdischen Glaubens. Zentren sind die Großstädte des Nordostens und Mittleren Westens

– und nach wie vor besonders New York City und Chicago – sowie im Zuge demographischer Verschiebungen (s. Kap. 2.3) neuerdings auch Florida (besonders Miami) und Kalifornien (besonders Los Angeles).

Theologische Ausrichtungen: Die Vielfalt theologischer Ausrichtungen innerhalb des Judentums in den USA wird meist in **drei größere Gruppen** zusammengefasst, die sich seit Ende des 19. Jh.s institutionell organisieren:

- **Reform Judaism:** Das der jüdischen Aufklärung (Haskala) verbundene Reformjudentum ist seit dem Rabbiner Isaac Mayer Wise und dessen Gebetsbuch *Minhag America* (1856) **integrationistisch orientiert** und befürwortet z. B. englischsprachige Gottesdienste. Zu den einflussreichen Organisationen dieser größten jüdischen Denomination zählen die Union for Reform Judaism (1873 gegr., Sitz in New York; vgl. www.urj.org) und die Central Conference of American Rabbis (1889 gegr., Sitz in New York, vgl. www.ccarnet.org)
- **Orthodox Judaism:** Die orthodoxe Bewegung innerhalb des Judentums in den USA versteht sich als Reaktion auf die Reformen und Integrationstendenzen der liberaleren Gruppen und betont die **unbedingte Gültigkeit der Vorschriften von Tora und Talmud** auch in der modernen Welt sowie die traditionelle Rolle des Rabbiners und der religiösen Schulen (Yeshiva). Zu den einflussreichsten Vereinigungen zählen die 1898 gegründete Union of Orthodox Jewish Congregations of America (vgl. www.ou.org), die 1901 etablierte Union of Orthodox Rabbis und der 1935 eingerichtete Rabbinical Council of America (vgl. www.rabbis.org). In der Gegenwart findet das orthodoxe Judentum Unterstützung durch die Einwanderung von Anhängern des **ultraorthodoxen Chassidismus** (Hasidic Jews).
- **Conservative Judaism:** Die konservative Bewegung entsteht als theologische und kulturelle Mittelposition in der Polarisierung zwischen Reform und Orthodoxie. Die Gründung des Jewish Theological Seminary in New York (1886) gilt als Ausgangspunkt der Bewegung, deren prominenteste Repräsentanten im frühen 20. Jh. **Solomon Schechter** und **Mordecai Kaplan** sind. Zu den bedeutendsten Organisationen des konservativen Judentums gehören die United Synagogue of Conservative Judaism (1913 gegr., vgl. www.uscj.org) und die Jewish Reconstructionist Federation (gegr. 1955, vgl. www.jrf.org).

7.3.9 | Islam und asiatische Religionen

Islam: Die Auswirkungen der Terroranschläge vom 11. September 2001 überlagern häufig das historische und kulturelle Gesamtbild des Islam in Nordamerika und in den späteren USA (vgl. Ba-Yunus/Kone 2006; Cesari 2007). Die Diskriminierung muslimischer Bürger ist zwar auch als unmittelbare Reaktion auf den Angriff der islamistischen Terroristen zu sehen, steht jedoch in einer langen **Tradition ethnozentrisch-xenophobischer**

Die religiöse
Landschaft der USA

Stereotypisierungen und Vorurteile gegen nichtchristliche und besonders gegen muslimische Kulturen in Europa und den USA, die Edward
Said in seiner Studie *Orientalism* (1978) in ihrer ausgrenzenden und zugleich identitätstiftenden Funktionalität untersucht. Andererseits zählen
an der Wende zum 21. Jh. muslimische Gemeinden zu den am schnellsten
wachsenden Religionsgemeinschaften in den USA.

Muslimische
Einwanderung

In der Kolonialzeit bringen vor allem **afrikanische Sklaven** den Islam
nach Nordamerika und in die Karibik. Die im 20. Jh. entstehende Nation of
Islam (s. Kap. 7.3.7) ist Ausdruck der Rückbesinnung afroamerikanischer
Nationalisten auf diese Geschichte. Eine erste Gruppe muslimischer Einwanderer kommt in der Zeit vor dem Ersten Weltkrieg aus dem Nahen Osten und vom Balkan in die industriellen und großstädtischen Zentren des
Nordostens. Die Einwanderungsgesetzgebung nach 1965 (s. Kap. 2.3.2)
und politische Entwicklungen in den jeweiligen Heimatländern wie z.B.
die Revolution im Iran 1979 führen dazu, dass vermehrt Einwanderer aus
Staaten im Nahen Osten, vom indischen Subkontinent, aus Ländern Süd-
ostasiens sowie auch eine steigende Zahl von Palästinensern in die USA
kommen. Bis zum Ende des 20. Jh.s erhöht sich die Zahl der Moscheen auf
mehr als 1000 und die **ethnische und religiöse Diversität** innerhalb der
Anhänger des Islam nimmt weiter zu.

Islamic Centers

Die Mehrzahl der ca. 6 Mio. muslimischen Bürger der USA zu Beginn
des 21. Jh.s konzentriert sich in den Großstädten im Nordosten und Mittleren Westen sowie in Kalifornien. **Islamic Centers** dienen Muslimen
unterschiedlicher Herkunft und religiöser Ausrichtungen innerhalb des
Islam als Begegnungsstätten für muslimisches Gemeinschaftsleben in der
multiethnischen und multikulturellen Gesellschaft der USA. Zu den größten und einflussreichsten Organisationen der Muslime in den USA gehören die 1981 gegründete Islamic Society of North America (vgl. www.isna.
net), die 1992 eingerichtete Muslim American Society (vgl. www.masnet.
org) und der 1994 etablierte Council on American Islamic Relations (vgl.
www.cair.com).

Asiatische Religionen: Die Verbreitung asiatischer Religionen in den
USA ist einerseits mit dem **Anstieg der Einwanderung aus Asien** seit den
1960er Jahren verbunden, andererseits aber bereits seit dem 19. Jh. Teil
der **Suche nach religiös-spirituellen Orientierungen und alternativen
Lebensstilen**. So gehen die religiös-spirituellen Vorstellungen von Hinduismus und Buddhismus sowie einzelne Bücher wie das hinduistische
Bhagavad Gita in die Philosophie der neuengländischen Transzendentalisten um Ralph Waldo Emerson und Henry David Thoreau ein, und der
Zen-Buddhismus spielt für die literarische Bewegung der Beat Generation
der 1950er und für die Protest- und Gegenkultur der 1960er Jahre eine
maßgebliche Rolle. Das 1893 im Zusammenhang mit der Weltausstellung
in Chicago stattfindende **World's Parliament of Religions** wird zu einer
wichtigen Plattform zur Verbreitung asiatischer Religionen in den USA.

Einwanderung
aus Asien

Die zunehmende Zahl von Anhängern asiatischer Religionen in den
USA seit der zweiten Hälfte des 20. Jh.s steht in unmittelbarem Zusammenhang mit der **Einwanderungsgeschichte und -gesetzgebung**. Die seit

den 1880er Jahren geltenden Restriktionen gegen Migranten aus asiatischen Ländern und besonders gegen Chinesen halten die Zahl der Mitglieder asiatischer Religionsgemeinschaften bis weit ins 20. Jh. zunächst klein. Die nach der Verabschiedung des Einwanderungsgesetzes von 1965 steigenden Zahlen von **Einwanderern aus China, Japan, Korea, Vietnam, Indien und den Philippinen** tragen zur weiteren Auffächerung der religiösen Landschaft in den USA bei. Augrund der geographischen Nähe sind die Staaten an der Westküste und Hawaii zunächst Zentren dieser Religionsgemeinschaften; seit den 1980er und 1990er Jahren finden sich jedoch in allen Großstädten und in allen Bundesstaaten größere Gemeinschaften von Anhängern asiatischer Religionen.

Hinduismus: Als Religion wird der Hinduismus an der Wende zum 20. Jh. durch Swami Vivekananda und die Vedanta Society (vgl. www.vedanta.org) nach Kalifornien gebracht. In den 1920er Jahren folgt die Grupppe des Self-Realization Fellowship (SRF) von Paramahansa Yogananda (vgl. www.yogananda-srf.org), die bis heute durch die **Synthese christlicher und hinduistischer Lehren** eine große Anhängerschaft gewinnt. Seit den 1960er Jahren werden hinduistisch inspirierte **Meditationslehren** wie die Transcendental Meditation von Maharishi Mahesh Yogi (vgl. www.tm.org) und die International Society for Krishna Consciousness (ISKCON; vgl. www.iskcon.com) populär. Einwanderer aus Indien lassen die hinduistischen Gemeinden verschiedener Ausrichtungen, einschließlich der Sikh-Religion (Sikhism), anwachsen und in den 1990er Jahren die Millionengrenze erreichen.

Buddhismus: Buddhistische Religionsgruppen in den USA praktizieren die Lehren der größeren Schulen des Theravada-Buddhismus, des Mahayana-Buddhismus, des Zen-Buddhismus und des Vajrayana-Buddhismus. Vielfach verbinden unterschiedliche Einwanderergruppen buddhistische Lehren und Praktiken mit denjenigen anderer asiatischer Religionen wie z.B. des chinesischen Konfuzianismus oder Taoismus sowie der japanischen Shinto-Religion. Die ersten **chinesischen Einwanderer** nach Kalifornien bringen zur Mitte des 19. Jh.s chinesische Formen des Buddhismus nach Nordamerika. 1853 wird der erste chinesische buddhistische Tempel in San Francisco errichtet; bis zur Jahrhundertwende folgen mehrere hundert religiöse Einrichtungen an der pazifischen Küste. Im 20. Jh. werden die 1963 organisierte **Buddha Universal Church** (vgl. www.bucsf.com) und die **Sino-American Buddhist Association** mit Hauptsitz in San Francisco zu wichtigen Institutionen der chinesisch-amerikanischen Bevölkerung.

Japanische Einwanderer bringen Ende des 19. Jh.s ihre Mahayana-Ausprägungen des Buddhismus in die Staaten der Westküste und werden im Laufe des 20. Jh.s zur einflussreichsten buddhistischen Gruppe in den USA. In den 1890er Jahren entsteht in San Francisco die Buddhist Mission to North America (BMNA); 1944 bildet sich daraus die Vereinigung der Buddhist Churches of America (BCA; www.buddhistchurchesofamerica.com). Die 1960 etablierte **Nichiren Shoshu Academy (NSA)** entwickelt sich zur größten buddhistischen Einzelgruppe in den USA und wird zu einer multiethnischen Gemeinschaft von Anhängern des Buddhismus.

Die religiöse Land-
schaft zu Beginn
des 21. Jh.s

Zen   Unter den buddhistischen Religionsformen ist **Zen** durch die Verbindung mit Jack Kerouacs *The Dharma Bums* (1958), Eugen Herrigels *Zen
and the Art of Archery* (1953) und Robert Pirsigs *Zen and the Art of Motor-
cycle Maintenance* (1974) eine der populärsten.

7.4 | Die religiöse Landschaft zu Beginn des 21. Jh.s im statistischen Überblick

Der Titel von Diana L. Ecks Studie *A New Religious America: How a »Christian Country« Has Now Become the World's Most Religiously Diverse Nation*
(2002) beschreibt treffend die religiöse Landschaft in den USA zu Beginn
des 21 Jh.s. Im Detail wird die religiöse Landschaft in zwei Studien statis-

Studien und   tisch dokumentiert: der **American Religious Identification Survey 2001**
Datenbanken   (ARIS 2001) des Graduate Center of the City University of New York (vgl.
www.gc.cuny.edu/faculty/research_briefs/aris.pdf) und der **U.S. Religious
Landscape Survey 2008** des Pew New Forum on Religion and Public Life
(vgl. http://religions.pewforum.org). Das **U.S. Census Bureau** erhebt aus
verfassungsrechtlichen Gründen keine Daten zur religiösen Orientierung
mehr, verweist aber auf seinen Interetseiten auf diese und weitere Quellen.

Entwicklungen: Die **gegenwärtige religiöse Landschaft der USA** wird
häufig unter Bezug auf folgende größere Entwicklungen beschrieben:

- Die USA haben sich im Zusammenhang der anhaltenden Migrationsbewegungen von einer traditionell christlich dominierten zu einer **multi-
  religiösen Gesellschaft** verändert.
- Die USA haben sich von einer traditionell und ideologisch protestantischen zu **einer der größten katholischen Nationen** der Welt gewandelt.
- Innerhalb der protestantischen Denominationen der USA hält die Tendenz zur **Pluralisierung** und die Verschiebung von den Mainline Protestant Churches zu den **Evangelical Protestant Churches** an.

Religiöse Identifikation und Weltsicht: Die ARIS-Studie kommt 2001 auf
der Basis repräsentativer Umfragen unter der erwachsenen Bevölkerung
(d. h. 18 Jahre und älter) zu folgenden Ergebnissen hinsichtlich der religiösen Identifikation, z. T. auch im Vergleich zu einer Vorgängerstudie 1990:

- **81 %** identifizieren sich mit einer Religion (1990: 90 %) und **75 %** beschreiben ihre Weltsicht als religiös bzw. religiös geprägt.
- **14 %** identifizieren sich mit keiner Religion (1990: 8 %) und **16 %** beschreiben ihre Weltsicht als säkular bzw. säkular geprägt.
- **5 %** lehnen die Beantwortung der Frage nach der religiösen Identifikation ab (1990: 2 %).
- **77 %** können als christlich klassifiziert werden (1990: 86 %).

Ob der statistische Rückgang der (selbsterklärten) Identifikation mit einer
Religion die Thesen zur Desäkularisierung der USA (s. Kap. 7.1) widerlegt,

Die religiöse Land-
schaft zu Beginn
des 21. Jh.s

lässt sich angesichts der gleichzeitigen Politisierung und Popularisierung der religiösen Landschaft (s. Kap. 7.3.4) noch nicht einschätzen. Die Umfragen zeigen ferner folgende Verschiebungen und Trends:

- Im Rahmen des anhaltenden Trends zu einem **Wechsel der Religions- und Kirchenzugehörigkeit** (religion switching) verzeichnen die evangelikalen Christen sowie die Gruppe der eine religiöse Identifikation Ablehnenden den größten Zuwachs.
- **Buddhistische und muslimische Gruppen** verzeichnen einen höheren Zuwachs an Mitgliedern zwischen 18 und 30 Jahren als christliche und jüdische Denominationen.
- Juden, Buddhisten, Muslime und religiös Nichtassoziierte tendieren z. B. nach wie vor eher zur **Demokratischen Partei**, evangelikale Christen und Mormonen z. B. nach wie vor eher zur **Republikanischen Partei**.
- Traditionelle **regionale Verteilungen** bestimmter Denominationen existieren fort: So finden sich z. B. große baptistische und evangelikale Bevölkerungsanteile im Süden und hohe katholische Bevölkerungsanteile im Nordosten und im Südwesten; Utah ist von Mormonen geprägt; im Westen leben überproportional viele Personen, die keine religiöse Bindung angeben. Der Mittlere Westen repräsentiert am ehesten das Gesamtbild der religiösen Landschaft der USA.

Tendenzen

Statistiken 2008: Der *U.S. Religious Landscape Survey 2008* des Pew Forum bietet eine aktuelle und ausführliche Dokumentation der religiösen Zusammensetzung der erwachsenen Bevölkerung der USA, die hier im Überblick und unter Beibehaltung der englischsprachigen Bezeichnungen zitiert wird (zur vollständigen Statistik vgl. S. 12):

Zur Vertiefung

Evangelical Protestant Churches:	**26,3 %**
Baptist in the Evangelical Tradition	10,8 %
Methodist in the Evangelical Tradition	<0,3 %
Nondenominational in the Evangelical Tradition	3,4 %
Lutheran in the Evangelical Tradition	1,8 %
Presbyterian in the Evangelical Tradition	0,8 %
Pentecostal in the Evangelical Tradition	3,4 %
Anglican/Episcopal in the Evangelical Tradition	<0,3 %
Restorationist in the Evangelical Tradition	1,7 %
Congregationalist in the Evangelical Tradition	<0,3 %
Holiness in the Evangelical Tradition	1,0 %
Reformed in the Evangelical Tradition	<0,3 %
Adventist in the Evangelical Tradition	0,5 %
Anabaptist in the Evangelical Tradition	<0,3 %
Pietist in the Evangelical Tradition	<0,3 %
Other Evangelical/Fundamentalist	0,3 %
Protestant nonspecific in the Evangelical Tradition	1,9 %

Die religiöse Land-
schaft zu Beginn
des 21. Jh.s

Mainline Protestant Churches:	**18,1 %**
Baptist in the Mainline Tradition	1,9 %
Methodist in the Mainline Tradition	5,4 %
Nondenominational in the Mainline Tradition	0,9 %
Lutheran in the Mainline Tradition	2,8 %
Presbyterian in the Mainline Tradition	1,9 %
Anglican/Episcopalian in the Mainline Tradition	1,4 %
Restorationist in the Mainline Tradition	0,4 %
Congregationalist in the Mainline Tradition	0,7 %
Reformed in the Mainline Tradition	<0,3 %
Anabaptist in the Mainline Tradition	<0,3 %
Friends in the Mainline Tradition	<0,3 %
Protestant nonspecific in the Mainline Tradition	2,5 %
Historically Black Churches	**6,9 %**
Baptist in the Historically Black Tradition	4,4 %
Methodist in the Historically Black Tradition	0,6 %
Nondenominational in the Historically Black Tradition	<0,3 %
Pentecostal in the Historically Black Tradition	0,9 %
Holiness in the Historically Black Tradition	<0,3 %
Protestant nonspecific in the Historically Black Tradition	0,5 %
Catholic	**23,9 %**
Mormon	**1,7 %**
Jehovah's Witness	**0,7 %**
Orthodox	**0,6 %**
Other Christian	**0,3 %**
Jewish	**1,7 %**
Buddhist	**0,7 %**
Muslim	**0,6 %**
Hindu	**0,4 %**
Other World Religions	**<0,3 %**
Other Faiths	**1,2 %**
Unitarians and other liberal faiths	0,7 %
New Age	0,4 %
Native American	<0,3 %
Unaffiliated	**16,1 %**
Don't Know	**0,8 %**

8. Theorien und Fachgeschichte

8.1 | Ausgangspunkte und Gründungsphase

Vorläufer und Bezugspunkte: Die Interpretation von ›America‹ als historisch-geographische Realität, politisch-soziales Konstrukt und symbolisch-kulturelle Projektionsfläche ist älter als die fachwissenschaftliche Disziplin selbst. Sie lässt sich im Laufe der nordamerikanischen Kulturgeschichte in einer Vielzahl von Darstellungen und Medien verfolgen und produziert bereits vor der Etablierung der Amerikanistik/American Studies außerhalb der akademischen Institutionen ein vielstimmiges und multimediales **Repertoire an Deutungen und Bildern**. Anfänge einer wissenschaftlichen Beschäftigung mit den USA finden sich seit der ersten Hälfte des 19. Jh.s in **nationalgeschichtlichen Großprojekten** wie z. B. George Bancrofts *History of the United States from the Discovery of the American Continent* (1838–1876) oder in **Berichten europäischer Reisender** wie z. B. Alexis de Tocquevilles *De la démocratie en Amérique* (1835; engl. Übers. 1835, dt. Übers. 1836). Gegen Ende des 19. Jh.s präsentieren **Historiker und Soziologen** auf beiden Seiten des Atlantiks einflussreiche, aber auch umstrittene Entwürfe eines angeblich in der U.S.-amerikanischen Geschichte und Politik angelegten ›Nationalcharakters‹ wie z. B. Frederick Jackson Turners *The Significance of the Frontier in American History* (1893/1921) und Max Webers *Die protestantische Ethik und der Geist des Kapitalismus* (1897/1904–05).

Anfänge im frühen 20. Jh.: In den ersten Dekaden des 20. Jh.s verstärkt sich unter dem Eindruck veränderter politischer, ökonomischer, sozialer und demographischer Bedingungen das **Interesse an wissenschaftlich fundierten Analysen** der U.S.-amerikanischen Geschichte und Gesellschaft. Revisionistische Deutungen der Amerikanischen Revolution wie z. B. Charles A. Beards *An Economic Interpretation of the Constitution of the*

United States (1913), die Kritik ethnischer Gruppen am anglozentrischen Geschichts- und Kulturverständnis der USA wie z. B. W.E.B. DuBois' *The Souls of Black Folk* (1903), Randolph Bournes »Trans-National America« (1916) oder Carter G. Woodsons *The Negro in Our History* (1922) sowie soziologische Analysen der U.S.-amerikanischen Gegenwartsgesellschaft wie z. B. Harold Stearns' *Civilization in the United States* (1922) oder Robert S. und Helen M. Lynds *Middletown: A Study of Contemporary American Culture* (1929) eröffnen unterschiedliche **sozial- und kulturhistorische Perspektiven** im disparaten Feld der vorinstitutionellen Amerikastudien.

Im Bereich der Sprach- und Literaturwissenschaften werden mit Franz Boas' *Handbook of American Indian Languages* (1911) und H.L. Menckens *The American Language* (1919/1921) sowie der mehrbändigen *Cambridge History of American Literature* (Hg. William P. Trent, 1917–21) und D.H. Lawrences *Studies in Classic American Literature* (1923) wesentliche Grundlagen für die wissenschaftliche Beschäftigung mit den Sprachen und Literaturen Nordamerikas gelegt. Die Gründung der Zeitschrift *American Literature* 1929 markiert einen entscheidenden Punkt in der Entwicklung einer eigenständig amerikanistischen, **kulturhistorisch orientierten Literaturwissenschaft**. Vernon Parringtons dreibändiges Werk *Main Currents in American Thought: An Interpretation of American Literature from the Beginnings to 1920* (1927–1930) gilt als Gründungstext einer **Synthese kulturhistorischer, literaturwissenschaftlicher und sozialwissenschaftlicher Interpretationen** der USA. Die Entwicklung bis in die 1920er Jahre verdeutlicht, dass es sich bei den American Studies schon in dieser vorinstitutionellen Phase nicht um ein inhaltlich oder theoretisch exklusives Einzelfach oder um eine Philologie im Sinne der älteren und methodisch engeren Nationalphilologien handelt. Im Mittelpunkt stehen vielmehr der Gedanke der **Interdisziplinarität** und die **Offenheit für die fächerübergreifende Integration** unterschiedlichster Materialien und theoretischer Ansätze (zur frühen deutschen Amerikaforschung s. Kap. 1.3.1).

Universitäre Institutionalisierung: Die Institutionalisierung der Disziplin an U.S.-amerikanischen Colleges und Universitäten in den 1930er Jahren wird vom Ziel einer **integrativen und innovativen Gesamtschau** auf die Vergangenheit und Gegenwart der USA jenseits traditioneller disziplinärer Grenzen bestimmt. Insbesondere Literaturwissenschaftler und Historiker sind zu dieser Zeit unzufrieden mit den Beschränkungen ihrer Disziplinen und entwickeln mit einem experimentell-reformerischen Impetus und aus einer demokratischen Protesthaltung heraus neuartige **interdisziplinäre Kurse**. Zu den ersten Beispielen zählt der 1931 gemeinsam von dem Literaturwissenschaftler Stanley Williams und dem Historiker Ralph H. Gabriel an der Yale University unterrichtete Kurs »American Thought and Civilization«; 1933 folgt ein ähnlicher Kurs von Perry Miller und F.O. Matthiessen an der Harvard University. In den folgenden Jahren werden an zahlreichen Colleges und Universitäten im Nordosten und Mittleren Westen der USA fächerübergreifende Kurse zur Literatur- und

Kulturgeschichte angeboten und zu neuen **interdisziplinären Curricula**
wie z. B. dem »History of American Civilization«-Programm an der Harvard University (1936) oder den »American Civilization«-Programmen an
der University of Pennsylvania (1937) und am Amherst College (1938) zusammengeführt.

Zum Begriff

→ *»American studies* has also at times been applied to over three
centuries of self-conscious commentary on American life. Ranging from nationalistic celebration to antinationalist critique and
constantly being augmented by new and rediscovered texts in
print, electronic, and other media, this massive commentary is a
continuous reminder that academic American studies depends in
profound ways on the discursive and institutional worlds outside
its own academic borders. [...] From its outset, academic American
studies has offered sites for myriad debates and negotiations over
content, theory, method, structural arrangements, and member-
ship. In general, the history of academic American studies can be
seen as an unevenly developing and often contested movement
toward enlarging the content of the field, diversifying the theories
and methods brought to bear on that content, strengthening the
often unstable institutional arrangements for the field, and achiev-
ing greater cultural diversity among the field's participants and
leaders.« (Cowan 2001, S. 105–106)
→ »American studies, especially in the United States, is proudly
not disciplinary, at least not in the same way as fields with which it
most often trades: language and literature, history, political science,
art, sociology, communications, film, museology, folklore, music,
and anthropology. American studies may engage people or interpretative strategies from these ›regular‹ disciplines but it remains in
some ways smaller (in its focus on but one place) and larger (in its
methodological eclecticism) than any of them. [...] The most common way that American studies relates to affiliated disciplines is as
a bricolage.« (Horwitz 2001, S. 115)

Integration
von Fächern

Bis zum Ende des Zweiten Weltkriegs werden an mehr als 60 amerikanischen Colleges und Universitäten **amerikanistische Studiengänge**
eingerichtet. Die soziale, politische und ideologische Krise der 1930er
Jahre und des Zweiten Weltkriegs fördert das Bemühen um ein besseres
Verständnis der historischen Grundlagen, ökonomisch-sozialen Prämissen, kulturell-politischen Identitäten und ideologischen Traditionen und
Zukunftsoptionen der Vereinigten Staaten. Die ersten Dissertationen im
neu formierten Fachgebiet – A. Whitney Griswolds »The American Cult of
Success« (Yale, 1933) und Henry Nash Smiths »American Emotional and
Imaginative Attitudes toward the Great Plains and the Rocky Mountains,
1803–1850« (Harvard, 1940) – antizipieren **inhaltliche Schwerpunktset-**

zungen und methodische Orientierungen der nächsten Jahrzehnte. Die Zahl der Publikationen der ersten Generation von Amerikanisten wie z.B. Van Wyck Brooks, Samuel E. Morison, James T. Adams, Granville Hicks, Arthur Schlesinger, Howard Mumford Jones, Frank Luther Mott, Ray A. Billington, Richard Hofstadter, Edmund Morgan und Robert Spiller etablieren die American Studies in ihrer charakteristischen **Integration von Kultur-, Literatur-, Sozial- und Sprachwissenschaften**. Bis zum Beginn der 1940er Jahre liegen mit Perry Millers und Thomas Johnsons *The Puritans: A Sourcebook of Their Writings* (1938), Perry Millers *The New England Mind* (1939), F.O. Matthiessens *American Renaissance* (1941) und Alfred Kazins *On Native Grounds* (1942) bereits Kerntexte der American Studies vor.

American Quarterly/ American Studies Association

1948 veröffentlicht Tremaine McDowell mit seinem Band *American Studies* eine erste Selbstvorstellung der Disziplin. 1949 wird an der University of Minnesota die bis heute maßgebliche Fachzeitschrift *American Quarterly* eingerichtet. 1951 wird mit der American Studies Association (ASA) der bis heute weltweit größte Fachverband gegründet (vgl. www.theasa. net). Eine Sammlung einflussreicher Aufsätze aus *American Quarterly* von den 1950er bis in die 1990er Jahre bietet der Band *Locating American Studies: The Evolution of a Discipline* (Maddox 1999).

8.2 | Myth and Symbol-Schule: Ansätze und Kritik

Fachwissenschaft und Politik: Die Zeit zwischen dem Ende des Zweiten Weltkriegs und den späten 1960er Jahren markiert eine erste konzeptionelle Phase der Amerikanistik/American Studies. Im Kontext der wirtschaftlichen Prosperität der 1950er Jahre und eines relativ weitgehenden ideologischen Konsens in den USA erfährt die junge Disziplin eine **institutionelle, curriculare und professionelle Ausweitung und Aufwertung**. Sozial- und bildungspolitische Förderungsmaßnahmen steigern die Zahl der Studierenden an den Hochschulen, was zur Einrichtung neuer und zum Ausbau bereits vorhandener American Studies-Programme und -Institute führt. Die Weltmachtstellung der Vereinigten Staaten erhöht auch außerhalb der USA das Interesse am sog. **American way of life** und dessen Werteorientierungen, historisch-politischen Grundlagen und sozialen und kulturellen Entwicklungen. Im Zusammenhang der ideologischen Konfrontationen des Kalten Kriegs fördern die offensive auswärtige **Kulturpolitik der USA** und die Aktivitäten einer Reihe regierungsnaher **Einrichtungen und Stiftungen** wie z.B. der United States Information Agency (USIA), der Fulbright Commission oder des American Council of Learned Societies (ACLS) die Internationalisierung der akademischen Disziplin (zur Situation in Deutschland s. Kap. 1.3.1 und 1.3.2).

Theorie und Methode?

Mit der Institutionalisierung und Professionalisierung der Wissenschaftsdisziplin wird die Frage nach der Theorie und Methode virulent. Außer allgemeinen Postulaten einer interdisziplinären Integration geistes-

und sozialwissenschaftlicher – und besonders literatur- und geschichts-
wissenschaftlicher – Ansätze geben die Wegbereiter der American Studies
den Repräsentanten der ersten Generation wenig an konkreter Theorie
und Methode mit. Die Terminologie der frühen Schriften betont einen ho-
listischen Zugriff auf die U.S.-amerikanische Geschichte und Gesellschaft
und deren individuellen und kollektiven Ausdrucksformen. Einen methodischen Apparat oder eine spezifische Theorie für diese interdisziplinäre
Gesamtsicht bieten diese Studien nicht.

Henry Nash Smith: Eine erste theoretisch-konzeptionelle Grundlegung
erfolgt durch Henry Nash Smith in zwei einflussreichen Publikationen:
dem 1950 erschienenen Buch *Virgin Land: The American West as Symbol
and Myth* und dem 1957 im *American Quarterly* veröffentlichten Aufsatz
»Can ›American Studies‹ Develop a Method?« In diesen beiden Texten formuliert Smith die Grundzüge der **Myth and Symbol-Schule.** Er definiert
American Studies als »the study of American culture, past and present, as a
whole« (1957, S. 197) und bestätigt die innovativ-interdisziplinäre Zielsetzung, »to view any given subject of investigation from new perspectives,
to take into account as many aspects of it as possible« (S. 197). Smith wendet sich von den die Literaturwissenschaft zu dieser Zeit beherrschenden
werkimmanenten Ansätzen des New Criticism ab und bekräftigt als »one
of the distinctive fields of American Studies [...] precisely this ambigu-
ous relation between works of art and the culture in which they occur«
(S. 199). Er lehnt »literary methods alone« (S. 201) ab, betont die spezifische Beziehung zwischen Kunstwerken und ihren kulturellen Umfeldern und fordert eine **kontextualistische Methode**: »What is needed is
a method of analysis that is at once literary (for one must begin with an
analytical reading of the texts that takes into account structure, imagery,
diction, and so on) and sociological (for many of the forces at work in the
fiction are clearly of social origin)« (S. 201).

> »I use the words to designate larger or smaller units of the same
> kind of thing, namely an intellectual construction that fuses con-
> cept and emotion into an image. The → myths and symbols with
> which I deal have the further characteristic of being collective repre-
> sentations rather than the work of a single mind. I do not mean
> to raise the question whether such products of the imagination
> accurately reflect empirical fact. They exist on a different plane. But
> as I have tried to show, they sometimes exert a decided influence
> on practical affairs.« (Smith 1950, S. v)

Für Smith erschließen sich aus den Werken der U.S.-amerikanischen Literatur und Kunst und aus den in diesen Werken repräsentierten Mythen
und Symbolen diejenigen **kollektiven Ideale, Wertvorstellungen, Identitätskonstruktionen und Handlungsweisen**, welche die Geschichte und
Gesellschaft der USA historisch wie gegenwärtig bestimmen. Die das nati-

Myth and Symbol-
Schule: Ansätze
und Kritik

onale Bewusstsein prägenden Mythen und Symbole werden in ihrer historischen Rekurrenz und in ihrer kulturellen Kontinuität sowie im Zusammenspiel mit den jeweiligen historischen Kontexten interpretiert. Smiths
Ansatz ist streng genommen keine Grundlegung einer spezifisch wissenschaftlichen Terminologie oder methodischen Vorgehensweise, sondern
eher die Skizze eines **offenen, interdisziplinären Arbeitsprogramms**:

Interdisziplinäres
Arbeitsprogramm

> »I conclude, in short, that no ready-made method for American Studies is
> in sight. We shall have to develop one for ourselves. [...] The best thing we
> can do, in my opinion, is to conceive of American Studies as a collabora-
> tion among men working from within existing academic disciplines but
> attempting to widen the boundaries imposed by conventional methods of
> inquiry. This implies a sustained effort of the student of literature to take
> account of sociological, historical and anthropological data and methods,
> and of the sociologist or the historian to take account of the data and
> methods of scholarship in the fields of the arts. I am optimistic enough to
> believe that inquiries which have their starting points in various academic
> departments can converge as they are brought to bear upon a single topic,
> namely, American culture past and present.« (Smith 1957, S. 207)

Suche nach Bedeutungen von ›America‹: Im Gefolge von Smiths *Virgin
Land: The American West as Symbol and Myth* werden in den 1960er Jahren zentrale **Mythen, Symbole und Bildkomplexe** der U.S.-amerikani-
schen Kulturgeschichte in ihrer Bedeutung für ein umfassendes Verständnis von – wie Leo Marx in *The Machine in the Garden* formuliert – »the
meaning of America«, »the American view of life« und einer spezifischen
»American experience« (Marx 1964, S. 3–4) untersucht. In der Analyse von
übergreifenden **kulturellen Symbolen** suchen die Vertreter der Myth and
Symbol-Schule nach singulären, distinktiven und einheitlichen Kriterien
für eine **Definition von ›America‹.** Die Arbeiten der 1950er und 1960er
Jahre stehen in der Tradition der ganzheitlich-kulturhistorischen Ansätze
der 1920er und 1930er Jahre und sind von der Annahme geprägt, dass die
Gesamtheit der U.S.-amerikanischen Geschichte und Kultur kohärent und
konsensual aus ihren **symbolischen Repräsentationen** heraus zu begrei-
fen ist.

Zur Vertiefung

**Beispiel für die Myth and Symbol-Schule – Leo Marx: *The Machine
in the Garden* (1964)**

»The pastoral ideal has been used to define the meaning of America ever since
the age of discovery, and it has not yet lost its hold upon the native imagination.
The reason is clear enough. The ruling motive of the good shepherd, leading
figure of the classic, Virgilian mode, was to withdraw from the great world
and begin a new life in a fresh, green landscape. And now here was a virgin
continent! Inevitably the European mind was dazzled by the prospect. With an
unspoiled hemisphere in view it seemed that mankind actually might realize
what had been thought a poetic fantasy. Soon the dream of a retreat to an oasis

Myth and Symbol-
Schule: Ansätze
und Kritik

of harmony and joy was removed from its traditional literary context. It was embodied in various utopian schemes for making America the site of a new beginning for Western society. In both forms – one literary and the other in essence political – the ideal has figured in the American view of life which is, in the widest sense, the subject of this book.

My purpose is to describe and evaluate the uses of the pastoral ideal in the interpretation of American experience. I shall be tracing its adaptation to the conditions of life in the New World, its emergence as a distinctively American theory of society, and its subsequent transformation under the impact of industrialism. [...] At points I shall consider examples which have little or no intrinsic literary value. In fact, this is not, strictly speaking, a book about literature; it is about the region of culture where literature, general ideas, and certain products of the collective imagination – we may call them ›cultural symbols‹ – meet. To appreciate the significance and power of our American fables it is necessary to understand the interplay between the literary imagination and what happens outside literature, in the general culture.« (Marx 1964, S. 3–4)

Leo Marx: *The
Machine in the
Garden* (1964)

Kritische Rezeption: Seit Ende der 1960er Jahre ist die Fach- und Theoriegeschichte der Amerikanistik/American Studies wesentlich von der kritischen Auseinandersetzung mit der Myth and Symbol-Schule geprägt. Repräsentanten der Myth and Symbol-Schule selbst nehmen zunehmend eine **kritischere Haltung gegenüber U.S.-amerikanischen Ideologien** ein und problematisieren frühere Vorstellungen eines übergreifenden Konsens. Neuere Arbeiten wie z. B. Richard Slotkins *Regeneration through Violence: The Mythology of the American Frontier, 1600–1860* (1973) und Annette Kolodnys *The Lay of the Land: Metaphor as Experience and History in American Life and Letters* (1975) legen die **gewalttätigen Züge der U.S.-amerikanischen Geschichte** offen und betonen den Beitrag von vormals marginalisierten Gesellschaftsgruppen zur historischen Entwicklung der Vereinigten Staaten.

Einen besonders einflussreichen Angriff trägt Bruce Kuklick in seinem Aufsatz »Myth and Symbol in American Studies« (1972) vor. Für Kuklick und andere historisch-sozialwissenschaftliche Amerikanisten bleibt die Myth and Symbol-Schule zu sehr humanistischen Leitbildern, hochliterarisch-künstlerischen Materialien und ästhetischen Kategorien der traditionellen Literaturwissenschaft verhaftet. Kuklicks Meinung nach folgt sie überkommenen ideen- und mentalitätsgeschichtlichen Ansätzen zur Rekonstruktion eines angeblich national verbindlichen, kollektiven Bewusstseins und stellt eine unangemessene Beziehung zwischen kollektiven Symbolen und Bildern einerseits und kollektiven bzw. nationalen Handlungsweisen andererseits her.

In den 1980er Jahren zählen die **Fortschreibung des sog. ›amerikanischen Exzeptionalismus‹** (s. Kap. 6.2.3) und eine **elitär-konsensuale Geschichtsdeutung** zu den Hauptpunkten der Kritik an der Myth and Symbol-Schule. Kritiker werfen ihren Repräsentanten Komplizenschaft mit der Kulturpolitik des Kalten Krieges und eine ideologieblinde Vernachlässigung von Pluralismus und Dissens in der U.S.-amerikanischen Geschichte und Gesellschaft vor (vgl. Bercovitch 1986; Bercovitch/Jehlen 1986).

Vernachlässigung
von Pluralismus
und Dissens

Rückblick und Bewertung: Ende der 1990er Jahre schreibt Lawrence Buell: »Since 1970, the myth-symbol approach has been taken to task both for methodological naiveté and for its consensualist ideology, its attempt to contain cultural diversity and conflict within a unitary formation« (Buell 1999, S. 14). Zugleich hebt er die Bedeutung der Myth and Symbol-Schule für die interdisziplinäre Ausweitung der Gegenstands- und Untersuchungsbereiche des Fachs hervor. Linda Kerber gibt ein ähnlich differenziertes Bild der methodischen Kohärenz, kontextualistischen Ausrichtung und fachhistorischen Leistung der frühen Theoretiker und Praktiker der American Studies: »Although they did not share poststructuralist skepticism about the determinacy of meaning, American Studies scholars were early to widen the definition of what constitutes a text, and to understand that Emerson's essays must share the shelves with *Our Nig* and Campbell's soup cans« (1989, S. 424).

8.3 | American Studies als American Culture Studies

So wie die Etablierungs- und Expansionsphasen der Disziplin in die historischen und kulturellen Kontexte der Weltwirtschaftskrise und des Kalten Kriegs eingebunden sind, so stehen die konzeptionellen Diskussionen seit den 1960er Jahren in einem engen Zusammenhang mit den **politischen Umwälzungen der jeweiligen Zeit** und deren **gesellschaftspolitischen und kulturellen Nachwirkungen.** Die Demokratisierungs- und Emanzipationsbewegungen der Jugend- und Gegenkulturen der 1960er Jahre, die Protestaktivitäten der Studenten- und Civil Rights-Bewegungen sowie universitäre und curriculare Reformansätze fördern inhaltliche, theoretische und politische Neuorientierungen. Anfang der 1970er Jahre werden an ca. 200 U.S.-amerikanischen Colleges und Universitäten fachinhaltlich und konzeptionell recht **diverse Studiengänge** in American Studies angeboten. Eine ständig **wachsende Zahl von Fachzeitschriften** bietet neue Möglichkeiten zur Publikation einer größeren Bandbreite und Vielfalt an Perspektiven und Ansätzen.

Zur Vertiefung

Fachzeitschriften seit den 1950er, 1960er und 1970er Jahren

American Quarterly, Amerikastudien/American Studies, Prospects, American Studies News, Journal of American Studies, Canadian Journal of American Studies, American Studies International, Journal of American Culture, Journal of Popular Culture, Women's Studies

Kulturwissenschaftliche Neuausrichtung: Ende der 1960er Jahre erscheint eine Reihe von Aufsätzen und Sammelbänden, die eine grundsätzlich kultur- und sozialwissenschaftliche Ausrichtung der Disziplin fordert. »What then is American Studies?«, fragt Richard E. Sykes 1963 in seinem richtungweisenden Aufsatz »American Studies and the Concept of Culture«:

> »Briefly defined, it is the study of American culture. Culture is the key concept, the unifying concept, the root word which suggests both theory and method. It is a branch of culture studies, and as such is closer to the social sciences theoretically than to the humanities. It is a specialized branch of cultural anthropology. The materials studied may be literary, but the approach will be that of the student of culture, not the critic. It is time to recognize this fact openly and to start working out its implications.« (Sykes 1963, S. 254)

In den Sammelbänden *New Voices in American Studies* (Browne/Winkelman/Hayman 1966) und *American Studies: Essays on Theory and Method* (Merideth 1968) rücken **sozialwissenschaftliche und anthropologische Kulturbegriffe** programmatisch in den Blickpunkt.

In seinem Aufsatz »American Studies and the Realities of America« (1970) setzt Robert Sklar an die Stelle einer kulturell exklusiven und primär ideengeschichtlichen »high cultural history« als Ausdruck der »primacy of the mind as the central factor in culture, and the autonomy of the individual work of art« (S. 598–599) eine stärker inklusive, politisch engagierte und konfliktorientierte Beschäftigung mit »social and political problems«, mit »a variety of cultures [...] in America« und mit »cultural pluralism and cultural conflict« (S. 600–601). Im Mittelpunkt der fachwissenschaftlichen Arbeiten soll »a whole cultural history of the United States« (S. 601) stehen. In ihrem Artikel »American Culture Studies: The Discipline and the Curriculum« (1973) fordern Jay Mechling, Robert Meredith und David Wilson die **Neuausrichtung der American Studies als American Culture Studies**: »As we see it, the culture concept belongs to the center of an American Studies disciplinary matrix« (S. 368). Ziel ist die Analyse konkreter Lebenswirklichkeiten und konkreter Konflikte im Sinne einer umfassenden kulturellen Beschreibung und Interpretation.

Whole Cultural History

Reorientierung der American Studies als American Cultural Studies

Zur Vertiefung

»The most promising and most challenging scholarly task for the American Studies community at the present moment is to forge a link between culture and society – to create a whole cultural history of the United States. In the past generation scholars of high culture, historians of consensus, and students of national character have claimed to provide a comprehensive view of American culture, yet each claim has proven to be an exclusive or partial or limited one. What is needed is not a belief that one culture exists in America and one approach will give a complete view of it, but rather a recognition that a variety of cultures exist in America, each one creating its separate institutions and forms, its alternative vision of reality.« (Sklar 1970, S. 601)

»As we see it, the culture concept belongs at the center of an American Studies disciplinary matrix. The necessary if not sufficient condition for engaging in American Studies is an applicable theoretical model of culture in the largest

sense, embracing elements ranging from the biological heritage through institutions and belief systems to individual phenomenal experience. The concept
locates the terms of our activities as scholars and teachers. If the transition
to maturity in American Studies is to be rich in ideas, exciting in debate and
efficient in focus, it is to the concept of culture that attention should be paid. We
would begin by borrowing or revising theoretical models from any discipline
that can contribute to cultural description or explanation when the object to be
described is the United States (a functional model from sociology, a phenom-
enological model from psychology, a structuralist model from anthropology, a
systems model from environmental studies, an aesthetic model from literary
theory and so on). [...] In order to emphasize the shift we propose, we propose
also a new name for our work. [...] *Culturology* can serve, despite its ugliness,
to characterize that discipline in its broadest sense. The part of the activity
that attempts to study the United States we propose calling *American Culture
Studies*.« (Mechling/Meredith/Wilson 1973, S. 368-370)

Kultursemiotik Die kulturwissenschaftliche Erweiterung und Synthese im Sinne einer
»whole cultural history« bleibt in ihren theoretischen Begründungen, ihrer Materialbasis und ihrem Innovationsanspruch in der Zeit selbst umstritten. Die Hinwendung zu kulturanthropologischen Ansätzen führt jedoch zu einer Überwindung elitär-restriktiver Kulturbegriffe zugunsten
deskriptiv-kultursemiotischer Ansätze im Sinne von Clifford Geertz'
The Interpretation of Cultures (1973) (s. Kap. 1.1).

Zur Vertiefung **Neuorientierung als Krise?**

In den 1970er Jahren befinden sich die American Studies angesichts der
Forderungen nach einer grundlegenden kulturwissenschaftlichen Neuausrichtung der Disziplin in einer theoretischen Umbruchs- und Reflexi-
onsphase. In fast allen maßgeblichen Publikationen der Zeit findet sich
das Wort von der ›Krise‹ zur Beschreibung der Situation (vgl. Lenz 1982;
Wise 1979). Zugleich wird die als Krise empfundene Reorientierung als
Möglichkeit einer weitergehenden Umsetzung der ursprünglichen Anliegen der integrativen American Studies gesehen. Neben der Neubestimmung als »umfassende Kulturwissenschaft« (Fluck 1973, S. 128) wird
insbesondere der Stellenwert der Literaturwissenschaft und der Status
von Literatur in einem kultur- und sozialwissenschaftlichen Paradigma
diskutiert (vgl. Hansen 1973).

Kulturwissenschaft und Kulturgeschichte: Die Diskussionen um den
Kulturbegriff und um die Grundlegung einer »whole cultural history«
verbinden sich mit der Diskussion um die Neuausrichtung der traditionellen, fakten- und ereignisorientierten Geschichtswissenschaft als **Kulturgeschichte (Cultural History)**. Stärker empirisch orientierte Ansätze
arbeiten in den 1970er Jahren mit statistischen Daten und mit Methoden
der **Oral History** zur Rekonstruktion historisch-kultureller Gegebenheiten und sozialer Verhaltensweisen in Kontexten wie z. B. der Sklaverei

American Studies
als American
Culture Studies

und der Arbeiterbewegung. In Anknüpfung an frühere kulturalistische Ansätze z. B. in Caroline F. Wares *The Cultural Approach to History* (1940) plädieren Historiker für die Übernahme eines erweiterten kulturgeschichtlichen Konzepts (»culture concept«) für die eigenen Arbeiten (z. B. Berkhofer 1969, 1972). Kulturgeschichtliche Materialsammlungen wie z. B. die mehrere Tausend Titel umfassende **Mikrofilmreihe »American Culture Series«** antizipieren die später unter dem Etikett einer »**new cultural history**« (Hunt 1989) bekannt gewordene Bewegung, die sich der Sozialgeschichte, gruppenspezifischen Ritualen und Festen, der Alltagskultur, der Architektur, visuellen Materialien und Objekten materieller Kultur als historisch signifikanten Untersuchungsgegenständen zuwendet. Einen Überblick über die Debatte und einen programmatischen Entwurf für eine Synthese der verschiedenen Ansätze bietet Thomas Bender in »Wholes and Parts: The Need for Synthesis in American History« (1986).

(New) Cultural History

In seinen beiden Werken *Metahistory: The Historical Imagination in Nineteenth-Century Europe* (1973) und *Tropics of Discourse: Essays in Cultural Criticism* (1978) legt Hayden White den Grundstein für eine literarisch-narrative Interpretation historiographischer Darstellungen und für ein Verständnis von **Historiographie als literarisch-fiktionale Repräsentation**.

Hayden White

Multikulturelle Ausweitung und Politisierung: Die kulturwissenschaftlichen Neugewichtungen und emanzipatorischen Ausweitungen der Fragestellungen und Gegenstandsbereiche der Amerikanistik/American Studies rücken die Diversität und Konkurrenz multi- und subkultureller Gruppen und Repräsentationen in den Mittelpunkt. Seit den 1960er Jahren erhalten im Zusammenhang mit den **sozialen, kulturellen und politischen Emanzipationsbestrebungen** vormals marginalisierter oder unterdrückter Gruppen – zu dieser Zeit noch als Minorities, Minority Groups oder Minority Cultures bezeichnet – die **Geschichten, Literaturen und Kulturen von ethnischen Gruppen und Frauen** eine wachsende, auch politisch motivierte Aufmerksamkeit. Der 1976 von Robert H. Walker herausgegebene Band *American Studies: Topics and Sources* enthält in der Sektion »New Accents for American Studies« u. a. folgende Aufsätze:

- »The Black Revolution in American Studies«
- »The Underdeveloped Discipline: Interdisciplinary Directions in American Urban History«
- »Recent Trends in the Study of Popular Culture«
- »American Things: A Neglected Material Culture«
- »History, Anthropology, and the American Indian«
- »Women's Studies in the United States: Approaching Reality«.

Gruppenspezifische Geschichtsdeutungen, Problematisierungen traditioneller Sozialisationsprozesse und Normstrukturen, Revisionen von Stereotypen und Vorurteilen, Erweiterungen des traditionellen literarischen Kanons sowie neuere Theoriebildungen z. B. zum Konstruktionscharakter sozialer und kultureller Zuschreibungen und Rollen stehen in den Women's Studies ebenso zunehmend im Mittelpunkt wie in den sich weiter ausdifferenzierenden Ethnic Studies. Die Women's Studies errei-

Women's Studies

Betty Friedan:
*The Feminine
Mystique* (1963)

chen mit Publikationen wie z. B. Betty Friedans *The Feminine Mystique* (1963), Kate Millets *Sexual Politics* (1969) und Morgan Robins' *Sisterhood is Powerful* (1970) eine erhöhte **öffentliche Aufmerksamkeit und wissenschaftliche Breitenwirkung**. Einflussreiche literaturhistorische Arbeiten wie z. B. Barbara Welters »The Cult of True Womanhood« (1966), Linda Kerbers »The Republican Mother« (1976), Ann Douglas' *The Feminization of American Culture* (1977) und Sandra M. Gilbert/Susan Gubars *The Madwoman in the Attic* (1979) werden in den 1970er Jahren zu maßgeblichen Bezugspunkten einer **feministischen Ausrichtung innerhalb der Amerikanistik/American Studies**. Zu den wichtigsten neuen Zeitschriften zählen *Women's Studies*, *Feminist Studies* und *Signs*. Ihren institutionellen Niederschlag finden diese neuen Bewegungen in Neugründungen von interdisziplinären Universitätsinstituten, Studienprogrammen und Fachverbänden bzw. Interessengruppen für Women's Studies, Black Studies/African American Studies, Indian Studies/Native American Studies, Chicano Studies/Hispanic Studies und Asian American Studies sowie z. B. Urban History, Environmental Studies und Public History.

Retrospektiven: Am Ende der 1970er Jahre konstatiert Gene Wise im Rückblick einen neuen **Pluralismus** und eine erhöhte **Diversität** im Feld der Amerikanistik/American Studies:

> »[I]n the 1970s the movement seems almost as dis-integrated as the culture itself. A recent publication of the National American Studies Faculty itemizes no less than seventy-four separate categories of specialization for scholars in the field – from study of the aged to archaeology to bio-ethics to child-rearing to linguistics to prison reform. And these in addition to the more familiar subcultural studies that have grown up around American Studies of late – black studies, women's studies, popular culture studies, ethnic studies, ecology studies, youth studies, and so on. The field has virtually no principle of exclusion anymore; anything labeled ›American‹ may be seen as ›American Studies‹«. (1979, S. 519)

Zehn Jahre später bilanziert Linda Kerber die **theoretischen Entwicklungen und Demokratisierungsprozesse** als »transformation of American Studies by considerations of diversity, particularly diversity of race and gender« (Kerber 1989, S. 416).

8.4 | American Studies und Popular Culture Studies

Etablierung eines neuen Gebiets: Die Diskussionen um einen inklusiven, anti-elitären und emanzipatorisch-demokratischen Kulturbegriff fördern seit Mitte der 1960er Jahre die wissenschaftliche Beschäftigung mit Formen und Funktionen der populären Kultur. Die **Aufgabe traditioneller**

Differenzierungen zwischen sog. High Brow- und Low Brow-Kultur, d. h. zwischen intellektuell anspruchsvoller und ästhetisch komplexer ›höherer Kultur‹ einerseits und vornehmlich kommerzieller, auf Unterhaltungs- und Gebrauchswert reduzierter Populärkultur andererseits, rückt die häufig als ästhetisch minderwertig oder primär eskapistisch disqualifizierten Materialien der Populär-, Massen- und Alltagskultur in den Blickpunkt. Unter der Federführung von **Ray B. Browne** entsteht an der Bowling Green State University, OH 1969 das Center for the Study of Popular Culture mit der Bowling Green University Popular Press als Publikationsorgan. 1967 wird das *Journal of Popular Culture* und 1978 das *Journal of American Culture* begründet. Ebenfalls 1969 formiert sich die Popular Culture Association (PCA) auf einer Jahrestagung der American Studies Association, 1979 die American Culture Association (ACA). Beide Organisationen veröffentlichen seit 2004 ein *PCA/ACA Joint Newsletter* und unterhalten eine gemeinsame Internetseite (vgl. www.h-net.org/~pcaaca). Ungeachtet ihrer jeweiligen Schwerpunktsetzungen und Themenwahl zielen die Populärkulturstudien auf »the merging of American Studies and Popular Culture Studies into the examination of American culture« (Mertz/Marsden 1975, S. 468).

Die wissenschaftliche Beschäftigung mit unterschiedlichen Ausdrucksformen und Bereichen der U.S.-amerikanischen Populärkultur gewinnt rasch an Attraktivität und Diversität. In Anknüpfung an ältere Arbeiten wie z. B. Gilbert Seldes' *The 7 Lively Arts* (1924), Frank L. Motts *Golden Multitudes: The Story of Bestsellers in the United States* (1947), James D. Harts *The Popular Book: A History of America's Literary Taste* (1950) und Sigmund G. Spaeths *A History of Popular Music in America* (1948) richtet sich die Aufmerksamkeit zunächst auf die Bereiche der Bestsellerliteratur, der Comics, des Films bzw. Fernsehens, der Musik, des Sports und der politischen Ikonographie. In den nachfolgenden Jahren – und zunehmend politisch motiviert – zählt die gesamte Bandbreite **symbolischer Repräsentationen, alltagskultureller Materialien** und **ritueller Handlungen** sowie die Vielfalt medialer und performativer Produktionen zum Arbeitsbereich der amerikanistischen Popular Culture Studies. So werden beispielsweise zunehmend auch **trans- und multinationale Unterhaltungskulturen und Medienökonomien**, Video-Clips, Architektur, postmoderne Themenparks, Graffiti, Mode und Essenskulturen als Forschungsgebiete erschlossen. Mit Thomas Inges und Dennis Halls vierbändigem *Greenwood Guide to American Popular Culture* (2002) liegt ein umfangreiches Inventar der Forschungsgebiete und -ansätze vor.

Media Studies und Popular Culture Studies: In einem weiter gespannten interdisziplinären Kontext kommt der Verbindung zwischen Media Studies und Popular Culture Studies unter dem Einfluss der Arbeiten von **Marshall McLuhan** (1967; 1989) seit den späten 1960er Jahren besondere Bedeutung zu. In den 1980er Jahren üben Jean Baudrillard (1986; 1981/1994) und Umberto Eco (1986) und Vorstellungen **von postmodernen Medien- und Simulationswelten** einen nachhaltigen Einfluss auf die Interpretation U.S.-amerikanischer Populärkulturen aus.

American Studies
und Popular
Culture Studies

Zum Begriff

»[A] viable definition for → **Popular Culture** is all those elements
of life which are not narrowly intellectual or creatively elitist and
which are generally though not necessarily disseminated through
the mass media. Popular Culture consists of the spoken and printed
word, sounds, pictures, objects and artifacts. ›Popular Culture‹ thus
embraces all levels of our society and culture other than the Elite –
the ›popular,‹ ›mass‹ and ›folk.‹« (Browne 1972, S. 11)

»Eine zentrale Intention eines derartigen Erklärungsansatzes ist
es, über einen Diskussionspunkt hinauszugelangen, an dem in der
Diskussion → **populärer Kultur** immer wieder nur ihre Defizite
und Mängel (sei es an ästhetischer Komplexität, Glaubwürdigkeit,
›Realismus‹ oder Politisierung) festgestellt werden, anstatt dem
detaillierter nachzugehen, was ihr ihre Resonanz verleiht und sie –
wie andere Fiktionen auch – zu einem Mittel sozialer und kultureller
Selbstverständigung macht, das genauerer und differenzierterer
Bestimmung bedarf. Die Hinwendung zur populären Kultur ist in
diesem Sinne als Vervollständigung eines kulturellen Gesamtbildes
zu sehen, nicht als Verlagerung oder Umkehrung bisheriger Interessen hin zu einem gerade besonders aktuellen Bereich. Man mag
auf diese Weise einem Ziel näher kommen, das eins der vorrangigen
Ziele der Amerikastudien ist: die starre Trennung verschiedener kultureller Teilbereiche aufzuheben und an ihre Stelle einen Kulturbegriff zu setzen, in dem sich die verschiedenen kulturellen Kommunikationsformen zum kulturellen Gesamtbild einer Zeit ergänzen
und als umfassender Kommunikationszusammenhang studiert
werden.« (Fluck 1979, S. vi–vii)

Theoretische Ansätze: Die konzeptionellen Grundlegungen und theoretischen Anliegen der Popular Culture Studies sind so divers und z. T. so
umstritten wie ihre Gegenstände selbst. **Kritiker** werfen den Popular Culture Studies vor, dass sie

Kritik an den
Popular Culture
Studies

- mit ihren anti-elitären Apologien populärkultureller Materialien als
  Seismograph und Index ihrer jeweiligen Zeit und Gesellschaft auf der
  Ebene einer **oberflächlichen Deskription** stecken bleiben
- das ideologisch **manipulatorische Potential** von Populärkultur ver-
  nachlässigen
- die Beschäftigung mit der (angeblich) **ästhetisch weniger komplexen
  Populärkultur** an die Stelle einer Beschäftigung mit (angeblich) hö-
  herwertigen und anspruchsvolle(re)n künstlerischen Produktionen
  setzen.

Funktion von
Populärkultur

Aus amerikanistischer Sicht weist Winfried Fluck in seinem Studienbuch
Populäre Kultur (1979) darauf hin, dass die Beschäftigung mit der U.S.-
amerikanischen Populärkultur als die »**Vervollständigung eines kulturellen Gesamtbildes** [...], nicht als Verlagerung oder Umkehrung bisheriger Interessen hin zu einem gerade besonders aktuellen Bereich« zu sehen

ist (S. vi–vii). Fluck postuliert eine Fokussierung auf die **Kommunikationsformen, Handlungsmuster, Wirkungen und vor allem Funktionen** populärkultureller Produktionen als Sozialisations-, Identifikations- und Orientierungsangebote in spezifischen historischen, ökonomischen, gesellschaftlichen, kulturellen und ideologischen Zusammenhängen. Als symbolischer Simulationsraum bieten Produkte populärer Kultur fiktionale Optionen zur Erprobung von erwünschten oder erwarteten Handlungen, Verhaltensweisen und Wertvorstellungen. In neueren Arbeiten wird die Funktion populärkultureller Produkte und Plattformen für Emanzipationsbestrebungen und Emanzipationserfolge vormals marginalisierter Gruppen – und damit auch die Bedeutung von Populärkultur im **Prozess der Redefinition und Transformation von ›America‹** – hervorgehoben. Als Beispiel wird häufig auf afroamerikanische Sportler und afroamerikanische Musik verwiesen.

Rezeption: Innerhalb und außerhalb der USA bleibt umstritten, welche spezifische Position die Populärkultur in der U.S.-amerikanischen Kulturgeschichte einnimmt. Kritiker werfen die Frage auf, ob die traditionell mit einer High Brow-Kultur assoziierten Wertvorstellungen in einer gesellschaftspolitisch negativen oder gar moralisch gefährlichen Weise von populärkulturellen Formen und Produkten überlagert werden und welche Wirkungen die U.S.-amerikanische Populärkultur im Zeitalter von Medien, Virtualisierung und Internet im globalen Kontext hat. In neueren Publikationen werden die Wirkungen U.S.-amerikanischer Populärkultur im Rahmen der Kontroversen um Amerikanisierung und Anti-Amerikanismus betrachtet (vgl. Wagnleitner/May 2000; Stephan 2005; Rydell/Kroes 2005). Im transatlantischen Kontext spielen seit den Anfängen der amerikanistischen Populärkulturstudien die Demokratisierungseffekte U.S.-amerikanischer Populärkultur in der Zeit nach dem Zweiten Weltkrieg eine besondere Rolle (vgl. Ribbat 2005; Kanzler 2002; Haselstein et al. 2001).

8.5 | Poststrukturalismus und (American) Cultural Studies

Seit den späten 1960er Jahren vollzieht sich eine theoretische Neuorientierung in den Geistes- und Kulturwissenschaften, die mit den Begriffen Poststrukturalismus oder ›**linguistische Wende**‹ (linguistic turn) bezeichnet wird. Diese Neuausrichtung, die sich zunächst auf Philosophie und Literaturwissenschaft konzentriert, dann jedoch auch zu Neukonzeptionen in den Sozial- und Kulturwissenschaften führt, geht auf **kontinentaleuropäische und besonders auf französische Theoretiker** wie Jacques Derrida, Michel Foucault, Roland Barthes, Jacques Lacan, Michail Bachtin, Julia Kristeva, Luce Irigaray, Hélène Cixous und Jean-François Lyotard zurück. Im Bereich der Amerikanistik/American Studies zieht die linguistische Wende eine prominentere Rolle der Textwissenschaften und der Literaturtheorie nach sich, wobei sich der Begriff der **Dekonstruktion (Deconstruction)** zur Beschreibung einer poststrukturalistischen Literaturwissenschaft und -theorie etabliert.

Poststrukturalismus an U.S.-amerikanischen Universitäten: Zentren der theoretischen Diskussionen in den USA sind in der Frühphase die English Departments und Graduate Schools der großen Forschungsuniversitäten und insbesondere der Yale University, wo auf dem Höhepunkt des poststrukturalistischen Einflusses mit Harold Bloom, Paul de Man, Jacques Derrida, Geoffrey H. Hartman und J. Hillis Miller mehrere der maßgeblichen Vertreter dieser Richtung lehren und mit *Deconstruction & Criticism* 1979 ein manifestartiger Sammelband (vgl. Bloom et al. 1979) veröffentlicht wird.

Anthologien

Angesichts der Vielzahl von theoretischen Positionen und Spielarten verbreiten sich die poststrukturalistischen Ansätze in den 1970er und frühen 1980er Jahren außer in den Einzelschriften der maßgeblichen Theoretiker in **Anthologien** wie z. B. *The Structuralist Controversy: The Languages of Criticism & the Sciences of Man* (Macksey/Donato 1970), *Textualist Strategies: Perspectives in Post-Structuralist Criticism* (Harari 1979) und *Untying the Text: A Poststructuralist Reader* (Young 1981). In diesen Anthologien finden sich mit Jacques Derridas »Structure, Sign, and Play in the Discourse of the Human Sciences«, Jacques Lacans »Of Structure as an Inmixing of an Otherness Prerequisite to Any Subject Whatever«, Roland Barthes' »From Work to Text« sowie Michel Foucaults »What is an Author?« und »The Order of Discourse« einige der **Zentraltexte der poststrukturalistischen Theoriebildung** und dekonstruktivistischen Literatur- und Kulturwissenschaften.

Überblicks-
darstellungen

Die wesentlichen Positionen, Kontroversen und Auswirkungen der Debatten um Poststrukturalismus und Dekonstruktion lassen sich aus Überblicksdarstellungen wie z. B. Jonathan Cullers *Structuralist Poetics* (1975/2002), *The Pursuit of Signs: Semiotics, Literature, Deconstruction* (1981/2002) und *On Deconstruction* (1982/2007), Frank Lentricchias *After the New Criticism* (1980), Christopher Norris' *Deconstruction: Theory and Practice* (^{3}2002), Vincent Leitchs *Deconstructive Criticism* (1983) und Art Bermans *From the New Criticism to Deconstruction* (1988) rekonstruieren.

Von Strukturalismus zu Poststrukturalismus: In der Einleitung zu *The Structuralist Controversy* erörtern die Herausgeber Macksey und Donato die Entwicklung des Poststrukturalismus als Fortsetzung und Abkehr von **Positionen und Vorstellungen des Strukturalismus**. Bis in die 1950er und 1960er Jahre konzentrieren sich Strukturalisten in der Nachfolge von **Ferdinand de Saussure, Roman Jakobson und Claude Lévi-Strauss** auf formalisierbare und systematische Beschreibungen von Sprachen, Zeichensystemen, literarischen Werken und kulturellen Praktiken. Im Mittelpunkt strukturalistischer Arbeiten steht die Repräsentativität und Aussagekraft des einzelnen sprachlichen und semiotischen Phänomens, des einzelnen (literarischen) Textexemplars und der einzelnen kulturellen Handlung hinsichtlich der **Strukturgesetze und internen Relationen** in einem jeweils übergeordneten System von Sprache, Semiotik, Literatur und Kultur.

In ihren jeweils spezifischen Wendungen von Strukturalismus zu Post-strukturalismus halten die Theoretiker des Poststrukturalismus an der zentralen **Bedeutung von Sprache, Zeichensystemen und semiotischen Strukturen** für reale und fiktionale Wirklichkeitskonstitutionen fest. Sie geben aber zugleich die mit strukturalistischen Ansätzen verbundenen Implikationen von semiotischer Stabilität, strukturellen Ähnlichkeiten und systemischen Gesetzmäßigkeiten auf zugunsten von postmodern inspirierten Vorstellungen von **Dezentrierung, Spiel, Kontingenz und Differenz**. Der Poststrukturalismus legt eine Fundamentalkritik traditioneller Vorstellungen von Sprache und Subjektivität vor und führt zu Revisionen und Neubestimmungen von literatur- und kulturwissenschaftlichen Konzeptionen und Kategorien wie z. B. **Identität, Autor und Text**. Poststrukturalistische Theorien stehen ferner in Verbindung mit postmodernen Denkansätzen und besonders mit Jean-François Lyotards Theorien vom Ende der sog. ›großen Erzählungen‹ (grands récits) und von der postmodernen »sensitivity to differences« (Lyotard 1984, S. xxiii–xxv).

Jacques Derrida: Im Mittelpunkt des Poststrukturalismus und dessen Rezeption stehen zunächst die Schriften von Jacques Derrida. Derrida betont insbesondere:

- die **Vorrangigkeit von Sprache und kultureller Kodierung** in subjektiven und kollektiven Erfahrungs-, Denk- und Erkenntnisprozessen: »the encompassing power and the already-thereness of the language or of the culture« (1976, S. 161)
- die **allumfassende Textualität** jedweder Wirklichkeitserfahrung und Subjektkonstitution: »*There is nothing outside of the text* [there is no outside-text; *il n'y a pas de hors-texte*]« (1976, S. 158).

Unter dem Einfluss der Philosophie und Sprachtheorie von Edmund Husserl, Friedrich Nietzsche, Martin Heidegger und Ferdinand de Saussure wendet sich Derrida ferner gegen:

- westliche Traditionen des **Logozentrismus**, d. h. gegen die Privilegierung des gesprochenen Wortes (*logos*) als unmittelbarer Ausdruck eines individuellen Subjekts gegenüber der materiellen Schrift (*écriture*)
- die Annahme einer **stabilen Einheit von Wort und (konventionell zugeschriebener) Bedeutung** – von Signifikant (*signifiant*) und Signifikat (*signifié*) in der Terminologie von Ferdinand de Saussure.

An die Stelle logozentrischer Annahmen setzt Derrida das **Primat der Schrift**, unbeschränkte **Sinnpluralität** und das **freie Spiel der Signifikanten** in einem letztlich unendlichen, von kulturell fixierten Bedeutungen losgelösten semiotischen Prozess. Diese neue Sicht auf Konventionen und herkömmliche Privilegierungen akzentuiert Derrida in der terminologischen Neuschöpfung der ***différance.*** Die Vorstellung der Vorrangigkeit von Sprache vor Bedeutung rückt den Einfluss sprachlich-diskursiver Strukturen auf Subjekt- und Wirklichkeitskonstitutionen in den Blickpunkt und problematisiert – für **Kritiker** des Poststrukturalismus und der Dekonstruktion in anti-humanistischer Art und Weise – die Möglichkeit bzw. Unmöglichkeit von Sinnkonstitution für das individuelle Subjekt außerhalb vorgegebener **sprachlich-diskursiver Formationen**.

Diskurs und Macht

Michel Foucault: Michel Foucault ist der wichtigste Theoretiker der **poststrukturalistischen Diskursanalyse**. Vor allem in *Les mots et les choses/The Order of Things* (1966/1971) und *L'archéologie du savoir/The Archaeology of Knowledge* (1969/1972) entwickelt er seine Theorie vom Diskurs als einer nach bestimmten Regeln und Konventionen organisierten Ausdrucksform und Wissensstruktur. In *La volonté de savoir*, dem ersten Band von *Histoire de la sexualité/History of Sexuality* (1976/1978), in *Surveiller et punir/Discipline and Punish* (1975/1977) und in dem Interview »Truth and Power« (1977) formuliert Foucault seine Vorstellungen von **Macht, Machtansprüchen und Machtdurchsetzung** als dynamisches Netz von Diskursen. Macht äußert sich nicht so sehr in Repression oder offener Gewalt, sondern vor allem darin, wie individuelle Subjekte oder Gruppen diskursiv repräsentiert werden.

Zum Begriff

> → **Diskurse** sind normierte und konventionalisierte Ausdrucks- und Wissensstrukturen, die historisch und kulturell je spezifisch kontextualisiert und von den jeweils dominanten sozialen Verhältnissen und politischen Machtansprüchen determiniert sind. Diskurse bestimmen, wie in einer Gesellschaft z. B. über Politik, Sexualität oder Geisteskrankheit gesprochen und geschrieben wird. Spezifische Diskursformationen regeln, welches Wissen über bestimmte Gegenstände, Themen oder Sachverhalte in welcher Art und Weise produziert und zirkuliert wird bzw. produziert und zirkuliert werden kann und darf. Das Netz der zu einem bestimmten historischen Moment produzierten, zirkulierten, marginalisierten oder unterdrückten Diskurse bestimmt das einzelne Subjekt in seinen Ausdrucksformen und -inhalten und in seinen Möglichkeiten zu individuellen und kollektiven Identitäts- und Wirklichkeitskonstruktionen.

Roland Barthes: Die texttheoretischen Arbeiten von Roland Barthes, darunter insbesondere die Aufsätze, »From Work to Text« (1971/1977) und »The Death of the Author« (1968/1977), illustrieren die Ablösung traditioneller Konzeptionen des literarischen **Werks** durch poststrukturalistische Vorstellungen von **Text.** Die Autonomie, Geschlossenheit und Stabilität einer auf die Intention des Autors, auf die Repräsentation von Realität oder auf metaphysisch oder ideologisch vorgegebene ›große Erzählungen‹ zurückzubeziehenden Bedeutung werden als Kategorien eines überkommenen Werkverständnisses im Sinne werkimmanenter oder autorintentionaler Literaturtheorien abgelehnt. Demgegenüber präsentiert sich der poststrukturalistische Text nach Roland Barthes und unter dem Einfluss der Polyphonie- und Intertextualitätstheorien von Michail Bachtin und Julia Kristeva als ein vielschichtiges, unendlich **sinnoffenes Gewebe**.

Text

Der einzelne Text wird zu einem dezentrierten Netzwerk aus unterschiedlichen Bezugsrahmen, Diskursen und anderen Texten, das nicht mehr klar abgegrenzt oder auf eine bestimmte, stabile Bedeutung hin reduzier- und interpretierbar ist, sondern als **vielstimmiger Knotenpunkt im gesamtkulturellen Diskurszusammenhang** steht. Der Rezeptionsakt wird für die Leser zu einem individuellen, durchaus auch spielerischen Erlebnis von »plaisir/pleasure« (vgl. Barthes 1973). Bedeutung ergibt sich im Rezeptionsakt und aus der kulturell-intertextuellen Position des Texts – nicht aus der Originalität, Autorität oder Intention des Autors. Konsequenterweise verkündet Barthes den ›Tod des Autors‹, und Michel Foucault gibt in seinem Aufsatz »What is an Author?« (1969/1977) individualistisch-personale Vorstellungen vom Autor zugunsten einer sog. Autorfunktion im Zusammenspiel der Diskurse auf.

Auswirkungen und Rezeption: Derridas sprachphilosophische Konzeptionen, Foucaults kulturhistorische Diskurs- und Machttheorien und Barthes' text- und literaturtheoretische Problematisierungen herkömmlicher Vorstellungen von stabilen und eindeutig interpretierbaren Repräsentationen führen in den 1970er und 1980er Jahren zu einer **Neubestimmung der Geistes- und Kulturwissenschaften**. Unterstützt wird die interdisziplinäre Rezeption der Arbeiten von Derrida, Foucault und Barthes durch Ansätze, die das von Poststrukturalismus und Dekonstruktion geförderte **Denken in Diskontinuitäten und Differenzen** aufnehmen und fortführen:

- **Jacques Lacans** psychoanalytische Theorien zur Abhängigkeit des Subjekts von **unbewussten sprachlichen Strukturen und semiotischen Ordnungen** prägen Neukonzeptionen von Identität und Alterität in individuellen und kollektiven Perzeptionen und Repräsentationen.

Judith Butler:
Gender Trouble
(1990)

- **Hélène Cixous** und **Luce Irigaray** hinterfragen geschlechterbinäres Denken und Repressionen von Weiblichkeit in westlichen Diskursen. Sie entwickeln Theorien einer grundsätzlich differenten, potentiell subversiven **weiblichen Sprache und Schreibweise** (écriture feminine/parler femme) sowie Konzeptionen einer spezifisch weiblichen bzw. explizit den weiblichen Körper einbeziehenden symbolischen Ordnung.

- **Judith Butler** konkretisiert in ihren Studien *Gender Trouble* (1990) und *Bodies that Matter* (1993) Unterscheidungen zwischen biologischem Geschlecht (sex) und kulturellem Geschlecht (gender) zur Verdeutlichung der grundsätzlich sprachlich-diskursiven Konstruktion und kulturellen Konstitution von Identitäten und Alteritäten. Butler präsentiert eine radikale Kritik essentialistischer Vorstellungen von Identität zugunsten einer Theorie von **Identität als inszeniertes, performatives Konstrukt**.

Gender Studies

In der Rezeption poststrukturalistischer Theorien orientieren sich somit auch die Women's Studies und Feminist Studies neu und entwickeln die Gender Studies (vgl. Davies et al. 2006; Steffen et al. 2004; Braun/Stephan ²2006). Seit den 1990er Jahren formieren sich **Men's Studies bzw. Masculinity Studies** (vgl. Reichardt/Sielke 1998; Adams/Savran 2002; Kimmel et al. 2005); und mit **Gay and Lesbian Studies** und **Queer Studies** entstehen weitere neue Arbeitsfelder, die sexuelle Orientierungen im Rahmen von Fragen der Identitätspolitik, der gesellschaftlichen Transgression und der Ausgrenzung von Alteritäten diskutieren (vgl. Morland/Wilcox 2005; Corber/Valocchi 2003; Hall 2003).

das Andere/
the Other

Die poststrukturalistischen Konzeptionen von Subjekt, Identität und Geschichte als Diskursstrukturen und Repräsentationen beeinflussen maßgeblich die in den New American Studies (s. Kap. 8.6) seit den 1980er Jahren intensiv geführten Diskussionen um das kulturelle und ethnische Andere (the Other/the other):

- **Edward W. Said** analysiert in *Orientalism* (1978), wie sprachliche Konventionen, kulturell-ethnozentrische Schemata, diskursive Repräsentationen und institutionell-akademische Strukturen des Westens über Jahrhunderte hinweg **eurozentrische Vorstellungen vom ›Orient‹ als das ›Andere‹** bestimmen.

- **Tzvetan Todorov** schildert in *La conquête de l'Amérique* (1982) die ›Eroberung Amerikas‹ als eine ethnozentrisch motivierte und entsprechend repräsentierte ›Eroberung des Anderen‹ und trägt zur historischen **Neubewertung der interkulturellen Konflikte** zwischen europäischen Kolonisten und der ursprünglichen Bevölkerung der westlichen Hemisphäre bei.

- **Benedict Anderson** beschreibt in *Imagined Communities* (1983) Nationen als symbolisch konstruierte Gemeinschaften und eröffnet neue diskurstheoretische Perspektiven auf die **Repräsentation nationaler bzw. kollektiver Identitäten, Alteritäten und Geschichten**.

- **Homi Bhabha** – vor allem in *The Location of Culture* (1994) – und **Gayatri Chakravorty Spivak** – besonders in ihrem Aufsatz »Can the Subaltern Speak« (1988) – nähern sich der **Situation des kolonialen bzw. postkolonialen Subjekts** mit dem Begriffsinstrumentarium der poststrukturalistischen Differenz- und Diskursanalyse. Bhabha und Spivak komplizieren eurozentrische Bipolaritäten in der Wahrnehmung interkultureller und postkolonialer Relationen. Sie lehnen essentialistische Zuschreibungen individueller und kollektiver Eigenschaften ab und beschreiben die Position des unterdrückten und marginalisierten Subjekts als von **Hybridität** und **Mimikry** bestimmt.

Henry Louis Gates:
The Signifying
Monkey (1988)

Poststrukturalistisch-postkoloniale Ansätze werden im Bereich der Amerikanistik/American Studies seit den 1980er Jahren insbesondere auch in den ethnischen Studien rezipiert. Sie prägen in Verbindung mit den Arbeiten von Werner Sollors (1986, 1996) und den Arbeiten afroamerikanischer Kritiker wie Henry Louis Gates Jr. (1988) und Cornel West (1993) **konstruktivistische Konzeptionen von Rasse (race)** als ideologisch besetzte, kulturell kodierte und nicht notwendigerweise negativ konnotierte Trope der Differenz. Seit Toni Morrison (1992) wird nicht allein **Blackness** als Differenzkriterium gesehen, sondern auch **Whiteness**.

Cultural Studies: Die poststrukturalistischen Ansätze der Differenz-, Diskurs- und Texttheorien unterstützen die Etablierung und fachliche Ausdifferenzierung der Cultural Studies. Diese entwickeln sich seit den 1960er Jahren neben der American Culture Studies-Bewegung (s. Kap. 8.3) vor allem in Großbritannien am **Centre for Contemporary Cultural Studies** in Birmingham unter der Leitung von Stuart Hall. Die Cultural Studies zeichnen sich durch einen **politischen und gesellschaftskritischen Anspruch** aus. In den 1990er Jahren erreichen sie durch **Anthologien** wie *Cultural Studies* (Grossberg et al. 1992), *The Cultural Studies Reader* (During 1999/³2007) und *What is Cultural Studies?* (Storey 1996) trotz der **ablehnenden Haltung literaturwissenschaftlicher Traditionalisten** und trotz zahlreicher Kontroversen um ihre Gegenstände und Thesen weite Verbreitung. Der von der Modern Language Association (MLA) publizierte, für die Literaturwissenschaften gleichermaßen wegweisende Sammelband *Redrawing the Boundaries* (Greenblatt/Gunn 1992) bietet eine Bestandsaufnahme literatur- und kulturwissenschaftlicher Arbeitsfelder nach mehr als zwei Jahrzehnten poststrukturalistischer Diskussionen und zeigt zugleich bereits den Einfluss neuerer Ansätze des New Historicism und der Cultural Poetics.

Zur Vertiefung

Poststrukturalismus und Cultural Studies in zeitgenössischen und späteren Einschätzungen

»Henceforth, it was necessary to begin thinking that there was no center, that the center could not be thought in the form of a present-being, that the center had no natural site, that it was not a fixed locus but a function, a sort of nonlocus in which an infinite number of sign-substitutions came into play. [...] The absence of the transcendental signified extends the domain and the play of signification infinitely.« (Derrida 1978, S. 280)

»The Text is plural. Which is not simply to say that it has several meanings, but that it accomplishes the very plural of meaning: an *irreducible* (and not merely an acceptable) plural. The text is not a co-existence of meanings but a passage, an overcrossing; thus it answers not to an interpretation, even a liberal one, but to an explosion, a dissemination.« (Barthes 1977, S. 159)

»There are many ways of describing the force of literature. The priority of language to meaning is only one of these, but it plays a crucial role in these essays. It expresses what we all feel about figurative language, its excess over any assigned meaning, or, put more generally, the strength of the signifier vis-à-vis a signified (the ›meaning‹) that tries to enclose it. Deconstruction, as it has come to be called, refuses to identify the force of literature with any concept of embodied meaning and shows how deeply such logocentric or incarnationist perspectives have influenced the way we think about art.« (Bloom 1979, S. vii)

»Poststructuralism is not Cultural Studies, though the latter may draw upon the former. Postmodernism is not identical to Cultural Studies, though the latter is certainly engaged with the theorisations of contemporary life and society conducted under this term. The same might be said of Literary Studies as of Cultural Studies (influenced alike by poststructuralism and postmodernism) but again they are not identical. What we might say is that there is ›a Cultural Studies approach‹: an understanding of literary texts, of the media and communications systems, of urban landscape, the legal system, religious beliefs, sexuality, the body, music and dance, and so on which is guided by an agenda developed within Cultural Studies.« (Brooker 1999, S. ix)

»[D]econstructivist language philosophy, revisionist psychoanalysis, and discourse analysis interrogated established conceptions of self, identity, and author, experience and reality, culture and nation. Interrogating these conceptions - central to American Studies - they evolved new notions of subject, text, and world, which first affected literary and cultural studies before impacting on the study of the social sciences and, albeit to a much lesser degree, the sciences. Significantly enough, poststructuralism renegotiated terms such as experience, truth, and identity at the very moment when feminist and African American perspectives reclaimed positions of otherness as modes of identity. [...] Accordingly, conceptions of gender, class, race, and ethnicity have transformed fundamentally. [...] First considered essential assets and part of the expressive register of particular social groups, parameters of difference and identity were reassessed as effects of specific discourses in the late 1980s and early 1990s.« (Sielke 2005, S. 72-73)

8.6 | New Historicism und New American Studies

Ausgangspunkte: Der Aufstieg des New Historicism zu einem **neuen Theorieparadigma** vollzieht sich in den 1980er Jahren fast noch rascher als die akademische Institutionalisierung von Poststrukturalismus und Dekonstruktion in der Dekade zuvor. Der Begriff geht zurück auf **Stephen Greenblatt**, der die 1982 in einem Themenheft der Zeitschrift *Genre* unter dem Titel *The Forms of Power and the Power of Forms in the Renaissance*

zusammengefassten Aufsätze mit dem Etikett ›New Historicism‹ belegt. Zwei Jahre zuvor hatte Greenblatt in *Renaissance Self-Fashioning* (1980, S. 5) den Begriff der Kulturpoetik (poetics of culture) eingeführt, um seine kulturwissenschaftliche Perspektive terminologisch zu verankern. Die **Verbreitung von New Historicism und Cultural Poetics** beruht zu einem wesentlichen Teil auf der internationalen Rezeption der Arbeiten von Stephen Greenblatt (1980, 1988, 1990, 1991) zur englischen Renaissance und frühen nordamerikanischen Kolonialzeit. Hinzu kommen die in der Zeitschrift *Representation* und in der Reihe »The New Historicism: Studies in Cultural Poetics« seit Mitte der 1980er Jahre veröffentlichen Aufsätze und Bücher. Zu Beginn der 1990er Jahre lässt sich an den von H. Aram Veeser herausgegebenen Sammelbänden (1989, 1994) die akademische Etablierung und interdisziplinäre Ausstrahlung des New Historicism ablesen (vgl. dazu Hebel 1992).

H. Aram Veeser:
*The New
Historicism* (1989)

Theoriebildung: Im Zentrum der Theoriebildung und Interpretationspraxis des New Historicism steht die Vorstellung einer alle tradierten Differenzierungen und Hierarchien auflösenden Dynamik der **Zirkulation** (circulation), des **Austauschs** (exchange), der **Verhandlung** (negotiation), des **Zusammenspiels** (interplay) und der **Auseinandersetzung** (struggle) zwischen den sich wechselseitig kontextualisierenden Formationen einer Kultur zu einer spezifischen historischen Epoche. Ein kulturelles System wird verstanden als ein engmaschiges **Netz unterschiedlicher Signifika-**

tionsprozesse und Diskurse. Die zu einem bestimmten historischen Moment in einer Kultur kursierenden Repräsentationen eigener und fremder Wirklichkeits- und Identitätskonstruktionen werden nach kultursemiotischen und diskurstheoretischen Methoden interpretiert.

Macht und Hegemonie

Nach den Theorien von Antonio Gramsci, Louis Althusser, Raymond Williams und Michel Foucault stehen Fragen nach der Macht und Hegemonie dominanter oder oppositioneller Diskurse, orthodoxer und subversiver Repräsentationen im Mittelpunkt. Die Frage nach der tatsächlich oppositionellen Kraft und subversiven Wirkung kulturell marginaler und historisch unterdrückter Gruppen wird zu einem besonders kontrovers diskutierten Thema (sog. **containment/subversion-debate**). In der Beschreibung kultureller Signifikationsprozesse und deren Partizipation an der Verteilung und Zuschreibung von kultureller Bedeutung und politischer Macht bedienen sich neohistoristische Interpreten meist eines neutralen **Ideologiebegriffs** (s. Kap. 6.1) und setzen diesen mit Repräsentation, kulturellem System oder kultureller Symbolik gleich.

Kontextualisierung

Im hegemonialen Zusammenspiel der diskursiven und nondiskursiven Ausdrucksformen einer Kultur lösen sich traditionelle Differenzierungen und Hierarchisierungen auf. Herkömmliche Ansätze zur soziokulturellen Kontextualisierung literarischer Texte und lange Zeit übliche Trennungen in einen historisch-kulturellen Hintergrund einerseits und eine literarisch-historiographische Repräsentation andererseits werden aufgegeben. Die poststrukturalistisch inspirierten, neohistoristisch-kulturpoetischen Thesen zur **Textualisierung und Pluralisierung** von Geschichte zu Geschichten (*history/histories*), zur **intertextualistischen Verflechtung** aller Diskursformationen einer Kultur und zur **reziproken Durchdringung von Text(en) und Kontext(en)** verdichten sich in Louis Montroses berühmtem Chiasmus von »the historicity of texts and the textuality of histories«. Bercovitch beschreibt in der Einleitung zu *The Office of the Scarlet Letter* den interpretatorischen Akt als »turning the text inside out and the context outside in« (1991, S. xvii) und verleiht damit der kulturpoetischen Interpretation ein hohes Maß an kulturhistorischer Kontextualisierung.

Zur Vertiefung

Kernbegriffe des New Historicism

»**Representations** of the world in written discourse are engaged in constructing the world, in shaping the modalities of social reality, and in accommodating their writers, performers, readers, and audiences to multiple and shifting subject positions within the world they both constitute and inhabit.« (Montrose 1989, S. 16)

»The poststructuralist orientation to history now emerging in literary studies I characterize chiastically, as a reciprocal concern with the **historicity of texts and the textuality of histories**. By the *historicity of texts*, I mean to suggest the historical specificity, the social and material embedding, of all modes of *writing* – including not only the texts that critics study but also the texts in which we study them; thus, I also mean to suggest the historical, social, and material embedding of all modes of *reading*. By the *textuality of histories*, I mean to suggest, in the first place, that we can have no access to a full and authentic past, to a

New Historicism
und New American
Studies

> material existence that is unmediated by the textual traces of the society in
> question [...].« (Montrose 1992, S. 410)
>
> »Eventually, a **full cultural analysis** will need to push beyond the boundaries
> of the text, to establish links between the text and values, institutions, and prac-
> tices elsewhere in the culture. But these links cannot be a substitute for close
> reading. Cultural analysis has much to learn from scrupulous formal analysis of
> literary texts because those texts are not merely cultural by virtue of reference
> to the world beyond themselves; they are cultural by virtue of social values and
> contexts that they have themselves successfully absorbed. The world is full of
> texts, most of which are virtually incomprehensible when they are removed
> from their immediate surroundings. To recover the meaning of such texts, to
> make any sense of them at all, we need to reconstruct the situation from which
> they were produced.« (Greenblatt [2]1995, S. 226–227)

Cultural Work   Die neohistoristische Kulturpoetik liest Dokumente jeder Art als Repräsentationen kultureller Wirklichkeiten und als Identitätskonstruktionen,
die in Anlehnung an Vorstellungen von Literatur als symbolischem Akt
(symbolic action; Burke 1968) eine **politische und definitorische Funktionalität** besitzen. Bercovitch spricht von »the power of the text« (1991,
S. xx), Jane Tompkins von »the cultural work of American fiction« (1985),
Stephen Greenblatt von »the productive power of representation« (1991,
S. 6). Kulturelle Repräsentationen sind Handlungsträger im Zusammenspiel der zu bestimmten historischen Momenten und in bestimmten
Kontexten zirkulierenden Identitäts- und Rollenkonstruktionen. Ziel neohistoristischer Interpretationsarbeit ist die **Re-Situierung** der jeweiligen
Repräsentation in deren ursprüngliches kulturhistorisches Umfeld. Literarischen Texten bzw. künstlerischen Produktionen räumen Theoretiker
des New Historicism dabei eine **Sonderstellung** ein. Literarische Texte
werden als »an extraordinarily sensitive register of the complex struggles
and harmonies of culture« (Greenblatt 1980, S. 5) gesehen und als **Reso-
nanzräume** der innerhalb einer Kultur zu einem bestimmten historischen
Moment miteinander konkurrierenden Interessen analysiert.

New Historicism als interdisziplinäres Projekt: Der New Historicism ist
ein interdisziplinär weit ausgespanntes Projekt. So überschneidet er sich
mit dem britischen **Cultural Materialism** in der Nachfolge von Raymond
Williams in der kulturhistorischen Interpretationspraxis, ohne jedoch dessen rezeptionsgeschichtlichen Interessen und unmittelbar gesellschaftspolitischen, z. T. marxistischen Intentionen zu folgen. Grundlegend für die
Entwicklung des New Historicism ist ferner die Rezeption der **Kulturanthropologie**. In den bei neohistoristisch arbeitenden Amerikanisten beliebten Interpretationen kultureller Konstruktionen von Identität und Alterität spielen neben Clifford Geertz' *The Interpretation of Cultures* (1973) und
Geertz' Methode der ›dichten Beschreibung‹ Edward Saids *Orientalism*
(1978) und Johannes Fabians *Time and the Other* (1983) eine wichtige Rolle.

New Historicism   In zeitgenössischen wie späteren Darstellungen erhält das Verhält-
und Post-   nis zwischen New Historicism und Poststrukturalismus besondere Auf-
strukturalismus   merksamkeit (vgl. Reichardt 1991). Unumstritten ist der Einfluss Michel

Foucaults und dessen Theorien von Macht für neohistoristische Interpretationen kulturhistorischer Prozesse und Dokumente. Wenngleich die poststrukturalistische Dekonstruktion der 1970er Jahre oftmals als Gegenpol zum New Historicism gesehen wird, so verkürzt eine vereinfachende Gegenüberstellung von kontextualistischem New Historicism auf der einen und dekonstruktionistischem Textualismus auf der anderen Seite die Überschneidungen beider Ansätze. Als Bindeglied zwischen den beiden Paradigmen können das poststrukturalistische Konzept der Intertextualität und der intertextualistische Textbegriff von Roland Barthes und Michel Foucault betrachtet werden. Wenn die Textualität kultureller Wirklichkeiten jedem Dokument eine kontextuelle Dimension einschreibt und somit die Grenzen zwischen Text und Kontext aufhebt, dann sind Kontextualismus und Intertextualität konsequenterweise Kernbegriffe des New Historicism.

New American Studies

Angesichts der traditionellen Bedeutung kontextualistischer Ansätze für die Amerikanistik/American Studies ist es konsequent, dass sich seit den 1980er Jahren eine enge Verbindung zwischen New Historicism und den sog. New American Studies ergibt. Die Bezeichnung **New American Studies bzw. New Americanist(s)** geht zurück auf eine Sammelrezension von Frederick Crews (1988). Danach wird sie in dem von Philip Fisher herausgegebenen Sammelband *The New American Studies* (1991) diskutiert und propagiert. John Carlos Rowe nennt seine Sammlung eigener Arbeiten aus den Jahren 1987 bis 2000 ebenfalls *The New American Studies* (2002). Bis zur Mitte der 1990er Jahre konzentriert »the historical and political turn in literary studies« – so der Titel eines maßgeblichen deutschen Sammelbands von Winfried Fluck (1995) – die Disziplinen wieder stärker auf die **kulturwissenschaftliche und kulturhistorische Analyse**.

Philip Fisher:
*The New American
Studies* (1991)

Revision der Literatur des 19. Jh.s: Die Umsetzung neohistoristischer Ansätze zur ideologiekritischen und diskurstheoretischen Textinterpretation, zur Analyse von Machtverteilungen innerhalb eines kulturellen Systems, zur Interpretation von dominanten und oppositionellen Konstruktionen individueller bzw. kollektiver Identitäten und Geschichten sowie zur möglicherweise subversiven Wirkkraft von literarischen Repräsentationen fokussiert sich zunächst auf die U.S.-amerikanische Literatur und Kultur des 19. Jh.s (vgl. bes. Michaels/Pease 1985; Bercovitch 1986; Bercovitch/Jehlen 1986; Reynolds 1988). Dabei werden **F.O. Matthiessens *American Renaissance* (1941)** und dessen Darstellungen von Emerson, Thoreau, Melville, Hawthorne und Whitman zu einem Hauptangriffsobjekt. Neohistoristische Studien versetzen die Klassiker der Literatur des 19. Jh.s zurück in die **Diskurse und Kontexte ihrer Zeit** und rekonstruieren die affirmativen und oppositionellen Haltungen literarischer Texte zu zeitgenössischen

Konflikten und zu den ihre eigene Produktion und Rezeption prägenden Ideologien. Besondere Beachtung finden die Verbindungen zwischen ökonomischen und juristischen Diskursen einerseits und literarischen Texten andererseits (vgl. z. B. Michaels 1987; Thomas 1987; Kaplan 1988). Im Mittelpunkt steht nicht so sehr die ästhetisch-artistische Qualität literarischer Texte, sondern im Sinne eines **rhetorischen Textverständnisses** deren **politische Wirkung und kulturelle Funktion**.

Zur Vertiefung

Neubewertung der sentimentalen Literatur des 19. Jh.s

Zu den bekanntesten Beispielen der funktionsorientierten Revision des 19. Jh.s durch die New American Studies zählt die Neubewertung der sentimentalen Populärliteratur, darunter besonders Harriett Beecher Stowes *Uncle Tom's Cabin* (vgl. Tompkins 1985; Fisher 1985, Davidson 1986/2004). Sentimentale Romane werden jetzt als rhetorisch strukturierte Repräsentationen von sozialen Problemen, politischen Konflikten und kulturell sanktionierten Rollen betrachtet. Die historisch-kontextualisierende Einbettung und funktionsorientierte Revision verleiht ihnen eine kulturell-politische Bedeutung jenseits traditioneller Abwertungen als Trivialliteratur.

Konflikte und
Widersprüche

Die Neubewertungen der literarischen Produktion des 19. Jh.s ergeben ein vielfältigeres, komplexeres Bild der U.S.-amerikanischen Gesellschaft und ihrer Geschichte, in welchem die **Konflikte und Widersprüchlichkeiten** nationaler Mythen und Ideologien deutlicher zutage treten. In der Neubewertung der kulturellen Produktion des 19. Jh.s werden traditionelle Ideologien und Geschichtskonstruktionen wie z. B. Exzeptionalismus, Expansion und Sendungsbewusstsein (s. Kap. 6.2.3) in ihren kulturellen und nationalen Verbindlichkeiten problematisiert und mit kritischen Vorstellungen eines U.S.-amerikanischen Imperialismus in Verbindung gebracht.

New American Studies und Kolonialzeit: Neben der Literatur und Kultur des 19. Jh.s entwickelt sich die Kolonialzeit zu einem Hauptarbeitsgebiet der New American Studies. Hatte sich die literatur- und kulturwissenschaftliche Forschung zur Kolonialzeit in der Nachfolge von Perry Miller und Sacvan Bercovitch auf das puritanische Neuengland des 17. Jh.s und auf die Nachwirkungen des Puritanismus in der U.S.-amerikanischen Literatur, Kultur, Ideologie und Geschichte konzentriert, so treten jetzt neben ostküstenorientierte, anglozentrische und religiozentrische Perspektiven neue Ansätze zu einer **multikulturellen, multilingualen und regional weiter ausgespannten Sicht** der Literaturen und Kulturen des 16., 17. und 18. Jh.s: (vgl. Hayes 2008; Mulford et al. 2002; Castillo/Schweitzer 2001; Mulford 1999; Jehlen/Warner 1997). Im Unterschied zu älteren, mentalitätsgeschichtlichen Vorstellungen von z. B. ›the New England mind‹ (Perry Miller) oder ›the Puritan origins of the American self‹ (Sacvan Bercovitch) stehen folgende Aspekte im Mittelpunkt:

- die politischen Bedingungen und sozialen Implikationen der **Kolonisierungsprozesse**
- **interkulturelle Begegnungen und Konfrontationen** zwischen europäischen Kolonisten und indigener Bevölkerung
- die Wirkmacht **ethnozentrischer Stereotypisierungen** und kultureller Schemata
- **rivalisierende Identitäts- und Alteritätskonstruktionen** innerhalb der europäisch eroberten Regionen und Kolonien
- die frühe Geschichte des **spanisch dominierten Südwestens**
- die religiöse, kulturelle und sprachliche **Pluralität** in allen Kolonien auf dem nordamerikanischen Kontinent.

**Neue Sicht
der Kolonialzeit**

Comparative American Studies: Die neohistoristische Rekonstruktion diskursiver Zusammenhänge, die Einbettung sog. ›Klassiker‹ in die gesamtkulturelle Produktion ihrer Zeit und die Bemühungen um die Betonung der kulturellen Diversität und Hybridität U.S.-amerikanischer Kulturen, Literaturen und Geschichten problematisieren traditionelle, einsträngige Literatur- und Kulturgeschichten. So entwirft Paul Lauter in seinem Aufsatz »The Literatures of America: A Comparative Discipline« ein »comparative model for the study of American literature« (1990, S. 9). In »A Future for ›American Studies‹: The Comparative U.S. Cultures Model« (1995) kritisiert John Carlos Rowe die alleinige Beschäftigung mit einzelnen dominanten Literaturen und Kulturen und postuliert **komparative inter- und transkulturelle Ansätze**. In »Toward a Dialogics of International American Culture Studies: Transnationality, Border Discourses, and Public Culture(s)« fordert Günter H. Lenz (1999) eine grundsätzlich komparativ-dialogische Perspektive als zukünftige Grundlage für das Fach.

Gloria Anzaldúa:
*Borderlands/
La Frontera* (1987)

Seit den 1980er Jahren entwickeln die sog. Borderland Studies (auch Border Studies) transkulturelle und transnationale Perspektiven zur Interpretation **hybrider Identitäten im multikulturellen Grenzraum** des Südwestens der USA und übertragen diese auch auf andere kulturelle Gebiete. Besondere Bedeutung besitzen hier Gloria Anzaldúas *Borderlands/ La Frontera: The New Mestiza* (1987) und José David Saldívars *Border Matters: Remapping American Cultural Studies* (1997).

Borderland Studies

Theorien und Konzepte der New American Studies

Zur Vertiefung

»One way to characterize this new generation of American studies would be to say that interest has passed from myth to **rhetorics**. *Myth* in this perhaps too simple formula is always singular, *rhetorics* always plural. Myth is a fixed, satisfying, and stable story used again and again to normalize our account of social life. [...] Rhetoric, on the other hand, is a tactic within the open questions of culture. It reveals interests and exclusions. To look at rhetorics is to look at the action potential of language and images, not just their power or contrivance to move an audience but also the location of words, formulas, images, and ideological units of meaning within politics. Rhetoric is the place where language is engaged in cultural work, and such work can be done on, with, or in spite of one or another social group.« (Fisher 1991, S. vii)

»What is needed is a genuinely dialogic notion of cultural critique and of inter- and post-national American Culture Studies in order to bring into view the processes of transculturation and rearticulation – which are always bi-directional – of the political role of American media and of the products of popular/mass culture in various parts of the world and of the role of the cultural repercussions *and* preconditions of the different processes of what is summarily called globalization. [...] The call for a **comparative approach** is often motivated by the fully justified desire to enlarge and revise the scope of the American literary and cultural canon, and to reintroduce cultural difference and diversity.« (Lenz 1999, S. 12, 17)

»The actual physical borderland that I'm dealing with in this book is the Texas-U.S. Southwest/Mexican border. The psychological borderlands, the sexual borderlands and the spiritual borderlands are not particular to the Southwest. In fact, the **Borderlands** are physically present wherever two or more cultures edge each other, where people of different races occupy the same territory, where under, lower, middle and upper classes touch, where the space between two individuals shrinks with intimacy. I am a border woman. I grew up between two cultures, the Mexican (with a heavy Indian influence) and the Anglo (as a member of a colonized people in our own territory). I have been straddling that *tejas*-Mexican border, and others, all my life. It's not a comfortable territory to live in, this place of contradictions. Hatred, anger and exploitation are the prominent features of this landscape.« (Anzaldúa 1987, Preface)

8.7 | Culture Wars und Kanonrevisionen

American Studies and Culture Wars: In den 1980er Jahren bricht im politischen Kontext der Präsidentschaft von Ronald Reagan und dem Aufstieg der konservativen, religiös-fundamentalistisch motivierten ›moralischen Mehrheit‹ (Moral Majority) eine gesellschaftliche Debatte um die Verbindlichkeit und Zukunftsfähigkeit traditioneller U.S.-amerikanischer Werte und Ideologien aus. Die gesellschaftspolitischen Kontroversen – die sog. ›Kulturkriege‹ (culture wars; s. Kap. 3.6.6) – trennen Befürworter und Gegner von **Geschichtsrevisionismus, Multikulturalismus und emanzipatorischer Identitätspolitik** in zwei Lager. Insbesondere die Förderung von Angehörigen ethnischer Gruppen (**affirmative action**) und die Konzeption der politischen Korrektheit (**political correctness**) zur Unterstützung identitätspolitischer Zielsetzungen werden zu Streitpunkten zwischen Liberalen und Konservativen.

Gesellschafts-
politisches
Engagement

Die Debatte wird von Repräsentanten aller politischer Lager in den USA vehement geführt und konzentriert sich u. a. auf die Frage einer **pluralistischen, multiethnischen und politisch-korrekten Erziehung und Ausbildung** an Schulen und Universitäten. Die Repräsentanten der U.S.-amerikanischen American Studies stehen in dieser Kontroverse überwiegend auf der Seite der **liberalen Kritiker** traditionalistischer Positionen und damit in der Tradition früherer Opponenten von monokulturellanglozentrischen Konzeptionen von ›America‹ wie z. B. Randolph Bourne und Horace Kallen (s. Kap. 6.2.7). In ihrer Rede als Präsidentin der American Studies Association (1991) mit dem Titel »Cultural Locations: Positioning American Studies in the Great Debate« beschreibt Alice Kessler-Harris die Disziplin in diesem Kontext als »enmeshed in a battle over the idea of America« (1992, S. 299).

Kanonrevision: Die Neuorientierungen innerhalb der Disziplin im Zuge der Ausweitung der Gegenstandsbereiche seit den 1960er und der Multikulturalisierung seit den 1980er Jahren führen zu Neukonzeptionen der U.S.-amerikanischen Literaturgeschichte und zu Revisionen tradierter Kanonbildungen. Wie eng die sog. ›Kulturkriege‹ und die Kanonrevisionen verbunden sind, wird im Titel von Henry Louis Gates' Jr. *Loose Canons: Notes on the Culture Wars* (1992) deutlich. Zwischen 1985 und 1988 wird in der Sektion »The Extra« der Zeitschrift *American Literature* eine Diskussion um die Planung zweier neuartiger Literaturgeschichten geführt:

- der von Emory Elliott herausgegebenen einbändigen **Columbia Literary History of the United States** (1988)

Neue Literatur- geschichten

- der von Sacvan Bercovitch hauptverantwortlich herausgegebenen mehrbändigen **Cambridge History of American Literature** (1994–2005).

Beide Literaturgeschichten zielen sowohl mit ihrer Struktur als Sammelbände mit mehreren Autoren und Herausgebern als auch mit ihren inhaltlichen Darstellungen auf eine **pluralistische und kontextualistische Repräsentation** der multikulturellen Geschichten U.S.-amerikanischer Literaturen. Dass die *Columbia Literary History of the United States* mit einem Kapitel zur indianischen Literatur (»The Native Voice«) beginnt und das einleitende Kapitel des ersten Bands der *Cambridge History of American Literature* unter dem Titel »The Literature of Colonization« die Frühphase der politischen und literarischen Kolonisierung Nordamerikas behandelt, verdeutlicht die gegenüber älteren Literaturgeschichten veränderten Ausgangs- und Orientierungspunkte. Die von Hubert Zapf herausgegebene **Amerikanische Literaturgeschichte** – 1996 in einer ersten Auflage erschienen und 2004 in einer Neuausgabe erweitert – positioniert sich ihrerseits als Beitrag zur Kanonerweiterung und fördert wesentlich die Revision und Pluralisierung der U.S.-amerikanischen Literaturgeschichte in der amerikanistischen Forschung und Lehre in Deutschland.

Neue Anthologien

Die von Paul Lauter herausgegebene *Heath Anthology of American Literature* (1990) wird als eine neuartige Anthologie konzipiert, die programmatisch mit Abschnitten zu »Native American Traditions« und »The Literature of Discovery and Exploration« beginnt und spanische, französische, portugiesische und englische Texte vom späten 15. bis ins frühe 17. Jh. nebeneinander stellt. Noch ein Jahr zuvor hatte die dritte Auflage der *Norton Anthology of American Literature* (³1989) in traditioneller Art und Weise ihre Zusammenstellung mit Texten von John Smith und den neuengländischen Puritanern eröffnet. Der von der ersten Ausgabe der *Heath Anthology of American Literature* ausgehende Impuls zur grundsätzlichen und umfassenden Revision von Anthologien führt zu einer Fülle neuer und innovativ zusammengestellter Textsammlungen (s. Kap. 1.2.1).

8.8 | Theoretische Wenden seit den 1990er Jahren

Iconic Turn: Nach den linguistischen, historischen und kulturellen Neu-orientierungen der 1970er und 1980er Jahre erfahren die Geistes- und Kulturwissenschaften seit den 1990er Jahren eine Reihe von weiteren theoretischen Wenden (vgl. Bachmann-Medick 2006), die auch in den Theorie- und Methodendiskussionen der Amerikanistik/American Studies rezipiert und weiterentwickelt werden. Von besonderer Bedeutung ist zunächst die visuelle Wende (iconic turn/pictorial turn) im Anschluss an die Arbeiten von W.J.T. Mitchell (1994, 2005). Die im letzten Drittel des 20. Jh.s stetig zunehmende **Visualisierung und Virtualisierung** po-litisch-sozialer Lebenswirklichkeiten und kultureller Erfahrungen führt seit den 1980er Jahren zu einer eingehenden Betrachtung der illusionis-tischen, stark visuell bestimmten **Simulationsräume postmoderner Rea-litäten**. In den nach Mitchells Publikationen an Popularität und Einfluss gewinnenden **Visual Culture Studies** (vgl. Jenks 1995; Mirzoeff ²2002; Rampley 2005) stehen nicht nur zeitgenössische Medienphänomene im Blickpunkt; vielmehr wird die Dominanz sprachlich-verbaler Repräsenta-tionen in den Geistes- und Kulturwissenschaften grundsätzlich in Frage gestellt und eine intensivere Beachtung von visuellen Repräsentationen in allen medialen Formen und zu allen Zeiten der Menschheitsgeschichte gefordert.

Visual Culture Studies betonen die **funktions- und kontextorientierte Interpretation** visueller Repräsentationen als Teil einer je spezifischen nationalen oder kulturellen **Ikonographie**. Sie zielen auf die Analyse und Kritik von visuell vermittelten Identitäts-, Geschichts- und Ideologiekon-struktionen. In der Einleitung zu dem Sammelband *National Imaginaries, American Identities: The Cultural Work of American Iconography* betont Larry J. Reynolds »the centrality of cultural iconography to an understanding of [America's] national past and present« (Reynolds/Hut-ner 2000, S. 5). Die theoretischen Perspektiven und die Ausweitung der Gegenstandsbereiche in den Visual Cultural Studies eröffnen neue Mög-lichkeiten für die seit der Myth and Symbol-Schule (s. Kap. 8.2) produk-tive Interpretation visueller Konstruktionen von ›America‹ (vgl. Hughes 1997).

Iconic Turn und American Studies

»While once confined to art history and used for descriptive purposes, icon-ography has established itself as a penetrating means of cultural criticism in numerous areas of study, including photography, cultural studies, film and media studies, race and gender studies, postcolonial studies, and border studies [...]. [...] As a growing number of teachers of American literature and American cultural studies now perceive, to ignore the specifics of visual culture, out of respect for disciplinary boundaries or in deference to the textual, risks missing the rich and complex ways America and Americans are constituted.« (Reynolds/Hutner 2000, S. 3, 19)

> »[T]he study of American art is not just a simple, illustrative peripheral to the more serious work of American studies, but is essential to our understanding of the way in which American culture operates.« (Cutrer 1999, S. 908)

Spatial Turn: Das verstärkte Interesse an den Interpretationen von geographischen und kulturell gestalteten Räumen, natürlichen und historischen Schauplätzen sowie Gebäuden, Monumenten u. Ä. erweitert in anderer Weise theoretisch-konzeptionell den Rahmen der Amerikanistik/ American Studies. Der sog. **spatial turn,** im Deutschen auch als ›topographische Wende‹ bezeichnet, führt ältere Ansätze der Kulturgeographie, der Area Studies und des Regionalismus fort und entwirft zugleich neue Konzeptionen von Räumen als **historisch, sozial, politisch und kulturell wirkmächtige Repräsentationen** jenseits ihrer rein physikalischen Erscheinungsformen (vgl. Haltunnen 2006; Benesch/Schmidt 2005; Cresswell 2005; Massey 2005; Lefebvre 1991). Yi-Fu Tuans ›humanistische Perspektive‹ (1977, 1974/1990) unterstützt die Interpretation von Räumen als **kulturell etablierte und historisch kontextualisierte Konstruktionen,** die von sozialen, politischen und ideologischen Wertezuschreibungen, kollektiven Identifikationsangeboten und politisch motivierten Organisationsprinzipien geprägt sind (vgl. Clark 2004). Als Teil einer öffentlichen Geschichte (public history; vgl. Hayden 1995) bestimmen natürliche und gestaltete Räume individuelle, kollektive und nationale Geschichten maßgeblich mit.

Die Bandbreite möglicher Fokussierungen, Themen und Untersuchungsgegenstände reicht von geschlechtsspezifisch oder ethnisch konnotierten und limitierten Räumen über individuelle, kollektive und nationale Erinnerungsorte bis zu spezifisch funktionalisierten Räumen wie z. B. Nationalparks, Museen und Archiven, Einkaufszentren, Ausstellungsorten, digitalen und virtuellen Orten sowie Wolkenkratzern. Besondere Aufmerksamkeit finden neuerdings Untersuchungen zur **Kartographie**. Wenngleich städtische, ländliche und suburbane Räume sowie die für ein Verständnis U.S.-amerikanischer Identitäts- und Alteritätskonstruktionen in Geschichte und Gegenwart konstitutiven **symbolischen Orte** wie Washington, DC oder Las Vegas auch schon früher in amerikanistischen Studien eine Rolle spielen, so eröffnen die theoretischen Ansätze der ›räumlichen Wende‹ z. B. durch die Einbeziehung der Virtualisierung und Digitalisierung ›real gegebener‹ Räume in Installationen und auf Webseiten neue Perspektiven.

Performative Turn: Stärker noch als die Hinwendung zu visuellen und materiell-räumlichen Repräsentationen knüpft die Analyse individueller und kollektiver Handlungen und Inszenierungen an ältere theoretische Ansätze an und bezieht einen Teil ihrer konzeptionellen Fundierung aus den Bereichen der **Drama- und Theateranalyse** sowie aus der **Ritualforschung** von Victor Turner (2000). Im deutschsprachigen Bereich wird die neuere Theoriebildung durch Arbeiten aus der Theaterwissenschaft wie z. B. Erika Fischer-Lichtes *Ästhetik des Performativen* (2004) beeinflusst.

In amerikanistischen Arbeiten wirken die in der Analyse von rituellen Praktiken, Straßentheater, politischen Protestaktionen, Happenings und Inszenierungen individueller und kollektiver Identitäten entwickelten Ansätze der besonders von Richard Schechner (2002) vertretenen **Performance Studies** der 1960er und 1970er Jahre nach.

In der feministischen und ethnischen Identitätsforschung spielen die **performativen Dimensionen** von Identitätskonstruktionen, Rolleninszenierungen und (Dis-)Simulationsstrategien seit den Arbeiten von H.L. Gates Jr. (1988) and Judith Butler (1990, 1993) eine wichtige Rolle. Kulturanthropologische Theorien zur Interpretation von öffentlichen Ereignissen und politischen Inszenierungen als rituelle, nach spezifischen Skripten ablaufende und mit ideologisch vorgegebenen Versatzstücken und Inhalten gefüllte (Kollektiv-)Handlungen (**public performances**) unterstützen Arbeiten zu Nationalfeiertagen, zu Traditions- und Geschichtstourismus sowie zu ethnischen Festkulturen.

Ausweitungen der Perspektive: Eine Reihe weiterer Neuorientierungen – oftmals ebenfalls als Wenden bezeichnet – wirkt in unterschiedlicher Intensität auf die theoretischen Diskussionen zu Beginn des 21.Jh.s:

- die **Sound Culture Studies** (vgl. Hilmes 2005)
- der **Ecocriticism**, d.h. eine ökologisch orientierte Literatur- und Kulturwissenschaft (vgl. z.B. Gersdorf/Mayer 2005; Garrard 2004; Glotfelty/Fromm 1996)
- der **Pragmaticism** als Verankerung der amerikanistischen Literatur- und Kulturwissenschaft im (Neo-)Pragmatismus (vgl. Fluck 1999; Rohr 2003).

Seit den späten 1990er Jahren werden wieder verstärkt Fragen der **Ästhetik** erörtert. Heinz Ickstadt argumentiert in diesem Zusammenhang »for the reinstatement of the aesthetic as a discourse not *separate* from or *against* American studies as cultural studies but very much within it« (Ickstadt 2002, S. 558; vgl. Elliott/Caton/Rhyne 2002).

8.9 | Transnationale Amerikanistik/ American Studies zu Beginn des 21. Jh.s

Zu Beginn des 21. Jh.s ist das fachwissenschaftliche Feld der Amerikanistik/American Studies vom Ausbau der **internationalen Kooperationen** und von **transnationalen Perspektiven in Forschung und Lehre** geprägt. Repräsentanten der New American Studies entwickeln seit den 1980er Jahren angesichts globaler Migrationsbewegungen, weltumspannender (populär-)kultureller Austauschprozesse und der wachsenden Bedeutung der Medien Theorien und methodische Ansätze, die nationale Fokussierungen zugunsten von räumlich-geographisch weiter ausgespannten Orientierungen überwinden (s. Kap. 8.6). Die zunehmende **Pluralität und Hybridität** von Kulturen, Literaturen, Geschichten, Sprachen und

Identitäten lässt Beschränkungen auf nationalsprachliche, nationalkulturelle oder nationalstaatliche Bezugsrahmen obsolet erscheinen. Vorstellungen von einheitlichen, autonomen und eindeutig abgegrenzten kulturellen oder nationalen Identitäten und Territorien werden im Kontext der politischen, ökonomischen und kulturellen **Konsequenzen der Globalisierung** an der Wende zum 21. Jh. zunehmend problematisch.

Transnationale Wende: Maßgebliche Bezugspunkte in der Diskussion um die internationale Ausrichtung und transnationale Konzeptualisierung der Amerikanistik/American Studies sind eine Reihe von programmatischen Aufsätzen in *American Quarterly* (Ickstadt 2002; Fishkin 2005; Hornung 2005; Elliott 2007; Fluck 2007). Stellvertretend für die Repräsentanten der Internationalisierung der American Studies und der ›transnationalen Wende‹ (transnational turn) weist Fishkin national(istisch)e

Pease/Wiegman:
*The Futures of
American Studies*
(2002)

oder (mono-)kulturelle Reduktionen von ›America‹ zugunsten dynamischer Vorstellungen von »the nation as a participant in a global flow of people, ideas, texts, and products« (2005, S. 24) zurück und platziert »the *trans*national rather than the national« (S. 21) ins Zentrum der Disziplin. Dass transnationale und interkulturelle Erweiterungen und Entgrenzungen der ›Amerika‹-Studien in Zeiten eines größeren U.S.-amerikanischen Patriotismus und Nationalismus bei Repräsentanten traditionellerer Sichtweisen auf Ablehnung stoßen, zeigt sich an Alan Wolfes Rezension des Sammelbands *The Futures of American Studies* (Pease/Wiegman 2002) mit dem bezeichnenden Titel »The Difference between Criticism and Hatred: Anti-American Studies« (2003).

Die transnationale Wende im Feld der Amerikanistik/American Studies hat unterschiedliche Implikationen und Dimensionen:

- eine **konsequente Internationalisierung** der Disziplin im institutionellen und organisatorischen Bereich des akademischen Austauschs und Wissenschaftstransfers
- eine **konzeptionelle Entgrenzung des Faches** und eine **Ausdehnung von dessen Fragestellungen und Inhalten** über die primäre Beschäftigung mit den USA bzw. mit Nordamerika im engeren nationalstaatlichen bzw. kontinentalen Sinne hinaus
- eine **methodische Präferenz für komparative Perspektiven und relationale Ansätze** in der Auswahl und Behandlung von Fragestellungen und Untersuchungsgegenständen.

Materialien und Publikationsorgane: Eine umfassende Auseinandersetzung mit den neuen theoretischen Ansätzen bietet der Band *Transnational American Studies* (Hgg. Fluck/Brandt/Thaler 2007). Der von John Carlos Rowe herausgegebene Sammelband *Post-Nationalist American Studies* (2000) präsentiert »a version of American Studies that is less insular and parochial, and more internationalist and comparative« (S. 2) und bietet Beispiele aus den Bereichen Religion, Women's Studies, Ethnic Studies und Gender Studies. Mit *Comparative American Studies* wird seit 2003 eine Zeitschrift publiziert, »that extends scholarly debates about American Studies beyond the geographical boundaries of the United States, repositioning discussions about American culture within an international, comparative framework« (vgl. www.maney.co.uk/journals/cas). Die online-Zeitschrift *Journal of Transnational American Studies* (vgl. http://repositories.cdlib.org/acgcc/jtas/) versteht sich als Plattform der transnationalen Wende. In Sammelbänden wie z. B. *Not English Only: Redefining »American« in American Studies* (Øverland 2001) werden die **multilingualen Traditionen in der Literatur- und Kulturgeschichte** der lange Zeit dominanten anglozentrischen bzw. anglophonen Definition von ›America‹ entgegengesetzt. Das von Dirk Hoerder herausgegebene Themenheft *Internationalizing U.S. History* der Zeitschrift *Amerikastudien/American Studies* (48.1/2003) lotet **Kontexte und Bedingungen U.S.-amerikanischer Geschichte und Geschichtsschreibung** jenseits einer national(istisch)en Orientierung aus. Das Zeitschriftenheft *European American Studies* (Hornung 2002) dokumentiert die internationale Kooperation europäischer Amerikanisten.

Zur Vertiefung

Neue Fachbezeichnungen und erweiterte konzeptionelle Bezugsrahmen der Amerikanistik/American Studies

In ihrer umstrittenen Rede als Präsidentin der American Studies Association (ASA) wirft Janice Radway die Frage auf »What's in a Name?« (1999) und stellt die Fachbezeichnung ›American Studies‹ zur Disposition. In dem Band *The New American Studies* schreibt John Carlos Rowe in Anknüpfung an solche Problematisierungen der Gleichsetzung von ›America‹ mit ›USA‹:

»[T]he nation, especially the United States, can no longer be treated as the exclusive domain of American Studies. We should use terminological distinctions consistently to remind readers and students that the United States is not synonymous with America or the Americas and that the latter denotations also exclude such important nations and communities as those composing Canada.« (2002, S. xv–xvi)

In diesem Sinn versteht z. B. die Bezeichnung »**new North American studies**« (vgl. Siemerling 2005) den nordamerikanischen Kontinent als einen nur künstlich – durch historisch entstandene und politisch gewollte Grenzen – in die nationalen Einheiten United States of America und Canada (sowie México bzw. Estados Unidos Mexicanos) getrennten Raum. Bezeichnungen wie »**inter-American studies**«, »**hemispheric studies**« oder »**study of the Americas**« betonen die historischen, ökonomischen und kulturellen Zusammenhänge zwischen Nord- und Südamerika (vgl. Levander/Levine 2006). Der Begriff »**Atlantic studies**« – so auch der Titel einer seit 2004 herausgegebenen Zeitschrift – hebt den Großraum der an den Atlantik angrenzenden Kontinente Europa, Afrika und Nord- und Südamerika als neuen konzeptionellen Orientierungsrahmen hervor. In neu eingerichteten Studien- und Forschungszentren wie z. B. dem **Center for the Pacific Rim** an der University of San Francisco (vgl. www.pacificrim.usfca.edu) steht der transpazifische

Zeitschrift
Atlantic Studies

Raum in seinen historischen, wirtschaftlichen und kulturellen Ver-
flechtungen im Mittelpunkt. Das American Cultures & Global Contexts
Center der University of California, Santa Barbara schließlich positioniert die Beschäftigung mit U.S.-amerikanischen Kulturen im **globalen
Kontext** (vgl. http://acc.english.ucsb.edu). In den »**diaspora studies**«
(vgl. Mayer 2005) vollzieht sich z. T. die Aufgabe spezifischer räumlich-
geographischer Koordinaten in globalen bzw. universellen Fremd-
heits- und Migrationserfahrungen. Allen Ansätzen ist ungeachtet ihrer
jeweiligen theoretischen Fokussierung und geographischen Ausweitung
jener »conceptual frame of transnational interconnectedness« eigen,
den Heinz Ickstadt in seinem Aufsatz »American Studies in an Age of
Globalization« (2002, S. 560) als einen der Grundzüge der gegenwärtigen und zukünftigen Amerikanistik/American Studies unterstreicht.

Fremdbilder und Antiamerikanismus: Im Zusammenhang transnationaler
Perspektiven und Ansätze gewinnt die Beschäftigung mit **externen Darstellungen und Fremdbildern der USA** in Vergangenheit und Gegenwart
an Bedeutung. Dabei stehen nach den U.S.-amerikanischen Reaktionen
auf die Terroranschläge vom 11. September 2001 vielfach **Manifestationen von Antiamerikanismus** und **Interpretationen der USA als globa-
les Imperium** im Mittelpunkt der Diskussionen. So dokumentieren die
Umfragen des **Pew Global Attitudes Project** (vgl. http://pewglobal.org)
mit den Methoden der Demographie die Veränderungen in der internationalen Wahrnehmung der USA zu Beginn des 21. Jh.s. Aus deutscher Sicht
sind die sinkenden Sympathiewerte der USA besonders seit Beginn des
Irakkriegs zwar von unmittelbarer Bedeutung für die Einschätzung der
gegenwärtigen deutsch-amerikanischen Beziehungen. Zum Verständnis der **Produktivität bestimmter Schemata, Stereotypisierungen und
Bildkonventionen** müssen aktuelle Bilder und (Vor-)Urteile jedoch in die
Traditionen, historischen Schwankungen und Ambivalenzen des Repertoires deutscher Amerikabilder und deutsch-amerikanischer Beziehungen seit der Kolonialzeit und besonders seit dem 19. Jh. und 20. einge-
ordnet werden. Eine umfassende Dokumentation bietet die mehrbändige
Enzyklopädie *Germany and the Americas: Culture, Politics, and History*
(Adam 2005). Populäre deutsche ›Amerika-Bücher‹ seit den 1980er Jahren wie z. B. Klaus Harpprechts *Der fremde Freund* (1982), Dieter Kronzu-
ckers *Unser Amerika* (1987), Claus Leggewies *Amerikas Welt: Die USA in
unseren Köpfen* (2000), Hans-Dieter Gelferts *Typisch amerikanisch* (2002)
oder Axel Birkenkämpers *Gegen Bush oder Amerika?: Die Anfälligkeit der
Deutschen für Antiamerikanismus* (2006) sind Indikatoren für pro- und
antiamerikanische Stimmungen und die Attraktivität spezifischer Bildkomplexe.

Komparativ-transnationale Studien: Transnationalen Arbeiten steht
eine nahezu unübersehbare Fülle an Materialien zur Verfügung, die
durch die jeweils spezifischen historischen und kulturellen Relationie-
rungen unterschiedlicher Dokumente neue Perspektiven auf die Projek-

tionsfläche ›America‹ und das politisch-historische Konstrukt der USA eröffnen. Als mögliche Beispiele für komparative Projekte in diachroner wie
synchroner Ausrichtung seien erwähnt:

Beispiele für
transnationale
Projekte

- ein **Vergleich von Alexis de Tocquevilles** *Democracy in America*
  (1835/1840) mit **Bernard-Henri Lévys** *American Vertigo: Traveling
  America in the Footsteps of Tocqueville* (2006)
- eine **vergleichende Untersuchung von Reiseberichten unterschiedlicher kultureller und politischer Kontextualisierungen**, hier z. B. aus
  der ersten Hälfte des 19. Jh.s: die deutschen Reiseberichte von Gott-
  fried Duden (1829), Paul Wilhelm von Württemberg (1835) und Prinz
  Maximilian zu Wied (1839–41) – der Bericht des französischen Reisen-
  den Alexis de Tocqueville (1835/1840) – der Bericht der englischen Rei-
  senden Frances M. Trollope (1832)
- eine **vergleichende Interpretation visueller Repräsentationen der
  (ursprünglichen) Lebensumstände indianischer Kulturen** von den
  frühen Zeichnungen des englischen Kolonisten John White (1588) über
  die Aquarelle des Schweizers Karl Bodmer aus den 1830er Jahren bis
  zu den Fotografien von Edward S. Curtis an der Wende zum 20. Jh.

Jonathan Safran
Foer: *Everything ist*
Illuminated

- eine Untersuchung der Ausstellung »**The American Effect: Global Perspectives on the United States, 1990–2003**« des Whitney Museum of
  American Art (vgl. Rinder et al. 2003) mit Darstellungen der USA von
  Künstlern aus mehr als 30 Ländern
- eine **Interpretation transnationaler literarischer Texte** wie z. B. Jonathan Safran Foers Roman *Everything is Illuminated* (2002)
- **Projekte zur Virtualisierung** – und damit zur (theoretisch) räumlich
  unbeschränkten Verfügbarkeit und Zugänglichkeit – von spezifischen
  Erinnerungsorten und historischen Räumen wie z. B. Manzanar National Historic Site (vgl. www.nps.gov/manz), das Internierungslager für japanischstämmige Bürger der USA während des Zweiten Weltkriegs.

Zur Vertiefung

> **Transnational American Studies – Konzeptionen und Kritik**
>
> »As the transnational becomes more central to American studies, we are likely
> to focus not only on the proverbial immigrant who leaves somewhere called
> ›home‹ to make a new home in the United States, but also on the endless process
> of comings and goings that create familial, cultural, linguistic, and economic
> ties across national borders. We are likely to focus less on the United States as
> a static and stable territory and population whose most characteristic traits it
> was our job to divine, and more on the nation as a participant in a global flow
> of people, ideas, texts, and products – albeit a participant who often tries to
> impede those flows. [...] The United States is and has always been a transna-
> tional crossroads of cultures. And that crossroads of cultures that we refer to as
> ›American culture‹ has itself generated a host of other crossroads of cultures as
> it has crossed borders.« (Fishkin 2005, S. 24, 43)
>
> »What I am arguing, then, is that, far from going outside the United States, we
> have to go back inside. For those outside, the need for such an analysis appears
> greater than ever. [...] The United States is a paradigmatic, agenda-setting mod-
> ern society and no talk about the crisis of the nation-state can distract from

the fact that there is enough nation-state left to affect all of us decisively. Or, to put it differently: globalization does not mean that American power becomes porous or is going away. It means that it is reconfiguring itself and may emerge in even more effective, albeit more invisible, forms than ever before. American power is thus still a major issue for the rest of the world. In this situation, the original goal of American Studies – the analysis of the cultural sources of American power – continues to be as urgent as ever, and the dissolution of this project in transnational American studies would be a major mistake. [...] If we define American studies as an attempt to understand how the American system, American culture, and the idea of ›America‹ work, we are free to draw on comparative perspectives where these may appear useful, but we are not obliged to focus on diasporic conditions as the key to a renewed understanding of the United States. In other words: where the term *transnationalism* is used in an institutional sense, as a concept for furthering international cooperation, it deserves full support, although this in itself does not help to solve the continuing conceptual challenge of determining what kind of knowledge American studies should focus on. On the other hand, where the term *transnationalism* is employed to answer that question by focusing on intercultural spaces and diasporic conditions, or by toying with the idea of dissolving ›America‹ as an object of study in a diffuse globalism and replacing it with a new object defined hemispherically or globally, American studies is running away from the task and interpretative challenge for which it was created. It is curious indeed to see that this is suggested at a time in which understanding the United States has become perhaps more important than ever.« (Fluck 2007, S. 28-29; 30-31)

Perspektiven: Die transnationalen Ansätze im Feld der Amerikanistik/ American Studies erweitern die **Gegenstandsbereiche und Fragenhorizonte** amerikanistischer Forschung und Lehre und fördern komparative Arbeiten zur globalen Verflechtung der U.S.-amerikanischen Kultur, Gesellschaft, Politik und Ökonomie in Vergangenheit und Gegenwart. Zugleich wirft die transnationale Wende Fragen nach der **zukünftigen Fokussierung** und dem grundsätzlichen bzw. primären Erkenntnisinteresse des Faches auf und rückt die **fachwissenschaftliche Identität der Amerikanistik/American Studies** in den Blickpunkt.

In seinem Rückblick auf die Theorie- und Fachgeschichte der American Studies betont Leo Marx »a fascination with the idea of America« (2005, S. 128) als Ausgangs- und Bezugspunkt der Disziplin, präzisiert zugleich jedoch, »that American studies always has been, and still is – for all practical purposes – ›United States studies‹« (S. 130). In seinem Ausblick auf die zukünftige Profilierung des Faches mit dem Titel »Inside and Outside: What Kind of Knowledge Do We Need?« unterstreicht Winfried Fluck (2007) ungeachtet der Bedeutung der institutionellen Internationalisierung und der interpretatorischen Attraktivität komparativer Perspektiven die Notwendigkeit zur **Konzentration auf das Verständnis der USA und auf die kritische Auseinandersetzung mit der politischen und kulturellen Macht der U.S.-amerikanischen Nation** gerade im Zeitalter der Globalisierung: »understanding the United States has become perhaps more important than ever« (S. 31). Die Zukunft des Fachs liegt in der Vermittlung und Balance zwischen der transnationalen Erweiterung der In-

Verständnis der USA

teressen und der Relevanz der Amerikanistik/American Studies und der institutionellen, konzeptionellen und methodischen Fokussierung auf die Zielsetzung des Verständnisses der USA.

9. Literaturverzeichnis

9.1 | Fachkonzeptionen, Materialien, Studien- angebote

(s. auch Literatur zu Kap. 8 zu theoretischen Ansätzen und Methoden)

Böker, Uwe/Houswitschka, Christoph (Hg.): *Einführung in das Studium der Anglistik und Amerikanistik*. München: Beck ²2007.

Campbell, Neil/Kean, Alasdair: *American Cultural Studies: An Introduction to American Studies*. London: Routledge ²2006.

Hartley, John/Pearson, Roberta E. (Hg.): *American Cultural Studies: A Reader*. Oxford: OUP 2000.

Horowitz, Richard P. (Hg.): *The American Studies Anthology*. Wilmington: Scholarly 2001.

Lubbers, Klaus: *Einführung in das Studium der Amerikanistik*. Tübingen: Niemeyer 1970.

Mauk, David/Oakland, John: *American Civilization: An Introduction*. New York: Routledge ⁴2005.

Nünning, Ansgar/Jucker, Andreas H.: *Orientierung Anglistik/Amerikanistik: Was sie kann, was sie will*. Reinbek: Rowohlt 1999.

Radway, Janice et al. (Hg.): *American Studies: An Anthology*. New York: Wiley 2008.

Temperley, Howard/Bigsby, Christopher (Hg.): *A New Introduction to American Studies*. New York: Longman 2006.

Einführungsbände

Kurian, George T. et al. (Hg.): *Encyclopedia of American Studies*. 4 Bde. New York: Grolier Educational 2001 (http://eas-ref.press.jhu.edu).

Enzyklopädie

»American Studies in the Postmodern Era«. In: Blaicher, Günther/Glaser, Brigitte (Hg.): *Anglistentag 1993*. Tübingen: Niemeyer 1994, S. 251–360.

Bergsträsser, Arnold: »Amerikastudien als Problem der Forschung und Lehre«. In: *Jahrbuch für Amerikastudien* 1 (1956), S. 8–14.

Dreyer, Michael/Kalm, Markus/Lang, Markus (Hg.): *Amerikaforschung in Deutschland: Themen und Institutionen der Politikwissenschaft nach 1945*. Stuttgart: Steiner 2004.

Fischer, Walther: *Amerikanische Prosa vom Bürgerkrieg bis auf die Gegenwart (1863–1922)*. Leipzig: Teubner 1926.

Amerikanistik/
American Studies
in Deutschland

Fachkonzeptionen,
Materialien,
Studienangebote

– : *Die englische Literatur der Vereinigten Staaten von Nordamerika*. Potsdam: Athenaion 1929.

Fluck, Winfried/Claviez, Thomas (Hg.): *Theories of American Culture, Theories of American Studies*. Tübingen: Narr 2003.

Freitag, Christian H.: *Die Entwicklung der Amerikastudien in Berlin bis 1945*. Diss. Berlin 1977.

Galinsky, Hans: »American Studies in Germany«. In: Fishwick, Marshall W. (Hg.): *American Studies in Transition*. Philadelphia: U of Pennsylvania P 1964, S. 232–252.

– : »The New Grown Old? Exemplary Models and Original Concepts of Germany's American Studies Reconsidered«. In: Georgi-Findlay, Brigitte/Ickstadt, Heinz (Hg.): *America Seen from Outside: Topics, Models, and Achievements of American Studies in the Federal Republic of Germany*. Berlin: John F. Kennedy-Institut 1990, S. 24–39.

Gassert, Philipp: *Amerika im Dritten Reich: Ideologie, Propaganda und Volksmeinung 1933–1945*. Stuttgart: Steiner 1997.

–: »The Study of U.S. History in Germany«. In: Van Minnen, Cornelis/Hilton, Sylvia L. (Hg.): *Teaching and Studying U.S. History in Europe*. Amsterdam: VU P 2007, S. 117–132.

Grabbe, Hans-Jürgen: »50 Jahre Deutsche Gesellschaft für Amerikastudien«. In: *Amerikastudien/American Studies* 48 (2003), S. 159–184.

Hansen, Olaf: »*American Studies:* Zur Theorie und Geschichte der Disziplin«. In: *Jahrbuch für Amerikastudien* 18 (1973), S. 132–172.

Hausmann, Frank-Rutger: *Anglistik und Amerikanistik im »Dritten Reich«*. Frankfurt: Klostermann 2003.

Hebel, Udo J. (Hg.): *Amerikastudien/American Studies at 50*. Jubiläumsdopppelheft *Amerikastudien/American Studies* 50.1/2 (2005).

Horwitz, Richard P.(Hg.): *Exporting America: Essays on American Studies Abroad*. New York: Garland 1993.

– : »American Studies: Approaches and Concepts«. In: Kurian, George T. et al. (Hg.): *Encyclopedia of American Studies*. 4 Bde. New York: Grolier 2001, Bd 1: S. 112–118.

Lenz, Günter H./Milich, Klaus (Hg.): *American Studies in Germany: European Contexts and Intercultural Relations*. Frankfurt: Campus 1995.

Paul, Heike/Sollors, Werner (Hg.): *Multilingualism and American Studies*. Themenheft *Amerikastudien/American Studies* 51.1 (2006).

Radway, Janice: »What's in a Name? Presidential Address to the American Studies Association, 20 November 1998«. In: *American Quarterly* 51 (1999), S. 1–32.

Schnoor, Rainer (Hg.): *Amerikanistik in der DDR: Geschichte-Analysen-Zeitzeugenberichte*. Berlin: Trafo 1999.

Schönemann, Friedrich: *Amerikakunde: Eine zeitgemäße Forderung*. Bremen: Angelsachsen-Verlag 1921.

Skard, Sigmund: *American Studies in Europe: Their History and Their Present Organization*. Philadelphia: U of Philadelphia P 1958.

Smith, Henry Nash: »Can American Studies Develop a Method?«. In: *American Quarterly* 9 (1957), S. 197–208.

Strunz, Gisela: *American Studies oder Amerikanistik: Die deutsche Amerikawissenschaft und die Hoffnung auf Erneuerung der Hochschulen und der politischen Kultur nach 1945*. Opladen: Leske 1999.

Walker, Robert H. (Hg.): *American Studies Abroad*. Westport: Greenwood 1975.

Kanadistik

Braun, Hans/Klooß, Wolfgang: *Kanada: Eine interdisziplinäre Einführung*. Trier: WVT ²1994.

Groß, Konrad/Kloß, Wolfgang/Nischik, Reingard M. (Hg.): *Kanadische Literaturgeschichte*. Stuttgart: Metzler 2005.

Pache, Walter: *Einführung in die Kanadistik*. Darmstadt: WBG 1981.

Sautter, Udo: *Geschichte Kanadas*. München: Beck ²2007.

**Kulturwissen-
schaft
(s.Kap. 8.5)**

Assmann, Aleida: *Einführung in die Kulturwissenschaft*. Berlin: Schmidt 2006.

Bachmann-Medick, Doris: *Kultur als Text*. München: UTB ²2004.

– : *Cultural Turns: Neuorientierung in den Kulturwissenschaften*. Reinbek: Rowohlt 2006.

Böhme, Hartmut et al.: *Orientierung Kulturwissenschaft: Was sie kann, was sie will*. Reinbek: Rowohlt 2000.

Fachkonzeptionen, Materialien, Studienangebote

Burke, Peter: *What Is Cultural History?* Cambridge: Polity 2004.
Clifford, James: *The Predicament of Culture: Twentieth-Century Ethnography, Literature, and Art.* Cambridge: Harvard UP 1988.
Fauser, Markus: *Einführung in die Kulturwissenschaft.* Darmstadt: WBG 2006.
Geertz, Clifford: *The Interpretation of Cultures.* New York: Basic 1973.
Hansen, Klaus P.: *Kultur und Kulturwissenschaft.* Tübingen: Francke ²2000.
Jenks, Chris: *Culture.* London: Routledge ²2005.
Kuper, Adam: *Culture: The Anthropologists' Account.* Cambridge: Harvard UP 1999.
Nünning, Ansgar/Nünning, Vera (Hg.): *Einführung in die Kulturwissenschaften.* Stuttgart: Metzler 2008.
Shank, Barry: »Culture and Cultural Studies«. In: Kurian, George T. et al. (Hg.): *Encyclopedia of American Studies.* 4 Bde. New York: Grolier 2001, Bd 1: S. 443–448.

Geschichte der USA/ Nordamerikas (s. auch 9.3.0)

Boller, Paul F./Story, Ronald (Hg.): *A More Perfect Union: Documents in U.S. History.* 2 Bde. Boston: Houghton Mifflin ⁶2005.
Boyer, Paul et al. (Hg.): *The Enduring Vision: A History of the American People.* Boston: Houghton Mifflin ⁶2008.
Breidlid, Anders et al. (Hg.): *American Culture: An Anthology.* New York: Routledge ²2008.
Commager, Henry Steele/Cantor, Milton (Hg.): *Documents of American History.* Englewood Cliffs: Prentice Hall ¹⁰1988.
Depkat, Volker: *Geschichte Nordamerikas.* Köln: Böhlau 2008.
Heffner, Richard D. (Hg.): *A Documentary History of the United States.* New York: Signet ⁷2002.
Heideking, Jürgen/Mauch, Christoph: *Geschichte der U.S.A.* Tübingen: Francke ⁶2008.
Norton, Mary Beth: *A People and a Nation: A History of the United States.* Boston: Houghton Mifflin ⁸2007.
Tindall, George B./Shi, David E.: *America: A Narrative History.* New York: Norton ⁷2007.
Widder, Helmut/Bergmann, Marcus: *Dokumente zur Geschichte der Vereinigten Staaten von Amerika.* Berlin: Duncker ²2007.

Altamerikanistik

Köhler, Ulrich: *Altamerikanistik.* Berlin: Reimer 1990.
Prem, Hanns J.: *Geschichte Altamerikas.* München: Oldenbourg 1989.
Siemes, Christof et al.: *Frühe Neuzeit und Altamerika.* Hamburg: Zeit-Verlag 2006.

Ausgewählte Anthologien

Baym, Nina et al. (Hg.): *The Norton Anthology of American Literature.* 5 Bde. New York: Norton ⁷2007.
Beaty, Jerome/Hunter, J. Paul (Hg.): *New Worlds of Literature: Writing from America's Many Cultures.* New York: Norton ²1994.
Calloway, Colin (Hg.): *First Peoples: A Documentary Survey of American Indian History.* Boston: Bedford ³2008.
Gates, Henry L./McKay, Nellie (Hg.): *The Norton Anthology of African American Literature.* New York: Norton ²2004.
Gilbert, Sandra M./Gubar, Susan D. (Hg.): *The Norton Anthology of Literature by Women: The Traditions in English.* New York: Norton ²1996.
Hill, Patricia L. et al. (Hg.): *Call & Response: The Riverside Anthology of the African American Literary Tradition.* New York: Houghton 1998.
Hogeland, Lisa et al. (Hg.): *The Aunt Lute Anthology of U.S. Women Writers.* 2 Bde. San Francisco: Aunt Lute Books 2004, 2008.
Kanellos, Nicolás et al. (Hg.): *Herencia: The Anthology of Hispanic Literature of the United States.* New York: OUP 2002.
Lauter, Paul et al. (Hg.): *The Heath Anthology of American Literature.* 5 Bde. Boston: Houghton Mifflin ⁶2008-2009.
Moquin, Wayne (Hg.): *Great Documents in American Indian History.* New York: daCapo 1995.
Nabokov, Peter (Hg.): *Native American Testimony.* New York: Penguin 1992.
Sayre, Robert F. (Hg.): *American Lives: An Anthology of Autobiographical Writing.* Madison: U of Wisconsin P 1994.

Fachkonzeptionen, Materialien, Studienangebote

Sollors, Werner (Hg.): *An Anthology of Interracial Literature*. New York: New York UP 2004.

–/Shell, Marc (Hg.): *Multilingual Anthology of American Literature*. New York: New York UP 2000.

Trout, Lawana (Hg.): *Native American Literature: An Anthology*. Lincolnwood, IL: NTC 1999.

Turner, Frederick (Hg.): *The Portable North American Indian Reader*. New York: Penguin 1974.

Literatur-geschichten

Bercovitch, Sacvan (Hg.): *Cambridge History of American Literature*. 8 Bde. Cambridge UP 1994–2005.

Elliott, Emory (Hg.): *Columbia Literary History of the United States*. New York: Columbia UP 1988.

Galinsky, Hans: *Geschichte amerikanischer Kolonialliteratur*. 4 Bde. Darmstadt: WBG/ Frankfurt: Lang 1991–2000.

Gray, Richard: *A History of American Literature*. New York: Blackwell 2004.

Schulze, Martin: *Geschichte der amerikanischen Literatur von den Anfängen bis heute*. Berlin: Propylaen 1999.

Spiller, Robert et al. (Hg.): *Literary History of the United States*. New York: MacMillan ^{4}1974.

Zapf, Hubert (Hg.): *Amerikanische Literaturgeschichte*. Metzler: Stuttgart ^{2}2004.

Nachschlagewerke zur U.S.-amerika-nischen Literatur

Andrews, William L. et al. (Hg.): *The Concise Oxford Companion to African American Literature*. New York: OUP 2001.

Berkin, Carol et al. (Hg.): *Encyclopedia of American Literature*. 3 Bde. New York: Facts on File 2002.

Davidson, Cathy et al. (Hg.): *The Oxford Companion to Women's Writing in the United States*. New York: OUP 1995.

Engler, Bernd/Müller, Kurt (Hg.): *Metzler Lexikon Amerikanischer Autoren*. Stuttgart: Metzler 2000.

Hart, James D. (Hg.): *The Oxford Companion to American Literature*. New York: OUP ^{6}1995.

Hornung, Alfred: *Lexikon Amerikanische Literatur*. Mannheim: Meyer 1992.

Nelson, Emmanuel S. (Hg.): *The Greenwood Encyclopedia of Multiethnic American Literature*. 5 Bde. Westport: Greenwood 2005.

Ostrom, Hans/Macey, J. David (Hg.): *The Greenwood Encyclopedia of African American Literature*. 5 Bde. Westport: Greenwood 2005.

Serafin, Steven R. et al. (Hg.): *The Continuum Encyclopedia of American Literature*. New York: Continuum 2003.

Literaturtheorie und Literatur-wissenschaft

Barry, Peter: *Beginning Theory: An Introduction to Literary and Cultural Theory*. Manchester: Manchester UP ^{2}2002.

Coyle, Martin et al. (Hg.): *Encyclopedia of Literature and Criticism*. London: Routledge 1991.

Gelfert, Hans-Dieter: *Einführung in das Studium Anglistik-Amerikanistik*. Berlin: Cornelsen 1998.

Groden, Michael et al. (Hg.): *Johns Hopkins Guide to Literary Theorie and Criticism*. Baltimore: Johns Hopkins UP ^{2}2005.

Humphrey, Richard/Nünning, Ansgar/Cooke, Simon: *Essential Study Skills for Bachelor/ Master in English and American Studies*. Stuttgart: Klett 2007.

Klarer, Mario: *Einführung in die anglistisch-amerikanistische Literaturwissenschaft*. Darmstadt: WBG ^{5}2007 (engl. ^{2}2004).

Lentricchia, Frank (Hg.): *The Norton Anthology of Theory and Criticism*. New York: Norton 2001.

–/McLaughlin, Thomas (Hg.): *Critical Terms for Literary Study*. Chicago: U of Chicago P ^{2}1995.

Ludwig, Hans-Werner: *Studium Literaturwissenschaft*. Tübingen: Francke 2003.

Meyer, Michael: *English and American Literatures*. Tübingen: Francke ^{3}2008.

Nünning, Ansgar (Hg.): *Metzler Lexikon Literatur- und Kulturtheorie*. Stuttgart: Metzler ^{4}2008.

Fachkonzeptionen, Materialien, Studienangebote

–/Nünning, Vera: *An Introduction to the Study of English and American Literature*. Stuttgart: Klett 2006.

Preminger, Alex et al. (Hg.): *The New Princeton Encyclopaedia of Poetry and Poetics*. Princeton: Princeton UP 1993.

Schneider, Ralf (Hg.): *Literaturwissenschaft in Theorie und Praxis*. Tübingen: Narr 2004.

Wolfreys, Julian: *Literary Theories: A Reader and Guide*. Edinburgh: Edinburgh UP 1999.

– et al.: *Key Concepts in Literary Theory*. Edinburgh: Edinburgh UP ²2006.

Zapf, Hubert: *Kurze Geschichte der Anglo-Amerikanischen Literaturtheorie*. München: Fink 1991.

Bestseller und Graphic Fiction

Brunetti, Ivan (Hg.): *An Anthology of Graphic Fiction, Cartoons, & True Stories*. New Haven: Yale UP 2006.

Gonick, Larry: *The Cartoon History of the United States*. New York: Harper 1991.

Hackett, Alice Payne/Burke, James Henry: *80 Years of Bestsellers 1895–1975*. New York: Bowker 1977.

Mott, Frank Luther: *Golden Multitudes: The Story of Bestsellers in the United States*. New York: Bowker 1960.

Bilder und Ikonographien

Diers, Michael: *Schlagbilder: Zur politischen Ikonographie der Gegenwart*. Frankfurt: Fischer 1997.

Hughes, Robert: *American Visions*. New York: Knopf 1997.

Levine, Robert M.: *Insights into American History*. Upper Saddle River: Pearson 2004.

Orvell, Miles: *American Photography*. Oxford: OUP 2003.

»Picture Power«. *U.S. News & World Report* 10. März 2008.

Reynolds, Larry J./Hutner, Gordon (Hg.): *National Imaginaries, American Identities: The Cultural Work of American Iconography*. Princeton: Princeton UP 2000.

Schulz, Martin: *Ordnungen der Bilder: Eine Einführung in die Bildwissenschaft*. München: Fink 2005.

Stepan, Peter (Hg.): *Photos That Changed the World*. München: Prestel 2006.

Trachtenberg, Allan: *Reading American Photographs: Images as History*. New York: Hill 1989.

Medientheorien und Medienwissenschaften

Abercombie, Nicholas/Longhurst, Brian: *Penguin Dictionary of Media Studies*. New York: Penguin 2007.

Hickethier, Knut: *Einführung in die Medienwissenschaft*. Stuttgart: Metzler 2003.

Kelleter, Frank/Stein, Daniel (Hg.): *American Studies as Media Studies*. Heidelberg: Winter 2008.

Kloock, Daniela: *Medientheorien: Eine Einführung*. München: Fink 2007.

Schanze, Helmut (Hg.): *Metzler Lexikon Medientheorie, Medienwissenschaft*. Stuttgart: Metzler 2002.

Voigts-Virchow, Eckart: *Introduction to Media Studies*. Stuttgart: Klett 2005.

Massenmedien, Zeitungen, Radio

Blanchard, Margaret A. (Hg.): *History of Mass Media in the United States*. Chicago: Dearborn 1998.

Folkerts, Jean/Teeter, Dwight L.: *Voices of a Nation*. Boston: Allyn ⁴2002.

Godfrey, Donald G./Leigh, Frederic A. (Hg.): *Historical Dictionary of American Radio*. Westport: Greenwood 1998.

Gomery, Douglas: *A History of Broadcasting in the United States*. Malden: Blackwell 2008.

Hollis, Daniel Webster: *The ABC-CLIO Companion to Media in America*. Santa Barbara: ABC-CLIO 1995.

Mott, Frank Luther: *A History of American Magazines*. 5 Bde. Cambridge: Harvard UP 1957–1968.

Nord, David Paul: *Communities of Journalism: A History of American Newspapers and Their Readers*. Urbana: U of Illinois P 2001.

Reinehr, Robert C./Swartz, Jon D.: *Historical Dictionary of Old-Time Radio*. Lanham: Scarecrow P 2008.

Sies, Luther F.: *Encyclopedia of American Radio 1920–1960*. Jefferson: McFarland 2000.

Fachkonzeptionen,
Materialien,
Studienangebote

**Film-/Fernseh-
studien**

Allen, Robert C./Hill, Annette (Hg.): *The Television Studies Reader*. New York: Routledge 2004.

Auerbach, Jonathan: »American Studies and Film, Blindness and Insight«. In: *American Quarterly* 58 (2006), S. 31–50.

Barnouw, Erik: *Tube of Plenty: The Evolution of American Television*. New York: OUP ²1990.

Baughman, James L.: *Same Time, Same Station: Creating American Television 1948–1961*. Baltimore: Johns Hopkins UP 2007.

Borstnar, Nils et al.: *Einführung in die Film- und Fernsehwissenschaft*. Konstanz: UVK 2002.

Brooks, Tim/Marsh, Earle: *The Complete Directory to Prime Time Network and Cable TV Shows 1946-Present*. New York: Ballantine ⁹2007.

Burgoyne, Robert: *The Hollywood Historical Film*. Malden: Blackwell 2008.

Cameron, Kenneth M.: *America on Film: Hollywood and American History*. New York: Continuum ²2002.

Castelman, Harry/Podrazik, Walter J.: *Watching TV: Six Decades of American Television*. Syracuse: Syracuse UP ²2003.

Edgerton, Gary R.: *The Columbia History of American Television*. New York: Columbia UP 2007.

Faulstich, Werner: *Grundkurs Filmanalyse*. München: Fink 2002.

Girgus, Sam B.: *America on Film*. Cambridge: Cambridge UP 2002.

Hyatt, Wesley: *The Encyclopedia of Daytime Television*. New York: Billboard 1997.

Korte, Helmut: *Einführung in die Filmanalyse*. Berlin: Schmidt 2004.

Lichter, S. Robert/Lichter, Linda S./Rothman, Stanley: *Prime Time: How TV Portrays American Culture*. Washington: Regnery 1994.

Moore, Barbara et al.: *Prime-Time Television: A Concise History*. Westport: Praeger 2006.

Nelmes, Jill: *Introduction to Film Studies*. New York: Routledge ⁴2007.

Rabinowitz, Lauren: »More Than Meets the Eye: Movies in American Studies«. In: *American Studies* 47 (2006), S. 71–85.

Tracey, Grant: *Filmography of American History*. Westport: Greenwood P 2002.

Musik

»America's Music: From Yankee Doodle to Hip-Hop« *U.S. News & World Report*. 8./15 Juli 2002.

Barnet, Richard/Nemerov, Bruce/Taylor, Mayo R.: *The Story Behind the Song: 150 Songs That Chronicle the 20th Century*. Westport: Greenwood P 2004.

Brackett, David: *Interpreting Popular Music*. Berkeley: U of California P 2000.

Cooper, B. Lee: *Images of American Society in Popular Music*. Chicago: Nelson-Hall 1982.

Kempton, Arthur: *Boogaloo: The Quintessence of American Popular Music*. New York: Pantheon 2003.

Nicholls, David (Hg.): *The Cambridge History of American Music*. New York: Cambridge UP 1998.

Rolling Stone 1000 Cover: A History of the Most Influential Magazine in Pop Culture. New York: Abrams 2006.

Sherr, Lynn: *America the Beautiful*. New York: Public Affairs 2001.

Shuker, Roy: *Understanding Popular Music*. New York: Routledge ²2001.

Tick, Judith/Beaudoin, Paul: *Music in the USA: A Documentary Companion*. New York: OUP 2008.

**Räume, Public
History, Material
Culture Studies**

Alexander, Edward P.: *The Museum in America: Innovators and Pioneers*. Walnut Creek: AltaMira 1997.

Carbonell, Bettina M. (Hg.): *Museum Studies: An Anthology of Contexts*. Malden: Blackwell 2004.

Clark, Gregory: *Rhetorical Landscapes in America*. Columbia: U of South Carolina P 2004.

Conn, Steven: *Museums and American Intellectual Life 1876–1926*. Chicago: U of Chicago P 1998.

Gardner, James B./LaPaglia, Peter S. (Hg.): *Public History: Essays from the Field*. Malabar: Krieger 1999.

Glassie, Henry H.: *Material Culture*. Bloomington: Indiana UP 1999.

Räume, Regionen, demographische Entwicklungen

Kammen, Michael G.: »Public History and National Identity in the United States«. In: *Amerikastudien/American Studies* 44 (1999), S. 459–475.
Magelssen, Scott: *Living History Museums*. Lanham: Scarecrow 2007.
Rauthe, Simone: *Public History in den USA und Deutschland*. Essen: Klartext 2001.
Schlereth, Thomas J. (Hg.): *Material Culture Studies in America*. Walnut Creek: AltaMira P 1996.
– : *Cultural History and Material Culture: Everyday Life, Landscapes, Museums*. Ann Arbor: UMI Research P 1990.
Sheumaker, Helen/Wajda, Shirley T. (Hg.): *Material Culture in America: Understanding Everyday Life*. Santa Barbara: ABC-CLIO 2008.
Witcom, Andrea: *Re-Imagining the Museum: Beyond the Mausoleum*. London: Routledge 2003.

Universitäten in den USA und Auslandsstudium

Artzfeld, Heidi: *Studienführer USA, Kanada*. Berlin: DAAD 2005.
Bösel, Carsten: *DAAD Studienführer USA*. Bielefeld: Bertelsmann 2008.
College Board International Student Handbook of U.S. Colleges. New York: The College Board 2008.
Dichanz, Horst: *Schulen in den USA: Einheit und Vielfalt in einem flexiblen Schulsystem*. Weinheim: Juventa 1991.
Giordano, Gerard: *How Testing Came to Dominate American Schools: The History of Educational Assessment*. Berlin: Lang 2005.
Pulliam John D./Van Patten, James J.: *History of Education in America*. Upper Saddle River: Prentice Hall ^{9}2006.
Spring, Joel H.: *The American School: From the Puritans to No Child Left Behind*. Boston: McGraw ^{7}2008.
Reese, William J./Rury, John L. (Hg.): *Rethinking the History of American Education*. New York: Macmillan 2008.

Amerikanistik/ American Studies und Fachdidaktik

Bach, Gerhard/Donnerstag, Jürgen (Hg.): *Teaching American Studies in the Twenty-First Century*. Themenheft *Amerikastudien/American Studies* 52.3 (2007).
Doff, Sabine/Klippel, Friederike: *Englischdidaktik: Praxishandbuch für die Sekundarstufe I und II*. Berlin: Cornelsen 2007.
Freese, Peter: »American Studies and EFL-Teaching in Germany: A Troubled Relationship«. In: *Amerikastudien/American Studies* 50 (2005), S. 183–230.
Gehring, Wolfgang: *Englische Fachdidaktik: Eine Einführung*. Berlin: Schmidt ^{2}2004.
Haß, Frank (Hg.): *Fachdidaktik Englisch: Tradition/Innovation/Praxis*. Stuttgart: Klett 2006.

9.2 | Räume, Regionen, demographische Entwicklungen

Überblicksdarstellungen und Standardwerke

Birdsall, Stephen S./Florin, John W.: *Regional Landscapes of the United States and Canada*. New York: Wiley ^{6}2005.
Hahn, Roland: *USA*. Perthes Länderprofile. Stuttgart: Klett 2002.
Hudson, John C.: *Across This Land: A Regional Geography of the United States and Canada*. Baltimore: Johns Hopkins UP 2002.
Lösche, Peter/Löffelholz, Hans Dietrich (Hg.): *Länderbericht USA*. Frankfurt: Campus ^{4}2004.
McKnight, Tom L.: *Regional Geography of the United States and Canada*. Upper Saddle River: Prentice Hall ^{4}2003.
Meinig, D.W.: *The Shaping of America: A Geographical Perspective on 500 Years of History*. 4 Bde. New Haven: Yale UP 1986–2006.
Paterson, J. H.: *North America: A Geography of the United States and Canada*. New York: OUP ^{9}1994.
Portinar, Pierluigi/Knirsch, Franco: *The Cartography of North America, 1500–1800*. New York: Facts on File 1987.

Räume, Regionen, demographische Entwicklungen

Schneider-Sliwa, Rita: *USA*. Wissenschaftliche Länderkunden. Darmstadt: WBG 2005.
Wersich, Rüdiger (Hg.): *USA-Lexikon*. Berlin: Schmidt 1996.

Regionen und Regionalismus

Black, Brian: »The West«. In: Kurian, George T. et al. (Hg.): *Encyclopedia of American Studies*. 4 Bde. New York: Grolier 2001, Bd. 4, S. 336–340.
Coski, John M.: *The Confederate Battle Flag: America's Most Embattled Emblem*. Cambridge: Harvard UP 2005.
Cuthbert-Kerr, Simon: »The South«. In: Kurian, George T. et al. (Hg.): *Encyclopedia of American Studies*. 4 Bde. New York: Grolier 2001, Bd. 4, S. 156–161.
Fresonke, Chris: »Regionalism«. In: Kurian, George T. et al. (Hg.): *Encyclopedia of American Studies*. 4 Bde. New York: Grolier 2001, Bd. 4, S. 12–18.
Garreau, Joel: *The Nine Nations of North America*. Boston: Houghton Mifflin 1981.
Hartshorne, Richard: *The Nature of Geography: A Critical Survey of Current Thought in the Light of the Past*. Lancaster: The Association 1939.
Herr, Cheryl: *Critical Regionalism and Cultural Studies*. Gainesville: UP of Florida 1996.
Hönnighausen, Lothar et al. (Hg.): *Regionalism in the Age of Globalization*. 2 Bde. Madison: Center for the Study of Upper Midwestern Cultures 2005.
I'll Take My Stand: The South and the Argrarian Tradition, by Twelve Southerners [1930]. Baton Rouge: Louisiana State UP 2006.
Lefaivre, Liane/Tzonis, Alexander: *Critical Regionalism: Architecture and Identity in a Globalised World*. Munich: Prestel 2003.
Murphy, Alexander B.: »Regions as Social Constructs: The Gap Between Theory and Practice«. In: *Progress in Human Geography* 15 (1991), S. 23–35.
O'Keefe, John T.: »New England«. In: Kurian, George T. et al. (Hg.): *Encyclopedia of American Studies*. 4 Bde. New York: Grolier 2001, Bd. 3, S. 239–245.
Ostergren, Robert: »Concepts of Region: A Geographical Perspective«. In: Hönnighausen, Lothar et al. (Hg.): *Regionalism in the Age of Globalization*. 2 Bde. Madison: Center for the Study of Upper Midwestern Cultures 2005, Bd. 1, S. 1–14.
Reichert, Powell Douglas: *Critical Regionalism: Connecting Politics and Culture in the American Landscape*. Chapel Hill: U of North Carolina P 2007.
Shortridge, James R.: »The Midwest«. In: Kurian, George T. et al. (Hg.): *Encyclopedia of American Studies*. 4 Bde. New York: Grolier 2001, Bd. 3, S. 109–114.
Wrobel, David M./Steiner, Michael C. (Hg.): *Many Wests: Place, Culture, & Regional Identity*. Lawrence: UP of Kansas 1997.

Klassiker der amerikanistischen Regionalstudien

Cash, W.J.: *The Mind of the South*. New York: Knopf 1941.
Lynd, Robert S./Lynd, Helen M.: *Middletown: A Study in American Culture*. New York: Harcourt 1929.
Miller, Perry: *The New England Mind*. 2 Bde. Cambridge: Harvard UP 1939, 1953.
Slotkin, Richard: *Regeneration through Violence: The Mythology of the American Frontier, 1600–1860*. Middletown: Wesleyan UP 1973.

Regionalliteratur

Ammons, Elizabeth/Rohy, Valerie (Hg.): *American Local Color Writing, 1880–1920*. New York: Penguin 1998.
Crow, Charles L. (Hg.): *A Companion to the Regional Literatures of America*. Malden: Blackwell 2003.
Fetterley, Judith/Marjorie, Pryse (Hg.): *American Women Regionalists, 1850–1910*. New York: Norton 1992.

Einwanderung und Einwandergeschichte

Brownstone, David M./Franck, Irene M.: *Facts about American Immigration*. New York: Wilson 2001.
Ciment, James (Hg.): *Encyclopedia of American Immigration*. 4 Bde. Armonk: Sharpe 2001.
Cordasco, Francesco (Hg.): *Dictionary of American Immigration*. Metuchen: Scarecrow 1990.
Daniels, Roger: *Coming to America: A History of Immigration and Ethnicity in American Life*. New York: Perennial ²2002.
– : *Guarding the Golden Door: American Immigration Policy and Immigrants since 1882*. New York: Hill 2004.

–/Graham, Otis L.: *Debating American Immigration, 1882-Present*. Lanham: Rowman
2001.

Flanders, Stephen: *Atlas of American Migration*. New York: Facts on File 1998.

Handlin, Oscar: *The Uprooted*. Philadelphia: U of Pennsylvania P ²2002.

Hansen, Marcus Lee: *The Atlantic Migration, 1608–1860: A History of Continuing Settlement of the United States*. Cambridge: Harvard UP 1940.

Higham, John: *Strangers in the Land: Patterns of American Nativism, 1860–1925*. New
Brunswick: Rutgers UP ²1988.

Kanstroom, Dan: *Deportation Nation: Outsiders in American History*. Cambridge: Harvard UP 2007.

LeMay, Michael C.: *Illegal Immigration*: *A Reference Handbook*. Santa Barbara: ABC-CLIO
2007.

Levinson, David/Ember, Melvin (Hg.): *American Immigrant Cultures*. New York: Macmillan 1997.

Massey, Douglas S.: *New Faces in New Places: The Changing Geography of American Immigration*. New York: Russell Sage 2008.

Powell, John: *Encyclopedia of North American Immigration*. New York: Facts on File
2005.

Ueda, Reed (Hg.): *A Companion to American Immigration*. Malden: Blackwell 2006.

Waters, Mary C./Ueda, Reed (Hg.): *The New Americans: A Guide to Immigration since
1965*. Cambridge: Harvard UP 2007.

Dassanowsky, Robert von/Vecoli, Rudolph J. (Hg.): *Gale Encyclopedia of Multicultural
America*. 3 Bde. Detroit: Gale ²2000.

Pozzetta, George E. (Hg.): *American Immigration and Ethnicity*: *A 20-Volume Series of
Distinguished Essays*. New York: Garland 1991.

Thernstrom, Stephan, et al. (Hg.): *Harvard Encyclopedia of American Ethnic Groups*. Cambridge: Belknap 1980.

Grabbe, Hans-Jürgen: *Vor der großen Flut: Die europäische Migration in die Vereinigten
Staaten von Amerika 1783–1820*. Stuttgart: Steiner 2001.

Moltmann, Günter: *Aufbruch nach Amerika* Stuttgart: Metzler 1989.

– : *Deutsche Amerikaauswanderung im 19. Jahrhundert: Sozialgeschichtliche Beiträge*.
Stuttgart: Metzler 1976.

Trommler, Frank (Hg.): *Amerika und die Deutschen: Bestandsaufnahme einer 300jährigen
Geschichte*. Opladen: Westdeutscher Verlag 1986.

Hayden, Dolores: *Building Suburbia: Green Fields and Urban Growth, 1820–2000*. New
York: Pantheon 2003.

Hebel, Udo J.: »American Suburbia: History, Ideologies, Visual and Literary Representation«. In: Hebel, Udo J./Kohl, Martina (Hg.): *Visual Culture in the American Studies
Classroom*. Wien: RPO 2005, S. 183–216.

Jackson, Kenneth T.: *The Crabgrass Frontier: The Suburbanization of the United* States.
Oxford: OUP 1985.

Katz, Bruce/Lang, Robert E. (Hg.): *Redefining Urban and Suburban America: Evidence
from Census 2000*. Washington: Brookings Institution 2003.

Nicolaides, Becky M. et al. (Hg.): *The Suburb Reader*. New York: Routledge 2006.

9.3 | Grundzüge und Orientierungspunkte
der Kulturgeschichte

9.3.0 | Allgemeine Literatur

Boller, Paul F./Story, Ronald (Hg.): *A More Perfect Union: Documents in U.S. History*. 2 Bde.
Boston: Houghton Mifflin ⁶2005.

Breidlid, Anders et al. (Hg.): *American Culture: An Anthology*. New York: Routledge
²2008.

Grundzüge und Orientierungspunkte der Kulturgeschichte

Brown, Victoria B./Shannon, Timothy J. (Hg.): *Going to the Source: The Bedford Reader in American History*. 2 Bde. Boston: Bedford ²2008.
Commager, Henry Steele/Cantor, Milton (Hg.): *Documents of American History*. Englewood Cliffs: Prentice Hall ¹⁰1988.
Engler, Bernd/Scheiding, Oliver: *Key Concepts in American Cultural History: From the Colonial Period to the End of the 19th Century*. Trier: WVT ²2007.
Heffner, Richard D. (Hg.): *A Documentary History of the United States*. New York: Signet ⁷2002.
Widder, Helmut/Bergmann, Marcus: *Dokumente zur Geschichte der Vereinigten Staaten von Amerika*. Berlin: Duncker ²2007.

Enzyklopädien

Appiah, Kwame A./Gates, Henry L. (Hg.): *Africana: The Encyclopedia of the African and African American Experience*. 5 Bde. New York: OUP ²2005.
Boyer, Paul (Hg.): *The Oxford Companion to United States History*. New York: OUP 2001.
Deloria, Philip/Salisbury, Neal (Hg.): *A Companion to American Indian History*. Malden, MA: Blackwell 2002.
Foner, Eric/Garraty, John A. (Hg.): *The Reader's Companion to American History*. Boston: Houghton Mifflin 1991.
Gilbert, Martin: *Routledge Atlas of American History*. New York: Routledge ⁵2006.
Halttunen, Karen: *A Companion to American Cultural History*. Malden: Blackwell 2008.
Kutler, Stanley (Hg.): *Dictionary of American History*, 10 Bde. New York: Scribner's ³2003.
Nash, Gary B. (Hg.): *Encyclopedia of American History*, 11 Bde. New York: Facts on File 2003.
– : *Atlas of American History*. New York: Facts on File 2007.
Palmer, Colin A. (Hg.): *Encyclopedia of African-American Culture and History: The Black Experience in the Americas*. 6 Bde. Detroit: Macmillan ²2006.

Gesamtdarstellungen

Adams, Willi Paul: *Die USA vor 1900*. München: Oldenbourg 2000.
–/Berg, Manfred: *Die USA im 20. Jahrhundert*. München: Oldenbourg ²2008.
Boyer, Paul et al. (Hg.): *The Enduring Vision: A History of the American People*. Boston: Houghton Mifflin ⁶2008.
Brogan, Hugh: *The Penguin History of the United States of America*. New York: Penguin 1990.
Depkat, Volker: *Geschichte Nordamerikas*. Köln: Böhlau 2008.
Heideking, Jürgen/Mauch, Christoph: *Geschichte der U.S.A.*. Tübingen: Francke ⁶2008.
Horton, James O./Horton, Lois A.: *Hard Road to Freedom: The Story of African America*. New Brunswick: Rutgers UP 2001.
Kennedy, David M.: *The Brief American Pageant: A History of the Republic*. Boston: Houghton Mifflin 2007.
Norton, Mary Beth: *A People and a Nation: A History of the United States*. Boston: Houghton Mifflin ⁸2007.
Raeithel, Gerd: *Geschichte der nordamerikanischen Kultur*. 3 Bde. Frankfurt: Zweitausendeins, ⁴2002.
Sautter, Udo: *Geschichte der Vereinigten Staaten von Amerika*. Stuttgart: Kröner ⁷2006.
Tindall, George B./Shi, David E.: *America: A Narrative History*. New York: Norton ⁷2007.

9.3.1 | Indianische Kulturen in präkolumbianischer Zeit

Dokumente

Calloway, Colin G. (Hg.): *First Peoples: A Documentary Survey of American Indian History*. New York: Bedford ³2008.
Kroeber, Karl (Hg.): *Traditional Literatures of the American Indians: Texts and Interpretations*. Lincoln: U of Nebraska P 1996.
Ramsey, Jarold (Hg.): *Reading the Fire: The Traditional Indian Literatures of America*. Seattle: U of Washington P 1999.
Turner, Frederick (Hg.): *The Portable North American Indian Reader*. New York: Penguin 1974.

Handbook of North American Indians. Washington: Smithsonian Institution 1978–.

Hoxie, Frederick E. (Hg.): *Encyclopaedia of North American Indians*. Boston: Houghton 1996.

Josephy, Alvin M.: *500 Nations: An Illustrated History of North American Indians*. New York: Knopf 1994.

Porter, Joy/Roemer, Kenneth M. (Hg.): *The Cambridge Companion to Native American Literature*. New York: Cambridge UP 2005.

Waldman, Carl: *Encyclopedia of Native American Tribes*. New York: Checkmann 1999.

Dillehay, Tom D.: *The Settlement of the Americas: A New Prehistory*. New York: Basic 2000.

Fagan, Brian: *Ancient North America*. New York: Thames ^{3}2000.

Feest, Christian F.: *Das Altertum der Neuen Welt*. Berlin: Reimer 1992.

Fitzhugh, William W./Ward, Elisabeth I. (Hg.): *Vikings: The North Atlantic Saga*. Washington: Smithonian Institution 2000.

Josephy, Alvin M. (Hg.): *America in 1492: The World of the Indian Peoples before the Arrival of Columbus*. New York: Knopf 1992.

Kehoe, Alice: *America before the European Invasions*. New York: Longman 2002.

Mann, Charles C: *1491: New Revelations of the Americas before Columbus*. New York: Knopf 2005.

Page, Jake: *In the Hands of the Great Spirit: The 20.000-Year History of American Indians*. New York: Free P 2003.

Shaffer, Lynda N.: *Native Americans before 1492: The Moundbuilding Centers of the Eastern Woodlands*. Armonk: Sharpe 1992.

Trigger, Bruce G. (Hg.): *Cambridge History of the Native Peoples of the Americas*. 3 Bde. New York: OUP 1996–2000.

Enzyklopädien

Migrationsgeschichte und präkolumbianische Kulturen

9.3.2 | Kolonialzeit

Bushman, Richard L. (Hg.): *The Great Awakening: Documents on the Revival of Religion, 1740–1745*. Chapel Hill: U of North Carolina P 1989.

Calloway, Colin G.: (Hg.): *The World Turned Upside Down: Indian Voices from Early America*. Boston: St. Martin's 1994.

Castillo, Susan/Schweitzer, Ivy T. (Hg.): *The Literatures of Colonial America*. Malden: Blackwell 2001,

Force, Peter (Hg.): *Tracts and Other Papers Relating Principally to the Origin, Settlement, and Progress of the Colonies in North America*. 4 Bde. New York: Smith 1947.

Gunn, Giles (Hg.): *Early American Writing*. New York: Penguin, 1994.

Hall, David D. (Hg.): *Puritans in the New World*. Princeton: Princeton UP 2004.

Jehlen, Myra/Warner, Michael (Hg.): *The English Literatures of America, 1500–1800*. New York: Routledge 1997.

Kavenagh, W. Keith: *Foundations of Colonial America*. 3 Bde. New York: Chelsea 1973.

Kupperman, Karen Ordahl: *Major Problems in American Colonial History*. Lexington: Heath 1993.

Mancall, Peter C. (Hg.): *Envisioning America: English Plans for the Colonization of North America, 1580–1640*. New York: Bedford 1995.

Mulford, Carla et al. (Hg.): *Early American Writings*. New York: OUP 2002.

VanDer Beets, Richard (Hg.): *Held Captive by Indians: Selected Narratives, 1642–1836*. Knoxville: U of Tennesee P 1994.

Armitage, David/Braddick, Michael J. (Hg.): *The British Atlantic World, 1500–1800*. New York: Palgrave 2002.

Cooke, Jacob E. (Hg.): *Encyclopedia of the North American Colonies*. New York: Scribner 1993.

Jaycox, Faith: *The Colonial Era*. New York: Facts on File 2002.

Middleton, Richard: *Colonial America: A History, 1565–1776*. Oxford: Blackwell ^{3}2002.

Anthologien

Enzyklopädien und Überblicksdarstellungen

Grundzüge und
Orientierungspunkte
der Kulturgeschichte

Purvis, Thomas L.: *Colonial America to 1763*. New York: Facts on File 1999.
Simmons, R.C.: *The American Colonies*. New York: Norton 1976.
Taylor, Alan: *American Colonies*. New York: Viking 2001.
Vickers, Daniel (Hg.): *A Companion to Colonial America*. Malden: Blackwell 2003.
Wellenreuther, Hermann: *Niedergang und Aufstieg: Geschichte Nordamerikas vom Beginn der Besiedlung bis zum Ausgang des 17. Jahrhunderts*. Münster: Lit 2000.

Europäische
Kolonisation
Nordamerikas

Bitterli, Urs: *Die Entdeckung Amerikas*. München: Beck 1991.
Eccles, William John: *France in America*. East Lansing: Michigan State UP 1990.
Elliott, J.H.: *Empires of the Atlantic World*. New Haven: Yale UP 2006.
Gewecke, Frauke: *Wie die neue Welt in die alte kam*. München: dtv 1986.
Greenblatt, Stephen: *Marvelous Possessions: The Wonders of the New World*. Chicago: U of Chicago P 1991.
Greer, Allan: *The People of New France*. Toronto: U of Toronto P 1997.
Honour, Hugh: *The New Golden Land: European Images of America from the Discoveries to the Present Times*. New York: Pantheon 1975.
Kupperman, Karen Ordahl (Hg.): *America in European Consciousness, 1493–1750*. Chapel Hill: U of North Carolina P 1994.
Morison, Samuel: *The European Discovery of America*. 2 Bde. New York: OUP 1971, 1974.
Sale, Kirkpartrick: *The Conquest of Paradise: Christopher Columbus and the Columbian Legacy*. New York: Knopf 1990.
Weber, David J.: *The Spanish Frontier in North America*. New Haven: Yale UP 1992.

Interkulturelle
Begegnungen und
Indianerkriege

Axtell, James: *The European and the Indian: Essays in the Ethnohistory of Colonial North America*. Oxford: OUP 1981.
– : *Beyond 1492: Encounters in Colonial North America*. New York: OUP 1992.
Berkhofer, Robert: *The White Man's Indian*. New York: Knopf 1978.
Cave, Alfred A.: *The Pequot War*. Amherst: U of Massachusetts P 1996.
Cogley, Richard W.: *John Eliot's Mission to the Indians before King Philip's War*. Cambridge: Harvard UP 1999.
Jennings, Francis: *The Invasion of America: Indians, Colonialism, and the Cant of Conquest*. New York: Norton 1976.
Kupperman, Karen Ordahl: *Indians and English: Facing Off in Early America*. Ithaca: Cornell UP 2000.
Lepore, Jill. *The Name of War: King Philip's War and the Origins of American Identity*. New York: Vintage 1999.
Puglisi, Michael J.: *Puritans Besieged: The Legacies of King Philip's War in the Massachusetts Bay Colony*. Lanham: UP of America 1991.

Sklavenhandel
und Sklaverei

Berlin, Ira: *Many Thousands Gone: The First Two Centuries of Slavery in North America*. Cambridge: Harvard UP 1998.
Eltis, David et al.: *The Trans-Atlantic Slave Trade: A Database on CD-ROM*. Cambridge: Cambridge UP 1999.
Kolchin, Peter: *American Slavery, 1619–1877*. New York: Hill 2003.
Morgan, Kenneth: *Slavery and Servitude in Colonial North America*. New York: New York UP 2001.
Wood, Peter H.: *Strange New Land: Africans in Colonial America*. New York: OUP 2003.

Puritanisches
Neuengland

Bercovitch, Sacvan: *The Puritan Origins of the American Self*. New Haven: Yale UP 1975.
Bremer, Francis J. et al. (Hg.): *Puritans and Puritanism in Europe and America: A Comprehensive Encyclopedia*. Santa Barbara: ABC-CLIO 2006.
Brumm, Ursula: *Puritanismus und Literatur in Amerika*. Darmstadt: WBG 1973.
Hebel, Udo J.: *Those Images of Jealousie: Identitäten und Alteritäten im puritanischen Neuengland des 17. Jahrhunderts*. Frankfurt: Lang 1997.
Miller, Perry: *The New England Mind*. 2 Bde. Cambridge: Belknap, 1939, 1953.
Morgan, Edmund S.: *Visible Saints: The History of a Puritan Idea*. Ithaca: Cornell UP 1963.
Rutman, Darrett B.: *American Puritanism*. New York: Norton 1970.
Simpson, Alan: *Puritanism in Old and New England*. Chicago: U of Chicago P 1955.

Ferguson, Robert: *The American Enlightenment 1750–1820*. Cambridge: Harvard UP 1997.
Heimert, Alan: *Religion and the American Mind: From the Great Awakening to the Revolution*. Cambridge: Harvard UP 1966.
Kelleter, Frank: *Amerikanische Aufklärung*. Paderborn: Schöningh 2002.
Kidd, Thomas S.: *The Great Awakening*. New Haven: Yale UP 2007.
Lambert, Frank: *Inventing the Great Awakening*. Princeton: Princeton UP 1999.
May, Henry Farnham: *The Enlightenment in America*. New York: OUP 1976.
Rutman, Darret: *The Great Awakening*. New York: Wiley 1970.

Aufklärung und
Erweckungs-
bewegung

Anderson, Fred: *The War that Made America: A Short History of the French and Indian War*. New York: Viking 2005.
Borneman, Walter R.: *The French and Indian War: Deciding the Fate of North America*. New York: Harper 2006.
Fowler, William: *Empires at War: The French and Indian War and the Struggle for North America, 1754–1763*. New York: Walker 2005.

French and
Indian War

Elliott, Emory: *The Cambridge Introduction to Early American Literature*. New York: Cambridge UP 2002.
Galinsky, Hans: *Geschichte amerikanischer Kolonialliteratur*. 4 Bde. Darmstadt: WBG/Frankfurt: Lang 1991–2000.
Hayes, Kevin J.: *The Oxford Handbook of Early American Literature*. New York: OUP 2008.

Literatur-
geschichtliche
Darstellungen

9.3.3 | Revolution bis Bürgerkrieg

The American Revolution: Writings from the War of Independence. New York: Library of America 2001.
Andrews, William L. (Hg.): *Slave Narratives*. New York: Library of America 2000.
Brown, Richard D. (Hg.): *Major Problems in the Era of the American Revolution: Documents and Essays*. Boston: Houghton Mifflin [2]2000.
Finseth, Ian Frederick (Hg.): *The American Civil War: An Anthology of Essential Writings*. New York: Routledge 2006.
Heuman, Gad/Walvin, James (Hg.): *The Slavery Reader*. New York: Routledge 2003.
Norton, Mary Beth/Alexander, Ruth M. (Hg.): *Major Problems in American Women's History*. Boston: Houghton [4]2007.
Perman, Michael (Hg.): *Major Problems in the Civil War and Reconstruction: Documents and Essays*. Boston: Houghton Mifflin Co.[2]1998.
Spiller, Robert E. (Hg.): *The American Literary Revolution 1783–1837*. New York: Doubleday 1967.
Wellenreuther, Hermann (Hg.): *The Revolution of the People: Thoughts and Documents on the Revolutionary Process in North America 1774–1776*. Göttingen: Universitätsverlag 2006.
Wilentz, Sean (Hg.): *Major Problems in the Early Republic, 1787–1848: Documents and Essays*. Lexington: Heath 1992.

Textsammlungen

Corps, Terry: *Historical Dictionary of the Jacksonian Era and Manifest Destiny*. Lanham: Scarecrow P 2006.
Cullen-DuPont, Kathryn (Hg.): *Encyclopedia of Women's History in America*. New York: Facts on File [2]2000.
Finkelman, Paul (Hg.): *Encyclopedia of the New American Nation: The Emergence of the United States 1754–1829*. Detroit: Gale 2006.
Greene, Jack P./Pole, J.R. (Hg.): *A Companion to the American Revolution*. Malden: Blackwell Pub 2004.
Rodriguez, Junius P. (Hg.): *Encyclopedia of Slave Resistance and Rebellion*. Westport: Greenwood 2007.

Enzyklopädien

Grundzüge und
Orientierungspunkte
der Kulturgeschichte

Amerikanische Revolution

Bonwick, Colin: *The American Revolution*. Houndmills: Palgrave ²2005.

Burg, David F: *The American Revolution*. New York: Facts on File 2007.

Butler, Jon: *Becoming America: The Revolution before 1776*. Cambridge: Harvard UP 2000.

Maier, Pauline: *American Scripture: Making the Declaration of Independence*. New York: Knopf 1997.

Middlekauff, Robert: *The Glorious Cause: The American Revolution*. Oxford: OUP 2005.

Silverman, Kenneth: *A Cultural History of the American Revolution*. New York: Crowell 1976.

Wellenreuther, Hermann: *Von Chaos und Krieg zu Ordnung und Frieden: Der Amerikanischen Revolution erster Teil, 1775–1783*. Münster: Lit 2006.

– : *Von der Konföderation zur Amerikanischen Nation: Der Amerikanischen Revolution zweiter Teil, 1783–1796*. Münster: Lit 2007.

Wills, Garry: *Inventing America: Jefferson's Declaration of Independence*. Garden City: Doubleday 1978.

Wood, Gordon S.: *The American Revolution*. New York: Modern Library 2002.

Frühe Republik

Elkins, Stanley M./McKitrick, Eric: *The Age of Federalism*. New York: OUP 1993.

Finzsch, Norbert: *Konsolidierung und Dissens: Nordamerika von 1800 bis 1865*. Münster: Lit 2005.

Hebel, Udo J. (Hg.): *The Construction and Contestation of American Cultures and Identities in the Early National Period*. Heidelberg: Winter 1999.

Johnson, Paul E.: *The Early American Republic, 1789–1829*. New York: OUP 2007.

Kukla, Jon: *A Wilderness So Immense: The Louisiana Purchase and the Destiny of America*. New York: Knopf 2003.

Purcell, Sarah J.: *The Early National Period*. New York: Facts on File 2004.

Vickers, Anita: *The New Nation*. Westport: Greenwood P 2002.

Kultureller und literarischer Nationalismus

Buell, Lawrence: *New England Literary Culture from Revolution through Renaissance*. Cambridge: Cambridge UP 1986.

Dangerfield, George: *The Awakening of American Nationalism, 1815–1828*. New York: Harper 1965.

Faherty, Duncan: *Remodeling the Nation: The Architecture of American Identity, 1776–1858*. Hanover: UP of New England 2007.

Newman, Simon P.: *Parades and the Politics of the Street: Festive Culture in the Early American Republic*. Philadelphia: U of Pennsylvania P 1997.

Novak, Barbara: *Nature and Culture: American Landscape and Painting, 1825–1875*. New York: OUP ³2007.

Packer, Barbara L.: *The Transcendentalists*. Athens: U of Georgia P 2007.

Sanford, Charles L. (Hg.): *Quest for America*. New York: New York UP 1964.

Waldstreicher, David: *In the Midst of Perpetual Fetes: The Making of American Nationalism, 1776–1820*. Chapel Hill: U of North Carolina P 1997.

Ziff, Larzer: *Literary Democracy: The Declaration of Cultural Independence in America*. New York: Viking 1981.

Reformbewegungen

Clark, Christopher: *Social Change in America: From the Revolution through the Civil War*. Chicago: Dee 2006.

Cott, Nancy (Hg.): *No Small Courage: A History of Women in the United States*. Oxford: OUP 2000.

Formisano, Ronald P.: *For the People: American Populist Movements from the Revolution to the 1850s*. Chapel Hill: U of North Carolina P 2008.

Mintz, Steven: *Moralists and Modernizers: America's Pre-Civil War Reformers*. Baltimore: Johns Hopkins UP 1995.

Walters, Ronald G.: *American Reformers, 1815–1860*. New York: Hill 1997.

Industrialisierung und Technologie

Cochran, Thomas Childs: *Frontiers of Change: Early Industrialism in America*. New York: OUP 1981.

Goodrich, Carter: *Government Promotion of American Canals and Railroads, 1800–1890*. Westport: Greenwood 1974.

Rekonstruktion bis
Erster Weltkrieg

Pursell, Carroll W.: *The Machine in America: A Social History of Technology*. Baltimore: Johns Hopkins UP ²2007.

Ambrose, Stephen E.: *Undaunted Courage: Meriwether Lewis, Thomas Jefferson, and the Opening of the American West*. New York: Simon 1996.
Heidler, David Stephen/Heidler, Jeanne T.: *Manifest Destiny*. Westport: Greenwood 2003.
Merk, Frederick: *Manifest Destiny and Mission in American History*. Cambridge: Harvard UP 1995.
Rodney, Carlisle P./Golson, Geoffrey J. (Hg.): *Manifest Destiny and the Expansion of America*. Santa Barbara: ABC-CLIO 2007.

Foreman, Grant: *Indian Removal: The Emigration of the Five Civilized Tribes of Indians*. Norman: U of Oklahoma P 1953.
Green, Michael D.: *The Politics of Indian Removal: Creek Government and Society in Crisis*. Lincoln: U of Nebraska P 1982.
Perdue, Theda/Green, Micheal D.: *The Cherokee Nation and the Trail of Tears*. New York: Viking 2007.

Bierling, Stephan: *Kleine Geschichte Kaliforniens*. München: Beck 2006.
Blodgett, Peter J.: *Land of Golden Dreams: California in the Gold Rush Decade, 1848–1858*. San Marino: Huntington Library 1999.

Berlin, Ira: *Generations of Captivity: A History of African American Slavery*. Cambridge: Harvard UP 2003.
Carroll, Joseph Cephas: *Slave Insurrections in the United States, 1800–1865*. New York: Dover 2004.
Finkelman, Paul (Hg.): *Defending Slavery: Proslavery Thought in the Old South*. Boston: Bedford 2003.
Franklin, John Hope: *From Slavery to Freedom: A History of Negro Americans*. New York: Knopf ⁸2000.
Genovese, Eugene D.: *Roll, Jordan, Roll: The World the Slaves Made*. New York: Pantheon 1974.
Mitchell, Thomas G.: *Anti-Slavery Politics in Antebellum Civil War America*. Westport: Praeger 2007.
Schneider, Dorothy/Schneider, Carl J.: *Slavery in America*. New York: Facts on File 2007.
Stampp, Kenneth M.: *The Peculiar Institution: Slavery in the Antebellum South*. New York: Knopf 1956.

Burns, Ken (Dir.): *The Civil War*. 9 Folgen. PBS-Video 1990.
Catton, Bruce: *The American Heritage New History of the Civil War*. New York: Viking 1996.
Grant, Susan-Mary: The *War for a Nation: The American Civil War*. New York: Routledge 2006.
McPherson, James M.: *Battle Cry for Freedom: The Civil War Era*. New York: OUP 2003.
– : *This Mighty Scourge: Perspectives on the Civil War*. Oxford: OUP 2007.
Selcer, Richard F./Balkin, Richard (Hg.): *Civil War America, 1850 to 1875*. New York: Facts on File 2006.
Smith, Adam: *The American Civil War*. New York: Palgrave 2007.

Manifest Destiny
und Expansion

Indian Removal

Kalifornischer
Goldrausch

Sklaverei

Civil War

9.3.4 | Rekonstruktion bis Erster Weltkrieg

Burt, Elizabeth V.: *The Progressive Era: Primary Documents on Events from 1890 to 1914*. Westport: Greenwood 2004.
Fink, Leon (Hg.): *Major Problems in the Gilded Age and the Progressive Era: Documents and Essays*. Boston: Houghton Mifflin ²2001.

Textsammlungen
und Dokumente

Grundzüge und Orientierungspunkte der Kulturgeschichte

Milner , Clyde A. et al.: *Major Problems in the History of the American West: Documents and Essays*. Boston: Houghton Mifflin ²1997.

Nugent, Walter/Ridge, Martin (Hg.): *The American West: The Reader*. Bloomington: Indiana UP 1999.

Perman, Michael (Hg.): *Major Problems in the Civil War and Reconstruction*. Boston: Houghton ²1998.

Smith, Susan Harris/Dawson, Melanie (Hg.): *The American 1890s: A Cultural Reader*. Durham: Duke UP 2000.

Enzyklopädien

Blume, Kenneth J.: *Historical Dictionary of U.S. Diplomacy from the Civil War to World War I*. Lanham: Scarecrow P 2005.

Buenker, John D./Buenker, Joseph (Hg.): *Encyclopedia of the Gilded Age and Progressive Era*. Armonk: Sharpe 2005.

Deverell, William: *A Companion to the American West*. Malden: Blackwell 2004.

Hischak, Thomas: *The Tin Pan Alley Song Encyclopedia*. Westport: Greenwood 2002.

Moreno, Barry: *Encyclopedia of Ellis Island*. Westport: Greenwood 2004.

Powell, John: *Encyclopedia of North American Immigration*. New York: Facts on File 2005.

Pozzetta, George E.: *American Immigration and Ethnicity*. New York: Garland 1990–1991.

Richter, William: *The ABC-CLIO Companion to American Reconstruction 1862–1877*. Santa Barbara: ABC-CLIO 1996.

Rekonstruktionszeit

Allen, James et al. (Hg.): *Without Sanctuary: Lynching Photography in America*. Santa Fe: Twin Palms 2000.

Dray, Philip: *At the Hands of Persons Unknown: The Lynching of Black America*. New York: Random 2002.

Ferrell, Claudine: *Reconstruction*. Westport: Praeger 2003.

Foner, Eric: *Reconstruction: America's Unfinished Revolution, 1863–1877*. New York: Harper 1988.

Lemann, Nicholas: *Redemption: The Last Battle of the Civil War*. New York: Farrar 2006.

McPherson, James: *Ordeal by Fire: The Civil War and Reconstruction*. Boston: McGraw-Hill ³2003.

Einwanderung (s. Kap. 2.3)

Alexander, June Granatir: *Daily Life in Immigrant America, 1870–1920*. Westport: Greenwood 2007.

Daniels, Roger: *Coming to America: A History of Immigration and Ethnicity in American Life*. New York: Perennial ²2002.

Handlin, Oscar: *The Uprooted*. Philadelphia: U of Pennsylvania P ²2002.

Higham, John: *Strangers in the Land: Patterns of American Nativism, 1860–1925*. New Brunswick: Rutgers UP ²1988.

Prachl, Tim/Trigilo, Tony: *Visions and Divisions: American Immigration Literature, 1870–1930*. New Brunswick: Rutgers UP 2008.

Wilkes, Stephen: *Ellis Island: Ghosts of Freedom*. New York: Norton 2006.

Deutsch-amerikanische Einwanderung

Galicich, Anne: *The German Americans*. New York: Chelsea 1996.

Helbich, Wolfgang et al. (Hg.): *Briefe aus Amerika: Deutsche Auswanderer schreiben aus der neuen Welt, 1830–1930*. München: Beck 1988.

Raab, Josef/Wirrer, Jan (Hg.): *Die deutsche Präsenz in den USA – The German Presence in the U.S.A.* Münster: Lit 2008.

Rippley, LaVern: *The German-Americans*. Boston: Twayne 1976.

Expansion nach Westen

Billington, Ray Allen/Ridge, Martin: *Westward Expansion: A History of the American Frontier*. Albuquerque: New Mexico UP 2001.

Brown, Dee Alexander: *Bury My Heart at Wounded Knee: An Indian History of the American West*. New York: Holt 1971.

Butler, Anne M./Lansing, Michael J.: *The American West: A Concise History*. Malden: Blackwell 2008.

Etulain, Richard W.: *Beyond the Missouri: The Story of the American West*. Albuquerque: New Mexico UP 2006.

Hine, Robert V./Faragher, John Mack: *Frontiers: A Short History of the American West*. New Haven: Yale UP 2007.
Limerick, Patricia Nelson: *The Legacy of Conquest: The Unbroken Past of the American West*. New York: Norton 2006.
Milner II, Clyde A. et al.: *The Oxford History of the American West*. New York: OUP 1994.
Yenne, Bill: *Indian Wars: The Campaign for the American West*. Yardley: Westholme 2006.

Bensel, Richard Franklin: *The Political Economy of American Industrialization, 1877–1900*. Cambridge: Cambridge UP 2000.
Calhoun, Charles W. (Hg.): *The Gilded Age: Perspectives on the Origins of Modern America*. Lanham: Rowman ²2007.
Clark, Judith Freeman: *The Gilded Age*. New York: Facts on File 2006.
Fluck, Winfried: *Inszenierte Wirklichkeit: Der Amerikanische Realismus, 1865–1900*. München: Fink 1992.
Lehan, Richard Daniel: *Realism and Naturalism: The Novel in an Age of Transition*. Madison: U of Wisconsin P 2005.
Nye, David E.: *American Technological Sublime*. Cambridge: MIT P 1994.
Pizer, Donald: *The Cambridge Companion to American Realism and Naturalism*. New York: Cambridge UP 1995.
Shrock, Joel: *The Gilded Age*. Westport: Greenwood 2004.
Trachtenberg, Alan: *The Incorporation of America: Culture and Society in the Gilded Age*. New York: Hill 2007.
Zunz, Olivier: *Making America Corporate*. Chicago: U of Chicago P 1990.

Beer, Thomas: *The Mauve Decade: American Life at the End of the Nineteenth Century*. New York: Carroll 1997.
Bronner, Simon J.: *Consuming Visions: Accumulation and Display of Goods in America, 1880–1920*. New York: Norton 1989.
Davies, Richard O.: *Sports in American Life: A History*. Malden: Blackwell 2007.
Gorn, Elliott J./Goldstein, Warren: *A Brief History of American Sports*. New York: Hill 1993.
Kent, Noel J.: *America in 1900*. New York: Sharpe 2000.
Lears, T. J. Jackson: *No Place of Grace: Antimodernism and the Transformation of American Culture, 1880–1920*. Chicago: Chicago UP 1994.
Patterson, Martha H.: *Beyond the Gibson Girl: Reimagining the American New Woman, 1895–1915*. Urbana: U of Illinois P 2005.
Schlereth, Thomas J.: *Victorian America: Transformations in Everyday Life, 1876–1915*. New York: Harper 1991.
Tawa, Nicholas E.: *The Way to Tin Pan Alley: American Popular Song, 1866–1910*. New York: Schirmer 1990.
Veblen, Thorstein: *The Theory of the Leisure Class* [1899]. New York: OUP 2007.
Ziff, Larzer: *The American 1890s: Life and Times of a Lost Generation*. New York: Viking 1966.

Allerfeldt, Kristofer (Hg.): *The Progressive Era in the USA, 1890–1921*. Aldershot: Ashgate 2007.
Colburn, David R./Pozzetta, George E.: *Reform and Reformers in the Progressive Era*. Westport: Greenwood P 1983.
Hornung, Alfred: *Narrative Struktur und Textsortendifferenzierung: Die Texte des Muckraking Movement (1902–1912)*. Stuttgart: Metzler 1978.
Jaycox, Faith: *The Progressive Era*. New York: Facts on File 2005.
Martin, Jay: *Harvests of Change: American Literature, 1865–1914*. Englewood Cliffs: Prentice-Hall 1967.
Poenicke, Klaus: *Der Amerikanische Naturalismus*. Darmstadt: WBG 1982.
Serrin, William: *Muckraking: The Journalism that Changed America*. New York: New P 2002.

Beckett, I.F.W.: *The Great War*. Harlow: Longman ²2007.
Bierling, Stephan: *Geschichte der amerikanischen Außenpolitik*. München: Beck 2003.

Dame, Frederick William: *The United States of America as an Emerging World Power, 1890–1920*. Lewiston: Mellen 2003.

Hannigan, Robert E.: *The New World Power: American Foreign Policy, 1898–1917*. Philadelphia: U of Pennsylvania P 2002.

Hendrickson, Kenneth E. Jr.: *The Spanish-American War*. Westport: Greenwood 2003.

Herring, George C.: *From Colony to Superpower: U.S. Foreign Relations since 1776*. New York: OUP 2008.

Hutchison, William R.: *Errand to the World: American Protestant Thought and Foreign Mission*. Chicago: U of Chicago P 1987.

Kennedy; David M.: *Over Here: The First World War and American Society*. New York: OUP 2004.

May, Henry Farnham: *The End of American Innocence: A Study of the First Years of Our Own Time, 1912–1917*. New York: Knopf 1959.

Traxel, David: *1898: The Birth of the American Century*. New York: Knopf 1998.

9.3.5 | Die USA zwischen den Weltkriegen

Enzyklopädien

Brown, Lois: *Encyclopedia of the Harlem Literary Renaissance*. New York: Facts on File 2006.

Burg, David F.: *The Great Depression*. New York: Facts on File 2005.

Ciment, James (Hg.): *Encyclopedia of the Great Depression and the New Deal*. Armonk: Sharpe 2001.

–/Russell, Thaddeus. (Hg.): *The Home Front Encyclopedia: United States, Britain, and Canada in World Wars I and II*. Santa Barbara: ABC-CLIO 2007.

McElvaine, Robert S. (Hg.): *Encyclopedia of the Great Depression*. New York: Macmillan 2004.

Olson, James S. (Hg.): *Historical Dictionary of the New Deal: From Inauguration to Preparation for War*. Westport: Greenwood 1985.

– (Hg.): *Historical Dictionary of the 1920s: From World War I to the New Deal, 1919–1933*. New York: Greenwood 1988.

Pederson, William D.: *The FDR Years*. New York: Facts on File 2006.

Schneider, Carl J./Schneider, Dorothy (Hg.): *World War II*. New York: Facts on File 2003.

Streissguth, Thomas (Hg.): *The Roaring Twenties*. New York: Facts on File 2007.

Whitfield, Stephen J. (Hg.): *A Companion to 20th-Century America*. Malden, MA: Blackwell 2004.

Wintz, Cary D./Finkelman, Paul (Hg.): *Encyclopedia of the Harlem Renaissance*. New York: Routledge 2004.

Wynn, Neil A.: *Historical Dictionary from the Great War to the Great Depression*. Lanham: Scarecrow 2003.

Young, William H./Young, Nancy K. (Hg.): *The Great Depression in America: A Cultural Encyclopedia*. Westport: Greenwood 2007.

**USA im
Ersten Weltkrieg**

Fussell, Paul: *The Great War and Modern Memory*. New York: OUP 2000.

James, D. Clayton/Sharp, Anne Wells (Hg.): *America and the Great War, 1914–1920*. Wheeling: Davidson 1998.

Hawley, Ellis Wayne: *The Great War and the Search for a Modern Order: A History of the American People and their Institutions, 1917–1933*. New York: St. Martin 1979.

Keene, Jennifer D.: *World War I*. Westport: Greenwood 2006.

May, Henry Farnham: *The End of American Innocence: A Study of the First Years of Our Own Time, 1912–1917*. New York: Quadrangle 1959.

Tucker, Robert W.: *Woodrow Wilson and the Great War: Reconsidering America's Neutrality, 1914–1917*. Charlottesville: U of Virginia P 2007.

Zieger, Robert H.: *America's Great War: World War I and the American Experience*. Lanham: Rowman 2000.

Fariello, Griffin: *Red Scare: Memories of the American Inquisition*. New York: Norton 1995.

Murray, Robert K.: *Red Scare: A Study in National Hysteria, 1919–1920*. Westport: Greenwood 1980.

Topp, Michael M.: *The Sacco and Vanzetti Case*: *A Brief History with Documents*. New York: Palgrave 2005.

Watson, Bruce: *Sacco and Vanzetti: The Men, the Murders, and the Judgment of Mankind*. New York: Viking 2007.

**Red Scare und
Sacco & Vanzetti**

Allen, Frederick Lewis: *Only Yesterday: An Informal History of the Nineteen-Twenties*. New York: Harper 1931.

Bilton, Alan/Melling, Philip (Hg.): *America in the 1920s: Literary Sources and Documents*. 3 Bde. Mountfield: Helm 2004.

Cowley, Malcolm: *A Second Flowering: Works and Days of the Lost Generation*. New York: Viking 1973.

Dolan, Marc: *Modern Lives: A Cultural Re-Reading of the »Lost Generation«*. Lafayette: Purdue UP 1996.

Goldberg, Ronald Allen: *America in the Twenties*. Syracuse: U of Syracuse P 2003.

Hoffman, Frederick J.: *The Twenties: American Writing in the Postwar Decade*. New York: Free Press 1965.

Miller, Nathan: *New World Coming: The 1920s and the Making of Modern America*. New York: Scribner 2003.

Palmer, Niall A.: *Twenties in America: Politics and History*. Edinburgh: U of Edinburgh P 2006.

Perrett, Geoffrey: *America in the Twenties: A History*. New York: Simon 1982.

1920er Jahre

Behr, Edward: *Prohibition: Thirteen Years that Changed America*. New York: Arcade 1996.

Coffey, Thomas M.: *The Long Thirst: Prohibition in America, 1920–1933*. New York: Norton 1975.

Hill, Jeff: *Prohibition*. Detroit: Omnigraphics 2004.

Prohibition

Johnson, Anne: *The Scopes »Monkey Trial«*. Detroit: Omnigraphics 2007.

Lienesch, Michael: *In the Beginning: Fundamentalism, the Scopes Trial, and the Making of the Anitevolution Movement*. Chapel Hill: U of North Carolina P 2007.

Moran, Jeffrey P.: *The Scopes Trial: A Brief History with Documents*. New York: Palgrave 2002.

**Fundamentalis-
mus und Scopes
Monkey Trial**

Alter, Jonathan: *The Defining Moment*: *FDR's Hundred Days and the Triumph of Hope*. New York: Simon 2006.

Galbraith, John Kenneth: *The Great Crash, 1929*. Boston: Houghton Mifflin 1997.

Kennedy, David M.: *Freedom from Fear*: *The American People in Depression and War, 1929–1945*. New York: OUP 1999.

Rauchway, Eric: *The Great Depression and the New Deal: A Very Short Introduction*. New York: OUP 2008.

Shindo, Charles J.: *Dust Bowl Migrants in the American Imagination*. Lawrence: UP of Kansas 1997.

Shlaes, Amity: *The Forgotten Man: A New History of the Great Depression*. New York: Harper 2007.

Terkel, Studs: *Hard Times*: *An Oral History of the Great Depression*. New York: Pantheon 1970.

Winkler, Allan M.: *Franklin D. Roosevelt and the Making of Modern America*. New York: Longman 2006.

**Great Depression
und New Deal**

Erenberg, Lewis A.: *Swingin' the Dream*: *Big Band Jazz and the Rebirth of American Culture*. Chicago: U of Chicago P 1998.

Kobel, Peter: *Silent Movies: The Birth of Film and the Triumph of Movie Culture*. New York: Little 2007.

Kyvig, David E.: *Daily Life in the United States, 1920–1940: How Americans Lived through the »Roaring Twenties« and the Great Depression*. Chicago: Dee 2004.

**Populär- und
Unterhaltungskul-
tur zwischen den
Weltkriegen**

Grundzüge und Orientierungspunkte der Kulturgeschichte

Lenthall, Bruce: *Radio's America: The Great Depression and the Rise of Mass Culture*. Chicago: U of Chicago P 2007.

Oliphant, Dave: *The Early Swing Era, 1930 to 1941*. Westport: Greenwood 2002.

Saab, Joan A.: *For the Millions: American Art and Culture between the Wars*. Philadelphia: U of Pennsylvania P 2004.

Shaw, Arnold: *The Jazz Age: Popular Music in the 1920s*. New York: OUP 1987.

Stokes, John W.: *The Golden Age of Radio in the Home*. Invercargill: Craigs 1998.

Young, William H./Young, Nancy K.: *Music of the Great Depression*. Westport: Greenwood 2005.

Kultur und Politik in den 1930er Jahren

Aaron, Daniel: *Writers on the Left*. New York: Columbia UP 1992.

Browder, Laura: *Rousing the Nation: Radical Culture in Depression America*. Amherst: U of Massachusetts P 1998.

Foley, Barbara: *Radical Representations: Politics and Form in U.S. Proletarian Fiction, 1929–1941*. Durham, NC: Duke UP 1993.

Galligani, Janet Casey (Hg.): *The Novel and the American Left: Critical Essays on Depression-Era Fiction*. Iowa City: U of Iowa P 2004.

Goldstein, Malcolm: *The Political Stage: American Drama and Theater of the Great Depression*. New York: OUP 1974.

Hirsch, Jerrold: *Portrait of America: A Cultural History of the Federal Writers' Project*. Chapel Hill: U of North Carolina P 2003.

Mangione, Jerre Gerlando: *The Dream and the Deal: The Federal Writers' Project, 1935–1943*. Syracuse: Syracuse UP 1996.

Mullen, Bill/Linkon, Sherry Lee (Hg.): *Radical Revisions: Rereading 1930s Culture*. Urbana: U of Illinois P 1996.

Penkower, Monty Noam: *The Federal Writers' Project: A Study in Government Patronage of the Arts*. Urbana: U of Illinois P 1977.

Schindler-Carter, Petra: *Vintage Snapshots: The Fabrication of a Nation in the W.P.A. American Guide Series*. New York: Lang 1999.

Ethnische und kulturelle Pluralisierung

Baker, Houston A.: *Modernism and the Harlem Renaissance*. Chicago: U of Chicago P 1987.

Binder, Wolfgang (Hg.): *Ethnic Cultures in the 1920's in North America*. Frankfurt: Lang 1993.

Hutchinson, George (Hg.): *The Cambridge Companion to the Harlem Renaissance*. New York: Cambridge UP 2007.

Immel, Horst: *Literarische Gestaltungsvarianten des Einwandererromans in der amerikanischen und anglo-kanadischen Literatur*. Frankfurt: Lang 1987.

Kent, Alicia A.: *African, Native, and Jewish American Literature and the Reshaping of Modernism*. New York: Palgrave 2007.

Klein, Marcus: *Foreigners: The Making of American Literature, 1900–1940*. Chicago: U of Chicago P 1981.

Michaels, Walter Benn: *Our America: Nativism, Modernism, and Pluralism*. Durham: U of Duke P 1995.

Okihiro, Gary Y.: *The Columbia Guide to Asian American History*. New York: Columbia UP 2001.

Pinsker, Sanford: *Jewish-American Fiction, 1917–1987*. New York: Twayne 1992.

Schüz, Marianne: *Zwischen Anklang und Anklage: Die Kurzgeschichten Abraham Cahans und Anzia Yezierskas, 1890–1920*. Frankfurt: Lang 1991.

Wirth-Nester, Hanna/Kramer, Michael P. (Hg.): *The Cambridge Companion to Jewish American Literature*. Cambridge: Cambridge UP 2003.

USA im Zweiten Weltkrieg

Brokaw, Tom: *The Greatest Generation*. New York: Random 1998.

Burns, Ken (Dir.): *The War*. The American Experience Series. PBS 2007.

Erenberg, Lewis A./Hirsch, Susan E. (Hg.): *The War in American Culture: Society and Consciousness During World War II*. Chicago: U of Chicago P 1996.

Gluck, Sherna Berger: *Rosie the Riveter Revisited: Women, the War, and Social Change*. New York: New American Library 1987.

**Vom Kalten Krieg bis
ins 21. Jahrhundert**

Hixson, Walter: *The American Experience in World War II*. 12 Bde. New York: Routledge 2003.
Jones, John Bush: *The Songs that Fought the War: Popular Music and the Home Front, 1939–1945*. Waltham: UP of New England 2006.
O'Neill, William L.: *A Democracy at War: America's Fight at Home and Abroad in World War II*. Cambridge: Harvard UP 1995.
Piehler, G. Kurt: *World War II*. Westport: Greenwood 2007.
Ward, Geoffrey C./Burns, Ken (Hg.): *The War: An Intimate History, 1941–1945*. New York: Knopf 2007.
Winkler, Allan: *Home Front U.S.A.: American During World War II*. Wheeling: Harlan Davidson ²2000.

Doss, Erika: »War, Memory, and the Public Mediation of Affect: The National World War II Memorial and American Imperialism«. In: *Memory Studies* 1 (2008), S. 227–250.
**Nationale
Erinnerung und
Kontroversen**
Grooms, Thomas: *World War II Memorial, Washington, D.C*. Washington: U.S. General Service Administration 2004.
Mills, Nicolaus: *Their Last Battle: The Fight for a National World War II Memorial*. New York: Basic 2004.
O'Reilly, Charles T./Rooney,William A. (Hg.): *The Enola Gay and the Smithsonian Institution*. Jefferson: McFarland 2005.
Polmar, Norman: *The Enola Gay: The B-29 that Dropped the Atomic Bomb on Hiroshima*. Washington: Brassey's 2004.
Wyman, David S.: *The Abandonment of the Jews: America and the Holocaust, 1941–1945*. New York: Turnaround 2007.

9.3.6 | Vom Kalten Krieg bis ins 21. Jahrhundert

Agnew, Jean-Christophe/Rosenzweig, Roy (Hg.): *A Companion to Post-1945 America*. Malden: Blackwell 2002.
Enzyklopädien
Arms, Thomas S.: *Encyclopedia of the Cold War*. New York: Facts on File 1994.
Burns, Richard Dean/Siracusa, Joseph M. (Hg.): *The Historical Dictionary of the Kennedy-Johnson Era*. Lanham: Scarecrow 2007.
Ciment, James (Hg.): *Postwar America: An Encyclopedia of Social, Political, Cultural, and Economic History*. Armonk: Sharpe 2007.
Conley, Richard Steven: *Historical Dictionary of the Reagan-Bush Era*. Lanham: Scarecrow 2007.
Farber, David/Bailey, Beth (Hg.): *The Columbia Guide to America in the 1960s*. New York: Columbia UP 2001.
Hamilton, Neil A.: *The 1970s*. New York: Facts on File 2006.
Klingaman, William K.: *Encyclopedia of the McCarthy Era*. New York: Facts on File 1996.
Knott, Stephen F./Chidester, Jeffrey L. (Hg.): *The Reagan Years*. New York: Facts on File 2005.
Levy, Peter B.: *Encyclopedia of the Reagan-Bush Years*. Westport: Greenwood 1996.
McDonogh, Gary W./Gregg, Robert/Wong, Cindy H. (Hg.): *Encyclopedia of Contemporary American Culture*. London: Routledge, 2001.
Olson, James S. (Hg.): *Historical Dictionary of the 1960s*. Westport: Greenwood 1999.
Parrish, Thomas: *The Cold War Encyclopedia*. New York: Holt 1996.
Perone, James E.: *Woodstock: An Encyclopedia of the Music and Art Fair*. Westport: Greenwood 2005.
Schwartz, Richard Alan: *The 1950s*. New York: Facts on File 2003.
Smith, Joseph/Davis, Simon (Hg.): *The A to Z of the Cold War*. Landham: Scarecrow 2005.
Toropov, Brandon: *Encyclopedia of Cold War Politics*. New York: Facts on File 2000.
Tucker, Spencer C. (Hg.): *Encyclopedia of the Vietnam War: A Political, Social, and Military History*. Santa Barbara: ABC-CLIO 1998.
Whitfield, Stephen J. (Hg.): *A Companion to 20th-Century America*. Malden, MA: Blackwell 2004.

Grundzüge und
Orientierungspunkte
der Kulturgeschichte

Überblicks-
darstellungen

Altman, Robert: *The Sixties*. Santa Monica: Santa Monica P 2007.

Baker, Dean: *The United States Since 1980*. New York: Cambridge UP 2007.

Dunar, Andrew J.: *America in the Fifties*. Syracuse: Syracuse UP 2006.

Duncan, Russell/Goddard, Joseph: *Contemporary America*. New York: Macmillan ²2005.

Ehrman, John: *The Eighties: America in the Age of Reagan*. New Haven: Yale UP 2005.

Herring, George C.: *From Colony to Superpower: U.S. Foreign Relations Since 1776*. New York: OUP 2008.

Jenkins, Philip: *Decade of Nightmares: The End of the Sixties and the Making of Eighties America*. Oxford: OUP 2006.

Kallen, Stuart A. (Hg.): *The 1990s*. San Diego: Greenhaven 2000.

Oxoby, Marc: *The 1990s*. Westport: Greenwood 2003.

Sagert, Kelly Boyer: *The 1970s*. Westport: Greenwood 2007.

Schaller, Michael: *Right Turn: American Life in the Reagan-Bush Era, 1980–1992*. New York: OUP 2007.

Schmidt, Mark Ray (Hg.): *The 1970s*. San Diego: Greenhaven 2000.

Singh, Robert: *Contemporary American Politics and Society*. London: Sage 2003.

Singleton, Carl (Hg.): *The Sixties in America*. 3 Bde. Pasadena: Salem 1999.

Super, John C. et al. (Hg.): *The Seventies in America*. 3 Bde. Pasadena: Salem 2006.

Thompson, Graham: *American Culture in the 1980s*. Edinburgh: Edinburgh UP 2007.

Torr, James D. (Hg.): *The 1980s*. San Diego: Greenhaven 2000.

Woods, Randall Bennett: *Quest for Identity: American since 1945*. New York: Cambridge UP 2005.

American Suburbia

Beuka, Robert: *SuburbiaNation: Reading Suburban Landscape in Twentieth-Century American Fiction and Film*. New York: Palgrave 2004.

Fishman, Robert: *Bourgeois Utopias: The Rise and Fall of Suburbia*. New York: Basic 1987.

Hayden, Dolores: *Building Suburbia: Green Fields and Urban Growth, 1820–2000*. New York: Pantheon 2003.

Hebel, Udo J.: »American Suburbia«. In: *Visual Culture in the American Studies Classroom*. Hg. Udo J. Hebel und Martina Kohl. Wien: RPO 2005, S. 183–216.

Jackson, Kenneth: *Crabgrass Frontier: The Suburbanization of the United States*. New York: OUP 1985.

Jurca, Catherine: *White Diaspora: The Suburb and the Twentieth-Century American Novel*. Princeton: Princeton UP 2001.

Nicolaides, Becky M./Wiese, Andrew (Hg.): *The Suburb Reader*. New York: Routledge 2006.

Teaford, Jon C. *The American Suburb*. New York: Routledge 2007.

Thomas, G. Scott: *The United States of Suburbia*. Amherst: Prometheus 1998.

Kalter Krieg

Bierling, Stephan: *Geschichte der amerikanischen Außenpolitik*. München: Beck 2003.

Leffler, Melvyn P.: *For the Soul of Mankind: The United States, the Soviet Union, and the Cold War*. New York: Hill 2007.

McCauley, Martin: *The Origins of the Cold War, 1941–1949*. New York: Longman ³2003.

Skinner, Kiron K. (Hg.): *Turning Points in Ending the Cold War*. Stanford: Hoover Institution 2008.

McCarthyism

Schrecker, Ellen: *The Age of McCarthyism: A Brief History with Documents*. Boston: Bedford ²2002.

Koreakrieg

Blair, Clay: *The Forgotten War: America in Korea, 1950–1953*. New York: Times 1987.

Deane, Hugh: *The Korean War 1945–1953*. San Francisco: China 1999.

Hannings, Bud: *The Korean War*. Jefferson: McFarland 2007.

Millett, Allan Reed: *The Korean War*. Washington: Potomac 2007.

Vietnamkrieg

Bleakney, Julia: *Revisiting Vietnam: Memoirs, Memorials, Museums*. New York: Routledge 2006.

Hall, Mitchell K.: *The Vietnam War*. New York: Longman ²2007.

Lowe, Peter (Hg.): *The Vietnam War*. Basingstoke: Macmillan 1998.

Peake, Louis A.: *The United States in the Vietnam War, 1954–1975*. New York: Routledge ²2008.

Vom Kalten Krieg bis ins 21. Jahrhundert

Pendergast, Tom: *The Vietnam War*. Detroit: Omnigraphics 2007.
Sheehan, Neil: *The Pentagon Papers*. New York: Bantam 1971.
Westheider, James E.: *The Vietnam War*. Westport: Greenwood 2007.

Gesellschaft der 1950er Jahre

Galbraith, John Kenneth: *The Affluent Society*. Boston: Houghton Mifflin 1958.
Cohen, Lizabath: *A Consumer's Republic*: *The Politics of Mass Consumption in Postwar America*. New York: Knopf 2003.
Coontz, Stephanie: *The Way We Never Were: American Families and the Nostalgia Trap*. New York: Basic 1992.
Henriksen, Margot A.: *Dr. Strangelove's America*: *Society and Culture in the Atomic Age*. Berkeley: U of California P 1997.

Civil Rights Movement

Branch, Taylor: *Parting the Waters: America in the King Years, 1954–63*. New York: Simon 1988.
– : *Pillar of Fire: America in the King Years, 1963–65*. New York: Simon 1998.
– : *At Canaan's Edge: America in the King Years, 1965–68*. New York: Simon 2006.
Burns, Ken (Dir.): *The Eyes on the Prize: America's Civil Rights Years 1954–1985*. 14 Folgen. The American Experience. PBS-Video.
Carson, Clayborne (Hg.): *The Eyes on the Prize: Civil Rights Reader*. New York: Penguin 1991.
– (Hg.): *The Martin Luther King, Jr. Encyclopedia*. Westport: Greenwood 2008.
Davis, Jack E. (Hg.): *The Civil Rights Movement*. Malden: Blackwell 2001.
Dierenfield, Bruce J.: *The Civil Rights Movement*. New York: Longman 2004.
Garrow, David J.: *Bearing the Cross: Martin Luther King, Jr., and the Southern Christian Leadership Conference*. New York: Morrow 1986.
Newman, Mark: *The Civil Rights Movement*. Edinburgh: Edinburgh UP 2004.

Black Power

Bassay, Magnus O.: *Malcolm X and the African American Self-Consciousness*. Lewiston: Mellen 2005.
Joseph, Peniel E. (Hg.): *The Black Power Movement*: *Rethinking the Civil Rights-Black Power Era*. New York: Routledge 2006.
Lazerow, Jama/Williams, Yohuru (Hg.): *In Search of the Black Panther Party*: *New Perspectives on a Revolutionary Movement*. Durham: Duke UP 2006.

American Indian Movement

Olson, James S.: *Encyclopedia of American Indian Civil Rights*. Westport: Greenwood 1997.
Wilkins, David E.: *American Indian Politics and the American Political System*. Lanham: Rowman 2007.

Hispanische Bürgerrechtsbewegung

Meier, Matt S.: *Encyclopedia of the Mexican American Civil Rights Movement*. Westport: Greenwood 2000.
Rosales, Francisco A.: *Chicano*: *The History of the Mexican American Civil Rights Movement*. Houston: Arte Publico 1997.

Sixties

Albert, Judith C./Albert, Stewart E.: *The Sixties Papers: Documents of a Rebellious Decade*. New York: Praeger 1984.
Bloom, Alexander/Breines, Wini (Hg.): *Takin' It to the Streets: A Sixties Reader*. New York: OUP ²2003.
DeGroot, Gerard J.: *The Sixties Unplugged: A Kaleidoscopic History of a Disorderly Decade*. Cambridge, MA: Harvard UP 2008.
Dickstein, Morris: *Gates of Eden: American Culture in the Sixties*. New York: Basic 1977.
Gitlin, Todd: *The Sixties: Years of Hope, Days of Rage*. New York: Bantam 1987.
Heideking, Jürgen et al.(Hg.): *The Sixties Revisited*. Heidelberg: Winter 2001.
Miller, James: *Democracy is in the Streets*. New York: Touchstone 1987.
O'Neill, William: *Coming Apart: An Informal History of America in the 1960's*. New York: Times 1971.
Reich, Charles: *The Greening of America*. New York: Bantam 1970.
Roszak, Theodore: *The Making of a Counter Culture*. New York: Anchor 1969.

**Sprachen
Nordamerikas**

McWilliams, John C.: *The 1960s Cultural Revolution*. Westport: Greenwood 2000.
Weiner, Rex/Stillman, Deanne: *Woodstock Census: The Nationwide Survey of the Sixties Generation*. New York: Viking 1979.

**Watergate-
Skandal**

Bernstein, Carl/Woodward, Bob: *All the President's Men*. New York: Simon 1974.
Genovese, Michael A.: *The Watergate Crisis*. Westport: Greenwood 1999.
Hillstrom, Kevin (Hg.): *Watergate*. Detroit: Omnigraphics 2004.
Olson, Keith W.: *Watergate: The Presidential Scandal that Shook America*. Lawrence: U of Kansas P 2003.

Reagan-Ära

Collins, Robert M.: *Transforming America: Politics and Culture in the Reagan Years*. New York: Columbia UP 2007.
Kurz, Kenneth Franklin: *The Reagan Years A to Z: An Alphabetical History of Ronald Reagan's Presidency*. Los Angeles: Lowell 1996.

**Illegale
Einwanderung**

LeMay, Michael C.: *Illegal Immigration*. Santa Barbara: ABC-CLIO 2007.
Massey, Douglas S. (Hg.): *New Faces in New Places: The Changing Geography of American Immigration*. New York: Russell Sage Foundation 2008.
Stout, Robert Joe: *Why Immigrants Come to America: Braceros, Indocumentados, and the Migra*. Westport: Praeger 2008.

11. September 2001

Keniston, Ann/Follansbee Quinn, Jeanne (Hg.): *Literature After 9/11*. New York: Routledge 2008.
May, Ernest R. (Hg.): *The 9/11 Commission Report with Related Documents*. Boston: Bedford 2007.
National Commission on Terrorist Attacks Upon the United States: *The 9/11 Commission Report*. New York: Norton 2004.
Sielke, Sabine (Hg.): *Der 11. September 2001: Fragen, Folgen, Hintergründe*. Frankfurt: Lang 2002.
Winiger, Armin: *Der 11. September: Mythos einer neuen Ära*. Wien: Passagen 2007.

Hurrikan Katrina

Brunsma, David L./Overfelt, David/Picou, Steven J. (Hg.): *The Sociology of Katrina*. Lanham: Rowman 2007.
Cooper, Christopher/Block, Robert: *Disaster: Hurricane Katrina and the Failure of Homeland Security*. New York: Times 2006.
Marable, Manning/Clarke, Kristen (Hg.): *Seeking Higher Ground: The Hurricane Katrina Crisis, Race, and Public Policy Reader*. New York: Palgrave 2008.
Prisching, Manfred: *Good Bye New Orleans: Der Hurrikan Katrina und die amerikanische Gesellschaft*. Graz: Leykam 2006.
Spielman, David G.: *Katrinaville Chronicles: Images and Observations from a New Orleans Photographer*. Baton Rouge: Louisiana State UP 2007.

**Gesellschaftliche
Gewalt**

Kellner, Douglas: *Guys and Guns Amok: Domestic Terrorism and School Shootings from the Oklahoma City Bombing to the Virginia Tech Massacre*. Boulder: Paradigm 2008.

9.4 | Sprachen Nordamerikas

Wörterbücher

The American Heritage Dictionary of the English Language. Boston: Houghton Mifflin [4]2000 (www.bartleby.com/61).
Oxford English Dictionary. 20 Bde. Oxford: OUP [2]1989 (www.oed.com).
Webster's Third New International Dictionary of the English Language. Springfield: Merriam-Webster 1961 (http://unabridged.merriam-webster.com/; frei zugängliche Version: www.merriam-webster.com).

**Wörterbücher
zum AE**

Bartlett, John Russell: *Dictionary of Americanisms. A Glossary of Words and Phrases, Usually Regarded as Peculiar to the United States*. New York: Bartlett 1848.

Sprachen
Nordamerikas

Cassidy, Frederic G. et al. (Hg.): *Dictionary of American Regional English*. Cambridge: Harvard UP 1985– (http://polyglot.lss.wisc.edu/dare/dare.html).
Craigie, Willam A./Hulbert, James R. (Hg.): *A Dictionary of American English on Historical Principles*. 4 Bde. Chicago: U of Chicago P 1938–44.
Mathews, Mitford (Hg.): *A Dictionary of Americanisms on Historical Principles*. 2 Bde. Chicago: U of Chicago P 1951.
Thornton, Richard H.: *An American Glossary: Being an Attempt to Illustrate Certain Americanisms upon Historical Principles*. Philadelphia: Lippincott 1912–1939.
Webster, Noah: *American Dictionary of the English Language*. New York 1828.

Aussprachewörterbücher zum AE

Kenyon, John S./Knott, Thomas A.: *Pronouncing Dictionary of American English*. Springfield: Merriam 1986.
Sauer, Walter: *American English Pronunciation*. Heidelberg: Winter 2001.

Sprachatlanten zum AE

Allen, Harold B.: *The Linguistic Atlas of the Upper Midwest*. 3 Bde. Minneapolis: U of Minnesota P 1973–76.
Kurath, Hans et al. (Hg.): *Linguistic Atlas of New England*. 3 Bde. Providence: Brown UP 1939–43.
Labov, William/Ash, Sharon/Boberg, Charles: *The Atlas of North American English: Phonetics, Phonology, and Sound Change: A Multimedia Reference Tool*. New York: de Gruyter 2006 (www.ling.upenn.edu/phono_atlas/home.html).
McDavid, Raven et al. (Hg.): *Linguistic Atlas of the Middle and South Atlantic States*. Chicago: U of Chicago P 1980.
Pederson, Lee et al. (Hg.): *Linguistic Atlas of the Gulf States*. 7 Bde. Athens: U of Georgia P 1986–92.

Slang-Wörterbücher

Kipfer, Barbara Ann/Chapman, Robert L. (Hg.): *Dictionary of American Slang*. New York: Collins ⁴2007.
Lighter, J.E. et al. (Hg.): *Random House Historical Dictionary of American Slang*. New York: Random House 1994–.

Anthologie, Überblicksdarstellung, Handbuch

Finegan, Edward/Rickford, John R. (Hg.): *Language in the U.S.A.: Themes for the Twenty-First Century*. New York: Cambridge UP 2004.
Kortmann, Bernd/Schneider, Edgar W. (Hg.): *A Handbook of Varieties of English*. 2 Bde. New York: de Gruyter 2004.
Origins of American Linguistics, 1643–1914. 13 Bde. London: Routledge 1997.

Multilingualität

Castillo, Debra: *Redreaming America: Toward a Bilingual American Culture*. Albany: State U of New York P 2005.
Dicker, Susan J.: *Languages in America: A Pluralist View*. Clevedon: Multilingual Matters ²2003.
Galinsky, Hans: *Geschichte amerikanischer Kolonialliteratur: Multinationale Wurzeln einer Weltliteratur*. 4 Bde. Darmstadt: WBG/Frankfurt: Lang 1991–2000.
Øverland, Orm (Hg.): *Not English Only: Redefining »American« in American Studies*. Amsterdam: VU UP 2001.
Paul, Heike/Sollors, Werner (Hg.): *Multilingualism and American Studies*. Themenheft *Amerikastudien/American Studies* 51.1 (2006).
Pultar, Gönül (Hg.): *Writing American in Languages Other than English*. Themenheft *Comparative American Studies* 4.3 (2006).
Shell, Marc (Hg.): *American Babel: Literatures of the United States from Abnaki to Zuni*. Cambridge: Harvard UP 2002.
–/Sollors, Werner (Hg.): *The Multilingual Anthology of American Literature*. New York: New York UP 2000.
Sollors, Werner (Hg.): *Multilingual America: Transnationalism, Ethnicity, and the Languages of American Literature*. New York: New York UP 1998.

Sprachpolitik

Adams, Karen L./Brink, Daniel T. (Hg.): *Perspectives on Official English: The Campaign for English as the Official Language of the USA*. New York: de Gruyter 1990.

Sprachen Nordamerikas

Baron, Dennis. *The English-Only Question: An Official Language for Americans?* New Haven: Yale UP 1990.

Crawford, James: *Hold Your Tongue: Bilingualism and the Politics of »English Only«*. Reading: Addison-Wesley 1992.

– (Hg.): *Language Loyalties: A Source Book on the Official English Controversy*. Chicago: U of Chicago P 1992.

–: *Bilingual Education: History, Politics, Theory and Practice*. Los Angeles: Bilingual Educational Services ⁴1999.

Crowley, Tony: *Standard English and the Politics of Language*. London: Palgrave ²2003.

Daniels, Harvey A. (Hg.): *Not Only English: Affirming America's Multilingual Heritage*. Urbana: National Council of Teachers of English 1990.

González, Roseann Duenas/Melis, Ildikó (Hg.): *Language Ideologies: Critical Perspectives on the Official English Movement*. 2 Bde. Urbana: National Council of Teachers of English 2000–2001.

Lippi-Green, Rosina: *English with an Accent: Language, Ideology, and Discrimination in the United States*. New York: Routledge 1997.

Schmidt, Ronald: *Language Policy and Identity Politics in the United States*. Philadelphia: Temple UP 2000.

Indianersprachen

Boas, Franz: *Handbook of American Indian Languages*. Washington: U.S. Govt. Print. Off. 1911–22.

Campbell, Lyle: *American Indian Languages*. New York: OUP 1997.

Clark, William P.: *The Indian Sign Language*. Lincoln: U of Nebraska P 1982.

Cutler, Charles L.: *O Brave New Words! Native American Loanwords in Current English*. Norman: U of Oklahoma P 1994.

– : *Tracks that Speak: The Legacy of Native American Words in North American Culture*. Boston: Houghton Mifflin 2002.

Goddard, Ives (Hg.): *Handbook of North American Indians*. Bd. 17: *Languages*. Washington: Smithsonian Institution 1996.

Mithun, Marianne: *The Languages of Native North America*. New York: Cambridge UP 1999.

Pinnow, Heinz-Jürgen: *Die nordamerikanischen Indianersprachen*. Wiesbaden: Harrassowitz 1964.

Powell, John W.: *Introduction to the Study of Indian Languages: Indian Linguistic Families of America*. London: Routledge 1997.

Sapir, Edward: *American Indian Languages* [Neudruck]. Berlin: de Gruyter 1990–1991.

Silver, Shirley/Miller, Wick R.: *American Indian Languages: Cultural and Social Contexts*. Tucson: U of Arizona P 1997.

Tomkins, William: *Universal Indian Sign Language of the Plains Indians of North America*. New York: Dover 1969.

American English(es)

Algeo, John (Hg.): *The Cambridge History of the English Language*. Bd 6: *English in North America*. New York: Cambridge UP 2001.

Babcock, C. Merton (Hg.): *The Ordeal of American English*. Boston: Houghton Mifflin 1961.

Barnhart, David K./Metcalf, Allan A.: *America in So Many Words: Words that Have Shaped America*. Boston: Houghton Mifflin 1997.

Carver, Craig M.: *American Regional Dialects: A Word Geography*. Ann Arbor: U of Michigan P 1987.

Dillard, J.L.: *A History of American English*. New York: Longman 1992.

Fought, Carmen: *Chicano English in Context*. New York: Palgrave 2003.

Galinsky, Hans: *Die Sprache des Amerikaners*. 2 Bde. Heidelberg: Kerle 1951–52.

– : *Amerikanisches und Britisches Englisch*. München: Hueber ³1975.

– : *Das amerikanische Englisch: Seine innere Entwicklung und internationale Ausstrahlung*. Tübingen: Narr ²1985.

Leap, William L.: *American Indian English*. Salt Lake City: U of Utah P 1993.

Marckwardt, Albert Henry: *American English*. New York: OUP 1980.

Mencken, H.L.: *The American Language*. New York: Knopf 1919/1921.

Pyles, Thomas: *Words and Ways of American English*. New York: Random 1952.

Sprachen Nordamerikas

Schneider, Edgar W.: »English in North America«. In: Kachru, Braj B./Kachru, Yamuna/ Nelson, Cecil L. (Hg.): *The Handbook of World Englishes*. Malden: Blackwell 2006, S. 58–73.
– (Hg.): *Focus on the USA*. Amsterdam: Philadelphia 1996.
Simpson, David: *The Politics of American English, 1776–1850*. New York: OUP 1986.
Tottie, Gunnel: *An Introduction to American English*. Malden: Blackwell 2002.
Wolfram, Walt/Schilling-Estes, Natalie: *American English: Dialects and Variation*. Malden: Blackwell ²2006.

African American English

Dillard, J.L.: *Black English: Its History and Usage in the United States*. New York: Random 1972.
Green, Lisa: *African American English: A Linguistic Introduction*. Cambridge: Cambridge UP 2002.
Halloway, Joseph E./Vass, Winifred K.: *The African Heritage of American English*. Bloomington: Indiana UP 1993.
Labov, William: *Language in the Inner City: Studies in the Black English Vernacular*. Philadelphia: U of Pennsylvania P 1972.
McWhorter, John H.: *Defining Creole*. New York: OUP 2005.
Mufwene, Salikoko S. et al. (Hg.): *African-American English: Structure, History and Use*. New York: Routledge 1998.
Pollitzer, William S.: *The Gullah People and Their African* Heritage. Athens: U of Georgia P 1999.
Poplack, Shana: *The English History of African American English*. London: Blackwell 2000.
Rickford, John R.: *African American Vernacular English*. London: Blackwell 1999.
Schneider, Edgar W.: *American Earlier Black English*. Tuscaloosa: U of Alabama P 1989.
Wolfram, Walt/Thomas, Erik H.: *The Development of African American English*. Malden: Blackwell 2002.

Spanisch in den USA

Elías-Olivares, Lucia/Amastae, Jon (Hg.): *Spanish in the United States: Sociolinguistic Aspects*. Cambridge: Cambridge UP 1982.
Morales, Ed: *Living in Spanglish: The Search for Latino Identity*. New York: St. Martin's 2002.
Noll, Volker/Zimmermann, Klaus/Neumann-Holzschuh, Ingrid (Hg.): *El español en América: Aspectos teóricos, particularidades, contactos*. Frankfurt: Vervuert 2005.
Roca, Ana/Lipski, John M. (Hg.): *Spanish in the United States: Linguistic Contact and Diversity*. Berlin: de Gruyter 1993.
Stavans, Ilan: *Spanglish: The Making of a New American Language*. New York: Rayo 2003.

Französisch in Nordamerika

Erfurt, Jürgen: »Frankophonie in Kanada: Kanada und die Francophonie«. In: *Zeitschrift für Kanada-Studien* 27 (2007), S. 9–37.
Hewson, John: *The French Language in Canada*. München: Lincom Europa 2000.
Neumann-Holzschuh, Ingrid: »Das Französische in Nordamerika«. In: Kolboom, Ingo et al. (Hg.): *Handbuch Französisch: Sprache-Literatur-Kultur-Gesellschaft*. Berlin: Schmidt 2002, S. 105–114.
– : »Externe Sprachgeschichte des Französischen in den USA«. In: Ernst, Gerhard et al. (Hg.): *Romanische Sprachgeschichte*. Berlin: de Gruyter 2003, Bd. 1, S. 913– 921.
Valdman, Albert (Hg.): *French and Creole in Louisiana*. New York: Plenum 1997.
– et al. (Hg.): *Le français en Amérique du Nord: Etat présent*. Saint-Foy: Les Presses de l'Université Laval 2005.
Wolf, Lothar et al: *Französische Sprache in Kanada*. München: Vögel 1987.

Deutsch in den USA

Arndt, Karl J.R./Olson, May E.: *The German Language Press of the Americas, 1732–1968*. 3 Bde. München: Dokumentation 1973–1980.
Friesen, Gerhard (Hg.): *Nachrichten aus den Staaten: Deutsche Literatur in den USA*. Hildesheim: Olms 1983.
Gilbert, Glenn G (Hg.): *The German Language in America*. Carbondale: U of Southern Illinois 1991.

Grundlagen,
Institutionen
und Prozesse

Nicolini, Marcus: *Deutsch in Texas*. Münster: Lit 2004.
Raab, Josef/Wirrer, Jan (Hg.): *Die deutsche Präsenz in den USA – The German Presence in the U.S.A.* Münster: Lit 2008.
Salmons, Joseph C. (Hg.): *The German Language in America, 1683–1991*. Madison: Max Kade Institute 1993.
Trommler, Frank (Hg.): *Amerika und die Deutschen: Bestandsaufnahme einer 300jährigen Geschichte*. Opladen: Westdeutscher Verlag 1986.

Einführungen
in die Sprach-
wissenschaft

Fasold, Ralph/Connor-Linton, Jeffrey (Hg.): *An Introduction to Language and Linguistics*. Cambridge: Cambridge UP 2006.
Fromkin, Victoria et al. (Hg.): *Linguistics: An Introduction to Linguistic Theory*. Malden: Blackwell 2000.
Kortmann, Bernd: *Linguistik: Essentials*. Berlin: Cornelsen 2005.
Lyons, John: *Language and Linguistics: An Introduction*. Cambridge: Cambridge UP 1981.
Mair, Christian: *Einführung in die anglistische Sprachwissenschaft*. Darmstadt: WBG 1997.
Poole, Stuart C.: *An Introduction to Linguistics*. Basingstoke: Macmillan 1999.
Yule, George: *The Study of Language*. New York: Cambridge UP [3]2006.

9.5 | Grundlagen, Institutionen und Prozesse des politischen Systems der USA

Einführungen
und Überblicks-
darstellungen

Grant, Alan R.: *American Political Process*. New York: Routledge [8]2007.
Jäger, Wolfgang/Haas, Christoph M./Welz, Wolfgang: *Regierungssystem der USA*: *Lehr- und Handbuch*. München: Oldenbourg [3]2007.
Lösche, Peter/Löffelholz, Hans-Dietrich von: *Länderbericht USA*: *Geschichte, Politik, Wirtschaft, Gesellschaft, Kultur*. Bonn: Bundeszentrale für politische Bildung [4]2004.
McClenaghan, Willam A. (Hg.): *Magruder's American Government*. Englewood Cliffs: Prentice Hall [22]2007.
O'Connor, Karen/Sabato, Larry: *American Government*: *Continuity and Change*. New York: Longman [9]2008.
Patterson, Thomas E.: *We the People*: *A Concise Introduction to American Politics*. New York: McGraw-Hill [7]2008.
Singh, Robert (Hg.): *Governing America*: *The Politics of a Divided Democracy*. New York: OUP 2003.
Wersich, Rüdiger B. (Hg.): *USA-Lexikon*. Berlin: Schmidt 1995.

Dokumente und
Textsammlungen

Adams, Angela/Paul, Willi: *Die Entstehung der Vereinigten Staaten und ihrer Verfassung*: *Dokumente 1754–1791*. Münster: Lit 1995.
The American Revolution: Writings from the War of Independence. New York: Library of America 2001.
Bailyn, Bernard (Hg.): *The Debate on the Constitution: Federalist and Antifederalist Speeches, Articles, and Letters during the Struggle over Ratification*. 2 Bde. New York: The Library of America 1993.
Beschloss, Michael (Hg.): *Our Documents: 100 Milestone Documents from the National Archives*. Oxford: OUP 2003 (www.ourdocuments.gov).
Boller, Paul/Story, Ronald (Hg.): *A More Perfect Union*: *Documents in U.S. History*. 2 Bde. Boston: Houghton Mifflin [5]2000.
Brown, Victoria Bissell/Shannon, Timothy J. (Hg.): *Going to the Source*: *The Bedford Reader in American History*. Boston: Bedford 2004.
Commager, Henry Steele/Cantor, Milton (Hg.): *Documents of American History*. Englewood Cliffs: Prentice Hall [10]1988.
Kavanagh, W. Keith: *Foundations of Colonial America*. 3 Bde. New York: Chelsea 1973.
Levy, Peter B. (Hg.): *100 Key Documents in American Democracy*. Westport: Greenwood 1994.

Grundlagen, Institutionen und Prozesse

Thorpe, Francis: *Federal and State Constitutions, Colonial Charters.* 7 Bde. Washington: Govt. Print. Off. 1909.
Widder, Helmut/Bergmann, Marcus: *Dokumente zur Geschichte der Vereinigten Staaten von Amerika.* Berlin: Duncker ²2007.

Unabhängigkeits-erklärung

Armitage, David: *The Declaration of Independence: A Global History.* Cambridge: Harvard UP 2007.
Becker, Carl: *The Declaration of Independence: A Study in the History of Political Ideas.* New York: Knopf 1933.
Ellis, Joseph J.: *Founding Brothers: The Revolutionary Generation.* New York: Knopf 2000.
Fischer, David Hackett: *Liberty and Freedom.* New York: OUP 2005.
Foner, Philip S. (Hg.): *We, the Other People: Alternative Declarations of Independence by Lobor Groups, Farmers, Women's Rights Advocates, Socialist, and Blacks.* Urbana: U of Illinois P 1976.
Gerber, Scott Douglas (Hg.): *The Declaration of Independence: Origins and Impact.* Washington: CQ P 2002.
Gragg, Rod: *The Declaration of Independence: The Story behind America's Founding Document and the Men Who Created It.* Nashville: Rutledge Hill 2005.
Herget, Winfried: »The Centrality of the Word«. In: Hagenbüchle, Roland/Raab, Josef (Hg.): *Negotiations of America's National Identity.* Tübingen: Stauffenburg 2000, Bd. 1, S. 49–67.
Katz, Daniel R. (Hg.): *Why Freedom Matters: The Spirit of the Declaration of Independence in Prose, Poetry, and Song from 1776 to the Present.* New York: Workman 2003.
Maier, Pauline: *American Scripture: Making the Declaration of Independence.* New York: Knopf 1997.
Wills, Garry: *Inventing America: Jefferson's Declaration of Independence.* Garden City: Doubleday 1978.

Verfassung

Elkins, Stanley/McKitrick, Eric (Hg.): *The Age of Federalism.* New York: OUP 1993.
Herget, Winfried: »Contested Text: The Debate over the Perpetuity of the Constitution«. In: Hebel, Udo J. (Hg.): *The Construction and Contestation of American Cultures and Identities in the Early National Period.* Heidelberg: Winter 1999, S. 331–339.
Levy, Leonard W.: *Origins of the Bill of Rights.* New Haven: Yale UP 1999.
–/Karst Kenneth: *Encyclopedia of the American Constitution.* New York: Macmillan ²2000.
McBain, Howard Lee: *The Living Constitution: A Consideration of the Realities and Legends of Our Fundamental Law.* New York: Macmillan 1928.
Maddex, Robert L.: *The U.S. Constitution A–Z.* Washington: CQ P 2002.
O'Neil, Patrick M.: »Bill of Rights«, »Constitution«. In: Kurian, George T. et al. (Hg.): *Encyclopedia of American Studies.* 4 Bde. New York: Grolier 2001, Bd. 1, S. 233–236, 406–413.
Vile, John R.: *Encyclopedia of Constitutional Amendments, Proposed Amendments, and Amending Issues 1789–2002.* Santa Barbara: ABC-CLIO ²2003.
– : *The Constitutional Convention of 1787: A Comprehensive Encyclopedia of America's Founding.* Santa Barbara: ABC-CLIO 2005.
– : *A Companion to the United States Constitution and its Amendments.* Westport: Praeger ⁴2006.
Wills, Garry: *Explaining America: The Federalist.* New York: Penguin 2001.

Gettysburg Address

Weeks, Jim: *Gettysburg: Memory, Market, and the American Shrine.* Princeton: Princeton UP 2003.
Wills, Garry: *Lincoln at Gettysburg: The Words that Remade America.* New York: Simon 2006.

Republikanismus

Bailyn, Bernard: *The Ideological Origins of the American Revolution.* Cambridge: Belknap 1967.
Foley, Michael: *American Credo: A Field Guide to the Place of Ideas in U.S. Politics.* Oxford: OUP 2007.

Grundlagen, Institutionen und Prozesse

Phillips, Timothy A.: »Republicanism«. In: Kurian, George T. et al. (Hg.): *Encyclopedia of American Studies*. 4 Bde. New York: Grolier 2001, Bd. 4, S. 31–35.

Rahe, Paul Anthony: *Republics Ancient and Modern: Classical Republicanism and the American Revolution*. Chapel Hill: U of North Carolina P 1992.

Rogers, Daniel: »Republicanism: The Career of a Concept«. In: *Journal of American History* 79 (1992), S. 11–38.

Wood, Gordon S.: *Monarchism and Republicanism in the Early United States*. Melbourne: La Trobe U 2002.

Kongress und Parteien

Aldrich, John Herbert: *Why Parties? The Origins and Transformation of Political Parties in America*. Chicago: U of Chicago P 1995.

Bierling, Stephan: *Partner oder Kontrahenten? Präsident und Kongress im außenpolitischen Entscheidungsprozeß der USA (1974–1988)*. Frankfurt: Lang 1992.

Bibby, John F.: *Two Parties-Or More? The American Party System*. Boulder: Westview ²2003.

Binning, William C. et al. (Hg.): *Encyclopedia of American Parties, Campaigns, and Elections*. Westport: Greenwood 1999.

Grant, Alan R.: *American Political Process*. New York: Routledge ⁸2007.

Klumpjan, Helmut: *Die amerikanischen Parteien: Von ihren Anfängen bis zur Gegenwart*. Opladen: Leske 1998.

Reichley, James: *The Life of the Parties: A History of American Political Parties*. Lanham: Rowman 2000.

Schlesinger, Arthur, Jr. (Hg.): *History of U.S. Political Parties*. 4 Bde. New York: Chelsea 1973.

Präsident und Präsidentschaft

Brinkley, Alan (Hg.): *The Reader's Companion to the American Presidency*. Boston: Houghton Mifflin 2000.

–/Dyer, Davis (Hg.): *The American Presidency*. Boston: Houghton Mifflin 2004.

Genovese, Michael A. (Hg.): *The Encyclopedia of the American Presidency*. New York: Facts on File 2004.

Milkis, Sidney M./Nelson, Michael: *American Presidency: Origins and Development, 1776–2007*. Washington: CQ P ⁵2008.

Nelson, Michael (Hg.): *The Presidency: A History of the Office of the President of the United States from 1789 to the Present*. London: Salamander 1996.

Schlesinger, Arthur: *The Imperial Presidency* [1973]. Boston: Houghton Mifflin 2004.

Walles, Malcolm: *Understanding the U.S. Presidency*. London: Allan 1991.

Watson, Robert P./Yon, Richard (Hg.): *American Presidents*. Pasadena: Salem ³2006.

Gerichte und Oberster Gerichtshof

Bailey, Frankie Y./Chermak, Steven (Hg.): *Famous American Crimes and Trials*. 5 Bde. Westport: Praeger 2004.

Ferguson, Robert A.: *Law and Letters in American Culture*. Cambridge: Harvard UP 1984.

– : *The Trial in American Life*. Chicago: U of Chicago P 2007.

Hall, Kermit L. (Hg.): *The Oxford Guide to Supreme Court Decisions*. New York: OUP 1999.

– et al. (Hg.): *The Oxford Companion to the Supreme Court of the USA*. Oxford: OUP ²2005.

Janosik, Robert J. (Hg.): *Encyclopedia of the American Judicial System*. New York: Scribner 1987.

Jost, Kenneth: *The Supreme Court from A to Z*. Washington: CQ P ⁴2007.

Knappman, Edward W. et al. (Hg.): *Great American Trials*. Detroit: Gale Group ²2002.

Schultz, David (Hg.): *Encyclopedia of the Supreme Court*. New York: Facts on File 2005.

9.6 | Ideologien und Identitätskonstruktionen

Engler, Bernd/Scheiding, Oliver (Hg.): *Key Concepts in American Cultural History: From the Colonial Period to the End of the 19th Century.* Trier: WVT ²2007.

Anderson, Benedict: *Imagined Communities: Reflections on the Origin and Spread of Nationalism.* London: Verso 1983.
Barthes, Roland: *Mythen des Alltags.* Frankfurt: Suhrkamp 1964.
Bercovitch, Sacvan: »The Problem of Ideology in American Literary History«. In: *Critical Inquiry* 12 (1986), S. 631–653.
Blumenberg, Hans: *Arbeit am Mythos* [1979]. Frankfurt: Suhrkamp 2006.
Burke, Peter: *What Is Cultural History?* Cambridge: Polity 2004.
Commager, Henry Steele: »The Search for a Usable Past«. In: Commager, Henry Steele: *The Search for a Usable Past and Other Essays in Historiography.* New York: Knopf 1967, S. 3–27.
Coupe, Laurence: *Myth.* New York: Routledge 1997.
Fluck, Winfried: »Kultur«. In: Lösche, Peter/Löffelholz, Hans Dietrich (Hg.): *Länderbericht USA.* Frankfurt: Campus ⁴2004, S. 719–803.
Hawkes, David: *Ideology.* New York: Routledge ²2003.
Hobsbawn, Eric/Ranger, Terence (Hg.): *The Invention of Tradition.* Cambridge: Cambridge UP 1983.
Hölbling, Walter W. et al. (Hg.): *US Icons and Iconicity.* Wien: Lit 2006.
Lyotard, Jean Francois: *The Postmodern Condition.* Minneapolis: U of Minnesota P 1984.
Reynolds, Larry J./Hutner, Gordon (Hg.): *National Imaginaries, American Identities: The Cultural Work of American Iconography.* Princeton: Princeton UP 2000.
Rowe, John Carlos: »Ideology«. In: Kurian, George T. et al. (Hg.): *Encyclopedia of American Studies.* 3 Bde. New York: Grolier 2001, Bd.2, S. 331–333.

Bercovitch, Sacvan: *The Rites of Assent: Transformations in the Symbolic Construction of America.* New York: Routledge 1993.
Foner, Philip S./Schultz, Reinhard: *Das andere Amerika: Geschichte, Kunst, Kultur der amerikanischen Arbeiterbewegung.* Berlin: Elefanten 1983.
Liston, Robert A.: *Dissent in America.* NewYork: McGraw-Hill 1971.
Myrdal, Gunnar: *An American Dilemma: The Negro Problem and Modern Democracy.* New York: Harper 1944.
Schlesinger, Arthur: *The Disuniting of America.* New York: Norton 1992.
Young, Ralph: *Dissent in America.* Philadelphia: Temple UP 2006.

Bak, Hans/Hölbling, Walter W. (Hg.): »*Nature's Nation« Revisited: American Concepts of Nature from Wonder to Ecological Crisis.* Amsterdam: VUP 2003.
Buell, Lawrence: *The Environmental Imagination.* Cambridge, MA: Belknap P 1995.
Douglas, Louis M. (Hg.): *Agrarianism in American History.* Lexongton: Heath 1969.
Kline, Benjamin: *First Along the River: A Brief History of the U.S. Environmental Movement.* Lanham: Rowman ³2007.
Miller, Perry: *Nature's Nation.* Cambridge: Harvard UP 1967.
Opie, John: *Nature's Nation: An Environmental History of the United States.* Fort Worth: Harcourt 1998.

Bercovitch, Sacvan: *The Puritan Origins of the American Self.* New Haven: Yale UP 1975.
– : *The American Jeremiad.* Madison: U of Wisconsin P 1978.
Carter, Dale (Hg.): *Marks of Distinction: American Exceptionalism Revisited.* Aarhus: Aarhus UP 2001.
Freese, Peter: »›Westward the Course of Empire Takes Its Way‹: The Translatio-Concept in Popular American Writing and Painting«. In: *Amerikastudien/American Studies* 41 (1996), S. 265–295.
Kammen, Michael: »The Problem of American Exceptionalism: A Reconsideration«. In: *American Quarterly* 45 (1993), S. 1–43.
Lewis, Richard W. Baldwin: *The American Adam: Innocence, Tragedy, and Tradition in the Nineteenth Century.* Chicago: U of Chicago P 1955.

Dokumente

Konzeptionelle
Ansätze

Konsens und
Dissens

Nature's Nation
und Agrarianism

American
Exceptionalism

Ideologien und Identitäts-konstruktionen

Lipset, Seymour Martin: *American Exceptionalism: A Double Edged Sword*. New York: Norton 1996.

Luce, Henry: *The American Century*. New York: Farrar 1941.

Madsen, Deborah L.: *American Exceptionalism*. Jackson: UP of Mississippi 1998.

Tuveson, Ernest Lee: *Redeemer Nation: The Idea of America's Millennial Role*. Chicago: U of Chicago P 1968.

Individualismus und Selbst-darstellung

Anderson, Linda R.: *Autobiography*. New York: Routledge 2001.

–/Krabbendam, Hans (Hg.): *Writing Lives: American Biography and Autobiography*. Amsterdam: VUP 1998.

Bellah, Robert N. et al.: *Habits of the Heart: Individualism and Commitment in American Life*. Berkeley: U of California P 1996.

Boyer, Paul: »Democracy«. In: Kurian, George T. et al. (Hg.): *Encyclopedia of American Studies*. 3 Bde. New York: Grolier 2001, Bd.2, S. 21–24.

Hodson, Joel: »Individualism«. In: Kurian, George T. et al. (Hg.): *Encyclopedia of American Studies*. 3 Bde. New York: Grolier 2001, Bd.2, S. 347–352.

Hunsaker, Steven V.: *Autobiographical and National Identity in the Americas*. Charlottesville: UP of Virginia 1999.

Lasch, Christopher: *The Culture of Narcissism: American Life in an Age of Diminishing Expectations*. New York: Warner 1979.

Parini, Jay (Hg.): *The Norton Book of American Autobiography*. New York: Norton 1999.

Sayre, Robert F. (Hg.): *American Lives: An Anthology of Autobiographical Writing*. Madison: U of Wisconsin P 1994.

Frontier

Kolodny, Annette: *The Land Before Her: Fantasy and Experience of the American Frontiers, 1630–1860*. Chapel Hill: U of North Carolina P 1984.

Slotkin, Richard: *Regeneration through Violence: The Mythology of the American Frontier, 1600–1860*. Middletown: Wesleyan UP 1973.

– : *The Fatal Environment: The Myth of the Frontier in the Age of Industrialization, 1800–1890*. New York: Atheneum 1985.

– : *Gunfighter Nation: The Myth of the Frontier in Twentieth-Century America*. New York: Atheneum 1992.

Turner, Frederick Jackson: *The Significance of Sections in American History* [1893]. New York: Holt 1921.

Arbeitsethik und Erfolgsmythos

Carnegie, Andrew: *The Gospel of Wealth*. New York: North American Review 1889.

Cawelti, John G.: *Apostles of the Self-Made Man*. Chicago: U of Chicago P 1965.

Goldberger, Ludwig Max: *Das Land der unbegrenzten Möglichkeiten: Beobachtungen über das Wirtschaftsleben der Vereinigten Staaten von Amerika*. Berlin: Fontane 1903.

Hirsch, Julius: *Das amerikanische Wirtschaftswunder*. Berlin: Fischer 1926.

Tawney, Richard H.: *Religion and the Rise of Capitalism*. London: Murray 1926.

Veblen, Thorstein: *The Theory of the Leisure Class* [1899]. New York: OUP 2007.

Weber, Max: *Die protestantische Ethik und der Geist des Kapitalismus*. Hg. Johannes Winckelmann. Hamburg: Siebenstern 1968.

Melting Pot, Ethnicity, Cultural Pluralism

Bourne, Randolph: »Trans-National America«. In: *Atlantic Monthly* 118 (July 1916), S. 86–97.

Glazer, Nathan: *Beyond the Melting Pot*. Cambridge: Harvard UP 1963.

Hornung, Alfred: »The Birth of a Multicultural Nation: Horace M. Kallen's Cultural Pluralism«. In: Hebel, Udo J./Ortseifen, Karl (Hg.): *Transatlantic Encounters: Studies in European-American Relations*. Trier: WVT 1995, S. 347–58.

Jacoby, Tamar et al. (Hg.): *Reinventing the Melting Pot*. New York: Basic 2004.

Kallen, Horace: *Culture and Democracy in the United States*. New York: Boni 1924.

Sanchez, George: »Working at the Crossroads: American Studies for the 21st Century«. In: *American Quarterly* 54 (2002), S. 1–23.

Sollors, Werner (Hg.): *Beyond Ethnicity: Consent and Descent in American Culture*. New York: OUP 1986.

– : *Theories of Ethnicity: A Classical Reader*. Washington Square: New York UP 1996.

Adams, James Truslow: *The Epic of America*. Boston: Little 1931.
Cullen, Jim: *The American Dream: A Short History of an Idea that Shaped a Nation*. Oxford: OUP 2003.
Freese, Peter: ›*America‹: Dream or Nightmare*. Essen: Blaue Eule 1994.
Freywald, Carin/Porsche, Michael (Hg.): *The American Dream*. Essen: Blaue Eule 1999.

Assmann, Aleida: *Erinnerungsräume: Formen und Wandlungen des kulturellen Gedächtnisses*. München: Beck 1999.
Bellah, Robert N.: »Civil Religion in America«. In: *Daedalus: Journal of the American Academy of Arts and Sciences* 96 (1967), S. 1–21.
Berding, Helmut (Hg.): *Nationales Bewusstsein und kollektive Identität: Studien zur Entwicklung des kollektiven Bewusstseins in der Neuzeit 2*. Frankfurt: Suhrkamp 1994.
Biel, Steven: *American Gothic: A Life of America's Most Famous Painting*. New York: Norton 2005.
Coski, John M.: *The Confederate Battle Flag: America's Most Embattled Emblem*. Cambridge: Harvard UP 2005.
Erll, Astrid: *Kollektives Gedächtnis und Erinnerungskulturen: Eine Einführung*. Stuttgart: Metzler 2005.
Giesen, Bernhard (Hg.): *Nationale und kulturelle Identität: Studien zur Entwicklung des kollektiven Bewusstseins in der Neuzeit*. Frankfurt: Suhrkamp 1991.
Hagenbüchle, Roland/Raab, Josef: *Negotiations of America's National Identity*. 2 Bde. Tübingen: Stauffenburg 2000.
Hebel, Udo J. (Hg.): *Sites of Memory in American Literatures and Cultures*. Heidelberg: Winter 2003.
– : »Sites of Memory in U.S.-American Histories and Cultures«. In: Erll, Astrid/Nünning, Ansgar (Hg.): *Cultural Memory Studies: An Interdisciplinary Handbook*. New York: de Gruyter 2008, S. 47–60.
Keupp, Heiner/Höfer, Renate (Hg.): *Identitätsarbeit heute: Klassische und aktuelle Perspektiven der Identitätsforschung*. Frankfurt: Suhrkamp 1997.
Mechling, Jay: »Rethinking (and Reteaching) the Civil Religion in Post-Nationalist American Studies.« In: Rowe, John Carlos (Hg.): *Post-Nationalist American Studies*. Berkeley: U of California P 2000, S. 63–83.
Nora, Pierre: »Between Memory and History: *Les Lieux de Mémoire*«. In: *Representations* 26 (1989), S. 7–25.
Stewart, Jon et al.: *America (the Book): A Citizen's Guide to Democracy Inaction*. New York: Warner 2004.

9.7 | Religion und Religionsgemeinschaften in den USA

Allitt, Patrick (Hg.): *Major Problems in American Religious History: Documents and Essays*. Boston: Houghton Mifflin 2000.
Gaustad, Edwin S./Noll, Mark A. (Hg.): *A Documentary History of Religion in America*. Grand Rapids: Eerdmans ³2003.
Griffith, Marie (Hg.): *American Religions: A Documentary History*. New York: OUP 2008.
Turley, David (Hg.): *American Religion: Literary Sources & Documents*. The Banks: Helm 1998.

Anglim, Christopher: *Religion and the Law: A Dictionary*. Santa Barbara: ABC-CLIO 1999.
Carroll, Bret E.: *The Routledge Historical Atlas of Religion in America*. New York: Routledge 2000.
Finkelman, Paul (Hg.): *Religion and American Law: An Encyclopedia*. New York: Garland 2000.
Gaustadt, Edwin S./Barlow, Philip L.: *New Historical Atlas of Religion in America*. New York: OUP 2001.

**Religion und
Religionsgemein-
schaften in den USA**

Glazier, Stephen D. (Hg.): *The Encyclopedia of African and African-American Religions.* New York: Routledge 2001.

Hart, D.G./Noll, Mark A. (Hg.): *Dictionary of the Presbyterian & Reformed Tradition in America.* Downers Grove: InterVarsity 1999.

Lippy, Charles H./Williams, Peter W. (Hg.): *Encyclopedia of the American Religious Experience: Studies of Traditions and Movements.* New York: Scribner 1988.

Melton, Gordon J.: *Encyclopedia of American Religions.* Detroit: Gale 72003.

Merrimam, Scott A.: *Religion and the Law in America: An Encyclopedia of Personal Belief and Public Policy.* Santa Barbara: ABC-CLIO 2007.

Pew Forum on Religion & Public Life: *U.S. Religious Landscape Survey 2008.*

Queen, Edward L./Prothero, Stephen R./Shattuck, Gardiner H.: *The Encyclopedia of American Religious History.* 2 Bde. New York: Facts on File 2001.

**Gesamt-
darstellungen**

Ahlstrom, Sydney E.: *A Religious History of the American People.* New Haven: Yale UP 22004.

Allitt, Patrick: *Religion in America since 1945: A History.* New York: Columbia UP 2003.

Baker, James Thomas: *Religion in America.* 2 Bde. Belmont: Wadsworth 2006.

Butler, Jon et al.: *Religion in American Life: A Short History.* New York: OUP 2008.

Corrigan, John/Hudson, Winthrop S.: *Religion in America: An Historical Account of the Development of American Religious Life.* Upper Saddle River: Prentice Hall 72004.

Eck, Diana L.: *A New Religious America: How a »Christian Country« Has Become the World's Most Religious Diverse Nation.* San Francisco: Harper 2002.

Gaustadt, Edwin S.: *A Religious History of America.* New York: Harper 1966.

Goff, Philip/Harvey, Paul (Hg.): *Themes in Religion and American Culture.* Chapel Hill: U of North Carolina P 2004.

Hackett, David G. (Hg.): *Religion and American Culture: A Reader.* New York: Routledge 2003.

Hall, Timothy L.: *Religion in America.* New York: Facts on File 2007.

Marty, Martin E.: *Pilgrims in Their Own Land: 500 Years of Religion in America.* Boston: Little 1984.

Melton, Gordon J.: *American Religions: An Illustrated History.* Santa Barbara: ABC-CLIO 2000.

Williams, Peter W.: *America's Religions: From their Origins to the Twenty-First Century.* Urbana: U of Illinois P 2002.

**USA als säkulare
Gesellschaft?**

Milich, Klaus J.: »Oh, God«: Secularization Theory in the Transatlantic Sphere«. In: *Amerikastudien/American Studies* 49.3 (2004), S. 409–429.

Ostendorf, Berndt: »(K)eine säkulare Gesellschaft? Zur anhaltenden Vitalität der amerikanischen Religionen«. In: Brocker, Manfred: *God Bless America: Politik und Religion in den USA.* Darmstadt: Primus 2005, S. 13–31.

Tocqueville, Alexis de: *Democracy in America.* Hg. Arthur Goldhammer. New York: Library of America 2004.

**Religion
und Politik**

Brocker, Manfred (Hg.): *God Bless America: Politik und Religion in den USA.* Darmstadt: Primus 2005.

Garber, Marjorie/Walkowitz, Rebecca L. (Hg.): *One Nation under God? Religion and American Culture.* New York: Routledge 1999.

Griffith, R. Marie/McAllister, Melani (Hg.): *Religion and Politics in the Contemporary United States.* Themenheft *American Quarterly* 59.3 (2007).

Lambert, Frank: *Religion in American Politics: A Short History.* Princeton: Princeton UP 2008.

Noll, Mark A./Harlow, Luke E. (Hg.): *Religion and American Politics: From the Colonial Period to the Present.* New York: OUP 22007.

Prätorius, Rainer: *In God We Trust: Religion und Politik in den USA.* München: Beck 2003.

**Religion
und Verfassung**

Berg, Thomas C. (Hg.): *The First Amendment: The Free Exercise of Religion Clause: Its Constitutional History and the Contemporary Debate.* Amherst: Prometheus 2008.

Dierenfield, Bruce J.: *The Battle over School Prayer: How Engel v. Vitale Changed America.* Lawrence: UP of Kansas 2007.

Religion und Religionsgemeinschaften in den USA

Duncan, Ann W./Jones, Stephen L. (Hg.): *Church-State Issues in America Today.* 3 Bde. Westport: Preager 2008.
Greenawalt, Kent: *Religion and the Constitution.* Princeton: Princeton UP 2006.
Hamburger, Philip: *Separation of Church and State.* Cambridge: Harvard UP 2002.
Levy, Leonard Williams: *The Establishment Clause: Religion and the First Amendment.* Chapel Hill: U of North Carolina P ²1994.
Lewis, Anthony: *Freedom for the Thought that We Hate: A Biography of the First Amendment.* New York: Basic 2007.

Indianische Religionen und Kulturen

Black Elk Speaks: Being the Life Story of a Holy Man of the Oglala Sioux [1932]. Lincoln: U of Nebraska P 2004.
Cogley, Richard W.: *John Eliot's Mission to the Indians before King Philip's War.* Cambridge: Harvard UP 1999.
Deloria, Vine: *God Is Red.* New York: Grosset 1973.
Hirschfelder, Arlene B./Molin, Paulette: *Encyclopedia of Native American Religions.* New York: Facts on File 2000.
Morrison, Dane Anthony: *A Praying People: Massachusetts Acculturation and the Failure of the Puritan Mission, 1600–1690.* New York: Lang 1995.

Katholizismus in den USA

Carey, Patrick W.: *The Roman Catholics in America.* Westport: Praeger 1996.
Cogley, John/Van Allen, Rodger: *Catholic America.* Kansas City: Sheed 1986.
Olson, James: *Catholic Immigrants to America.* Chicago: Nelson 1987.
Varacelli, Joseph: *The Catholic Experience in America.* Westport: Greenwood 2006.

Juden und Judaismus in den USA

Diner, Hasia: *The Jews of the United States, 1654 to 2000.* Berkeley: U of California P 2004.
Hertzberg, Arthur: *The Jews in America: Four Centuries of an Uneasy Encounter: A History.* New York: Simon 1989.
Raphael, Marc Lee: *Judaism in America.* New York: Columbia UP 2003.
– : *Columbia History of Jews and Judaism in America.* New York: Columbia UP 2008.
Sachar, Howard Morley: *A History of the Jews in America.* New York: Knopf 1992.
Sarna, Jonathan D.: *American Judaism: A History.* New Haven: Yale UP 2004.

Afroamerikanische Kirchen

Battle, Michael: *The Black Church in America: African American Christian Spirituality.* Malden: Blackwell 2006.
Herget, Winfried/Hornung, Alfred: *Religion in African-American Culture.* Heidelberg: Winter 2006.
Kelleter, Frank: *Con/Tradition: Louis Farrakhan's Nation of Islam, the Million Man March, and American Civil Religion.* Heidelberg: Winter 2000.
Murphy, Larry Jr./Melton, Gordon/Ward, Gary L. (Hg.): *Encyclopedia of African American Religions.* New York: Garland 1993.
Sernett, Milton C. (Hg.): *African American Religious History.* Durham: Duke UP ²1999.

Muslime in USA

Ba-Yunus, Ilyas/Kone, Kassim: *Muslims in the United States.* Westport: Greenwood 2006.
Cesari, Jocelyne (Hg.): *Encyclopedia of Islam in the United States.* Westport: Greenwood 2007.
Said, Edward W.: *Orientalism.* New York: Pantheon 1978.

Fundamentalismus und evangelikale Kirchen

Carpenter, Joel A.: *Revive Us Again: The Reawakening of American Fundamentalism.* New York: OUP 1997.
The Fundamentals: A Testimony to Truth (1910–1915). Hg. George M. Marsden. New York: Garland 1988.
Groitl, Gerlinde: *Evangelical Internationalism: The American Christian Right and Global Human Rights.* Hamburg: Kovac 2007.
Hutchison, William R. (Hg.): *Between the Times: The Travail of the Protestant Establishment in America 1900–1960.* New York: Cambridge UP 1989.
Marsden, George M.: *Fundamentalism and American Culture.* New York: OUP ²2006.
Noll, Mark: *American Evangelical Christianity: An Introduction.* Oxford: Blackwell 2001.
Youngs, J. William T.: *The Congregationalists.* New York: Greenwood 1990.

Theorien und
Fachgeschichte

Kreationismus und
Intelligent Design

Doctorow, E.L.: *Creationists: Selected Essays, 1993–2006*. New York: Random 2006.

House, Wayne H. (Hg.): *Intelligent Design: 101 Leading Experts Explain the Key Issues*. Grand Rapids: Kregel 2008.

Moore, Randy/Decker, Mark D.: *More than Darwin: An Encyclopedia of the People and Places of the Evolution-Creationism Controversy*. Westport: Greenwood 2008.

Numbers, Ronald L.: *The Creationists: From Scientific Creationism to Intelligent Design*. Cambridge: Harvard UP 2006.

Scott, Eugenie Carol: *Evolution vs. Creationism: An Introduction*. Berkeley: U of California P 2005.

Young, Christian C./Largent, Mark A.: *Evolution and Creationism: A Documentary and Reference Guide*. Westport: Greenwood 2007.

Megachurches

Ellingson, Stephen: *The Megachurch and the Mainline: Remaking Religious Tradition in the Twenty-First Century*. Chicago: U of Chicago P 2007.

Thumma, Scott/Travis, Dave: *Beyond Megachurch Myths: What We Can Learn from America's Largest Churches*. San Francisco: Jossey-Bass 2007.

Christliche Musik

Powell, Mark Allan: *Encyclopedia of Contemporary Christian Music*. Peabody: Hendrickson 2002.

9.8 | Theorien und Fachgeschichte

9.8.1 | Ausgangspunkte und Gründungsphase

Überblicks-
darstellungen

Cowan, Michael: »American Studies: An Overview«. In: Kurian, George T. et al. (Hg.): *Encyclopedia of American Studies*. 4 Bde. New York: Grolier 2001, Bd. 1, S. 105–112.

Horwitz, Richard P.: »American Studies: Approaches and Concepts«. In: Kurian, George T. et al. (Hg.): *Encyclopedia of American Studies*. 4 Bde. New York: Grolier 2001, Bd. 1, S. 112–118.

McDowell, Tremaine: *American Studies*. Minneapolis: U of Minnesota P 1948.

Shumway, David R.: *Creating American Civilization: A Genealogy of American Literature as an Academic Discipline*. Minneapolis: U of Minnesota P 1994.

Wise, Gene: »›Paradigm Dramas‹ in American Studies: A Cultural and Institutional History of the Movement«. In: *American Quarterly* 31 (1979), S. 293–337 (Nachdruck in: Maddox 1999, S. 166–210).

Anthologie

Maddox, Lucy (Hg.): *Locating American Studies: The Evolution of a Discipline*. Baltimore: Johns Hopkins UP 1999.

9.8.2 | Myth and Symbol-Schule: Ansätze und Kritik

Theorie

Smith, Henry Nash: »Can ›American Studies‹ Develop a Method?« In: *American Quarterly* 9 (1957), S. 197–208 (Nachdruck in: Maddox 1999, S. 1–12).

Studien der
Myth and
Symbol-Schule

Cawelti, John G.: *Apostles of the Self-Made Man*. Chicago: U of Chicago P 1965.

Fussel, Edwin S.: *Frontier: American Literature and the American West*. Princeton: Princeton UP 1965.

Lewis, R.W.B.: *The American Adam: Innocence, Tragedy, and Tradition in the Nineteenth Century*. Chicago: U of Chicago P 1955.

Marx, Leo: *The Machine in the Garden: Technology and the Pastoral Ideal in America*. New York: OUP 1964.

Sanford, Charles L.: *The Quest for Paradise: Europe and the American Moral Imagination*. Urbana: U of Illinois P 1961.

Smith, Henry Nash: *Virgin Land: The American West as Symbol and Myth*. Cambridge: Harvard UP 1950.

Trachtenberg, Alan: *Brooklyn Bridge: Fact and Symbol.* New York: OUP 1965.
Ward, John William: *Andrew Jackson: Symbol for an Age.* New York: OUP 1955.

Bercovitch, Sacvan: (Hg.): *Reconstructing American Literary History.* Cambridge: Harvard
UP 1986.
–/Jehlen, Myra (Hg.): *Ideology and Classic American Literature.* Cambridge: Cambridge
UP 1986.
Bridgman, Richard: »The American Studies of Henry Nash Smith«. In: *American Scholar*
56 (1987), S. 259–68.
Buell, Lawrence: »Commentary«. In: Maddox 1999, S. 13–16.
Kerber, Linda: »Diversity and the Transformation of American Studies«. In: *American
Quarterly* 41 (1989), S. 415–431.
Kolodny, Annette: *The Lay of the Land: Metaphor as Experience and History in American
Life and Letters.* Chapel Hill: U of North Carolina P 1975.
Kuklick, Bruce: »Myth and Symbol in American Studies«. In: *American Quarterly* 24
(1972), S. 435–50 (Nachdruck in: Maddox 1999, S. 71–86).
Slotkin, Richard: *Regeneration through Violence: The Mythology of the American Frontier,
1600–1860.* Middletown: Wesleyan UP 1973.
Umberger, Daryl: »Myth and Symbol«. In: Kurian, George T. (Hg.): *Encyclopedia of Amer-
ican Studies.* 4 Bde. New York: Grolier 2001, Bd. 3, S. 180–184.

9.8.3 | American Studies als American Culture Studies

Fluck, Winfried: »Das ästhetische Vorverständnis der *American Studies*«. In: *Jahrbuch für
Amerikastudien* 18 (1973), S. 110–129.
Hansen, Olaf: »*American Studies*: Zur Theorie und Geschichte der Disziplin«. In: *Jahrbuch
für Amerikastudien* 18 (1973), S. 130–172.
Lenz, Günter H.: »American Studies – Beyond the Crisis? Recent Redefinitions and the
Meaning of Theory, History, and Practical Criticism«. In: *Prospects* 7 (1982), S. 53–
113.
Mechling, Jay/Merideth, Robert/Wilson, David: »American Culture Studies: The Disci-
pline and the Curriculum«. In: *American Quarterly* 25 (1973), S. 363–389.
Merideth, Robert (Hg.): *American Studies: Essays on Theory and Method.* Columbus: Mer-
rill 1968.
Sklar, Robert: »American Studies and the Realities of America«. In: *American Quarterly*
22 (1970), S. 597–605.
Sykes, Richard E.: »American Studies and the Concept of Culture: A Theory and Method«.
In: *American Quarterly* 15 (1963), S. 253–70 (Nachdruck in: Merideth 1968, S. 71–92).
Wise, Gene: »›Paradigm Dramas‹ in American Studies: A Cultural and Institutional His-
tory of the Movement«. In: *American Quarterly* 31 (1979), S. 293–337 (Nachdruck in:
Maddox 1999, S. 166–210).

Bender, Thomas: »Wholes and Parts: The Need for Synthesis in American History«. In:
Journal of American History 73 (June 1986), S. 120–136.
Berkhofer, Robert F., Jr.: *A Behavioral Approach to Historical Analysis.* New York: Free P
1969.
– : »Clio and the Culture Concept: Some Impressions of a Changing Relationship«. In:
Social Science Quarterly 53 (1972), S. 297–320.
Browne, Ray B./Winkelman, Donald M./Hayman, Allan (Hg.): *New Voices in American
Studies.* West Lafayette: Purdue Research Foundation 1966.
Douglas, Ann: *The Feminization of American Culture.* New York: Knopf 1977.
Friedan, Betty: *The Feminine Mystique.* New York: Norton 1963.
Geertz, Clifford: *The Interpretation of Cultures.* New York: Basic 1973.
Gilbert, Sandra M./Gubar, Susan: *The Madwoman in the Attic: The Woman Writer and
the Nineteenth-Century Literary Imagination.* New Haven: Yale UP 1979.
Hunt, Lynn (Hg.): *The New Cultural History.* Berkeley: U of California P 1989.

Kerber, Linda: »The Republican Mother: Women and the Enlightenment – An American Perspective«. In: *American Quarterly* 28 (1976), S. 187–205 (Nachdruck in: Maddox 1999, S. 143–61).

Millett, Kate: *Sexual Politics*. Garden City: Doubleday 1969.

Robin, Morgan (Hg.): *Sisterhood is Powerful: An Anthology of Writings from the Women's Liberation Movement*. New York: Random 1970.

Walker, Robert H. (Hg.): *American Studies: Topics and Sources*. Westport: Greenwood 1976.

Ware, Caroline F. (Hg.): *The Cultural Approach to History*. New York: Columbia UP 1940.

Welter, Barbara: »The Cult of True Womenhood: 1820–1860«. In: *American Quarterly* 18 (1966), S. 151–174 (Nachdruck in: Maddox 1999, S. 43–66).

White, Hayden V.: *Metahistory: The Historical Imagination in Nineteenth-Century Europe*. Baltimore: Johns Hopkins UP 1973.

– : *Tropics of Discourse: Essays in Cultural Criticism*. Baltimore: Johns Hopkins UP 1978.

9.8.4 | American Studies und Popular Culture Studies

Handbuch

Inge, Thomas M./Hall, Dennis (Hg.): *The Greenwood Guide to American Popular Culture*. 4 Bde. Westport: Greenwood 2002.

Einführende Darstellungen

Browne, Ray B.: »Popular Culture: Notes Toward a Definition«. In: Browne, Ray B./Ambrosetti, Ronald J. (Hg.): *Popular Culture and Curricula*. Bowling Green: Popular 1972, S. 1–12.

– et al. (Hg.): *Theories & Methodologies in Popular Culture*. Sonderheft *Journal of Popular Culture* 9 (1975), S. 349–508.

Fluck, Winfried: *Populäre Kultur: ein Studienbuch zur Funktionsbestimmung und Interpretation populärer Kultur*. Stuttgart: Metzler 1979.

Freese, Peter/Porsche, Michael (Hg.): *Popular Culture in the United States*. Essen: Blaue Eule 1994.

Haselstein, Ulla/Ostendorf, Berndt/Schneck, Peter (Hg.): *Popular Culture*. Themenheft *Amerikastudien/American Studies* 46.3 (2001).

Lipsitz, George: »Listening to Learn and Learning to Listen: Popular Culture, Cultural Theory, and American Studies«. In: *American Quarterly* 42 (1990), S. 615–636.

Mertz, Robert J./Marsden, Michael T.: »American Culture Studies: A Discipline in Search of Itself«. In: *Journal of Popular Culture* 9 (1975/76), S. 461–470.

Ribbat, Christoph: »You Can't Hide Your Love Forever: Popular Culture and the German Americanist«. In: *Amerikastudien/American Studies* 50 (2005), S. 157–181.

Weitere zitierte Literatur

Baudrillard, Jean: *America*. Übers. Chris Turner. New York: Verso 1988.

– : *Simulacra and Simulation*. Übers. Faria Glaser. Ann Arbor: U of Michigan P 1981/1994.

Browne, Ray B. (Hg.): *Popular Culture and the Expanding Consciousness*. New York: Wiley 1973.

–/Fishwick, Marshall (Hg.): *Icons of Popular Culture*. Bowling Green: Popular P 1970.

–/Madden, David (Hg.): *The Popular Culture Explosion*. Dubuque: Brown 1972.

– et al. (Hg.): *Challenges in American Culture*. Bowling Green: Popular P 1970.

Cawelti, John G.: *Apostles of the Self-Made Man*. Chicago: U of Chicago P 1965.

– : *The Six-Gun Mystique*. Bowling Green: Popular 1971.

– : *Adventure, Mystery, and Romance: Formula Stories as Art and Popular Culture*. Chicago: U of Chicago P 1976.

Eco, Umberto: *Travels in Hyper Reality: Essays*. San Diego: Harcourt 1986.

Hart, James D.: *The Popular Book: A History of America's Literary Taste*. New York: OUP 1950.

Kanzler, Katja/Paul, Heike (Hg.): *Amerikanische Populärkultur in Deutschland*. Leipzig: Leipziger Universitätsverlag 2002.

Marcus, Greil: *Mystery Train: Images of America in Rock 'n Roll Music*. New York: Dutton 1975.

McLuhan, Marshall/Powers, Bruce R.: *The Global Village: Transformations in World Life and Media in the 21ˢᵗ Century*. New York: OUP 1989.
–/Quentin, Fiore: *The Medium Is the Message*. New York: Random 1967.
Mott, Frank L.: *Golden Multitudes: The Story of Bestsellers in the United States*. New York: Macmillan 1947.
Nye, Russel B.: *The Unembarrassed Muse: The Popular Arts in America*. New York: Dial 1970.
– : (Hg.): *New Dimensions in Popular Culture*. Bowling Green: Popular 1972.
Rydell, Robert W./Kroes, Rob: *Buffalo Bill in Bologna: The Americanization of the World, 1869–1922*. Chicago: U of Chicago P 2005.
Seldes, Gilbert: *The Seven Lively Arts*. New York: Harper 1924.
Sklar, Robert: *Movie-Made America: A Cultural History of American Movies*. New York: Vintage 1975.
Spaeth, Sigmund G.: *A History of Popular Music in America*. New York: Random 1948.
Stephan, Alexander (Hg.): *Americanization and Anti-Americanism: The German Encounter with American Culture After 1945*. New York: Berghahn 2005.
Wagnleitner, Reinhold/Tyler May, Elaine (Hg.): *»Here, There, and Everywhere«: The Foreign Politics of American Popular Culture*. Hanover: UP of New England 2000.

9.8.5 | Poststrukturalismus und (American) Cultural Studies

Bachtin, Michail: *Probleme der Poetik Dostoevskijs*. Frankfurt: Ullstein 1985 (russ. ³1972; engl. 1973).
– : *Die Ästhetik des Wortes*. Frankfurt: Suhrkamp 1979 (russ. 1975).
Barthes, Roland: *S/Z*. New York: Hill 1974 (frz. 1970).
– : *The Pleasure of the Text*. New York: Hill 1975 (frz. 1973).
– : *Critical Essays*. Evanston. Northwestern UP 1972 (frz. 1964).
– : *Image, Music, Text*. New York: Hill 1977.
Bloom, Harold: *The Anxiety of Influence: A Theory of Poetry*. New York: OUP 1973.
– : *A Map of Misreading*. New York: OUP 1975.
Derrida, Jacques: *Writing and Difference*. Chicago: U of Chicago P, 1978 (frz. 1967).
– : *Of Grammatology*. Baltimore: Johns Hopkins UP 1976 (frz. 1967).
– : *Dissemination*. Chicago: U of Chicago P 1981 (frz. 1972).
Foucault, Michel: *The Order of Things: An Archaeology of the Human Sciences*. New York: Pantheon 1971 (frz. Paris 1966).
– : *The Archaeology of Knowledge and The Discourse on Language*. New York: Pantheon 1972 (frz. 1969).
– : *Discipline and Punish: The Birth of the Prison*. New York: Pantheon 1977 (frz. 1975).
– : *The History of Sexuality*. New York: Pantheon 1978 (frz. 1976).
– : *Language, Counter-Memory, Practice: Selected Essays and Interviews*. Ithaca: Cornell UP 1977.
Jameson, Fredrick: *The Prison-House of Language*. Princeton: Princeton UP 1972.
Kristeva, Julia: *Revolution in Poetic Language*. New York: Columbia 1984 (frz. 1974).
– : *Le texte du roman*. The Hague: Mouton 1970.
Lacan, Jacques: *Écrits*. New York: Norton 2006 (frz. 1966–1971).
Lyotard, Jean François: *The Postmodern Condition*. Minneapolis: U of Minnesota P 1984 (frz. 1979).

Bloom, Harold et al.: *Deconstruction & Criticism*. New York: Continuum 1979.
Harari, Josué V. (Hg.): *Textual Strategies: Perspectives in Post-Structuralist Criticism*. Ithaca: Cornell UP 1979.
Macksey, Richard/Donato, Eugenio (Hg.): *The Structuralist Controversy: The Languages of Criticism and the Sciences of Man*. Baltimore: Johns Hopkins UP, 1970.
Young, Robert J.C.: *Untying the Text: A Poststructuralist Reader*. Boston: Routledge 1981.

Berman, Art: *From the New Criticism to Deconstruction: The Reception of Structuralism and Post-Structuralism*. Urbana: U of Illinois P 1988.

Poststrukturalismus und (American) Cultural Studies

Theoretische Hauptwerke des Poststrukturalismus

Anthologien

Überblicksdarstellungen

465

Theorien und Fachgeschichte

Culler, Jonathan D.: *Structuralist Poetics: Structuralism, Linguistics and the Study of Literature* [1975]. London: Routledge ²2002.
– : *The Pursuit of Signs: Semiotics, Literature, Deconstruction* [1981]. Ithaca: Cornell UP 2002.
– : *On Deconstruction* [1982]. Ithaca: Cornell UP 2007.
Leitch, Vincent B.: *Deconstructive Criticism: An Advanced Introduction*. New York: Columbia UP 1983.
Lentricchia, Frank: *After the New Criticism*. Chicago: U of Chicago P 1980.
Norris, Christopher: *Deconstruction: Theory and Practice*. London: Routledge ³2002.

Cultural Studies (s. Kap. 1)

Brooker, Peter: *Cultural Theory: A Glossary*. New York: OUP 1999.
During, Simon(Hg.): *The Cultural Studies Reader*. London: Routledge ³2007.
– : *Cultural Studies: A Critical Introduction*. London: Routledge 2005.
Grossberg, Lawrence et al. (Hg.): *Cultural Studies*. New York: Routledge 1992.
Ryan, Michael (Hg.): *Cultural Studies: An Anthology*. New York: Wiley 2008.
Storey, John (Hg.): *What is Cultural Studies? A Reader*. London: Arnold 1996.
Warren, Catherine A./Vavrus, Mary Douglas (Hg.): *American Cultural Studies*. Urbana: U of Illinois P 2002.

Gender Studies, Masculinity Studies, Queer Studies

Adams, Rachel/Savran, David (Hg.): *The Masculinity Studies Reader*. Malden, MA: Blackwell 2002.
Braun, Christina von/Stephan, Inge (Hg.): *Gender-Studien: Eine Einführung*. Stuttgart: Metzler ²2006.
Butler, Judith: *Gender Trouble: Feminism and the Subversion of Identity*. New York: Routledge 1990.
– : *Bodies that Matter: On the Discursive Limits of »Sex«*. New York: Routledge 1993.
Corber, Robert J./Valocchi, Stephen (Hg.): *Queer Studies: An Interdisciplinary Reader*. Malden: Blackwell 2003.
Davis, Kathy et al. (Hg.): *Handbook of Gender and Women's Studies*. London: Sage 2006.
Hall, Donald E.: *Queer Theories*. Basingstoke: Palgrave 2003.
Kimmel, Michael S. et al. (Hg.): *Handbook of Studies on Men and Masculinities*. Thousand Oaks, CA: Sage 2005.
Morland, Iain/Willox, Annabelle (Hg.): *Queer Theory*. New York: Palgrave 2005.
Reichardt, Ulfried/Sielke, Sabine (Hg.): *Engendering Manhood*. Themenheft *Amerikastudien/American Studies* 43.4 (1998).
Steffen, Therese F./Rosenthal, Caroline/Väth, Anke (Hg.): *Gender Studies: Wissenschaftstheorien und Gesellschaftskritik*. Würzburg: Königshausen 2004.

Ethnicity/Race

Gates, Henry Louis Jr.: *The Signifying Monkey: A Theory of Afro-American Literary Criticism*. New York: OUP 1988.
Morrison, Toni: *Playing in the Dark: Whiteness and the Literary Imagination*. Cambridge: Harvard UP 1992.
Sollors, Werner (Hg.): *Beyond Ethnicity: Consent and Descent in American Culture*. New York: OUP 1986.
– : *Theories of Ethnicity: A Classical Reader*. Washington Square: New York UP 1996.
West, Cornel: *Race Matters*. Boston: Beacon 1993.

Postcolonial Studies

Ashcroft, Bill/Griffith, Garreth/Tiffin, Helen (Hg.): *The Post-Colonial Studies Reader*. London: Routledge 1995.
Bhabha, Homi K.: *The Location of Culture*. London: Routledge 1994.
Desai, Gaurav/Supriya, Nair (Hg.): *Postcolonialisms*. New Brunswick: Rutgers UP 2005.
Loomba, Ania: *Colonialism/Postcolonialism*. New York: Routledge ²2005.
Spivak, Gayatri Chakravorty: »Can the Subaltern Speak« [1988]. In: Williams, Patrick/Chrisman, Laura (Hg.): *Colonial Discourse and Post-Colonial Theory: A Reader*. New York: Columbia UP 1994, S. 66–111.

Weitere zitierte Literatur

Anderson, Benedict: *Imagined Communities: Reflections on the Origin and Spread of Nationalism*. London: Verso 1983.
Bourdieu, Pierre: *The Field of Cultural Production*. New York: Columbia UP 1993.

Greenblatt, Stephen/Gunn, Giles (Hg.): *Redrawing the Boundaries: The Transformation of English and American Literary Studies.* New York: MLA 1992.
Said, Edward W.: *Orientalism.* New York: Pantheon 1978.
Sielke, Sabine: »Theorizing American Studies: German Interventions into an Ongoing Debate«. In: *Amerikastudien/American Studies* 50 (2005), S. 53–98.
Todorov, Tzvetan: *La conquête de l'Amérique: La question de l'autre.* Paris: Seuil 1982.

9.8.6 | New Historicism und New American Studies

Anzaldúa, Gloria: *Borderlands/La Frontera: The New Mestiza.* San Francisco: Aunt Lute Books 1987.
Greenblatt, Stephen: *Learning to Curse.* New York: Routledge 1990.
– : *Marvelous Possessions: The Wonder of the New World.* Chicago: U of Chicago P 1991.
– : *Renaissance Self Fashioning: From More to Shakespeare.* Chicago: U of Chicago P 1980.
– : *Shakespearean Negotiations: The Circulation of Social Energy in Renaissance England.* Berkeley: U of California P 1988.
Said, Edward W.: *Orientalism.* New York: Pantheon 1978.
Saldívar, José David: *Border Matters: Remapping American Cultural Studies.* Berkeley: U of California P 1997.

Theorien

Baßler, Moritz (Hg.): *New Historicism.* Tübingen: Francke ²2001.
Bercovitch, Sacvan (Hg.): *Reconstructing American Literary History.* Cambridge: Harvard UP 1986.
–/Jehlen, Myra (Hg.): *Ideology and Classic American Literature.* Cambridge: Cambridge UP 1986.
Fisher, Philip (Hg.): *The New American Studies: Essays from Representations.* Berkeley: U of California P 1991.
Fluck, Winfried (Hg.): *The Historical and Political Turn in Literary Studies.* Tübingen: Narr 1995.
Michaels, Walter Benn/Pease, Donald E. (Hg.): *The American Renaissance Reconsidered.* Baltimore: Johns Hopkins UP 1985.
New Americanists: Revisionist Interventions into the Canon. Sonderheft *boundary 2* 17.1 (1990).
Ryan, Kiernan (Hg.): *New Historicism and Cultural Materialism: A Reader.* London: Arnold 1996.
Veeser, H. Aram (Hg.): *The New Historicism.* New York: Routledge 1989.
– (Hg.). *The New Historicism Reader.* New York: Routledge 1994.

Sammelbände

Brannigan, John: *New Historicism and Cultural Materialism.* New York: St. Martin's 1998.
Gallagher, Catherine/Greenblatt, Stephen (Hg.): *Practicing New Historicism.* Chicago: U of Chicago P 2000.
Hebel, Udo J.: »Der amerikanische *New Historicism* der achtziger Jahre: Bestandsaufnahme einer neuen Orthodoxie kulturwissenschaftlicher Literaturinterpretation«. In: *Amerikastudien/American Studies* 37 (1992), S. 325–347.
Montrose, Louis A.: »New Historicisms«. In: Greenblatt, Stephen/Gunn, Giles (Hg.): *Redrawing the Boundaries: The Transformation of English and American Literary Studies.* New York: MLA 1992, S. 392–418.

Überblicks-darstellungen

Bercovitch, Sacvan: *The Office of* The Scarlet Letter. Baltimore: Johns Hopkins UP 1991.
Burke, Kenneth: *Language as Symbolic Action: Essays on Life, Literature, and Method.* Berkeley: U of California P 1968.
Castillo, Susan/Schweitzer, Ivy T. (Hg.): *The Literatures of Colonial America: An Anthology.* Malden: Blackwell 2001.
Crews, Frederick: »Whose American Renaissance?« In: *New York Review of Books* 27. Oktober 1988, S. 68–81.

Weitere zitierte Literatur

Davidson, Cathy: *Revolution and the Word: The Rise of the Novel in America* [1986]. New York: OUP 2004.

Fabian, Johannes: *Time and the Other: How Anthropology Makes Its Object.* New York: Columbia UP 1983.

Fisher, Philip: *Hard Facts: Setting and Form in the American Novel.* New York: OUP 1985.

Geertz, Clifford: *The Interpretation of Cultures.* New York: Basic 1973.

Greenblatt, Stephen Hg.): *The Forms of Power and the Power of Forms in the Renaissance.* Themenheft *Genre* 15.1 (1982).

– : »Culture«. In: Lentricchia, Frank/McLaughlin, Thomas (Hg.): *Critical Terms for Literary Study.* Chicago: U of Chicago P, ²1995, S. 225–232.

Hayes, Kevin J. (Hg.): *The Oxford Handbook of Early American Literature.* New York: OUP 2008.

Jehlen, Myra: *American Incarnation: The Individual, the Nation, and the Continent.* Cambridge: Harvard UP 1986.

–/Warner, Michael (Hg.): *The English Literatures of America.* New York: Routledge 1997.

Kaplan, Amy: *The Social Construction of American Realism.* Chicago: U of Chicago P 1988.

Lauter, Paul: »The Literatures of America: A Comparative Discipline«. In: Ruoff, LaVonne/ Ward, Jerry W. Jr. (Hg.): *Redefining American Literary History.* New York: MLA 1990, S. 9–34.

Lenz, Günter H.: »Toward a Dialogics of International American Culture Studies: Transnationality, Border Discourses, and Public Culture(s)«. In: *Amerikastudien/American Studies* 44 (1999), S. 5–23.

Leverenz, David: *Manhood and the American Renaissance.* Ithaca: Cornell UP 1989.

Matthiessen, F.O.: *American Renaissance: Art and Expression in the Age of Emerson and Whitman.* London: OUP 1941.

Michaels, Walter Benn: *The Gold Standard and the Logic of Naturalism: American Literature at the Turn of the Century.* Berkeley: U of California P 1987.

Montrose, Louis A.: »Professing the Renaissance: The Poetics and Politics of Culture«. In: Veeser, Aram H. (Hg.): *The New Historicism.* New York: Routledge 1989, S. 15–36.

Mulford, Carla (Hg.): *Teaching the Literatures of Early America.* New York: MLA 1999.

–/Vietto, Angela/Winans, Amy E. (Hg.): *Early American Writings.* New York: OUP 2002.

Pease, Donald E.: *Visionary Compacts: American Renaissance Writings in Cultural Context.* Madison: U of Wisconsin P 1987.

Reichardt, Ulfried: »Poststrukturalismus und der New Historicism: Geschichte(n) und Pluralität«. In: *Arbeiten aus Anglistik und Amerikanistik* 16 (1991), S. 205–23.

Reynolds, David S: *Beneath the American Renaissance: The Subversive Imagination in the Age of Emerson and Melville.* New York: Knopf 1988.

Rowe, John Carlos: »A Future for ›American Studies‹: The Comparative U.S. Cultures Model«. In: Lenz, Günter H./Milich, Klaus (Hg.): *American Studies in Germany: European Contexts and Intercultural Relations.* Frankfurt: Campus 1995, S. 262–78.

– : *The New American Studies.* Minneapolis: U of Minnesota P 2002.

Thomas, Brook: *Cross-Examinations of Law and Literature: Cooper, Hawthorne, Stowe, and Melville.* Cambridge: Cambridge UP 1987.

Tompkins, Jane: *Sensational Designs: The Cultural Work of American Fiction, 1790–1860.* New York: OUP 1985.

9.8.7 | Culture Wars und Kanonrevisionen
(s. auch Literatur zu Kap. 1.2 und 8.6)

Neue Literatur-
geschichten

Bercovitch, Sacvan (Hg.): *The Cambrige History of American Literature.* 8 Bde. Cambridge: Cambridge UP 1994–2005.

Elliott, Emory (Hg.): *Columbia Literary History of the United States.* New York: Columbia UP 1988.

Zapf, Hubert (Hg.): *Amerikanische Literaturgeschichte.* Stuttgart: Metzler ²2004.

Gates, Henry Louis Jr.: *Loose Canons: Notes on the Culture Wars*. New York: OUP 1992.

Zitierte Literatur

Kessler-Harris, Alice: »Cultural Locations: Positioning American Studies in the Great Debate«. In: *American Quarterly* 44 (1992), S. 299–312 (Nachdruck in: Maddox 1999, S. 335–348).

»The Extra«. *American Literature* 57 (1985) – 60 (1988).

9.8.8 | Theoretische Wenden seit den 1990er Jahren

Bachmann-Medick, Doris: *Cultural Turns – Neuorientierungen in den Kulturwissenschaften*. Reinbek: Rowohlt 2006.

Überblicks-darstellung

Adelmann, Ralf et al. (Hg.): *Visual Culture Revisited: German and American Perspectives on Visual Culture(s)*. Köln: Halem 2007.

Iconic Turn

Cutrer, Emily F.: »Visualizing Nineteenth-Century American Culture«. In: *American Quarterly* 51 (1999), S. 895–909.

Dikovitskaya, Margarita: *Visual Culture: The Study of the Visual After the Cultural Turn*. Cambridge: MIT P 2005.

Evans, Jessica/Hall, Stuart (Hg.): *Visual Culture: The Reader*. London: Sage 1999.

Haselstein, Ulla/Ostendorf, Bernd/Schneck, Peter (Hg.): *Iconographies of Power: The Politics and Poetics of Visual Representation*. Heidelberg: Winter 2003.

Hebel, Udo J./Kohl, Martina (Hg.): *Visual Culture in the American Studies Classroom*. Wien: RPO 2005.

Hughes, Robert: *American Visions*. New York: Knopf 1997.

Jenks, Chris: (Hg.): *Visual Culture*. London: Routledge 1995.

Mead, Margaret: *The Study of Visual Culture*. New York: Berghahn 2005.

Mirzoeff, Nicholas (Hg.): *The Visual Culture Reader*. London: Routledge ²2002.

Mitchell, W.J.T.: *Picture Theory*. Chicago: U of Chicago P 1994.

– : *What Do Pictures Want? The Lives and Loves of Images*. Chicago: U of Chicago P 2005.

Reynolds, Larry J./Hutner, Gordon (Hg.): *National Imaginaries, American Identities: The Cultural Work of American Iconography*. Princeton: Princeton UP 2000.

Rampley, Matthew (Hg.): *Exploring Visual Culture: Definitions, Concepts, Contexts*. Edinburgh: Edinburgh UP 2005.

Stafford, Barbara Maria: *Good Looking: Essays on the Virtue of Images*. Cambridge: MIT P 1996.

Sturken, Marita/Cartwright, Lisa: *Practices of Looking: An Introduction to Visual Culture*. New York: OUP 2001.

Virga, Vincent et al.: *Eyes of the Nation: A Visual History of the United States*. New York: Knopf 1997.

Adams, Paul C./Hoelscher, Stephen/Till, Karen E. (Hg.): *Textures of Place: Exploring Humanist Geographies*. Minneapolis: U of Minnesota P 2001.

Spatial Turn

Benesch, Klaus/Schmidt, Kerstin (Hg.): *Space in America: Theory, History, Culture*. Amsterdam: Rodopi 2005.

Clark, Gregory: *Rhetorical Landscapes in America*. Columbia: U of South Carolina P 2004.

Cresswell, Tim: *Place: A Short Introduction*. Malden: Blackwell 2005.

Franklin, Wayne/Steiner, Michael (Hg.): *Mapping American Culture*. Iowa City: U of Iowa P 1992.

Haltunnen, Karen: »Groundwork: American Studies in Place«. In: *American Quarterly* 58 (2006), S. 1–15.

Hayden, Dolores: *The Power of Place: Urban Landscapes as Public History*. Cambridge: MIT P 1995.

Lefebvre, Henri: *The Production of Space*. Oxford: Blackwell 1991 (frz. 1974).

Massey, Doreen B.: *For Space*. London: Sage 2005.

Meinig, D.W.: *The Shaping of America*. 4 Bde. New Haven: Yale UP 1986–2004.

Ortlepp, Anke/Ribbat, Christoph (Hg.): *Taking Up Space: New Approaches to American History*. Trier: WVT 2004.

Theorien und Fachgeschichte

Tuan, Yi-Fu: *Space and Place*. Minneapolis: U of Minnesota P 1977.
– : *Topophilia: A Study of Environmental Perception, Attitudes, and Values*. New York: Columbia UP 1990.
Weigel, Sigrid: »Zum ›topographical turn‹: Kartographie, Topographie und Raumkonzepte in den Kulturwissenschaften«. In: *KulturPoetik* 2.2 (2002), S. 151–165.

Performance Studies

Bial, Henry (Hg.): *The Performance Studies Reader*. London: Routledge 2004.
Carlson, Marvin A.: *Performance: A Critical Introduction*. New York: Routledge ²2004.
Fischer-Lichte, Erika: *Ästhetik des Performativen*. Frankfurt: Suhrkamp 2004.
Schechner, Richard: *Performance Studies: An Introduction*. London: Routledge 2002.
Turner, Victor: *Das Ritual: Struktur und Anti-Struktur*. Frankfurt: Campus 2000 (engl. 1969).

Weitere zitierte Literatur

Butler, Judith: *Gender Trouble: Feminism and the Subversion of Identity*. New York: Routledge 1990.
– : *Bodies that Matter: On the Discursive Limits of »Sex«*. New York: Routledge 1993.
Elliott, Emory/Caton, Louis F./Rhyne, Jeffrey (Hg.): *Aesthetics in a Multicultural Age*. New York: OUP 2002.
Fluck, Winfried (Hg.): *Pragmatism and Literary Studies*. Tübingen: Narr 1999.
Garrard, Greg: *Ecocriticism*. London: Routledge 2004.
Gates, Henry Louis, Jr.: *The Signifying Monkey: A Theory of Afro-American Literary Criticism*. New York: OUP 1988.
Gersdorf, Catrin/Mayer, Sylvia (Hg.): *Natur, Kultur, Text: Beiträge zu Ökologie und Literaturwissenschaft*. Heidelberg: Winter 2005.
Glotfelty, Cheryll/Fromm, Harald (Hg.): *The Ecocriticism Reader*. Athens, GA: U of Georgia P 1996.
Hilmes, Michele: »Is There a Field Called Sound Culture Studies? And Does It Matter?« In: *American Quarterly* 51 (2005), S. 249–259.
Ickstadt, Heinz: »American Studies in an Age of Globalization«. In: *American Quarterly* 54 (2002), S. 543–62.
Rohr, Susanne: »Pragmaticism – A New Approach to Literary and Cultural Analysis«. In: Fluck, Winfried/Claviez, Thomas (Hg.): *Theories of American Culture, Theories of American Studies*. Tübingen: Narr 2003, S. 293–306.

9.8.9 | Transnationale Amerikanistik/American Studies zu Beginn des 21. Jh.s

Programmatische Darstellungen

Elliott, Emory: »Diversity in the United States and Abroad: What does it Mean When American Studies is Transnational?« In: *American Quarterly* 59 (2007), S. 1–22.
Fishkin, Shelley Fisher: »Crossroads of Cultures: The Transnational Turn in American Studies«. In: *American Quarterly* 57 (2005), S. 17–57.
Fluck, Winfried: »Inside and Outside: What Kind of Knowledge Do We Need?« In: *American Quarterly* 59 (2007), S. 23–32.
Hornung, Alfred: »Transnational American Studies«. In: *American Quarterly* 57 (2005), S. 67–73.
Ickstadt, Heinz: »American Studies in an Age of Globalization«. In: *American Quarterly* 54 (2002), S. 543–62.
Marx, Leo: »On Recovering the ›Ur‹-Theory of American Studies«. In: *American Literary History* 17 (2005), S. 118–134.

Sammelbände

Fluck, Winfried/Brandt, Stefan/Thaler, Ingrid (Hg.): *Transnational American Studies*. Tübingen: Narr 2007.
Pease, Donald E./Wiegman, Robyn (Hg.): *The Futures of American Studies*. Durham: Duke UP 2002.
Rowe, John Carlos (Hg.): *Post-Nationalist American Studies*. Berkeley: U of California P 2000.
– : *The New American Studies*. Minneapolis: U of Minnesota P 2002.

Adam, Thomas (Hg.): *Germany and the Americas: Culture, Politics, and History: A Multi-disciplinary Encyclopedia.* 3 Bde. Santa Barbara: ABC-CLIO 2005.

Hoerder, Dirk (Hg.): *Internationalizing U.S. History.* Themenheft *Amerikastudien/American Studies* 48.1 (2003).

Hornung, Alfred (Hg.): *European American Studies.* Themenheft *Amerikastudien/American Studies* 47.1 (2002).

Levander, Caroline F./Levine, Robert S. (Hg.): *Hemispheric American Literary History.* Themenheft *American Literary History* 18.3 (2006).

Mayer, Ruth: *Diaspora: Eine kritische Begriffsbestimmung.* Bielefeld: Transcript 2005.

Øverland, Orm (Hg.): *Not English Only: Redefining »American« in American Studies.* Amsterdam: VU UP 2001.

Radway, Janice: »What's in a Name?: Presidential Address to the American Studies Association, 20 November 1998«. In: *American Quarterly* 51 (1999), S. 1–32.

Rinder, Lawrence et al.: *The American Effect: Global Perspectives on the United States, 1990–2003.* New York: Abrams 2003.

Siemerling, Winfried: *The New North American Studies.* New York: Routledge 2005.

Wolfe, Alan: »The Difference between Criticism and Hatred: Anti-American Studies«. In: *The New Republic* 10 Feb. 2003, S. 25–32.

Personenregister

Bildquellenverzeichnis